Islam im europäischen Kontext

Reihe für Osnabrücker Islamstudien

Herausgegeben von
Bülent Ucar und Rauf Ceylan

Band 9

PETER LANG
EDITION

Bülent Ucar (Hrsg.)

Islam im europäischen Kontext

Selbstwahrnehmungen und Außensichten

PETER LANG
EDITION

Bibliografische Information der Deutschen Nationalbibliothek
Die Deutsche Nationalbibliothek verzeichnet diese Publikation in der Deutschen Nationalbibliografie; detaillierte bibliografische Daten sind im Internet über http://dnb.d-nb.de abrufbar.

Umschlaggestaltung:
© Olaf Gloeckler, Atelier Platen, Friedberg

Linke Umschlagabbildung:
Seiteneingang der Küçük Ayasofya Moschee in Istanbul.
© Anna W. Klie.
Rechte Umschlagabbildung:
Anna W. Klie und Imam Abdul Jalil Zeitun
im Gespräch anläßlich der ersten Zertifikatsverleihung
im Rahmen der Imam-Weiterbildung
an der Universität Osnabrück am 23. September 2011.
© Jenin Abed.

Lektorat: Anna W. Klie, Bettina Kruse-Schröder.

Satz: Jenin Abed

ISSN 2190-3395
ISBN 978-3-631-60709-1

Peter Lang Edition ist ein Imprint der Peter Lang GmbH

www.peterlang.de

Inhaltsverzeichnis

IV. Islam und Christentum

V. Islam in Deutschland

VI. Islam in Europa

VII. Islam, Demokratie und Säkularisierung

VIII. Deutsche Islamdebatte und Deutsche Islam Konferenz

Islam im europäischen Kontext: Selbstwahrnehmungen und Außensichten – einführende Gedanken

Von Bülent Ucar

„Glücklich, daß die Wissenschaften wie alles, was ein echtes, reines Fundament hat, ebensoviel durch Streit als durch Einigkeit, ja oft mehr gewinnen!"
Johann Wolfgang Goethe (*Schriften zur Literatur*)

Seit dem Wintersemester 2008/2009 wird am Islam-Zentrum der Universität Osnabrück eine Ringvorlesung zu unterschiedlichen islamspezifischen Themen ausgerichtet, die seither kontinuierlich in jedem Semester stattgefunden hat und mittlerweile zum integralen Bestandteil des institutseigenen Veranstaltungsprogramms für Studenten und Interessierte geworden ist. Ein erster Teil verschriftlichter Ringvorlesungsbeiträge wurde bereits im Sammelband *Islam und Diaspora*, herausgegeben von meinem Kollegen Rauf Ceylan, im Sommer dieses Jahres veröffentlicht.[1] Das hier vorliegende Werk stellt nun den zweiten größeren Part dieser Beiträge zusammen, mit dem Ziel, diese der interessierten Öffentlichkeit zugänglich zu machen. Die erste Ringvorlesung im neuen Studiengang Islamische Religionspädagogik der Universität Osnabrück zum Thema *„Islam in Deutschland zwischen Anspruch und Integration: Selbstwahrnehmungen und Außensichten"*[2] war – wie der Titel schon vermuten lässt – interdisziplinär und interreligiös angelegt.

Die Bedeutung dieses Themas zeigt sich deutlich in der vom ehemaligen Bundesinnenminister Wolfgang Schäuble initiierten Deutschen Islam Konferenz (DIK), deren Ziel „eine bessere religions- und gesellschaftspolitische Integration der muslimischen Bevölkerung und ein gutes Miteinander aller Menschen in Deutschland, gleich welchen Glaubens"[3] ist. Folglich besteht ein großer Bedarf an Austausch, besserer Integration sowie der Wunsch nach einem guten Miteinander. Dieses ist nicht nur auf staatlicher Ebene, sondern auch im gesellschaftlichen Leben, quasi an der Basis, spürbar. Der Wunsch vieler muslimischer Eltern nach einem Islamischen Religionsunterricht für ihre Kinder an öffentlichen Schulen zeigt eine Facette, die jedoch eine besondere Gewichtung aufweist, da

1 Rauf Ceylan (Hg.), *Islam und Diaspora: Analysen zum muslimischen Leben in Deutschland aus historischer, rechtlicher sowie migrations- und religionssoziologischer Perspektive*, ROI – Reihe für Osnabrücker Islamstudien, Bd. 8, Peter Lang, Frankfurt a. M. 2012.

2 Der erste Teil der Ringvorlesung fand im Wintersemester 2008/09, der zweite Teil dann im anschließenden Sommersemester 2009 statt.

3 Pressemitteilung der Deutschen Islam Konferenz vom 27.09.2006.

Religion für die hier lebenden Muslime im Integrationsprozess eine wichtige Rolle spielt.

Wenn man das Wort „Integration" in seiner ursprünglichen Bedeutung als „die Herstellung eines Ganzen"[4] versteht, dann wachsen unterschiedliche Teile zu einem Ganzen zusammen. Dies kann nun auf verschiedene Weisen geschehen: Alle Teile gleichen sich einem, vielleicht dem größten Teil, an, alle Teile verändern sich miteinander in die gleiche Richtung oder alle Teile behalten ihre Unterschiedlichkeit und entwickeln gemeinsam ein neues Selbstverständnis. Lange Zeit wurde Integration im Sinne von Assimilation so verstanden, dass sich alle Teile dem größten anpassen – mit fatalen Folgen. Inzwischen wächst jedoch ein neues Verständnis, das jedem Menschen das Recht auf seine kulturellen *und* religiösen Wurzeln zubilligt und (siehe Deutsche Islam Konferenz) ein gutes Miteinander fördern will.

Für Muslime in Deutschland ist ihr Glauben eine dieser wichtigen kulturellen Wurzeln, ein Anker, der sie angesichts der turbulenten Arbeits- und Lernwelt davor bewahrt, die Orientierung zu verlieren. Mit dieser Verankerung fällt es leichter zu wissen, wer man ist, wohin man gehört und was einen ausmacht; Gläubige, welchen Glaubens auch immer, werden das sicherlich genauso sehen. So hat Religion einen Anteil am Selbstwertgefühl, das wiederum die Grundlage bietet, um in die Welt hinauszutreten, sich zu zeigen und Kontakte zu knüpfen. Auf dem Weg zum Miteinander bietet Religion also Beheimatung und gleichzeitig den Ausgangspunkt für Begegnung.

Um dies zu gewährleisten, sind eine transparente und ehrliche Diskussion gesellschaftlicher Themen sowie eine reflexiv-kritische Darstellung von theologischen Inhalten unabdingbar. Dafür wird eine seriöse wissenschaftliche Auseinandersetzung mit dem Islam benötigt und zwar sowohl aus der Außen- wie auch der Binnenperspektive, d.h. von religionswissenschaftlichen wie auch von spezifisch islamisch-theologischen Standpunkten aus. Gerade Letztere gilt es zu fördern und auszubauen, da sich die Islamische Theologie in der deutschen Universitätslandschaft noch in der Etablierungsphase befindet und auf ihrem Werdegang intensiver Unterstützung bedarf; denn wir brauchen islamische Theologen, die sowohl mit den Inhalten ihrer Wissenschaft als auch den gesellschaftlichen Verhältnissen in Deutschland und nicht zuletzt mit der deutschen Sprache gut vertraut sind. Nur so wird eine wissenschaftlich fundierte Auseinandersetzung mit dem Islam in Deutschland und die Ausbildung von erstklassig qualifizierten hier lehrenden islamischen Religionslehrerinnen und -lehrern möglich sein. Der Schritt des Islam als Unterrichtsfach in öffentliche Schulen hinein begründet sich nicht nur in dem Wunsch, muslimischen Kindern eine ihnen zustehende religiöse Bildung zukommen zu lassen, sondern auch und insbesondere in der Gleichstellung des Islam. Ist nicht genau diese mit Integration gleichzuset-

4 Stichwort *„Integration"*, in: Dudenredaktion (Hg.), *Deutsches Universalwörterbuch*, Bibliographisches Institut, Mannheim 1989, S. 722.

zen? Die positiven und dynamischen Entwicklungen der letzten Jahre haben gezeigt, dass in Bezug auf den Islam längst nicht mehr von einem ungerechtfertigten „Hinterhof-Dasein" gesprochen werden kann. Vielmehr präsentieren und artikulieren sich Muslime selbstbewusst und selbstverständlich in der Öffentlichkeit, was als äußerst progressiv zu werten ist, wenngleich ein Zustand der Normalität noch fern, die Behebung von Defiziten in der Gesamtgesellschaft freilich noch zu leisten ist.

Partizipation, Anerkennung, Respekt und Normalität scheinen mir wichtige Schlüsselbegriffe in diesem Diskurs zu sein. Erst wenn die Öffentlichkeit genauso „gewöhnlich" mit dem Islam umgeht, wie auch mit den anderen Religionen, werden die Muslime in Deutschland angekommen sein. Seit nun mehr als 50 Jahren leben Muslime vermehrt und dauerhaft in großer Zahl in Deutschland und bilden damit jedenfalls in der Gesellschaft quantitativ keine marginale Gruppe mehr. Da sich von rund vier Millionen Muslimen ca. 90% als religiös bezeichnen[5] und wiederum soviele die Demokratie für die beste Staatsform erachten, erscheint die in Teilen der Medien zu beobachtende Tendenz zur professionellen Dämonisierung des Islam äußerst problematisch.[6] Zumal nach den Verfassungsschutzämtern lediglich 1% der Muslime als extremistisch eingestuft wird, wovon wiederum nur 1.000 Personen als gewaltbereit eingestuft werden, womit also deutlich weniger als 0,1% ein Gewaltpotenzial aufweist. Die meisten Medien suggerieren jedoch eine ganz eigenartige Wahrnehmung des Islam in der Öffentlichkeit, was wiederum in der Gesellschaft zahlreiche Vorurteile und diffuse Ängste gegenüber Muslimen verstärkt. Im Zusammenhang mit diesem Phänomen kann man somit von populären Irrtümern, die sich in die Wissenschaft, Medien und Gesellschaft beharrlich eingeschlichen haben, sprechen.

An dieser Stelle erscheint es angebracht, drei Aspekte des muslimischen Lebens in Deutschland aufzuführen. Die erste Fragestellung ist verbunden mit der gesellschaftlichen und historischen Stellung der deutschen Muslime. Der Islam hat sicherlich erst durch die „Arbeitsmigration" nach Deutschland seit den 1960er Jahren seinen Marginalzustand verloren und sich zu einer gesellschaftlich beachtenswerten Größe entwickelt, sodass nahezu 99% der Muslime eine Zuwanderungsgeschichte haben, wovon zwei Drittel aus der Türkei stammen. Folglich lässt sich relativ häufig eine Verschmelzung von Islam- und Integrati-

---

5 Vgl. hier Bundesamt für Migration und Flüchtlinge/Deutsche Islam Konferenz, *Muslimisches Leben in Deutschland, im Auftrag der Deutschen Islam Konferenz*, 25.06.2009, URL: http://www.bmi.bund.de/cae/servlet/contentblob/566008/publicationFile/31710/vollversion_studie_muslim_leben_deutschland.pdf (letzter Zugriff: 08.11.2012), S. 137ff.; siehe auch URL: http://www.bertelsmann-stiftung.de/cps/rde/xchg/bst/hs.xsl/nachrichten_90459.htm (letzter Zugriff: 08.11.2012).

6 Siehe zu den Vorwürfen, dass der Islam mit Demokratie nicht kompatibel sei, u.a. Rauf Ceylan, *„Einleitung"*, in: ders., *Islam und Diaspora: Analysen zum muslimischen Leben in Deutschland*, Frankfurt a. M. 2012, S. 20f.

onsdiskurs feststellen. Dies ist jedoch mit zahlreichen negativen Begleiterscheinungen verbunden und daraus folgt, dass allgemeine kulturelle, ökonomische und gesellschaftliche Probleme einfach in den Bereich der islamischen Religion verlagert werden. War der Islam gemäß der Säkularisierungstheorie noch bis in die 1980er Jahre für Medien, Wissenschaft und Politik ein Randphänomen, fokussieren sich heute alle Blicke auf den Islam. Die Islamisierung des Alltags erfolgt dabei eigenartigerweise relativ häufig durch Vertreter der Mehrheitsgesellschaft.

Im Gegensatz zum angelsächsischen Raum gab es nach Deutschland keine soziale Schichten übergreifende Zuwanderung, sondern die Immigranten stammten fast ausschließlich aus dem Arbeitermilieu. Erschwerend kommt hinzu, dass diese Menschen, im Vergleich zu maghrebinischen und somit Französisch sprechenden Zuwanderern nach Frankreich, in der ersten Generation so gut wie kein Deutsch sprachen. Dieser Form der Zuwanderung nach Deutschland ist – als Arbeitsmigration aus unteren Bildungsschichten – ein für den deutschen Kontext spezifisches Phänomen, das auch den Charakter des Aufenthalts im Aufnahmeland in den Folgejahren maßgeblich beeinflusst hat. Die eingereisten Menschen waren ausschließlich Kinder von Bauern und Arbeitern aus anatolischen Dörfern, die, bevor sie Istanbul oder Ankara zu Gesicht bekamen, Großstädte wie München, Köln, Berlin und Hamburg gesehen und erlebt haben. Die kulturellen (Anpassungs-)Leistungen dieser Menschen aus der ersten Generation werden in der wissenschaftlichen wie auch gesellschaftlichen Debatte meines Erachtens viel zu wenig gewürdigt, wenngleich das Problem der defizitären Bildungssituation und die negativen Auswirkungen nicht zu leugnen und offensichtlich sind. Mit dem Wegbrechen der Schwerindustrie und der zunehmenden Arbeitslosigkeit in den letzten Jahrzehnten ist der Blick vermehrt auf diese prekären Zustände gerichtet worden. In Zeiten von Arbeitnehmermangel wurde hiervon keine Notiz genommen.

Die zweite hervorzuhebende Komponente, die sich an diesen Gedanken direkt anschließt, betrifft „genuin“ religiöse Diskriminierungserfahrungen. Inwiefern diese Ausgrenzungsmechanismen ausschließlich im religiösen Feld zu verorten sind, wäre sicherlich zu hinterfragen, da hier ebenfalls historische,[7] politi-

---

7 Siehe als Reaktion auf die „Türkengefahr“ im 16. Jahrhundert beispielhaft nur das Gebetslied von Martin Luther aus dem Jahr 1543: „Erhalt uns Herr bey deinem Wort / Und steur des Bapsts und Türcken Mord, / Die Jhesum Christum deinen Son / Wollten stürtzen von deinem Thron.“ Vgl. auch G. Rotter, *„Das Islambild im Westen und das islamische Bild vom Westen“*, in: C. Burgmer, *Der Islam – Eine Einführung durch Experten*, Mainz 1998, S. 105; H. Wunderer, *„Schrille Töne... Zum schwierigen Verhältnis von Deutschen, Türken und Islam“*, in: SOWI 2001, S. 3-9; W. G. Lerch, *„Im Wandel der Zeiten: Das Bild des Islams im ‚Westen‘“*, in: *OST-WEST. Europäische Perspektiven*, 2004, S. 34-41. Vgl. zur historischen Verwurzelung der Vorurteile gegenüber Türken in Europa: R. Ebermann, *Die Türkenfurcht: Ein Beitrag zur Geschichte der öffentlichen Meinung in Deutschland während der Reformationszeit*, Halle 1904; C. D. Rouillard, *The*

sche und gesellschaftliche Dimensionen mit einfließen. In der jüngeren Geschichte ist der Wegfall des „Eisernen Vorhangs" sicherlich einer der entscheidenden Faktoren für die Entstehung von Ängsten und Vorurteilen, aus denen Ausgrenzungsmechanismen resultieren können. Viele verbinden die Angst vor dem Islam mit dem 11. September, obgleich zahlreiche Furcht verbreitende Phänomene bereits vor dieser Zeit existent waren.[8] Der Wegfall des kommunistischen Feindbildes hat bei den Eliten und in der Gesellschaft zur Suche nach einem „Surrogat" hierfür geführt, zu dem in der Folge vermehrt der Islam bzw. die Muslime wurden. Irritierende außenpolitische Ereignisse, wie das Erscheinen der Taliban in Afghanistan, der Bürgerkrieg in Algerien, die Kriege in Bosnien, Tschetschenien, im Irak, der Konflikt in Palästina etc. haben diese Entwicklung zusätzlich forciert. Breite Schichten in westlichen Gesellschaften, die sich zudem selbst immer mehr von der Religion entfernt haben, waren nicht nur stark verunsichert, sondern hatten häufig einfach nur Angst vor „dem Islam", was durch die Art und Weise der medialen Berichterstattung noch forciert wurde. Zudem hielten viele den Bau von Moscheen in Zeiten schließender Kirchen wie auch beispielsweise die Beschneidung (neben anderen islamspezifischen Aspekten) für besonders problematisch. Pseudo-Argumente gegen die natürlichste Form der Religionsfreiheit fehlten in dieser Konstellation nicht. Manche Muslime, die diese Residenzgesellschaft bedienten, und Islamkritiker sprachen von politischen Interessenvertretungen, von Machtdemonstration und sprachen es Muslimen ab, überhaupt Gotteshäuser besitzen zu können. Der Bau von Moscheen sei Teil eines Masterplans zur Eroberung Deutschlands, man agiere heimtückisch. Die Moschee sei eine militärische Zentrale, der Islam der Ursprung allen Übels etc. Die Muslime würden die Religionsfreiheit schließlich pervertieren und instrumentalisieren.[9] Dies alles bezeichnen manche als gruppenbezogene Menschenfeindlichkeit und unterscheiden zwischen der allgemeinen Religionsabneigung, der Islamophobie – als ausgeprägte Angst – und dem Islam- bzw. Muslimhass. Das letzte Feld wurde in der Deutschen Islam Konfe-

---

Turk in French History. Thought and Literature (1520-1660), Paris 1938; H. Tanyu, *„Martin Luther'in Türkler hakkındaki sözleri"*, in: AÜIFD 1981, S. 151-161; U. M. Schwob, *„Zum Bild der Türken in der deutschsprachigen Schrift des 15. und 16. Jahrhunderts"*, in: Anadolu Üniversitesi (Hg.), *1. Uluslararasi Seyahatnamelerde Türk ve Bati imaji Sempozyumu Belgeleri*, Eskisehir 1987, S. 173-185; S. Durus, *„Deutsche Bilder von Türken in Deutschland und von der Türkei"*, in: SOWI 2001, S. 56-61; Z. Barbarics, *„,Türck ist mein Nahm in allen Landen...' – Kunst, Propaganda und die Wandlung des Türkenbildes im Heiligen Römischen Reich deutscher Nation"*, in: AO 2001, S. 257-317.

8 Renate Köchser, „Gefühle tiefer Fremdheit. Das Türkeibild der Deutschen mit und ohne Landeserfahrung", in: Frankfurter Allgemeine Zeitung vom 11.09.2001, S. 16.

9 Raida Chbib, „Zur Bedeutung der Religion in der Integrationspolitik", in: Bülent Ucar (Hg.), Die Rolle der Religion im Integrationsprozess. Die deutsche Islamdebatte, Frankfurt a. M. 2010, S. 232-239.

renz auch als *antimuslimischer Rassismus* bezeichnet.[10] Ein Blick in die Geschichte zeigt, dass die deutschen Katholiken während des Kulturkampfes mit ähnlichen Phänomenen konfrontiert wurden, weshalb man sich von Ressentiments dieser Art auch nicht entmutigen lassen darf.[11] Auf religiös bedingte gesellschaftliche und politische Diskriminierungen – zu denen ich auch das Kopftuchverbot für muslimische Frauen zähle – und die oben aufgeführte theoretische Unterfütterung dieser Ausgrenzungsmechanismen haben Muslime im Zuge ihrer natürlichen Sozialisation und entsprechender Akkulturationserfahrungen unterschiedlich reagiert. Hier kann man vereinfacht zwischen den beiden Extremen der Assimilation und der Separation sowie der Integration als den mittleren Weg unterscheiden.

Eine Gesellschaft, die bisher noch keine richtige solidarische und Schicksalsgemeinschaft werden konnte, ist instabil und insbesondere in Notzeiten werden ihren Mitgliedern große Anstrengungen abverlangt. In diesem Zusammenhang muss schließlich als ein dritter Punkt auf die „noch" fehlende rechtliche und vor allem gesellschaftliche Anerkennung des Islam als Religion hingewiesen werden, welche die eine Seite des fehlenden „Wir-Gefühls" ausmacht. Nicht Religionen, sondern Religionsgemeinschaften werden als solche anerkannt und mit entsprechenden Rechten ausgestattet, aber diesbezüglich beißt sich die Katze in den Schwanz, denn das eine bedingt schließlich das andere. Wenn beispielsweise wichtige Politiker die *faktenbeschreibende, deskriptive* Aussage des ehemaligen Bundespräsidenten Wulff, dass der Islam zu Deutschland gehöre,[12] *normativ* infrage stellen, begehen sie im Grunde denselben Fehler, den sie selbst vielen Muslimen zuschreiben, nämlich sich nicht ‚integrieren', im Sinne von ‚öffnen' zu wollen. Hier mangelt es manchem politischen Vertreter über einem Lebensalter von 50 Jahren sicherlich an Aufgeschlossenheit und Realitätswahrnehmung. Schaut man sich die Schulhöfe in deutschen Großstädten an, wird schnell deutlich, was ich sagen möchte. Etwa 15% aller Grundschülerinnen und Grundschüler im bevölkerungsreichsten Bundesland Nordrhein-Westfalen sind beispielsweise muslimisch, im Rhein-Ruhr-Ballungsgebiet dürfte sich diese Zahl zukünftig mehr als verdoppeln bzw. verdreifachen. An diesem Punkt könn-

---

10 Siehe hierzu auch Yasemin Shooman, „Islamophobie, antimuslimischer Rassismus oder Muslimfeindlichkeit? Kommentar zu der Begriffsdebatte der Deutschen Islam Konferenz", URL: http://www.migration-boell.de/web/integration/47_2956.asp (letzter Zugriff: 08.11.2012).

11 Rauf Ceylan, „Einleitung", in: ders., Islam und Diaspora: Analysen zum muslimischen Leben in Deutschland, Frankfurt a. M. 2012, S. 19.

12 Siehe hierzu beispielsweise den CDU-Fraktionsvorsitzenden im Deutschen Bundestag Volker Kauder: „Der Islam ist nicht Teil unserer Tradition und Identität in Deutschland und gehört somit nicht zu Deutschland." *„Volker Kauder vor der Islamkonferenz ‚Islam gehört nicht zu Deutschland'"*, URL: http://www.sueddeutsche.de/politik/volker-kauder-vor-der-islamkonferenz-islam-gehoert-nicht-zu-deutschland-1.1336261 (letzter Zugriff: 08.11.2012).

te man berechtigterweise auch die Frage stellen, warum die Bundesregierung die Deutsche Islam Konferenz beruft, sich die Bundesländer seit Jahren um die Einführung des Islamischen Religionsunterrichts bemühen, Staatsverträge mit muslimischen Organisationen unterschreiben und Islamisch-Theologische Institute an deutschen Universitäten eingerichtet werden. Dies alles sind Fakten, die Polemiken nicht nur widerlegen, sondern auch die Suche der Politik nach Wegen zu einer Anerkennung des Islam tatsächlich beweisen und dokumentieren. Zur anderen Seite des fehlenden „Wir-Gefühls" gehören aber auch muslimische Identitätsschemata, die das Gefühl umfassen, in Deutschland wirklich angekommen zu sein. Manche heben in Bezug auf den Islam den Spiritualitätsgedanken hervor, andere die Pflichtenlehre, für andere wiederum ist der Islam Mittel zur Traditionspflege bzw. ethnischen Verortung. Schließlich sind für eine weitere Gruppe die ethischen Grundlagen und die internationale Brüderlichkeit, welche sich im Umma-Gedanken manifestiert, von entscheidender Bedeutung in ihrer Religionsauslegung und -praxis.[13] Ein Konglomerat von allen Dimensionen dürfte die jeweilige Ausprägung eines individuellen religiös-islamischen Lebensstils im Allgemeinen wohl am besten beschreibbar machen.

Allerdings ist zu konstatieren, dass viele Muslime den Aktivitäten des Staates und der Gesellschaft, in der sie leben, immer noch misstrauen und sich folglich nach wie vor nicht ganz heimisch fühlen. Dies gilt insbesondere für den religiösen Bereich. Wenn etwa 43% der Muslime glauben, dass jene, die den Islam erneuern möchten, die wahre Lehre des Islam zerstören wollen, so wird hiermit genau dieses Misstrauen gegenüber dem Staat und seinen Institutionen reflektiert.[14]

Wenn wir Integration so verstehen, dass alle Teile ihre Verschiedenheit behalten und gemeinsam ein neues Selbstverständnis entwickeln, bedeutet dies, bezogen auf die Integration der Muslime in Deutschland, dass die einzelnen Teile – die christliche, muslimische, jüdische, atheistische oder andersgläubige Bevölkerung – ihre Unterschiedlichkeiten beibehalten und sich dennoch als ein Ganzes, nämlich als deutsche Staatsbürger *und* Europäer, verstehen und damit eine Schicksalsgemeinschaft werden. Angesichts der weit verbreiteten islamophoben Stimmung in der Bevölkerung, die von Teilen der Medien und einigen selbsternannten Rettern des Abendlandes à la Sarrazin seit Langem leider bedient werden, ist hier noch viel zu tun. Im zwischenmenschlichen, äußeren Verhältnis gilt es, einander besser kennenzulernen und aufeinander zuzugehen. Gespräch, Dialog, Zusammenarbeit und Austausch sind hier elementar. Im inne-

---

13 Nikola Tietze, *„Muslimische Zugehörigkeitskonstruktionen in Deutschland und Frankreich"*, in: Rauf Ceylan (Hg.), *Islam und Diaspora: Analysen zum muslimischen Leben in Deutschland*, Frankfurt a. M. 2012, S. 222-224.

14 Katrin Brettfeld/Peter Wetzels, Muslime in Deutschland – Integration, Integrationsbarrieren, Religion sowie Einstellungen zu Demokratie, Rechtsstaat und politisch-religiös motivierter Gewalt, Hamburg 2007, S. 118.

ren Verhältnis ist wiederum die Ausprägung einer europäisch-islamischen Identität notwendig, die einerseits Herkunft nicht leugnet, aber andererseits anschlussfähig an die Lebenswirklichkeit in Deutschland ist. Gelebte Vielfalt in Einheit wird in Zeiten von Säkularisierung und Individualisierung auch für die muslimische Umma in Deutschland und Europa überlebenswichtig sein. Repressive Maßnahmen von Politik und Mehrheitsgesellschaft werden diesen Prozess stören und erschweren, aber langfristig nicht verhindern können. Integration verläuft in diesem Sinne über Anerkennung, Partizipation, Gleichberechtigung und schließlich Normalität. Erst wenn im Umgang mit dem Islam eine gewisse Gelassenheit herrscht, kann man von einer Normalisierung und damit einer wirklichen Beheimatung sprechen. Welcher Schritte bedarf es nun auf dem Weg zu diesem Ziel bzw. welche Aspekte sind von Relevanz und daher zu berücksichtigen? In den im vorliegenden Band versammelten Beiträgen werden zahlreiche Blickwinkel, u.a. islam- und integrationspolitische, islamtheologische, interreligiöse und religionswissenschaftliche, präsentiert. Den thematischen Ausgangspunkt bilden die Antrittsvorlesungen von meinem Kollegen Rauf Ceylan und mir.

Mein hier veröffentlichter Beitrag ist eine überarbeitete Version meiner Antrittsvorlesung, die ich an der Universität Osnabrück anlässlich meiner Berufung gehalten habe. Der Beitrag widmet sich in erster Linie dem Spannungsverhältnis zwischen religiösen Normen, die in der Moderne als problematisch empfunden werden, und den allgemeinen Menschenrechten, insbesondere der Rechtsordnung in Deutschland, sowie ihrer didaktischen Aufbereitung im Islamischen Religionsunterricht.

In seiner Antrittsvorlesung widmet sich Rauf Ceylan der Bedeutung des Islam für die Entwicklung der Religionswissenschaften in Deutschland. Ceylan zufolge entstünde für die Wissenschaft zuvorderst die Frage nach dem religionssoziologischen Transformationsprozess des Islam in Europa. Als Beispiel für diesen Prozess beschreibt er die Geschichte der Moscheen in Deutschland.

Der zweite Teil des Sammelbands befasst sich mit dem komplexen Verhältnis zwischen Islam, Integration und Theologie.

Warum bleibt der Islam in westlichen Gesellschaften trotz der großen Aufmerksamkeit, die ihm gemeinhin entgegengebracht wird, eine unverstandene Religion? Dieser Fragestellung geht Seyfi Bozkuş nach. Ihm zufolge sei dies vor allem auf die falsche oder fehlerhafte Verwirklichung einer islamischen Zivilisation in der sogenannten *islamischen* Welt zurückzuführen.

Im nächsten Beitrag behandelt Sayed M. Talgharizadeh die Fragestellung, welchen Beitrag die islamische Philosophie und Mystik zur Integration der Muslime in Deutschland leisten kann. Um die Bedeutung muslimischer Mystik in Bezug auf die Theologie darzustellen, greift er neben allgemeinen philosophischen Überlieferungen, auf Gedanken der Mystiker Rumi, Ibn ʿArabī und Hātif Isfāhānī zurück.

Darauf folgend plädiert Erol Pürlü in seinem Artikel dafür, dass der Moschee eine höhere Bedeutung als Ort der Integration zugeschrieben werden sollte. Dabei hebt er die unterschiedlichen Funktionen von Moscheen hervor, welche weit über ihre Nutzung als Gebetsort hinausgingen. Im Rahmen dieser Ausführungen geht Pürlü insbesondere auf den Aspekt der Bildung ein, dem er eine große Bedeutung beimisst.

Cem Zorlu erläutert in seinem Beitrag zur Integration von Muslimen in Deutschland die vielfältigen Probleme, die im Rahmen der Arbeit von Moscheegemeinden unweigerlich aufträten. Hierfür zeigt Zorlu eine Reihe von alternativen Lösungsvorschlägen auf.

Der Beitrag von Mohammed Ghareibeh gilt den Verpflichtungen sowie den Chancen, die durch die Etablierung der Islamischen Theologie in Deutschland seiner Auffassung nach entstünden. Er argumentiert, dass zwischen den theologisch-wissenschaftlichen Entwicklungen und politisch-gesellschaftlichen Verhältnissen stets Wechselbeziehungen existierten. Hierfür beschreibt er als Fallbeispiel die Entwicklung der einflussreichen Theologieschule al-Ašʿarīs.

Yilmaz Bulut stellt die These auf, dass die vollständige Integration des Islam in Deutschland durch den in der Öffentlichkeit vorherrschenden Nexus „Sicherheit, Islam und Integration" verhindert werde. Vor diesem Hintergrund stellt er die Frage, ob die Einführung der Islamischen Theologie als einer akademischen Wissenschaftsdisziplin zu einer Veränderung des Blickwinkels auf Muslime als ‚defizitäre Objekte' und zu einer Diskurskultur, in welcher hauptsächlich auf Kompetenzen fokussiert würde, führen könne.

Im nächsten Beitrag von Ismail H. Yavuzcan wird die Integrationsdebatte aus philosophischer Perspektive beleuchtet. Der Autor greift Heideggers Frage nach dem Sein auf und untersucht die Begegnungen mit dem Fremden als Chance für die Erkundung des eigenen Selbst. Zudem rekurriert Yavuzcan auf die Hermeneutik Gadamers und nutzt diese zur Erklärung der Beziehung zwischen Muslimen und Nicht-Muslimen.

Ibrahim Džafić erläutert seine Annahme, dass der bosnische Gelehrte Husein Djozo mit seinen Koraninterpretationen einen großen Beitrag zur Integration des Islam in Europa leisten könne. Dies sei ihm zufolge vor allem darauf zurückzuführen, dass Djozo stets den Versuch einer zeitgemäßen Korandeutung unternommen und somit auf eine Vereinbarkeit von Tradition und Moderne hingewiesen habe.

Im dritten Teil dieses Bandes werden als Einblick in die Islamische Theologie fünf komplexe theologische Fragestellungen behandelt.

Nimetullah Akın stellt die Frage: Von wem und nach welchen Kriterien wird die Islamische Theologie bestimmt? Zwar merkt Akın einschränkend an, diese Problematik nicht in ihrer Gänze auflösen zu können, trotzdem versucht er eine allgemeine bzw. systematische Perspektive zu erarbeiten. Er berücksichtigt diesbezüglich die innerhalb der Islamischen Theologie bestehenden Divergenzen sowie die Entstehung verschiedener Rechtsschulen (*maḏāhib*).

Der Beitrag von Ahmed Akgündüz zur Legitimation von Wissen im Islam zeigt auf, dass dem arabischen Begriff *ʿilm* (Wissen) in der islamischen Epistemologie eine nicht zu unterschätzende Bedeutung zuzuschreiben ist. Die präzisen Dimensionen der Legitimation erklärt der Autor anhand der verschiedenen Kategorien des Wissens und der Legitimation von Wissen im islamischen Recht sowie im Kontext islamischer Werte und Normen.

Im nächsten Artikel beschäftigt sich Özcan Hıdır ausführlich mit dem Koranbild des „Westens" und den „westlichen Islamwissenschaften". Da die Stellung des Propheten Mohammed (*ʿalayhi s-salām*) in Bezug auf das Verhältnis zwischen Muslimen und Christen eine besondere Rolle einnehme, widmet er sich dabei insbesondere der Darstellung des Propheten.

Abdurrahim Kozalı führt vor dem Hintergrund neu aufkommender Debatten über die Mehrehe im islamischen Recht eine Untersuchung der für diese Thematik relevanten Koranverse durch. Dies erfolgt anhand einer ausführlichen Abhandlung der verschiedenen Funktionen des Rechtswesens.

Yaşar Sarıkaya geht auf die innerislamische Wahrnehmung des Propheten Mohammed (*ʿalayhi s-salām*) ein und thematisiert in diesem Zusammenhang die Frage der Authentizität der Ḥadīṯ-Quellen. Diese Fragestellung sei laut Sarıkaya vor dem Hintergrund anhaltender Kritik von Wissenschaftlern an den klassischen Ḥadīṯ-Methodologien von größter Relevanz.

Merdan Güneş setzt sich in seinem Beitrag mit einer zentralen, existenziellen Frage der Theologie auseinander: dem Tod und der Auferstehung (*ḥašr*) im Islam. Güneş legt systematisch dar, welche Aussagen der Koran und die unterschiedlichen theologischen Ausrichtungen diesbezüglich machen.

Die Beiträge des vierten Teils des Bandes beleuchten das Verhältnis zwischen Islam und Christentum in Europa.

Ulrich Steuten thematisiert im ersten Beitrag die zwei großen dialogischen Prozesse in Deutschland: den interreligiösen Dialog zwischen Christen und Muslimen sowie den Dialog zwischen dem deutschen Staat und Vertretern der in Deutschland lebenden Muslime. Nach einer allgemeinen Einführung in den Dialogbegriff, erläutert der Autor die wichtigsten Entwicklungen der benannten Dialogprozesse in Deutschland.

Der darauf folgende Artikel von Ulrich Schoen skizziert, wie Muslime, die in Europa leben, zwei sich oftmals fundamentalistisch gerierender Welten ausgesetzt seien: der Welt der christlichen Leitreligion und der Welt der säkularen Leitkultur. Dabei flexibilisiert er den Fundamentalismus-Begriff und wendet ihn in erweiterter Dimension an.

Abschließend vertritt Klaus von Stosch in seinem Beitrag die These, dass die islamischen Wissenschaften bisher keine moderne Theologie, entsprechend westlicher Wissenschaftsstandards, hätten ausbilden können. Dieses Defizit erläutert er am Beispiel des Theodizeeproblems in der zeitgenössischen und klassischen muslimischen Glaubensreflexion innerhalb des Islam.

Der fünfte Teil des Bandes beinhaltet verschiedene Beiträge zu historischen, sozialwissenschaftlichen sowie juristischen Themenstellungen zum Islam in Deutschland.

Ina Wunns Artikel behandelt die frühen Anfänge des Islam in Deutschland von den ersten Moscheegründungen in preußischer Zeit bis hin zu modernen Ereignissen wie beispielsweise der Institutionalisierung der muslimischen Gemeinden in Deutschland. Des Weiteren stellt Wunn Faktoren dar, die zur Herausbildung des heutigen deutschen Islam geführt haben.

Im darauf folgenden Beitrag beschäftigt sich Avni Altıner ebenfalls mit den Institutionalisierungsprozessen des Islam in Deutschland. Dabei legt Altıner im Gegensatz zu Wunn den Schwerpunkt auf gesellschaftliche Problemkonstellationen der Gegenwart. Zur progressiven Weiterentwicklung eines institutionell verankerten islamischen Lebens in Deutschland legt er eine Reihe von strukturellen Lösungsansätzen vor und plädiert für eine größere Unterstützung durch öffentliche Mittel.

Gerhard Robbers beschäftigt sich aus der Sicht des Religions- und Körperschaftsrechts mit der Institutionalisierung des Islam in Deutschland. Diesbezüglich laute die zentrale Fragestellung, wie muslimische Verbände die Strukturvoraussetzungen im Rahmen christlich geprägter Religionsfreiheitsgesetze erfüllen könnten.

In seinem Beitrag behandelt Ansgar Hense die Chancen und Schwierigkeiten eines verfassungsrechtlichen Religionsvertrages mit der muslimischen Gemeinde in Deutschland. Er zeigt einerseits auf, wie komplex das Verhältnis zwischen verfassungsrechtlicher Ordnung und religiösem Selbstverständnis ist; andererseits weist er auf die bereits vollzogenen Annäherungen zwischen Staat und Muslimen hin.

Heiner Bielefeldts Untersuchungsgegenstand ist die gesellschaftliche (Nicht-)Akzeptanz des Islam in Deutschland. Die zu beobachtenden starken Abgrenzungsmechanismen könnten dem Autor zufolge auf ein traditionelles oder auch modernes Fremdbild zurückgeführt werden. Er zeigt außerdem auf, wie jene Bilder durch eine differenzierte und aufgeklärte Diskussionskultur eliminiert und durch positive ersetzt werden könnten.

Frank Rottmann führt eine umfassende Analyse religiöser Toleranz als Teil des staatlichen Erziehungsauftrags in Schulen durch. Seine Untersuchung umfasst einen Überblick über die Rechtsprechung des Bundesverfassungsgerichts zu Toleranzprinzipien, eine Erörterung der Frage, warum sich der Stellenwert der Toleranz nach verfassungsrechtlichen Rechts- oder Ordnungsprinzipien neu formiere sowie die Frage nach der Bedeutung der gesetzlichen Bestimmungen für die praktische Umsetzung in der Schule.

Der Beitrag von Klaus Spenlen fokussiert auf die Förderung religiöser Toleranz innerhalb des deutschen Bildungssystems. Hierfür analysiert Spenlen die Integration anderer – nicht-christlicher – Religionen im schulischen Alltag und erörtert den Sachverhalt aus verfassungsrechtlicher Sicht. Dabei werden (inter)religiöse Konfliktfelder innerhalb des deutschen Schulsystems auf ihre Rechtsgrundlage hin überprüft und abschließend lösungsorientiert bewertet.

Der sechste Abschnitt befasst sich mit der Geschichte des Islam in Europa unter besonderer Berücksichtigung Andalusiens.

Bacem Dziri argumentiert in seinem Beitrag, dass das von 711 bis 1492 muslimisch beherrschte Andalusien große kulturelle und wissenschaftliche Errungenschaften erbracht habe. Nach einer ausführlichen Abhandlung der Geschichte dieser Region beschreibt Dziri anhand von exemplarischen Beispielen das muslimische Wirken und weist nach, in welcher Weise das moderne Europa von der islamischen Kultur profitiert hat bzw. immer noch profitieren kann.

In seinem Artikel geht Mehmet Özdemir ebenfalls auf die historischen Entwicklungsprozesse Andalusiens ein. Eine der Thesen Özdemirs lautet, dass der andalusische Islam ein neues gesellschaftliches Modell zutage gebracht habe, in dem das friedliche Zusammenleben von Menschen mit verschiedenen Religionszugehörigkeiten möglich gewesen sei.

Der siebte Teil dieses Sammelbandes behandelt das Verhältnis zwischen Islam, Demokratie und Säkularisierung von der Vergangenheit bis zur Gegenwart.

Mohssen Massarrat leitet in die Thematik ein, indem er sich mit dem Verhältnis zwischen Islam und Demokratie auseinandersetzt. Er hinterfragt hierbei insbesondere die Vereinbarkeit von islamischen und demokratischen Grundwerten und untersucht, warum muslimisch geprägte Länder im Vergleich zu christlich geprägten Staaten seltener demokratische Systeme entwickeln.

Auch Mathias Rohes Aufsatz behandelt die Frage nach der Vereinbarkeit von islamischen und demokratischen Grundwerten. Jedoch legt Rohe, anders als der vorangegangene Beitrag, den Untersuchungsschwerpunkt verstärkt auf den Einwanderungskontext in Europa. Dabei unterteilt er die Einstellung von Muslimen zu den demokratischen Strukturen in folgende Kategorien: die religionsablehnende, die islamistische, die traditionalistische und die „einheimische" integrative Theologie bzw. diejenige der europäischen Neuansätze.

Dietrich Jung analysiert in seinem Beitrag, wie der Begriff der Säkularisierung zu verstehen und wie die moderne Gesellschaft in diesem Kontext zu betrachten sei. Zudem hinterfragt er, wie sich die Säkularisierungsprozesse in modernen Gesellschaften auf gläubige Menschen auswirken. Dabei untersucht er die Positionierung von praktizierenden Muslimen sowie die Rolle der Scharia in modernen Gesellschaften.

Abschließend befassen sich Johannes Gabriel Goltz und Rudolf Grupp mit der Deutschen Islamdebatte und Deutschen Islam Konferenz.

Goltz untersucht die erste Phase der *Deutschen Islam Konferenz* (DIK) von 2006 bis 2009. Die Themen und Ziele der Konferenz und ihre bisherigen Erfolge bieten für ihn die Grundlage für eine Bewertung ihres Einflusses auf die Integration von Muslimen in Deutschland.

Im letzten Aufsatz von Grupp findet ebenfalls eine Untersuchung der Wechselbeziehung von Islam und Demokratie statt. Nachdem Grupp das ihm zufolge historisch geprägte Spannungsverhältnis zwischen Islam und Demokratie beleuchtet, geht er ausführlich auf Artikel 10 bis 13 der Islamischen Charta des Zentralrats der Muslime in Deutschland (ZMD) aus dem Jahre 2002 ein.

Nach diesen inhaltlichen Ausführungen zu den Beiträgen möchte ich mich abschließend noch mal ganz ausdrücklich und herzlich bei den Autorinnen und Autoren für ihre Artikel und ihre Geduld bedanken, die sie zweifelsohne haben mussten, während des unvorhersehbar langen Entstehungsprozesses dieses umfangreichen und ergiebigen Sammelbandes. Genauso danke ich folgenden Personen, ohne deren Mitwirkung und Ausdauer dieser Band in der vorliegenden Form nicht zustande gekommen wäre: Frau Anna Wiebke Klie, Frau Bettina Kruse-Schröder, Frau Jenin Elena Abed und Herrn Bacem Dziri.

Bülent Ucar Osnabrück, im Dezember 2012

I. Grußworte und Antrittsvorlesungen

Grußwort zur Antrittsvorlesung von Prof. Dr. Bülent Ucar

Von Arnulf von Scheliha

Verehrte Frau Prodekanin,
sehr geehrte Kolleginnen und Kollegen,
liebe Kommilitoninnen und Kommilitonen,
geehrte Gäste von nah und fern,
meine Damen und Herren,
vor allem aber: lieber Herr Ucar!

Als stellvertretender Vorsitzender des Zentrums für Interkulturelle Islamstudien (ZIIS) begrüße ich Sie alle sehr herzlich im Osnabrücker Schloss, dem Hauptgebäude unserer Universität. Mein Name ist Arnulf von Scheliha und ich vertrete heute Abend den Vorsitzenden des ZIIS, der aus protokollarischen Gründen verhindert ist, diese Begrüßung heute Abend vorzunehmen. Denn Sie, lieber Herr Ucar, halten heute Abend als Inhaber des Lehrstuhls für Islamische Religionspädagogik Ihre Antrittsvorlesung. Darüber freuen wir uns sehr und deshalb haben wir uns heute hier versammelt!

Seit Ihrem Amtsantritt vor einem knappen Jahr haben Sie schon eine Menge bewegt in unserer Universität, in der Lehre, in der Forschung und in der Umsetzung des Projektes der Ausbildung islamischer Religionslehrerinnen und -lehrer, sodass Ihre „gefühlte Zeit" hier schon länger zu währen scheint. Aber dem ist nicht so. Sie sind unser *neuer* Kollege, und heute Abend wollen wir Sie im Rahmen dieser akademischen Feier offiziell begrüßen und mit Ihnen die Gelegenheit wahrnehmen, bei der Sie sich der Hochschulöffentlichkeit und unseren Gästen als akademischer Lehrer und Forscher vorstellen. Dazu heiße ich Sie und alle hier Versammelten herzlich willkommen.

Zuvor aber wird unsere geschätzte Kollegin Martina Blasberg-Kuhnke, die Prodekanin unseres Fachbereichs für Erziehungs- und Kulturwissenschaften und gewählte Vizepräsidentin unserer Universität, in dieser Doppelfunktion ein Grußwort sprechen und Sie vorstellen.

Grußwort anlässlich der Antrittsvorlesung von Prof. Dr. Bülent Ucar

Von Martina Blasberg-Kuhnke

Sehr geehrte Damen und Herren,
liebe Kolleginnen und Kollegen,
liebe Kommilitoninnen und Kommilitonen,
sehr geehrter, lieber Herr Ucar,

das ist ein besonderer Anlass, zu dem wir heute hier zusammengekommen sind und zu dem ich Sie im Namen unseres Fachbereichs und unserer Hochschulleitung sehr herzlich begrüße!

Antrittsvorlesungen sind immer etwas Besonderes und ein Grund zur Freude: Sie sind Abschluss und Anfang zugleich. *Abschluss* eines erfolgreichen Berufungsverfahrens, in dessen oft langwierigem und arbeitsreichem Verlauf wir eine junge Kollegin oder einen jungen Kollegen für unsere Universität und ihre Studierenden gewinnen konnten. *Anfang* einer hoffentlich lange währenden guten Zusammenarbeit; Nachwuchswissenschaftlerinnen und Nachwuchswissenschaftler bereichern uns in Forschung und Lehre und erlauben neue Kooperationen und Initiativen.

Diese Antrittsvorlesung ist unter all den schönen und besonderen Ereignissen von Antrittsvorlesungen noch einmal etwas ganz Besonderes und Neues: Wir begrüßen mit Prof. Dr. Bülent Ucar den ersten Inhaber des neu geschaffenen Lehrstuhls für Islamische Religionspädagogik.

Mit ihm, den ich Ihnen gleich als Menschen und Forscher vorstellen darf, geht ein mehrjähriger Prozess zu Ende, die Islamische Religionspädagogik als neues lehrerbildendes Fach an unserer Universität zu entwickeln und einzurichten.

In der Öffentlichkeit des Landes Niedersachsen und darüber hinaus ist die Einrichtung des Lehrstuhls für Islamische Religionspädagogik und der Aufbau des Erweiterungsmasters Islamische Religionspädagogik als wichtiger Meilenstein für die Integration muslimischer Schülerinnen und Schüler wahrgenommen worden. An dieser Stelle ist Herr Kollege Peter Graf – vor knapp einem Jahr verabschiedet – namentlich zu nennen, auf dessen Vision und Engagement und dessen vielfältige Forschungsarbeiten die Entwicklung hin zu einem Islamischen Religionsunterricht nach Art. 7,3 GG wesentlich aufbaut.

Es sind aber zusammen mit ihm und engagierten Kolleginnen und Kollegen aus den beiden theologischen Instituten für Evangelische und Katholische Theologie, aus der Erziehungswissenschaft und dem Institut für Migrationsforschung

(IMIS) vor allem die Studierenden des Pilotprojekts der Bund-Länder-Kommission „Islamischer Religionsunterricht in deutscher Sprache“ (in den Jahren 2004 bis 2006) gewesen, die uns immer wieder motiviert haben, an der Einrichtung des Erweiterungsmasterstudiengangs Islamische Religionspädagogik zu arbeiten. Die – hoffentlich erfolgreiche – Akkreditierung steht nun vor der Tür.

Mit der Berufung von Herrn Kollegen Ucar auf den Lehrstuhl für Islamische Religionspädagogik einhergegangen ist die Gründung des „Zentrums für Interkulturelle Islamstudien“ (ZIIS), das seine Arbeit vor wenigen Monaten aufgenommen hat. Das Zentrum wird zu den Beziehungen der abrahamischen Religionen – Judentum, Christentum und Islam – forschen und die Rückbindung der Theologien der Religionen auf ihre pädagogisch-religionspädagogische Vermittlung hin untersuchen. Themen der Migrationsforschung und Studien zu interreligiös angelegten Grundlagen der Religionspädagogik werden forschend unterstützen, was ein Ziel des Zentrums wie des Studiengangs gemeinsam kennzeichnet: die Schülerinnen und Schüler christlichen, jüdischen und muslimischen Glaubens zum interreligiösen Dialog und zum gegenseitigen Verstehen zu befähigen.

Die Entscheidung, Islamischen Religionsunterricht als bekenntnisorientiertes Schulfach nach Art. 7,3 GG einzuführen, intendiert, wie jeder gute Religionsunterricht, Schülerinnen und Schüler zu befähigen, in Sachen Religion und Glaube selbst entscheiden zu können. Religiöses Grundwissen und die Frage nach Orientierung und Gestaltung des eigenen Lebens gehören zusammen. Das Fachprofil des Religionsunterrichts lässt sich in drei Grundaufgaben zusammenfassen, die der gemeinsame Nenner christlichen und islamischen Religionsunterrichts sind: die Vermittlung von strukturiertem und lebensbedeutsamem Grundwissen über den Glauben, über andere Konfessionen und Religionen, das Vertrautmachen mit Formen gelebten Glaubens und die Förderung religiöser und interreligiöser Dialog- und Urteilsfähigkeit.

Dass der Islamische Religionsunterricht auf Augenhöhe mit dem Religionsunterricht der christlichen Konfessionen diesem Anspruch an Bildung und Erziehung genügen kann, das wird wesentlich mit der Arbeit in Forschung und Lehre von Herrn Kollegen Ucar verbunden. Er ist ein Hoffnungsträger im wahrsten Sinne des Wortes: einer, der Mut machen kann und der Mut macht, dass das Modell des konfessorischen Religionsunterrichts für muslimische Kinder und Jugendliche Schule macht. Damit wird nicht weniger und nicht mehr getan, als das Recht der Kinder muslimischen Glaubens und islamischer Religionszugehörigkeit auf Religion, die authentisch vermittelt wird, einzulösen – so wie wir es in Deutschland, durchaus privilegiert gegenüber nahezu allen anderen europäischen Ländern, als christliche Theologen und Religionspädagoginnen begründet in Anspruch nehmen. Die Bildung ihrer Lehrerinnen und Lehrer für den Islamischen Religionsunterricht gehört an eine Universität. Sie sichert die

Freiheit zu glauben – oder eben auch nicht! – über die Freiheit der wissenschaftlichen Theologie.

Lieber Herr Ucar, unsere Universität ist davon überzeugt, in Ihnen den richtigen Mann für diese anspruchsvolle Aufgabe und diesen herausfordernden Weg, den wir erst ein kurzes Stück begangen haben, gefunden zu haben. Meine Damen und Herren, bitte erlauben Sie mir, Ihnen Herrn Ucar kurz vorzustellen: geboren 1977 in Oberhausen, ein Rheinländer!, und nach einer ganz gewöhnlichen deutschen Schullaufbahn mit katholischer Bekenntnisgrundschule, Realschule und Gymnasium hat Kollege Ucar 1996 das Studium der Rechtswissenschaften in Bochum aufgenommen und parallel bald mit dem der Islamwissenschaften an der Universität Bochum begonnen. Ein Promotionsstudium an der Universität Bonn schließt sich an, abgeschlossen mit der erfolgreichen Promotion, der sich, nach Jahren der Arbeit als Lehrer für Islamische Unterweisung in deutscher Sprache an Grund- und Gesamtschulen, 2008 die Habilitation an der Universität Nürnberg/Erlangen im Fach Islamwissenschaften angeschlossen hat. Von seiner Tätigkeit als Mitarbeiter des Ministeriums für Schule und Weiterbildung in Düsseldorf im Referat für Integration wurde er auf die Verwaltung unserer neu einzurichtenden Professur für Islamische Religionspädagogik im Wintersemester 2007/08 gerufen und ist seit Juni 2008 ordentlicher Professor für Islamische Religionspädagogik. Forschungsschwerpunkte bilden die Islamische Religionspädagogik und Fachdidaktik, die gegenwartsbezogene Islamforschung mit Schwerpunkt Deutschland und Türkei, die Islamische Theologie und die Entwicklung der Scharia im historischen und modernen Kontext. Seine Publikationsliste ist für einen erst 32-Jährigen bemerkenswert umfangreich und breit angelegt; kaum ein Thema der Islamischen Religionspädagogik und des Islamischen Rechts, das er nicht bereits aufgegriffen hätte. Die neueste Herausforderung bildet die Erarbeitung von Schulbüchern und -materialien. *Mein Islambuch* für die beiden ersten Grundschulklassen und das dazugehörige Lehrerhandbuch sind soeben erschienen und auf große Resonanz gestoßen.

Wir sind stolz, dass wir Herrn Ucar für uns und das Anliegen eines konfessorischen Religionsunterrichts islamischen Bekenntnisses im Kontext eines interdisziplinären Zentrums für Islamstudien gewinnen konnten und freuen uns nun auf seine Antrittsvorlesung zum Thema: „Normen des Grundgesetzes und Wandelbarkeit der Scharia – Herausforderungen an die Islamische Religionspädagogik“.

Normen des Grundgesetzes und Wandelbarkeit der Scharia – Herausforderungen an die Islamische Religionspädagogik[1]

Von Bülent Ucar

1. Einleitung

Von einer modernen Islamischen Religionspädagogik in einer säkular geprägten Gesellschaft und an staatlichen Schulen wird gefordert, dass sie sich an bestimmten Leitprinzipien, Grundideen und religionspädagogisch reflektierten Zielen zu orientieren hat. Diese müssen sich in ihrer Gesamtheit wiederum in erster Linie theologisch und pädagogisch legitimieren. Zugleich ist die Islamische Religionspädagogik in Europa und Deutschland eine sich völlig neu konstituierende Fachdisziplin. Das christliche Pendant besitzt hingegen eine viel längere Entwicklungsgeschichte und ist auch entsprechend ausgefeilter und vielgestaltig in seiner konzeptionellen Prägung. Zahlreiche religionspädagogische und fachdidaktische Modelle und Konzepte konkurrieren hier seit Jahrhunderten miteinander. Ein fertiges didaktisches Konzept liegt für die Islamische Religionspädagogik im deutschsprachigen Raum jedoch noch nicht vor, da vor allem die diesbezügliche empirische religionspädagogische und theologische Grundlagenforschung noch in den Kinderschuhen steckt.[2]

Unter den Beteiligten scheint unumstritten zu sein, dass wir gegenwärtig eine auf die Besonderheiten in Deutschland abgestimmte Form einer Islamischen Religionspädagogik benötigen und der Rückgriff auf herkömmliche Bildungs- und Erziehungsvorstellungen allein hier nicht weiterführt. Will diese neue Disziplin auf der Akzeptanzebene nicht scheitern und wissenschaftlich anschlussfähig sein, so müssen von ihr bzw. den an ihr beteiligten Akteure einerseits islamische (Primär-)Quellen, die grundlegende Literatur für die Islamische Religionspädagogik sowie das islamische Gemeindeleben in Deutschland und in

---

1 Der vorliegende Beitrag fußt auf meiner Antrittsvorlesung *„Normen des Grundgesetzes und Wandelbarkeit der Scharia – Herausforderung an die Islamische Religionspädagogik“*, die ich am 24. April 2009 an der Universität Osnabrück gehalten habe. Bei der verschriftlichten Form wird der Vortragsstil weitgehend beibehalten.

2 Vgl. Bülent Ucar, *„Didaktik, Methodik und Inhalte eines Islamischen Religionsunterrichts in Deutschland: Versuch einer Grundlagendarstellung und künftige Forschungsaufgaben“*, in: Harry Harun Behr u.a., *„Den Koran zu lesen genügt nicht!“. Fachliches Profil und realer Kontext für ein neues Berufsfeld. Auf dem Weg zum Islamischen Religionsunterricht*, Münster 2008, S. 105-121; Folkert Rickers, *„Islam – eine religionspädagogische Herausforderung“*, in: Wolf-Dietrich Bukow/Erol Yildiz, *Islam und Bildung*, Opladen 2003, S. 49-80, hier S. 54.

den Herkunftsländern gut gekannt und berücksichtigt werden. Ferner muss sie sich religiösen Wertvorstellungen verpflichtet wissen und sich andererseits aber auch auf die Erkenntnisse der modernen Pädagogik, der Entwicklungspsychologie und insbesondere der christlichen Fachdidaktiken einlassen. Hier können muslimische Religionspädagogen von den Erfahrungen ihrer eingeübten christlichen bzw. jüdischen Kollegen lernen. Wohlgemerkt heißt „lernen" nicht blind nachahmen, sondern den Blick ebenso auch auf erfolgte Irrungen und Wirrungen zu richten, die auf der normativen Ebene sicherlich unterschiedlich klassifiziert werden können.[3] Im Umgang mit Christen bzw. Juden, deren theologischen Positionierungen und religiösen Überzeugungen darf es schließlich nicht um nivellierende Gleichmacherei gehen, sondern vielmehr muss sich der dialogisch angelegte Religionsunterricht auf „den Anderen" und seine Wahrheitsvorstellungen einlassen, *versuchen*, diesen zu verstehen – wenngleich dies nie vollständig gelingen wird – und sich um Empathie *bemühen*. Vor diesem Hintergrund ist der interreligiöse Ansatz von Bedeutung, der Muslime zu einer grundsätzlichen Offenheit im Umgang mit den beiden anderen monotheistischen Geschwisterreligionen verpflichtet. Die zunehmende Säkularisierung und religiöse Pluralisierung prädestinieren Menschen mit religiösen Wertvorstellungen und Glaubenserfahrungen und jene, die hiervon in Kenntnis gesetzt werden möchten, für einen ehrlichen und unmittelbaren Austausch untereinander. Damit hat der Religionsunterricht, ohne diesen im interreligiösen Anspruch zu überfrachten, auch die *Möglichkeit*, Vorurteile im Umgang miteinander abzubauen und zu Verständnis und Toleranz beizutragen. Inwieweit dies auch von beiden Seiten tatsächlich gewollt wird, müsste separat analysiert werden.

Der Religionsunterricht kann auf der kognitiven Ebene jedoch mehr leisten. Kompetente Lehrkräfte können die Jugendlichen dazu anleiten, das im Unterricht und davor oder parallel dazu in den Moscheen erhaltene Wissen kritisch zu reflektieren, es zu ordnen und zu hierarchisieren. Nicht einfache Implementierung religiöser Überlieferungen bildet die Grundlage des staatlichen Religionsunterrichts, sondern die analytische Auseinandersetzung mit diesen in einem reflexiven Diskurs. Ich benutze an dieser Stelle bewusst das Wort „analytisch", da viele Muslime das Wort „kritisch" ausschließlich negativ konnotieren. Die Inhalte des Religionsunterrichts lassen sich zugleich nicht auf die Vermittlung von Kenntnissen reduzieren; das Lernen und Lehren sind nicht Selbstzweck. Die Koranrezitation, das Memorieren kurzer Suren und das

3 Bülent Ucar, *„Religion in der Schule: Eine muslimische Perspektive"*, (Forum Religion an öffentlichen Schulen, Berlin 04.12.2008), in: Evangelischer Pressedienst (Hg.), *epd-Dokumentation* (2/2009), S. 39-41; ders., *„Islamische Religionspädagogik im deutschen Kontext: Die Neukonstituierung eines alten Fachs unter veränderten Rahmenbedingungen"*, in: ders. u.a. (Hg.), *Religionen in der Schule und die Bedeutung des Islamischen Religionsunterrichts*, Göttingen 2010, S. 33-51.

beispielhafte exemplarische Einüben bestimmter Gebetshaltungen *vollständig* unter Bezugnahme auf aufklärerische Ideale aus dem Unterricht verbannen zu wollen, ist nicht wirklich durchdacht, vielmehr belegt diese Haltung lediglich eine fehlende Empathie für das religiöse Leben der Muslime. Gerade über diese (auch performativen) Bezüge wird spirituelles Lernen ermöglicht, eine komplementäre Rückkopplung an bestehendes Vorwissen aktiviert und eine Anerkennung traditioneller islamischer Bildungstradition demonstriert.

Die in diesem Kontext immer wieder konstatierte Diskrepanz zwischen Glaubens- und Handlungsbezug sowie der kritischen Reflexion der Inhalte eines Religionsunterrichts ist eine künstlich hergestellte und daher anzuzweifeln. Die Befähigung zu selbstständigem Denken, Handeln und Urteilen schließt nicht die Darstellung und Vermittlung von sich widersprechenden Wahrheitsansprüchen aus. Eine „Islamerziehung im Zeichen reflektierter Aneignung“[4] auf der Grundlage als selbstverständlich wahrgenommener Texte bildet also keinen Widerspruch. Tatsächlich werden in der Schulwirklichkeit beide Komponenten ohnehin miteinander einhergehen, was auch pädagogisch sinnvoll ist. Selbstverortung, Identitätsfindung bzw. -sicherung und Dialogbereitschaft, interreligiöse Kompetenzen und innerislamische Verständigung bilden einander ergänzende Prinzipien und sind keine Gegensätze.[5]

Die Transparenz der Inhalte im Religionsunterricht und ihre argumentative Nachvollziehbarkeit erleichtern die Bestimmung von Lernzielen und deren Überprüfung anhand vorgegebener Größen und entsprechender Konkretisierungen. Vor diesem Hintergrund haben die Lehrkräfte Kindern und Jugendlichen im Religionsunterricht ein Angebot zu machen, sich dem Geist des Glaubens gegenüber zu öffnen und sie diesbezüglich von allen äußeren Zwängen zu befreien. Ob dieses religiöse Angebot von den Schülern[6] angenommen wird, ist allein Sache der Jugendlichen selbst. Daher muss sich der Unterricht unbedingt an das Überwältigungsverbot halten, sich diskurshermeneutisch im Sinne eines „offenen Endes“ positionieren und Jugendliche nicht gegen ihren oder den Willen ihrer Eltern zu Glaubensüberzeugungen drängen, um damit letztlich Doppelmoral und Heuchelei zu fördern. Von negativen Zuschreibungen und Unterstellungen durch Lehrkräfte ist in diesem Zusammenhang Abstand zu nehmen. Schließlich lässt sich dies theologisch auch mit entsprechenden Koranversen begründen, die inhaltlich nicht nur auf Nachsicht in der Vermittlung rekurrieren, sondern die Religionsfreiheit grundsätzlich betonen. Hier ist längst

---

4 Hans Günter Heimbrock, „*Jenseits der Koranschulen – Auf dem Wege zur Islamischen Erziehung im westlichen Kontext*“, in: *Zeitschrift für Pädagogik und Theologie*, 59 (2007), S. 170-179, hier S. 174.

5 Vgl. Folkert Rickers, „*Islam – eine religionspädagogische Herausforderung*“, S. 54.

6 Wenn im Folgenden zwecks besserer Lesbarkeit nur die grammatikalische maskuline Form „Schüler“ (z.B.) benutzt wird, so ist immer auch die weibliche Personengruppe („Schülerinnen“) mit gemeint.

nicht nur der immer wieder bemühte Koranvers anzuführen, welcher keinen Zwang in der Religion erlaubt,[7] sondern zahlreiche weitere:

> „Für jeden von euch (die ihr verschiedenen Bekenntnissen angehört) haben Wir eine eigene Religion/Brauchtum (*šir'a*) und einen (eigenen) Weg bestimmt. Und wenn Allah gewollt hätte, hätte Er euch zu einer einzigen Gemeinschaft (*umma*) gemacht. Aber Er (teilte euch in verschiedene Gemeinschaften auf und) wollte euch in dem, was Er euch (von der Offenbarung) gegeben hat, auf die Probe stellen. Wetteifert nun nach den guten Dingen! Zu Allah werdet ihr (dereinst) allesamt zurückkehren. Und dann wird Er euch Kunde geben über das, worüber ihr (im Diesseits) uneins waret."[8]

> „Und die meisten Menschen sind nicht gläubig, du magst noch so sehr darauf aus sein."[9]

> „Und wenn dein Herr wollte, würden die, die auf der Erde sind, alle zusammen gläubig werden. Willst nun du die Menschen (dazu) zwingen, daß sie glauben?"[10]

Diese und andere Verse legen uns keine religiöse Indifferenz oder gar Beliebigkeit nahe; vielmehr betonen sie die Wichtigkeit, den Menschen in seinen Glaubensentscheidungen (auch wenn sie *falsch* sind bzw. nach dem je eigenen Glaubensverständnis so wahrgenommen werden) zu respektieren und nach dem Guten in unterschiedlichen Formen zu suchen – ausschließlich hierum geht es mir in diesem Zusammenhang.

Von unterschiedlichen Kreisen wird immer wieder darauf hingewiesen, dass bei der Entwicklung einer modernen Islamischen Religionspädagogik nicht ausschließlich auf religiöse Texte zurückzugreifen sei, sondern im Umgang mit der Schülerschaft deren konkrete Lebenswirklichkeit, ferner die Erwartungen der Eltern und Moschee-Gemeinden sowie die Haltungen religiöser Autoritäten zu berücksichtigen seien. Vor allem ist auf der Basis empirischer Bildungsforschung zu klären, welche Erwartungen und Vorstellungen in Bezug auf den Schulalltag, die Lehrkräfte, die Unterrichtsinhalte, -methoden und -stile bestehen.[11] Ein erfolgreicher Islamischer Religionsunterricht wird einen evidenten Lebensbezug haben und ganzheitlich ausgerichtet sein müssen. Das Korrelationsprinzip, die Elementarisierung, aber auch die *asbāb an-nuzūl*-Literatur (Herabsendungsanlässe) sowie die schrittweise Herabsendung des Koran (*tadrīǧ*) und die Abrogation in der Normsetzung (*nāṣiḫ-manṣūḫ*) durch den Koran liefern uns zumindest in methodischer Hinsicht hinreichende Indizien und Vorgaben hierfür.

---

7 Koran, 2/256. Siehe hierzu die abweichende Haltung von Rudi Paret, *„lā ikrāha fī-d-dīni: Toleranz oder Resignation?"*, in: *Der Islam*, Bd. 45, (1969), S. 299f.

8 Koran, 5/48.

9 Koran, 12/103.

10 Koran, 10/99.

11 Vgl. Hans-Günter Heimbrock, *„Jenseits der Koranschulen"*, S. 176-178.

Ein zukunftsweisender Islamischer Religionsunterricht hat die Schülerschaft so zu *erziehen*, dass er nicht nur auf die Herausforderungen der Zeit, in der Gewalt als Mittel religiöser Selbstbestätigung genutzt wird, reagiert, sondern er sollte auch eine bewusst friedensstiftende Rolle übernehmen und zur humanen und gerechten Gestaltung der Gesellschaft aktiv beitragen.[12] Eine permanente Entschuldigungshaltung in Bezug auf den Religionsunterricht ist weder angestrebt noch notwendig. Religion kann Menschen – zur Verwunderung manch eines Religionskritikers – im Alltag nämlich auch helfen, ihnen Orientierung geben, sinnstiftend wirken und sogar manch schädigenden Phänomenen, wie Gewalt und Kriminalität, vorbeugen.[13] Hierbei handelt es sich nicht um eine falsche Instrumentalisierung von Religion oder gar eine Umfunktionalisierung; vielmehr sollen sachdienliche Nebeneffekte eines gelungenen Religionsunterrichts hervorgehoben werden. Freilich setzt dies eine Orientierung an einer „Theologie der Mitte“ voraus.

2. Wechselwirkungen zwischen Islamischer Religionspädagogik und Scharia

Lassen Sie mich nun zu der Frage kommen, wie sich eine Islamische Religionspädagogik vor dem Hintergrund der Debatte um die Werte des Grundgesetzes und die Wandelbarkeit der Scharia zu positionieren hat. Im Folgenden werden nur einige Beispiele, die in den islamischen Primärquellen auftauchen und aus heutiger Sicht bedenklich erscheinen, erwähnt und religionspädagogisch sowie exegetisch diskutiert.

Aus dem Koran und der Sunna des Propheten lassen sich konkrete Beispiele zitieren, die dem heutigen Verständnis der Menschenrechte und des Grundgesetzes zu widersprechen scheinen. Hierzu kann durchaus kritisch die Frage gestellt werden, ob ein solcher Widerspruch überhaupt möglich sei, da Gott als Schöpfer über der Zeit stehe, und dem Verständnis der Menschen, welche wiederum Grundgesetz und Menschenrechte kreiert haben, mit seinen zeitgebundenen Wahrnehmungen von Werten nur eine relative Bedeutung zugesprochen werde. In der Folge sei dieses konstruierte kontroverse Konzept nicht durchdacht, da äquivalente Vergleichswerte fehlten. An dieser Stelle muss dieser tiefer gehende Diskurs aufgrund der weiterführenden rechtsphilosophischen Qualität mit entsprechenden Konnotationen im *Uṣūl*- und *Kalām*-Bereich ausgeblendet werden. Um diese Problematik zu entflechten, könnte man sicherlich auch die Frage diskutieren, ob Gott seine Offenbarung konsequent überzeitlich setzt oder diese den Menschen in einem historischen Kleid vermittelt. Faktum ist,

---

12 Vgl. Folkert Rickers, *„Islam – eine religionspädagogische Herausforderung?“*, S. 54.

13 Vgl. Hans-Joachim Roth, *„Religiöse Orientierungen von Jugendlichen“*, in: Bukow/Yildiz, *Islam und Bildung*, S. 138f.

dass ein solcher Widerspruch allein in der Wahrnehmung der Menschen besteht und nur dieser Umstand liegt hier der weiteren Erörterung zugrunde. Betrachten wir nun also einige konkrete Aspekte aus den Primärquellen des Islam, welche auch aktuell Relevanz besitzen, näher.

a) Frauenrechte (Überlegenheit des Mannes)

Der für uns hier bedeutsame Teil der Sure 4, Vers 34 wird von unterschiedlichen nichtmuslimischen Autoren folgendermaßen in die deutsche Sprache übersetzt:

> „Die Männer sind höher stehend als die Weiber." (Übersetzung von *Lazarus Goldschmidt*[14])
>
> „Die Männer sind den Weibern überlegen." (Übersetzung von *Max Henning*[15])
>
> „Die Männer stehen über den Frauen." (Übersetzung von *Rudi Paret*[16])
>
> „Die Männer stehen für die Frauen ein." (Übersetzung von *Hartmut Bobzin*[17])
>
> „Die Männer haben Vollmacht und Verantwortung für die Frauen." (Übersetzung von *Adel Theodor Khoury*[18])

Bereits diese Übersetzungen beinhalten im Grunde genommen Interpretationen, die entsprechend eines je spezifischen Vorverständnisses eines Autors ausfallen. Historisch mag dies anders gewesen sein. Dem muslimischen Selbstverständnis in der Moderne kommt, wie Querverweise in den Fußnoten zeigen, die Übertragung von Khoury am nächsten. Dazu wird im Weiteren noch Stellung bezogen werden. Es gibt aber auch im Wortlaut eindeutige Textpassagen aus dem Koran oder etwa aus dem Munde der Propheten, wie folgende Überlieferungen aus kanonischen Sammlungen zeigen.

---

14 *Der Koran*, Wiesbaden 1983.

15 *Der Koran*, Leipzig 1901.

16 *Der Koran*, Stuttgart [10]2007, S. 64.

17 *Der Koran*, München 2010, S. 74.

18 Themenkonkordanz, *Koran*, hrsg. v. Adel Theodor Khoury, Gütersloh 2009, S. 670. Ähnlich auch Muḥammad ʿAlī, *Der Heilige Qur'ān*, Zürich 1954. Scheich ʿAbdullāh aṣ-Ṣāmit Frank Bubenheim/Nadeem Elyas, *Der edle Qur'ān und die Übersetzung seiner Bedeutung in die deutsche Sprache*, Medina 1423, S. 95; Abū Riḍā Muḥammad ibn Aḥmad ibn Rasūl, *Tafsīr al-qur'ān al-karīm*, Bonn [30]2008, S. 266; Aḥmad Mīlād Karīm, *Der Koran*, Freiburg 2009, S. 68.

b) Inhumanes Strafrecht (Apostasie)

„Tötet jene, die ihre Religion wechseln."[19]

c) Züchtigung als Erziehungsmittel

„Wenn eure Kinder sieben Jahre alt sind, befiehlt ihnen das Gebet, und wenn sie es mit zehn immer noch nicht verrichten, dann schlagt sie."[20]

d) Dschihad als Angriffskrieg

„Und wenn nun die heiligen Monate abgelaufen sind, dann tötet die Heiden, wo (immer) ihr sie findet, greift sie, umzingelt sie und lauert ihnen überall auf! Wenn sie sich aber bekehren, das Gebet verrichten und die Almosensteuer geben, dann laßt sie ihres Weges ziehen!" (Koran 9/5, Übersetzung von *Rudi Paret*[21])

3. Inhaltliche Grenzen und staatliche Bildungs- und Erziehungsziele des (Islamischen) Religionsunterrichts

Bevor die Frage, wie mit solchen Textstellen religionspädagogisch oder exegetisch umzugehen ist, geklärt wird, sind zunächst die rechtlichen Grenzen eines Religionsunterrichts zu erörtern, um auch die inhaltlichen Grundlagen abzustecken. Vor diesem Hintergrund stellt sich die Frage danach, was überhaupt in einem ordentlichen Religionsunterricht unterrichtet werden darf – die Frage also nach den inhaltlichen Grenzen für den Islamischen Religionsunterricht und den Kriterien für die Überprüfung der Glaubensinhalte, welche im Lehrplan festgelegt und im schulischen Religionsunterricht vermittelt werden. Die materiellen und rechtlichen Anforderungen bei der inhaltlichen Ausgestaltung des Religionsunterrichtes betreffen einen wesentlichen Fragenkreis, der sich für alle Religionsgemeinschaften gleichermaßen stellt.

Der Religionsunterricht bewegt sich rechtlich im Spannungsfeld zwischen dem Elternrecht und der Religionsfreiheit einerseits sowie der Schulpflicht und den allgemeinen Erziehungszielen der Schulen andererseits. Neben Bayern und zahlreichen anderen Bundesländern steht in der Landesverfassung Nordrhein-Westfalens, dass etwa die „*Ehrfurcht vor Gott*, Achtung vor der Würde des Menschen und Bereitschaft zum sozialen Handeln *zu wecken, [...] vornehmstes Ziel der Erziehung*"[22] sei. In Niedersachsen ist dieser Gedanke etwas weicher formuliert: „*Die Schule soll im Anschluß an die vorschulische Erziehung die Persönlichkeit der Schülerinnen und Schüler auf der Grundlage des Christentums [...] weiterentwickeln.*"[23]

19 Muslim, *Ǧihād* 149.
20 Abū Dawūd, *Ṣalāh* 26.
21 *Der Koran*, Stuttgart ^{10}2007, S. 132.
22 Artikel 7 Abs. 1 Landesverfassung NRW [Hervorhebungen: B. U.].
23 NSchG §2 Abs. 1 [Hervorhebungen: B. U.].

Ein weiteres wichtiges Ziel des Schulunterrichtes im Allgemeinen und in der Islamischen Unterweisung im Besonderen besteht hinsichtlich der Erziehung zu *demokratischem Bewusstsein*, *Respekt* gegenüber anderen Mitmenschen und *Toleranz* auf der Grundlage religiöser Werte.[24] Die Bayerische Verfassung gibt dies in Art. 131 Abs. 2 und 3 sehr schön wieder:

> „Oberste Bildungsziele sind Ehrfurcht vor Gott, Achtung vor religiöser Überzeugung und vor der Würde des Menschen, Selbstbeherrschung, Verantwortungsgefühl und Verantwortungsfreudigkeit, Hilfsbereitschaft und Aufgeschlossenheit für alles Wahre, Gute und Schöne und Verantwortungsbewusstsein für Natur und Umwelt. (3) Die Schüler sind im Geiste der Demokratie, in der Liebe zur bayerischen Heimat und zum deutschen Volk und im Sinne der Völkerversöhnung zu erziehen."

Daneben stehen aber auch eine Reihe weiterer staatlicher Erziehungsziele, die aus dem Grundgesetz, den Landesverfassungen, Schulgesetzen und anderen Gesetzen und Verordnungen hervorgehen. Hierzu zählen u.a. Ehrfurcht vor allem Lebendigen, Toleranz, Nächstenliebe, Gerechtigkeit, sittliches und politisches Verantwortungsbewusstsein, Friedensfähigkeit, freiheitlich demokratische Haltung, Selbstbestimmung und Urteilsfähigkeit.

Auch der Religionsunterricht muss sich – wie alle anderen Fächer – an diesen Zielen[25] orientieren und mit ihnen kompatibel sein. Wie sich dies im Einzelnen darstellt, wird jedoch noch zu konkretisieren sein. Zudem sind die inhaltlichen Maßstäbe bei der Beurteilung des Religionsunterrichts nicht ausschließlich auf den Islam zugeschnitten, denn sie müssen auch für Christen, Juden, Buddhisten usw. gleichermaßen gelten. Die Ehelosigkeit von Priestern, der geschlechtsgebundene Zugang zu Ämtern im Christentum, die Tötung von Ehebrechern im Judentum, die Existenz des Kastensystems im Hinduismus

---

24 Siehe nur Akademie für Lehrerfortbildung und Personalführung (Hg.), *Islamische Unterweisung Deutsch. 1. Jahrgangsstufe*, Bd. 2, Dillingen 2004, S. 19; Bayerisches Staatsministerium für Unterricht und Kultus (Hg.), *Lehrplan für die islamische Unterweisung in deutscher Sprache. Grundschule, Hauptschule, Jahrgangsstufen 1 bis 10*, München 2005, S. 2-4; siehe auch Niedersächsisches Kultusministerium (Hg.), *Kerncurriculum für den Schulversuch in der Grundschule: Islamischer Religionsunterricht Schuljahrgänge 1-4*, Hannover 2010; vgl. beispielsweise auch die Landesverfassung NRW Art. 7 Abs. 1 und 2: „Ehrfurcht vor Gott, Achtung vor der Würde des Menschen und Bereitschaft zum sozialen Handeln zu wecken, ist vornehmstes Ziel der Erziehung. Die Jugend soll erzogen werden im Geiste der Menschlichkeit, der Demokratie und der Freiheit, zur Duldsamkeit und zur Achtung vor der Überzeugung des anderen, zur Verantwortung für die Erhaltung der natürlichen Lebensgrundlagen, in Liebe zu Volk und Heimat, zur Völkergemeinschaft und Friedensgesinnung." Vgl. auch BVerfGE 52, 223 abgedruckt in Jürgen Schwabe, *Entscheidungen des Bundesverfassungsgerichts*, Studienauswahl (Bde. 1-89), Hamburg [6]1994, S. 189ff.

25 Siehe zu diesen Erziehungszielen: M. Dietrich, *Islamischer Religionsunterricht. Rechtliche Perspektiven*, Frankfurt a. M. 2006, zugl. Diss. Universität Erlangen-Nürnberg 2006, S. 326ff.

sind u.a. Belege dafür, dass nicht nur der Islam Bestimmungen enthält, die entweder als problematisch oder als offenkundige Widersprüche zur hiesigen Rechtsordnung bewertet werden müssen. Aufgrund der innerhalb der Mehrheitsgesellschaft häufig wahrgenommenen Fremdheit der Muslime, den zahlreichen in Deutschland existenten Vorurteilen sowie den medial brisant aufbereiteten und zugleich auch unter manchen Muslimen verbreiteten problematischen Praktiken, richtet sich der Fokus aber vornehmlich auf die Anhänger des islamischen Glaubens. Zu den immer wieder zitierten Bestimmungen, die in diesem Zusammenhang vorgetragen werden, gehören u.a. auch die bereits erwähnten Fälle der drakonischen Strafrechtsbestimmungen, die Apostasie-Strafe, der Status der Frauen und der Minderheiten sowie die Norm des „Heiligen Krieges".[26] Es stellt sich also die Frage nach den inhaltlichen Grenzen des Islamischen Religionsunterrichts. Darf in einem solchen Unterricht beispielsweise gelehrt werden, dass die Ungleichheit von Mann und Frau naturgegeben und gottgewollt ist? Darf die körperliche Züchtigung von Kindern und Frauen propagiert oder gelehrt werden? Kommt es nur auf die Einhaltung der Rechtsordnung oder auch auf die Verinnerlichung ihrer Werte und Normen an? Die Juristen scheinen sich in dieser Frage uneinig zu sein. Manche heben hervor, dass die schulischen Erziehungsziele nicht konterkariert werden dürfen. Andere äußern bereits Bedenken, wenn gegen bestimmte *Grundwerte* des Grundgesetzes verstoßen wird. Andere wiederum ziehen einen Vergleich zu den politischen Parteien. Gemäß Art. 21 Abs. 2 GG seien nur solche Inhalte bedenklich, welche die freiheitlich-demokratische Grundordnung beeinträchtigten.

Zusammenfassend lässt sich mit Dietrich sagen: Einerseits ist der Religionsunterricht kein Instrument zur einseitigen und ausschließlichen Umsetzung staatlicher Erziehungsziele, andererseits darf mit staatlicher Unterstützung kein Gegenunterricht konzipiert werden, der die genannten Erziehungsziele außer Acht lässt.[27] Die Beweislast trägt allerdings der Staat. Dass eine bestimmte Glaubensaussage im Lehrplan nicht verfassungskonform sei, solle vom Staat eindeutig nachgewiesen werden.[28] So würden Themeneinheiten, wie Scharia und Dschihad, seitens der zuständigen Ministerien häufig auf Ablehnung stoßen, was diese jedoch begründen müssten.[29] Gerade dieser Punkt erscheint mir interessant zu sein, war doch Angst immer ein schlechter Ratgeber; hierzu wird weiter unten noch Stellung bezogen.

Gemäß dem Prinzip *verba docent, exempla trahunt* muss der theoretische Rahmen mit konkreten Beispielen unterfüttert werden. In diesem Zusammenhang ist entscheidend, wie mit problematischen Themen im Unterricht inhalt-

---

26 Vgl. M. Dietrich, *Islamischer Religionsunterricht*, S. 327. Bei diesen Beispielen sei die inhaltliche Grenze des Religionsunterrichts erreicht, vgl. ebd., S. 339.

27 Vgl. ebd., S. 343.

28 Vgl. ebd., S. 345.

29 Vgl. ebd., S. 346.

lich, konzeptionell und methodisch umgegangen wird. Dies ist eine wichtige didaktische Entscheidung, die primär auf der Lehrplanebene entschieden und in der Praxis durch die Lehrkräfte konkretisiert wird. Grundsätzlich gibt es hier hinsichtlich der Handhabung zwei Ausrichtungen: Entweder werden solche Themen bewusst ausgeklammert, wie es etwa die türkischen Lehrpläne in der Regel tun, oder sie werden in den Unterricht einbezogen und dann ggf. auch kritisch reflektiert.

3.1 Aufgaben und Ziele des Islamischen Religionsunterrichts[30]

Neben den allgemeinen Bildungs- und Erziehungszielen der Schule ist ein Blick auf die konkreten Aufgaben und Ziele des Islamischen Religionsunterrichts in diesem Zusammenhang notwendig. Zwar spricht das niedersächsische Curriculum von „Kompetenzen", aber letztlich geben die Lehrpläne für den Islamischen Religionsunterricht in Niedersachsen, Nordrhein-Westfalen, Bayern und Baden-Württemberg neben dem Erwerb spezifischer Kompetenzen u.a. folgende Ziele und Aufgaben vor: Der Islamische Religionsunterricht soll in den öffentlichen Schulen vor allem die Entwicklung einer islamischen Identität in einer nichtmuslimischen Umwelt unterstützen; islamische Traditionen in ihrer Geschichte mit allen Facetten bewusst machen; den Schülerinnen und Schülern auf der Suche nach einer eigenen Lebensausrichtung Orientierung geben; den Wortschatz/die Artikulationsfähigkeit der Schülerinnen und Schüler besonders im Hinblick auf die islamische Sprachkultur und Metaphorik fördern; auf der Grundlage islamischer Quellen dazu motivieren, eigenverantwortlich zu leben und zu handeln; die Schülerinnen und Schüler mit dem Koran und seiner Botschaft bekannt machen und ihnen die Fähigkeit vermitteln, Deutungsmöglichkeiten zu erkennen.[31] Diese Bildungs- und Erziehungsziele sind als unproblematisch und verfassungskonform zu betrachten. Hier muss nun ein Schritt weitergegangen werden, um nach problematischen Inhalten des Religionsunterrichts bzw. der jeweiligen Religion zu fragen, und insbesondere interessiert die Frage des didaktischen und methodischen Umgangs damit.

---

30 Das Fach hat in unterschiedlichen Bundesländern aufgrund der verschiedenen rechtlichen Einschätzungen und entsprechenden Zuordnungen verschiedene Denominationen.

31 Vgl. Akademie für Lehrerfortbildung und Personalführung (Hg.), *Islamische Unterweisung Deutsch. 1. Jahrgangsstufe*, Bd. 2, Dillingen 2004, S. 19; Bayerisches Staatsministerium für Unterricht und Kultus (Hg.), *Lehrplan für die islamische Unterweisung in deutscher Sprache. Grundschule, Hauptschule, Jahrgangsstufen 1 bis 10*, München 2005, S. 2-4; siehe auch Niedersächsisches Kultusministerium (Hg.), *Kerncurriculum für den Schulversuch in der Grundschule: Islamischer Religionsunterricht Schuljahrgänge 1-4*, Hannover 2010; Ministerium für Schule und Weiterbildung (Hg.), *Lehrplan Islamkunde in deutscher Sprache in der Grundschule Klasse 1 bis 4*, Düsseldorf 2006.

3.2 Didaktischer Umgang mit grundgesetzwidrigen religiösen Normen/Grundhaltungen

Auf dieser Grundlage ist festzuhalten, dass es religiöse Normen gibt, die mit den Vorgaben des Grundgesetzes (siehe 2. *Wechselwirkungen zwischen Islamischer Religionspädagogik und Scharia*) nicht harmonieren. Sofern diese Prämisse akzeptiert wird, ist weiter danach zu fragen, in welcher Form zu verfahren ist, um eine Lösung zu finden, die didaktisch verständlich, theologisch begründet, pädagogisch durchdacht und schließlich grundgesetzkonform ist.

Eine Möglichkeit bestünde in der Feststellung und damit Aufrechterhaltung der ewigen Diskrepanz zwischen diesen Ebenen. In diesem Fall müsste diese Thematik beispielsweise im schulischen Kontext bewusst ausgeklammert und in einen nichtschulischen und nichtstaatlichen Bereich delegiert werden. Ob eine solche Verlagerung wirklich durchdacht und sinnvoll wäre, ist meines Erachtens fraglich. Denn die problematischen Inhalte bleiben existent und werden z.B. durch religiöse Extremisten im Internet verbreitet, wo sie von Schülern problemlos abgerufen werden können.

Eine weitere Alternative wäre, die verschiedenen normativen Positionierungen und glaubens- bzw. ideologisch basierten Wertungen rein deskriptiv parallel nebeneinanderzustellen und sie entsprechend zu referieren. Die Lehrkräfte könnten sich – in didaktischer Hinsicht durchaus verständlich – auf die Position der nicht verinnerlichten Gesetzestreue zurückziehen. Da das Grundgesetz keine Gesinnungstests vorsieht, käme es hier, unabhängig von der Verinnerlichung der gesetzlichen Normen, lediglich darauf an, ob die jeweilige Religionsgemeinschaft in einer Diskrepanzkonstellation Gesetzestreue vorsieht. Dass diese neutrale Wissensvermittlung langfristig und gerade in Bezug auf heikle Situationen, Schülerinnen und Schülern in staatlicher Obhut zu nicht zu verantwortenden Gewissenskonflikten führen kann, ist unumstritten und lässt daher nach weiteren Lösungsansätzen fragen.

Darüber hinaus lässt sich fragen, ob diese als statisch wahrgenommenen Normen wechselseitig auch wandelbar sind. Gemäß dem Kontroversitätsprinzip wird hinsichtlich der unterschiedlichen religiösen Auffassungen diese mögliche Wandelbarkeit unter Beachtung theologischer Vorgaben und wissenschaftlich fundiert in ihrer Vielfalt darzulegen sein. Die *uṣūl al-fiqh* und *uṣūl at-tafsīr* bieten uns für diesen methodischen Zugang eine ausreichende Pluralität an,[32] was weiter unten ausführlich anhand von konkreten Beispielen erörtert werden wird. Das mystische Grundmodell der Wahrnehmung und Praxis von religiösen Normen kann uns meines Erachtens in diesem Zusammenhang in konzeptioneller Hinsicht weiterhelfen. Dabei wird einseitiges Referieren dieses Wissens nicht

32 Siehe hierzu ausführlich Bülent Ucar, *Moderne Koranexegese und die Wandelbarkeit der Scharia in der aktuellen Diskussion der Türkei*, unveröffentlichte Habilitationsschrift, Universität Erlangen-Nürnberg 2008.

ausreichen. Vielmehr muss dieses Wissen unter veränderten Rahmenbedingungen neu produziert und auf die eigene Lebenssituation und persönliche Erfahrung bezogen werden (*ʿayn al-yaqīn*). Die erneute, nachträgliche Reflexion des neu produzierten und nach Möglichkeit angewandten Wissens wird uns schließlich auf die Meta-Ebene und womöglich danach zur Verinnerlichung bzw. Distanzierung führen (*ḥaqq al-yaqīn*). In jedem Fall wird beides – Verinnerlichung wie Distanzierung – durch die Lehrkraft zu akzeptieren sein.[33] Aufgrund der Komplexität der Themen, die in diesem kontrovers angelegten Ansatz zum Vorschein kommt, sollten Schülerinnen und Schüler hiermit erst in einer Phase konfrontiert werden, in der sie bereits eigenständig und differenziert genug denken und urteilen können. An diesem Punkt ist nun danach zu fragen, welche Möglichkeiten uns die islamische Hermeneutik und Normenlehre im Sinne der *uṣūl al-fiqh* und *uṣūl at-tafsīr* tatsächlich bieten. Denn nur wenn diese auch tatsächlich ein persönliches geistiges Fortkommen ermöglichen können, wird der hier aufgebaute Gedankengang nicht ins Leere laufen.

4. Religiöse Quellen des Islamischen Religionsunterrichts

Da sich die Lehrtexte im Religionsunterricht häufig auf Quellentexte beziehen, setzt der Umgang mit Quellen immer eine didaktische Entscheidung darüber voraus.[34] Die *islamische Orthodoxie* kennt grob vier religiöse Quellen: Koran, Sunna, Konsens der Gelehrten (*iǧmāʿ*) und den Analogieschluss (*qiyās*) bzw. die Vernunft (*ʿaql*). Unabhängig von der Frage der jeweiligen konfessionellen Bindung sind mittlerweile – abgesehen vom Koran – sämtliche Quellen in ihrer Quellenfunktion durch islamische Modernisten hinterfragt worden. Selbst zum Koran gibt es hinsichtlich der konkreten Auslegung unterschiedliche Standpunkte, die teilweise stark divergieren. Daher sollen im Folgenden vor allem die beiden Hauptquellen des Islam mit ihren entsprechenden methodischen und hermeneutischen Zugängen dargestellt werden. Aus diesen gehen die anderen beiden Quellen, *iǧmāʿ* und *qiyās*, hervor.

---

33 Siehe auch Bülent Ucar, „*Synopse für das Fach ‚Islamunterricht' in der Grundschule: Zwischen didaktischem Profil und inhaltlicher Gestaltung*", in: Michael Kiefer u.a. (Hg.), *Auf dem Weg zum Islamischen Religionsunterricht. Sachstand und Perspektiven in Nordrhein-Westfalen*, Münster 2008, S. 121-140; ders., „*Lehrpläne und Lehrmaterialien – was gibt es, was wird gebraucht?*", in: *Islamischer Religionsunterricht in Deutschland. Perspektiven und Herausforderungen: Dokumentation der Tagung der Deutschen Islam Konferenz 13. bis 14. Februar 2011*, Nürnberg 2011, S. 109-117.

34 Irka-Christin Mohr, *Islamischer Religionsunterricht in Europa. Lehrtexte als Instrumente muslimischer Selbstverortung im Vergleich*, Bielefeld 2006, S. 27.

4.1 Offenbarung und Koran

Nach vorherrschender Meinung erhielt der Prophet die erste Offenbarung im Alter von etwa 40 Jahren. Er gilt damals als reifer Mann, der mit beiden Beinen fest im Leben steht. Er sitzt außerhalb Mekkas in einer Höhle, um seinen Gedanken nachzugehen, als ihm der Engel Gabriel erscheint. Dieser teilt ihm indirekt mit, dass er der Gesandte Gottes sei. Er fordert Mohammed (*ʿalayhi s-salām*) auf, etwas vorzutragen, worauf ihm der Auserwählte entgegnet, dass er weder lesen noch schreiben könne. Doch nach mehrfacher Aufforderung erkennt Mohammed (*ʿalayhi s-salām*), dass er diese Botschaft doch versteht und sie vortragen kann. Überwältigt von dieser ersten Offenbarung, gleichzeitig aber auch verstört, kehrt er nach Hause zurück, wo ihn seine Frau erwartet, die ihn sofort als den Gesandten Gottes erkennt.

Dies ist die allgemeine und von den meisten muslimischen Gelehrten vertretene Vorstellung, wie sich das erste Offenbarungserlebnis, welches Mohammed (*ʿalayhi s-salām*) zuteilwurde, ereignet haben könnte.[35] Dabei ist auch der Glaube an ein Wunder ein wichtiger Faktor: Mohammed (*ʿalayhi s-salām*) soll bis zu diesem Zeitpunkt Analphabet gewesen sein. Nur durch die göttliche Eingebung war es ihm plötzlich möglich, die gesandten Botschaften zu empfangen und auch weiterzugeben, wodurch der Wundercharakter der Offenbarung selbst noch verstärkt wird.[36]

Doch nicht alle Offenbarungserlebnisse gleichen der ersten Begegnung, in der ein Bote von Gott gesandt wird. Manchmal vernahm Mohammed (*ʿalayhi s-salām*) auch nur eine Stimme, deren Ursprung von einem Vorhang oder Schleier verdeckt ist. Diese spricht zu ihm, aber es ist keine körperliche Gestalt zu erkennen. In den meisten Fällen empfängt Mohammed (*ʿalayhi s-salām*) die Botschaften aber mittels göttlicher Eingebungen. Dabei hat er weder eine Vision von einem Engel, noch hört er Stimmen. Er fällt für kurze Zeit in einen tranceartigen Zustand oder lauscht einfach den Geräuschen aus der Natur, um so Gottes Willen zu erfahren.[37] Bei den ersten Offenbarungen handelt es sich meistens um praktische Verhaltensweisen, die aus konkreten Situationen resultieren. Dies zeugt einerseits von einer direkten Bezugnahme auf das Geschehen rund um den Propheten und die Gesellschaft, in der er lebt, erschwert aber Außenstehenden die richtige Interpretation der Texte bzw. den Zugang zu Letzteren.[38] Unabhängig von diesem Vorgang herrscht weitgehender Konsens darüber, dass der Koran in erster Linie als eine Verbalinspiration Gottes zu ver-

35 Vgl. S. I. Rüschoff, *„Zum Offenbarungsverständnis im Islam“*, in: *Cibedo-Beiträge*, Nr. 26, 2/1984, S. 8.

36 Vgl. W. M. Watt/A. T. Welch, *Der Islam – Mohammed und die Frühzeit: Islamisches Recht – Religionsleben*, 3 Bde., Bd. 1, übers. v. S. Höfer, Stuttgart 1980, S. 58.

37 Vgl. ebd., S. 72f.

38 Vgl. Gerhard Endreß, *Der Islam – Eine Einführung in seine Geschichte*, München [3]1997, S. 33.

stehen ist, der in arabischer Sprache erfolgt ist. Nicht die Worte und Aussagen des Propheten werden im Koran wiedergegeben, sondern diejenigen Gottes. Damit nimmt der Koran im Leben der Muslime eine zentrale Bedeutung ein. Unabhängig von divergierenden innerislamischen Ansichten ist er der gemeinsame Nenner aller Muslime.

4.1.1 Koranexegese als eigene Wissenschaftsdisziplin

Wie ist der Koran jedoch zu verstehen und zu lehren? Dies ist eine Frage, die vor allem für viele nichtarabische Muslime, die seit Langem die absolute Mehrheit unter den Muslimen stellen, von großer Bedeutung ist, da sie in der Regel die arabische Sprache nicht beherrschen. Häufig wurde das Lehren einzig als Lesen und Rezitieren verstanden. Den Koran zu verstehen, geschweige denn auszulegen, galt als Anmaßung, Frevel oder Hybris des Menschen. Daher begnügte man sich häufig damit, ihn auswendig zu lernen, zu lesen und zu rezitieren, was in den meisten Moscheen heutzutage immer noch geschieht. In der Gelehrtenkultur entwickelte sich diesbezüglich eine eigene Wissenschaftsdisziplin (*uṣūl at-tafsīr*) und Literaturgattung (*tafsīr*).[39]

Allerdings stellt sich die Situation bezüglich des schulischen Unterrichts ganz anders dar. In diesem Kontext wird es vor allem darum gehen, den Kindern den Inhalt des Koran nahezubringen und sie zum Umgang mit ihm zu befähigen. Hierbei ist neben der Wahrnehmung und dem jeweiligen Verständnis vor allem die Frage seiner Auslegung von evidenter Bedeutung. In der islamisch-wissenschaftlichen Literatur gibt es verschiedene Ansätze, wie mit dem Koran umgegangen werden soll. Dabei spielt eine wesentliche Rolle, welche Auswirkungen und Funktionen dieser Umgang schließlich hinsichtlich der persönlichen Auslegung und damit verbundenen Bedeutungsermessungen eines jeden Individuums hat. Im Folgenden werden diese unterschiedlichen Ansätze aufgelistet:[40]

1. Traditionelle Lesart

- Überlieferungsbetont (aṭ-Ṭabarī, Ibn Kaṯīr)

---

39 Vgl. Bülent Ucar, *Moderne Koranexegese und Wandelbarkeit der Scharia in der aktuellen Diskussion der Türkei*, unveröffentlichte Habilitationsschrift, Universität Erlangen-Nürnberg 2008.

40 Vgl. für andere Aufteilungen auch Mehmet Erdem, *Kurana usuli yaklaşımlar. Hanefi ve Zahiri ekollerinin Kuran'dan hüküm çıkarma metodlarının mukayesesi*, (unveröffentlichte Master-Arbeit), Kayseri 1997, S. 142ff.; historizistische Auslegung: ebd., S. 150ff., handlungsorientierte Auslegung: ebd., S. 156ff., semantische Auslegung: ebd., S. 159ff., hermeneutische Auslegung: ebd., S. 164ff., philologische Auslegung: ebd., S. 167ff., revolutionäre Auslegung: ebd., S. 171ff. Siehe auch Rotraudt Wielandt, *"Exegesis of the Qur'ān: Early Modem and Contemporary"*, in: Jane D. McAuliffe (ed.), *Encyclopaedia of the Qur'ān*, Bd. 2, Leiden 2002, S. 124-142.

- Auslegungsbetont (ar-Rāzī)
- Mystisch-Symbolisch-Allegorisch (Ibn ʿArabī)

2. Aufklärerisch-rationalistische Lesart (ʿAbduh)
3. (Pseudo-)Wissenschaftliche Lesart (Saʿīd Nursī, Ṭabāṭabāʾī)
4. Literaturwissenschaftliche Lesart (Taha Ḥusayn, Abū Zayd, Muḥammad Ḫalafallāh)
5. Historisch-hermeneutische Ansätze (Fazlur Rahman)
6. Politische Ansätze (Sayyid Qutb)
7. Thematische Ansätze (Amīn al-Ḫūlī)

Es macht sicherlich Sinn, den Schülern in den höheren Jahrgangsstufen sämtliche Lesarten mit entsprechenden Beispielen vorzustellen. Hierbei sollten die verschiedenen methodischen Zugänge mit ihren jeweiligen historischen Hintergründen, Rahmenbedingungen und Motiven detailliert diskutiert werden. Denn nur so werden die Schüler die allgemeine Kontextualität und Subjektivität der menschlichen Annäherung an den Text des Koran verstehen. Darüber hinaus kann die Auslegung des Koran noch weiter konkretisiert werden. Diese Interpretationskriterien haben in der Vergangenheit sogar Zugang in einige Lehrpläne in Deutschland gefunden.[41] Im Folgenden werden einige Interpretationsansätze zum Korantext exemplarisch skizziert, um die vitale Vielfalt im Bereich der Koranexegese zu verdeutlichen.

a) Textimmanente Auslegung

Zunächst ist bei jeder Textstelle darauf zu achten, dass diese im konkreten Zusammenhang gelesen wird. Um Missverständnisse und Irritationen zu vermeiden, müssen also immer die jeweils vor- und nachstehenden Koranverse mitgelesen werden:

> „Wenn jedoch die *vier heiligen Monate* verstrichen sind, *sollt ihr die Götzendiener, wo immer ihr sie findet, töten, sie ergreifen, belagern und sie überall im Auge behalten*. Wenn sie reuig ihren Unglauben aufgeben, das Gebet verrichten und die Zakat-Abgaben entrichten, laßt sie ihres Weges ziehen! Gottes Vergebung und Barmherzigkeit sind unermeßlich.
>
> Sollte einer der Götzendiener dich um Schutz bitten, *mußt du ihn beschützen*, damit er Gottes Worte hört. Gewähre ihm Asyl! Das sind nämlich Menschen, die um die Offenbarung nicht wissen.
>
> Wie können die *vertragsbrüchigen Götzendiener* ein Bündnis mit Gott und Seinem Gesandten anstreben? Anders steht es mit jenen, mit denen ihr bei der Heiligen Mo-

41 Vgl. nur den Lehrplan NRW, S. 17.

schee – al-Masǧid al-Ḥarām – ein Bündnis geschlossen habt. *Wenn sie euch gegenüber korrekt sind, seid korrekt mit ihnen!* Gott liebt die Frommen.“[42]

Aus dem Zusammenhang des Textes wird bereits, ohne auf weitere Hinweise und Anmerkungen zu rekurrieren, deutlich, dass mit der Verfolgung der Götzendiener nicht eine Verfolgung ihres Glaubens gemeint ist, sondern sich diese Verse auf eine konkrete historische Situation beziehen, in der bestimmte Götzendiener die Muslime verraten, ihr Bündnis gebrochen und damit die Muslime in eine äußerst prekäre Situation gebracht haben. Hier muss klar werden, dass diese Textstelle nicht zu einer Gewaltverherrlichung missbraucht werden kann, sondern dass sie ihre wesentliche Bedeutung im Kontext einer reaktiv-defensiven Haltung erlangt. Schließlich wird in der Sure propagiert, dass die Muslime sich gegenüber jenen, die sich ihnen gegenüber korrekt verhalten, ebenso anständig benehmen sollen.

b) Systemimmanente Auslegung

Weiterhin ist darauf zu achten, dass die oben genannte Textstelle auch mit dem ganzen Koran abgeglichen und auf ihre Kompatibilität mit anderen Aussagen hin untersucht wird. Denn es können auch Stellen existieren, die dem als problematisch erscheinenden Koranvers völlig entgegengesetzt formuliert sind und ihn damit entkräften:

> „Deshalb haben Wir den Kindern Israels verordnet, daß, wenn jemand einen Menschen tötet, ohne daß dieser einen Mord begangen hätte, oder ohne daß ein Unheil im Lande geschehen wäre, es so sein soll, als hätte er die ganze Menschheit getötet; und wenn jemand einem Menschen das Leben erhält, es so sein soll, als hätte er der ganzen Menschheit das Leben erhalten.“[43]

Diese Textstelle beispielsweise verdeutlicht den besonderen Wert eines jeden Menschenlebens. Niemand darf einem unschuldigen Menschen ohne Grund das Leben nehmen. Dies ist das *Grundprinzip*, welches den Kindern auch als ein solches vermittelt werden muss. Dies schließt die Auseinandersetzung mit anderen situationsgebundenen Textstellen keinesfalls aus, sondern macht sie vielmehr sogar zwingend notwendig, um die historische Gebundenheit von bestimmten Aussagen zu verstehen.

c) Historische Auslegung

Ferner ist darauf zu achten, dass der Koran in einer bestimmten Zeit entstanden ist und sich diese mithin in ihren spezifischen Ausprägungen im Koran widerspiegelt. Dieses muss nicht zwangsläufig, wie viele meinen, eine Relativierung des

42 Koran, 9/5-7.
43 Koran, 5/32.

Koran oder seiner Aussagen bedeuten. Ganz im Gegenteil zeigt dies nur, dass der Koran in einer Wechselbeziehung zwischen dem göttlichen Willen und menschlichen Bedürfnissen formuliert wurde bzw. entstanden ist. Diesen letzten Satz müsste man in theologischer Hinsicht meines Erachtens dahingehend präzisieren, dass Gott bei der Herabsendung der Offenbarung die besonderen Umstände der Menschen mitberücksichtigt hat. Daher ist die Frage, wie bestimmte Textstellen von den ersten Muslimen verstanden und praktiziert wurden, besonders wichtig für eine wissenschaftliche Auseinandersetzung mit dem Koran.

> „O Ihr Gläubigen! Viele Schriftgelehrte und Mönche eignen sich die Güter der Menschen unrechtmäßig an und halten die Menschen von Gottes Pfad ab. Jenen, die Gold und Silber horten und es nicht für Gottes Sache ausgeben, verkünde qualvolle Strafe!“[44]

Diese Textstelle erweckt bei dem Leser den Eindruck, dass die Kapitalanhäufung im Islam strikt verboten sei. Dabei ist bekannt, dass die Muslime diese Textstelle seit jeher anders verstanden haben. Sie bezogen ihren Inhalt lediglich auf jene Güter, für die willentlich keine Sozialsteuer entrichtet wurde. Manche vertraten sogar die Auffassung, dass damit die Menschen in der vorislamischen Zeit gemeint seien.[45]

Die Berücksichtigung des historischen Kontextes erleichtert den Umgang mit schwierigen Textstellen, wenngleich eine zu starke geschichtliche Fokussierung die Bedeutung(en) des Koran stark eingrenzen kann. Daher empfiehlt es sich, darüber hinaus auch der Frage zu folgen, was mit dem Text gemeint ist bzw. bezweckt wird.

d) Teleologische Auslegung

> „Und wenn ihr fürchtet, nicht gerecht gegen die Waisen zu sein, so heiratet, was euch an Frauen gut ansteht, zwei, drei oder vier; und wenn ihr fürchtet, nicht billig zu sein, (heiratet) eine oder was im Besitz eurer rechten (Hand ist). So könnt ihr am ehesten Ungerechtigkeit vermeiden.“[46]

Diese Textstelle erweckt den Eindruck, als ob die Polygynie im Islam eine Selbstverständlichkeit sei. Dabei wird bei Berücksichtigung des historischen Wissens (auch westlicher Forscher) aber deutlich, dass der Islam die Vielweiberei nicht eingeführt, sondern sie vielmehr eingegrenzt und erschwert hat. In der vorislamischen Zeit konnten sich die Männer auf der Arabischen Halbinsel so

---

44 Koran, 9/34.

45 Mehmet Erdoğan, *Vahiy-akıl dengesi açısından sünnet*, Istanbul 1996, S. 87f.; Ahmet Yaman, *"İslam hukuk ilmi açısından makasıd ictihadının ya da gai/teleolojik yorum yönteminin ilkeleri üzerine"*, in: A. Yaman, *Makasıd ve Ictihad. İslam hukuk felsefesi araştırmaları*, Yediveren yay, Konya 2002, S. 165 (159-195), zitiert nach al-Buḫārī und Muslim.

46 Koran, 4/3.

viele Frauen nehmen, wie sie wünschten. Dies wurde durch den Koran eingeschränkt und die Männer wurden zum gerechten Umgang mit ihren Frauen verpflichtet. Erst dieses Wissen kann auch den Blickwinkel dafür eröffnen, was denn mit dem obigen Koranvers ursprünglich bezweckt war, mithin mögliche Weiterentwicklungen andeuten und diese dann problematisieren. In diesem Zusammenhang könnte man auch die die Sklaverei betreffenden Normen thematisieren und kontrovers diskutieren.[47]

e) Apodiktische Auslegung

Von Bedeutung ist ferner, dass manche Muslime den Koran, oder zumindest bestimmte Stellen, seit jeher wortwörtlich verstanden haben. Auch dieser Ansatz ist mit zahlreichen Problemen behaftet.

> „Das Urteil gehört Gott allein [...].“[48]

Auf Grundlage dieses Koranverses haben in der Geschichte beispielsweise die Charidschiten den Kalifen Ali (gest. 661) und einen Großteil der Muslime zu Ungläubigen erklärt. Denn während eines innermuslimischen Machtkampfes hatte sich der Kalif Ali, um weiteres Blutvergießen zu vermeiden, dazu bereit erklärt, einen Schiedsspruch zu akzeptieren. Die Charidschiten in der Armee von Ali taten jedoch kund, dass die Menschen dem obigen Koranvers zufolge nicht befugt wären, irgendwelche Urteile zu fällen.[49] Eine weitere Gruppe von politischen Islamisten bezieht diesen Koranvers in unserer Gegenwart auf das demokratische System und behauptet, dass sich die Parlamente durch ihre Gesetzgebungskompetenz zu Götzen machten. Diese Textstelle des Koran postuliere, dass dies nicht gestattet sei.[50] Um solchen Auslegungen entgegenzuwirken, ist nicht nur textuelles, historisches und teleologisches Wissen heranzuziehen, sondern auch ein philologischer Zugang zum Koran erforderlich. Diesbezüglich müssen unterschiedliche Bedeutungen (Konnotationen) etymologisch erarbeitet und diskutiert werden.

---

47 Vgl. Koran, 2/177-178, 221; 4/92; 5/89; 9/60; 24/32; 26/22; 58/3; 90/12-13.

48 Koran, 12/40.

49 Vgl. Mehmet Kubat, *"Nassların doğasındaki sübjektivitenin itikadi ayrılıklara etkisi: Çekişmenin kaynağı olarak dil ve dilsel ihtilafların sonuçları"*, in: Yüzüncü Yıl Üniversitesi Ilahiyat Fakültesi, *Kuran ve Dil – Dilbilim ve Hermenötik Sempozyumu 17-18 Mayıs 2001*, Van o.J., S. 112-114.

50 Vgl. auch Sabine Damir-Geilsdorf, *Herrschaft und Gesellschaft. Der islamistische Wegbereiter Sayyid Qutb und seine Rezeption*, Würzburg 2003.

f) Philologische Auslegung

Eine Textstelle, die immer wieder gern von Islamkritikern wie auch konservativen Patriarchen zitiert wird, ist diejenige, in der dem Mann gegenüber seiner Frau ein Züchtigungsrecht zugesprochen wird. Aber auch diese Textstelle kann, wie es beispielsweise Bekir Alboğa (DITIB) tut, anders gelesen und verstanden werden.

> „Das *Schlagen der Frau* in der Tradition des Propheten Mohammed ist absolut verboten. So wie es in der christlichen Theologie neue Interpretationen gibt, gibt es dies auch bei der muslimischen Theologie. Heute heißt es: Wenn ihr euch nicht versöhnen könnt, dann geht auseinander. Das entsprechende Verb hat auch die Bedeutung ‚sich auf den Weg machen'. Wichtig ist, den historischen Zusammenhang zu sehen. Man kann den Koran schwer verstehen, wenn man nicht Zeit und Raum miteinbezieht."[51]

Der Druck der allgemeinen Verwestlichung und des islamischen Feminismus hat in den letzten Jahren auch zu „eigenartigen" Auslegungen geführt. Auf der philologischen Ebene wird diese Textstelle beispielsweise umformuliert in „ihr solltet sie verlassen"[52]. Andere erkennen in dem Verb „*ḍaraba*" sogar den Geschlechtsakt. Der bekannte Hochschullehrer Hüseyin Atay aus Ankara übersetzt es etwa mit: „[...] Ihr sollt mit ihnen Geschlechtsverkehr haben."[53] Wenn mich persönlich diese *philologische Erklärung* auch nicht überzeugt und sie eher als eine konformistische Hingabe an den Zeitgeist zu werten ist, soll sie als eine Meinung gemäß dem hier favorisierten pluralistischen Ansatz Erwähnung finden. Es existieren aber auch weitere Annäherungen an diese Textstelle. Im Folgenden soll die besagte Textstelle genauer betrachtet werden:

> „Und wenn ihr fürchtet, daß (irgendwelche) Frauen sich auflehnen, dann vermahnt sie, meidet sie im Ehebett und schlagt sie!"[54] (*Rudi Paret*)

> „Und diejenigen Ehefrauen, deren böswillige, trotzige Auflehnung ihr fürchtet, diese sollt ihr (zunächst) ermahnen, dann in den Ehebetten meiden und ihnen (erst danach) einen (leichten) Klaps geben!"[55] (*Amīr Zaydān*)

Was bei *Paret* schlichtweg „schlagen" bedeutet, wird bei Zaydān zu einem „leichten Klaps" umformuliert. Zaydān ist sicherlich Recht zu geben, wenn er bezüglich seiner Wortwahl auf die prophetische Praxis und die Sunna rekurriert. Er befindet sich mit seiner Übersetzung noch auf dem Boden der Orthodoxie, wissenschaftlich ist diese Übersetzung jedoch eher apologetisch und bedenklich.

---

51 Bekir Alboğa im *Kölner Stadt-Anzeiger* vom 02.12.2006.

52 Mustafa Islamoğlu, *Nüzul sırasına göre Hayat Kitabı Kuran. Gerekçeli Meal-Tefsir*, Istanbul 2009, S. 892.

53 *Kuran Türkçe çeviri*, Yurt Bilimsel Araştırmaları ve Yayıncılık, Istanbul 1998.

54 *Der Koran*, Stuttgart [10]2007, S. 64.

55 Amīr Zaydān, *at-Tafsīr. Eine philologisch, islamologisch fundierte Erläuterung des Qur'ān-Textes*, Offenbach 2000, S. 75.

Korrekt wäre es, wenn er diese Textstelle mit „schlagen" wiedergeben und in der Erklärung schreiben würde, dass der Prophet seine Frauen niemals geschlagen und den Muslimen auch davon abgeraten hat, der Prophet den Frauen sogar ein Recht einräumen wollte, demgemäß sie ihre Männer in einer solchen Situation ebenfalls hätten schlagen dürfen, die Gesellschaft dafür allerdings noch nicht reif genug war.[56] Dies alles wäre jedoch bestenfalls als eine historisch-teleologische Auslegung einzustufen, wobei auch auf die Sunna als eine weitere Quelle Bezug genommen würde.

Unabhängig von diesen Beispielen und Ansätzen ist es wichtig, dass die Schüler in diesem Zusammenhang die unterschiedlichen Zugänge zum Koran mit ihren jeweiligen Problemen erkennen.

g) Historisch-kritische Auslegung

Der historisierende bzw. historisch-kritische Ansatz geht schließlich in Bezug auf den Wandel von religiösen Normen über den oben erwähnten historischen hinaus. Bei der Konzeption dieses Zugangs war vor allem der Pakistaner Fazlur Rahman (gest. 1988) anführend. Die Hauptthese Rahmans lässt sich verkürzt mit folgender Aussage zusammenfassen: Sämtliche konkrete Vorschriften im Koran seien speziell für die Araber der damaligen Zeit bestimmt gewesen und gingen lediglich auf ihre speziellen Bedürfnisse ein, deshalb müssten sie auch entsprechend weiterentwickelt werden. Die inhaltliche Gestaltung des Koran müsse folglich als ein Provisorium betrachtet werden und entscheidend seien demnach die Ziele und nicht die Mittel, genauer gesagt: die konkrete Wechselbeziehung zwischen Mittel und Ziel.[57] Der Koran müsse generell unter den spezifischen

56 Selbst in Korankommentaren, die Jahrhunderte später geschrieben wurden, galt es als völlig selbstverständlich, dass Männer den Frauen aufgrund ihrer Vollkommenheit, also ihres Verstandes, ihrer Einsichts- und Urteilsfähigkeit, ihrer Stärke und ihrer religiösen Handlungen, überlegen seien. Daher sind auch die Prophetie, die Herrschaft, das Richteramt, der Dschihad, das Gebet in der Gemeinde etc. ausschließlich Männern vorbehalten. Dies ist auch der Grund dafür, warum Männer gleichzeitig vier Frauen heiraten können und gegenüber den Frauen im Ehe-, Scheidungs-, Erb- und Zeugenrecht bevorzugt werden. Siehe hierzu folgende Kommentare aus unterschiedlichen Jahrhunderten zu diesem Koranvers: An-Nīsabūrī, *Kitāb Asbābu n-nuzūl*, al-maktaba al-ʿaṣriyya, Beirut 2009, S. 81; Ibn Kaṯīr, *Tafsīru l-qurʾān al-ʿaẓīm*, (4 Bde.), Bd. 1, Dār al-kutub al-ʿilmiyya, Beirut 2008, S. 446f.; Ar-Rāzī, *at-Tafsīru l-kabīr*, (17 bzw. 33 Bde.), Bde. 9-10, Dār al-kutub al-ʿilmiyya, Beirut 2009, S. 71-74; Abū s-Suʿūd, *Iršādu l-ʿaql as-salīm ilā mazāyā l-qurʾān al-karīm*, (9 Bde.), Bde. 1-2, Beirut 1994, S. 173; Abū l-Layṯ as-Samarqandī, *Baḥr al-ʿulūm*, (3 Bde.), Bd. 1, Dār al-kutub al-ʿilmiyya, Beirut 2006, S. 350ff.

57 Vgl. E. Çapan, *Kuran'ın evrenselliği*, S. 37. Siehe hiergegen ebd., S. 36. Der Islam sei eine universelle Religion. Als Belege werden folgende Quellen angeführt: Koran, 12/104 und 7/158 sowie weitere Prophetensprüche.

Anforderungen und Voraussetzungen einer jeweiligen historischen Zeit verstanden und erst dann, in einem nächsten Schritt, auf die Verhältnisse unserer Zeit übertragen werden.[58] Die Rahmanschen Thesen besagen also, dass man sich zunächst auf die Vergangenheit konzentrieren müsse, um von dort verorteten konkreten Falllösungen allgemeine Grundsätze abzuleiten. Nachdem die Grundsätze durch diese Vorgehensweise ermittelt worden seien (hierfür könnte man auf die Herabsendungsanlässe, den sprachlichen Kontext und den Koranvers selbst zurückgreifen), müssten diese auf ihre Kongruenz mit den Bedingungen unserer Gegenwart hin untersucht werden. Wenn diese noch weiterhin bestehe, könne man die gängige Praxis beibehalten. Bei einer Abweichung sei entweder der Koran *nicht richtig* gelesen oder die Realität *falsch* verstanden worden.[59] Sofern die konkrete koranische Bestimmung ihrem ursprünglichen Ziel diene, sei sie aufrechtzuerhalten, anderenfalls nicht.[60] Verbindlich sei also nur der Teil, der aus der konkreten Falllösung im Koran herausgearbeitet werde. Da man in der Vergangenheit zwischen den Mitteln und den Zielen nicht unterschieden habe, seien zahlreiche gravierende Missverständnisse entstanden. Das ureigene Ziel des Koran sei nämlich die Schaffung einer auf ethischen Grundsätzen basierenden Gesellschaft, die sich an einem idealtypischen Rechtsstaat orientiere.[61] Oberstes Ziel sei es aber, den Sinn der Wörter im Koran zu begreifen. Daher besäßen sie auch keinen Ausschließlichkeitscharakter, sondern wären nur Beispiele für die göttliche Absicht. Gemeint werde mit der Nutzung eines Wortes also nicht primär der Begriff selbst, sondern der dahinterstehende Sinn.[62]

Um dieses Konzept zu konkretisieren, soll hier wieder auf das Fallbeispiel der *Polygamie* verwiesen werden: Der Koran akzeptiere zwar die Polygamie, äußere sich jedoch eindeutig negativ zu ihr. In einer Ehe mit mehreren Frauen solle

58 Vgl. Ö. Özsoy, *Kuran ve müslümanların*, S. 95; E. Sifil, *Fazlur Rahman'da hikmet*, S. 424f.

59 Vgl. A. Çiftçi, *Fazlur Rahman'ın dinamik*, S. 179-183; Ş. Kotan, *Kuran ve tarihsellik*, S. 174f.; F. Körner, *„Können Muslime den Koran historisch erforschen? Türkische Neuansätze"*, in: *Theologische Zeitschrift*, 61/2005, S. 230; M. Yiğit, *Hermeneutik yöntem*, S. 137.

60 Vgl. A. Çiftçi, *Fazlur Rahman'ın dinamik*, S. 186.

61 Vgl. ebd., S. 196f.; M. Yiğit, *Hermeneutik yöntem*, S. 137, 150ff.; E. Sifil, *Fazlur Rahman'da hikmet*, S. 424f.; H. Karaman, *"Modernist proje ve ictihad"*, in: A. Yaman, *Makasıd ve İctihad. İslam hukuk felsefesi araştırmaları*, Konya 2002, S. 433.

62 Mehmet Erdoğan, *Islam hukukunda ahkamın değişmesi*, ISAV yay, Istanbul ^{2}1994, S. 238f. Beispielsweise dürfe das Rauchen aufgrund seiner fehlenden Erwähnung in den Texten des Islam nicht einfach für erlaubt erklärt werden, da es im Widerspruch zu den allgemeinen Grundsätzen des Islam stehe. Es sei wissenschaftlich erwiesen, dass das Rauchen die Gesundheit gefährdet. Da nach dem Koran gesundheitsschädliches Handeln verpönt und verboten ist, könne hieraus auch der Analogieschluss gezogen werden, dass das Rauchen verboten ist. Vgl. R. Özcan, *Vahiy kültürü*, Istanbul ^{5}1990, S. 67f.; Bülent Sönmez, *Bulanık çağ*, Istanbul 1996, S. 40.

der Mann mit seinen Frauen gerecht umgehen. Tatsächlich könne jedoch kein Mensch diese Gerechtigkeit verwirklichen. Daher sei die Monogamie ganz klar als idealtypisches Modell zu favorisieren. Aufgrund der besonderen soziopolitischen und ökonomischen Verhältnisse sei mit der Polygamie zur Zeit des Propheten die Gerechtigkeit realisiert worden. Denn eine andere Praxis sei damals nicht möglich und vor dem Hintergrund der Mittellosigkeit der zahlreichen Witwen vermutlich auch nicht opportun gewesen. Für unsere Zeit gelte jedoch einzig die Monogamie. Man müsse also zwischen den konkreten Regelungen und den Zielen des Koran unterscheiden.[63]

4.1.2 Bezüge zu den Lehrplänen in Niedersachsen und Nordrhein-Westfalen

Bei der Konzeptionierung des schulischen Unterrichts stellt sich ebenfalls die Frage, wie mit solchen ambivalenten Textstellen umzugehen ist. Dass der Koran als Ganzes, unabhängig von einer möglichen pädagogischen Selektion, als entscheidende Quelle immer wieder zitiert wird, themenbezogen eingebunden und auch in seiner Gesamtheit Gegenstand des Lehrplans sein muss, steht außer Frage.[64] Weiterhin sollen

> „[…] die Schülerinnen und Schüler [...] die elementaren Überlieferungen [des] *KORAN* [...] zu eigenen Erfahrungen in ihrer Lebenswirklichkeit und zu den Erfahrungen anderer Menschen in Beziehung setzen. Sie sollen die Traditionen des Islams als Deutungsangebot für das eigene selbstverantwortete Leben und Zusammenleben mit anderen Menschen verstehen. Dazu ist es erforderlich, dass sie in der Lage sind,
>
> - den KORAN in Inhalt und Darstellung als Ausdruck gültiger Glaubens- und Lebensformen für Muslime wahrzunehmen;
> - eigene Gefühle und Lebenserfahrungen zur Sprache zu bringen und mit denen anderer Menschen zu vergleichen;
> - islamische Überlieferungen über die Ereignisoberfläche hinaus zu untersuchen;

---

63 Vgl. hierzu Hayrettin Karaman, *"Efgani, Abduh, Reqid Rıza"*, in: ders. (Hg.), *Gerçek İslamda Birlik*, Istanbul o.J., S. 93, zit. nach ʿAbduh F. Rahman, *"Status of Woman in Islam: A Modernist Interpretation"*, in: H. Papanek/G. Minault (eds.), *Separate Worlds: Studies of Purdah in Southeast Asia*, Columbia 1982, S. 298ff.; B. Papoulia, *„Der Islam"*, S. 600; Ibrahim Hatiboğlu, *İslamda yenilenme*, S. 234f., 239, 246 zit. nach Ahmad Han und S. Amir Ali.

64 Vgl. Lehrplan Grundschule NRW, S. 10: „[…] die Schülerinnen und Schüler mit dem KORAN und seiner Botschaft bekannt zu machen und die Fähigkeit zu vermitteln, Deutungsmöglichkeiten zu erkennen." Siehe auch ebd., S. 20, 30.

- Fragen nach dem Sinn der Dinge und des Lebens zu stellen und danach, warum viele Menschen die Gewissheit haben, dass sie Geschöpfe Gottes sind.“[65]

Der Lehrplan für die Grundschule in Nordrhein-Westfalen sieht darüber hinaus beispielsweise vor, dass die Schüler für den Erwerb von grundlegenden Kenntnissen auch die geschichtlichen und geistigen Grundlagen ihrer Religion, also vor allem den Koran, kennen sollten.[66]

Ebenso ist für den Umgang mit dem Koran bzw. seiner nachhaltigen Rezeption von besonderer Bedeutung, dass explizit darauf hingewiesen wird, dass jede Übersetzung zugleich eine Auslegung ist. Daher ist methodisch mit großer Sorgfalt vorzugehen und mit den Schülern müssen auch alternative Interpretationen besprochen werden. Hier gilt das didaktische Prinzip der *Multiperspektivität.* Zudem sollte darauf geachtet werden, dass nicht jede Textstelle im Koran für eine Behandlung im Unterricht geeignet ist, da die sprachlichen wie auch kognitiven Fähigkeiten der Schüler schlichtweg überschritten würden. Darüber hinaus legt der Lehrplan zu Recht fest, dass der textimmanente und historische Kontext zu beachten ist. Ebenso muss in einigen Zusammenhängen die sprachliche Verwendung bestimmter Begriffe und Wörter im Koran im Unterricht analytisch untersucht werden. Bestimmte Textstellen, die für die Schüler nicht oder nur schwer zugänglich zu sein scheinen, sollen in exemplarischen Geschichten dargeboten werden. Um das *ästhetische Lernen* zu unterstützen und hierbei alle Sinne zu aktivieren, können bestimmte Koransuren auch „exemplarisch als Rezitativ in den Unterricht eingebracht werden.“ Hierbei ist auch deren religiös-ritueller Charakter von Bedeutung. Weiterhin empfiehlt der Lehrplan, dass „ausgewählte kurze Verse oder Versfolgen in arabischer und deutscher Sprache auswendig“ gelernt werden können. Dies könne nämlich dazu beitragen, den rezitativ-rituellen Charakter des Koran für die Schüler unmittelbar erfahrbar zu machen.[67]

Auch in Niedersachsen wird ähnlich argumentiert. Der vorurteilsfreie, wissenschaftlich fundierte und bewusst kindgerechte Zugang zu den Quellen wird immer wieder hervorgehoben. „*Die didaktische Aufbereitung der beiden islamischen Hauptquellen Koran und Sunna erfolgt nach den Prinzipien der Elementarisierung (Konzentration auf theologisch wesentliche und für Lernende bedeutsame Inhalte) und der Korrelation (wechselseitige Erschließung von Glaubensüberlieferung und eigener Erfahrung).*“ Die islamischen Primärquellen Koran und Sunna sollen altersgerecht erfahr- und differenzierbar gemacht werden.

---

65 Ebd., S. 11.

66 Vgl. ebd.

67 Vgl. Lehrplan NRW, S. 17; ähnlich im Bildungsplan für Islamischen Religionsunterricht an den öffentlichen Schulen in Baden-Württemberg, 2005, S. 14, 27, 47; Zentralrat der Muslime (Hg.), *Lehrplan für den Islamischen Religionsunterricht (Grundschule)*, Köln 1999, S. 4f., S. 9-11.

Hierbei solle auf die Verknüpfung mit den Erfahrungen der Schülerinnen und Schüler geachtet werden.[68]

In diesem Kontext wird auf die wichtigen Beziehungen zum Koran hingewiesen und damit verlagert sich ein Unterrichtsschwerpunkt auf den direkten Kontakt mit dieser Hauptquelle. Die Schülerinnen und Schüler sollen also ihrer Entwicklungsstufe entsprechend weiterführend das Suchen, Auffinden und Nachschlagen im Koran erlernen. Ebenso wird der komparative Ansatz in Bezug auf die Texte sowohl innerhalb des Koran wie auch im Vergleich zu den Hadithen hervorgehoben. Die Lehrplanentwickler empfehlen summa summarum also die Umsetzung eines ganzheitlichen Wahrnehmungsprinzips.[69] Vor allem wird in dem niedersächsischen Lehrplan aber auch auf Verknüpfungen, Vergleiche und Unterschiede zwischen Koran und Sunna hingewiesen, freilich in erster Linie für die Lehrkräfte, die dieses für die Schüler entsprechend altersgerecht aufzubereiten und ihnen zu vermitteln haben.[70]

4.2 Sunna

Die zweite Hauptquelle des Islam bildet für die allermeisten Muslime die Sunna, welche vereinfacht formuliert vornehmlich den Handlungen und Aussprüchen des Propheten gleichgestellt wird. Letztere wiederum werden durch kanonische Sammlungen dokumentiert.[71] Die Schiiten und Aleviten haben hierzu ein eigenes Verhältnis, welches von der Position der Sunniten grundsätzlich bzw. graduell abweicht. Da die Zahl der schiitischen Schüler in Deutschland überschaubar ist[72] und die Inhalte der zu verwendenden Sunna-Texte ohnehin nur solche sein sollten, die auch von den Schiiten vertreten werden können, ergeben sich in diesem Zusammenhang keine besonderen Probleme, was die Bedeutung der Quellenfunktion der Sunna betrifft. Ähnlich verhält es sich bei den Aleviten. Da die Aleviten in zahlreichen Bundesländern, wie etwa Nordrhein-Westfalen, Bayern, Baden-Württemberg, Hessen, Berlin und Saarland, erfolgreich Anträge für die Einrichtung eines eigenen Religionsunterrichts gestellt haben und sich als eine eigene Religionsgemeinschaft begreifen (unabhängig von Sunniten,

68 Kultusministerium (Hg.), *Kerncurriculum für den Schulversuch in der Grundschule. Schuljahrgänge 1-4. Islamischer Religionsunterricht*, Hannover 2010, S. 8f.

69 Vgl. ebd., S. 21.

70 Vgl. ebd., S. 12.

71 Vgl. nur Fuat Sezgin, *Geschichte des arabischen Schrifttums*, Bd. 1, 2, Kapitel: Ḥadīṯ, Leiden 1967, S. 50-234.

72 Vgl. Sonja Haug/Stephanie Müssig/Anja Stichs, *Muslimisches Leben in Deutschland im Auftrag der Deutschen Islam Konferenz*, Nürnberg 2009, S. 81. Hinzu kommt, dass die meisten schiitischen Schüler aus dem Irak, Libanon und Iran kommen. Diese sind mehrheitlich säkular geprägt und Flüchtlinge der islamischen Revolution.

Schiiten und allen anderen Muslimen), ist es nicht erforderlich, deren Auffassungen bezüglich der Sunna in diesem Kontext zu berücksichtigen.

Das wesentliche Charakteristikum der Sunna liegt in der Vorbildfunktion des Propheten für die Muslime. „Wahrlich, ihr habt an dem Gesandten Allahs ein *schönes Vorbild* für jeden, der auf Allah und den Letzten Tag hofft und Allahs häufig gedenkt" (Koran, 33/21). In Bezug auf die Auslegung der Sunna gelten im Grunde dieselben bzw. ähnliche Zugänge, wie sie auch oben für den Koran dargestellt wurden. Deshalb soll sich an dieser Stelle mit sunnaspezifischen Ansätzen in Bezug auf ihre Wandelbarkeit begnügt werden.

Für die Muslime gilt der Prophet zwar nicht als in irgendeiner Weise göttlich oder gar als Inkarnation Gottes, sondern ausschließlich als Diener und Gesandter Gottes; er ist aber mit den besten Charaktereigenschaften ausgestattet.[73] Daher existiert gerade im Volksislam eine verbreitete Verherrlichung des Propheten. Darüber hinaus gelten seine religiösen Anweisungen, Sprüche und besondere Lebensweise für die Muslime als verbindlich bzw. vorbildlich. Jeder Muslim ist demnach verpflichtet, den Propheten in Wort und Tat nachzuahmen. Vor diesem Hintergrund stellt sich die Frage, wo die Grenzen für diese Nachahmung liegen und auf Grundlage welcher Kriterien die Prophetensprüche qualitativ kategorisiert und entsprechend zugeordnet werden können.

Hier ist von besonderer Relevanz, dass nicht alle Handlungen des Propheten von den Muslimen nachgeahmt werden müssen; vielmehr ist diesbezüglich eine Differenzierung notwendig. Die qualitative Aufteilung der Sunna, innerhalb der diese unter die verschiedenen Rollen von Mohammed (*ʿalayhi s-salām*) in seinem Wirken subsumiert wird, bildet hierzu nur *einen* Ausgangspunkt unter möglichen anderen. Zunächst ist daher danach zu fragen, ob der Prophet eine bestimmte Handlung als Familienvater, Ehemann, Feldherr, Richter, Händler etc. getätigt oder diese ausschließlich in seinem prophetischen Auftrag ausgeführt hat.[74]

Ein weiterer Ansatz liegt darin, die Bedeutung der Sunna soweit einzuschränken, dass ihr keine eigenständigen normsetzenden Kompetenzen zugesprochen werden. Dies hat entsprechende Auswirkungen auf ihre Inhalte. Denn zahlreiche in der Moderne als problematisch empfundene Normen könnten hierdurch aussortiert werden. So würde beispielsweise die Strafe für Ehebruch, die Steinigung, welche ausschließlich durch die Sunna legitimiert wird, wegfallen. Eine vollständige Negierung der Sunna, mit der dem Propheten dann ausschließlich eine auf eine Botenrolle eingeengte Funktion zukommt, ist jedoch für die wenigsten Muslime und Gelehrten vorstellbar. Zum einen, weil diese Hal-

---

73 Koran, 68/4.

74 Vgl. Y. al-Qaraḍāwī, *Šarīʿatu l-islām ṣāliḥa li-t-taṭbīq fī kulli zamān wa-makān*, Dār aṣ-Ṣaḥwa, Kairo 1393, S. 146ff.; B. Krawietz, *„Der Prophet Muhammad als Muftī und Muğtahid"*, in: H. G. Ebert/T. Hanstein, *Beiträge zum Islamischen Recht III*, Frankfurt a. M. 2003, S. 61.

tung nur von einer absoluten Minderheit vertreten wird, und zum anderen, weil sie dem komplexen historischen Hintergrund des Koran, der religiösen Praxis und der tiefen Weisheit im authentischen Kern der Sunna meines Erachtens nicht gerecht wird.[75]

Einen weiteren Ansatz bildet die Frage nach der Historizität der Sunna; der Frage also, welcher Teil der Sunna als überzeitlich gelten kann und damit auch für Muslime in der Gegenwart verbindlich ist bzw. welcher Teil auf die speziellen historischen Verhältnisse zugeschnitten war und damit für die heute lebenden Muslime zumindest keine religiösen Bedeutungen/Auswirkungen mehr hat.[76]

Ebenso kann die Sunna auf ihre Authentizität hin überprüft werden. Hier stellen sich die Fragen, ob sämtliche Hadithe in den kanonischen Sammlungen als zuverlässig bewertet werden können und welche wissenschaftlichen Kriterien bei der Beurteilung der unterschiedlichen Prophetensprüche herangezogen werden können.[77]

4.2.1 Sunna in den Lehrplänen in Niedersachsen und Nordrhein-Westfalen[78]

Die Frage nach der Sunna und dem Propheten wird im niedersächsischen Lehrplan als Leitfrage gehandhabt und mit entsprechender Bedeutung thematisiert.

> „Schülerinnen und Schüler im Grundschulalter besitzen unterschiedliches Wissen über Muhammad und andere Propheten. Manche von ihnen haben innerhalb der Familie, in der Moschee und mithilfe verschiedener Medien Vorstellungen über Propheten entwickeln können. Andere Schülerinnen und Schüler haben nur die Namen von einigen Propheten gehört. Wer waren Muḥammad und andere Propheten? Wann und wie haben sie gelebt? Wie war ihr Charakter? Welche Aufgaben hatten sie?“[79]

---

75 Vgl. N. Şahinoğlu, *"Hz. Peygambere Şarii denebilirmi?"*, in: Ağırakça, A., *Kuran ve Sünnet Sempozyumu 1-2 Kasım 1997 – Bildiriler*, Istanbul 1999, S. 71-89; M. Ertürk, *"Nebevi Sünnetin tarihi gerçeklikteki konumu açısından 'Kuran İslamı' söyleminin ilmi değeri"*, in: HTD, 2003 (1), S. 7-29; R. al-Būṭī, *„Über die unverzichtbare Bedeutung der prophetischen Tradition"*, in: ʿAbdulḥafīḍ Wentzel, *Die Sunna. Texte zum Verständnis der unverzichtbaren Bedeutung der prophetischen Tradition im Islam*, Kandern im Schwarzwald 2002, S. 32ff.

76 Vgl. Bülent Ucar, *Moderne Koranexegese und die Wandelbarkeit der Scharia in der aktuellen Diskussion der Türkei*, Erlangen-Nürnberg 2008, S. 324ff.; E. Chaumont, *«La Problématique Classique de l'iǧtihād et la Question de l'iǧtihād du Prophète: Iǧtihād, Waḥy et ʿIṣma»*, in: SI, 1992 (75), S. 105-139.

77 Vgl. Bülent Ucar, *Moderne Koranexegese*, S. 306ff.

78 Siehe auch Lehrplan Bayern, *Islamunterricht Erlangener Modell*, S. 3f., 6. Hier wird das Thema „Sunna" über die *sīra* konkretisiert. Ähnlich im Lehrplan Baden-Württemberg, S. 12, 23, 24; so auch Lehrplan ZMD, S. 5, 8, 9-11.

79 Lehrplan Niedersachsen, S. 22f.

Hier wird angestrebt, dass die Schülerinnen und Schüler das Leben und Wirken des Propheten altersentsprechend einordnen können sollen. Von den Grundschulkindern wird erwartet, dass sie die religiösen Überlieferungen vom Propheten (*Sunna*) zu ihren Lebenserfahrungen in Beziehung setzen lernen.[80] Zwar wird diese Erwartungshaltung von den Lehrplanmachern als Losung vorgegeben, es fehlen jedoch nachvollziehbare und schulrelevante Konkretisierungsbeispiele. Diese werden vermutlich von den Lehrkräften und den Schulmaterialentwicklern erwartet. Die Schüler sollen vor allem grundlegende Kenntnisse „zu den geschichtlichen und geistigen Grundlagen der islamischen Religion – also vor allem zu [...] *Sunna* [... und] zur Lebensgeschichte des Propheten *Muhammed*"[81] erwerben. Die Kompetenz zu wissen, wie der Prophet in verschiedenen Situationen gehandelt hat, und die Erfassung der Bedeutung der Sunna für das religiöse Leben eines Muslims werden als grundlegende Ziele vorgegeben.[82]

Auch die Lehrpläne akzeptieren also den besonderen Stellenwert der Sunna als eine der wesentlichen islamischen Quellen.

> „Die zweite Hauptquelle der Islamkunde ist die *Sunna*, der vorbildliche Weg des *Propheten Muhammed*. *Muhammed* ist das *schöne Vorbild* und Beispiel für alle Muslime in Vergangenheit und Gegenwart. Die Art und Weise, wie der *Prophet* inmitten seiner Gemeinde lebte (*KORAN* Sure 7,69) und seine Pflichten als vorbildlicher Muslim erfüllte, wie er die Gläubigen auf den Weg *ALLAHs* führte und die erforderlichen Regeln festlegte, – all dies ist schriftlich aufgehoben und seit Jahrhunderten kanonisiert und zusammengestellt in anerkannten Textsammlungen (insbesondere *Buḫārī* und *Muslim* gelten als besonders zuverlässig), deren einzelne Berichte *Hadithe* genannt werden und die insgesamt einen wesentlichen Teil der *Sunna*[83] ausmachen. Auch diese Texte sind in der Islamischen Unterweisung mit fachlicher Sorgfalt einsetzbar."[84]

Obwohl der nordrhein-westfälische Lehrplan auch vorsieht, dass die Hadithe ebenfalls auf den Verständnishorizont der Schüler zugeschnitten sein sollen, wird dies nicht weiter konkretisiert, sondern lediglich ein vereinfachender Hinweis auf die Quelle gegeben.[85] Im Gegensatz hierzu wird beispielsweise im niedersächsischen Lehrplan betont, dass diese Quelle genauso wie der Koran didaktisch elementarisiert und der Korrelationsdidaktik entsprechend

---

80 Lehrplan NRW, S. 11.

81 Ebd.

82 Lehrplan Niedersachsen, S. 19.

83 Die Annahme einer verschriftlichten Sunna („[...] all dies ist schriftlich aufgehoben [...]") ist inhaltlich höchst problematisch, da die Sunna de facto weder in einer einheitlich verschriftlichten noch kanonisierten Form vorliegt.

84 Lehrplan NRW, S. 18.

85 Vgl. ebd. Ich möchte an dieser Stelle betonen, dass ich selbst an diesem Lehrplan federführend mitgearbeitet habe und damit eine gewisse Mitverantwortung für die Inhalte trage.

aufbereitet werden soll.[86] Ferner ist stark anzuzweifeln, dass Schüler bereits in der Grundschule beurteilen können, welche Hadithe, in welcher Form hinsichtlich ihrer qualitativen Bedeutung einzustufen sind. Dieser Ansatz ist verstärkt in der Sekundarstufe I zu berücksichtigen, da nur so gewährleistet werden kann, dass die behandelten Hadithe auch durch die Schülerschaft ihrer Entwicklung entsprechend kritisch reflektiert werden.

5. Schlussbetrachtung

Jegliche ideologisierte Form der Quellenlektüre wird sich auf unterschiedlichen Ebenen als problematisch erweisen. Nicht nur, dass diese einseitigen Lesarten pädagogisch wie auch theologisch fragwürdig sind, auch rechtlich sind sie zuweilen besonders heikel. Die traditionelle islamische Rechtslehre geht hinsichtlich der Wandelbarkeit der Scharia[87] grundsätzlich von einer Dualität[88] – von unveränderlichen wie auch veränderlichen Elementen – aus. Nach dieser Lehre darf keine irdische Autorität Ver- und Gebote hinterfragen oder verändern, die

---

86 Vgl. Lehrplan Niedersachsen, S. 8f.

87 Vgl. Esther Debus, *Sebilürreşad – Eine vergleichende Untersuchung zur islamischen Opposition der vor- und nachkemalistischen Ära*, Frankfurt a. M. 1991, S. 117f.: „Kurz und gut, wir sind keinen Augenblick lang beunruhigt über die Öffnung des *iğtihād*-Tores: Wir sind nämlich sicher, dass unsere durch die kanonischen Rechtsschulen entschiedenen Fragen des Scheriatrechts in keiner Weise mehr nachteilig (verändert) werden (können). So sind wir ganz im Gegenteil voller Hoffnung, dass der islamischen Welt große Vorteile entstehen werden. Ja! Wenn heute tausende von Müctehids zusammenkämen, könnten sie doch eine Sache, die von den vier Rechtsschulen durch Icma angenommen ist, niemals abändern. Allein in strittigen Fragen hätten sie das Recht, diejenige (Ansicht) vorzuziehen, welche für das Volk am vorteilhaftesten ist, sowie in solchen Fragen zu entscheiden, wo noch kein klares Urteil vorliegt. Das aber deckt sich genau mit unseren Forderungen – und das ist es auch, was seit alters her diejenigen getan haben, die das Recht zum Ictihad hatten. Damit aber braucht nicht mehr eigens betont zu werden, dass das Unterfangen, das Tor des *iğtihād* für geschlossen zu erklären, dazu führen würde, dass verschiedene Gebote der Scharia nicht so ausgeführt werden könnten, wie der Urgrund allen Seins sie ausgesprochen hat; dass der Handel brachläge und so weiter. Dies nämlich wäre genau das, was die Befürworter des Absolutismus im Schilde führen – nicht aber ein Dienst an der islamischen Scharia." (Zitat von Manastırlı İsmail Hakkı, *1846-1912*). Vgl. auch Ucar, *Recht als Mittel zur Reform von Religion und Gesellschaft*, Würzburg 2005, S. 137.

88 Siehe zur Definition der Scharia: İ. Güler, *Sabit din dinamik şeriat*, Ankara 1999, S. 22f.; Ders., *"Din, İslam ve Şeriat: Aynilikler, Farklılıklar ve Tarihi dönüşümler"*, in: *İslamiyat*, 1998, S. 54f.; A. Dere, *"Bazı çağdaş İslam hukukçularına göre 'Şeriatın tatbiki sorunu'"*, in: *İslamiyat*, 1998, S. 108; A. Akgündüz, *Tabular yıkılıyor*, Bd. 2, İstanbul 21996, S. 162ff.; S. Uludağ, *İslam siyaset ilişkileri*, İstanbul 1998, S. 196ff.; N. H. Ebu Zeyd, *"Soruşturma"*, in: *İslamiyat*, 1998, S. 264f.; D. Iltaş, *Sosyal şartlar bağlamında*, Kayseri 1996, S. 9, 100f.

eindeutig im Koran oder sicher in der Sunna des Propheten erwähnt oder im Konsens der Gelehrten bzw. der Gemeinde[89] fest verankert sind.

Derartige Anweisungen sind durch göttlichen Willen vorbestimmt und somit für alle Muslime verbindlich, unabhängig von Ort und Zeit. Andererseits gibt es Bestimmungen, die von den Rechtsgelehrten aus den genannten Quellen lediglich mittelbar abgeleitet wurden. Auf sie darf traditionellerweise *iǧtihād* angewendet werden.

Iǧtihād meint in diesem Zusammenhang das Prinzip, aus den religiösen Quellen konkrete Urteile im Sinne von individuellen Auslegungen abzuleiten.[90] Nun haben jedoch die traditionellen Rechtsschulen im Sunnitentum,[91] so zumindest die herrschende Auffassung, dieses Privileg ganz für sich in Anspruch genommen und damit das – prinzipiell offene – „Tor des iǧtihād“[92] *de facto* geschlossen. Es blieb nur ein kleiner Teilbereich übrig, in dessen engen Grenzen eine Auseinandersetzung mit islamischen Rechtsnormen überhaupt noch im Rahmen des *iǧtihād* möglich war. Dieser Teilbereich bestand aus *ʿurf*-basierten Normen und in extremen Notlagen (*ḍarūrāt*) gab man sich flexibel, vor allem, wenn es die Staatsraison verlangte. Dies führte nach vorherrschender Wahrnehmung im Verlauf der Jahrhunderte zu einer *Erstarrung* der Scharia. Wohin die kompromisslose Exekutierung einer traditionellen Rechtstradition führt, ließ und lässt sich in unserer Gegenwart beispielhaft etwa im Afghanistan der mehrheitlich *hanafitischen* Taliban oder, in abgeschwächter Form, im wahhabitischen Saudi-Arabien beobachten.

Der Koran appelliert in konsequenter Weise an die Gläubigen, doch nachzudenken, zu reflektieren und den Verstand zu gebrauchen.[93] Eine einseitige, apodiktische Lesart der islamischen Hauptquellen – Koran und Sunna – wird im schulischen Kontext weder rechtlich noch theologisch und auch nicht pädagogisch möglich sein bzw. Sinn machen. Bei der Zusammenstellung und Auslese

---

89 Siehe zu diesem Streit auch Ibn al-Ḥumām, *at-Taḥrīr fī uṣūl al-fiqh*, Ägypten 1351, S. 399f.; Qāḍī ʿAbdulǧabbār, *al-Muġnī fī abwāb*, Kairo 1962-1966, Bd. 17, S. 205; Y. Sarıkaya, *Abū Saʿīd Muḥammad al-Hadīmī (1701-1762). Netzwerke, Karriere und Einfluss eines osmanischen Provinzgelehrten*, Hamburg 2005, S. 188f.

90 Vgl. nur M. Çelen, *"İslam düşüncesinde ictihadın şahsiyeti"*, in: M. Bekaroğlu, *1. İslam düşüncesi Sempozyumu. Bildiriler-Tartışmalar*, İstanbul 1995, S. 178; E. Sachau, *Zur ältesten Geschichte des muhammedanischen Rechts*, Wien 1870, S. 710f.; B. Ucar, *Recht als Mittel zur Reform von Religion und Gesellschaft*, S. 34.

91 Vgl. nur J. Schacht, *"Taklid"*, in: *The Encyclopaedia of Islam* (EI), Bd. 4, Leiden 1934, S. 682; B. Ucar, *Recht als Mittel zur Reform von Religion und Gesellschaft*, S. 19ff., 47ff.

92 Vgl. auch kritisch W. Hallaq, *"Was the Gate of Ijtihad Closed?"*, in: IJMES, 1984, S. 3-41; ders., *"On the Origins of the Controversy about the Existence of Mujtahids and the Gate of Ijtihad"*, in: SI, 1986, S. 129-141; L. Wiederhold, *"Legal Doctrines in Conflict: The Relevance of 'madhhab' Boundaries to Legal Reasoning in the Light of an Unpublished Treatise on 'taqlid' and 'ijtihad'"*, in: ILS, 1996, S. 234-304.

93 Vgl. Murad Wilfried Hofmann, *Der Islam als Alternative*, München ^{3}1995, S. 156.

von Textstellen aus Koran und Sunna sind die jeweiligen Auswahlentscheidungen und zugrunde gelegten Kriterien kenntlich zu machen. Die Primärquellen des Islam werden gerade auch für den schulischen Kontext elementar bleiben, sind jedoch vor dem Hintergrund der exegetischen Vielfalt aufzubereiten und didaktisch-adressatengerecht zu formulieren. Sie dürfen den Verständnishorizont der Schülerinnen und Schüler nicht überschreiten. Die einzelnen Entwicklungslinien und die Rahmenbedingungen der in den Primärquellen auftauchenden religiösen Normen sind genauso zu beachten wie die Verständnisebene und Wahrnehmungskompetenzen der Schülerinnen und Schüler aus entwicklungspsychologischer Perspektive. Erst in dieser Konstellation werden religiöse Vorschriften verantwortungsbewusst an Heranwachsende vermittelt. Mein Optimismus in die Energie und den Willen der Schülerinnen und Schüler ist bis heute ungebrochen. Denn das Lehren in den Klassenräumen kann nur mit, aber nicht gegen sie vonstattengehen. Bereits die alten Römer wussten um das Prinzip „*docendo discimus*" und bemühten sich entsprechend adäquat zu lehren.

Die hier favorisierte didaktische Reduktion ist keineswegs mit einer inkonsequenten und opportunistischen Haltung gleichzusetzen. Vielmehr liegt sie im Interesse einer authentischen und entwicklungsfähigen religiösen Praxis. Eines ist aber genauso unbestreitbar: Die Religion – in concreto der Islam – ist nicht mit dem seit 1949 gültigen Grundgesetz oder einer anderen beliebigen Verfassung auf der Welt mit einer bestimmten Zeit verheiratet bzw. im Dienste dieser zu verstehen. Deshalb kann es durchaus vorkommen, dass in bestimmten historischen Kontexten entstandene Religionen Vorschriften kennen, die der jeweiligen aktuellen Rechtsordnung in einem bestimmten Staat widersprechen bzw. damit nicht konform gehen. Solange diesbezüglich nicht offen zum Rechtsbruch aufgerufen wird, müssen dies die staatlichen Ordnungen aushalten können.[94] Die Praxis der letzten Jahre zeigt, dass sich die meisten Lehrpläne und Schulbücher in Deutschland ohnehin, teils unbewusst, bereits an der hier dargestellten didaktischen Reduktion orientieren. Lediglich die bewusste theoretische Grundlegung steht an dieser Stelle bislang noch aus. Die exegetische und hermeneutische Vielfalt der islamischen Quellen und Methodiken liefert uns hinreichende Indizien für die Etablierung einer modernen Islamischen Religionspädagogik, die auch pädagogisch aufbereitet werden muss. Hierin liegt im Bereich der Islamischen Religionspädagogik die Aufgabe für die nächsten Jahre.

---

94 Vgl. auch Emanuel Vahid Towfigh, „*Vom Kopftuchverbot bis zum Ruf des Muezzin: Rechtliche Möglichkeiten und Grenzen freier Religionsausübung in Deutschland und ihre Praxis*", in: Bülent Ucar, *Die Rolle der Religion im Integrationsprozess. Die deutsche Islamdebatte*, Frankfurt a. M. 2010, S. 470-471.

Literatur

Abū l-Layṯ as-Samarqandī, *Baḥr al-ʿulūm*, (3 Bde.), Dār al-kutub al-ʿilmiyya, Beirut 2006.

Abū s-Suʿūd, *Iršādu l-ʿaql as-salīm ilā mazāyā l-qurʾān al-karīm*, (9 Bde.), Beirut 1994.

Akademie für Lehrerfortbildung und Personalführung (Hg.), *Islamische Unterweisung Deutsch. 1. Jahrgangsstufe*, Bd. 2, Dillingen 2004.

Akgündüz, Ahmet, *Tabular yıkılıyor*, Bd. 2, İstanbul ²1996.

Al-Būṭī, Ramaḍān, „*Über die unverzichtbare Bedeutung der prophetischen Tradition*", in: Wentzel, ʿAbdulḥafīḍ, *Die Sunna. Texte zum Verständnis der unverzichtbaren Bedeutung der prophetischen Tradition im Islam*, Kandern im Schwarzwald 2002, S. 16-38.

Al-Qaraḍāwī, Yūsūf, *Šarīʿat al-islām ṣāliḥa li-t-taṭbīq fī kuli zamān wa-makān*, Dār aṣ-Ṣaḥwa, Kairo 1393.

An-Nīsabūrī, *Kitāb Asbābu n- nuzūl*, al-maktaba al-ʿaṣriyya, Beirut 2009.

Ar-Rāzī, *at-Tafsīru l-kabīr*, (17 bzw. 33 Bde.), Dār al-kutub al-ʿilmiyya, Beirut 2009.

Chaumont, Eric, *«La Problématique Classique de l'iğtihād et la Question de l'iğtihād du Prophète: Iğtihād, Waḥy et ʿIṣma»*, in: *Studia Islamica*, 1992 (75), S. 105-139.

Çapan, Ergun, *"Kuranın evrenselliği ve tarihselci yaklaşım"*, in: *Yeni Ümit. Dini Ilimler ve Kültür Dergisi*, 2002/4 (15), Nr. 58, S. 36-44 (auch veröffentlicht als Sammelband: Wapan, Ergun, *Kuranı Kerim, Tarihselcilik ve Hermenötik*, Işık yay, İzmir 2002).

Çelen, Mehmet, *"İslam düşüncesinde ictihadın şahsiyeti"*, in: Bekarolu, M., *1. İslam düşüncesi Sempozyumu. Bildiriler-Tartişmalar*, İstanbul 1995.

Çiftçi, Adil, *"Fazlur Rahman'ın dinamik Şeriat anlayışı – Değişimin teolojik ve sosyolojik zonrunluluğu"*, in: *Islamiyat*, 1998 (1), S. 171-202.

Debus, Esther, *Sebilürreşad – Eine vergleichende Untersuchung zur islamischen Opposition der vor- und nachkemalistischen Ära*, Frankfurt a. M. 1991.

Dere, Ali, *"Bazı çağdaş İslam hukukçularına göre 'Şeriatın tatbiki sorunu'"*, in: *İslamiyat* 1998 (1), S. 107-118.

Dietrich, Myrian, *Islamischer Religionsunterricht. Rechtliche Perspektiven*, Frankfurt a. M. 2006 (zugl. Diss. Universität Erlangen-Nürnberg 2006).

Endreß, Gerhard, *Der Islam – Eine Einführung in seine Geschichte*, München ³1997.

Erdem, Mehmet, *Kurana usuli yaklaşımlar. Hanefi ve Zahiri ekollerinin Kuran'dan hüküm çıkarma metodlarının mukayesesi*, (unveröffentlichte M.A.-Arbeit), Kayseri 1997.

Ertürk, Mustafa, *"Nebevi Sünnetin tarihi gerçeklikteki konumu açısından 'Kuran İslamı' söyleminin ilmi değeri"*, in: *Hadis Tetkikleri Dergisi*, Bursa 2003 (1), S. 7-29.

Güler, İlhami, *Sabit din dinamik şeriat*, Ankara 1999.

Ders., *"Din, İslam ve Şeriat: Aynilikler, Farklılıklar ve Tarihi dönüşümler"*, in: *İslamiyat*, 1998 (1), S. 53-76.

Haug, Sonja/Müssig, Stephanie/Stichs, Anja, *Muslimisches Leben in Deutschland im Auftrag der Deutschen Islam Konferenz*, Nürnberg 2009.

Hallaq, Wail, *"Was the Gate of Ijtihad Closed?"*, in: *IJMES*, 1984, S. 3-41.

Ders., *"On the Origins of the Controversy about the Existence of Mujtahids and the Gate of Ijtihad"*, in: *Studia Islamica*, 1986, S. 129-141.

Hatiboğlu, Ibrahim, *İslamda yenilenme düşüncesi açısından Modernistlerin Sünnet anlayışı*, Istanbul 1996 (unveröffentlichte Dissertation).

Heimbrock, Hans-Günter, *„Jenseits der Koranschulen – Auf dem Wege zur Islamischen Erziehung im westlichen Kontext"*, in: *Zeitschrift für Pädagogik und Theologie*, 59 (2007), S. 170-179.

Ibn al-Ḥumām, *at-Taḥrīr fī uṣūl al-fiqh*, Ägypten 1351.

Ibn Kaṯīr, *Tafsīru l-qurʾān al-ʿaẓīm*, (4 Bde.), Dār al-kutub al-ʿilmiyya, Beirut 2008.

Iltaş, Davut, *Sosyal şartlar bağlamında Kuranı Kerimde'ki hükümler*, Kayseri 1996 (unveröffentlichte M.A.-Arbeit).
Karaman, Hayrettin, *"Efgani, Abduh, Reşid Rıza"*, in: ders. (Hg.), *Gerçek İslamda Birlik*, Istanbul o.J.
Ders., *"Modernist proje ve ictihad"*, in: Yaman, A., *Makasıd ve İctihad. İslam hukuk felsefesi araştırmaları*, Konya 2002, S. 429-439.
Kölner Stadt-Anzeiger vom 02.12.2006.
Körner, Felix, *„Können Muslime den Koran historisch erforschen? Türkische Neuansätze"*, in: *Theologische Zeitschrift*, 61/2005, S. 226-238.
Kotan, Sevket, *Kuran ve Tarihsellik*, Beyan yay, Istanbul 2001.
Krawietz, Birgit, *„Der Prophet Muhammed als Muftī und Muğtahid"*, in: Ebert, H. G./Hanstein, T., *Beiträge zum Islamischen Recht III*, Frankfurt a. M. 2003, S. 55-72.
Kubat, Mehmet, *"Nassların doğasındaki sübjektivitenin itikadi ayrılıklara etkisi: Çekişmenin kaynağı olarak dil ve dilsel ihtilafların sonuçları"*, in: Yüzüncü Yıl Üniversitesi Ilahiyat Fakültesi, *Kuran ve Dil – Dilbilim ve Hermenötik Sempozyumu 17-18 Mayıs 2001*, Van o.J., S. 107-123.
Mohr, Irka-Christin, *Islamischer Religionsunterricht in Europa. Lehrtexte als Instrumente muslimischer Selbstverortung im Vergleich*, Bielefeld 2006.
Müller, Rabeya, *„Gedanken zur religiösen Unterweisung in den Moscheen"*, in: Bukow, W.-D./Yildiz, E., *Islam und Bildung*, Opladen 2003.
Özcan, Ruhi, *Vahiy kültürü*, Istanbul ^{5}1990.
Özsoy, Ömer, *"Kuran ve müslümanların yenilenme sorunu"*, in: ders., *Kuran ve Tarihsellik yazıları*, Kitabiyat yay, Ankara 2004, S. 87-95.
Papoulia, B., *„Der Islam"*, in: Spuler, B./Forrer, L. (Hg.), *Der Vordere Orient in islamischer Zeit*, Bern 1954, S. 600-615.
Paret, Rudi, *„lā ikrāha fī d-dīni: Toleranz oder Resignation?"*, in: *Der Islam*, Bd. 45 (1969), S. 299-300.
Qāḍī ʿAbdulğabbār, *al-Muġnī fī abwāb at-tawḥīd wa-l-ʿadl*, 20 Bde., Kairo 1962-1966.
Rahman, Fazlur, *"Status of Woman in Islam: A Modernist Interpretation"*, in: Papanek, H./Minault, G. (eds.), *Separate Worlds: Studies of Purdah in Southeast Asia*, Columbia 1982.
Rickers, Folkert, *„Islam – eine religionspädagogische Herausforderung"*, in: Bukow, W.-D./Yildiz, E., *Islam und Bildung*, Opladen 2003, S. 49-80.
Roth, Hans-Joachim, *„Religiöse Orientierungen von Jugendlichen"*, in: Bukow/Yildiz, *Islam und Bildung*, Opladen 2003, S. 135-156.
Rüschoff, S. Ibrahim, *„Zum Offenbarungsverständnis im Islam"*, in: *Cibedo-Beiträge*, Nr. 26, 2/1984, S. 8-9.
Sachau, Eduard, *Zur ältesten Geschichte des muhammedanischen Rechts*, Wien 1870.
Sarıkaya, Yasar, *Abū Saʿīd Muḥammad al-Hadīmī (1701-1762). Netzwerke, Karriere und Einfluss eines osmanischen Provinzgelehrten*, Hamburg 2005.
Şahinoğlu, Nazif, *"Hz. Peygambere Şarii denebilirmi?"*, in: Ağırakça, A., *Kuran ve Sünnet Sempozyumu 1-2 Kasım 1997 – Bildiriler*, Istanbul 1999, S. 71-89.
Schacht, Joseph, *"Taklid"*, in: *The Encyclopaedia of Islam* (EI), Bd. 4, Leiden 1934, S. 682.
Schwabe, Jürgen, *Entscheidungen des Bundesverfassungsgerichts*, Studienauswahl (Bde. 1-89), Hamburg ^{6}1994.
Sezgin, Fuat, *Geschichte des arabischen Schrifttums*, Bd. 1., Leiden 1967.
Sifil, Ebubekir, *"Fazlur Rahman'da hikmet / maksat / maslahat"*, in: Yaman, A., *Makasıd ve Ictihad. İslam hukuk felsefesi araştırmaları*, Yediveren yay, Konya 2002, S. 417-428.

Sönmez, Bülent, *Bulanık çağ*, Istanbul 1996.

Towfigh, Emanuel Vahid, *„Vom Kopftuchverbot bis zum Ruf des Muezzin: Rechtliche Möglichkeiten und Grenzen freier Religionsausübung in Deutschland und ihre Praxis*", in: Bülent Ucar, *Die Rolle der Religion im Integrationsprozess. Die deutsche Islamdebatte*, Frankfurt a. M. 2010, S. 459-484, S. 470-471.

Ucar, Bülent, *Recht als Mittel zur Reform von Religion und Gesellschaft. Die türkische Debatte um die Scharia und die Rechtsschulen im 20. Jahrhundert*, Würzburg 2005.

Ders., *Moderne Koranexegese und die Wandelbarkeit der Scharia in der aktuellen Diskussion der Türkei*, unveröffentlichte Habilitationsschrift, Erlangen-Nürnberg 2008.

Ders., *„Didaktik, Methodik und Inhalte eines Islamischen Religionsunterrichts in Deutschland: Versuch einer Grundlagendarstellung und künftige Forschungsaufgaben"*, in: Behr, H. H. u.a., *„Den Koran zu lesen genügt nicht!". Fachliches Profil und realer Kontext für ein neues Berufsfeld. Auf dem Weg zum Islamischen Religionsunterricht*, Münster 2008, S. 105-121.

Ders., *„Synopse für das Fach ‚Islamunterricht' in der Grundschule: Zwischen didaktischem Profil und inhaltlicher Gestaltung"*, in: Kiefer, Michael u.a. (Hg.), *Auf dem Weg zum Islamischen Religionsunterricht. Sachstand und Perspektiven in Nordrhein-Westfalen*, Münster 2008, S. 121-140.

Ders., *„Religion in der Schule: Eine muslimische Perspektive"*, (Forum Religion an öffentlichen Schulen, Berlin 04.12.2008), in: Evangelischer Pressedienst (Hg.), *epd-Dokumentation*, (2/2009), S. 39-41.

Ders., *„Islamische Religionspädagogik im deutschen Kontext: Die Neukonstituierung eines alten Fachs unter veränderten Rahmenbedingungen"*, in: ders. u.a. (Hg.), *Religionen in der Schule und die Bedeutung des Islamischen Religionsunterrichts*, Göttingen 2010, S. 33-51.

Ders., *„Lehrpläne und Lehrmaterialien – was gibt es, was wird gebraucht?"*, in: *Islamischer Religionsunterricht in Deutschland. Perspektiven und Herausforderungen: Dokumentation der Tagung der Deutschen Islam Konferenz 13. bis 14. Februar 2011*, Nürnberg 2011, S. 109-117.

Uludağ, Süleyman, *İslam siyaset ilişkileri*, İstanbul 1998.

Watt, W. Montgomery/Welch, A. T., *Der Islam I – Mohammed und die Frühzeit: Islamisches Recht – Religionsleben*, 3 Bde., übers. v. S. Höfer, Stuttgart 1980.

Wiederhold, Lutz, *"Legal Doctrines in Conflict: The Relevance of 'madhhab' Boundaries to Legal Reasoning in the Light of an Unpublished Treatise on 'taqlid' and 'ijtihad'"*, in: *Islamic Law and Society*, 1996, S. 234-304.

Wielandt, Rotraudt, *Exegesis of the Qur'ān: Early Modem and Contemporary*, in: McAuliffe, J. D. (ed.), *Encyclopaedia of the Qur'ān*, Bd. 2, Leiden 2002, S. 124-142.

Yiğit, Metin, *"Hermeneutik yöntem ve Usul-i fıkhın kat'i-zanni diyalektiği"*, in: Yüzüncü Yıl Üniversitesi Ilahiyat Fakültesi, *Kuran ve Dil – Dilbilim ve Hermenötik Sempozyumu 17-18 Mayıs 2001*, Van o.J., S. 125-186.

Zaydān, Amīr, *at-Tafsīr. Eine philologisch, islamologisch fundierte Erläuterung des Qur'ān-Textes*, Offenbach 2000.

Zentralrat der Muslime (Hg.), *Lehrplan für den Islamischen Religionsunterricht (Grundschule)*, Köln 1999.

Zeyd, Nasr Hamid Ebu, *"Soruşturma"*, in: *İslamiyat*, 1998 (1), S. 263-276.

Zilleßen, Dietrich, *„Religion, Bildung, Politik. Positionen in der multireligiösen Zivilgesellschaft"*, in: Bukow/Yildiz, *Islam und Bildung*, Opladen 2003, S. 168-171.

Muslime in säkularen Gesellschaften in Europa als Objekt der Forschung: religionswissenschaftliche Perspektiven unter besonderer Berücksichtigung der Moscheen in Deutschland[1]

Von Rauf Ceylan

Einleitung

Die Religionswissenschaft ist eine deskriptive und empirische Wissenschaft, die – anders als die Theologie – versucht, das Phänomen Religion aus der Außenperspektive zu beleuchten. Als akademisches Fach ist die Religionswissenschaft eine relativ junge Disziplin. Der erste Lehrstuhl wurde 1873 in der Schweiz (Genf) errichtet. Weitere Lehrstühle folgten in den USA (1873) und ab 1876 auch in anderen europäischen Ländern (Niederlande, Frankreich, Schweden). In Deutschland wurde der erste Lehrstuhl für Religionswissenschaft erst 1910 in Berlin eingerichtet. In den USA wurde relativ früh der Schwerpunkt auf gegenwärtige Erscheinungen der Religion und die interreligiöse Kommunikation gelegt. Dies ist vor dem Hintergrund der multireligiösen Landschaft dieses klassischen Einwanderungslandes nachvollziehbar. Die europäische Religionswissenschaft dagegen war lange Zeit historisch ausgerichtet.[2] In den 1980er Jahren gab es dann einen Perspektivenwechsel in Europa, auch in Deutschland. Man näherte sich zunehmend der nordamerikanischen Forschungsrichtung. Der Perspektivenwechsel ab den 1980er Jahren ist vor allem auf den religiösen Pluralismus in Deutschland zurückzuführen, wobei der Islam ein wesentlicher Faktor ist. Für die Religionswissenschaften sind mit dem Islam in Deutschland zahlreiche neue Forschungsperspektiven entstanden, vor allem die Frage nach Transformationsprozessen: Wie werden sich der Islam, die muslimische Community und ihre Organisationen in säkularen europäischen Gesellschaften entwickeln? Diese Frage soll in der vorliegenden Abhandlung am Beispiel der wichtigsten religiösen Institutionen, den Moscheen, exemplifiziert werden.

---

1 Bei dem vorliegenden Beitrag handelt es sich um eine gekürzte Fassung der Antrittsvorlesung des Autors für die Professur für Religionswissenschaft am 30. Oktober 2009 an der Universität Osnabrück.

2 Vgl. hierzu Fritz Stolz, *Grundzüge der Religionswissenschaft*, Göttingen 2001; Klaus Hock, *Einführung in die Religionswissenschaft*, Darmstadt 2006.

1. Religion: diskursive Realität im 21. Jahrhundert

Die Religionswissenschaft gewinnt als akademische Disziplin weltweit zunehmend eine größere Bedeutung für die gegenwärtige Religionsforschung, weil die Religion insgesamt heute nach wie vor eine zentrale gesellschaftliche und politische Rolle auf der Welt (wie z.B. in den ehemaligen Sowjetgebieten) spielt. Gegen Ende des 19. Jahrhunderts und noch im 20. Jahrhundert prophezeite noch ein Teil der Religionswissenschaftler bzw. -soziologen, dass Religion im Zuge des Säkularisierungs- und Rationalisierungsprozesses als Auslaufmodell keine Rolle mehr spielen oder im besten Fall bis zur gesellschaftlichen Bedeutungslosigkeit marginalisiert werden würde. Der Säkularisierungsprozess, der seinen Anfang in Europa hatte, war historisch eine Antwort auf die Vormachtstellung der Religion, aber auch auf die Politik und Wissenschaften. Die Trennung des Religiösen vom Staatlichen wurde im Sinne einer Conditio sine qua non als Grundvoraussetzung jeder echten rechtsstaatlichen, auf dem Prinzip der Gewaltenteilung basierenden Demokratie verstanden. Aber nicht nur das: Es war auch das Ziel, die Religion in eine abgeschirmte Sphäre zu verbannen und zugleich eine offen-liberale öffentliche Sphäre zu etablieren. Religion – so eine verbreitete Auffassung – wäre ohnehin ein atavistischer Rest, der in der Moderne kaum noch eine Rolle spielen werde. Diese Attestierung wurde meist in einem Klima eines allgemeinen teleologischen Prozesses, einer teleologisch-normativen Varianten eines einzigen progressiven und unilinearen westlichen Fortschrittsgedankens durchgesetzt.[3] Ein charakteristisches Beispiel stellt der Religionssoziologe August Comte dar, dessen Konzeption zur Religion dies widerspiegelt.[4]

Allerdings ist festzuhalten, dass über den Inhalt und Verlauf sowie die Bewertung des Säkularisierungsprozesses unter den Religionssoziologen nie ein Konsens herrschte. Die Frage der Säkularisierung ist in den Religionswissenschaften und religionssoziologischen Debatten ein immer wiederkehrendes Thema.[5] Da der Charakter der Säkularisierung strittig war und ist, reichen die Positionen vom Rückgang der Religion bis hin zur Entstehung neuer und dynamischerer Formen von Religion.[6] Doch trotz der Prophezeiungen vieler Religionssoziologen ist Religion heute als eine diskursive Realität eine unanfechtbare soziale und globale Tatsache. Das Interesse an Religion in Europa und in öffentlichen Debatten hat zugenommen.[7]

---

3 Vgl. José Casanova, *Europas Angst vor der Religion*, Berlin 2009.

4 Vgl. Michael Bock, *„Auguste Comte (1798-1857)“*, in: Dirk Kaesler (Hg.), *Klassiker der Soziologie. 1. Band: Von Auguste Comte bis Norbert Elias*, München 1999, S. 39-57.

5 Vgl. zu den unterschiedlichen Ansätzen Herbert Knoblauch, *Religionssoziologie*, Berlin 1999, S. 120ff.

6 Vgl. Klaus Hock, *Einführung in die Religionswissenschaft*, a.a.O., S. 105ff.

7 Vgl. José Casanova, *Europas Angst vor der Religion*, a.a.O., S. 7.

2. Migration, Islam und Diasporabildung

Vor dem Hintergrund, dass Religion in der Gegenwart noch eine vielfältige Rolle spielt und dass im Zuge der Globalisierung neue Herausforderungen entstanden sind, kann die Religionswissenschaft einen wichtigen Beitrag zur akademischen Diskussion leisten. Eng verbunden mit der Globalisierung ist vor allem eine Thematik, die nach dem Zweiten Weltkrieg an Intensität gewonnen hat: die Frage der Religion im Kontext von Migration und Diasporabildung. Im Zuge von Globalisierungsprozessen und Diasporabildungen nach dem Zweiten Weltkrieg leben über 15 Millionen Muslime in westeuropäischen Staaten. Im Kontext des Islam ist die Diaspora eine ganz neue Erfahrung. In diesem Zusammenhang ist die Frage nach Transformationsprozessen des Islam in Europa eine zentrale religionswissenschaftliche Fragestellung. Der säkulare Rechtsstaat bildet in Ländern wie Deutschland die politisch-institutionelle Rahmenordnung, in der Muslime leben und ihren Glauben praktizieren. Diese Situation wirft die Fragen auf, wie sich islamisches Leben in Europa gestaltet und ob die Säkularität der politisch-rechtlichen Ordnung Chancen für die Erprobung neuer Formen islamischer Selbstorganisation birgt, womöglich sogar mit Auswirkungen über die „Diaspora" hinaus auf die islamischen Herkunftsländer.[8] In diesem Zusammenhang sind im Transformationsprozess weitere Fragen relevant:

a) Die Rolle der Frau in der muslimischen Community: Denn die Diaspora war in der Geschichte für viele religiöse Minderheiten immer verbunden mit Freiheit, Emanzipation und sozialer und kultureller Innovation. Aus religionswissenschaftlicher Perspektive ist der Emanzipationsprozess der muslimischen Frau eine relevante Forschungsfrage.

b) Die Frage von Religiosität bei muslimischen Jugendlichen: Die Analyse der ältesten Aufzeichnungen über die frühislamische Zeit zeigt, dass die Kritik am ungezügelten Kapitalismus der mekkanischen Oligarchie und an der Armut und sozialen Ungerechtigkeit den Jugendlichen Möglichkeiten der Identifikation und Partizipation bot. In der Gegenwart bietet der Islam für die jüngere Generation der Muslime ebenso Identifikationsmöglichkeiten, auch neue, individuellere Zugänge zu ihrer Religion, wie dies beispielsweise Nikola Tietze in ihrer Untersuchung aufzeigt.[9] Dabei wird nicht einfach nur die Tradition imitiert und weitergeführt, sondern durch individuelle Auseinandersetzungen mit den religiösen Schriften vertiefen die jungen Menschen ihre Kenntnisse und interpretieren die-

8 Vgl. Heiner Bielefeldt, *„Muslime im säkularen Rechtsstaat – vom Recht der Muslime zur Mitgestaltung der Gesellschaft"*, in: Thomas Hartmann/Margret Krannich, *Muslime im säkularen Rechtsstaat*, Berlin 2001, S. 67.

9 Nikola Tietze, *Islamische Identitäten. Formen muslimischer Religiosität junger Männer in Deutschland und Frankreich*, Hamburg 2001.

se zum Teil in einem neuen Licht. Ursula Mıhçıyazgan bezeichnet dies als „Prozeß der Hochislamisierung“[10].

c) Religion und Ethnizität: Dieser komplexe Zusammenhang ist ebenfalls ein wichtiges Forschungsfeld für die Religionswissenschaft. Denn vor allem in den 1990er Jahren fand unter den verschiedenen muslimischen Gruppen wie den Kurden bzw. den Bosniern und (Kosovo-)Albanern aufgrund kriegerischer Konflikte im Herkunftskontext ein Re-Ethnisierungsprozess statt. Dabei wird auch die Religion als national-kulturelles Erbe wiederentdeckt.

d) Einer der weiteren Fragen ist zudem, ob die Diaspora Chancen für die Erprobung neuer Formen islamischer Selbstorganisation bietet. Diese letzte Frage möchte ich aufgreifen und am Beispiel der Entwicklung der Moscheen zeigen, wie sich religiöse Institutionen in der Diaspora entwickeln können.

3. Der Islam im Transformationsprozess am Beispiel der Moscheen

In der europäischen Geschichte waren die Kirchen im urbanen Leben immer zentrale Orte. Um diese sakralen Bauten herum siedelten sich der Markt, die Handelshäuser, Hospitäler, Almosenhäuser und weitere öffentliche Bauten an. Diese räumliche Zentralität ist heute noch in vielen Städten Deutschlands zu erkennen. Ihre soziale und kulturelle Zentralität dagegen haben die Kirchen im Zuge des Säkularisierungsprozesses wesentlich eingebüßt; dennoch sind sie heute für einen Teil der christlichen Bevölkerung immer noch zentrale Orte. Parallel zu den christlichen Gotteshäusern haben sich in der deutschen Gesellschaft islamische Gotteshäuser etabliert. Ihren Standort haben diese religiösen Einrichtungen in sogenannten „ethnischen Kolonien“, d.h. in Wohngebieten mit hohen Migrantenanteilen, in denen sie zu den zentralsten Institutionen zählen. Im Folgenden soll der Entwicklungs- und Transformationsprozess von provisorischen Gebetsräumen bis hin zu multifunktionalen Gotteshäusern historisch und analytisch skizziert werden.[11]

Mit der Anwerbung der muslimischen Gastarbeiter ab 1961 begann der quantitative Zuwachs des Islam in Deutschland. Diese sogenannten „Gastarbeiter“ gingen zunächst von einem befristeten Aufenthalt in Deutschland aus. Daher lebten die ersten Arbeitsmigranten nach ihrer Ankunft zunächst in Heimen.

10 Vgl. Ursula Mıhçıyazgan, *„Die religiöse Praxis muslimischer Migranten. Ergebnisse einer empirischen Untersuchung in Hamburg“*, in: I. Lohmann/W. Weiße (Hg.), *Dialog zwischen den Kulturen. Erziehungshistorische und religionspädagogische Gesichtspunkte*, Münster/New York 1994, S. 201.

11 Die folgende Darstellung basiert im Wesentlichen auf der Studie des Verfassers: *Ethnische Kolonien. Entstehung, Funktion und Wandel am Beispiel türkischer Moscheen und Cafés*, Wiesbaden 2006.

Türkisch-religiöse Einrichtungen existierten gar nicht, da weder der türkische noch der deutsche Staat die Befriedigung der religiösen Bedürfnisse in den Abkommensvereinbarungen berücksichtigte. Diese Lücke füllten die türkischen Muslime selbst, indem sie damit anfingen, ihren religiösen Bedürfnissen in den Wohnheimen nachzugehen. Die innerethnischen Kontakte innerhalb und zwischen den Wohnheimen förderten ihre soziale Organisierung. Dachgeschosse bzw. Keller der Unterbringungsheime wurden somit in Gebetsräume umfunktioniert.

Wie die provisorischen Gebetsräume waren auch die Imame in diesen Einrichtungen nur eine behelfsmäßige Lösung, da es unter den Migranten keine qualifizierten Autoritäten für die Leitung der Gottesdienste gab. Meist übernahmen Personen aus der Freundesgruppe die Rolle des Vorbeters. Diese Männer waren nicht als Imame ausgebildet und verfügten dementsprechend nur über begrenztes religiöses Wissen; sie waren in der Regel in religiösen Angelegenheiten lediglich sachkundiger als andere in der Freundesgruppe. Unter den Migranten genossen die in religiösen Angelegenheiten kompetenteren Personen ein besonderes Ansehen und wurden deshalb – trotz fehlender Qualifikation – mit „Hodscha" („geistlicher Lehrer") angesprochen.

In den 1970er Jahren begann in der gesamten Bundesrepublik die Phase der Familienzusammenführung. Von diesem Zeitpunkt an, begannen sich die türkischen Muslime stärker mit den Bedingungen des Aufnahmelandes auseinanderzusetzen. In den 1970er Jahren wuchs ferner das Interesse am Islam, wobei dies wiederum im Zusammenhang mit der Familienzusammenführung stand, weil man sich vor allem über die religiöse Unterweisung der Kinder Gedanken machte. Im Zuge dieser Phase wurden Räumlichkeiten gemietet – meist in Hinterhöfen und in Stadtteilen mit hohem Migrantenanteil –, die die Muslime als Gebetsstätten nutzten. Die meisten dieser religiösen Einrichtungen waren Einheitsgemeinden, d.h. sie gehörten noch keiner Dachorganisation an, denn die politischen und religiösen Orientierungen der Muslime waren nur von sekundärer Bedeutung. Vielmehr standen die Befriedigung der religiösen und sozialen Bedürfnisse und die Reproduktion und Institutionalisierung der Werte und Normen aus dem Herkunftskontext im Vordergrund. Die Moscheen boten ein kulturelles Zentrum und einen emotionalen Zufluchtsort.

Die Geschichte der Auswanderung zeigt, dass Gotteshäuser in der neuen Heimat mit zu den ersten Institutionen gehörten, die gegründet wurden.[12] Dies ist auch auf die im Aufnahmeland garantierte Religionsfreiheit zurückzuführen, die – im Gegensatz zum Herkunftsland, in dem unter Umständen mit Repression zu rechnen war – den Einwanderern ein religiöses Gemeindeleben nach eigenen

---

12 Vgl. Arthur Hertzberg, *Shalom Amerika! Die Geschichte der Juden in der Neuen Welt*, Frankfurt a. M. 1996, S. 22f.

Vorstellungen ermöglichte.[13] Die errichteten Gotteshäuser markierten die Niederlassung der Migranten in der neuen Heimat. Ihre Bedeutung nahm im Aufnahmeland sogar zu, sodass auch weniger religiöse Personen diese Einrichtungen frequentierten. Auch deutsche Kirchen waren für die eingewanderten deutschen Christen im 18. Jahrhundert in Nordamerika wichtige Zentren, weil sie verschiedene Funktionen erfüllten. So „sorgten sie für Beistand, gaben den Pionieren Selbstgefühl, halfen ihnen beim Einpendeln in den Rhythmus Amerikas und in neue gesellschaftliche Situationen, informierten und halfen, wo die neuen Möglichkeiten den Neusiedler zu erdrücken drohten."[14]

Allerdings währte die Einigkeit der Gemeinden nicht lange, da die nichtstaatlichen islamischen Verbände seit dem Anwerbestopp im Jahr 1973 aktiv versuchten, die Lücke in der religiösen Betreuung der Migranten zu füllen. Die Einheitsgemeinden lösten sich auf und es entstanden – meist konzentriert in Stadtteilen mit hohen Migrantenanteilen – zahlreiche Hinterhofmoscheen unterschiedlichster Ausrichtungen und Prägungen.

Die primär religiöse Funktion der Hinterhofmoscheen weitete sich im Laufe des Migrationsprozesses infolge der unterschiedlichsten sozialen und kulturellen Herausforderungen aus, insbesondere wegen der Problemkumulation in diesen Sozialräumen. Während in der Türkei die Moscheen nicht mehr ihre traditionelle Rolle als „Külliyat" (Komplexe mit unterschiedlichsten sozialen Funktionen) ausüben, ist diese Funktion in der Migrationssituation wiederbelebt worden. Dieser Orientierungswechsel ist nicht das Ergebnis einer Politik, die von oben, d.h. von den großen Dachorganisationen, sondern vielmehr von einer Entwicklung auf lokaler Ebene ausgeht. Dieser Transformationsprozess wird vor allem von den jüngeren Gemeindemitgliedern getragen, die für ein neues Verständnis von islamischen Gemeinden eintreten, die sie vielmehr mit „sozialen Zentren", „Orten der Freizeitgestaltung" assoziieren, als „kollektive Heimat" erfahren und dementsprechend an die Moscheen in der Einwanderungsgesellschaft höhere Leistungsanforderungen richten als an diejenigen in den Herkunftsländern. Dieser Prozess – und wir befinden uns inmitten dieses Prozesses – ist auch dadurch gekennzeichnet, dass man aus den Hinterhöfen austritt und repräsentative Bauten in der Mitte der Gesellschaft errichtet.

Die Erfahrungen in verschiedenen deutschen Städten zeigen, dass sich diese repräsentativen Moscheen aufgrund ihrer praktischen, sozialen und wissen-

---

13 Vgl. Agnes Bretting, *„Mit Bibel, Pflug und Büchse: deutsche Pioniere im kolonialen Amerika"*, in: Klaus J. Bade (Hg.), *Deutsche im Ausland – Fremde in Deutschland. Migration in Geschichte und Gegenwart*, München 1992, S. 135ff.; Klaus J. Bade, *Europa in Bewegung. Migration vom späten 18. Jahrhundert bis zur Gegenwart*, München 2002, S. 17.

14 Bernd G. Längin, *„GERMANTOWN – auf deutschen Spuren in Nordamerika"*, in: Peter E. Nasarski, *Wege und Wandlungen. Die Deutschen in der Welt heute*, Schriftenreihe zu Fragen der Deutschen im Ausland, Bd. 3, Berlin/Bonn 1983, S. 30.

schaftlichen Betätigungsfelder in ihrem Umfeld zu einem wichtigen integrativen Bestandteil des städtischen Lebens entwickeln.[15] Die Betätigungsfelder in den Moscheen nehmen auch den Charakter von metakommunikativen Verfahren ein, welche für die Entwicklung des praktischen urbanen Multikulturalismus unabdingbar sind. Aufgrund der zunehmenden gesellschaftlichen Ausdifferenzierung in der postmodernen Gesellschaft wird die Entwicklung von Kompetenzen, die eine Regelung eines selbstverständlichen Zusammenlebens zum Ziel haben, in Zukunft notwendiger denn je werden.[16] Die repräsentative Moschee im multikulturellen Stadtteil Duisburg-Marxloh mit einer integrierten Begegnungsstätte (Seminarräume, Büros, Bistro, Küche) für Muslime und Nicht-Muslime besitzt in diesem Kontext einen Modellcharakter in Deutschland. Dafür spricht das in der Konzeption verfolgte Ziel, ein Bildungszentrum zu schaffen.

4. Fazit

Muslime im säkularen Europa und in Amerika, wenngleich sie die verschiedenen Kulturwelten ihrer Herkunftsländer mitbringen, geben dem Islam und ihren Institutionen weitere kulturspezifische Ausprägungen im jeweiligen europäischen Kontext. Das Beispiel der Entwicklung der Moscheen zeigt, wie islamische Selbstorganisationen in der Migrationssituation ihr Selbstverständnis ändern können: von rein sakralen zu multifunktionalen Zentren. Der Prozess ist damit noch nicht abgeschlossen, sondern weitere Forschungsfragen stellen sich zukünftig allein im Bereich der Moscheensoziologie. Wir stehen bezüglich der gegenwartsbezogenen Islamforschung noch am Anfang und viele Themen sind noch lange nicht ausgeschöpft. Die Muslime sind eine sehr dynamische Gruppe. Im Jahre 1997 sprachen wir noch von 1,7 Millionen in Deutschland lebenden Muslimen, heute bereits von 4,2 Millionen. Auch nehmen die Pluralisierung und Heterogenisierung in der Community zu. Die Religionswissenschaft kann in diesem Zusammenhang dazu beitragen, diesen Prozess in der Diaspora aus der Außenperspektive methodisch und systematisch zu untersuchen.

---

15 Vgl. Bekir Alboga, *„Symbole der Integration türkischer Kultur in die Stadt – der Moscheeneubau in Mannheim"*, in: Joachim Brech/Laura Vanhué (Hg.), *Migration. Stadt im Wandel*, Darmstadt 1997, S. 216ff.

16 Vgl. Wolf-Dietrich Bukow u.a., *Die multikulturelle Stadt – Von der Selbstverständlichkeit im städtischen Alltag*, Opladen 2001, S. 102ff.

Literatur

Alboga, Bekir, *„Symbole der Integration türkischer Kultur in die Stadt – der Moscheeneubau in Mannheim“*, in: Brech, Joachim/Vanhué, Laura (Hg.), *Migration. Stadt im Wandel*, Darmstadt 1997.

Bade, Klaus J., *Europa in Bewegung. Migration vom späten 18. Jahrhundert bis zur Gegenwart*, München 2002.

Bielefeldt, Heiner, *„Muslime im säkularen Rechtsstaat – vom Recht der Muslime zur Mitgestaltung der Gesellschaft“*, in: Hartmann, Thomas/Krannich, Margret, *Muslime im säkularen Rechtsstaat*, Berlin 2001.

Bock, Michael, *„Auguste Comte (1798-1857)“*, in: Kaesler, Dirk (Hg.), *Klassiker der Soziologie. 1. Band: Von Auguste Comte bis Norbert Elias*, München 1999, S. 39-57.

Bretting, Agnes, *„Mit Bibel, Pflug und Büchse: deutsche Pioniere im kolonialen Amerika“*, in: Bade, Klaus J. (Hg.), *Deutsche im Ausland – Fremde in Deutschland. Migration in Geschichte und Gegenwart*, München 1992.

Bukow, Wolf-Dietrich u.a., *Die multikulturelle Stadt – Von der Selbstverständlichkeit im städtischen Alltag*, Opladen 2001.

Casanova, José, *Europas Angst vor der Religion*, Berlin 2009.

Ceylan, Rauf, *Ethnische Kolonien. Entstehung, Funktion und Wandel am Beispiel türkischer Moscheen und Cafés*, Wiesbaden 2006.

Hertzberg, Arthur, *Shalom Amerika! Die Geschichte der Juden in der Neuen Welt*, Frankfurt a. M. 1996.

Hock, Klaus, *Einführung in die Religionswissenschaft*, Darmstadt 2006.

Knoblauch, Herbert, *Religionssoziologie*, Berlin 1999.

Längin, Bernd G., *„GERMANTOWN – auf deutschen Spuren in Nordamerika“*, in: Nasarski, Peter E., *Wege und Wandlungen. Die Deutschen in der Welt heute*, Schriftenreihe zu Fragen der Deutschen im Ausland, Bd. 3, Berlin/Bonn 1983.

Mıhçıyazgan, Ursula, *„Die religiöse Praxis muslimischer Migranten. Ergebnisse einer empirischen Untersuchung in Hamburg“*, in: Lohmann, I./Weiße, W. (Hg.), *Dialog zwischen den Kulturen. Erziehungshistorische und religionspädagogische Gesichtspunkte*, Münster/New York 1994.

Stolz, Fritz, *Grundzüge der Religionswissenschaft*, Göttingen 2001.

Tietze, Nikola, *Islamische Identitäten. Formen muslimischer Religiosität junger Männer in Deutschland und Frankreich*, Hamburg 2001.

II. Islam, Integration und Theologie

Der Islam – die nicht verstandene Religion

Von Seyfi Bozkuş

Nach dem Ende des Kalten Kriegs zwischen Orient und Okzident ist der Islam das Thema, das die westlichen Gesellschaften wohl am häufigsten beschäftigt hat. Obwohl der Islam nun der Gegenstand ist, über den am meisten gesprochen und geschrieben wurde, ist es nicht möglich zu sagen, dass dessen Inhalte in den westlichen Ländern korrekt verstanden wurden.

Bevor ich auf das Thema, wie der Islam von westlichen Gesellschaften verstanden wird, eingehe, ist es sinnvoll zu erläutern, wie der Islam zu uns Menschen gebracht wurde und wie die Vertretungen der zum Islam gehörenden Personen und Gesellschaften entstanden sind.

Um die grundlegenden Prinzipien des Islam verstehen zu können, ebenso wie die Struktur der idealen Gesellschaften, die mit diesen Prinzipien verwirklicht werden können, müssen wir die zwei wichtigen Quellen des Islam, nämlich den Koran und die praktischen Ausführungen des Propheten, dazu gut analysieren. Wenn man das Thema aus dieser Perspektive betrachtet, werden die Verständnisprobleme bezüglich des Islam eigentlich nicht nur in den westlichen, sondern auch in den meisten islamischen Ländern deutlich. Diese Betrachtung leitet uns zu zwei unterschiedlichen Darstellungen des Islam, die in historischer Zeit formuliert wurden:

a) „Die islamische Zivilisation", die von unserem Propheten Muḥammad und seinem Gefährten aufgrund der Umsetzung der universalen Prinzipien des Koran realisiert wurde.

b) Der traditionelle Islam, der den Koran und dessen praktische Umsetzung durch den Propheten kaum verstanden hat und aufgrund dessen falsch oder fehlerhaft verwirklicht wird und wurde.

Es ist ein sehr wichtiger Punkt, den wir als eine Selbstkritik deutlich aussprechen sollten: Fast alle heutigen islamischen Länder gehören zur zweiten Kategorie. Deswegen sind sie zu weit entfernt von der Repräsentation der islamischen Zivilisation, die wir in der ersten Kategorie erklärt haben. Selbst wenn diese Länder sogar als „islamische Länder" bezeichnet werden, stehen ihre staatlichen Verwaltungssysteme entweder unter der Gewaltherrschaft von einzelnen Personen (Diktatoren) bzw. unter der Herrschaft einer Familie (Monarchie) oder unter der Herrschaft von Minderheiten, die eine rein geistlich-religiöse Struktur haben (Theokratie). Gleichzeitig setzen sie Widersprüche mit den islamischen Regeln in Taten um, jeweils angeglichen an ihre persönlichen und gesellschaftlichen

Verhältnisse. Damit ist es nicht möglich, irgendeines der islamischen Länder als ein Modell der islamischen Zivilisation zu benennen.

Unserer Meinung nach ist der erste und wichtigste Grund, dass der Islam von den westlichen Ländern nicht richtig verstanden wird, die gegenwärtige Situation in den muslimischen Ländern. Denn die westlichen Länder kennen den Islam lediglich aufgrund der praktischen Religionsausübung der Muslime. Tatsächlich aber ist das Leben in den muslimischen Gesellschaften, die einerseits in Verhältnissen des 21. Jahrhunderts leben, andererseits äußerst rückständig, und es basiert auf Vorstellungen resultierend aus einer persönlichen Lebensauffassung vom Koran und vom Propheten.

Der Rückstand der Muslime aus der über 1.400 Jahre existierenden islamischen Zivilisation wird von der Menschheit, die diese Zivilisation kennenlernen möchte, erschwert und distanziert die Menschen, die nicht der muslimischen Glaubensrichtung angehören, vom Islam. Aus dieser Problematik resultieren auf der Seite des Islam Definitionen und Ansichten mit unterschiedlichen Begriffen. Heutzutage wird der Islam als „offizieller Islam", „Volksislam", „mystischer Islam", „reformierter Islam" oder „fundamentalistischer Islam" usw. definiert.[1] Die Definitionen des Islam mit derartigen Eigenschaften verhindern, ihn genau zu verstehen. Dennoch ist es gesellschaftliche Realität, dass es diese unterschiedlichen Ansichten über den Islam gibt, aber keine dieser Definitionen reicht aus, um den Islam richtig zu verstehen. Deshalb müssen wir den Islam nur als „Islam" aus seinen wesentlichen Quellen (aus dem Koran und der praktischen Umsetzung des Propheten) heraus definieren und verstehen.

Nach oben genannter kritisierter Ansicht über die Islam-Definitionen müssen nun folgende Fragen gestellt werden:

- Wenn die heutigen Muslime die wirkliche islamische Zivilisation nicht vertreten können, was ist dann das richtige Modell einer islamischen Zivilisation?
- Welche Lösungswege stellt der Islam für die Probleme der Menschheit vor?
- Hat dieses Modell praktische Umsetzungs- und Erfolgsmöglichkeiten in unserer Welt?

Es ist natürlich nicht möglich, das gesamte Modell des Koran hier zu erklären, aber wir können die wesentlichen Schlüsselregeln der islamischen Zivilisation zusammenfassen. Generell stellt der Koran universelle Regeln über die Verhältnisse sowohl zwischen „Mensch und Gott" als auch „Mensch und Gesellschaft" vor und will diese Regeln in die Praxis umsetzen. Besonders aufgrund dieser beiden Verhältnisse definieren die islamischen Gelehrten den Islam. Und nach dieser Definition ist der Islam:

---

1 Vgl. Gisela Hein, *Islam und Integration – ein Widerspruch*, (Diplomarbeit), Freiburg i. Br. 1993, S. 15f.

1. Der Gehorsam gegenüber den Befehlen Gottes,
2. Das Mitleid und die Barmherzigkeit Gottes für alle Lebewesen.

Die detaillierte Formulierung dieser Definition lautet im Koran folgendermaßen:

Gehorsam zu Gott

Für einen Muslim gilt vor allem, an den einzigen Allah zu glauben und nur ihm zu dienen. Ohne den festen Glauben an Allah, hat der Rest der Welt für die Muslime keine Bedeutung.

لاَّ تَجْعَل مَعَ اللّهِ إِلَـهًا آخَرَ فَتَقْعُدَ مَذْمُومًا مَّخْذُولاً

„Setze neben Allah nicht einen andern Gott, auf dass du nicht mit Schimpf bedeckt und verlassen dasitzest" (*al-Isrā*ʾ 17/22).

Rechte der Eltern

Nach dem Gottesglauben liegt die wichtigste Verantwortung der Menschen in derjenigen gegenüber den Eltern. Außerdem betont der Koran, dass der Respekt vor den Eltern besonders bei jenen im Greisenalter notwendig ist und erinnert an die lebenslange Opferbereitschaft der Eltern für ihre Kinder. Damit fordert der Islam für die Eltern mit der gleichen Opferbereitschaft zu handeln.

وَقَضَى رَبُّكَ أَلاَّ تَعْبُدُواْ إِلاَّ إِيَّاهُ وَبِالْوَالِدَيْنِ إِحْسَانًا إِمَّا يَبْلُغَنَّ عِندَكَ الْكِبَرَ أَحَدُهُمَا أَوْ كِلاَهُمَا
فَلاَ تَقُل لَّهُمَآ أُفٍّ وَلاَ تَنْهَرْهُمَا وَقُل لَّهُمَا قَوْلاً كَرِيمًا

„Dein Herr hat geboten: ‚Verehret keinen denn Ihn, und (erweiset) Güte den Eltern. Wenn eines von ihnen oder beide bei dir ein hohes Alter erreichen, sage nie ‚Pfui!' zu ihnen, und stoße sie nicht zurück, sondern sprich zu ihnen ein ehrerbietiges Wort.'"

وَاخْفِضْ لَهُمَا جَنَاحَ الذُّلِّ مِنَ الرَّحْمَةِ وَقُل رَّبِّ ارْحَمْهُمَا كَمَا رَبَّيَانِي صَغِيرًا

„Und neige gütig gegen sie den Fittich der Demut und sprich: ‚Mein Herr, erbarme Dich ihrer, so wie sie mich als Kleines betreuten" (*al-Isrā*ʾ: 17/23-24).

Rechte der Verwandten und Armen

Nach der islamischen Auffassung trägt der Mensch auch eine große Verantwortung für Verwandte und Arme.

وَآتِ ذَا الْقُرْبَى حَقَّهُ وَالْمِسْكِينَ وَابْنَ السَّبِيلِ وَلَا تُبَذِّرْ تَبْذِيرًا

„Gib dem Verwandten, was ihm gebührt und ebenso dem Armen und dem Wanderer, aber vergeude nicht in Verschwendung."

„Die Verschwender sind Brüder der Teufel, und der Teufel ist undankbar gegen seinen Herrn."

„Und wenn du dich von ihnen abkehrst im Trachten nach Barmherzigkeit von deinem Herrn auf die du hoffst, so sprich zu ihnen ein hilfreiches Wort" (*al-Isrā'*: 17/26-28).

Das Gleichgewicht im Verhalten ist eine sehr wichtige Regel: Weder Geiz noch Verschwendung sollen dominieren.

وَلَا تَجْعَلْ يَدَكَ مَغْلُولَةً إِلَى عُنُقِكَ وَلَا تَبْسُطْهَا كُلَّ الْبَسْطِ فَتَقْعُدَ مَلُومًا مَحْسُورًا

„Und laß deine Hand nicht an deinen Nacken gefesselt sein, aber strecke sie auch nicht zu weit geöffnet aus, damit du nicht getadelt (und) zerschlagen niedersitzen mußt."

„Wahrlich, dein Herr erweitert und beschränkt die Mittel zum Unterhalt, wem Er will, denn Er kennt und sieht Seine Diener wohl" (*al-Isrā'*: 17/29-30).

Schutz des Lebens der Menschen

Der Islam bezeichnet die Tötung von irgendeinem Menschen als „Ermordung aller Menschen" (außer in Verteidigungskriegen). Und er verbietet jegliche Ermordung von Menschen. Weil das Leben und Eigentum der Menschen nach der islamischen Vorschriften heilig sind.

مَنْ قَتَلَ نَفْسًا بِغَيْرِ نَفْسٍ أَوْ فَسَادٍ فِي الْأَرْضِ فَكَأَنَّمَا قَتَلَ النَّاسَ جَمِيعًا
وَمَنْ أَحْيَاهَا فَكَأَنَّمَا أَحْيَا النَّاسَ جَمِيعًا

„Wenn jemand einen Menschen tötet – es sei denn für (Mord) an einem andern oder für Gewalttat im Land –, so soll es sein, als hätte er die ganze Menschheit getötet; und wenn jemand einem Menschen das Leben erhält, so soll es sein, als hätte er der ganzen Menschheit das Leben erhalten" (*al-Mā'ida*: 5/32).

Der Prophet (F.s.m.I.) sagte:

فَإِنَّ دِمَاءَكُمْ وَأَمْوَالَكُمْ عَلَيْكُمْ حَرَامٌ، كَحُرْمَةِ يَوْمِكُمْ هَذَا، فِي شَهْرِكُمْ هَذَا، فِي بَلَدِكُمْ هَذَا، إِلَى يَوْمِ تَلْقَوْنَ رَبَّكُمْ.

„Genauso, wie diese Tage,[2] diese Monate[3] und diese Stadt Mekka heilig sind, ist auch euer Leben, euer Hab und Gut, eure Würde und eure Ehre bis ins Jenseits heilig und unantastbar. Sie werden vor jedweden Übergriffen geschützt."[4]

---

2 Monat der Pilger: *ḏū al-ḥiǧǧa*, 12. Monat des islamischen Kalenders.
3 Es ist ein Gebetsort, südöstlich von Mekka, wo sich die Pilgeranwärter am Vortag des Opferfestes versammeln, um dort „die heilige Haltung" (*wuqūf*) zu verwirklichen.

وَلاَ تَقْتُلُوا أَوْلاَدَكُمْ خَشْيَةَ إِمْلاقٍ نَّحْنُ نَرْزُقُهُمْ وَإِيَّاكُم إِنَّ قَتْلَهُمْ كَانَ خِطْءًا كَبِيرًا

„Tötet eure Kinder nicht aus Furcht vor Armut; Wir sorgen für sie und für euch. Fürwahr, sie zu töten ist eine große Sünde."

„Und nahet nicht dem Ehebruch; siehe, das ist eine Schändlichkeit und ein übler Weg."

„Und tötet nicht das Leben, das Allah unverletzlich gemacht hat, es sei denn mit Recht ..." (*al-Isrā'*:17/31-33).

Jede Art der Ermordung wird als Rückkehr zum vorislamischen Heidentum verurteilt. Dagegen sagte der Prophet (F.s.m.I.):

فَلاَ تَرْجِعُوا بَعْدِي كُفَّارًا يَضْرِبُ بَعْضُكُمْ رِقَابَ بَعْضٍ.

„Kehrt nach mir nicht in die Tage der *ǧāhilīya* (Zeit der Unwissenheit), der vorislamischen Zeit der Unwissenheit, zurück; bringt euch nicht gegenseitig um."[5]

Im Koran ist die Strafe für den Mörder der ewige Aufenthalt in der Hölle.[6] Aber paradoxerweise stellt sich heraus, dass der Islam, der den Schutz des menschlichen Lebens als heilig erklärt und sich eindeutig gegen die Ermordung ausspricht, in den heutigen westlichen Ländern häufig mit Terror gleichgesetzt wird oder ihn sogar fördern soll. Diese Gleichsetzung des Islam mit Terror ist einer der größten Fehler. An diesem Punkt müssen wir erkennen, dass die Personen, die Menschen im Namen des Islam ermordeten, den Islam nicht korrekt verstehen konnten oder wollten. Solche Gräueltaten verursachen die pauschale Verurteilung des Islam. Dennoch kann diese Pauschalverurteilung des Islam, die von den Missachtungen dieser Täter-Personen herrührt, nicht als gerecht bezeichnet werden.

Bewahrung des Besitzes von Waisen

Die Waisen brauchen mehr Schutz als andere Menschen.

وَلاَ تَقْرَبُواْ مَالَ الْيَتِيمِ إِلاَّ بِالَّتِي هِيَ أَحْسَنُ

„Und nahet nicht dem Gut der Waise, es sei denn zum Besten, bis sie ihre Reife erreicht hat. Und haltet die Verpflichtung, denn über die Verpflichtung muß Rechenschaft abgelegt werden" (*al-Isrā'*: 17/34).

---

4 Buḫārī, *Ḥaǧǧ* 132, c. 2, S. 191.
5 Ebd.
6 Vgl. an-Nisā': 4/93.

Abschaffung des unrechtmäßigen Gewinns

Nach den islamischen Vorschriften werden alle unrechtmäßigen Gewinne (Glücksspiel, Zins, Schwarzmarktgeschäfte, Diebstahl) verboten. Damit ist der rechtmäßige Gewinn für die Muslime eine Pflicht.

وَلاَ تَأْكُلُواْ أَمْوَالَكُم بَيْنَكُم بِالْبَاطِلِ وَتُدْلُواْ بِهَا إِلَى الْحُكَّامِ لِتَأْكُلُواْ فَرِيقًا مِّنْ أَمْوَالِ النَّاسِ بِالإِثْمِ وَأَنتُمْ تَعْلَمُونَ

„Und fresset nicht untereinander euren Reichtum auf durch Falsches, und bietet ihn nicht der Obrigkeit (als Bestechung) an, daß ihr wissentlich einen Teil des Reichtums anderer zu Unrecht fressen möchtet“ (*al-Baqara*: 2/188).

Maß und Waage: Zwei symbolische Elemente für rechtmäßigen Gewinn

وَأَوْفُوا الْكَيْلَ إِذا كِلْتُمْ وَزِنُواْ بِالقِسْطَاسِ الْمُسْتَقِيمِ ذَلِكَ خَيْرٌ وَأَحْسَنُ تَأْوِيلاً

„Und gebet volles Maß, wenn ihr messet, und wäget mit richtiger Waage; das ist durchaus vorteilhaft und letzten Endes das Beste“ (*al-Isrā'*: 17/35).

Weil der Zins das wirtschaftliche Leben zerstört, wurde er vom Islam abgeschafft.

وَرِبَا الْجَاهِلِيَّةِ مَوْضُوعٌ وَأَوَّلُ رِبًا أَضَعُ رِبَانَا رِبَا عَبَّاسِ بْنِ عَبْدِ الْمُطَّلِبِ فَإِنَّهُ مَوْضُوعٌ كُلُّهُ

„Jede Art von Zinsen ist aufgehoben. Nur das Geld, das ihr als Darlehen gebt, gehört euch. Allah hat den Zins untersagt. Der erste Zins, den ich aufhebe, ist der, den mein Onkel al-ʿAbbās Ibn ʿAbd al-Muṭṭalib zu empfangen hatte.“[7]

Vermeiden von üblen Einstellungen

Vorurteile und fehlerhaftes oder falsches Wissen leiten die Menschen auf den falschen Weg.

وَلاَ تَقْفُ مَا لَيْسَ لَكَ بِهِ عِلْمٌ إِنَّ السَّمْعَ وَالْبَصَرَ وَالْفُؤَادَ كُلُّ أُولـئِكَ كَانَ عَنْهُ مَسْؤُولاً

„Und verfolge nicht das, wovon du keine Kenntnis hast. Wahrlich, das Ohr und das Auge und das Herz – sie alle sollen zur Rechenschaft gezogen werden“ (*al-Isrā'*: 17/36).

7 Vgl. Muslim, *Ḥağğ* 19, c. 1, S. 889.

Bescheidenheit statt Hochmut

الْجِبَالَ طُولاً وَلاَ تَمْشِ فِي الأَرْضِ مَرَحًا إِنَّكَ لَن تَخْرِقَ الأَرْضَ وَلَن تَبْلُغَ

„Und wandle nicht hochmütig auf Erden, denn du kannst die Erde nicht spalten, noch kannst du die Berge an Höhe erreichen."

كُلُّ ذَلِكَ كَانَ سَيِّئُهُ عِنْدَ رَبِّكَ مَكْرُوهًا

„Das Üble alles dessen ist hassenswert vor deinem Herrn."

„Dies ist ein Teil von der Weisheit, die dir dein Herr offenbart hat" (*al-Isrā'*: 17/37-39).

Wenn wir die Reihe dieser Regeln sorgfältig und genau betrachten, sehen wir, dass sie auf allen Ebenen des Lebens erforderlich sind. Gehen wir dieser Abfolge von der Erziehung der Menschen, die die islamische Zivilisation als Vorbild hingestellt hat, nach, dann stehen

- auf der ersten Stufe „Mensch und Gott",
- auf der zweiten Stufe „Mensch und Eltern",
- auf der dritten Stufe „Mensch und Verwandte" und
- auf der vierten Stufe „Mensch und Gesellschaft".

Mit der Definition „Gehorsam gegenüber den Befehlen des Gottes und Mitleid und Barmherzigkeit für alle Lebewesen" determiniert der Islam aufgrund der oben genannten Regeln die Verantwortungen und die Verhältnisse der Personen vom Besonderen ins Allgemeine.

Die islamische Zivilisation wurde auf folgenden Bestimmungen aufgebaut: Gehorsam zu Gott, Einhaltung der Rechte der Eltern, Hilfe für die Verwandten und Armen, hilfreiche und helfende Sprache, Vermeidung von Verschwendung, Schutz des Lebens der Kinder und der anderen Menschen, Schutz vor Ehebruch, Bewahrung des Besitzes von Waisen, Einhaltung von Versprechen, richtige Benutzung der Waage, Abgabe von fremden Sachen, Vermeiden von Hochmut und bösen Taten. Die meisten dieser Regeln bestehen eigentlich nicht nur im Islam, sondern – trotz mancher kleiner Unterschiede – auch in anderen Religionen. Aber leider kennt die heutige Menschheit kaum mehr eine dieser universellen Regeln. Daraus resultierend leben wir überall mit massiven Problemen.

Auf der einen Seite verpflichtet der Islam die Personen mit diesen Aufgaben, auf der anderen Seite verbietet er endgültig gesellschaftliche Missstände, die die Balance der Gesellschaft zerstören, wie Betäubungsmittel, Alkoholkonsum, gewerbsmäßige Unzucht, Terror, Verführung, Ermordung und Gewalttätigkeit. Unser heutiges Leben ist voll von derartigen Missständen. Die Menschheit versucht diese Missstände mit ihren begrenzten Möglichkeiten zu lösen. Bisher hat sie leider noch keine effektiven Methoden für deren Bekämpfung finden können.

Der Islam zielt darauf, mit dem Verbot von Alkohol und Betäubungsmitteln die Gesundheit des Verstandes und des Körpers zu schützen, mit dem Verbot von Zins, Glücksspiel, Schwarzmarktgeschäften und Diebstahl unerlaubtes Geldverdienen abzubauen, mit dem Verbot von gewerbsmäßiger Unzucht, Terror, Verführung, Ermordung und Gewalttätigkeit die gesellschaftliche Sicherheit herzustellen. Man kann aber sagen, dass über solche Eigenschaften der islamischen Zivilisation kaum gesprochen und geschrieben wird. Dies verhindert maßgeblich, den Islam korrekt kennenzulernen.

Auch in Bezug auf die wirtschaftliche Struktur stellt der Islam wichtige Regeln vor. In diesem Bereich stellt er nicht nur die oben genannten Verbote auf, wie z.B. unerlaubte Geldverdienste, sondern lehnt die Gewaltherrschaft von reichen Menschen über Arme ab. Dafür ordnet er sowohl verpflichtende Taten (wie Almosensteuer, rituelle Fastensteuer und Opfer), als auch freiwillige Hilfs- und Solidaritätsbemühungen an.

Nachdem Muhammed (F.s.m.I.) das Prophetenamt angenommen hatte, stellte er zwei Forderungen an die Bevölkerung Mekkas:

1. Nur Allah anzubeten und das Abschaffen der bisher angebeteten Statuen.
2. Den Schutz aller Rechte der Menschen, vor allem die Sicherheit des Lebens und des Besitzes.

Diese Forderungen des Propheten sollten auch gleichzeitig die Beziehungen des Einzelnen zu Allah und zur Gesellschaft regeln. Falls diese Beziehungen nicht richtig hergestellt werden, kann der vom Islam angestrebte Menschentyp oder die zu erreichende Gesellschaftsform nicht zum Vorschein kommen.

Die Eliteschicht Mekkas, welche durch ihren Reichtum und die Macht ihres Stammes glaubte, alles besitzen zu können, konnte die Forderungen des Propheten nicht akzeptieren. Denn dieses hätte sowohl die Tradition der Anbetung der Statuen, als auch ihre Herrschaft, die sich auf ihr Vermögen und die Macht ihres Stammes stützte, erschüttert. Die Gefahr, in der sie ihre Vorherrschaft sahen, brachte diese Andersgläubigen dazu, großen Widerstand gegen den Propheten zu leisten. Aber der Widerstand der Andersgläubigen gegenüber dem Propheten hielt die Menschen nicht davon ab, zum Islam überzutreten.

Um sowohl die Prinzipien des Islam, welche den Menschen vermittelt wurden, als auch die Ursachen herauszufinden, die damals den Eintritt der Menschen in den Islam bewirkten, genügt es, die Worte von Ǧaʿfar b. Abī Ṭālib zu lesen, der zusammen mit den ersten Muslimen Mekkas durch die Andersgläubigen Mekkas unterdrückt und gefoltert wurde. Er wanderte nach Abessinien (heutiges Äthiopien) aus und berichtete dem König dort:

> „Oh Herrscher, wir waren ein unwissendes Volk. Wir beteten Statuen an. Wir aßen Fleisch von Toten. Wir taten jederlei Schlechtigkeiten. Die Starken unter uns unterdrückten die Schwachen. Wir behandelten unsere Nachbarn schlecht. Das ging solange, bis uns der erhabene Allah einen Propheten schickte, dessen Stamm, Ehrlichkeit, Zuverlässigkeit, Tugend und Höflichkeit wir kennen. Dieser Prophet lud uns

ein, Allah anzubeten und nicht die aus Stein oder anderen Materialen erschaffenen Statuen. Er befahl uns, stets die Wahrheit zu sagen, das anvertraute Gut zurückzugeben, uns um die Verwandten zu kümmern, uns mit den Nachbarn gut zu verstehen, das Verbotene zu unterlassen und kein Blut zu vergießen. Er hat uns jederlei hässliche und beschämende Wörter und Taten verboten, das Vermögen von Waisenkindern zu missbrauchen, keusche Frauen anzumachen und zu verleumden. Er befahl uns, nichts ihm gleichzusetzen und nur Allah anzubeten. Und er befahl uns das Beten, Almosen zu geben und das Fasten. Wir haben an ihn geglaubt und ihn bestätigt. Durch das, was er uns von Allah gebracht hat, sind wir ihm unterworfen. Nichts haben wir ihm gleichgesetzt und haben nur Allah angebetet. Das, was er uns verboten hat, ist für uns verboten und das, was er uns zugesteht, ist für uns rechtmäßig. Aber um uns das Anbeten zu Allah zu verbieten, und wieder Statuen anzubeten, um uns von unserem Glauben wieder fernzuhalten und um uns wieder zu schlechten Taten verleiten zu lassen, wurden wir schwer gefoltert. Als wir durch sie schwer gefoltert und unterdrückt wurden und sie uns den Glauben verbaten, sahen wir uns gezwungen, in dein Land zu ziehen und uns dir anzuvertrauen. Oh Herrscher, wir hoffen, dass wir bei dir nicht unterdrückt und nicht zu Unrecht behandelt werden.“[8]

Die Aussagen von Ǧaʿfar b. Abī Ṭālib zeigen, dass die Prinzipien des Islam die Glaubens- und Gefühlswelt der Menschen grundlegend geändert haben. Die Verhaltensweisen haben eine neue Form bekommen. Diese dem Menschen eigentlich inhärenten Eigenschaften waren von Unterdrückung, Fluch und Streit überschattet und kamen erst wieder zum Vorschein.

Wenn man genau hinsieht, ist der Zustand, in dem sich die heutigen Menschen befinden, trotz des wissenschaftlichen und technischen Fortschritts, demjenigen Zustand, der vor dem Islam existierte, gleichzusetzen. Damals töteten sich die Menschen auch nur aus trivialen Gründen – heutzutage gibt es überall auf der Welt Morde und Blutbäder. Damals wie heute gibt es Schlechtigkeiten wie Unterdrückung, Mord, Diebstahl, Alkoholismus, Glücksspiel, Prostitution etc. Deshalb wäre es geradezu eine Verpflichtung für die Menschheit die Grundwerte des Islam zu erkennen und zu nutzen, um diese Missstände zu beseitigen.

Ich bin der Ansicht, dass das chronische Nichtverstehen des Islam einerseits verhindert hat, den Islam in den Dienst der Menschheit zu stellen, und andererseits verursacht hat, dass die westlichen Gesellschaften Vorurteile gegenüber dem Islam aufgebaut haben. Bei der Frage „Was ist der Islam?“ denkt man zunächst an die fünf Pflichten[9] des Islam. Es stimmt, dass der Islam auf diesen fünf Fundamenten basiert; sie sind der Grundstein, auf dem der Islam aufgebaut werden muss. Falls auf diesen Fundamenten keine Gesellschaftsstruktur erbaut

---

8 Vgl. M. A. Köksal, *Islam Tarihi – Mekke Dön*, IV, o.J., o.O., S. 191f.; Ibn Hišām, *as-Sīra*, I, S. 356-362; aṭ-Ṭabarī, *Taʾrīḫ*, II, S. 225.

9 Die fünf Grundpflichten des Islam werden als seine „Säulen“ (*arkān*, Sing. *rukn*) bezeichnet. Zu diesen Säulen gehören 1. das Glaubensbekenntnis (*šahāda*), 2. das Ritualgebet (*ṣalāt*) und die Moschee, 3. das Fasten am Ramadān, 4. die Armensteuer (*zakāt*), 5. die Pilgerfahrt (*ḥaǧǧ*).

wird, die auf gesunden zwischenmenschlichen Beziehungen basiert, hat das Ausüben dieser Pflichten nach dem Koran keine Bedeutung. Hier heißt es:

> „Hast du schon einmal jemanden gesehen, der den Glauben verneint? Denn es ist der, der das Waisenkind umherstößt, der nicht daran denkt, den Armen zu ernähren; Schande über diese Betenden. Sie tun alles nur zum Schein und verhindern eine gute Tat.“[10]

Diese Aussagen zeigen, dass das Gebet der Menschen, welche die Menschenrechte nicht beachten und Wohltaten verhindern, keine Bedeutung hat. Auch der Prophet stellt in vielen seiner Aussagen klar, dass Muslime keine Lügner sein,[11] dass Geiz und schlechte Sitten bei Muslimen nicht existieren dürfen[12] und dass nach dem Islam Gotteslästerung, das Missachten der Rechte der Eltern und das Töten die größten Sünden sind.[13] Aus diesem Grund ist ein Verständnis des Islam, das nur darin besteht, zu meinen, der Islam bestehe nur aus bestimmten Gebetsübungen, ein unvollständiges Verständnis. Denn das Gebet im Islam hat als Hauptziel, dass der Mensch seinem Schöpfer gehorcht und anderen Menschen nützlich ist. Gebete, die ausgeübt werden, ohne diese zwei Hauptziele in Betracht zu ziehen, haben im Islam keine Bedeutung.

Viele der Kommentare, die in der westlichen Gesellschaft über den Koran gemacht werden, basieren auf ausgewählten Zeilen oder Zitaten des Koran. Dies ist einer der Faktoren, warum der Koran falsch verstanden wird. Jeder Kommentar, der gemacht wird, ohne einen vollständigen Zusammenhang des Koran in Betracht zu ziehen, hat zur Folge, dass der Islam unvollständig oder falsch verstanden wird. Ein Koran, den man anhand einzelner ausgesuchter Wörter oder Sätze zu verstehen meint, ist ein falsch verstandener Koran. Allein die Tatsache des falschen bzw. verfälschten Verstehens des Koran ist schlimmer, als wenn er gar nicht verstanden wird. Dies tun leider einige Politiker und Wissenschaftler, die einen ebenso großen Einfluss auf die Gesellschaft haben wie die Medien mit ihrer Art die Wirklichkeit zu interpretieren. Andererseits gibt es in der westlichen Wissenschafts-Community auch viele Wissenschaftler, die den Islam gut kennen und ihn objektiv bewerten. Um den Islam gut kennenzulernen, müssen die westlichen Gesellschaften diese wissenschaftlichen Bewertungen in Betracht ziehen.

Aus diesem Grund – um es nochmals deutlich auszudrücken – ist es absolut notwendig, die Prinzipien, die im Kern des Islam wie auch in anderen Religionen zur Lösung der Menschheitsprobleme vorhanden sind, zu verstehen. Wir können nicht zulassen, dass diejenigen Menschen zum Maßstab werden, die ihre radikalen oder einseitig festgefahrenen Haltungen nicht aufgeben wollen und

---

10 al-Māʿūn: 107/1-7.

11 al-Muwaṭṭaʾ, *Kalām* 19, (2, 990).

12 at-Tirmiḏī, *Birr* 41, (1963).

13 Vgl. Buḫārī, *Šahādāt* 10, *Adab* 6, *Istiʾḏān* 35, *Istitāba* 1; Muslim, *Īmān* 143, (87); at-Tirmiḏī, *Šahādāt* 3, (2302).

somit die Menschen unseres Zeitalters von diesen Werten fernhalten. Wir müssen wissen, dass kein Glaube die Menschen dazu auffordert, zu streiten, und dass erlebte Streitereien nicht aus Glaubensgründen geschehen, sondern aufgrund der Menschen, die das richtige Wesen ihrer Religion nicht verstehen.

Unabhängig davon, welcher Religion wir angehören: Wir dürfen den Weg nicht über den wie von Samuel Huntington zu Wort gebrachten „Streit der Zivilisationen“[14] suchen, sondern über den von Hans Küng thematisierten „Dialog der Zivilisationen“[15].

Literatur

Hein, Gisela, *Islam und Integration – ein Widerspruch*, (Diplomarbeit), Freiburg i. Br. 1993.
Huntington, Samuel P., *"The Clash of Civilization"*, in: *Foreign Affairs*, No. 3, 1993.
Köksal, M. A., *Islam Tarihi – Mekke Dön*, IV, o.O. o.J.
Küng, Hans, *Erklärung zum Weltethos*, Parlament der Weltreligionen, Chicago 1993.

14 Vgl. Samuel P. Huntington, *"The Clash of Civilization"*, in: *Foreign Affairs*, No. 3, 1993.

15 Vgl. Hans Küng, *Erklärung zum Weltethos*, Parlament der Weltreligionen, Chicago 1993.

Beitrag der islamischen Philosophie und Mystik zur Integration der Muslime in Deutschland

Von Sayed M. Talgharizadeh

1. Einleitung

Der Begriff „Integration“, der den Diskussionsgegenstand verschiedener Fachdisziplinen und Theorien ausmacht, ist ein umstrittener Begriff. Dieser wird nicht selten mit dem Begriff „Assimilation“ gleichgesetzt, worunter die „Anpassung (von Zuwanderern, von Minderheiten) an eine bestehende Kultur mit ihren spezifischen Werten verstanden wird.“[1] Dennoch versucht man in der letzten Zeit, zwischen beiden Begriffen zu unterscheiden. Während der Begriff „Assimilation“ die

> „allmähliche Aufgabe der Herkunftskultur bzw. das Verblassen ihrer Elemente unter dem Eindruck der neuen Kultur bezeichnet, bezeichnen Begriffe wie ‚Akkulturation' oder ‚Integration' dagegen Eingliederungsprozesse, bei denen die Annäherung an die Zielkultur weit oberflächlicher sein kann bzw. sie verweisen auf eine gegenseitige Annäherung von Minderheits- und Mehrheitskultur.“[2]

Die gegenseitige Annäherung setzt jedoch ihrerseits gegenseitige Verständigung und Anerkennung voraus, in deren Folge ein friedliches Zusammenleben erst möglich wird und wodurch gegenseitige Zusammengehörigkeitsgefühle entstehen können.

Der Prozess der gegenseitigen Annäherung und Anerkennung bzw. der Eingliederung der Minderheits- in die Mehrheitsgesellschaft ist ein langwieriger und komplizierter Prozess, in dessen Verlauf viele Faktoren wie etwa Politik, Wirtschaft, Kultur, Religion usw. jeweils eine Rolle spielen.

Wenn wir nun das oben Gesagte auf die heutige Lage der muslimischen Minderheit in Deutschland übertragen, stellt sich die Frage, welche Hindernisse seitens der Mehrheitsgesellschaft, d.h. „der Deutschen“, und welche seitens der Muslime selbst der Integration der Muslime in der deutschen Gesellschaft im Wege stehen.

Was die Hindernisse seitens der Mehrheitsgesellschaft betrifft, so können sie hier nicht diskutiert werden. Denn das eigentliche Thema dieses Vortrages sind die eventuellen Hindernisse seitens der Muslime und der Beitrag, den die islamische Philosophie und Mystik möglicherweise zur Überwindung dieser leisten können. Nach dieser kurzen Einleitung möchte ich nun den Islam und seine Rolle bei der Identitätsbildung der Muslime in Deutschland beleuchten.

---

1 Ingrid Oswald, *Migrationssoziologie*, S. 93.

2 Ebd., S. 94.

2. Die Rolle des Islam bei der Identitätsbildung der Muslime in Deutschland

Es gehört zu den Eigentümlichkeiten des Islam, dass er sich nicht ausschließlich auf das Verhältnis zwischen Gott und Mensch beschränkt, sondern dass er auch zwischenmenschliche Beziehungen umfasst, zu deren Verwirklichung er Regeln aufstellt. Diese handlungsorientierten Regeln, die den Gegenstand der islamischen Rechtslehre bilden und im Laufe der islamischen Geschichte weiterentwickelt wurden bzw. immer noch werden, haben das geistige und praktische Leben der Muslime maßgeblich beeinflusst.

Diese Regeln, die je nach Interpretation den zwischenmenschlichen Beziehungen förder- oder hinderlich sein können, dienen insbesondere den einfachen frommen Muslimen, zu denen auch eine beachtliche Anzahl der sich in Deutschland lebenden Muslime gehören, mehr oder weniger als Richtschnur ihres Handels. Sie identifizieren sich also weitgehend mit diesen Regeln und mit den ihnen zugrunde liegenden Werten. Nicht selten neigen sie auch dazu, die Elemente aus ihren jeweiligen Traditionen, die mit dem Islam – zumindest primär – nichts zu tun haben, als islamisch zu bezeichnen, was allerdings auch seitens der Mehrheitsgesellschaft oft so verstanden wird (als ein Beispiel dafür gilt der sogenannte Ehrenmord).

Diese Identität wird umso mehr betont, wenn der Islam in der Öffentlichkeit durch Politik und Medien kritisiert und ihm „mangelnde Bereitschaft und Unfähigkeit zur Integration, Radikalisierung, Unaufgeklärtheit und religiöser Fundamentalismus“[3] zugeschrieben werden, was seinerseits bei Muslimen „die Empfindlichkeiten und bei manchen tatsächlich die Bereitschaft zur Radikalisierung ihrer Ansichten erhöht.“[4] Die Frage ist nun: Was können die islamische Philosophie und Mystik in diesem Zusammenhang zu einer besseren Integration der Muslime in Deutschland beitragen?

3. Die islamische Philosophie und die Integration

Über das Wesen der islamischen Philosophie, die oft mit der arabischen und gelegentlich auch mit der arabisch-islamischen Philosophie gleichgesetzt wird, wurde in der letzten Zeit viel diskutiert und geschrieben. Hier ist nicht der Ort, auf die diesbezüglichen diversen Meinungen einzugehen. Dennoch möchte ich kurz die Version schildern, die ich für überzeugender halte.

Man sagt – zu Recht –, dass die Philosophie die einzige Fachdisziplin ist, die ihr eigenes Fundament radikal in Frage stellt bzw. stellen kann. Damit ist jedoch nicht gemeint, dass Philosophie ohne jegliche Voraussetzung im Vaku-

3 Ebd., S. 139.
4 Ebd.

um entsteht. Nein, sie entsteht, wie alle anderen Wissenschaftszweige auch, in einem soziokulturellen Kontext, von dem sie in ihrer Fragestellung und Weiterentwicklung mehr oder weniger beeinflusst wird. Dies gilt auch für die islamische Philosophie, die infolge der Begegnung der islamischen Geisteswelt mit dem griechischen Gedankengut und der rationalen Auseinandersetzung der islamischen Denker damit entstanden ist. Sie ist „Philosophie", weil sie bei ihrer Argumentation, der rationalen Beweisführung, wie sie bei den anderen Philosophien auch üblich ist, verpflichtet bleibt und sich dabei auf keine religiöse Instanz wie etwa den Koran oder die Sunna des Propheten beruft. Durch diese Methodik unterscheidet sie sich von der rationalen Theologie. Und Sie ist insofern „islamisch", als sie bei ihrer Orientierung, Fragestellung und Weiterentwicklung stark von Koran und Sunna beeinflusst ist.[5]

Nun kehren wir zu unserer eingangs gestellten Frage zurück, nämlich: Was kann die islamische Philosophie zur Integration der Muslime in Deutschland beitragen? Meines Erachtens kann diese Philosophie die Integration der Muslime hierzulande in vielerlei Hinsicht fördern. Hierzu sind folgende Punkte zu nennen:

1. Die moderne Welt bzw. die modernen Gesellschaften – unter anderem die deutsche – wären ohne ihre philosophische Grundlage, nämlich die neuzeitliche Philosophie, insbesondere die Philosophie der Aufklärung, in der das Ich bzw. das Subjekt zum Prinzip wird, von dem alles Existierende, von Gott bis zu Menschen, abhängig gemacht und in dessen Licht erklärt wird, kaum vorstell- und begreifbar.[6] Beispielsweise ist ein tiefes Verständnis des Phänomens „Säkularisierung", in dessen Folge Religion eine marginale Rolle in der modernen Gesellschaft spielt, ohne ein Verständnis der modernen philosophischen Anthropologie kaum möglich. Das gilt auch für Menschenrechte und viele andere moderne Phänomene. Das Verstehen der Moderne verlangt also in erster Linie eine philosophische Auseinandersetzung. So gesehen kann keine der sogenannten islamischen Wissenschaften den Muslimen besser als die islamische Philosophie bei dem Verständnis der Moderne behilflich sein. Dies fördert seinerseits die Integration der Muslime in dieser Gesellschaft, denn das Gelingen der Integration setzt ein gegenseitiges Verständnis voraus.

2. Die islamische Philosophie kann besonders bei der Begründung und Vermittlung des islamischen Gottes- und Menschenbildes und anderen Grundprinzipien des Islam, d.h. der islamischen Weltanschauung sehr hilfreich sein. Die Vertrautheit mit dieser Philosophie hilft also den Muslimen, ihre eigene religiöse

---

5 Siehe dazu Oliver Leaman/Seyyed Hossein Nasr, *History of Islamic Philosophy. Part I*, S. 1-18.

6 Zu den wesentlichen Unterschieden zwischen der antiken und der neuzeitlichen Philosophie siehe Vittorio Hösle, *Philosophiegeschichte und objektiver Idealismus*, S. 13-36.

Position gegenüber der anderen besser zu verteidigen und sie ihnen besser zu vermitteln.

3. Da diese Philosophie auf Vernunft setzt und sich der rationalen Begründung verpflichtet fühlt, wird bei der Durchsetzung der religiösen Ideen und Interessen jede Art der Gewalt abgelehnt. „Sie macht mobil gegen jede Bedenkenlosigkeit, mit der religiöse Geltungsansprüche vertreten werden. Sie legt die solchermaßen in der Gefahr des Fanatismus und Fundamentalismus Stehenden auf den zwangfreien Zwang der Argumentationen fest.“[7] Kurzum: Sie setzt auf Dialog und nicht auf Konfrontation. – Soweit zur islamischen Philosophie und ihrem Beitrag zur Integration. Nun wenden wir uns der islamischen Mystik zu.

4. Die islamische Mystik und die Integration

Man kann die Einflüsse der anderen Religionen und Denkweisen auf die Entwicklung der islamischen Mystik nicht verleugnen. Doch sind sich die meisten bedeutenden Forscher inzwischen darüber einig, dass die islamische Mystik auf dem Koran und auf der Sunna des Propheten fußt. So betrachtet beispielsweise die renommierte Islamwissenschaftlerin Annemarie Schimmel die Mystik als eine geistige Strömung, die tief im Koran verwurzelt ist.[8] Nach ihr haben die „Worte des Koran den Eckstein für alle mystischen Lehren gebildet.“[9] Die Mystik unterscheidet sich sowohl durch ihre Zielsetzung als auch ihre Methode einerseits von der Philosophie und rationalen Theologie und andererseits von der Rechtslehre. Während der Philosoph, Gott rational zu begreifen und zu beweisen versucht, stellt Gott für den Mystiker jene Wirklichkeit dar, „die unaussprechlich ist und durch einen normalen Erkenntnisakt weder begriffen noch ausgedrückt werden kann. Weder Philosophie noch Intellekt können sie enthüllen; lediglich die Weisheit des Herzens könnte dem Menschen einen Einblick in einige ihrer Aspekte ermöglichen.“[10]

Und im Unterschied zu dem Rechtsgelehrten, der sich auf das Äußere der Scharia so konzentriert, dass das Innere dadurch oft benachteiligt wird, ja sogar verloren geht, strebt der Mystiker nach dem Inneren der Scharia (*bāṭin*), ohne allerdings das Äußere gering zu schätzen oder es gar außer Acht zu lassen. Sein höchstes Ziel ist, die Wahrheit zu erreichen, d.h. jene Stufe, auf der er nur Gott sieht.

Die Anzahl der Wege, die zu Gott führen, ist nach einer mystischen Überlieferung so hoch, wie die Anzahl der Menschen selbst. Demgemäß ist das Entscheidende für den Mystiker die Verbindung mit Gott an sich und der Inhalt und

---

7 Hans-Joachim Höhn, *Krise der Immanenz*, S. 18.

8 Siehe A. Schimmel, *Mystische Dimensionen des Islam*, S. 46.

9 Ebd., S. 48.

10 Ebd., S. 17f.

nicht etwa die Form dieser Verbindung. In diesem Zusammenhang sagt Rumi, als der Mystiker par excellence, in einem Vers:

> Die Religion der Liebenden ist anders als die anderen Religionen,
> die Religion der Liebenden ist nämlich Gott selbst.[11]

Und Ibn ʿArabī, der Begründer der theoretischen Mystik, sagt diesbezüglich in einem Gedicht:

> Mein Herz ward fähig, jede Form zu tragen,
> Gazellenweide, Kloster wohlgelehrt,
> ein Götzentempel, Kaaba eines Pilgers,
> der Thora Tafeln, der Koran geehrt:
> Ich folge der Religion der Liebe, wo auch
> ihr Reittier zieht, hab' ich mich hingekehrt.[12]

So sucht der Mystiker jenseits aller religiösen Formen und Konfessionen nach dem Inhalt, der alle diese miteinander verbindet, d.h. nach der Einheit, die allen Religionen zugrunde liegt und worauf sie alle zurückgehen. Damit will der Mystiker jedoch nicht, wie manche meinen, die verschiedenen Formen der Religiosität und die bestehenden Religionen mit ihren jeweiligen Traditionen für ungültig erklären oder aus ihnen eine einzige Religion machen; ganz im Gegenteil, er will sie vielmehr in ihren spezifischen Formen bestätigen und dadurch die Pluralität der Religion anerkennen.

Die Liebe, die der Mystiker zu Gott empfindet und entwickelt, umfasst alle Phänomene der Welt, insbesondere den Menschen. Denn sie werden als göttliche Erscheinungsstätte bezeichnet und insofern als liebeswürdig betrachtet. Hier liegt die Wurzel der Toleranz, die der Mystiker den anderen Gläubigen bzw. Nichtgläubigen gegenüber zeigt. Diese Toleranz, um es noch einmal zu betonen, fußt im Gegensatz zu der Toleranz, die heutzutage oft aus Gleichgültigkeit, besonders den Religionen gegenüber, geübt wird, auf tiefer Religiosität und Liebe zu Gott und zu Menschen als dessen Stellvertreter.

Kurzum: Die islamische Mystik kann durch ihre Offenheit, Toleranz, pluralistische Auffassung von Religion, der Liebe zu Menschen, jenseits aller ihrer religiösen, kulturellen und ethnischen Verbindung, und ferner durch ihr Plädoyer für einen solidarischen und friedlichen Umgang mit den Menschen, den Muslimen hierzulande und überall auf der Welt den Weg der Integration ebnen.

Ich möchte meinen Beitrag mit einem Gedicht von Hātif Isfāhānī, einem mystisch orientierten Dichter des 18. Jahrhunderts aus dem Iran, beenden. Dieses Gedicht, das als *tarǧī band-e-waḥdat-e-wuǧūd*, d.h. der Refrain der Einheit

---

11 Ǧalāl ad-dīn Muḥammad Rūmī, *Maṯnawī-e-Maʿnawī*, hrsg. von Muḥammad Ramaḍānī, Tehran 1986, S. 106, Z. 21.

12 Annemarie Schimmel, *Mystische Dimensionen des Islam*, S. 348.

(Gottes), bekannt ist, besteht aus insgesamt 190 Zeilen und fünf Abschnitten, die jeweils mit dem Vers:

Es gibt nur Einen und nichts gibt es außer Ihm,
Er ist Eine und es gibt keinen Gott außer Ihm,
abschließen.

Ich möchte ein paar Zeilen dieses Gedichts vortragen, die sehr gut zum Thema passen:

In der Kirche sagte ich einer christlichen Geliebten,
o du, in dich bin ich verliebt,
wie lange wollt Ihr noch zögern, zur Einheit zurückzukehren,
und die Schandflecke der Trinität mit Euch zu tragen?
Wie kann man einen einzigen Gott,
Vater, Sohn und den Heiligen Geist nennen?
Sie machte ihren süßen Mund auf und sagte zu mir:
Wenn du mit dem Geheimnis der Einheit vertraut bist,
so darfst du uns keinen Unglauben vorwerfen,
(denn) in drei Spiegeln zeigte die ewige Geliebte,
ihr strahlendes Gesicht,
und *berīšam* (die Seide) wird sich doch nicht in drei Sachen verwandeln,
wenn du sie *parnīyān*, *ḥarīr* oder *parand*[13] nennst.
Während wir tief in diesem Gespräch versunken waren,
hörten wir plötzlich die Glocke dieses Lied besingen:
Es gibt nur Einen und nichts gibt es außer Ihm,
Er ist Eine und keinen Gott gibt es außer Ihm.[14]

13 Alle drei Wörter bedeuten „Seide".
14 Zitiert nach G. Yūsufī, *Češma-e-rawšan*, S. 313f.

Literatur

Beck-Gernsheim, Elisabeth, *Wir und die Anderen*, Frankfurt a. M. 2007.

Falaturi, Abdoljavad, *Der Islam im Dialog*, Hamburg [5]1996.

Hendrich, Geert, *Arabisch-islamische Philosophie*, Frankfurt a. M. 2005.

Höhn, Hans-Joachim (Hg.), *Krise der Immanenz*, Frankfurt a. M. 1996.

Hösle, Vittorio, *Philosophiegeschichte und objektiver Idealismus*, München 1996.

Nasr, Seyyed Hossein, *Living Sufism*, London 1980.

Ders./Leaman, Oliver (Hg.), *History of Islamic Philosophy. Part I*, Tehran 1996.

Oswald, Ingrid, *Migrationssoziologie*, Konstanz 2007.

Rudolf, Ulrich, *Islamische Philosophie*, München 2004.

Rūmī, Ǧalāl ad-dīn Muḥammad, *Maṯnawī-e-Maʿnawī*, hrsg. von Muhammad Ramaḍānī, Tehran 1986.

Schimmel, Annemarie, *Mystische Dimension des Islam*, Frankfurt/Leipzig 1995.

Yūsufī, Ġulām Ḥussayn, *Češma-e-rawš* Tehran, [5]1994.

Moschee als Ort der Integration

Von Erol Pürlü

Ich möchte im vorliegenden Beitrag über die Moschee als einen Ort der Integration berichten. Manche Menschen wundern sich darüber, was Moschee und Integration miteinander zu tun haben könnten, da sie eine bestimmte Vorstellung von der Moschee haben. Bei dem Begriff der Moschee denken viele hauptsächlich an eine Gebetsstätte. Die Moschee ist aber mehr als nur das. Ich werde hier versuchen, die Moschee, ihre Funktion und integrative Arbeit näher darzustellen.

Integration

Über Integration wird sehr viel und vielseitig diskutiert. Manche sehen die Assimilation als den Höhepunkt der Integration, was bei Muslimen hierzulande zu Recht auf Ablehnung stößt. Vor mehreren Jahren galt man als integriert, wenn man gut Deutsch sprechen konnte. Heute reichen die Beherrschung der Sprache oder eine Zwei in Mathe für eine gelungene Integration allein nicht mehr aus. Integration wird stets aus dem Blickwinkel der Mehrheitsgesellschaft auf die „Migranten" oder „Menschen mit Migrationshintergrund" betrachtet, was schon aufgrund der Unterscheidung zwischen diesen beiden Gruppen meines Erachtens das „Ihr-und-Wir"-Gefühl immer wieder in den Vordergrund rücken lässt: „Ihr", als das sozusagen noch zu integrierende Glied, „Wir", als das Vorzeigeglied der Gesellschaft. Dabei wird oft vergessen, dass sehr viele Menschen hierzulande gut integriert leben. Integration bedeutet meines Erachtens ein Sicheinfügen in die Gesellschaft, ein Mitgestalten und Mitmischen unter Beibehaltung der eigenen kulturellen und religiösen Identität. Dass Integration keine Einbahnstraße ist, darüber besteht Konsens.

Integration ist ein gesellschaftlicher Prozess, der von der einen Seite die Bereitschaft zur Integration und von der anderen Seite Anerkennung verlangt, damit sich der eine Teil mit dem anderen Teil zu einem Ganzen ergänzen und aus dem „Ihr und Wir", eine Wir-Gesellschaft werden kann, und wir nicht mehr über die Migranten oder Menschen mit Migrationshintergrund zu sprechen brauchen, sondern über Menschen, die hierzulande leben. Der ehemalige Bundesinnenminister Dr. Wolfgang Schäuble hat dies anlässlich der Verleihung des Eugen-Biser-Preises an muslimische Würdenträger am 22. November 2008 folgendermaßen zum Ausdruck gebracht:

> „Nun genügt es nicht, nur auf das gute Handeln anderer zu zeigen und dafür Geld zu geben. Auch Bund, Länder und Kommunen, wir alle als Gesellschaft müssen eine

> gute Beziehung zu den Muslimen in Deutschland aufbauen. Das bedeutet für religiöse Vielfalt zu werben und den Muslimen zu helfen, hier heimisch zu werden."[1]

Wenn wir Integration als eine Checkliste auffassen und sie nur an bestimmten Kriterien festmachen, wie Sprache, Bildung und Beruf, so müssen wir uns berechtigt die Frage gefallen lassen, wie integriert bildungsferne, arbeitslose, sozial schwache einheimische Deutsche oder in sozialer Hinsicht konfliktreiche deutsche Familien überhaupt sind. Zu bedenken ist, dass auch ein Mensch mit Sprachdefiziten in anderen Bereichen, z.B. im Beruf, aufgrund seiner Qualifikationen gut integriert sein kann. Dass Sprache ein Schlüssel für eine gute Integration ist, daran gibt es jedoch keinen Zweifel.

Also hängt die Integration vom Zusammenwirken vieler Faktoren ab, wie dem Menschen selbst, der Familie, Bildung, Politik, Wirtschaft, der rechtlichen Gleichbehandlung von Menschen mit Migrationshintergrund, ihrer Einrichtungen und Religion. Hierin Involvierte müssen verstehen, dass Integration Chancengleichheit in Bildung und Beruf bedeutet und somit auch wirtschaftlichen und beruflichen Erfolg beinhaltet. Dies muss vor allem in Kommunen, Parteien und anderen gesellschaftlichen Institutionen, in denen vermehrt Beschäftigte mit Migrationshintergrund eingestellt werden, berücksichtigt werden. Wenn Menschen mit Migrationshintergrund immer wieder bei der Jobsuche resignieren und von einer Ungleichbehandlung sprechen, wirkt das demotivierend auf sie. Dagegen können eine gelungene Integration und entsprechende Vorbilder das Selbstwertgefühl der Menschen mit Migrationshintergrund stärken und ihnen Hoffnung machen.

Wenn eine Gesellschaft nicht mehr in der Lage ist, jungen Menschen Arbeitsplätze zu bieten, und ihre Schulpolitik im Gegensatz zu anderen europäischen Ländern zur Ausgrenzung und Aussortierung führt, dann darf dieses Defizit nicht zu Lasten der Individuen oder der Minderheit gehen.

Damit Muslime sich heimisch fühlen, muss dem verzerrten Bild und der negativen Wahrnehmung des Islam in der deutschen Öffentlichkeit entgegengewirkt werden. Die Journalistin der *Washington Post*, Sally Quinn, die vor kurzem mit dem Media Excellence Award ausgezeichnet wurde, konstatiert eine beschämende Verständnislosigkeit und ein Wahrnehmungsdefizit gegenüber dem Islam: "I began to see how difficult it is to be a Muslim in this world, particularly to be a Muslim in the U.S. because I know that what we see in the papers and the actions of the few do not represent the tenets of the Muslim faith. There are still a lot of negative perceptions there."[2]

---

1 URL: http://www.eugen-biser-stiftung.de/fileadmin/user_upload/Eugen-Biser-Preis/EB_Preis_2008/04_Schaeuble_EB-Preis_dt.pdf (letzter Zugriff: 18.04.2010), S. 5.

2 Sally Quinn, zit. in: *"Understanding Islam in America"*, 21.05.2007, Washington D.C., URL: http://www1.voanews.com/english/news/a-13-2007-05-30-voa22-66776137.html (letzter Zugriff: 08.05.2010) [Übersetzung: „Ich begann zu sehen, wie schwierig es ist, ein Muslim in dieser Welt zu sein, insbesondere ein Muslim in den USA zu sein, denn

Daher ist es umso wichtiger ein Klima und eine Kultur der Anerkennung zu schaffen. Dies ist auch im Sinne der Europäischen Union, die sich zum Ziel gesetzt hat, europaweit eine Anerkennungskultur gegenüber ethnischer, kultureller und religiöser Pluralität zu fördern. Deshalb erklärte sie 2008 zum Jahr des interkulturellen Dialogs.

Was hat Moschee mit Integration zu tun?

Integration und die Integrationsdebatte müssen gesondert von der Religions- und Islampolitik behandelt werden. Die Integration eines Individuums und die Integration einer Religion in das gesellschaftliche System sind zwei unterschiedliche Dinge, auch wenn diese Berührungspunkte aufweisen.

Meiner Ansicht nach hat die Bundesregierung diese Trennung bewirkt, indem sie eine Integrationskonferenz für alle Menschen mit Migrationshintergrund in diesem Land und die Deutsche Islam Konferenz (DIK) für die Muslime einberufen hat. Die Moschee ist als ein wichtiger Teilaspekt bei der Integration von Muslimen zu betrachten. Moscheen bilden die Basis einer muslimischen Religionsgemeinschaft und bieten Muslimen eine allumfassende Religionsausübung. Sicherlich hängt die Integration der Muslime nicht allein von den Moscheen ab. Es gibt Muslime, die regelmäßig, gelegentlich, selten oder auch gar nicht in die Moscheen gehen. Deshalb dürfen Moscheen nicht allein für die Probleme der Muslime in diesem Land verantwortlich gemacht werden. Zu betonen ist, dass sie einen wichtigen Beitrag für die Integration der muslimischen Bevölkerung hierzulande leisten können und dieses auch tun.

Der Begriff der Moschee

Mit einer Moschee verbindet man eigentlich ein prächtiges, kolossales Bauwerk in islamisch geprägten Ländern, mit einer großen Kuppel und emporragenden Minaretten, von denen die Einheit Gottes verkündet wird, was die Muslime im Gedränge des Alltags daran erinnert, eine Auszeit für sich und Gott zu nehmen.

Zu den bedeutendsten Sehenswürdigkeiten der Metropolen Istanbul und Edirne und den vollkommensten Zeugnissen islamischer Moscheebaukunst gehören die *Süleymaniye*, *Selimiye* und *Sultan Ahmed Moschee*, wovon Letztere besser bekannt ist als die „Blaue Moschee“ aufgrund ihrer wunderschönen blaugrünen Fayencen.

---

ich weiß, dass das, was wir in den Zeitungen und in den Aktionen von einigen sehen, nicht die Grundsätze des muslimischen Glaubens repräsentiert. Es gibt diesbezüglich immer noch viele negative Wahrnehmungen.“].

Mit der Kölner Moscheedebatte wurde auch eine Diskussion über würdige Gebetsstätten von Muslimen angestoßen. Die meisten Moscheen in Deutschland sind von ihrer äußeren Erscheinung her kaum als solche wahrzunehmen. Nur wenige besitzen eine Kuppel oder ein Minarett, manche haben noch immer ein Hinterhof-Dasein und wiederum andere sind in ganz gewöhnlichen Gebäuden untergebracht, sodass nur ein Schild mit der Aufschrift „Moschee" auf ihre Existenz hinweist.

Der Begriff „Moschee" oder dementsprechende Bezeichnungen in den verschiedenen europäischen Sprachen wie *mosque*, *mosqueé* oder *mezquita* haben ihre Wurzeln in dem arabischen Wort *masğid*. *Masğid* bezeichnet den Lokativ und bedeutet: ein Ort, an der man den *suğūd* (die Niederwerfung), welcher das besondere Kennzeichen des islamischen rituellen Gebets (*ṣalāh* oder *namaz*) ist, vollzieht.

Der Prophet selbst erklärte die ganze Erde für *masğid*. Daher ist es den Muslimen gestattet, ihre Gebete überall dort zu verrichten, wo es sauber ist, sei es im Freien, auf dem Feld, zu Hause oder am Arbeitsplatz. Jedoch legt der Islam sehr großen Wert auf die Gemeinschaft, so auch auf das gemeinschaftliche Gebet und dies findet in erster Linie in der Moschee statt.

Neben *masğid* gibt es auch die Bezeichnung *ğāmi*ʿ, die eigentlich die verkürzte Form von *al-masğid al-ğāmi*ʿ ist. So werden größere Gebetsstätten bezeichnet, in denen vor allem Freitags- und Festgebete verrichtet werden. *Ğāmi*ʿ bildet das Adjektiv zu *masğid* und bedeutet „versammelnd". In der türkischen Tradition hat sich *ğāmi*ʿ als Oberbegriff für die Moschee im Allgemeinen durchgesetzt, und *masğid* beschreibt lediglich kleinere Gebetsräumlichkeiten, die in Gebäudekomplexe am Arbeitsplatz, in Tankstellen, Bahnhöfen, Flughäfen und anderen Bauten integriert sind.

Die Moscheen in Deutschland sind im wahrsten Sinne des Wortes *ğāmi*ʿ auch Orte der Versammlung und der Begegnung. Sie dienen neben religiösen Zwecken auch sozialen und kulturellen Bedürfnissen, sind somit Begegnungsstätten, in denen zahlreiche Aktivitäten stattfinden. Neben dem Gebetsraum und sanitären Anlagen sind auch Bibliotheken, Aufenthalts- und Konferenzräume, Teestuben, Kantinen und Büros in der Moschee vorzufinden. Dies ist darauf zurückzuführen, dass Moscheen in der islamischen Geschichte bereits sehr früh zu sozioreligiösen Einrichtungen für Bildung und karitative Zwecke bestimmt wurden. In der islamischen Welt entstand der Begriff der *Külliye* für komplexe Anlagen um die Moschee herum mit Schule, Bibliothek, Hospital, Armenküche, Bad und Raststätte.

Während z.B. zur osmanischen Zeit die *Fatih Külliye* in Istanbul als theologische Hochschule genutzt wurde, widmete man den *Süleymaniye*-Komplex der medizinischen Forschung und Betreuung. Heutzutage haben diese Moscheen ihre Multifunktionalität in dem beschriebenen Maße verloren, aber die Funktion der Moschee als Ort der Bildung besteht weiter.

Bildung im Islam

Bildung ist eine wichtige Voraussetzung für die Integration. Sie ist Grundlage für Wohlstand, Toleranz, Gerechtigkeit und Fortschritt in einer Gesellschaft. Der islamische Gelehrte Imam aš-Šāfiʿī sagte: „Wer von euch das Weltliche möchte, der soll Wissen erwerben, wer das Jenseits möchte, der soll Wissen erwerben, wer beides möchte, der soll Wissen erwerben, sich bilden.“[3]

Alle Gesellschaften schätzen sicherlich die Bildung, aber die Religion des Islam hat seit ihrer Entstehung der Bildung einen sehr hohen Stellenwert beigemessen. Sowohl im Koran als auch in den Hadīṯen des Gesandten wird Bildung und Wissenserwerb großgeschrieben, der Gesandte erklärt sie sogar zu den Pflichten jedes Muslim und jeder Muslima. Schon die erste Offenbarung an den Gesandten Muhammad (F.s.m.I.) enthält die Aufforderung *„iqraʾ“* (96/1), d.h. „Lies“, und weiter heißt es, dass Gott der Allwissende „mit dem Schreibrohr lehrte“.

Der Islam bezeichnet die Stufe der Bildung als die höchste aller Stufen, das Wissen, als verlorengegangenes Gut eines Gläubigen, das es wieder zu entdecken gilt. Auch das Beten um Wissen, wie in der Sure 20/114 wird beschrieben: „O mein Herr, mehre mein Wissen.“ Das Lernen im Islam kennt weder Alters- noch geografische Grenzen: „Lernt von der Wiege bis zum Grab“[4]; „Erwerbt Wissen, auch wenn es in China ist“[5] – so spornte der Prophet (F.s.m.I.) seine Gemeinde an.

Die Bertelsmannstudie Religionsmonitor 2008[6] hat aufgezeigt, dass Muslime in Deutschland religiös und tolerant sind, einen sehr pragmatischen Umgang mit ihrer Religion im Alltag pflegen und dass islamische Religiosität und Demokratie miteinander vereinbar sind. Darüber hinaus hat die Befragung meines Erachtens auch bestätigt, dass unter der muslimischen Bevölkerung hierzulande eine hohe Wertschätzung der Bildung zu verzeichnen ist. Von den Befragten äußerten 98% der weiblichen und 92% der männlichen Teilnehmer/innen, dass Bildung für sie sehr wichtig sei. Wenngleich der Bildungserfolg in der Realität häufig zu vermissen ist, ist damit keineswegs allein religiöse Bildung gemeint. Auch profane Bildung, profane Wissenschaften wie Medizin, Astronomie, Mathematik, Sprache usw. haben ihren Platz im Islam.

Manche Leute vertreten immer noch die Meinung, dass sich Glaube und Wissenschaft widersprechen. Dass eine Religion viele Wissenschaften zu For-

---

3 Vgl. Ahmet Hamdi Akseki, *İslâm Fıtrî, Tabiî ve Umumî Bir Din'dir*, Matbaa-i Ebuzziya, Istanbul 1943, T. C. Diyanet İşleri Reisliği Neşriyatından, Sayı: 15, C. 1, S. 510.

4 Vgl. URL: http://www.adiyamanmuftulugu.gov.tr/hutbeler/Eylul2007.doc (letzter Zugriff: 08.05.2010).

5 Vgl. Imam Gazâli, *Ihyau 'ulûmi'd-dîn*, Cilt 1, Bedir Yayinevi, Istanbul 1974, S. 27.

6 URL: http://www.bertelsmann-stiftung.de/cps/rde/xbcr/SID-8DCD7E2B-EF19A825/bst/Religionsmonitor-2008_Muslimische-Religiositaet-in-Deutschland.pdf (letzter Zugriff: 08.05.2010).

schungen veranlassen kann, ist ihnen fremd. Glaube, Bildung und Wissenschaft schließen sich im Islam nicht aus. Algebra, Andalusien, Averroes, Avicenna, Chemie, Ziffer sind nur einige wenige Beispiele, die auf arabische Begriffe oder Namen von muslimischen Wissenschaftlern zurückgehen und auf den islamischen Einfluss in Europa hinweisen. Was wären die Mathematik und die Naturwissenschaft ohne die arabische Zahl „*sifr*", Null?

Moschee als Ort des Gebetes

Zurück zur Moschee als Mittelpunkt des religiösen und kulturellen Lebens der Muslime. In der Moschee werden die fünf täglichen Gebete verrichtet; jede Woche findet das gemeinschaftliche Freitagsgebet zur Mittagszeit statt; zweimal im Jahr werden Festgebete (*ṣalāt al-ʿīd*) zum Ramadanfest (*ʿīd al-fiṭr*, *Ramazan Bayramı*) und zum Opferfest (*ʿīd al-Aḍḥā*, *Kurban Bayramı*) durchgeführt.

Darüber hinaus werden im Ramadan freiwillige *tarāwīḥ*-Gebete abgehalten. Auch sogenannte *Kandil*-Nächte (Kandil = Öllampe) werden in der Moschee mit Gebeten und Predigten begangen. Diese besonderen religiösen Abende wie *maulid an-nabī, mevlid* (Geburtstag des Propheten), *miʿrāǧ* (Gedenken an die Himmelfahrt des Propheten) oder *beraat* (*lailat al-barāʾa*) werden zur inneren Erleuchtung mit freiwilligen Gebeten und Predigten begangen. An diesen heiligen Abenden werden in der türkischen Kultur Helva und Süßigkeiten im Gedenken an Verstorbene verteilt.

Schließlich ist die Moschee auch der letzte Ort, an den jeder Muslim und jede Muslima spätestens nach seinem/ihrem Tode getragen wird und das Totengebet (*ṣalāt al-ǧanāza*) für ihn oder sie in ihrem Hof vollzogen wird. Damit gehören auch seelsorgerische Tätigkeiten zu den Aufgaben der Moscheen. Darüber hinaus finden auch Feierlichkeiten in der Moschee statt, wie Hochzeitfeste, islamischen Feste oder Feste der Begegnung und Wohltätigkeitsbasare.

Die Moschee als Ort der Bildung

Wie bereits erwähnt fungiert die Moschee auch als Ort der Bildung. Sie gilt seit ihrer Gründung durch den Propheten Muhammed (F.s.m.I.) auch als eine Bildungseinrichtung. Dort hat er den Muslimen und ihren Kindern den islamischen Glauben vermittelt, aber auch Delegationen und Vertreter anderen Religionen empfangen.

Zudem ließ der Prophet neben seiner Moschee eine Unterkunft für Bedürftige einrichten, um ihnen eine Unterkunft zu gewähren und sie in Lesen und Schreiben, sowie in islamischen Angelegenheiten zu unterrichten. Einer der großen Ḥadīṯgelehrten, Abu Huraira, stammt aus diesem Kreis der sogenannten *Aṣḥāb as-suffa*, den Leuten der *Suffa* (schattiger Platz).

Auch heute spielen die Moscheen eine wichtige Rolle in der religiösen Unterweisung muslimischer Kinder und Jugendlicher. Zum einen gibt es keine Alternative im deutschen Kontext, auf die muslimische Eltern bei der Vermittlung ihrer Religion zurückgreifen können, um anderen sind sie selbst meistens nicht kompetent genug, religiöse Bildung in ausreichendem Maße an ihre Kinder weiterzugeben. Auch der in den Schulen angebotene islamkundliche Unterricht, der nur einen kleinen Teil der muslimischen Kinder erreicht, vermittelt lediglich allgemeines Wissen über den Islam, ist jedoch nicht gleichgestellt mit den anderen konfessionellen Fächern. Ein islamkundlicher Unterricht, aber auch der noch einzuführende Islamische Religionsunterricht kann die Aufgabe einer Moschee in der religiösen Erziehung weder ersetzen noch das leisten, was in Moscheen diesbezüglich getan wird. Sie wären mit konfessionellen Detailfragen überfordert.

Schulische Angebote können als Komplementär fungieren und ergänzend zu den Bildungsangeboten der Moscheen sowie der religiösen Bildung sehr viel beitragen und dafür sorgen, dass sich bezüglich des Islam eine religiöse Sprache in Deutschland etabliert.

Die Moscheen gleichen hierzulande seit nunmehr 40 Jahren dieses Defizit der Religionsvermittlung aus. In Moscheen findet nicht nur eine theoretische Unterweisung von Glaubensgrundlagen und -praktiken statt, sondern diese werden durch eine praktische Umsetzung in Begleitung von muslimischen Theologen eingeübt. „Imam" oder „Hodscha" werden muslimische Theologen genannt und sind als Prediger, Vorbeter und Religionslehrer in der Moscheegemeinde tätig. Zusätzlich übernehmen vielerorts qualifizierte muslimische Theologinnen die Frauenbetreuung in den Moscheen. Die Vermittlung der Religion in den Moscheen ist ein wichtiger Faktor bei der Integration von Muslimen in die hiesige Gesellschaft. Wer seinen eigenen Standpunkt kennt, findet auch einen besseren Halt in der Gesellschaft.

Inhalt der religiösen Unterweisung

Es ist festzuhalten, dass es innerhalb des Islam unterschiedliche Strömungen gibt: Sunniten, Schiiten und Aleviten. Ich werde mich bezüglich der religiösen Unterweisung auf die sunnitische Lehre beschränken, da auch der größte Teil der muslimischen Bevölkerung, sei es in Deutschland, in Europa oder in der übrigen Welt, sunnitische Muslime sind.

Die primären Grundlagen dieser Ausrichtung bilden der Koran und die Sunna, die Tradition des Propheten Mohammed (F.s.m.I.), weshalb sie sich auch als *Ahl as-Sunna wa l-ǧamāʿa* bezeichnen, d.h. Leute der Sunna und der Gemeinschaft. Mit dieser Bezeichnung ist auch die theologische Ausrichtung definiert. Innerhalb der Sunna gibt es vier anerkannte Rechtsschulen: die *ḥanafitische*, die *šāfiʿitische*, die *mālikitische* und die *ḥanbalitische*. Diese regeln religiöse Praktiken und haben in Detailfragen unterschiedliche Auslegungen der Quelltexte.

Im Gegensatz zu einem islamkundlichen Unterricht, ist die islamische Unterweisung in Moscheen ein konfessioneller Unterricht, der die Kinder im Glauben, in Übereinstimmung mit der sunnitischen Theologie und – je nach Rechtsschulenzugehörigkeit – nach deren Praxis erzieht. Der größte Teil der Muslime in Deutschland stammt aus der Türkei und die türkischstämmigen Muslime gehören mehrheitlich der *ḥanafitischen* Richtung an. Das hat zur Folge, dass in den meisten Moscheen die *ḥanafitische* Religionspraxis gelehrt wird. Dabei geht es darum, den Kindern und Jugendlichen ein Repertoire an die Hand zu geben, damit sie im alltäglichen Leben ihren religiösen Pflichten nachkommen können. Man bezeichnet dies als *Ilmihal*-Wissen (*ʿilm al-ḥāl*), das man mit einer Katechismusbildung, einem Konfirmanden- oder Kommunionsunterricht vergleichen könnte. Dazu gehört neben der Rezitation des Koran, der Einübung von koranischen Passagen, Bitt- und Lobgebeten, der Einübung der rituellen Waschung, des rituellen Gebetes und religiöser Gesänge auch die Vermittlung von religiösen Werten wie Barmherzigkeit, Respekt und Toleranz gegenüber Andersgläubigen und anderen Mitmenschen, die Schonung der Umwelt und der Ressourcen etc. Diese Unterweisung findet an den Wochenenden und in den Ferien statt. Das religiöse Wissen wird auch durch Predigten in Moscheen an Freitagen, Festtagen, im Fastenmonat Ramadan und zu anderen feierlichen Anlässen vermittelt.

Die Rolle der Moscheegemeinden im Hinblick auf ihren Beitrag für das Gemeinwohl der Gesellschaft wird meines Erachtens noch nicht richtig gewürdigt. Die Unterweisungen in den Moscheen haben einen Präventionscharakter bezüglich der Jugendkriminalität, Gewaltanwendungen, des Alkohol- und Drogenmissbrauchs durch Jugendliche, was durch einschlägige Projekte, die in Zusammenarbeit mit der Polizei und muslimischen Organisationen durchgeführt wurden, unterstrichen wird.

Schulische Unterstützung

In den Gründungsjahren dienten die Moscheen hierzulande als Gebetsstätten, mit der Familienzusammenführung kam die Komponente der Religionsvermittlung an die jüngere Generation hinzu. Dies alles wurde anfangs sowohl von Muslimen als auch von der Politik als Provisorium angesehen. Mit der Erkenntnis jedoch, dass Muslime dauerhaft hier leben werden, kamen neue Herausforderungen auf die Moscheegemeinden zu. Die Vermittlung der Religion war wichtig, aber was für die Gemeindemitglieder auch wichtig war und bleibt, ist die Unterstützung ihrer Kinder in schulischen Angelegenheiten. Viele (muslimische) Eltern sind mit den schulischen Anforderungen an ihre Kinder, sei es aus sprachlichen, bildungsbedingten, finanziellen oder auch zeitlichen Gründen aufgrund ihrer Erwerbstätigkeit selbst überfordert. In einer Zeit, in der es viele erwerbstätige Elternpaare, Alleinerziehende oder sozial schwache und bildungsferne Familien gibt, müssen Schule und Gemeinde das ausgleichen, wozu die Eltern nicht in der Lage sind. Die Schulen – vor allem aber Schulen mit einem großen Migrationsanteil – müssen für diese neue Herausforderung Konzepte entwickeln, um vor allem Schülerinnen und Schüler mit einem schwachen sozialen Status oder einem Migrationshintergrund besser fördern zu können. Eine individuelle Förderung von Schülerinnen und Schülern muss gewährleistet werden, und hier liegt auch die große Herausforderung für die Zukunft.

Auch die Moscheegemeinden haben diesen Bedarf gesehen und begonnen Bildungs- und Freizeitangebote mit in ihr Programm aufzunehmen. Dazu zählen Angebote wie Deutschkurse, Hausaufgabenhilfe und Nachhilfe-, Sprach-, Alphabetisierungs-, Computer- und Kochkurse, Konfliktberatung, interreligiöse Begegnungen, sportliche Angebote und gemeinsame Ausflüge, um den Bedürfnissen der Gemeindemitglieder und ihrer Kinder gerecht zu werden. Dies alles geschieht meistens aus Eigeninitiative, die viel ehrenamtliche Arbeit erfordert. Die Moscheen sind auf Spenden und Mitgliedsbeiträge angewiesen und bekommen kaum oder gar keine finanzielle Unterstützung vom Staat. Darüber hinaus beteiligen sich Moscheegemeinden an interreligiösen Arbeitsgruppen und Foren zur Förderung des Dialoges, veranstalten jährlich bundesweit Tage der offenen Moschee und gemeinsame Essen zum Fastenbrechen und tragen somit als ein Teil der Gesellschaft zum friedlichen Zusammenleben bei. Aufgrund ihres großen und vielseitigen Engagements genießen die Moscheen bei der muslimischen Bevölkerung ein hohes Maß an Vertrauen. Moscheen sollten deshalb auch als Orte der Integration begriffen werden. Man muss sie in den Stadtteilen als Kooperationspartner gewinnen.

Sowohl die religiöse Bildung als auch andere Bildungsangebote in Moscheen sollten nicht in ein Konkurrenzverhältnis mit anderen Einrichtungen gesetzt oder als Konkurrenz verstanden werden. Diese leisten ebenfalls einen Beitrag zur Förderung der muslimischen Kinder und Jugendlichen, genauso wie der Islamische Religionsunterricht in den Schulen. Aus diesem Grund scheint es mir sehr wichtig zu sein, dass zwischen Politik, Staat, Wissenschaft und Muslimen und ihren Organisationen eine vertrauensvolle Basis der Zusammenarbeit entsteht. Der Erfolg islamischer Angelegenheiten in diesem Lande hängt in hohem Maße von diesem Vertrauen und der Zusammenarbeit mit islamischen Religionsgemeinschaften ab. Die Kooperation mit Moscheegemeinden, die Möglichkeiten und Kompetenzen von Moscheegemeinden sollten daher gefördert werden. Die Angebote der Schulen, Moscheen oder anderer Einrichtungen in Stadtteilen bedürfen einer besseren Vernetzung, um die schulischen Leistungen der Kinder effektiver fördern zu können. Dies würde darüber hinaus zu mehr Transparenz, zum gegenseitigen Kennenlernen und Vertrauen beitragen.

Eine Zusammenarbeit zwischen Muslimen, muslimischen und staatlichen Einrichtungen und der Wissenschaft in Angelegenheiten des Islam ist für einen Erfolg und die Nachhaltigkeit von Projekten fundamental wichtig. Dabei sollte die Grundlage für einen fruchtbaren interkulturellen Dialog, für ein friedliches Zusammenleben und eine konstruktive Zusammenarbeit in der Anerkennung liegen, dass das europäische Erbe auch ein jüdisch-christlich-islamisches Erbe ist.

Literatur

Akseki, Ahmet Hamdi, *İslâm Fıtrî, Tabiî ve Umumî Bir Din'dir*, Matbaa-i Ebuzziya, Istanbul 1943, T. C. Diyanet İşleri Reisliği Neşriyatından, Sayı: 15, C. 1.

Gazâli, Imam, *Ihyau 'ulûmi'd-dîn*, Cilt 1, Bedir Yayinevi, Istanbul 1974.

Schäuble, Wolfgang, bei der Verleihung des Eugen-Biser-Preises am 22.11.2008, URL: http://www.eugen-biser-stiftung.de/fileadmin/user_upload/Eugen-Biser-Preis/EB_Preis_2008/04_Schaeuble_EB-Preis_dt.pdf (letzter Zugriff: 18.04.2010).

"Understanding Islam in America", 21.05.2007, Washington D.C., URL: http://www1.voanews.com/english/news/a-13-2007-05-30-voa22-66776137.html (letzter Zugriff: 08.05.2010).

URL: http://www.adiyamanmuftulugu.gov.tr/hutbeler/Eylul2007.doc (letzter Zugriff: 08.05.2010).

URL: http://www.bertelsmann-stiftung.de/cps/rde/xbcr/SID-8DCD7E2B-EF19A825/bst/Religionsmonitor-2008_Muslimische-Religiositaet-in-Deutschland.pdf (letzter Zugriff: 08.05.2010).

Einige Analysen zu den Problemen von Muslimen in Deutschland: Vorschläge in Bezug auf Moscheegemeinden

Von Cem Zorlu

In diesem Artikel möchte ich einige Analysen darlegen, die ich nicht auf Umfragen, soziologische oder akademische Untersuchungen stütze, sondern auf eigene Beobachtungen, die ich in vier Jahren gemacht habe. Einige dieser Analysen werden sicherlich nicht neu sein, im Gegenteil wird es Punkte geben, die durch einige Akademiker und Wissenschaftler Zustimmung finden werden. Ich hoffe, dass dadurch die Lösungsfindung einfacher und beständiger wird. In den vier Jahren meines Deutschlandaufenthaltes habe ich im Rahmen von Konferenzen und Referaten circa 50 Moscheen und Gemeinden besucht. Während dieser Konferenzen habe ich mit Vereinsvorständen und Imamen Gespräche über ihre Probleme und Meinungen geführt, und auch die räumlichen Gegebenheiten der Moscheen in Augenschein genommen. Dadurch konnte ich viele Probleme, die der Öffentlichkeit im Grunde mehr oder weniger bekannt sind, an Ort und Stelle begutachten. Einige dieser Probleme werden im Folgenden zusammengefasst.

1. Probleme

1.1 Die Probleme der Imame

Sprachprobleme: Wie man weiß, haben fast alle Imame in Bezug auf die deutsche Sprache Verständnis- und Artikulationsprobleme. Ihre Deutschkenntnisse sind nicht ausreichend, um in verschiedenen Bereichen die eigenen Bedürfnisse auszudrücken. Sie fühlen sich dabei unwohl, auf die Übersetzungshilfen anderer angewiesen zu sein. Insbesondere bei religiösen Themen und Dialogveranstaltungen kommt es zu unerwünschten Ergebnissen, wenn der Übersetzer in fachlichen Themen und Begriffen nicht bewandert ist.

Das Problem der Disharmonie mit der Gemeinde und dem Umfeld: Es existieren zwischen einigen Imamen und Gemeinden, dem Vereinsvorstand oder mit anderen Institutionen Kommunikationsprobleme. Diese Probleme können sich so weit ausweiten, dass die Beziehungen völlig abgebrochen werden.

Das Problem der Einsamkeit: Die Imame verbringen die meiste Zeit ihrer Amtszeit in Einsamkeit. Sie haben Schwierigkeiten in geistig-intellektueller Hinsicht ebenbürtige Gesprächspartner zu finden, die ihnen auch bei beruflichen und alltäglichen Fragen bzw. Belangen behilflich sein können. In Großstädten versuchen die Imame durch familiären oder persönlichen Kontakt zu anderen Imamen dieses Problem zu beheben, welches folglich in kleineren Ortschaften stärker zutage tritt. Dieser Zustand führt unweigerlich zu Monotonie, Trägheit und Verschlossenheit gegenüber der Gesellschaft.

Das Problem der Kindererziehung: Abgesehen von wenigen Ausnahmen, bringen die Imame zu ihren Dienstorten auch ihre Familie und damit auch Kinder im schulfähigen Alter mit. Diese Kinder erleben insbesondere durch Unterschiede in der Sprache und ihrem Umfeld enorme Probleme bei der Anpassung im Schulalltag. Es kommt sogar vor, dass einige Imame aus diesen Gründen ihre Kinder in die Türkei zurückschicken. Die sozialen und psychologischen Probleme, die sich aus diesen Familientrennungen ergeben, wirken sich auch negativ auf die Ausübung ihrer Tätigkeit aus.

1.2 Die Probleme der Vereinsvorstände

Sprachprobleme: Man sieht, dass die Vereinsvorstände zunehmend von der zweiten und teilweise sogar von der dritten Generation gestellt werden. Die Sprachprobleme sind sicherlich nicht mit denen der ersten Generation zu vergleichen. Doch auch wenn die zweite Generation mit ihren Deutschkenntnissen ihren Alltag sehr gut bewältigen kann, verfügt sie nicht über das nötige Niveau der Schriftsprache, das bei Korrespondenzen mit Behörden und Institutionen erforderlich wäre. Es gibt aber auch eine geringe Zahl von Akademikern und Abiturienten unter den Vereinsvorständen, die durch ihre hohe Sprachkompetenz in den Beziehungen zu offiziellen Stellen eine wirksamere Rolle spielen. Gerade in der Frage des Dialogs, den offiziellen Beziehungen zu deutschen Behörden und den Bildungsaktivitäten sind Vereinsvorstände die wichtigsten Unterstützer der Imame, wobei zu beobachten ist, dass fehlende Sprachkenntnisse zur Verstärkung der Probleme in den sozialen Beziehungen führen.

Zeitprobleme: Alle diese Menschen, die in Vereinsvorständen tätig sind, arbeiten ehrenamtlich. Daher können sie sich nur in ihrer Freizeit der Vereinstätigkeit widmen. Diese Zeit ist dann natürlich oft nicht ausreichend. Lediglich die Rentner und Arbeitslosen können vielleicht der Vereinstätigkeit genügend Zeit einräumen.

Disharmonie mit den Imamen: Zwischen einigen Vereinsvorständen und Imamen haben sich Differenzen und Unstimmigkeiten entwickelt. Dieser Zustand führt in der Moschee und der Gemeinde zu Unruhen und behindert somit die notwendigen Aktivitäten.

Finanzprobleme: Viele Moscheegemeinden haben wegen ihrer allgemeinen Ausgaben und den Kreditrückzahlungen finanzielle Probleme. Diese ökonomischen Schwierigkeiten schränken die eigentlichen Aktivitäten der Moscheen und Vereine ein.

Probleme der Qualifikation: Die in den Vereinsvorständen ehrenamtlich tätigen Funktionäre sind weder bezüglich der Vorstands- noch der Vereinsarbeit qualifiziert. Dieses Defizit wird besonders bei amtlichen Angelegenheiten augenfällig.

1.3 Die Probleme der Moscheegemeinden

Disharmonie mit dem Imam bzw. Vorstand: In einigen Moscheegemeinden gibt es entweder Unstimmigkeiten mit dem Imam oder mit dem Vorstand. Meistens sind die Gründe für diese Unstimmigkeiten sehr simpel, sogar lächerlich. Wenn aber diese Spannungen nicht beseitigt werden, führen diese zu tiefen Spaltungen und sogar zum Stillstand der Gemeindeaktivitäten.

Erziehungs-/Bildungsproblem: Die Moscheegemeinde erwartet von der Moschee, dass sowohl sie selbst als auch ihre Kinder in religiöser Hinsicht weitergebildet werden. In Bezug auf ihre Kinder gehen die Erwartungen weiter. Es wird gewünscht, dass die Moscheen den schulischen Erfolg ihrer Kinder mit Zusatzkursen fördern. Viele Gemeinden sehen ihre diesbezüglichen Erwartungen von den Moscheen nicht erfüllt. Diese Unzufriedenheit ist unter den Frauen besonders ausgeprägt.

1.4. Standortprobleme:

Finanz- und Platzprobleme: In der Anfangszeit haben die Moscheevereine hauptsächlich Räumlichkeiten angemietet, in denen sie ihre Aktivitäten organisierten. In letzter Zeit haben sich viele Vereine ein Haus gekauft und in eine Moschee umgewandelt, oder sie haben von Grund auf eine Moschee nach klassischer Architektur gebaut. In beiden Fällen sind die Spenden aus der Gemeinde nicht ausreichend, sodass Kredite aufgenommen werden und es dann zu finanziellen Problemen kommt. Die Gründe für diese ökonomischen Probleme sind vielfältig. Sie reichen von falscher Berechnung, über Defizite bei den Vereinsverantwortlichen bis hin zu falschen finanziellen Beratungen und Krediten zu ungünstigen Konditionen. Dieses und die Tatsache, dass die Räumlichkeiten in vielen Moscheen für weiterbildende und anderweitige Aktivitäten zu klein sind, führen zu einer Einschränkung der Gemeindetätigkeiten.

2. Lösungsvorschläge

2.1 Vorschläge in Bezug auf die Imame

Kursangebote: Die Dachverbände, denen fast alle Moscheevereine angehören, haben langfristig das Ziel, ihre Imame in Deutschland auszubilden. Wenn dies erreicht wird, werden einige Probleme (wie u.a. das Sprachproblem) gelöst werden. Kurzfristig gesehen muss man aber den Sprachkursen eine größere Bedeutung beimessen, um die Sprachprobleme der Imame zu überwinden. Es ist zufriedenstellend, zu sehen, dass die Religionsbehörde in der Türkei für Imame, die nach Deutschland versetzt werden, einen Deutschkurs eingerichtet hat. Dieser sollte weiterentwickelt und effektiver gestaltet werden. Wenn Imame nach Deutschland kommen, muss man gewährleisten, dass sie ihre Deutschkenntnisse weiter vertiefen und ihnen hierfür Möglichkeiten schaffen. Die Entwicklung von Fördermaßnahmen zu diesem Zweck sollte forciert werden. Beispielsweise könnte man es Imamen, die ihre Deutschkenntnisse vertiefen und bei entsprechenden Prüfungen ein bestimmtes Niveau erreichen, erleichtern, ihre Aufenthaltszeit in Deutschland zu verlängern. Über die deutsche Sprache hinaus sollten die Imame auch Kurse über das deutsche Erziehungssystem, die deutsche Politik, Kultur und Gesellschaft besuchen. Diese Kurse werden hinsichtlich der Gemeindeaktivitäten mit Sicherheit nützlich sein.

Vertrauensimam: Für eine bestimmte Anzahl von Imamen sollte ein Vertrauensimam eingesetzt werden, der bereits vor ihnen in Deutschland tätig war. Dieser Vertrauensimam soll die Imame in ihrer Tätigkeit beraten und deren Probleme in der Zusammenarbeit mit dem Vereinsvorstand, der Gemeinde oder den öffentlichen Stellen anhören und Lösungswege aufzeigen. Der Vertrauensimam soll in der Hierarchie nicht über den Imamen stehen und nicht als eine Art Aufsichtsperson agieren. Er sollte wie ein Vertrauter sein und das ihm Anvertraute nicht ohne Erlaubnis an Dritte weitergeben. Um seiner Aufgabe gerecht werden zu können, sollte der Vertrauensimam auch zusätzliche Kenntnisse in Sozialpädagogik und Mediation haben. Ein Vertrauensimam wird die Entstehung vieler Probleme verhindern und die Lösung bereits entstandener Probleme vereinfachen.

Richtige Zuweisung („Scoring“): Einige Probleme entstehen dadurch, dass einige Imame den falschen Moscheen zugewiesen werden. Entweder werden die Imame nicht Moscheen zugewiesen, die ihrem Können und Niveau entsprechen, oder die Moscheen suchen sich nicht die passenden Imame aus. Um es anders zu sagen: Nicht jeder Imam passt in jede Moschee. So wie die Eigenschaften und Charaktere der Imame unterschiedlich sind, gibt es auch in den Moscheen Unterschiede. Die Moscheen unterscheiden sich je nach ihrer Größe, der Zusammensetzung der Gemeinde und in welcher Stadt oder welchem Viertel sie angesiedelt sind. Aus diesen Gründen sind in einigen Moscheen das Sprachniveau und das intellektuelle Niveau des Imam wichtig, in anderen Moscheen dagegen wird großer Wert auf die Predigt und eine schöne Rezitation gelegt. Daher muss man die Imame gezielt und wohlüberlegt den jeweiligen passenden Moscheen zuweisen. Man kann ähnlich wie in der Finanzwelt eine Methode wie das „Scoring“ entwickeln, um bei solchen Entscheidungen bessere Ergebnisse zu erreichen.

Die Qualität der religiösen Dienstleistungen verbessern: Die in Deutschland tätigen Imame müssen ihre Dienstleistungen den Erwartungen und dem Niveau der hier lebenden Muslime anpassen. In diesem Zusammenhang sollten sie ihre Redemethoden und Predigtthemen ändern oder anpassen. Die Themen der Predigten sollten nach den regionalen Bedürfnissen ausgesucht werden. Die Predigten sollten den hier lebenden Gemeindemitgliedern entsprechen, in einer einfachen Sprache und in einem entsprechenden Niveau gehalten werden. Wenn es sich anbietet, sollten die Freitagspredigten und die täglichen Predigten auch auf Deutsch zusammengefasst werden. Besonders in Moscheen, deren Gemeinden sich aus unterschiedlichen Nationalitäten zusammensetzen, wäre dies notwendig.

2.2 Vorschläge in Bezug auf die Vereinsvorstände

Kursangebote: Die Vereinsvorstände werden gewählt und ändern sich folglich alle paar Jahre. Für diese ehrenamtlich tätigen Vereinsvorstände sollten Kurse zu den Themen „Vereinsarbeit" und die „Zusammenarbeit mit Behörden" angeboten werden. Dazu sollten auch kleine Broschüren und Bücher erstellt werden.

Die Begrenzung der Amtszeit: Einige Vereinsvorstände bleiben jahrelang im Vereinsvorstand, sodass sie nach einiger Zeit keine neuen Projekte vorlegen können. Sie sehen oft ihre eigenen Defizite nicht mehr und sind nicht mehr in der Lage qualitativ hochwertige Aktivitäten anzustoßen. Dieser Zustand hindert andere ambitionierte Gemeindemitglieder daran, selber im Vorstand tätig zu werden. Um diesen Problemen vorzubeugen, sollte die Amtszeit des Vereinsvorstandes begrenzt werden. Dies wird darüber hinaus auch zur Folge haben, dass sich immer mehr Personen aus der zweiten und dritten Generation, die weitaus weniger Sprachprobleme haben und eine bessere Bildung als die erste Generation vorweisen können, engagieren.

Das Ernstgenommenwerden: Die Vereinsmitglieder sollten ihren Vorstand ernst nehmen, und ihn regelmäßig zu bestimmten Themen konsultieren. Dies wird sie in ihren Tätigkeiten weiter antreiben.

2.3 Vorschläge in Bezug auf die Moscheegemeinde

Dem Bildungsbedürfnis nachkommen: In den Moscheen muss eine ausreichende und qualifizierte Religionsbildung angeboten werden, welche den Ansprüchen der Mitglieder gerecht wird. In diesem Punkt müssen die Imame unterstützt werden, u.a. durch weiteres Personal. Darüber hinaus sollten im Rahmen der Möglichkeiten auch Angebote in Bezug auf die Schulbildung gemacht werden, z.B. in Form von zusätzlichen Deutschkursen, Hausaufgabenhilfe etc.

Regelmäßige Aktivitäten: In vielen Moscheen findet man Aktivitäten zu den religiösen Feiertagen sowie sportliche Aktivitäten. Jedoch mangelt es bei solchen Aktivitäten an Kontinuität. Eine bestimmte Kontinuität und Regelmäßigkeit bei solchen Aktivitäten müssen gewährleistet werden.

Breiteres Angebot an Aktivitäten: Die Aktivitäten in der Moschee sollten sich nicht nur auf die Religion beschränken. Viele Moscheen achten bereits darauf, dass sie ein nicht zu einseitiges Angebot an Aktivitäten haben. Auf diesen Punkt sollte man weiter achten und man sollte hervorheben, dass die Moschee nicht nur ein Teil der Religion, sondern auch ein Bestandteil des Alltags ist.

2.4 Vorschläge in Bezug auf den Standort

Professionelle Beratung: Sowohl beim Kauf eines Objektes als auch beim Ausbau des vorhandenen Objektes sollte der Vereinsvorstand eine professionelle Beratung in Anspruch nehmen, um somit unnötige und kostspielige Ausgaben von Anfang an zu verhindern und eventuellen finanziellen Problemen vorzubeugen.

Gemeinsame Aktivitäten und Projekte mit anderen Institutionen: Falls die Moscheegemeinden für ihre Aktivitäten und Projekte nicht genügend Platz haben, bietet sich die Zusammenarsbeit mit anderen Institutionen (wie z.B. mit Jugendzentren), mit kirchlichen Gemeinden oder städtischen Einrichtungen an.

3. Schluss

Ich habe versucht die Probleme der in Deutschland lebenden Muslime und die dazugehörenden Lösungsvorschläge in die Kategorien Imame, Gemeinden und Vereinsvorstände aufzugliedern. Selbstverständlich bestehen die Probleme nicht nur in diesen Punkten. Es sind sicherlich weitere Probleme vorhanden, die ich nicht feststellen konnte. Um die Lösungsvorschläge, die oben aufgeführt wurden, in die Tat umzusetzen, müssen sowohl die türkischen als auch die deutschen öffentlichen Stellen diese Punkte als Probleme wahrnehmen und bei ihrer Lösung eine aktivere Rolle einnehmen.

Notwendigkeit und Chancen der Islamischen Theologie in Deutschland

Von Mohammed Ghareibeh

Auf den Schultern der Muslime in Deutschland lastet eine schwere Verantwortung. Anders kann man es nicht sagen. Nicht nur, dass im Zuge der Islamisierung der Debatten[1] vieles nach religiösen Mustern gedeutet wird, was mit dem Islam als Religion wenig zu tun hat; sie stehen auch unter kritischer Beobachtung der Muslime in der „islamischen Welt". Nähern sie sich zu sehr dem „Westen" an, sind sie in deren Augen nicht mehr muslimisch genug. Versuchen sie, den Vorstellungen der Muslime aus der „islamischen Welt" gerecht zu werden, wirft man ihnen hierzulande mangelnde Integrationsfähigkeit vor.

Nach drei Generationen von „Deutschen" muslimischen Glaubens müssen sich vor allem die Muslime Gedanken über eine eigenständige Identität unabhängig von ihren Heimatländern machen. Ein deutscher Muslim oder ein muslimischer Deutscher zu sein, sollte so selbstverständlich werden, wie es bosnische, türkische, indonesische oder arabische Muslime gibt. Im Hinblick auf das Bildungs- und Sozialwesen sowie das Wirtschaftssystem sind sie an ihren Staat gebunden und leben vordergründig als Angehörige eines Nationalstaats. Längst ist der Islam in diesen Ländern Teil der Kultur geworden und damit eng verwoben mit den lokalen und regionalen Traditionen und Bräuchen. Man muss kein Experte der „islamischen Welt" sein, um zu erkennen, dass der Islam beispielsweise in Indonesien oder Pakistan anders in die Kultur eingeflossen ist als z.B. in Syrien oder Marokko.[2]

Trotz der relativ langen Tradition muslimischen Lebens in Deutschland hat man das Gefühl, dass sich deutsche Muslime ihrer „deutschen Identität" nicht mit der gleichen Selbstverständlichkeit bewusst sind wie andernorts. Dies hat vielerlei Gründe, welche in den Bereichen der Integrationspolitik, der gesellschaftlichen, sozialen und wirtschaftlichen Umstände, aber auch in der Akzeptanz bzw. Nichtakzeptanz der Mehrheitsgesellschaft und der eigenen Bereitschaft, sich dieser zu öffnen, liegen. In diesem Beitrag wird dargestellt, dass auch theologische Entwicklungen in der Vergangenheit nicht selten von politi-

---

1 Vgl. zum Thema „Islamisierung der Debatten", URL: http://www.bpb.de/publikationen/GQFHGF,2,0,Europ%E4isierung_des_Islam_und_Islamisierung_der_Debatten.html#art2 (letzter Zugriff: 14.08.2009), und URL: https://zeitschrift-ip.dgap.org/de/ip-die-zeitschrift/archiv/jahrgang-2006/maerz/religion-und-identit%C3%A4t (letzter Zugriff: 14.08.2009).

2 Vgl. als Einführung dazu C. Geertz, *Religiöse Entwicklungen im Islam. Beobachtet in Marokko und Indonesien*, Frankfurt a. M. 1991.

schen und gesellschaftlichen Verhältnissen abhängig waren und dass die eigene Sozialisation das Verständnis der Religion prägt. Damit soll im Hinblick auf die Situation der Muslime in Deutschland ein Hinweis gegeben werden, von welcher Wichtigkeit eine Islamische Theologie auf deutschem Boden für eine Beheimatung in Deutschland ist und wie sie und eine „deutsche Identität" sich gegenseitig bedingen und beeinflussen.

Zur Veranschaulichung dieses Sachverhaltes wird im Folgenden ein Blick auf die Genese der einflussreichen Theologieschule al-Ašʿarīs geworfen. In einem weiteren Schritt wird die Ausprägung eines speziellen Islambildes durch unterschiedliche Sozialisation und eher tendenziöse Übersetzungen untersucht.

Einfluss historischer und sozialer Faktoren auf die Entwicklung der Theologie im Islam

Verfolgt man die Entwicklung der islamischen Glaubensgrundsätze (*kalām*, *ʿaqīda*) in der Geschichte, muss man eingestehen, dass diese aus einem diskursiven Prozess heraus entstanden sind, und dies gewiss nicht innerhalb weniger Jahre, sondern über einen Zeitraum von mehreren Jahrhunderten. Die *ašʿaritische* Glaubensschule bietet hier ein anschauliches Beispiel. Sie hat über die Jahrhunderte hinweg in ihrer Entwicklung so starke Veränderungen erfahren, dass sie kaum noch etwas mit den Lehren und Methoden ihres Gründungsvaters Abū al-Ḥasan al-Ašʿarī (873/4-935/6) gemein zu haben scheint. Aus den Schriften des ehemaligen Muʿtaziliten lassen sich zwei verschiedene Bilder seiner theologischen Vorstellungen nachzeichnen. Konkret geht es um die Beziehung seiner beiden Werke *„al-Ibāna ʿan uṣūl ad-diyāna"* und *„al-Ḥaṯṯ ʿalā l-baḥṯ"* zueinander. Ersteres zeichnet sich dadurch aus, dass es ganz im Sinne der ḥanbalitischen Traditionalisten verfasst ist, welche sich einem wörtlichen Verständnis der Offenbarungstexte verschrieben haben. In diesem Werk, in dem sich al-Ašʿarī selbst als Anhänger Aḥmad b. Ḥanbals (780-855) bezeichnet, spricht er sich ebenfalls für ein wörtliches Verständnis der Eigenschaften Gottes aus. Sein *„al-Ḥaṯṯ"* allerdings erscheint als eine Verteidigungsschrift des *kalām*, und zwar gegen die Argumente der eben genannten ḥanbalitischen Traditionalisten, sodass es den Aussagen aus *„al-Ibāna"* nahezu diametral gegenübersteht.

Das dichotome Bild, welches al-Ašʿarī in *„al-Ibāna"* als einen Traditionalisten, in *„al-Ḥaṯṯ"* hingegen als einen Rationalisten zeigt, der sich gegen die Traditionalisten abzugrenzen und zu rechtfertigen sucht, beschäftigt zahlreiche Wissenschaftler. George Makdisi zieht daraus allerdings den Schluss, dass *„al-*

Ḫaṭṭ ʿalā l-baḥṯ" unmöglich aus der Feder al-Ašʿarīs stammen könne, sondern später entstanden und ihm zugschrieben sein müsse.[3]

Richard Frank vertritt die Meinung, dass die Differenz der Werke aus dem Grunde zustande kam, weil al-Ašʿarī „*al-Ibāna*" verfasste, um die Gunst ḥanbalitischer Gelehrter zu erlangen. Al-Ašʿarī befand sich zum Zeitpunkt der Entstehung des Werkes im von Ḥanbaliten dominierten Bagdad. Diese waren vor allem nach den Ereignissen der *miḥna*, unter der ihr Gründungsvater Aḥmad b. Ḥanbal im besonderen Maße zu leiden hatte, dem Rationalismus der Muʿtazila abgeneigt und verurteilten alles, was Ähnlichkeiten mit diesem aufwies.[4] Auch eine Widerlegung muʿtazilitischen Gedankengutes wurde nicht akzeptiert, sofern sie im gleichen Stil verfasst wurde wie die muʿtazilitischen Schriften. Denn einer *bidʿa* (unerlaubte Neuerung) könne nicht mit einer anderen *bidʿa* begegnet werden, so die ḥanbalitische Begründung, auf welche sich auch heute noch einige Gelehrte berufen.[5] Vor diesem Horizont wird deutlich, dass die Schriften al-Ašʿarīs wenig Chancen auf Anerkennung durch die Ḥanbaliten hatten, da er es sich zum Ziel machte, die Muʿtazila mit ihren eigenen Waffen zu schlagen. Um nun aber dennoch auf Zustimmung ḥanbalitischer Gelehrter hoffen zu können, verfasste er sein Werk „*al-Ibāna*" im traditionalistischen Stil, erklärt Frank.[6]

Die erhoffte Anerkennung seitens der Ḥanbaliten blieb aus, und die unterschiedlich konzipierten Schriften al-Ašʿarīs sorgten auch bei nachfolgenden ašʿartischen Gelehrten für Erklärungsbedarf. Diese lasen aus der Summe seiner Schriften einen Mittelweg zwischen muʿtazilitischem Rationalismus und ḥanbalitischem Traditionalismus heraus, sodass nun „*al-Ibāna*" im Gesamtkonzept fehl am Platz wirkte. In ašʿaritischen Kreisen heißt es dazu, dass das Werk „*al-Ibāna*" zum Schutz vor ḥanbalitischer Missgunst verfasst wurde.[7] Damit

---

3 Vgl. dazu im Einzelnen G. Makdisi, *"Ash'arī and the Ash'arites in Islamic Regious History"*, in: *Studia Islamica*, 17 (1962), S. 37-80 und 18 (1963), S. 19-39, vor allem I, S. 41f.

4 Unter den abbasidischen Kalifen al-Maʾmūn (813-33), al-Muʿtaṣim (833-42) und al-Wāṯiq (842-47) wurden die muʿtazilitischen Lehren zum Staatsdogma erhoben, und es wurde versucht, ihre Auffassung zur Entstehung des Qurʾān, teils mit Gewalt, durchzusetzen. Dies traf vor allem die Traditionalisten hart, und Aḥmad b. Ḥanbal wurde zur Leitfigur im Widerstand gegen dieses Dogma. Mit der Machtübernahme al-Mutawakkils (847-861) fand die *miḥna* zu Gunsten der Traditionalisten ihr Ende. Vgl. dazu W. M. Patton, *Ahmed Ibn Hanbal and the Mihna: A Contribution to a Biography of the Imam and to the History of the Mohammedan Inquisition Called the Mihna, 218-234 A.H.*, Leiden 1897; vgl. auch M. Hinds, *"Miḥna"*, in: EI, Bd. 7, Leiden 1993, Sp. 2b-6b.

5 Vgl. dazu exemplarisch Muḥammad Ṣāliḥ Ibn ʿUṯaimīn, *al-Qawāʿid al-muṯlā fī ṣifāt Allāh wa-asmāʾihi al-ḥusnā*, Beirut 1986, S. 47.

6 Vgl. R. M. Frank, *"Elements in the Development of the Teaching of al-Ashʿarī"*, in: *Le Muséon*, 107 (1991), S. 141-190, S. 171.

7 Vgl. Abū l-Ḥasan al-Ašʿarī, *Kitāb al-Lumaʿ fī r-radd ʿalā ahl az-zaiġ wa-l-bidaʿ*, hrsg. von H. Ġarāba, Kairo o.J., S. 7.

unterstützen sie die Position Franks. Es ist dann auch nicht weiter verwunderlich, dass sich die aš'aritische Schule in Richtung Rationalismus weiterentwickelt hat und vor allem unter al-Ǧuwainī (1028-1085) Einflüsse der antiken Philosophie Eingang in die theologischen Vorstellungen gefunden haben.[8] Es waren aber nicht allein theologische Überlegungen, sondern auch historische und politische Geschicke, welche das Blatt zu Gunsten der aš'aritischen Schule und in Richtung einer freieren Entwicklung der Theologie wendeten. Denn zu Beginn war die aš'aritische Schule in Nishapur, der Heimat al-Ǧuwainīs, mehr als unerwünscht. Der selǧukische Wesir 'Amīd al-Mulk al-Kundūrī, selbst ein mu'tazilitscher Ḥanafit, der ab 1053 über das Land herrschte, sorgte dafür, dass viele namhafte aš'artische Gelehrte, darunter auch al-Ǧuwainī, das Land verließen. Zehn Jahre später sollten sich die Verhältnisse im Land allerdings verändern. Als Niẓām al-Mulk Wesir (1063-1092) wurde, setzte er alles daran, die aš'aritsche Richtung wieder zu rehabilitieren, gründete Schulen und sorgte für eine Heimkehr der geflohenen Gelehrten. In diesem Umfeld war es al-Ǧuwainī nun möglich, ungestört seine theologischen Meinungen zu entwickeln.[9]

Wir können also festhalten, dass sich die beiden Theologen der aš'aritischen Schule ihrer Umstände, in denen sie lebten, mehr als bewusst waren. Abhängig vom politischen und religiösen Klima hat sich auch ihre Theologie verändert und dementsprechend entwickelt.

Aber zurück zu Abū al-Ḥasan al-Aš'arī. Denn er lässt sich ebenfalls als gutes Beispiel dafür anführen, wie die eigene Sozialisation den Blick auf religiöse Entwicklungen beeinflusst. Auch ḥanbalitische Gelehrte haben die scheinbar widersprüchlichen Werke al-Aš'arīs nicht kommentarlos betrachtet. Sie entwickelten ebenfalls Erklärungsansätze, die allerdings, wie man sich leicht vorstellen kann, zu Gunsten ihrer eigenen Position ausfielen. Sie versuchen seine Werke den verschiedenen Stadien zuzuordnen, welche er in seiner persönlichen Entwicklung durchlebte. Kenne man die chronologische Reihenfolge seiner Schriften, ließen sie sich den Stadien zuordnen und sie klärten so die scheinbaren Widersprüche, so der Grundgedanke der Überlegung. Noch bis in die Gegenwart hält die Kontroverse darüber an, und zeitgenössische Gelehrte versuchen weiterhin daraus Profit für sich zu schlagen. So auch Ibn 'Uṯaimīn (1928-2000), ein saudischer Gelehrte und ehemaliges Mitglied des Rates der Großen Gelehrten (*hai'a kibār al-'ulamā'*), welcher sich als Angehöriger der wahhābitischen Strömung in den Bereichen der Dogmatik (*'aqīda*) und Rechtswissenschaften (*fiqh*) der ḥanbalitischen Schule verpflichtet fühlt.[10] In der Frage

8 Vgl. A. M. Ṣubḥī, *Fī 'ilm al-kalām*, Alexandria 1969, S. 217-248.

9 Vgl. M. M. A. Saflo, *Al-Juwaynī's Thought and Methodology. With a Translation and Commentary on Luma' al-Adillah*, Berlin 2000, S. 12-14 und C. Brockelmann, *"Al-Djuwaynī"*, in: EI, Bd. 2., Leiden 1965, Sp. 605a-606a, S. 605.

10 Vgl. für weitere Angaben über seine Person, URL: http://www.ibnothaimeen.com/all/Shaikh.shtml (letzter Zugriff: 14.08.2009).

nach den Attributen Gottes plädiert er für eine wörtliche Auslegung der Offenbarungstexte und steht daher der aš'aritischen Schule, welche vor allem in ihrer Entwicklung ab al-Ǧuwainī eine allegorische Deutung verfolgt, kritisch gegenüber. Auf die Frage, wie die aš'aritische Schule falsch sein könne, wo doch der Gründungsvater, Abū l-Ḥasan al-Aš'arī, ein so großer Gelehrter war, antwortete er, wie folgt:

> „ [...] Zunächst muss festgehalten werden, dass Abū l-Ḥasan al-Aš'arī und andere große, muslimische Gelehrte keinesfalls von sich behaupteten, unfehlbar zu sein. Ihre herausragende Stellung innerhalb der Religion haben sie sicher nur deswegen erlangt, weil sie genau ihre Grenzen kannten und diese nicht überschritten. Sowohl der Qur'ān als auch die Sunna hatten einen großen Platz in ihren Herzen. [...] Darüber hinaus folgten jene späteren aš'aritischen Gelehrten al-Aš'arī nicht in der Art und Weise, wie sie es hätten tun müssen. Denn er hat eine Entwicklung in drei Stufen erlebt. Vierzig Jahre lang folgte er der mu'tazilitischen Schule bis er sich schließlich von ihr abwandte und sie zu widerlegen suchte. Daraufhin schlug er einen Mittelweg zwischen dem mu'tazilitischen Rationalismus und der vollkommenen Befolgung der Sunna ein, die der Methode von Ibn Kullāb[11] glich. [...] Am Ende seines Lebens jedoch folgte er der Schule der *ahl as-sunna wa-l-ḥadīṯ* und nahm sich den Gelehrten Aḥmad b. Ḥanbal zum Vorbild. Dies wird in seinem Werk *‚al-Ibāna 'an uṣūl ad-diyāna'* deutlich, welches eines seiner letzten Werke oder sogar das letzte Werk ist. [...] Was allerdings die späteren Gelehrten der aš'aritischen Schule angeht, so orientierten sie sich an der zweiten Entwicklungsstufe und bevorzugten in der Frage der Attribute Gottes ein allegorisches Verständnis der Verse."[12]

Für Ibn 'Uṯaimīn ist al-Aš'arī also keineswegs der Gründer des orthodoxen *kalām* als Mittelweg zwischen Traditionalismus und Rationalismus, sondern ein authentischer Vertreter der *ahl as-sunna wa l-ḥadiṯ*. Mit diesem Ausdruck meint er die Ḥanbalīya, und wie man seiner Antwort implizit entnehmen kann, stellt al-Aš'arī für ihn sogar eine islamische Autorität dar.

An diesem Beispiel wird deutlich, dass nicht nur die Entwicklung theologischer Vorstellungen mitunter von den äußeren Umständen abhängt, also das soziale Umfeld Einfluss auf die Formulierung der Gedanken hat, sondern dass die Sozialisation auch die Rezeption vorangegangener Ansätze stark beeinflusst und sie in einem anderen Licht erscheinen lässt. Für in Saudi-Arabien sozialisierte Muslime und vor allem auch Gelehrte wird sich al-Aš'arī wohl stets als Befolger der Lehren Aḥmad b. Ḥanbals darstellen und damit gleichzeitig die dort herr-

---

11 Abū Muḥammad 'Abd Allāh b. Muḥammad b. Sa'īd b. Kullāb al-Qaṭṭān (gest. 855) lebte in Baṣra, wo er vor allem mit der Frage nach der Entstehung des Qur'āns auf sich aufmerksam machte. Zwar versuchte er die Mu'tazila und ihr Dogma der Entstehung zu widerlegen, fand allerdings trotzdem nicht volle Anerkennung seitens der Ḥanbaliten. Vgl. ausführlich dazu J. v. Ess, *Theologie und Gesellschaft im 2. und 3. Jahrhundert Hidschra. Eine Geschichte des religiösen Denkens im frühen Islam*, Berlin 1997, Bd. 4, S. 180-194.

12 Muḥammad Ṣāliḥ Ibn 'Uṯaimīn, *al-Qawā'id al-muṯlā fī ṣifāt Allāh wa-asmā'ihi al-ḥusnā*, Beirut 1986, S. 79-82.

schende Theologie bestätigen und der aš'artischen Schule die Legitimationsgrundlage entziehen. Für in Ägypten lebende Gelehrte, welche noch in der Tradition der Azhar-Universität stehen, dürfte die Darstellung al-Aš'arīs als Traditionalisten mehr als abwegig erscheinen. Denn dort stehen Werke von Gelehrten wie at-Taftāzānī[13] auf dem Lehrplan, welcher für eine eher philosophische Lesung aš'aritischer Theologie steht. Die Entscheidung, welcher theologischen Anschauung man folgt, wird folglich nicht immer bewusst getroffen, sondern unterliegt anderen Faktoren wie z.B. dem intellektuellen Werdegang. Dies mag innerhalb einer geschlossenen homogenen Gesellschaft nicht weiter problematisch erscheinen, führt allerdings zu Problemen in heterogenen Gruppen, wie sie die Muslime in vielen Ländern Europas darstellen.

Durch Übersetzungen zum Islam?

Hier bilden die Muslime in Deutschland keine Ausnahme. Ihre jeweilige Herkunft und religiöse Prägung hat tiefe Spuren in ihrem Islamverständnis hinterlassen, welche sich am Beispiel der Rezeption klassischer Werke und ihrer Übersetzung sehr gut verdeutlichen lassen.

Noch immer bilden Übersetzungen klassisch-islamischer Werke den Großteil der islamischen Literatur in Deutschland und gelten unter Muslimen als authentischer Weg zur Nachzeichnung des Islam. Der Büchermarkt ist allerdings längst zum Streitplatz für die verschiedenen Gruppierungen geworden, die gemäß ihrer Vorstellungen bewusst selektiv die Bücher solcher Gelehrten auswählen und übersetzen, die sie für die wahren Vertreter des Islam halten. Auch hier erscheinen Gelehrte und ihre Schriften mitunter in unterschiedlichem Licht.

Ein solcher Fall stellt beispielsweise die Glaubenslehre des Abū Ǧa'far aṭ-Ṭaḥāwī al-Ḥanafī (853-933) dar. In der deutschen Übersetzung von Abd al-Hafidh Wentzel des im 10. Jahrhundert verfassten Werkes wirbt der Übersetzer damit, dass die Abhandlung sehr konzentriert den „Konsens der Imāme der vier Rechtsschulen und ihrer Nachfolger, abgeleitet aus dem Heiligen Qur'ān und der Sunna des Gesandten Allāhs"[14] wiedergibt. Aṭ-Ṭaḥāwī beginnt seine kurze Abhandlung mit den Worten:

> „Dies ist eine Darlegung der Glaubenslehre der ‚Anhänger der *Sunna* und Gemeinschaft' [*ahl al-sunna wa l-ǧamā'a*] gemäß der Schule der Rechtswissenschaftler [*fuqahā'*] dieser Religionsgemeinschaft [*al-milla*], Abū Ḥanīfa al-Nu'mān ibn Thābit al-Kūfī, Abū Yūsuf Ya'qūb ibn Ibrāhīm al-Anṣārī und Abū 'Abd Allāh

13 Sa'd ad-Dīn Mas'ūd b. 'Umar b. 'Abd Allāh at-Taftazānī, 1322 in Taftazān geboren und 1390 verstorben. Vgl. ausführlicher W. Madelung, *"al-Taftāzānī"*, in: EI, Bd. 10, Leiden 2000, Sp. 88b-89a.

14 Abū Ǧa'far aṭ-Ṭaḥāwī, *Die Glaubenslehre des Imam al-Tahawi. Darlegung der Glaubensgrundsätze der Ahl al-Sunna wal-Jamā'a*, ins Deutsche übertragen von Abd al-Hafidh Wentzel, Hellenthal 2006, Einband.

> Muḥammad ibn al-Ḥasan al-Schaybānī, sowie dessen, was diese an Glaubensgrundsätzen hinsichtlich der Grundlagen der Religion vertreten und was sie bezüglich des Herrn der Welten glauben."[15]

Damit zeigt er sich ausdrücklich als Befolger der Lehren Abū Ḥanīfas (699-767). Nun ergibt sich für die Rezeption folgendes Problem: Befolgt aṭ-Ṭaḥāwī wirklich die Lehren Abū Ḥanīfas, impliziert dies auch ein Übereinstimmung mit der māturīditischen Schule. Der verwendete Begriff der *„ahl as-sunna wa-ğamāʿa"* impliziert aber auch eine Übereinstimmung mit den übrigen Rechts- und Theologieschulen und schließt damit auch die ašʿaritische, ja sogar die ḥanbalitische Schule mit ein, wie der Übersetzer ebenfalls hervorhebt. Die Anhänger der genannten Strömungen werden die Glaubenslehre aṭ-Ṭaḥāwīs stets vor diesem Hintergrund lesen und auch eventuelle Abweichungen eher als legitime Meinungsverschiedenheiten innerhalb gültiger Toleranzbereiche verstehen und ihre eigenen Positionen bestätigt finden. Von Vertretern der Neo-Ḥanbalīya oder der heutigen Wahhābīya bekommt aṭ-Ṭaḥāwī auf einmal aber ein ganz anderes Gesicht verliehen. In einer Übersetzung eines von dem saudischen Gelehrten ʿAbd al-ʿAzīz b. Bāz[16] angefertigten Kommentars desselben Werkes heißt es dort:

> „[...] Als er sein Wissen in der Madh-hab [Rechtsschule] Abu Hanifas vollendete, wechselte er zu dieser Madh-hab und wurde einer ihrer Anhänger. Jedoch hielt ihn dies nicht davon ab, einigen [falschen] Ansichten Imam Abu Hanifas zu widersprechen, indem er in bestimmten Angelegenheiten die Meinungen anderer Imame bevorzugte. Dies ist darauf zurückzuführen, dass er – Möge Allah mit ihm barmherzig sein – kein muqallid [blind Folgender] von Abu Hanifa war."[17]

Damit wird nicht nur impliziert, dass Abū Ḥanīfa „falsche Ansichten" vertreten habe, und somit der Weg für anti-ḥanafitische, teilweise sogar anti-rechtsschulische Polemiken geebnet wird; aṭ-Ṭaḥāwī erscheint darüber hinaus als eine Art Vorreiter der Wahhābīya bzw. der Salafīya, die sich vorherrschenden Meinungen widersetzen, um der „Wahrheit" alleine zu dienen und diese ans Licht zu bringen. Für diese beiden Gruppen leitet sich daraus Bestätigung für ihr eigenes Handeln ab, wenn sie herrschende Meinungen unberücksichtigt lassen oder zu einer Abschaffung der Rechtsschulen aufrufen, während im selben Moment Vertreter der Rechtsschulen mit Bezug auf aṭ-Ṭaḥāwī die Befolgung einer Rechtsschule begründen.

---

15 Ebd., S. 14.

16 ʿAbd al-ʿAzīz b. ʿAbd Allāh war ein bekannter und einflussreicher saudischer Gelehrter, der 1910 in Riyad geboren und ab 1994 bis zu seinem Tod 1999 Großmufti des Landes war; vgl. ausführlicher URL: http://www.binbaz.org.sa/life (letzter Zugriff: 14.08.2009).

17 Die Übersetzung ist im Internet auf mehreren Seiten als PDF abrufbar, URL: http://s1.islamhouse.com/data/de/ih_books/de_alqida_tahaweia.pdf, vgl. auch URL: http://salaf.de/swf/aqd0005.swf, sowie die Homepage URL: http://salaf.de, S. 3f. (letzter Zugriff: 14.08.2009).

Eine detaillierte Auflistung der sich aus den verschiedenen Übersetzungen und Rezeptionen desselben Werkes ergebenden Unterschiede und die Klärung der Frage, ob aṭ-Ṭaḥāwī nun wirklich Anhänger der Ḥanafīya war oder nicht, würde an dieser Stelle den Rahmen des Aufsatzes sprengen. Jedoch sollte deutlich geworden sein, dass ähnlich wie bei al-Ašʿarī eine islamische Autorität zur Legitimierung eigener Vorstellungen herangezogen und aus seinem historischen Kontext gerissen wird. Dies ist nicht nur ein Ergebnis der unterschiedlichen Herkunft der Muslime in Deutschland, sondern auch eine Folge bewusster Einflussnahme im Ausland aktiver Gruppen.

Situation der Muslime in Deutschland

Derzeit werden die meisten Moscheegemeinden von aus dem Ausland kommenden Imamen geführt. Zur Zeit der ersten muslimischen Einwanderer mag dies die naheliegendste Lösung gewesen sein, entstammten sie doch dem gleichen kulturellen Sozialisationshintergrund. Jede Gemeinde ließ einen Imam kommen, der aus dem gleichen Milieu entstammte, die gleiche Sprache sprach und mit den Gepflogenheiten der Heimatländer vertraut war. Knapp fünfzig Jahre später hat sich die Situation der Imame trotz veränderter Situation der Gemeinden nicht geändert. In Deutschland sozialisierte, vor allem junge Muslime stellen nun die Mehrheit, die Moscheen aber werden immer noch nach alten Strukturen verwaltet. Nach dem alten Prinzip werden nach wie vor Imame aus den Heimatländern eingeführt. Dies hat zur Folge, dass alte Strukturen in den Moscheen weiterhin fortbestehen und damit auch die kulturspezifische Sichtweise der Religion. Da nun aber in Deutschland sozialisierte Muslime sich nicht mehr auf eine Gemeinde beschränken, sondern auch Moscheen mit unterschiedlichen nationalen Hintergründen besuchen, sind ihnen längst die unterschiedliche kulturelle Färbung des Islam und die sich zum Teil widersprechenden Darstellungen aufgefallen. Oft aber bleiben die Moscheegemeinden den vor allem jungen Muslimen eine eingehende Erklärung schuldig. Nicht selten reagieren Imame mit polemischen Äußerungen und statt in einen Dialog zu treten, verschließen sie sich vor anderen Traditionen und werten diese ab. Dies führt entweder zu einem Rückzug ins Nationale oder zur Übernahme ausländischen, meist salafitischen Gedankenguts. Beide Reaktionen sind allerdings für die Situation der Muslime in Deutschland nicht von Vorteil. Ein notwendiges Gemeinschaftsgefühl unter den Muslimen und eine nötige Toleranz der faktisch existierenden Meinungsverschiedenheiten, ganz zu schweigen von der Beheimatung in Deutschland und einer „deutschen Identität“ sind somit kaum möglich. Dabei sind gerade in Deutschland sozialisierte Muslime die Lösung für dieses Dilemma. Denn sie haben die Möglichkeit, eine durch ihre deutsche Sozialisation geprägte Rezeption des islamischen Erbes zu entwickeln und die Theologie unter Anschluss an den islamischen Konsens auf die Belange und Bedürfnisse der Muslime in Deutschland zuzuschneidern.

Dies birgt nun mehrere Chancen und Vorteile in sich. Rufen wir uns die Entwicklung der aš'aritischen Glaubensschule und ihre Beeinflussung durch historische und gesellschaftliche Faktoren erneut ins Gedächtnis, lassen sich für die Situation der Muslime in Deutschland im Hinblick auf die Islamische Theologie positive Schlüsse ziehen. Laut Verfassung ist Deutschland ein weltanschaulich neutraler Staat, der der Religion große Freiräume bietet. Diese Tatsache können sich Muslime dahingehend zu Nutze machen, dass sie Theologie ohne politische Einflüsse gestalten können. Gleichzeitig sind sie aufgrund der herrschenden Meinungsfreiheit, welche im Prozess der Entwicklung mehr als notwendig ist, nicht der Gefahr ausgeliefert, dass sich die unterschiedlichen islamischen Strömungen gegenseitig bedrängen. Dies ist nahezu ein Novum in der Geschichte des Islam und eine Chance, welche sich die Muslime nicht entgehen lassen sollten.

Weiter kann festgehalten werden, dass, um eine unabhängige Theologie gewährleisten zu können, Muslime mit deutscher Sozialisation gefragt sind. Sie können ihr Wissen über islamische Strömungen und Entwicklungen sowie ihre Vorstellungen und Ansichten auf einem unbeschriebenen, deutschen Blatt festhalten und kritisch mit den Quellen umgehen. So haben sie die Möglichkeiten im Vorfeld bestehende Kluften, die auf unterschiedlichen Wahrnehmungen gründen, zu überbrücken. Der eingeschlagene Weg wird zwar notwendigerweise ebenfalls von einer deutschen Sozialisation beeinflusst sein, allerdings entspricht eine derartige Entwicklung der Realität in allen anderen islamischen Ländern und ist im Kontext der Muslime in Deutschland sogar wünschenswert. Die damit verbundene, stärkere Betonung der „deutschen Identität" ist der Entwicklung einer Islamischen Theologie und der Beheimatung der Muslime in Deutschland förderlich. Denn eine stärkere Hervorhebung der gemeinsamen Sozialisation hilft, nationale Hindernisse zu überwinden und eine Sensibilität für die gemeinsamen Interessen zu schaffen.

Ein wichtiger Schritt in diese Richtung ist bereits mit der Einrichtung von Lehrstühlen für eine Islamische Religionspädagogik gemacht worden. Wenn zukünftig muslimische Kinder an deutschen Schulen in ihrem Glauben unterwiesen werden und selbstverständlich als Deutsche muslimischen Glaubens aufwachsen, ist dies von unschätzbarem Wert für eine gelungene Integration, der Beheimatung sowie das Selbstbild der Muslime. Trotzdem bleibt die Frage offen, welche Inhalte in der Religionspädagogik vermittelt werden sollen, solange es noch keine Islamische Theologie in Deutschland gibt, die diese festlegt.

Die Einrichtung von theologischen Fakultäten an deutschen Hochschulen für Islamische Theologie wird in Zukunft unumgänglich sein. Sie sind notwendig für eine solide Ausbildung zukünftiger islamischer Theologen, die sie befähigt, direkt auf die Originalquellen zurückzugreifen und diese auszuwerten. Eine Ausbildung an ausländischen Hochschulen löst das eigentliche Problem nicht und führt zu einer Abhängigkeit deutscher Muslime vom Ausland und unter

Umständen erneut zu einer kulturell anders geprägten Sichtweise des Islam. Nur so kann gewährleistet werden, dass eine Islamische Theologie von deutschen Muslimen für deutsche Muslime auf hohem Niveau betrieben wird und letztlich mit der Islamischen Religionspädagogik zusammenarbeitet. Eine „deutsch-muslimische Identität" ist hierfür nicht nur Voraussetzung, sie wird im gleichen Zuge dadurch zusätzlich gefördert und hilft den Muslimen, ihre Unabhängigkeit zu wahren. Islamische Theologen werden dabei vom neutralen, wissenschaftlichen Klima profitieren und sich auch von anderen Disziplinen anregen lassen können.

Es ist nicht möglich, an dieser Stelle eine Richtung für die Islamische Theologie in Deutschland vorzugeben, da der Aufsatz dem Prozess der Entwicklung nicht vorgreifen und erst recht nicht ersetzen kann. Es bleibt zukünftigen Theologen überlassen, welche Wege sie einschlagen. In jedem Fall empfiehlt es sich m.E. jedoch, den herrschenden Konsens in der „islamischen Welt" in fundamentalen Fragen als Richtschnur zu nehmen und aus dem geistigen, islamischen Erbe zu lernen. Auch wenn in Zukunft eine Theologie mit „deutscher Färbung" entstehen wird, können durch eine wissenschaftliche Analyse des reichen Erbes nützliche Fingerzeige herausgelesen und daran angeknüpft werden. Zudem sollte eine Berücksichtigung der gemeinsamen Grundlagen aller Muslime, sowohl von Sunniten wie auch Schiiten, stets im Hinterkopf bleiben, um eine große Resonanz unter den Muslimen in Deutschland und eine Dialogfähigkeit auch auf internationaler Ebene gewährleisten zu können.

Literatur

ʿAbd al-ʿAzīz b. ʿAbd Allāh, URL: http://www.binbaz.org.sa/life (letzter Zugriff: 14.08.2009).

Abd al-ʿAzīz b. Bāz, URL: http://s1.islamhouse.com/data/de/ihbooks/dealqidatahaweia.pdf, http://salaf.de/swf/aqd0005.swf (letzte Zugriffe: 14.08.2009).

Al-Ašʿarī, Abū l-Ḥasan, *Kitāb al-Lumaʿ fi r-radd ʿalā ahl az-zaiġ wa-l-bidaʿ*, hrsg. von H. Ġarāba (Hg.), Kairo o.J.

Aṭ-Ṭaḥāwī, Abū Ǧaʿfar, *Die Glaubenslehre des Imam al-Tahawi. Darlegung der Glaubensgrundsätze der Ahl al-Sunna wal-Jamāʿa*, ins Deutsche übertragen von Abd al-Hafidh Wentzel, Hellenthal 2006.

Brockelmann, C., *„Al-Djuwaynī"*, in: EI, Bd. 2, Leiden 1965.

Ess, J. v., *Theologie und Gesellschaft im 2. und 3. Jahrhundert Hidschra. Eine Geschichte des religiösen Denkens im frühen Islam*, Bd. 4, Berlin 1997.

Frank, R. M., *"Elements in the Development of the Teaching of al-Ashʿarī"*, in: *Le Muséon*, 107 (1991), S. 141-190.

Geertz, C., *Religiöse Entwicklungen im Islam. Beobachtet in Marokko und Indonesien*, Frankfurt a. M. 1991.

Hinds, M., *"Miḥna"*, in: EI, Bd. 7, Leiden 1993, Sp. 2b-6b.

Ibn ʿUṯaimīn, URL: http://www.ibnothaimeen.com/all/Shaikh.shtml (letzter Zugriff: 14.08.2009).

Madelung, W., *"al-Taftāzānī"*, in: EI, Bd. 10, Leiden 2000, Sp. 88b-89a.

Magdisi, G., *"Ash'arī and the Ash'arites in Islamic Regious History"*, in: *Studia Islamica*, 17 (1962), S. 37-80 und 18 (1963), S. 19-39.

Patton, W. M., *Ahmed Ibn Hanbal and the Mihna: A Contribution to a Biography of the Imam and to the History of the Mohammedan Inquisition Called the Mihna, 218 - 234 A.H.*, Leiden 1897.

Saflo, M. M. A, *Al-Juwaynī's Thought and Methodology. With a Translation and Commentary on Lumaʿ al-Adillah*, Berlin 2000.

Spielhaus, Riem, *„Religion und Identität. Vom deutschen Versuch, ‚Ausländer' zu ‚Muslimen' zu machen"*, URL: https://zeitschrift-ip.dgap.org/de/ip-die-zeitschrift/archiv/jahrgang-2006/maerz/religion-und-identit%C3%A4t (letzter Zugriff: 14.08.2009).

Ṣubḥī, A. M., *Fī ʿilm al-kalām*, Alexandria 1969.

Tiesler, Nina Clara, *„Europäisierung des Islam und Islamisierung der Debatten"*, URL: http://www.bpb.de/publikationen/GQFHGF,2,0,Europ%E4isierung_des_Islam_und_Islamisierung_der_Debatten.html#art2 (letzter Zugriff: 14.08.2009).

ʿUṯaimīn, Ibn/Ṣāliḥ, Muḥammad, *al-Qawāʿid al-muṯlā fī ṣifāt Allāh wa-asmāʾihi al-ḥusnā*, Beirut 1986.

Islamische Studien im Sinne einer Islamischen Theologie: ein Perspektivwechsel von der Defizitorientierung zur Kompetenzförderung in Hinblick auf Muslime?

Von Yilmaz Bulut

Einführung

Die Empfehlungen des Wissenschaftsrates intensivierte die Auseinandersetzung mit dem Thema „Islamische Theologie an staatlichen Hochschulen".[1] In der Islamkonferenz wurde bereits Unterstützung für die islamisch-theologischen Angebote an öffentlichen Hochschulen angekündigt.[2] Die Politik hat sich mittlerweile für die Etablierung des Fachbereichs an den deutschen Universitäten entschieden und damit einen entscheidenden Schritt auf dem Weg zur institutionellen Eingliederung der Muslime in Deutschland getan.

Die Universitäten, politische und kirchengebundene Akademien beteiligen sich rege an der Diskussion. Erfreulicherweise greifen auch islamische Verbände das Thema auf. Solche Initiativen und weitere intensivere Bemühungen auf diesem Gebiet seitens der Muslime und Nichtmuslime sollten begrüßt werden. Der bisherige Diskussionsverlauf zeigt jedoch einige problematische Aspekte, die man beleuchten sollte, um die Diskussion um die Islamische Theologie künftig auf einer fruchtbaren Basis führen zu können.

Die Absicht dieses Beitrages ist es, zu den geführten Debatten in Deutschland eine reflektierende Stellungnahme aus der Metaperspektive zu geben und einige problematische Argumentationsstrukturen herauszustellen. Dadurch kann zum selbstkritischen Überdenken des deutschen Islamdiskurses beigetragen werden. Nach der Darstellung des allgemeinen Deutungsmusters, das sich stark an den Defiziten der Muslime orientiert, wird der Ansatz der Kompetenzförderung der Glaubensgemeinschaften kurz skizziert. Es geht dabei um einen konstruktiven Alternativvorschlag für weitere Debatten auf diesem Gebiet. Davon ausgehend werden schließlich einige konkrete Empfehlungen in Bezug auf die Islamische Theologie an deutschen Universitäten formuliert.

---

1 Vgl. den Bericht des Wissenschaftsrates vom 29.01.2010: *Empfehlungen zur Weiterentwicklung von Theologien und religionsbezogenen Wissenschaften an deutschen Hochschulen*, Berlin, 29.01.2010.

2 Vgl. die Ergebnisse der Sitzung der Deutschen Islam Konferenz am 17.05.2010; URL: http://www.deutsche-islam-konferenz.de/cln_110/nn_1917276/SharedDocs/Anlagen/DE/DIK/Downloads/Plenum/Plenum-arbeitsprogramm,templateId=raw,property=publicationFile.pdf/Plenum-arbeitsprogramm.pdf.

1. Ausgangssituation

Es ist zunächst notwendig, die religions- und wissenschaftspolitischen Rahmenbedingungen Islamischer Studien im Sinne einer „Islamischen Theologie" in Deutschland zu bestimmen. Denn die Etablierung einer Islamischen Theologie an staatlichen Universitäten sollte in erster Linie als ein Schritt in die Richtung einer rechtlichen Gleichstellung und sozialen Anerkennung der Muslime betrachtet werden. Das Grundgesetz sieht nämlich das Recht auf ein Theologiestudium an den staatlichen Universitäten als Teil der Religionsfreiheit. Der säkulare Staat hat somit die Aufgabe, die maximale gleiche Freiheit auch für den muslimischen Bürger zu gewährleisten.[3] Ein Theologiestudium an staatlichen Universitäten muss dem Grundgesetz zufolge mit der Mitwirkung der Religionsgemeinschaften zustande kommen.[4] Denn aus der Pflicht zur religiösen Freiheit, Neutralität und Gleichbehandlung ergeben sich für den Staat wichtige Richtlinien. Er darf sich nicht mit einer Religion identifizieren oder die Inhalte einer Religion bestimmen. Er soll auf das Selbstbestimmungsrecht einer religiösen Gemeinschaft achten und darf sich daher in die fachlich-inhaltliche Ausgestaltung der Ausbildung nicht einmischen. Die Einführung einer universitären Theologie ist deshalb nur im Zusammenwirken von Staat und Religionsgemeinschaften möglich. Im Staatsrecht wird diese Lage als die gemeinsame Angelegenheit von Staat und Religionsgemeinschaften bezeichnet.

Für die Etablierung der Islamischen Theologie benötigt der Staat also eine muslimische Religionsgemeinschaft, die sowohl rechtlich als auch fachlich in der Lage ist, den Inhalt und die Grundsätze der betreffenden Religion zu definieren. Nur so kann sich ein bekenntnisgebundenes, d.h. aus der Binnenperspektive des Islam gelehrtes Fach an staatlichen Universitäten durchsetzen und nur so können den Muslimen gleiche Teilnahmechancen an akademischen und öffentlichen Debatten im Bereich der Religionen angeboten werden. Zum Selbstbestimmungsrecht der Muslime gehören Mitwirkungs- und Mitbestimmungsmöglichkeiten bei der Berufung der Lehrkräfte und bei der Bestimmung des fachlichen Lehrinhaltes sowie der Prüfungsordnungen.

Das Recht auf Selbstbestimmung verlangt klare und konkrete Vertretung und Verortung islamischer Interessenlagen. Die islamischen Forderungen bezüglich der Gestaltung einer konzeptionellen und inhaltlichen Theologie sollten formuliert werden. Betrachtet man die besondere Minderheitensituation der Muslime in Deutschland, so gewinnt der innerislamische Diskurs verstärkt an Bedeutung. Dennoch werden die Muslime in diesen Prozess nicht ausreichend integriert. Es gibt auf der Seite der Politik auch keine Position, die sich eindeutig auf die gesellschaftliche Anerkennung und rechtliche Gleichstellung der Muslime stützt.

---

3 Vgl. E.-W. Böckenförde, 2008, S. 130-152.

4 Siehe dazu Art. 5 Abs. 3 GG: das geschützte Recht der Fakultät.

2. Problemaspekte des Islamdiskurses in Deutschland

Diese Fehlentwicklung ist meiner Meinung nach auf den generellen Rahmen des Islamdiskurses in Deutschland zurückzuführen, der stark von der Verbindung von „Sicherheit, Islam und Integration“ ausgeht und Ängste vor der öffentlichen Wirksamkeit der Muslime schürt. Es herrscht demzufolge ein großes Misstrauen gegenüber den Muslimen. Um dieser Angst zu begegnen, entwickeln die Diskursteilnehmer Abwehrargumentationen, die in die im Folgenden skizzierten Muster kategorisiert werden können.

Als Erstes wird der Islam als ein entscheidendes Integrationshindernis der muslimischen Bevölkerung in Deutschland und als eine potenzielle Gefahr für die gesamtgesellschaftliche Integration dargestellt.[5] Die Integrationsfragen der muslimischen Zuwanderer werden daher im Kontext der sicherheitspolitischen, wirtschaftlichen und ressourcenorientierten Interessenlagen behandelt.

Als Zweites wird die Etablierung einer Islamischen Theologie nicht als Teil der sozialen Normalisierung, sondern als eine „strategische Maßnahme zur Einbindung problematischer Gruppen“[6] angesehen. Es herrscht eine Pfadabhängigkeit vor. Man debattiert mit christlich-säkular geprägten Begrifflichkeiten, die den nationalstaatlichen Referenzrahmen darstellen. Das tradierte Modell des Verhältnisses von Staat und Kirche dient dabei als Maßstab. Davon ausgehend werden die Handlungslinien definiert und den Muslimen bestimmte Rollen zugewiesen. Die Unterschiede und sozialen Probleme, die mit den gesellschaftlichen Realitäten zu tun haben, werden meistens als ethnische und kulturelle Abweichungen abgewertet. Als Reaktion darauf kristallisiert sich ein diffuses Leitkulturverständnis heraus, für das eine gesellschaftliche Akzeptanz seitens der Minderheiten gefordert wird. Die muslimische Minderheit soll sich der deutschen „Leitkultur“ anpassen. Wilhelm Heitmeyer bezeichnet dieses Verhalten als „Anpassung fordern und Diskriminierung beibehalten.“[7] Noch konkreter wird dieser Widerspruch von Oestreich beschrieben: „Man möchte keine Migranten in seinem Wohnhaus und kritisiert dann, dass sie sich alle in einem Viertel ‚abschotten‘. Man gibt ihnen kein Wahlrecht und wundert sich dann, dass die Demokratie ihnen so wenig bedeutet. Man möchte keine Kopftücher an Schulen und findet dann, dass die Mädchen und Frauen sich selbst ausschließen.“[8]

Als Drittes dominiert die Außenperspektive auf den Islam die Diskussion um die Islamische Theologie. Die religiöse Begründung eines Theologiestudiums auf der Grundlage des Grundgesetzes und den damit zusammenhängenden Lernzielen des Faches werden in den Hintergrund gedrängt. Vielmehr werden Forderungen und Akzeptanzkriterien für die Politik, Rechtsordnung und Mehr-

---

5 Vgl. Dirk Halm 2009, S. 101-109.
6 Werner Schiffauer 2000, S. 25.
7 Wilhelm Heitmeyer 1996, S. 37.
8 Heide Oestreich 2004, S. 188.

heitsgesellschaft formuliert und ein Vorgabenkatalog in Bezug auf die Modernisierung der Muslime entwickelt. Die Standards, die die Qualität der Lehre an den Universitäten in struktureller und wissenschaftlicher Hinsicht gewährleisten sollen, werden deutlich überzogen formuliert. Sie werden als eine Art „des öffentlichen Kontrollinstruments" verstanden, um die Einlassung der Muslime auf die in der Aufnahmegesellschaft gewünschten Themen zu erzwingen. Ein solches Verständnis betont lediglich eine theologische Wissenschaft, die die theologischen Inhalte in den Diskurs der Wissenschaften integriert, interdisziplinäre Gespräche mit einbezieht und den interkulturellen und -religiösen Dialog hervorhebt. Bei der Etablierung der islamischen Theologieausbildung im staatlichen Hochschulsystem ist aber in erster Linie die Legitimation des Wissens auf der Grundlage muslimischer Vorstellungen zu gewährleisten, deren wesentliche Aspekte die Rückkopplung an die muslimischen Autoritäten, das bestehende Vorwissen sowie die tradierten Bildungstraditionen sind.

Die Argumentation, dass es an der Repräsentation des Islam fehlt, wird als Viertes zur Rechtfertigung einer fehlgeschlagenen Anerkennung des Islam herangezogen. Mit dieser Begründung bemühen sich die Behörden um ein staatlich gesteuertes Theologiestudium. Die Repräsentationsfragen der Muslime werden somit als strukturelle Benachteiligungsmittel dargestellt. Als Ergebnis spricht man nicht *mit* den Muslimen, sondern vielmehr wird *über* sie gesprochen. Die Forderungen und Erwartungen der Muslime bleiben oft unberücksichtigt, und die Diskussionen bleiben schließlich im Rahmen der ambivalenten Sicherheitspolitik gefangen. Einerseits werden die Bürger muslimischen Glaubens als Gefahr für den westlichen Lebensstil wahrgenommen, andererseits erkennt man die Notwendigkeit, diese Menschen in die hiesige Gesellschaft zu integrieren. Ein Beispiel verdeutlicht diesen Widerspruch: Obwohl das Theologiestudium viele Bereiche umfasst, wird aufgrund innenpolitischer Sicherheitsüberlegungen die Imam-Ausbildung gesondert betrachtet. Die Imame werden als Integrationslotsen angesehen und man erwartet von ihnen, dass sie die Muslime „disziplinieren". Die Anforderungen, die an die Imame gestellt werden, gehen zumeist an ihren tatsächlichen Rollen und Aufgaben vorbei.

Diese Argumentationsstrukturen verweisen insgesamt darauf, dass die Aufnahmegesellschaft ein Problem mit der Wandlung der Sozialstruktur hat. Im Grunde genommen geben die Präsenz und Wirksamkeit der Muslime der Aufnahmegesellschaft einen Anstoß, die Grundlagen ihres säkularen Selbstverständnisses zu hinterfragen. Die Diskursteilnehmer weigern sich jedoch, die etablierten Normen im Hinblick auf den gesellschaftlichen Wandel neu zu interpretieren. Vielmehr werden sie in Schutz genommen. Auf der Seite der Aufnahmegesellschaft fehlen eine Bereitschaft zur Anerkennung der Muslime und die Empathie für deren religiöse Sensibilitäten. In der Folge wird der Wille der Minderheit zur sozialen Partizipation als Kulturalisierung und Ethnisierung etikettiert und gesellschaftspolitisch zur Durchsetzung bestimmter Interessen im

Dienste einer hegemonialen Identitätspolitik instrumentalisiert. Des Weiteren wird von den eigentlichen Misserfolgen der Integrationspolitik abgelenkt.[9]

Vor diesem Hintergrund zeigt der Diskurs um die Islamische Theologie das Dilemma, in dem sich auch die islamischen Institutionen befinden. Letztere sehen sich hauptsächlich in den vorgegebenen Rahmenbedingungen des allgemeinen deutschen Islamdiskurses (den Blicken der Außenperspektive) gefangen.

3. Ein Perspektivwechsel von der Defizitorientierung zur Kompetenzförderung

In einer säkular und christlich geprägten Gesellschaft wie Deutschland ist die muslimische Minderheit stets auf theologische Debatten im Sinne des Eigeninteresses an einem authentischen und zeitgemäßen Verständnis des Islam, das die Weiterentwicklung religiöser Normen und Praktiken in der Diaspora ermöglicht, angewiesen. Das Fach einer Islamischen Theologie sollte daher in erster Linie den religiösen Bedürfnissen der muslimischen Bevölkerung gerecht werden und zu ihrer Integration beitragen. Die Absolventen der Islamischen Studien können ihre Legitimation in erster Linie durch die Akzeptanz der islamischen Autoritäten und der religiösen Mitbürger erringen.

Die oben angeführten Kritikpunkte führen hingegen dazu, dass die Muslime keinen Eigendiskurs entwickeln können. Sie reagieren lediglich auf fremdbestimmte Themen. Vor diesem Hintergrund zeigen die Diskussionen um die Islamische Theologie das Dilemma, in dem sich auch die islamischen Institutionen befinden. In erster Linie wird in den vorgegebenen Rahmenbedingungen diskutiert, in denen man von der Grundannahme des „defizitären Muslim" ausgeht: Die Begrifflichkeiten des Islam und die Selbstkonzepte der Muslime werden als defizitär betrachtet. Schließlich werden die muslimischen Ansätze kaum zur Diskussion zugelassen. Man nimmt aber an, dass sich die Defizite durch gezielte Maßnahmen ausgleichen lassen. Dieser Denkrahmen bringt unfruchtbare und ergebnislose Initiativen und Handlungen mit sich. Um diesem Prozess entgegenwirken zu können, sollte zunächst ein Perspektivwechsel im Islamdiskurs von der Defizitorientierung zur aktiven Förderung solidarischer Formen der Selbstorganisation und Kompetenzstärkung der Muslime stattfinden. Bei diesem Ansatz geht es um soziale Unterstützung der Ressourcen und Stärken der Muslime und ihrer Potenziale zur Lebensbewältigung. Auf der Gruppenebene macht dies eine Netzwerkarbeit und die Unterstützung von Selbstorganisation erforderlich. Auf der institutionellen Ebene geht es um die Förderung der institutionellen und gesellschaftspolitischen Partizipation.[10] Durch diese Veränderung könnte zum einen die einseitige und an vagen Normen einer Leitkultur orientierte Dis-

9 Vgl. Michael Schönhuth 2005, S. 67, 117.

10 Vgl. Norbert Herringer 1995, S. 35-39 und Jürgen Nowak 2006, S. 118-163.

kussion eine andere, konstruktivere Richtung einschlagen, zum anderen könnte dem Gefühl der Verunsicherung, Bedrohung und Angst seitens der Mehrheitsgesellschaft entgegengewirkt werden. Darüber hinaus könnte der sich wechselseitig beeinflussende soziale Prozess zwischen Mehrheit und Minderheit in den Mittelpunkt der Aufmerksamkeit gelangen. Die wechselseitigen Verständnisse und Kompetenzen von Aufnahmegesellschaft und Minderheitengruppen könnten dadurch gefördert werden.

Anstatt die gesellschaftliche Wandlung nicht wahrzunehmen und an den althergebrachten Selbstreferenzen der Aufnahmegesellschaft festzuhalten, könnte ferner die Durchsetzung einer Rechtskultur,[11] die eine bessere und gerechtere Gesellschaftsvision im Blick hat, als zentrales gesellschaftliches Steuerungsinstrument hinsichtlich der sozialen Veränderungen forciert werden. Die Muslime könnten mithin vor den Anomien, Sinnverlusten und Identitätsstörungen in der Minderheitssituation geschützt und die Annäherung zwischen der muslimischen Lebenswelt und den staatlichen Strukturen forciert werden.

4. Kompetenzförderung im Falle einer Islamischen Theologie in Deutschland

Dieser Neuansatz zeigt neue Lösungswege, die aus dem Dilemma des deutschen Islamdiskurses herausführen könnten. Er setzt bei den realistischen Verwirklichungschancen wechselseitiger Kompetenzstärkung von Minderheit und Mehrheit an und nimmt dabei die Lebenswelt der Migrantengruppe ernst, in der sich ihre Selbstinterpretation und -erneuerung vollzieht.

Dem Ansatz der Kompetenzorientierung zufolge rücken die Erwartungen und Bedürfnisse der Muslime in der Minderheitensituation in den Mittelpunkt. Bei der Etablierung einer Islamischen Theologie sollten konkret folgende Gesichtspunkte berücksichtigt werden:

- Die Behandlung der muslimischen Angelegenheiten sollte von tagespolitischen Einflüssen und Kalkülen befreit werden. Ihr sollte der positive Leitgedanke zugrunde liegen, die rund vier Millionen in Deutschland lebenden Muslime durch die Verbesserung ihrer Lage in die Aufnahmegesellschaft einzubinden.
- Die Zentren für Islamische Theologie an deutschen Universitäten sollten unter Mitwirkung der Muslime eingerichtet werden. Die staatlichen Stellen und islamischen Organisationen sollten sich auf der Grundlage des Grundgesetzes verstärkt darum bemühen, dass die theologischen Lehren an deutschen Universitäten den Islam als Glauben reflektieren.

11 Siehe dazu ausführlich: Jürgen Nowak, 2006, 118-163.

- Das eigenständige Denken der Muslime sollte gefördert und öffentlich gewürdigt werden. Eigeninitiativen der Muslime sollten dazu beitragen, dass sie lernen, in ihren eigenen Begrifflichkeiten zu diskutieren. Die für sie relevanten Themen sollten selbst bestimmt und in die Öffentlichkeit getragen werden. Die staatlichen Stellen können mit ihren Maßnahmen zur Steigerung der Eigenkompetenzen muslimischer Organisationen und deren Fähigkeiten zur selbstkritischen Reflexion beitragen.

Ein Theologiestudium sollte in diesem Rahmen zuallererst eine Vertrauens- und Akzeptanzgrundlage für die Gläubigen und die Glaubensgemeinschaften schaffen und unter Wahrung des Selbstbestimmungsrechts etabliert werden. Dafür sind folgende Aspekte zu berücksichtigen:

1.) Bei der Besetzung und Berufung der Lehrstühle für Theologie sollte das Verfahren verändert werden. Insbesondere sollten die Lehrkräfte, die sich zum Islam bekennen und ein Vertrauensverhältnis zu den islamischen Religionsgemeinschaften pflegen, bei der Einstellung des akademischen Personals, insbesondere beim Berufungsverfahren der Lehrstuhlinhaber, über das Recht des Einspruchs (Vetorecht) verfügen. Hochschullehrer, die keine generelle Akzeptanz genießen, sollten an den zu etablierenden Zentren nicht als Lehrstuhlinhaber berufen werden. Die Wissenschaftsfreiheit von Hochschullehrern der Theologie sollte deshalb durch das Selbstbestimmungsrecht der Religionsgemeinschaft kontrolliert werden. Dadurch kann die Fakultät ihre Identität gemäß Art. 5 Abs. 3 GG als eine theologische Fakultät wahren und ihre Aufgaben bezüglich der Ausbildung von Theologen erfüllen.

2.) Die Inhalte des Theologiefaches sind von Muslimen mitzubestimmen, da nur so ihre Akzeptanz gewährleistet werden kann. Die religiösen Inhalte der Lehre müssen dem Glaubensbekenntnis der muslimischen Organisationen entsprechen. Dem Curriculum des theologischen Studiengangs sollte seitens der Glaubensgemeinschaft zugestimmt werden. Dabei muss sowohl bei der Besetzung des Lehrpersonals als auch bei der Bestimmung der Inhalte zweifellos darauf geachtet werden, dass die Inhalte den in Deutschland geprägten Wissenschaftsstandards entsprechen. Dabei darf jedoch kein unüberwindbares Gefälle zwischen der Freiheit einer wissenschaftlichen Theologie, der Bindung der Theologie an die islamische Tradition, den an den staatlichen Universitäten vorherrschenden akademischen Standards sowie den Bedürfnissen der Muslime entstehen.

3.) Bei der fachlichen und inhaltlichen Gestaltung einer Islamischen Theologie sollte die islamische Tradition fruchtbringend in die Konzeption mit einfließen. Anfangs ist auch eine Kooperation mit den theologischen Fakultäten der muslimischen Länder notwendig, um die Vielfalt, Entwicklung und Kooperation in Forschung und Lehre zu gewährleisten.

4.) Bislang gibt es in Deutschland keine vom Staat anerkannte muslimische Religionsgemeinschaft, die die oben erwähnten Selbstbestimmungsrechte ausüben kann. Damit ist das Repräsentationsproblem der Muslime gegenüber dem Staat angesprochen, für dessen Lösung die Bildung eines Beirates als alternatives Gremium vorgeschlagen wird. Der Staat sucht deshalb nach einem Ersatzmodell für eine islamische Religionsgemeinschaft, um die Vorgaben des deutschen Staatskirchenrechts zu erfüllen. Es ist wünschenswert, dass dieses Vorgehen keine Verweigerungshaltung impliziert.

5. Schlussbetrachtung

Die Bildung der Beiräte erscheint aufgrund der existierenden Gesellschaftsstruktur und Ressourcenknappheit kurzfristig vernünftig zu sein, da es umgehend notwendig ist, dass eine Instanz für den Großteil der Muslime repräsentativ sprechen kann. Dabei sollten der geringe Organisationsgrad und die Vielfalt der islamischen Gemeinden beachtet und ein für den Staat verlässlicher Dialog- und Gesprächspartner gefunden werden. Deshalb ist es unumgänglich, dass die Beiräte im Prozess der Etablierung und Begleitung der institutionalisierten Lehre und Forschung die gleichen Rechte und Pflichten wie eine Religionsgemeinschaft erhalten. Allerdings sollten diese als vorübergehende Behelfsmodelle aufgefasst werden. Wenn die muslimischen Religionsgemeinschaften vom Staat als Gesprächs- und Kooperationspartner anerkannt werden, müssen Befugnisse der Beiräte auf die Religionsgemeinschaft übertragen werden. Unter diesen Bedingungen gewinnt zunehmend die Frage an Bedeutung, wie sich die Beiräte bilden und welche Rechte und Kompetenzen sie übernehmen werden. Bei der Auswahl der Beiratsmitglieder, der Festlegung der Rechte und Beschlussfähigkeiten sowie der internen Verfahren sind konkrete Probleme noch zu lösen. Bezüglich der Bildung und Befugnisse des Beirates sollten folgende Aspekte berücksichtigt werden:

1.) Die Bestimmungen des Grundgesetzes und die vom Bundesverfassungsgericht vorgelegten Interpretationen[12] sollten auch für die zu etablierenden Beiräte gelten, um die Gleichstellung der Muslime vor dem Gesetz zu gewährleisten. Daher sollten die Beiräte die gleichen Rechte und Befugnisse wie die Religionsgemeinschaften erhalten.

2.) Die Entscheidungsträger der Beiräte sollten sich aus Delegierten der islamischen Religionsgemeinschaften zusammensetzen. Es ist unverzichtbar, dass

---

[12] Vgl. BverfGE 462/06 vom 28.10.2008; URL: http://www.bundesverfassungsgericht.de/entscheidungen/rs20081028_1bvr046206.html1. Der Staat berücksichtigt bei der Etablierung der Theologie das Selbstbestimmungsrecht der Religionsgemeinschaft, deren Theologie Gegenstand des Unterrichts ist. Dabei findet die Wissenschaftsfreiheit von Hochschullehrern der Theologie ihre Grenzen am Selbstbestimmungsrecht der Religionsgemeinschaft sowie an dem durch Art. 5 Abs. 3 GG geschützten Recht der Fakultät, ihre Identität als theologische Fakultät zu wahren und ihre Aufgaben in der Theologenausbildung zu erfüllen.

die Beteiligung der großen muslimischen Verbände am Beirat gewährleistet ist. Die Aufnahme der „nicht organisierten Muslime" in den Beirat sollte sich an den allgemeinen Sachkompetenzen, der vorherrschenden Glaubensausrichtung und dem Konsens aller beteiligten Glaubensvertreter orientieren. Grundsätzlich sollten die nichtreligiösen Institutionen und Personen an dem Beirat nicht teilnehmen. Wenn sich aber der Staat gegen den Willen der betroffenen Glaubensgemeinschaften entscheidet, auch Privatpersonen oder Vertreter anderer Organisationen in den Beirat aufzunehmen, so sollte dennoch sichergestellt werden, dass diese zunächst beratende Funktionen ausüben können.

Literatur

Bericht des Wissenschaftsrates vom 29.01.2010: *Empfehlungen zur Weiterentwicklung von Theologien und religionsbezogenen Wissenschaften an deutschen Hochschulen*, Berlin, 29.01.2010.

Böckenförde, Ernst-Wolfgang, *„Säkularer Staat und Religion"*, in: Sommerfeld, Franz (Hg.), *Der Moscheestreit. Eine exemplarische Debatte über Einwanderung und Integration*, Köln 2008, S. 130-152.

Halm, Dirk, *Der Islam als Diskursfeld. Bilder des Islams in Deutschland*, Wiesbaden 2009.

Heitmeyer, Wilhelm/Dollase, Rainer, *Die bedrängte Toleranz*, Frankfurt a. M. 1996.

Herringer, Norbert, *„Empowerment – oder wie Menschen Regie über ihr Leben gewinnen"*, in: *Sozialmagazin*, 1/1995, S. 34-40.

Islamische Studien in Deutschland, *Tagungsvorträge*, Köln 13./14.06.2010, URL: http://www.wisenschaftsrat.de.

Nowak, Jürgen, *Leitkultur und Parallelgesellschaft*, Frankfurt a. M. 2006.

Oestreich, Heide, *Der Kopftuch-Streit. Das Abendland und ein Quadratmeter Islam*, Frankfurt a. M. 2004.

Schiffauer, Werner, *Die Gottesmänner. Türkische Islamisten in Deutschland. Eine Studie zur Herstellung religiöser Evidenz*, Frankfurt a. M. 2000.

Ders., *Fremde in der Stadt. Zehn Essays über Kultur und Differenz*, Frankfurt a. M. 1997.

Schönhuth, Michael, *Glossar Kultur und Entwicklung. Ein Vademecum durch den Kultur-Dschungel*, Trier 2005.

Sitzung der Deutschen Islam Konferenz am 17.05.2010, URL: http://www.deutsche-islam-konferenz.de/cln_110/nn_1917276/SharedDocs/Anlagen/DE/DIK/Downloads/Plenum/Plenum-arbeitsprogramm,templateId=raw,property=publicationFile.pdf/Plenum-arbeits programm.pdf.

Heideggers Seinsfrage als Korrelat in der Begegnung mit dem Muslimsein in Deutschland – Möglichkeiten und Grenzen. Ein hermeneutischer Versuch

Von Ismail H. Yavuzcan

Meine folgenden Ausführungen wünsche ich als fragmentarische Überlegungen aufzufassen, die zum Mitdenken anregen und auf einen wesentlichen Gedanken im Verhältnis zwischen Muslimen und Nicht-Muslimen in Deutschland verweisen sollen. Die gesellschaftliche Präsenz der Muslime zwingt die Mehrheitsgesellschaft wie auch die Minderheit, sich Gedanken über das Eigene bzw. das eigene Sein zu machen und verbindet sie auf ontologischer Ebene wie wohl kein anderes Faktum. Die Frage nach dem Umgang miteinander soll uns generell zum Fragen nach dem Sein bewegen. Es reicht hierbei nicht, auf gegenseitige Toleranz oder allgemein verbindliche Werte hinzuweisen. Ich denke die Anwesenheit der Muslime sorgt genau deswegen für Unruhe oder Angst, weil sie allgemeine Verbindlichkeiten und Gewissheiten in Frage stellt. Schon Schelling sagte: „Die Angst des Lebens treibt die Kreaturen aus ihrem Zentrum." Dies ist aber wiederum eine Möglichkeit, sich und den Anderen zu hinterfragen.

Heideggers Seinsfrage

Auch heute, nach über 30 Jahren nach seinem Tode, denke ich, ist der Ansatz des oberschwäbischen Philosophen Martin Heidegger eine wesentliche Richtschnur. Wir können ihm am besten gerecht werden, nicht indem wir seine Schriften aufzählen oder ihn als großen Denker, vielleicht sogar den bedeutendsten Denker des 20. Jahrhunderts preisen. Wir können uns mit Heidegger vielmehr fragen, was überhaupt „gedenken" und damit „denken" bedeutet. Allerdings würde dies den Rahmen der vorliegenden Arbeit sprengen.

Ich möchte an Heidegger anschließen, indem ich mich eher autodidaktisch an die Bedeutsamkeit bzw. den Charakter seines Denkens erinnere. Der Charakter der Philosophie Heideggers ist die Seinsfrage: „Was heißt Sein?". Vielen scheint diese Frage zu abstrakt oder gar bedeutungslos zu sein. Können wir aber wirklich sicher sein, dass wir wissen, was die Seinsfrage bedeutet? Oder riskieren wir, diese Frage nicht zu stellen?

Heidegger hat zwei Facetten der Seinsfrage aufgedeckt. Wir leben in einer verständlichen Welt, die sinnvoll ist. Deshalb können wir nach dem Seienden fragen, und es gibt auf folgende Fragen eine Antwort: Das hier ist ein Mensch, das hier ist eine Blume oder das ist ein Muslim. Unser alltägliches Dasein impliziert bereits ein Verständnis von Sein, das wir schon zum Ausdruck bringen, wenn wir Menschen begegnen; es wird auch in unserem Verhältnis zur Natur offenbar. Wir empfinden diese Welt als Heimat. Heidegger ist es nun zu verdanken, dass er tiefgründiger fragt, nämlich: „Was heißt Sein?". Er fragt nach dem Sinn von Dasein. Dies scheint mir wieder sehr aktuell zu sein – das Nachspüren, eine Besinnung auf den Sinn des Seins. Im *Brief über den „Humanismus"* schreibt Heidegger:

> „Jede Bestimmung des Wesens des Menschen, die schon die Auslegung des Seienden ohne die Frage nach der Wahrheit des Seins voraussetzt [...], ist metaphysisch. Darum zeigt sich, und zwar im Hinblick auf die Art, wie das Wesen des Menschen bestimmt wird, das Eigentümliche aller Metaphysik darin, daß sie ‚humanistisch' ist. Demgemäß bleibt jeder Humanismus metaphysisch."[1]

Humanismus ist also für Heidegger die metaphysisch-seinsvergessene Auslegung des Wesens des Menschen. Diese zeigt sich uns in unterschiedlichen historischen Ausprägungen: als historischer, christlicher, islamischer, marxistischer oder existenzialistischer Humanismus. Jede dieser Auffassungen geht von einem metaphysischen Paradigma aus – auch der Islam. Daraus darf aber nicht gefolgert werden, dass Heidegger antireligiös und somit für unsere Erörterungen unbrauchbar sei. Es ist zu vermuten, dass Heidegger zumindest wichtige Inspirationen und Hinweise bezüglich der Bedeutung des asiatischen Denkens durch Hölderlin erhalten hat. Es ist eine bestimmte Affinität Heideggerschen Denkens mit ostasiatischem, vor allem demjenigen von Lao-Tse und Tschuang-Tse nachweisbar. Sein Verhältnis zum Islam bedarf aber eingehender Forschungen. Auch wenn der erwachsene Heidegger als areligiös bezeichnet werden kann, hat er „ohne Zweifel [...] die Beschreibung von ‚Sein und Zeit' aus christlichem Erfahrungsgrunde geschöpft."[2]

Es darf aber nicht aus dem Auge springen, dass es ein bestimmtes Seiendes gibt, welches nicht ist, sondern zu sein hat. Die Frage aber, was es heißt wirklich zu sein, kann ich im Rahmen meiner Existenz nur gewinnen, indem ich lebe. Dass ich mein eigenes Leben leben kann und womöglich lebe, weist zum einen auf die Vereinzelung der menschlichen Existenz hin. Der moderne Mensch, hier und heute, erfährt dies alltäglich. Wie ich aber als Individuum nur in Gemeinschaft mit anderen Menschen bin, bin ich in meiner Vereinzelung niemals ganz allein. Ich denke, dass die Existenz der Muslime diese Vereinzelung nochmals unterstreicht, weil die Muslime eine Existenz vorzuleben versuchen, welche die Spannung zwischen Vereinzelung und dem Wunsch nach Solidarität zu durchbrechen versucht. Zum anderen macht es aber auch für die Muslime deutlich, dass die Berufung auf identitätsstiftende Symbole in einer höchst individualisierten Gesellschaft als befremdlich empfunden wird. Sie stimmt befremdlich,

---

1 Martin Heidegger, *Brief über den „Humanismus"*, Frankfurt a. M. ^{3}1996, S. 321.

2 Hans-Georg Gadamer, *Hermeneutische Entwürfe. Vorträge und Aufsätze*, Tübingen 2000, S. 207.

weil es scheinbar zum Dasein dazu gehört, nach den Fragen des „Da-Sein" zu fragen. Der moderne Mensch flüchtet so vor der Frage nach dem Sinn von Sein in Individualitäten, die ihm scheinbar eine Seinsgewissheit geben. Diese Gewissheiten werden aber durch die Konfrontation mit dem Fremden in Frage gestellt. Heidegger ging es natürlich nicht um die Beantwortung der Frage als eine metaphysische Selbstvergewisserung – im Gegenteil. Wie in *Was ist Metaphysik?* kritisiert er diese christlichen, philosophischen, existenzialistischen etc. Antworten. Heidegger bezeichnet das Dasein, welches sich nicht mehr auf sich selbst konzentriert, treffend mit „Wegsein". Genau dieses „Wegsein" scheint mir für die Mehrheitsgesellschaft charakteristisch zu sein – es ist nämlich eine gewöhnliche Weise des Daseins.

Das Dasein zeigt sein Seinsvergessen u.a. dadurch, dass es „aus der Welt heraus" versteht, das heißt seine Interpretation der Welt strahlt auf die Selbstinterpretation zurück. „Das alltägliche Dasein schöpft die vorontologische Auslegung seines Seins aus der nächsten Seinsart des Man. Die ontologische Interpretation folgt zunächst dieser Auslegungstendenz, sie versteht das Dasein aus der Welt heraus und findet es als innerweltlich Seiendes vor."[3]

Diese Befindlichkeiten, die wir als Deutsche oder Türken, als Muslime oder Nicht-Muslime usw. haben – aufgrund unseres kulturellen Horizontes entwerfen wir nämlich unser eigenes Leben –, schränken aber damit die Bedeutsamkeit des Seins ein, indem wir von vorgefertigten Antworten ausgehen. Wir sperren uns gegen alles, was für uns keinen Belang, keine Berechtigung und keine direkte Bedeutung hat. Dies wird insbesondere in der Begegnung von Muslimen und Nicht-Muslimen oder generell in der Begegnung des Fremden und des Einheimischen überdeutlich. Wir engen die Existenz unseres eigenen Horizontes ein und „verlieren uns selbst in der Angst vor dem Unbekannten, statt uns mit dem Neuen und noch Unbekannten zu bereichern."[4] Dies lässt uns verarmen, weil wir weniger werden, als wir sein könnten. Wir berauben uns selbst auch der Möglichkeiten des Gesprächs mit dem Anderen (hier: des Muslim bzw. Nichtmuslim) sowie der Möglichkeit, unsere eigene Existenz besser oder gar tiefer zu verstehen. Nietzsche hatte prophezeit, dass Gott tot sei. Wir wissen aber mittlerweile, dass uns durch die Endgöttlichkeit viele Dimensionen und damit ein Schatz an Möglichkeiten menschlicher Existenz verloren gegangen ist. Die Anwesenheit der Muslime in Europa bietet aber unschätzbare Möglichkeiten, daran wieder anzuknüpfen, um diesen Verlust menschlichen Seins bewusst zu machen.

Denn bevor die Frage gestellt werden kann: „Wer bin ich?", setzt diese die Frage „Was ist Sein?" voraus. Ich kann jedoch auf diese Frage nur eine Antwort in meiner eigenen Existenz finden. Weiterhin besteht eine reziproke Beziehung

---

3 Martin Heidegger, *Sein und Zeit*, Tübingen [18]2001, S. 130.

4 Alfred Denker, *„Von der Bedeutsamkeit seines Denkens. Vor 25 Jahren starb Martin Heidegger"*, URL: http://www.freewebs.com/m3smg2/HeideggerBedeutsamkeit.pdf, S. 2 (Abruf: 07.01.2009).

zwischen den Bedeutungen „wer ich bin“ und „was Sein ist“ – das eine bedingt das andere. Dieses scheinbare Paradox kann nur durch die Begegnung mit dem Anderen, im Gespräch mit dem Anderen erfahren und gelöst werden. Aber nur dann, wenn wir es schaffen uns von unseren Entwürfen, uns von dem Entworfenen wieder zu befreien und gemeinsam die Seinsfrage stellen. Hierzu bedarf es, wie es Heidegger ausgedrückt hat, der Gelassenheit. In einer Zeit, in der wir immer nur von Krieg, Mord und Terror (z.B. nach dem 11. September, aktuell in Palästina oder im Irak) hören, brauchen wird dies umso mehr. In seinem Spätwerk hat Heidegger in der Auseinandersetzung mit dem Taoismus neue „Denkwege“ beschritten. Auch im Sufismus wird deutlich gemacht, dass viel Unglück dadurch entsteht, dass der Mensch nach seinem eigenen Willen, seinen Begierden, den *nafs*, und seiner eingeengten Denkweise und dabei gegen die gottgegebene Natur des Lebens handelt. Um zu einem Leben zu gelangen, das mit der Schöpfung in Einklang ist, muss sich der Mensch hingeben.

Entsprechend der traditionellen abendländischen Philosophie bestand zwischen Mensch und Natur schon immer ein gespanntes Verhältnis. In der modernen Technik wird das Verhältnis des Menschen zur Umwelt zu einem Subjekt-Objekt-Verhältnis. Der Mensch als Subjekt ist der Herr des Seienden, aber gerade dadurch verliert er sein Zuhause auf der Erde. Wir können durch die Gelassenheit das Sein wieder freigeben. Es bekommt die Chance, sich uns so zu offenbaren, wie es ist. Heideggers Denkweg versucht die Grenzen und Beschränkungen unseres Daseins und die Möglichkeiten der Befreiung aufzuzeigen. Das berechnende Denken der Wissenschaft verführt Muslime wie Nicht-Muslime, aber es gibt auch das besinnliche Denken der Philosophie. Durch das Beschreiten der Denkwege Martin Heideggers können Muslime und Nicht-Muslime lernen, sich für das Geheimnis der menschlichen Existenz offen zu halten. Hier ist ein jeder in der Verantwortung. Ich möchte hier ein Zitat von Heidegger aus seiner Vorlesung vom Sommersemester 1923 anführen:

> „*Faktizität* ist die Bezeichnung für den Seinscharakter ‚unseres‘ ‚eigenen‘ *Daseins*. Genauer bedeutet der Ausdruck: jeweilig dieses Dasein (Phänomen der ‚Jeweiligkeit‘; vgl. Verweilen, Nichtweglaufen, Da-bei-, Da-sein), sofern es *seinsmäßig* in seinem Seinscharakter ‚*da*‘ ist. Seinsmäßig dasein besagt: nicht und nie primär als Gegenstand der Anschauung und anschaulicher Bestimmung, der bloßen Kenntnisnahme und Kenntnishabe von ihm, sondern Dasein ist ihm selbst *da* im Wie seines eigensten Seins. Das Wie des Seins öffnet und umgrenzt das jeweils mögliche ‚*da*‘. Sein – transitiv: das faktische Leben sein! Sein selbst nie möglicher Gegenstand eines Habens, sofern es auf es selbst, das *Sein*, ankommt.“[5]

Mit Faktizität ist gemeint, was mir zu eigen ist, was „unser“ „eigenes“ Dasein ist. Grundlegender Charakter der Faktizität ist: „die jeweilige Individualität des

5 Martin Heidegger, *Ontologie*, (Hermeneutik der Faktizität), Gesamtausgabe, Bd. 63, S. 7.

Daseins und sein ‚weilender', einnehmender Charakter."[6] Dieses Sein ist aber nie Gegenstand, sondern es äußert sich im Vollzug. Der Hermeneutik, verstanden bei Heidegger als „Auslegung", kommt hierbei eine radikale Mission zu:

> „Die Hermeneutik hat die Aufgabe, das je eigene Dasein in seinem Seinscharakter diesem Dasein selbst zugänglich zu machen, mitzuteilen, der Selbstentfremdung, mit der das Dasein geschlagen ist, nachzugehen. In der Hermeneutik bildet sich das Dasein eine Möglichkeit aus, für sich selbst verstehend zu werden und zu sein."[7]

Ziel ist für Heidegger ein Wachsein des Daseins zu bewirken. Wie kann dies aber in der Begegnung von Muslimen und Nicht-Muslimen geschehen?

Gadamers Hermeneutik als Ansatz des interkulturellen Verstehens

In *Wahrheit und Methode* geht Gadamer davon aus, dass jedes Verstehen in eine hermeneutische Situation eingebettet ist, die dadurch gekennzeichnet ist, dass „man sich nicht ihr gegenüber befindet und daher kein gegenständliches Wissen von ihr haben kann."[8] Die sich daraus ergebende Aufgabe, den eigenen hermeneutischen Horizont zu erhellen, ist aber nie ganz zu vollenden. Aufgrund der Situationsgebundenheit des Verstehens ist ein historisches Verstehen, wie es der historische Objektivismus anstrebt, unmöglich: Denn die Verstehenden stehen immer schon in der Wirkungsgeschichte dessen, was sie verstehen wollen – und es gibt keine Methode, die sie dazu befähigt, diese Wirkungsgeschichte zu transzendieren und das Vergangene unmittelbar zu betrachten. Was lässt sich hieraus für das Muslimsein in Deutschland ableiten? Ich denke viel. Vor allem aber, dass wir alle bzw. beide Parteien, sich ihrer eigenen Wirkungsgeschichte bewusst werden müssen, und jeder Anspruch an den Anderen, seine jeweilige Geschichte zu transzendieren oder gar Vergangenheit und Gegenwart unmittelbar betrachten zu können, schlechthin nicht umzusetzen ist. Zum Horizont der Gegenwart gehören „die Begegnung mit der Vergangenheit und das Verstehen der Überlieferung, aus der wir kommen." Ja, der Horizont der Gegenwart bildet sich „gar nicht ohne die Vergangenheit."[9] Verstehen ist „immer der Vorgang der Verschmelzung solcher vermeintlich für sich seiender Horizonte"[10], wobei der

6 Hans-Georg Gadamer, *Wahrheit und Methode – Grundzüge einer hermeneutischen Philosophie*, Tübingen ^{6}1990, S. 285; zur Vertiefung: Jean Grondin, *„Die Hermeneutik von Heidegger bis Gadamer"*, Münster 2004.

7 Martin Heidegger, *Ontologie*, (Hermeneutik der Faktizität), Gesamtausgabe, Bd. 63, S. 15.

8 Hans-Georg Gadamer, *Wahrheit und Methode – Grundzüge einer hermeneutischen Philosophie*, Tübingen ^{6}1990, S. 285.

9 Ebd., S. 289.

10 Ebd.

eigene „Verstehenshorizont der Gegenwart“[11] den historischen Horizont einholt. In diesem, das Gegenwärtige wie die „Geschichtstiefe unseres Selbstbewußtseins“ umfassenden Horizont gibt es trotz der „unaufhebbare[n] Differenz zwischen dem Interpreten und dem Urheber“ keinen „gähnende[n] Abgrund“[12] – weil der geschichtliche Abstand stets ausgefüllt ist „durch die Kontinuität des Herkommens und der Tradition, in deren Lichte uns alle Überlieferung sich zeigt.“[13] In diesen Horizont „wandern“ wir hinein, und er wandert mit uns.[14]

Dies ist umso wichtiger, weil wir uns vom Gedanken eines vorurteilslosen Diskurses verabschieden müssen. Ich wage die These, dass wir uns nur aufgrund unserer Vor-Urteile verstehen können. Wichtig ist nicht, diese abzulegen, sondern sich ihnen zu stellen und sie ins Gespräch mit den Anderen einzubringen. Hierbei müssen Muslime wie Nicht-Muslime auf der einen Seite ihre eigene Wirkungsgeschichte, aber auch die des Gesprächspartners verstehen lernen. Im Fortgang des Verstehens (hermeneutischer Zirkel) werden diese vorläufigen Sinnentwürfe immer wieder sachlich anhand des Textes oder des Fremden überprüft und entweder beibehalten oder wieder korrigiert. Die Vorbegriffe müssen sich immer wieder in der Ausarbeitung des Sinns bewähren. Im Kontext von interkulturellem Lernen kann dieser Anspruch so als lebenslanges Reifen der Bewusstwerdung von Eigenständigkeit in Abhängigkeit von und im Angewiesensein auf den jeweils Anderen (Fremden) gesehen werden.

Verstehen des Fremden

So schreibt Jürgen Habermas, dass in den westlichen Gesellschaften die relativ starke Immigration der letzten Jahrzehnte nicht nur die bekannten xenophobischen Reaktionen ausgelöst, sondern auch die Probleme einer gleichberechtigten Koexistenz verschiedener kultureller Lebensformen immerhin zu Bewusstsein gebracht habe.[15] Dieses Bewusstwerden des Anderen ist ein wichtiges Element im Vorfeld des Verstehens des Anderen und seiner Anerkennung als gleichberechtigter Anderer innerhalb der Eigenwelt. Es bedarf aber einer Verständigung bevor ein Verstehen möglich ist. Jean Grondin, ein belesener Kenner des Werkes von Gadamer, schrieb dazu: „Wir entwerfen uns in die Zukunft, weil wir Wesen sind, die von Hoffnung leben.“[16] Gadamer selbst: „Die Hoffnung ist eine Grundstruktur unseres Lebensbewußtseins, ohne die wir die

11 Ebd., S. 290.

12 Ebd., S. 280.

13 Ebd., S. 281.

14 Vgl. ebd., S. 288.

15 Vgl. Jürgen Habermas, *Vergangenheit als Zukunft. Das alte Deutschland im neuen Europa?*, Zürich 1990, S. 29.

16 Jean Grondin, *„Gadamers Hoffnung“*, URL: http://mapageweb.umontreal.ca/grondinj/pdf/gadamers_hoffnung.pdf, S. 3 (Abruf: 07.01.2009).

Belastungen des Lebens wohl kaum tragen könnten."[17] Somit gibt es immer eine Hoffnung von Verständigung von Mensch zu Mensch, von Muslimen wie Nicht-Muslimen.

Die Verständigung wird aber über den Kontrollbereich der wissenschaftlichen Methoden nicht gelingen. Sie ist eine bestimmte Art des Entwerfens von Verständigung. Denn nicht jede Wahrheit lässt sich beweisen, prüfen oder messen. Hier sei z.B. auf die Lebenserfahrung verwiesen, die ein jeder mit sich selbst teilt. Sie ist Teil unseres eigenen Seins und für uns persönlich sinnstiftend. Durch die Hilfe der Kunst, der Geschichte und der Sprache wird eine bestimmte Sinnerfahrung mitgeteilt. Anhand der Kunstwerke z.B. erfahren wir eine bestimmte Auslegung von Welt, die einen Seins- und Sinnzuwachs bedeutet. Muslime sind aufgefordert hier ihre Werke auszugestalten, die ihrem Sinn des Eigenseins Fülle und Tiefe verleihen. Dabei werden sie sich wohl kaum auf althergebrachte anatolische Bau-Ästhetik beschränken können. Sie müssen Facetten bieten, die zweifach (abendländisch wie morgenländisch) lesbar sind. Sie müssen nach beiden Seiten anschlussfähig sein.

Eine wichtige Rolle nimmt dabei die Sprache ein, die auf Verständigung angelegt ist. Sie ist nicht „Instrument" der Verständigung, sie ist – nach Gadamer – Urelement unserer Verständigungs- und Selbstverständigungsmöglichkeiten. Eine Sprache lernen heißt für Gadamer eine Weltansicht erlernen. Sprache umschließt auf unvordenkliche Weise den Horizont des Verstehbaren. Auch hier stellt sich für die Muslime eine gewaltige Aufgabe: eine Sprache zu finden, welche die eigene Wirkungsgeschichte mit aufnimmt, aber weiterhin verständlich für die Nicht-Ökumene bleibt. Denn „Sprache ist das Haus des Seins", so Heidegger. Ein wesentlicher pessimistischer Einwand kommt in diesem Zusammenhang aus einer Nach-Heidegger-Rezeption. Peter Sloterdijk führt hierzu nämlich aus:

> „Das geistes- und technikgeschichtlich am meisten ins Auge springende Merkmal der aktuellen Weltsituation ist gerade, daß die Technikkultur einen neuen Aggregatzustand von Sprache und Schrift hervorbringt, der mit deren traditionellen Auslegungen durch die Religion, die Metaphysik und den Humanismus kaum noch etwas gemeinsam hat. Das alte Haus des Seins erweist sich als etwas, worin ein Aufenthalt im Sinne des Wohnens und des In-die-Nähe-Bringens von Fernem kaum noch möglich ist. Sprechen und Schreiben im Zeitalter der digitalen Codes und der genetischen Umschriften haben keinen irgendwie häuslichen Sinn mehr; die Schriftsätze der Technik entwickeln sich außerhalb der Übertragung und rufen keine Anheimelungen und Äußerlichkeitsbefreundungseffekte mehr hervor. Sie steigern im Gegenteil den Umfang des Äußeren und Nie-Assimilierbaren. Die Sprachprovinz schrumpft, der Klartextsektor wächst. Heidegger hat in seinem Brief *Über den Humanismus* diese Verhältnisse in einer altväterlichen Diktion, aber in sachlich gültiger Weise ausgesprochen, als er das herausragende ontologische Merkmal des zeitge-

---

17 Hans-Georg Gadamer, *Hermeneutische Entwürfe. Vorträge und Aufsätze*, Tübingen 2000, S. 218.

> nössischen modus essendi beim Menschen die Heimatlosigkeit nannte. […] Die Heimatlosigkeit wird ein Weltschicksal. Darum ist es nötig, dieses Geschick seinsgeschichtlich zu denken. [...] Die Technik ist in ihrem Wesen ein seinsgeschichtliches Geschick. Als eine Gestalt der Wahrheit gründet die Technik in der Geschichte der Metaphysik.“[18]

Es würde an dieser Stelle zu weit führen, wollten wir die Technikanalyse Heideggers aufgreifen. Festhalten wollen wir aber noch, dass auch Sloterdijk davon ausgeht, dass der Glaube eine anthropologische Grundkonstante ist. Er wirft im Weiteren die Frage auf, ob und wie die Religionen auf einen „zivilisatorischen Weg“ geführt werden können, um ihr geistiges Potenzial nutzbar zu machen.

Am Rande sei bemerkt, dass auch an dem Ansatz der Hermeneutik Kritik geübt wird: Ziel der Hermeneutik sei es, zu einer verstehenden Aneignung, Überwindung oder Aufhebung des Fremden im Interesse des Eigenen zu kommen; sie sei somit historisch weder neutral noch methodisch unschuldig. Ich denke, dass die Kritik an der nun klassisch gewordenen Hermeneutik als ein Kulturimperialimus überzogen ist, weil das Fremde im Diskurs ins Eigene übernommen und integriert wird. Nur ein Anspruch, der die strikte Übernahme und nicht das Verständnis des Fremden zum Ziel hätte, würde dem Anspruch des Verstehens widersprechen.

Wir müssen ausgehen von dem Grundbedürfnis des Menschen, dass wir zum einen bezüglich dessen, was wir sind, nach Bestätigung suchen, zum anderen aber auch unsere Mitmenschen bestätigen wollen. Ich denke, dass dies wesentliche Eckpunkte einer Verständigung sind. Transkulturelles Verstehen als dialogisches Erkenntniskonzept, so wie Anton Escher es formuliert hat, scheint hier wegweisend zu sein. Der Dialog mit dem Fremden ist wichtig, damit die Fremdheit des Anderen abnimmt, „zugleich die Gemeinsamkeit zunimmt und die Grenzen der eigenen Lebensformen überschritten werden“[19] können. Der transkulturelle Dialog kann dem modernen Menschen und dem Muslim dazu verhelfen, sich seiner eigenen Logik, seines Verstehens, seiner eigenen menschlichen Ontologie, seines eigenen Daseins bewusst zu werden. Waldenfels schreibt dazu: „Das Fremde zeigt sich […] in der Unruhe, die im eigenen Hause und im eigenen Land beginnt. Ohne Herausforderungen, die vom Fremden ausgehen, nähern wir uns einer Normalgesellschaft, die nur noch den von Nietzsche beschworenen ‚Normalmenschen‘ hervorbringt.“[20] „Demgegenüber ist Fremdes“, so Waldenfels, „das sich den vertrauten Ordnungen entzieht, geeignet, uns

18 Peter Sloterdijk, *Der operable Mensch. Anmerkungen zur ethischen Situation der Gen-Technologie*, Vortrag am Goethe-Institut in Boston, 2000, URL: http://www.geocities.com/hoefig_de/MaterialPl/Sloterdijk_Ethik_der_Gentechnologie.htm.

19 Bernhard Waldenfels, *Topographie des Fremden. Studien zur Phänomenologie des Fremden*, Frankfurt a. M. 1997, S. 117.

20 Bernhard Waldenfels, *„Verfremdung der Moderne“. Phänomenologische Grenzgänge*, Essen 2001, S. 158.

wieder und wieder aus dem institutionellen Schlummer zu wecken." Waldenfels mahnt, dass dies auch „Monster" gebärt, doch dieses Risiko müssen Fremde wie Nicht-Fremde, Muslime wie Nicht-Muslime eingehen, wenn sie sich nicht einem Trugschluss von Genügsamkeiten ergeben wollen. Die modernen Kontingenzzumutungen wirken auf alle Menschen dieser Gesellschaft doppelseitig: Zum einen fordern sie heraus, sich dem Anderen zu stellen und ihn zu verstehen und sich hierbei seiner Vor-Urteile zu stellen – es sei denn, man begnügte sich mit seinem Sein als „Normalmensch" und damit seiner Degradierung zur Seinsvergessenheit. Zum anderen aber löst es einen inneren Diskurs aus, der erzwingt, alte Gewissheiten auch im inneren Kreis zu diskutieren und über Anschlussmöglichkeiten von Fremden und „Normalmenschen" nachzudenken. Aber eine viel grundlegendere und hoffnungsvolle Debatte ergibt sich durch die Möglichkeit, das Sein an sich ohne die althergebrachte Metaphysik aufzugreifen, die sich sowieso im Spannungsfeld moderner Kontingenzzumutungen als relativ unbrauchbar zeigt. Hierbei geht es nicht um eine Aufhebung von Seinsgewissheiten, sondern um die Frage nach dem Sinn von Dasein – dies bedarf aber einer Gelassenheit ob der Zwänge, die uns durch die mediale Aktualität gesetzt werden. Wir sind gezwungen eine Sprache zu finden, die uns ein In-die-Nähe-Bringen von Fernem ermöglicht.

Literatur

Denker, Alfred, *„Von der Bedeutsamkeit seines Denkens. Vor 25 Jahren starb Martin Heidegger“*, URL: http://www.freewebs.com/m3smg2/HeideggerBedeutsamkeit.pdf (Abruf: 07.01.2009).

Escher, Anton, *„Das Fremde darf fremd bleiben! Pragmatische Strategien des ‚Handlungsverstehens‘ bei sozialgeographischen Forschungen im ‚islamischen Orient‘“*, in: *Geographische Zeitschrift*, 87/1999, S. 165-177.

Gadamer, Hans-Georg, *Wahrheit und Methode – Grundzüge einer hermeneutischen Philosophie*, Tübingen ^{6}1990.

Ders., *Hermeneutische Entwürfe. Vorträge und Aufsätze*, Tübingen 2000.

Grondin, Jean, *„Gadamers Hoffnung“*, URL: http://mapageweb.umontreal.ca/grondinj/pdf/gadamers_hoffnung.pdf (Abruf 07.01.2009).

Ders., *„Die Hermeneutik von Heidegger bis Gadamer“*, in: Breidbach, O./Orsi, G. (Hg.), *Ästhetik – Hermeneutik – Neurowissenschaften. Heidelberger Gadamer-Symposium des Istituto Italiano pergli Studi Filosofici*, Münster 2004, S. 7-17.

Habermas, Jürgen, *Vergangenheit als Zukunft. Das alte Deutschland im neuen Europa?*, Zürich 1990.

Ders., *Sein und Zeit*, Tübingen ^{11}1967.

Ders., *„Brief über den ‚Humanismus‘“ (1946)*, in: Heidegger, Martin, *Wegmarken*, Frankfurt a. M. ^{3}1996.

Ders., *Ontologie*, (Hermeneutik der Faktizität), Gesamtausgabe, Bd. 63, Tübingen 1988.

Sloterdijk, Peter, *„Der operable Mensch. Anmerkungen zur ethischen Situation der Gen-Technologie“*, Vortrag am Goethe-Institut in Boston, 2000, URL: http://www.geocities.com/hoefig_de/MaterialPl/Sloterdijk_Ethik_der_Gentechnologie.htm.

Waldenfels, Bernhard, *„Verfremdung der Moderne“. Phänomenologische Grenzgänge*, Essen 2001.

Ders., *Topographie des Fremden. Studien zur Phänomenologie des Fremden*, Frankfurt a. M. 1997.

Die moderne Koraninterpretation von Husein Djozo und sein Beitrag zur Integration

Von Ibrahim Džafić

Husein Djozo

Husein Djozo wurde am 01.07.1912 im Dorf Bare bei Foca geboren.[1] Sein Vater Sulejman war ein *muḫtâr* (Dorfverwalter), und dieser war es, der den Wissensdurst seines Sohnes anregte. Der erste Lehrer des Husein Djozo war Sacir Efendi Mujezinovic, der ihn im Jahre 1918 in Maktab unterrichtete. Sein Vater hatte ihn in die Madrasa Mehmed-Pascha Kukavica in Foca eingetragen, in der er bei Hâfiz Hamid-Efendi Mujic[2] lernte.

Nach Beginn der Ausbildung in der bekannten Madrasa von Foca folgten weitere Unterweisungen Djozos in Sarajevo, nach seiner Aussage zuerst in der Merhemica Madrasa, in der ihn sein Professor Hadzi Hasan Efendi Muhamedagic Biscak unterwies. In seinen Erinnerungen sagt Djozo: „Hadzi Hasan Efendi Muhamedagic Biscak war mein Professor [Mudarris] in der Merhemica Madrasa in Sarajevo."[3] Djozo war Schüler der *Atmejdan Madrasa*[4] in Sarajevo, und man vermutet, dass er die Vorlesungen von Professoren der anderen Madāris und an der *Gazi Husrev-beg Madrasa* besucht hat.

Warum war Djozo ein Schüler an mehreren Madāris in Sarajevo, und warum besuchte er die Vorlesungen der Professoren aus anderen Madāris? Es wird angenommen, dass Djozo bereits als Schüler zusätzliches Wissen von anderen Professoren der oben genannten Madāris (sing. *madrasa*) in Sarajevo erwerben wollte.

In der Zeit von 1928 bis 1933 besuchte Djozo die *Šarīʿa*-Rechtsschule in Sarajevo und schloss diese mit sehr gutem Erfolg ab. Von 1934 bis 1939 folgte die Juristische Fakultät (Fachrichtung *Šarīʿa*-Recht) an der Universität al-Azhar in Kairo. Danach kehrte er nach Sarajevo zurück.[5]

---

1 Vgl. *Spomenica šerijatsko sudačke škole u Sarajevu* (*Denkschrift der šarīʿa-Rechtsschule in Sarajevo*), Sarajevo 1937.

2 Vgl. Husein Djozo, *Sjećanja* (*Erinnerungen*), *Preporod* (*Renaissance*), Vereinigung der Gelehrten (*ʿIlmiyya*) in der sozialistischen Republik Bosnien-Herzegowina, Nr. 129, Sarajevo VII/1976, S. 5.

3 Vgl. ebd.

4 Vgl. Mustafa Hasani, *Biografija i bibliografija radova Husein efendije Doze* (*Biografie und Bibliografie der Arbeiten des Husein Efendi Djozo*), Sarajevo 1998, S. 10f.

5 Vgl. Jusuf Ramic, *Bošnjaci na Univerzitetu Al-Azhar* (*Bosniaken an der Universität al-Azhar*), Sarajevo 2002, S. 78f.

Arbeit und Laufbahn

Nach seiner Rückkehr aus Kairo arbeitete Husein Djozo in der *Gazi Husrev-beg Madrasa* als Lehrer für Arabisch. Im Jahre 1940 war er als Berater des Obermuftîs in Sarajevo tätig, und in der *Gazi Husrev-beg Madrasa* arbeitete er als Lehrer für die Fächer *aḫlāq* (islamische Ethik), *ʿaqāʾid* (Apologetik), *ḥadīṯ* und *tafsīr*.[6] Seit der Gründung der Islamischen Theologischen Fakultät in Sarajevo 1977 hielt Djozo dort Vorlesungen aus dem *tafsīr* (Deutung des Koran); diese Funktion hatte er bis zum Ende seines Lebens inne. Djozo war der Redakteur der Zeitschrift *Preporod* (*Renaissance*)[7], die er mit seinen Mitarbeitern im Jahre 1970 gegründet hatte und die anfangs einmal monatlich, später vierzehntäglich erschien. In dieser Zeitschrift hat Djozo seine neuen Ideen und die zeitgemäße Koraninterpretation zum Ausdruck gebracht.

Werke

Husein Djozo hat einige sehr bedeutende Werke auf dem Gebiet der Deutung des Koran und der *ʿaqāʾid* (Apologetik) geschrieben. Er gab viele Antworten auf Fragen, die Leser in der Rubrik „Fragen und Antworten" stellten, die er in der *Herold* und *Preporod* redigierte und die in der separaten Sammlung *Fatāwā* mit seinen Arbeiten aus den wissenschaftlichen Disziplinen zusammengefasst sind. Für diese Arbeit ist besonders Djozos Werk *Islam u vremenu* (*Islam in der Zeit*) wichtig, in dem er nach der aktuellen Situation angepassten Lösungen für bestimmte islamische Vorschriften sucht, wie *zakāt* (Almosensteuer), *ḥağğ* (Pilgerfahrt nach Mekka), *ṣadaqat al-fiṭr* (freiwillige Almosenspende) und andere Vorschriften. Djozo zählt zu den bedeutenden Reformatoren des Islam in Bosnien-Herzegowina.

- *Islam in der Zeit*[8],
- *Übersetzung des Koran mit Kommentar. Erster Teil*[9],
- *Übersetzung des Koran mit Kommentar. Zweiter Teil*[10],

---

6 Vgl. *Spomenica 450 godina Gazi Husrev-begove medrese u Sarajevu* (*Denkschrift der 450-jährigen Gazi Husrev-beg Madrasa in Sarajevo*), Gazi Husrev-beg Madrasa, Sarajevo 1988, S. 131.

7 *Preporod* (*Renaissance*) ist eine muslimisch-informative Zeitung. 1970 wurde sie in Sarajevo zum ersten Mal veröffentlicht. Der erste Redakteur war Husein Djozo; vgl. Mustafa Spahic, *Povijest Islama* (*Die Geschichte des Islam*), Sarajevo 1995, S. 692.

8 Husein Djozo, *Islam u vremenu* (*Islam in der Zeit*), hrsg. durch den Vollstreckungsausschuss der ʿIlmiyya für die sozialistische Republik Bosnien-Herzegowina, Sarajevo 1976.

9 Husein Djozo, *Prijevod Kur'âna s komentarom, prvi džuz* (*Die Übersetzung des Koran mit Kommentar. Erster Teil*), Oberamt der Islamischen Gemeinschaft der sozialistisch-föderativen Republik Jugoslawien, Sarajevo 1966.

- *Übersetzung des Koran mit Kommentar. Dritter Teil*[11],
- *Übersetzung des Koran mit Kommentar. Vierter Teil*[12],
- *Fatāwā in der Zeit von 1965-1977*[13].

Die Fragen, warum das letztgenannte Werk von Djozo bedeutend ist, nach welchem *maḏhab* (*šarī'a*-Rechtsschule) er Fragen beantwortet hat, auf welche Meinungen er bei seinen Antworten am häufigsten zurückgegriffen hat, und ob er auch seine persönliche Meinung geäußert hat, lassen sich wie folgt beantworten:

Das Werk *Fatāwā in der Zeit von 1965-1977* von Husein Djozo ist insofern bedeutend, als es Antworten auf Fragen von Lesern beinhaltet, die in diesem Zeitabschnitt gestellt wurden. Dies wiederum ermöglicht es, Schlüsse über die Lage der Muslime in Bosnien-Herzegowina zu der Zeit des ehemaligen Jugoslawiens zu ziehen. Djozo hat seine Antworten nach der ḥanafitischen Rechtsschule gegeben, wobei er manchmal auch andere Rechtsschulen angewandt hat. Er hat auch häufig die Meinungen von Modernisten, wie Muḥammad 'Abduh, Maḥmūd Šaltūt und anderen, aufgeführt und in den Antworten auch seine eigene Meinung deutlich geäußert. So schrieb er häufig: „Ich würde Ihnen das vorschlagen, da es auch mit der Religion in Einklang steht." Hier sei nun mittels eines Auszugs aus dem Werk *Fatāwā in der Zeit von 1965-1977* das oben Gesagte verdeutlicht:

> Ein Leser stellte Djozo folgende Frage: „Ist es gut für einen Toten, wenn man für ihn den ganzen Koran liest?" Die Antwort von Husein Djozo war: „Unsere Pflichten gegenüber unseren Toten und allen Muslimen hören mit ihrem Tod nicht auf. Wir sind verpflichtet, sie nach dem Tod zu waschen und ein Gebet zu sprechen (*ǧanāza*), was im Allgemeinen allen bekannt ist. Wir sind genauso verpflichtet uns mit einem Gebet (*du'ā'*) an sie zu erinnern, Gott zu bitten sie unter seine Obhut zu nehmen und in ihrem Namen und für ihre Seele armen Menschen zu helfen und in Fonds der islamischen Gemeinschaft zu zahlen (*ṣadaqa* – freiwillige Spende). Es bestehen demnach zwei Methoden, sich an die Toten zu erinnern, die der Islam empfiehlt: Das Gebet (*du'ā'*) und die *ṣadaqa*. Was das Gebet angeht, kann man sich in jeder Angelegenheit an Gott wenden und für den Toten um Vergebung der Sünden und um einen Platz im Paradies bitten. Man kann einige Suren aus dem Koran lesen,

---

10 Husein Djozo, *Prijevod Kur'âna s komentarom, drugi džuz* (*Die Übersetzung des Koran mit Kommentar. Zweiter Teil*), Oberamt der Islamischen Gemeinschaft der sozialistisch-föderativen Republik Jugoslawien, Sarajevo 1966.

11 Husein Djozo, *Prijevod Kur'âna s komentarom, treći džuz* (*Die Übersetzung des Koran mit Kommentar. Dritter Teil*), Oberamt der Islamischen Gemeinschaft der sozialistisch-föderativen Republik Jugoslawien, Sarajevo 1967.

12 Husein Djozo, *Prijevod Kur'âna s komentarom, četvrti džuz* (*Die Übersetzung des Koran mit Kommentar. Vierter Teil*), Oberamt der Islamischen Gemeinschaft der sozialistisch-föderativen Republik Jugoslawien, Sarajevo 1974/1975/1976.

13 Husein Djozo, *Fetve u vremenu 1965-1977* (*Fatāwā in der Zeit von 1965 bis 1977*), Verein der 'Ilmiyya in Bosnien-Herzegowina, Srebrenik 1996.

> aber auch den ganzen Koran und dies für die Seele des Toten tun. Ich empfehle aber vor allem die *ṣadaqa*."[14]

Was für einen großen Wert Husein Djozo auf die Bildung von armen Schülern legte, wird in dieser Antwort klar: „Man kann nichts Besseres tun, als im Namen des Toten die Sadaqa zu geben und armen Menschen zu helfen. Das ist die beste Art, sich an die Toten zu erinnern. Ich empfehle besonders im Namen der Toten die *Gazi Husrev-beg Madrasa* in Sarajevo finanziell zu unterstützen."[15]

Zu der Frage, von wem die meisten Fragen für Djozos *Fatāwā in der Zeit von 1965-1977* kamen und worum sich die meisten Fragen drehten, lässt sich Folgendes sagen: Husein Djozo hat die meisten seiner Fragen von Muslimen aus Bosnien-Herzegowina, aber auch von Muslimen aus dem ehemaligen Jugoslawien (Kroatien, Slowenien, Makedonien, Serbien u.a.) erhalten. Die Fragen wurden von Imamen (Vorbetern), Eltern, Jugendlichen, Professoren, Studenten, Bauern, Bergarbeitern und vielen anderen gestellt. Die häufigsten Fragen betrafen die Themen Gebet, Almosen (*zakāt*), Wallfahrt, Fasten, Ehe, Familie und Alkohol. Weitere Fragen galten dem Karten-, Domino- und Schachspiel sowie dem Sport. Zudem wurden gehäuft Fragen zu den Themen Islam und Toleranz, Islam und Natalität, Islam und Bluttransfusion usw. gestellt.

Husein Djozo hat in seinen Antworten oft die Meinung aus den Fatāwā von Schayh Mahmûd Schaltût eingebracht. Schaltut hat in seinen Fatāwā häufig die Erleichterung (*yusr*) und die Gnade (*raḥmah*) betont, was auch Djozo in seinen Fatāwā getan hat.

Djozo hat auch häufig über die Notwendigkeit der Zusammenarbeit zwischen Muslimen, Christen und Juden (*ahl-al-kitāb*) geschrieben. Ein Leser aus Sarajevo hatte folgende Frage gestellt: „Ich habe zu der Zeit des letzten Ramadan in einer Moschee in Sarajevo gehört, wie ein Gelehrter (*ḫaṭīb*) in seiner Rede gesagt hat, dass man als Muslim nicht zur Beerdigung eines Ungläubigen gehen müsse. Ich bitte um eine Stellungnahme zu dieser Ansicht."[16] Husein Djozos Stellungnahme zu diesem Thema sah wie folgt aus:

> „Bereits nach der Hiğra in Medina haben die Muslime mit den Christen und Juden zusammengearbeitet. In seinen Beziehungen zu anderen Menschen geht der Islam davon aus, dass alle Menschen den gleichen Ursprung haben, nämlich Adam und Eva, und dass sie verpflichtet sind, sich gegenseitig kennenzulernen und zu helfen."[17]

Unterstützend führte Djozo folgenden Koranvers an:

> „O ihr Menschen, Wir haben euch ja von einem männlichen und einem weiblichen Wesen erschaffen, und Wir haben euch zu Völkern und Stämmen gemacht, damit

---

14 Vgl. ebd., S. 249.

15 Vgl. ebd.

16 Vgl. Husein Djozo, *Fetve I i II* (*Fatāwā I und II*), bearbeitet von Aziz Hasanovic, Sarajevo 1999, S. 217.

17 Vgl. ebd., S. 217f.

ihr einander kennenlernt. Gewiß, der Geehrteste von euch bei Allah ist der Gottesfürchtigste von euch. Gewiß, Allah ist Allwissend und Allkundig.“[18]

Djozo betont weiterhin die Zusammenarbeit und Hilfsbereitschaft zwischen allen Menschen, und er sagt dazu:

> „Gegenseitige Hilfe, gerechtes Verhalten und das Ausführen von guten Taten soll zum alltäglichen Leben und zu den alltäglichen Beziehungen zwischen Muslimen und Nichtmuslimen gehören. Sie sind verpflichtet, sich gegenseitig zu helfen. Als Menschen müssen sie gemeinsam Gutes und Schlechtes teilen.“[19]

Dabei ist zu betonen, dass solche Antworten von Husein Djozo auch heute noch, 27 Jahre nach seinem Tod, aktuell sind. Vor allem die Aussagen über Zusammenarbeit und gegenseitige Toleranz unter allen Menschen leisten einen großen Beitrag zur Integration.

Arbeiten in arabischer Sprache

Husein Djozo veröffentlichte seine Arbeiten in Bosnisch und Arabisch, da er der zeitgemäßen Deutung des Koran in beiden Sprachen große Bedeutung zumaß. Seine in arabischer Sprache verfassten und publizierten Werke sollen hier näher betrachtet werden. Meistens waren dies Vorträge, die Djozo bei Kongressen in arabisch-islamischen Ländern gehalten hat, bei denen er häufig Gast war.

Der Artikel *Problem der Reform im Islam*[20] wurde in der Zeitschrift *Ṣaut al-Islām* im Jahre 1936 in arabischer Sprache veröffentlicht. In diesem Text schreibt Husein Djozo, dass die Reformen im Islam zu *iǧtihād* (Suche nach dem Besten) führen und nicht zum *taqlīd* (Nachahmung).

Der Text *„Vernunft und Religion sind nicht in Widerstreit“*[21] wurde im Juli 1980 in der Zeitschrift *al-ʿArab* in Kuwait veröffentlicht. Darin betont Djozo, dass es keinen Gegensatz zwischen Verstand und Religion gibt.

---

18 *Der edle Qurʾān und die Übersetzung seiner Bedeutungen in die deutsche Sprache*, übers. v. Scheich ʿAbdullah aṣ-Ṣāmit/Frank Bubenheim/Nadeem Elyas, *Sura al-Huğurât* (*Die Gemächer*), 13. Koranvers.

19 Vgl. Husein Djozo, *Fetve I i II* (*Fatāwā I und II*), S. 218.

20 Husein Djozo, *Problem reforme u islamu* (*Problem der Reform im Islam*), Sawt al-Islâm, Nr. 24, II/1936, S. 1f. Diese Arbeit hat Ahmed Mulalic aus der arabischen in die bosnische Sprache übersetzt.

21 Husein Djozo, *„Razum i vjera nisu u sukobu“* (*„Vernunft und Religion sind nicht im Widerstreit“*), in: *al-ʿArab*, Nr. 260, Kuwait, Juli 1980, S. 56-58. Diese Arbeit wurde von Nedzad Grabus aus der arabischen in die bosnische Sprache übersetzt und sie wurde im *taqwīm* im Jahre 1997 veröffentlicht, Sarajevo 1997, S. 219-224.

Arbeiten in bosnischer Sprache

Husein Djozo hat seine Arbeiten in bosnischer Sprache in den Organen der Islamischen Religionsgemeinschaft, meistens in der *Glasnik VIS-a u SFRJ* (*Der Herold der Islamischen Gemeinschaft in der SFRJ*), später in der Zeitschrift *Preporod* (*Renaissance*), *Novi Behar* (*Neuer Behar*), *Takvim*, *Islamska misao* (*Islamischer Gedanke*) und in *Zbornik radova Fakulteta islamskih nauka* (*Sammlung der Arbeiten der Islamischen Theologischen Fakultät*), am Anfang noch anonym, später unter dem Pseudonym Abū al-Ǧīm[22] und letztendlich unter seinem bürgerlichen Namen veröffentlicht. Warum hat Djozo seine Arbeiten in bosnischer Sprache unter einem Pseudonym oder anonym veröffentlicht? Husein Djozo wurde von den kommunistischen Behörden zu einer Haftstrafe von fünf Jahren verurteilt. Diese Strafe hatte er von 1945 bis 1950 verbüßt. Er wurde nach der Entlassung aus der Haft überwacht und ständig durch das Regime kontrolliert. Dies könnte begründen, dass er seine Arbeiten nicht unterzeichnete oder unter dem Pseudonym Abū al-Ǧīm[23] veröffentlichte.

Husein Djozo starb am 30.05.1982 in Sarajevo, wo er als Professor in dem Fach *tafsīr* an der Islamischen Theologischen Fakultät in Sarajevo tätig gewesen war.[24] Mit seinen Veröffentlichungen bewirkte Husein Djozo einen großen Aufschwung vor allem bei den jüngeren Muslimen, den europäisch-orientierten und den nicht traditionell[25] Denkenden, die den traditionellen Islam nicht anerkannten. Allerdings drängt sich die Frage auf, warum Husein Djozo die Veröffentlichung seines Korankommentars, der in sich die Zeichen des Tafsīrs al-Manâr von Muḥammad ʿAbduh und Rašīd Riḍā trug, nicht vollendet hat.

Selbst wenn angenommen wird, dass er die Arbeit an dem Kommentar wegen materieller Engpässe eingestellt hat, stellt sich doch die Frage, warum der erste, im Jahre 1966 herausgegebene Teil[26] in 70.000 Exemplaren gedruckt wurde. Im gleichen Jahr wurde auch der zweite Teil[27] der *Übersetzung des Koran*

22 Abū al-Ǧīm (Abū al-Ǧīm) bedeutet „Vater des Dzemaludin", Anfangsbuchstabe des Namens von Djozos Sohn Dzemaludin; vgl. Jusuf Ramic, *Bošnjaci na Univerzitetu Al-Azharu* (*Bosniaken an der Universität al-Azhar*), Sarajevo 2002, S. 149.

23 Nach der Aussage des Hafiz Mahmud Traljic ist Djozo in Zenica und Stolac in Haft gewesen; vgl. Hafiz Mahmud Traljic, *„Sjećanje na Husein efendiju Đozu"* (*„Erinnerung an Husein Efendi Djozo"*), in: *Zbornik radova Fakulteta islamskih nauka* (*Sammlung der Arbeiten der Fakultät der Islamischen Wissenschaften*), *Život i djelo Husein efendije Đoze* (*Das Leben und Werk des Husein Efendi Djozo*), Sarajevo 1998, S. 50.

24 Vgl. Jusuf Ramic, *Bošnjaci na Univerzitetu Al-Azhar*, S. 148.

25 Mit „traditionell" ist der traditionelle Islam gemeint.

26 *Prijevod Kur'âna s komentarom* (*Die Übersetzung des Koran mit Kommentar. Erster Teil*), Sarajevo 1966.

27 *Prijevod Kur'âna s komentarom* (*Die Übersetzung des Koran mit Kommentar. Zweiter Teil*), Sarajevo 1966.

mit Kommentar mit 60.000 Exemplaren veröffentlicht, der dritte Teil[28] im Jahre 1967 mit 50.000 Exemplaren. Der Autor und die Institution, die hinter ihm stand, die Islamische Oberverwaltung in Sarajevo (VIS), erwarteten sicherlich eine bereitwillige Aufnahme des Korankommentars seitens der Muslime. Die Gründe für diese Erwartung waren folgende: Husein Djozo war ein bekannter Redner (*wā'iẓ*), ein *fatwā amīn*[29] und ein offizieller Repräsentant der Islamischen Oberverwaltung. Zudem war er ein Kenner der arabischen Sprache und der islamischen Lehre.

Es ist bemerkenswert, dass der gesamte finanzielle Ertrag dieser Koranübersetzung mit Kommentar für den Ausbau der *Gazi Husrev-beg Madrasa* in Sarajevo gespendet wurde. Interessant ist auch, dass in Bosnien-Herzegowina *Die Übersetzung des Koran mit Kommentar* von Husein Djozo wenig verkauft wurde. Die Islamische Oberverwaltung in Sarajevo hatte die Situation falsch eingeschätzt. Auf die Frage, warum Djozos Werk nicht so gut verkauft wurde wie erwartet, lautete die Antwort: Für bosnische Verhältnisse war Djozos *Die Übersetzung des Koran mit Kommentar* sehr teuer, sodass viele Muslime sich dieses Werk nicht leisten konnten. Die Islamische Oberverwaltung in Sarajevo hatte sich durch Djozos Werk einen enormen Gewinn erhofft, deshalb wurden die drei Teile der *Übersetzung des Koran mit Kommentar* in so hoher Auflage veröffentlicht.

Die Gründe der Offenbarung (*asbāb an-Nuzūl*) sind für das Verstehen der Botschaft des Koran sehr wichtig. Laut Jusuf Ramic hat Djozo diese allerdings nicht als sehr wichtig empfunden und sich selten dazu geäußert.[30]

Husein Djozos moderne Art der Koraninterpretation hat viel Kritik von traditionellen Gelehrten aus Bosnien-Herzegowina auf sich gezogen. Was seine Position gegenüber dem *ḥadīṯ* angeht, stand er unter großem Einfluss des Tafsīrs al-Manār von Muḥammad 'Abduh. So betont er, dass auch der Prophet Muḥammad ein *muǧtahid* war. Das heißt laut Djozo, dass der *ḥadīṯ* den Rang des *iǧtihād* bekommen hat. Djozo betont weiter, dass der Prophet Muḥammad die islamischen Konzeptionen und Prinzipien in bestimmten Gebieten zu bestimmten Zeiten angewandt hat. Die Form der Anwendung musste dem Gebiet und dem Niveau der gesellschaftlichen Entwicklung angepasst sein. Deshalb ist Djozo der Ansicht, dass dies der *iǧtihād* des Propheten Muḥammad ist.[31]

Die klassischen Korankommentatoren, wie z.B. Ibn Kaṯīr in seinem *Tafsīr*, sind der Meinung, dass der *ḥadīṯ* des Propheten Muḥammad kein *iǧtihād* ist, sondern eine Offenbarung. Die klassischen Korankommentatoren führen als

28 *Prijevod Kur'âna s komentarom* (*Die Übersetzung des Koran mit Kommentar. Dritter Teil*), Sarajevo 1967.

29 „Fatwā amīn" ist eine Person, die die Fatāwā bestimmt und Antworten auf religiöse Fragen gibt.

30 Vgl. Jusuf Ramic, *Husein Đozo kao prevodilac i komentator Kur'âna*, S. 66.

31 Vgl. Husein Djozo, *Islam u vremenu*, S. 28f.

Beweis dafür den folgenden Koranvers an: *„Und er redet nicht aus (eigener) Neigung. Es ist nur eine Offenbarung, die eingegeben wird.“*[32] Husein Djozo betont wie Muḥammad ʿAbduh in seinem *Tafsīr al-Manār*, dass sich dieser Koranvers auf den Koran und nicht auf den *ḥadīṯ* bezieht.

Es ist interessant zu sehen, wie Djozo den 63. Koranvers (*ayah*) aus der Sure *al-Baqara* (*Die Kuh*) deutet, indem gesagt wird: *„Und als Wir den Vertrag mit euch geschlossen haben und über euch den Berg gehoben haben.“*[33] Djozo widerspricht den Kommentatoren, die sagen, dass es sich bei dem Hochheben des Berges Ṭūr, der, nachdem er von der Erde gehoben wurde, in der Luft über den Köpfen der Söhne von Isrāʾīl schwebte, um ein Wunder (*muʿǧiza*) handelt. Er sehe keine Grundlage für solch eine Deutung, so Djozo, und ein derartiges Verstehen dieses Koranverses. Die eigentliche sprachliche Bedeutung des Wortes *„wa rafaʿnā“* (*„Wir haben gehoben“*) spricht nicht dafür. Man könnte eher sagen, dass es sich hier um die natürliche Lage des Berges Ṭūr handelt, welcher „angehoben“ über die übliche Erdfläche kein kleineres Wunder darstellt, als wenn er von der Erde getrennt wäre.[34]

Es stellt sich die Frage, ob das Werk *Die Übersetzung des Koran mit Kommentar* und andere Werke von Husein Djozo heute noch aktuell sind und ob seine Methodologie der Korandeutung in Bosnien-Herzegowina auch heute noch angewandt wird.

Husein Djozos Arbeiten und seine Methodologie der Korandeutung waren vor allem von 1960 bis Anfang der 1980er Jahre wichtig. Er hat den Koran auf eine zeitgemäße Art unter dem Einfluss des *Tafsīr al-Manār* interpretiert. Man kann sagen, dass Djozos Einfluss in Bosnien-Herzegowina immer noch vorhanden ist, vor allem bezüglich seiner Schüler und Studenten, von denen ich Enes Karic hervorheben möchte. Enes Karic war Djozos Assistent in dem Fach Tafsīr an der Islamisch-Theologischen Fakultät in Sarajevo und ist heute selber Professor in dem Fach *tafsīr*. Ich möchte betonen, dass Enes Karic, ebenso wie sein Professor Husein Djozo, ein Modernist ist, der in seiner Koraninterpretation zeitgemäße Entdeckungen berücksichtigt.

Nach all diesen Ausführungen über das Werk *Die Übersetzung des Koran mit Kommentar* von Husein Djozo und dem Beispiel seiner Interpretation des Koran soll betont werden, dass dieses Werk auch heute noch sehr bedeutend ist, da es die Ideen von Husein Djozo authentisch widerspiegelt. Dies gilt trotz aller Kritik, die es von der Seite der traditionellen Gelehrten in Bosnien-Herzegowina gab und gibt.

---

32 Der Koran, *Sūra an-Naǧm* (*Der Stern*), 3.-4. Koranvers.

33 Der Koran, *Die Kuh*, 63. Koranvers, ins Deutsche übertragen v. Ahmad v. Denffer, S. 8.

34 Vgl. Husein Djozo, *„Tumačenje Kur'âna“* (*„Die Deutung des Koran“*), in: *Glasnik VIS-a* (*Der Herold der Islamischen Oberverwaltung*), XXIX, Sarajevo 1996, I, II, S. 5. Siehe für eine genauere Betrachtung: *Prijevod Kur'âna s komentarom* (*Die Übersetzung des Koran mit Kommentar. Erster Teil*), Sarajevo 1966, S. 43.

Muhamed Pasic, ein Professor aus Tuzla, war unter den traditionellen Gelehrten der größte Kritiker von Husein Djozo. So hat er in dem Buch *Glasnik VIS-a* (*Der Herold der Islamischen Oberverwaltung*) unter dem Titel *„Mededija usluga“* (*„Trojanisches Pferd“*) eine Kritik über Djozo veröffentlicht.[35]

Er kritisiert Djozo vor allem, weil er die Unnachahmlichkeit (*muʿǧizāt*), über die im Koran gesprochen wird, leugnet. So sagt Djozo, dass der Prophet Muḥammad in seinem Leben niemals von diesem Argument (*muʿǧizāt*) Gebrauch gemacht hat. Des Weiteren führt Muhamed Pasic Djozos Schlussfolgerung über die Unnachahmlichkeit an: „Die Wahrheit über seine Gesandtschaft soll Muhammad rational und nicht mit Unnachahmlichkeit beweisen.“[36] Pasic erklärt in seiner Kritik, dass der Koran an vielen Stellen über die Unnachahmlichkeit (*muʿǧizāt*) spricht. Die rationale Koraninterpretation von Djozo steht häufig in Widerspruch zur islamischen Lehre, denn die Muslime glauben an viele Dinge, die im Koran stehen, rational aber nicht begründet werden können (z.B. der Jüngste Tag, das Paradies, die Hölle usw.).[37] Ein weiterer Kritiker des Werkes *Die Übersetzung des Koran mit Kommentar* von Husein Djozo ist Hasan Kalesi.[38] In seiner Kritik hat Kalesi unter anderem gesagt:

> „Als ob die ganze Welt mehr als tausend Jahre auf dieses Werk gewartet hat! Der Autor [Husein Djozo, Anm.: I. D.] und die Institution der Islamischen Oberverwaltung in Sarajevo, die hinter dem Werk *Die Übersetzung des Koran mit Kommentar* stand, haben betont, dass alle Koraninterpretationen bis jetzt vollkommen überholt seien. Dadurch wollten sie die Bedeutung des Werkes *Die Übersetzung des Koran mit Kommentar* hervorheben. Allerdings haben sie dabei alle Korankommentare in Europa und der islamischen Welt als bedeutungslos dargestellt.“[39]

Übersetzung und Kommentar des Koran von Husein Dzojo

Nach langer Zeit ohne jegliche Veröffentlichung von Koranübersetzungen in bosnischer Sprache[40] verspürte man das Bedürfnis, einen neuen Korankommen-

---

35 Muhamed Pasic, *„Mededija usluga“* (*„Trojanisches Pferd“*), in: *Glasnik VIS-a* (*Der Herold der Islamischen Oberverwaltung*), Nr. 4-6, Sarajevo X/1959, S. 166-171.

36 Vgl. Husein Djozo, *„Marija majka Isusova u islamskoj predaji“* (*„Marija Mutter von Jesus in der islamischen Tradition“*), in: *Glasnik VIS-a* (*Der Herold der Islamischen Oberverwaltung*), Nr. 6-8, Sarajevo IX/1958, S. 279.

37 Vgl. Muhamed Pasic, *„Mededija usluga“* (*„Trojanisches Pferd“*), in: *Glasnik VIS-a*, S. 166.

38 Hasan Kalesi war Professor für das Fach Orientalistik an der Universität in Pristina. Er verstarb 1976; vgl. Enes Karic, *Tefsir* (*tafsīr*), S. 285.

39 Vgl. Hasan Kalesi, *Predgovor* (*publikacija iz Kur'âna Casnog, Svetu celom opomena*), *Vorwort* (*Veröffentlichung aus dem Koran, der ganzen Welt eine Mahnung*), Beograd 1967, S. 32f.

40 Im Jahre 1937 wurden zwei Koranübersetzungen in bosnischer Sprache veröffentlicht, und zwar: *Kur'ân časni* (*Der ehrwürdige Koran*) übersetzt von Hafiz Muhammed Pandza und Dzemaluddin Causevic; die Veröffentlichung erfolgte in Sarajevo im Jahre

tar in der Landessprache zu publizieren. So erfolgte durch die Islamische Oberverwaltung in Sarajevo im Jahre 1966 die Herausgabe des ersten Teils der Koranübersetzung in bosnischer Sprache unter dem Titel *Prijevod Kur'âna s komentarom* (*Die Übersetzung des Koran mit Kommentar*).[41]

Jusuf Ramic, ein Zeitgenosse von Husein Djozo, bestätigte, dass der wahre Autor von *Die Übersetzung des Koran mit Kommentar* Husein Djozo ist. Er sagte dazu: „Der Koran war und ist das Wichtigste, das Husein Efendi Djozo interessiert hatte." Seine wichtigsten Werke betreffen das Gebiet des *tafsīrs*. Das Fach *tafsīr* unterrichtete er an der *Gazi Husrev-beg Madrasa* und an der *Fakultät der Islamischen Wissenschaften* in Sarajevo. An der Fakultät entstand auch sein Skript aus dem *tafsīr*. Seine Arbeit daran kann in drei wichtige Zeitabschnitte eingeteilt werden.

Der erste beginnt im Jahre 1962, als er mit der Übersetzung und Deutung des Koran beginnt, und dauert bis 1966. In dieser Zeit veröffentlichte Djozo in *Glasnik VIS-a* (*Der Herold der Islamischen Oberverwaltung*) eine Serie von Schriften aus dem Gebiet des tafsīr unter dem Titel *Deutung des Koran*. Es ist interessant zu beobachten, dass in den ersten drei Teilen der Übersetzung des Koran kein arabischer Text aus dem Koran übernommen wurde (außer der *basmala*[42] vor dem Beginn der Übersetzung und des Kommentars) und dass auf der Titelseite des Einbands in arabischer Schrift *Qurān Karīm* (*Koran Karīm*) stand, und dies ohne den passenden Artikel (ar. *lām at-ta'rīf*). Es drängt sich die Frage auf, warum der lateinischen Transkription der Koranverse (*ayah*) in dieser Koranübersetzung mit Kommentar der Vorzug gegeben wurde. Die Antwort könnte darin liegen, dass der Koran den Lesern, denen die arabische Sprache, in welcher der Koran offenbart wurde, nicht bekannt ist, nähergebracht werden sollte. Dies betont auch Jusuf Ramic und fügt hinzu, dass die Form nicht so

---

1937. *Prijevod Kur'âna* (*Die Übersetzung des Koran*) von Ali Riza Karabeg. Diese Übersetzung wurde ebenfalls im Jahre 1937 in Mostar veröffentlicht.

41 *Prijevod Kur'âna s komentarom* (*Die Übersetzung des Koran mit Kommentar*), hrsg. v. Vrhovno islamsko starješinstvo u SFRJ (Die Islamische Oberverwaltung in der sozialistisch-föderativen Republik Jugoslawien), Sarajevo 1966.

42 Am Anfang vieler *tafāsīr* (vor allem bei klassischen *tafsīren*) wird oft die *basmala*, die einen wichtigen Platz bei der formalen Einteilung des Koran einnimmt, erörtert. Die Gelehrten sind sich einig, dass die *basmala* ein Teil des 30. Koranverses der Sura *naml* ist, aber nicht, ob sie einen eigenständigen Koranvers am Anfang aller 114 Suren darstellt, ob sie am Anfang jeder Sure als erster Koranvers steht, ob sie ein Teil eines Koranverses aller Suren ist, ob dies bloß bei der Sure *al-Fātiḥa* (*Sure der Eröffnung*) und nicht bei den anderen Suren so ist oder sie nur für die Trennung von Suren zuständig und kein Koranvers (*ayah*) ist. Ibn Kaṯīr führt einige Meinungen an und sagt, dass 'Alī Ibn Abī Ṭālib, 'Abdullāh Ibn 'Abbās und andere Gelehrte der Meinung waren, dass die *basmala* ein Koranvers vor jeder Sure sei, außer vor der Sure *at-Tauba* (*Die Reue*); vgl. Enes Karic, *Uvod u tefsirske znanosti* (*Einführung in die tafsīr-Wissenschaften*), S. 67-71.

wichtig sei wie die Botschaft des Koran und dass diejenigen Bosnier, die in der Maktab-Schule die arabische Schrift gelernt und sie mit der Zeit wieder vergessen, dennoch Zugang zum Korantext hätten.[43]

Husein Djozo hat in seinen Kommentaren zum Koran oft geschrieben: „Die Form selbst ist nicht so wichtig. Es ist wichtiger, die Gedanken und das Wesentliche zu betonen." Es drängt sich nun die Frage auf, warum Husein Djozo die Meinung vertrat, dass die Transkription des Koran in lateinische Schrift erlaubt sei. Djozo war der Ansicht, dass diese Art der Transkription des Koran unter den zeitgenössischen Verhältnissen die Verbreitung des Koran unter nicht arabischsprachigen Menschen erleichtere.[44] Djozo rechtfertigt seine Entscheidung in der Anfangsnotiz seiner *Übersetzung des Koran mit Kommentar* und schreibt anstatt eines Vorwortes eine Begründung für den weggelassenen arabischen Text. Djozo schreibt:

> „In diesem Werk wurde der arabische Text des Koran ausgelassen, da es offenkundig ist, dass es keine gerechtfertigten Gründe gibt, die das Anführen des arabischen Korantextes erfordern, weil die Übersetzung aller Koranverse nummeriert ist, sodass es möglich ist, die Übersetzung mit dem arabischen Text in dem Koran (*muṣḥaf*)[45], der sich in jedem muslimischen Haus befindet, zu vergleichen. Es gibt aber eine kleine Anzahl von muslimischen Leuten, die in der Lage sind, diesen Vergleich auszuführen. Außerdem wären durch das Anführen des arabischen Textes die Druckereikosten erheblich gestiegen, und es würde sich kein passender praktischer Vorteil ergeben."[46]

In dem zweiten Zeitabschnitt sind drei Bücher aus dem Gebiet des *tafsīr* entstanden und wurden unter dem Titel *Die Übersetzung des Koran mit Kommentar* gedruckt. Die ersten beiden Bücher wurden 1966 veröffentlicht, das dritte Buch im Jahre 1967. Alle wurden in der Ausgabe der Islamischen Oberverwaltung in Sarajevo veröffentlicht.

Der erste Teil (*ǧuz'*) von Djozos *Die Übersetzung des Koran mit Kommentar* beinhaltet 66 Seiten und schließt die Übersetzung und den Kommentar der

---

43 Vgl. Prof. Dr. Jusuf Ramic, *„Husein Đozo kao prevodilac i komentator Kur'âna"* (*„Husein Djozo als Übersetzer und Kommentator des Koran"*), in: *Zbornik radova Fakulteta islamskih nauka pod naslovom*: *Život i djelo Husein ef. Đoze* (*Die Sammlung der Werke der Fakultät der Islamsichen Wissenschaften unter dem Titel*: *Das Leben und Werk des Husein Djozo*), Sarajevo 1998, S. 60.

44 Es ist wichtig zu betonen, dass Sukrija Alagic in seiner Übersetzung des Koran mit dem Titel *Tafsīr al-Manār* ebenfalls Koranverse anführte, die in die lateinische Schrift umgeschrieben wurden. Siehe für eine genauere Betrachtung: Sukrija Alagic, *Tafsīr al-Qur'ān al-Karīm* (*Kommentar des Koran*), 1. Bd., Sarajevo 1926.

45 Hier benutzte Djozo die Bezeichnung Musaf (arabisch *muṣḥaf*) für den Koran, was sich bei den Muslimen in Bosnien-Herzegowina eingebürgert hat. Diesbezüglich soll betont werden, dass die Bezeichnung *muṣḥaf* die bessere ist (Anm.: I. D.).

46 Vgl. *Prijevod Kur'âna s komentarom* (*Die Übersetzung des Koran mit Kommentar. Erster Teil*), Sarajevo 1966, S. 5.

Sure *al-Fātiḥa* und der Sure *al-Baqara* vom Anfang bis zum 141. Vers (*ayah*) ein.[47] Aus dem ersten Teil von Djozos *Die Übersetzung des Koran mit Kommentar* möchte ich folgende Koranverse anführen, die von Juden handeln und damit zeigen, wie Husein Djozo die Position des Koran gegenüber den Juden kommentiert hat. Die Koranverse lauten:

> 40. „O Kinder *Isrā'īls*, gedenkt Meiner Gunst, die Ich euch erwiesen habe! Und haltet euren Bund Mir gegenüber, so will Ich Meinen Bund euch gegenüber halten! Und vor Mir (allein) sollt ihr Ehrfurcht haben."
>
> 41. „Und glaubt an das, was Ich (als Offenbarung) hinabgesandt habe, das zu bestätigen, was euch bereits vorliegt. Und seid nicht die ersten, die es verleugnen. Und verkauft Meine Zeichen nicht für einen geringen Preis. Und Mich allein sollt ihr fürchten."
>
> 42. „Und verdeckt nicht das Wahre durch das Falsche, und verschweigt nicht die Wahrheit, wo ihr doch wisst!"
>
> 43. „Und verrichtet das Gebet, entrichtet die Abgabe und verbeugt euch (im Gebet) mit den sich Verbeugenden!"
>
> 44. „Befehlt ihr denn den Menschen Güte, während ihr euch selbst vergesst, wo ihr doch die Schrift lest? Begreift ihr denn nicht?"
>
> 45. „Und sucht Hilfe in der Standhaftigkeit und im Gebet! Es ist freilich schwer, nur nicht für die Demütigen,
>
> 46. die daran glauben, dass sie ihrem Herrn begegnen werden, und dass sie zu Ihm zurückkehren."[48]

Diese Koranverse erklärend, sagt Djozo: „In diesen Koranversen wendet sich der Koran den Juden zu. Zu der Zeit der Erscheinung des Islam gab es zwei Religionen: das Christentum und das Judentum. Ein Teil der Anhänger dieser Religionen bewohnte damals das Gebiet der arabischen Halbinsel." Auf die Frage, warum der Koran sich erst den Juden zuwendet, hat Djozo folgende Antwort gegeben:

> „Der Koran wendet sich aus mehreren Gründen zuerst den Juden zu: Die Juden sind das älteste Volk der monotheistischen Religionen. In ihren Reihen gab es die meisten Propheten. Fast alle bekannten Propheten gehörten diesem Volk an. Aus diesem Grund wurde es ‚das von Gott auserwählte Volk' genannt, wie es auch in ihren heiligen Büchern steht. Auch der Koran betont, dass sie von Gott auserwählt sind."[49]

---

47 Vgl. ebd.

48 *Der edle Qur'ān und die Übersetzung seiner Bedeutungen in die deutsche Sprache*, *Sura al-Baqara* (*Die Kuh*), 40.-46. Koranvers, übers. v. Scheich ʿAbdullah aṣ-Ṣāmit/Frank Bubenheim/Dr. Nadeem Elyas, al-Madīna al-Munawwara, Königreich Saudi-Arabien, 1426 n. H./2005 n. Chr., S. 7.

49 Vgl. *Prijevod Kur'âna s komentarom* (*Die Übersetzung des Koran mit Kommentar. Erster Teil*), hrsg. v. Vrhovno islamsko starješinstvo u SFRJ (Die Islamische Oberverwaltung in der sozialistisch-föderativen Republik Jugoslawien), Sarajevo 1966, S. 35.

Im Jahre 1966 wurde auch der zweite Teil (*ǧuz'*) der *Übersetzung des Koran mit Kommentar* veröffentlicht und von der Islamischen Oberverwaltung in Sarajevo herausgegeben. Der zweite Teil enthielt die Deutung der Sure *al-Baqara* (*Die Kuh*) vom 142. bis zum 252. Vers, und zwar auf den Seiten 67 bis 169.[50]

Wir wollen nun hier den Korankommentar von Husein Djozo zu den folgenden Koranversen aus der Sure *al-Baqara* anführen, in denen über das Erlaubte (*ḥalāl*) und das Verbotene (*ḥarām*) gesprochen wird. Diese Koranverse lauten:

> 168. „O ihr Menschen! Esst von dem, was es auf der Erde gibt, als etwas Erlaubtem und Gutem, und folgt nicht den Fußstapfen des Satans! Er ist euch ein deutlicher Feind."
>
> 169. „Er befiehlt euch nur Böses und Schändliches, und dass ihr gegen Allah aussagen sollt, was ihr nicht wisst."
>
> 170. „Und wenn man zu ihnen sagt: ‚Folgt dem, was Allah herabgesandt hat', sagen sie: ‚Nein! Vielmehr folgen wir dem, worin wir unsere Väter vorgefunden haben.' Was denn, auch wenn ihre Väter nichts begriffen und nicht rechtgeleitet waren?"[51]

In dem Kommentar dazu hat Djozo betont: „Diese Koranverse zeigen, dass Gott sich dem Menschen zuwendet, um ihm bei der Erfüllung seiner Mission zu helfen. Vor allem unterrichtet Gott den Menschen darüber, dass ihm alle Reichtümer der Natur zur Verfügung stehen, aber im Rahmen des Erlaubten und Verbotenen (*ḥalāl* und *ḥarām*)."

Auf die Frage, was die Hauptaufgabe des Menschen auf der Erde sei, hat Djozo folgende Antwort gegeben: „Der Mensch hat die Pflicht, nach der Funktion aller Dinge zu suchen. Das ist seine Hauptaufgabe. Gott hat den Menschen zu seinem Nachfolger (*ḫalīfa*) gewählt, weil der Mensch die Namen der Dinge kannte. Dies ist im folgenden Koranvers[52] erkennbar: *„Und Er lehrte Adam die Namen alle."*[53]

Der dritte Teil (*ǧuz'*), der die Seiten 170 bis 257 umfasst, wurde im Jahre 1967 veröffentlicht. Am Anfang des dritten Teils befindet sich der Kommentar der Sure *al-Baqara,* und zwar vom 253. Vers bis zum Ende der Sure. Danach

---

50 Vgl. *Prijevod Kur'âna s komentarom* (*Die Übersetzung des Koran mit Kommentar. Zweiter Teil*), hrsg. v. Vrhovno islamsko starješinstvo u SFRJ (Die Islamische Oberverwaltung in der sozialistisch-föderativen Republik Jugoslawien), Sarajevo 1966.

51 *Der edle Qur'ān und die Übersetzung seiner Bedeutungen in die deutsche Sprache, Sura al-Baqara* (*Die Kuh*), 168.-170. Koranvers, übers. v. Scheich ʿAbdullah aṣ-Ṣāmit/Frank Bubenheim/Dr. Nadeem Elyas, a.a.O., S. 25f.

52 Vgl. ebd., 31. Koranvers, S. 6.

53 Vgl. *Prijevod Kur'âna s komentarom* (*Die Übersetzung des Koran mit Kommentar. Zweiter Teil*), hrsg. v. Vrhovno islamsko starješinstvo u SFRJ (Die Islamische Oberverwaltung in der sozialistisch-föderativen Republik Jugoslawien), S. 94f.

wird zur Deutung der Sure *Āl ʿImrān* (*Die Sippe ʿImrāns*) übergegangen, einschließlich des 91. Verses dieser Sure.[54]

Anhand dieses Teils von Djozos *Übersetzung des Koran mit Kommentar* möchte ich zeigen, wie er die Koranverse 14-17 aus der Sure *Āl ʿImrān* kommentiert hat. Die Koranverse lauten:

> 14. „Ausgeschmückt ist den Menschen die Liebe zu den Begierden, nach Frauen, Söhnen, aufgehäuften Mengen von Gold und Silber, Rassepferden, Vieh und Saatfeldern. Das ist der Genuss im diesseitigen Leben. Doch bei Allah ist die schöne Heimstatt."
>
> 15. „Sag: Soll ich euch von etwas Besserem als diesem Kunde geben? Für diejenigen, die gottesfürchtig sind, werden bei ihrem Herrn Gärten sein, durcheilt von Bächen, ewig darin zu bleiben, und vollkommen gereinigte Gattinnen und Wohlgefallen von Allah. Allah sieht die Menschen wohl,"
>
> 16. „die sagen: ‚Unser Herr, gewiss, wir glauben. Darum vergib uns unsere Sünden und bewahre uns vor der Strafe des (Höllen-)Feuers.'"
>
> 17. „Die Standhaften und die Wahrhaftigen, die demütig Ergebenen und diejenigen, die ausgeben, und die im letzten Teil der Nacht um Vergebung Bittenden."[55]

In seinem Kommentar schreibt Djozo Folgendes über diese Koranverse: „In diesen Koranversen wird über die Materie gesprochen." Auf die Frage, welche Bedeutung der Islam der Materie und den geistigen Werten zuschreibt, antwortet Djozo:

> „Der Islam schreibt dieser Frage eine große Bedeutung zu. Es kommt mir so vor, als ob die Menschen die Stellen im Koran, in denen über die Materie und die geistigen Werte gesprochen wird, nicht für wichtig halten. Der Koran widmet diesen Fragen große Aufmerksamkeit und lehrt den Menschen, wie er sich an der Materie und den geistigen Werten orientieren kann. Der Koran leugnet nicht, dass der Mensch natürliche Neigungen gegenüber Kindern, Eltern, Reichtum usw. empfindet. So muss der Mensch einen Weg finden ein Gleichgewicht zwischen geistigen Werten und irdischen Gütern zu finden."[56]

Diese Ansicht Husein Djozos kann ebenfalls als ein Beitrag zur Integration verstanden werden. So muss der Mensch, unabhängig von seiner Herkunft, einen Weg finden die eigenen Werte, die eigene Kultur und Tradition mit den Werten

---

54 Vgl. *Prijevod Kur'âna s komentarom* (*Die Übersetzung des Koran mit Kommentar. Dritter Teil*), hrsg. Vrhovno islamsko starješinstvo u SFRJ (Die Islamische Oberverwaltung in der sozialistisch-föderativen Republik Jugoslawien), Sarajevo 1967.

55 *Der edle Qur'ān und die Übersetzung seiner Bedeutungen in die deutsche Sprache*, *Sure Āl ʿImrān* (*Die Sippe ʿImrāns*), 14.-17. Koranvers, übers. v. Scheich ʿAbdullah aṣ-Ṣāmit/Frank Bubenheim/Dr. Nadeem Elyas, S. 51f.

56 Vgl. *Prijevod Kur'âna s komentarom* (*Die Übersetzung des Koran mit Kommentar. Dritter Teil*), hrsg. v. Vrhovno islamsko starješinstvo u SFRJ (Die Islamische Oberverwaltung in der sozialistisch-föderativen Republik Jugoslawien), Sarajevo 1967, S. 222 f.

des Ortes, in dem er lebt, in Einklang zu bringen. Es ist allerdings sehr wichtig, dass die eigenen Wurzeln dabei nicht vergessen werden. Gleichzeitig soll der Mensch frei und offen für neue Werte und Kulturen sein. Eine derartige persönliche Einstellung eines jeden Menschen stellt den wichtigsten Beitrag zur Integration dar.

Der dritte Zeitabschnitt fällt mit der Zeit zusammen, als Djozo wieder mit der Übersetzung und der Deutung des Koran begann. In dieser Periode (1974-1976) arbeitete er an der Übersetzung und dem Kommentar der Sure *Āl ʿImrān*. In dem Buch *Glasnik VIS-a* (*Der Herold der Islamischen Oberverwaltung*) wurde der vierte Teil (Sure *Āl ʿImrān* bis zum 175. Koranvers) unter dem Titel *Prijevod Kur'âna s komentarom* (*Die Übersetzung des Koran mit Kommentar*) veröffentlicht.[57]

Interessanterweise wurde mit der Arbeit zur Veröffentlichung des vierten Teils der *Übersetzung des Koran mit Kommentar* im Buch *Glasnik VIS-a* im Mai/Juni 1974 begonnen, damit es in der zweiten Ausgabe des *Glasnik VIS-a* von März bis April 1976 vollendet werden konnte. In dem vierten Teil werden auch Koranverse in arabischer Sprache angeführt, danach folgen die Übersetzung und der Kommentar, und immer zu Beginn eines neuen Abschnittes ist hervorgehoben, dass Husein Djozo der Autor von *Prijevod Kur'âna s komentarom* (*Die Übersetzung des Koran mit Kommentar*) ist.

Zur weiteren Betrachtung der Standpunkte von Husein Djozo über den *zakāt* und *ṣadaqat al-fiṭr* werden seine diesbezüglichen Überlegungen vorgestellt. Man kann sagen, dass es sich dabei um eine *fatwā*[58] über *zakāt* und *ṣadaqat al-fiṭr* seitens Husein Djozo handelt.

Husein Djozo betrachtete den *zakāt* als sehr wichtig und bedeutend für den Islam und die Muslime in Bosnien-Herzegowina. Er hat diese Frage auf eine bis dahin in Bosnien-Herzegowina und darüber hinaus vielleicht einzigartige Weise gelöst, indem er erklärt hat, dass die Muslime die Mittel für den *zakāt* und *ṣadaqat al-fiṭr* in den zentralen Fonds der Islamischen Gemeinschaft einzahlen sollen, wobei aus diesem Fonds Mittel für die zentrale Verwaltung – Obermufti, Rijaset – und teilweise auch für die Muftizuständigkeiten, Madāris und die Islamische Theologische Fakultät verwendet werden. Diese Art der Erklärung von Husein Djozo, wie der *zakāt* und *ṣadaqat al-fiṭr* zu realisieren sind, stellte in Bosnien-Herzegowina und darüber hinaus etwas Neues dar. Hier könnte man

57 Vgl. Jusuf Ramic, *„Husein Đozo kao prevodilac i komentator Kur'âna"* (*„Husein Djozo als Übersetzer und Kommentator des Koran"*), in: *Zbornik radova Fakulteta islamskih nauka pod naslovom: Život i djelo Husein efendije Đoze* (*Die Sammlung der Werke der Fakultät der Islamsichen Wissenschaften unter dem Titel: Das Leben und Werk des Husein Djozo*), Sarajevo 1998, S. 59-67.

58 *Fatwā* (pl. *fatāwā*): islamisches Rechtsgutachten, in: Teufik Muftic, *Mu'ağam 'arabî-sarbokrowâtî* (*Arabisch-Serbokroatisches Wörterbuch*), 1. Bd., Sarajevo 1973, S. 2556.

auch die Frage stellen, aus welchem Grund sich Husein Djozo erfolgreich bemüht hat, die *zakāt-* und *ṣadaqat al-fiṭr*-Frage auf diese Art zu lösen.

Die Antwort auf diese Frage könnte wie folgt lauten: Die Islamische Gemeinschaft in Bosnien-Herzegowina, im Unterschied zur islamischen Welt, hat aufgrund der Ungewissheit und einer unsicheren materiellen Basis nach der Nationalisierung und dem Entzug des *waqf*-Vermögens durch das kommunistische System 1930/31, als die Satzung für die autonome Verwaltung der islamischen religiösen und *waqf*-Angelegenheiten in Bosnien-Herzegowina definitiv abgeschafft wurde,[59] in *zakāt* und *ṣadaqat al-fiṭr* die einzigen Möglichkeiten und Einnahmequellen für die Unterhaltung ihrer Organisation gesehen. Das geschah tatsächlich gerade so, wie Husein Djozo es erläutert und sich bemüht hat, dieses noch zu seinen Lebzeiten zu realisieren. Diese zeitgemäße Lösung der *zakāt-* und *ṣadaqat al-fiṭr*-Frage ist noch einige Jahrzehnte nach dem Tod von Husein Djozo genauso aktuell wie seine Ideen und wird auf die von ihm befürwortete Art und Weise durchgeführt. Djozo hat in seinem Korankommentar oft betont:

> „Ich bin der Meinung, dass der *zakāt* und *ṣadaqat al-fiṭr* in den Fonds der Islamischen Gemeinschaft zu spenden unabdingbar und sehr nützlich wäre. Wenn diese Spende für den Fonds der Islamischen Gemeinschaft wäre, dann könnte ohne Zweifel auf diese Weise ein bedeutender Betrag zusammenkommen, aus welchem der größere Teil des Bedarfs des religiösen Lebens gedeckt werden könnte."[60]

Husein Djozo scheint gewusst zu haben, dass die Lösung der Frage des *zakāt* und *ṣadaqat al-fiṭr*, wodurch die Existenz der Islamischen Gemeinschaft und ihre Entwicklung ermöglicht wären, manch einem als unannehmbar und unzulässig stören würde und auch manchem der bosnischen *ʿulamāʾ* (Gelehrten), die die Ideen von Husein Djozo nicht angenommen haben, als nicht akzeptabel erscheinen würde. Djozo hat denjenigen, die sich seinen Erläuterungen über den *zakāt* und *ṣadaqat al-fiṭr* widersetzt haben, wie folgt geantwortet:

> „Ich kann denjenigen gleich sagen, dass die *zakāt-* und *ṣadaqat al-fiṭr*-Spende zu diesen Zwecken absolut erlaubt, zulässig, sogar empfehlenswert ist. Ich bin der Meinung, dass es aus der islamischen Sichtweise keinen besseren Platz gibt, wo der *zakāt* und *ṣadaqat al-fiṭr* gespendet werden könnten, als in den Fonds der Islamischen Gemeinschaft."[61]

Djozo war der Meinung, dass die Islamische Gemeinschaft vom Standpunkt der *šarīʿa* einen Anspruch darauf hätte, die Sammlung und Verteilung des *zakāt* zu organisieren und die Prioritäten zu bestimmen, weil dies zu den öffentlichen und gesellschaftlichen Funktionen, welche im Namen der Gesellschaft der Kalif

59 Vgl. Esad Hrvacic, *Vakuf – trajno dobro, sa posebnim osvrtom na vakufe u Bosni i Hercegovini* (*Waqf – das dauerhafte Gut, mit besonderem Rückblick auf den Waqf in Bosnien-Herzegowina*), Sarajevo 2001, S. 3.

60 Vgl. Husein Djozo, *Prijevod Kur'âna s komentarom* (*Die Übersetzung des Koran mit Kommentar. Dritter Teil*), Sarajevo 1967, S. 197.

61 Vgl. ebd., S. 198.

(*ḫalīfa*) innehatte, gehöre. Das würde, konkret in Bosnien-Herzegowina, der *ra'īs al-'ulamā'* (Obermufti in Bosnien-Herzegowina) tun, weil auf diesen bestimmte Prärogative und öffentliche Ämter durch ein Dekret übertragen wurden.

Hatte Djozo bei einer solchen Überlegung Vorbilder oder Modelle? Djozo hat diese Standpunkte am Beispiel des ersten Kalifen Abū Bakr aṣ-Ṣiddīq[62] erklärt, welcher denjenigen, die den *zakāt* verweigerten, den Krieg erklärt hat, sowie am Beispiel des zweiten Kalifen 'Umar ibn al-Ḫaṭṭāb[63], auf dessen Vorschlag der Hilfsfonds für neue Muslime abgeschafft wurde; ferner auch am Beispiel der Meinung Yūsuf al-Qaraḍāwī[64], welcher behauptet, dass der Vers: *„Nimm von ihrem Vermögen Spenden, du reinigst sie und läuterst sie damit, und bete für sie, dein Gebet ist ja Beruhigung für sie, und Allah ist hörend, wissend“*[65] nicht nur den Imam berechtigt, den *zakāt* zu sammeln, ihn zu verteilen und die Priorität des Fonds zu bestimmen, sondern dass dieses seine imperative Pflicht sei.[66]

Diesen Standpunkt des Husein Djozo hat auch die Islamische Gemeinschaft offiziell übernommen.[67] Es ist interessant, dass viele Muslime in Bosnien-Herzegowina und darüber hinaus nicht vorschriftsmäßig den *zakāt* zahlen. Wenn

---

62 Abū Bakr ist in Mekka geboren. Sein Vater war Abū Quḥāfa ibn Āmīr und seine Mutter Umm al-Ḫayr Salmā bint Ṣaḫr. Er wurde Aṣ-Ṣiddīq genannt, der Aufrichtige. Er war der beste Freund des Propheten Muḥammad und der erste Kalif nach dessen Tod. Er hat von 632 bis 634 regiert. Er ist in Medina gestorben und in der Moschee des Propheten neben dem Propheten begraben; vgl. Nerkez Smailagic, *Leksikon Islama* (*Islamlexikon*), Sarajevo 1990, S. 10 f.

63 'Umar ibn al-Ḫaṭṭāb ist in seinem 26. Lebensjahr zum Islam konvertiert. Nach dem Tod von Abū Bakr wurde er zum zweiten Kalifen ernannt. Er regierte von 634 bis 644. Für die Regelung des islamischen Staates gebühren ihm viele Verdienste. Während des Morgengebets am 3. November 644 hat der Perser Firūz Abū Lu'lu' mit einem Messer auf ihn eingestochen. Drei Tage nach diesem Attentat ist 'Umar ibn al-Ḫaṭṭāb gestorben und wurde in der Moschee des Propheten in Medina neben dem Propheten Muḥammad und Abū Bakr begraben; vgl. Nerkez Smailagic, *Leksikon Islama* (*Islamlexikon*), Sarajevo 1990, S. 462 f.

64 Dr. Yūsuf al-Qaraḍāwī ist ein zeitgenössischer islamischer Gelehrter aus Ägypten. Bis jetzt hat er viele Werke geschrieben, von denen u.a. folgende hervorgehoben werden können: *Fiqh az-zakāt* (*Vorschriften über den Zakat*), *al-Īmān wa al-ḥayāt* (*Glaube und Leben*), *al-Ḥalāl wa al-Ḥarām fī al-Islām*, übersetzt von Dzemaludin Latic und Seid-Efendi Smajkic, Sarajevo 1997.

65 *Der Koran*, *Die Reue*, 103. Koranvers, ins Deutsche übertragen v. Ahmad v. Denffer, Islamabad/München 1996, S. 142.

66 Vgl. Husein Djozo, *„Značaj i šerijatska osnova akcije ubiranja i raspodjele zekâta i sadakatul-fitra“* (*„Die Bedeutung und die šarī'a-Grundlage in der Aktion des Einziehens und Verteilens des zakāt und ṣadaqat al-fiṭr“*), in: *Glasnik VIS-a u SFRJ* (*Der Herold der Islamischen Oberverwaltung*), Nr. 4, Sarajevo 1976, S. 338.

67 Als die Islamische Gemeinschaft die Ideen des Husein Djozo zum Zakât offiziell angenommen hatte, war Seulejman Efendi Kemura der Obermuftî (*ra'īs al-'ulamā'*) in Bosnien-Herzegowina (1957 bis 1975).

alle reichen Muslime den *zakāt* jedes Jahr vorschriftsmäßig zahlen würden, gäbe es auf der Welt keine armen Muslime.

Djozo konnte bei seinem Kommentieren des Koran die Institution *iğtihād*[68] nicht unangetastet lassen. Er war ein brennender Befürworter des *iğtihād* und hat sich dem *taqlīd*[69] widersetzt. Er war der Meinung, dass in Bosnien-Herzegowina, in diesem Teil der Welt, wo man mit den Anforderungen der Zeit und dem gegenwärtigen europäischen Leben konfrontiert ist, das Bedürfnis nach einer Interpretation und Erarbeitung des Korangedankens wichtig sei, weil die Bearbeitung einer bestimmten Frage, gleich von wem, nicht für die Ewigkeit und auch nicht verpflichtend für die anderen Generationen sein kann. Somit sagt Djozo: „Die Form der praktischen Anwendung islamischer Prinzipien kann und darf nicht für immer sein. Diese ändern sich entsprechend den Gegebenheiten und der Zeit.“[70]

Djozos Beitrag zur zeitgemäßen Korandeutung spiegelt sich insbesondere in seiner Meinung, dass eine wichtige Vorbedingung für die Erneuerung des Islamgedankens darin liege, dass die Muslime die Institution *iğtihād* in ihrem Leben stärker nutzten, sowie darin, dass die Institution *iğtihād* immer offen sein müsse, weil es ansonsten keine richtige Ausarbeitung und auch keine Anwendung des islamischen Gedankens im Leben gebe.

Anhand des Koranverses *„wa ʿallama ādama al-asmāʾ kullahā“*[71], *„Und Er lehrte Adam die Namen alle“*[72], stellte Djozo fest, dass das in den Koranversen vorkommende Wort *Adam* sich nicht nur auf den ersten Mann als den Urvater der Menschen beziehe, sondern vielmehr auf alle Menschen und alles, was in den Koranversen hinsichtlich Adams gesagt werde; das Wort umfasse somit das gesamte menschliche Geschlecht.[73]

Das zweite Beispiel des Korankommentares von Djozo bezieht sich auf die Entstehung von Adam und seine Einsetzung als göttlicher Nachfolger auf der

---

68 *Iğtihād*: Das Lösen eines Rechtsproblems unter Heranziehung aller vier gängigen islamischen Rechtsquellen. *Iğtihād* ist das Deuten der Koranverse und der Sunna und das Suchen der richtigen Normen in diesen Quellen, oder das Lösen von bestimmten Fragen, deren Lösung man auf den ersten Blick nicht im Text (*nass*) erkennen kann; vgl. Ibrahim Dzananovic, *Idžtihad u prva četiri stoljeća islama* (*Iğtihâd in den ersten vier Jahrhunderten des Islam*), Sarajevo 1986, S. 13.

69 *Taqlīd*: wörtl. „Nachahmung“, hier die Nachahmung einer der großen Rechtsschulen, im Gegensatz zu *iğtihād*.

70 Vgl. Husein Djozo, *Islam u vremenu* (*Islam in der Zeit*), S. 9.

71 Besim Korkut, *Kur'ân s prevodom* (*Koran mit Übersetzung*), *Die Kuh*, 31. Koranvers, Besim Korkut, Sarajevo 1984, S. 6.

72 *Der Koran*, *Die Kuh*, 31. Koranvers, ins Deutsche übertragen v. Ahmad v. Denffer, S. 5.

73 Vgl. Husein Djozo, *„Kako islam gleda na čovjeka“* (*„Wie der Islam auf den Menschen schaut“*), in: *Glasnik Islamske vjerske zajednice* (*Der Herold der islamisch-religiösen Gemeinschaft*), Nr. 4-5, Sarajevo IX/1941, S. 118.

Erde: *„Und als dein Herr zu den Engeln sprach: Ich werde auf der Erde einen Nachfolger einsetzen.“*[74]

Husein Djozo ist der Meinung, dass dieses nur eine allegorische Darstellung der Stellung des Menschen auf der Erde, seines tatsächlichen Wertes und seiner Gesandtschaft sei. Er ist der Meinung, dass das wörtliche Verständnis dieser Koranverse durch einige Korankommentatoren falsch sei und führt ein Beispiel an: *„wa ʿallama ādama al-asmāʾ kullahā“*[75], *„Und Er lehrte Adam die Namen alle“*[76]. Djozo betont, dass manche Korankommentatoren glauben, dass Gott Adam die Sprache beigebracht hätte. Nach Djozo würde solch ein Verständnis die Vorteile des Menschen (wegen der menschlichen Vernunft) gegenüber den Engeln zunichtemachen.[77]

Was den Koranvers betrifft, in dem über den Menschen als Nachfolger auf Erden gesprochen wird (*„Ich werde auf der Erde einen Nachfolger zen“*[78]), führt Djozo an, dass die Korankommentatoren glaubten, dass dieses sich auf den Nachfolger eines Volkes beziehe. Djozo widersetzt sich dem, lehnt diesen Standpunkt ab und sagt: „Das Aufstellen eines Menschen als den Nachfolger eines ausgestorbenen Volkes – diese Art der Deutung hat mit dem Sinn dieses Verses nichts zu tun.“ Djozo stellt fest, dass man damit an einen Menschen denkt, über den in diesem Koranvers gesprochen wird, einen Nachfolger, der über die Erde, den Himmel und den Raum dazwischen herrscht.[79]

Djozos beliebte Art der Auseinandersetzung mit der Koraninterpretation war eine zeitgenössische, moderne Methode, die er gern bei den Kommentaren der einzelnen Koranverse anwendete. Aufgrund dessen könnte man sagen, dass sein Beitrag zur zeitgenössischen Koraninterpretation, verglichen mit anderen zur selben Zeit tätigen Korankommentatoren, der bedeutendste in Bosnien-Herzegowina ist.

Der jetzige Obermufti in Bosnien, Mustafa Ceric, vertritt den zeitgemäßen Islam in Bosnien-Herzegowina, wie es schon Husein Djozo getan hat. An dieser Stelle soll ein Teil der ergänzenden Resolution vom 08. November 2006 hervorgehoben werden, in dem gesagt wird, dass die Muslime in Bosnien-Herzegowina weiterhin der ḥanafitischen Rechtsschule angehören. In der ergänzenden Resolution steht unter anderem: „Heutzutage werden in Europa intensive

---

74 *Der Koran, Die Kuh*, 30. Koranvers, ins Deutsche übertragen v. Ahmad v. Denffer, S. 5.

75 Besim Korkut, *Kur'ân s prevodom* (*Koran mit Übersetzung*), *Die Kuh*, 30. Koranvers, S. 6.

76 *Der Koran*, ins Deutsche übertragen v. Ahmad v. Denffer, *Sura Al-Baqara* (*Die Kuh*), 31. Koranvers, S. 5.

77 Vgl. Husein Djozo, *„Kako islam gleda na čovjeka“* (*„Wie der Islam auf den Menschen schaut“*), S. 118.

78 *Der Koran, Die Kuh*, 30. Koranvers, ins Deutsche übertragen v. Ahmad v. Denffer, S. 5.

79 Vgl. Husein Djozo, *„Kako islam gleda na čovjeka“* (*„Wie der Islam auf den Menschen schaut“*), S. 118. Zu diesem Thema siehe auch: Stefan Wild, *Mensch, Prophet und Gott im Koran*, Münster 2001.

Diskussionen über die Wichtigkeit des institutionalisierten Islam geführt. Bosnien-Herzegowina kann Europa eine hundertjährige Erfahrung des institutionalisierten Islam bieten und somit eine bessere Zusammenarbeit zwischen Religionen und Kulturen in Europa ermöglichen.“[80]

Literatur

Alagic, Sukrija, *Tafsīr al-Qur'ān al-Karīm* (*Kommentar des Koran*), 1 Bd., Sarajevo 1926.

al-Qaraḍāwī, Yūsuf, *al-Ḥalāl wa l-Ḥarām fī al-Islām*, übersetzt von Dzemaludin Latic und Seid-Efendi Smajkic, Sarajevo 1997.

al-'Ulamā', Ra'īs/Ceric, Mustafa, Rijaset Islamske zajednice u Bosni i Hercegovini, (Islamische Gemeinschaft in Bosnien-Herzegowina), *Dopunjena Rezolucija* (*Ergänzte Resolution*), Sarajevo 17.10.1427/08.11.2006.

Der edle Qur'ān und die Übersetzung seiner Bedeutungen in die deutsche Sprache, übersetzt v. Scheich 'Abdullah aṣ-Ṣāmit, Frank Bubenheim und Dr. Nadeem Elyas, al-Madīna al-Munawwara, Königreich Saudi-Arabien, 1426 n. H./2005 n. Chr.

Der Koran, „Die Kuh", 30., 31., 63., 103. Koranvers, ins Deutsche übertragen v. Ahmad v. Denffer, Islamabad/München 1996.

Djozo, Husein, *Fetve I i II* (*Fatāwā I und II*), bearbeitet von Aziz Hasanovic, Sarajevo 1999.

Ders., *Fetve u vremenu 1965-1977* (*Fatāwā in der Zeit von 1965 bis 1977*), Verein der 'Ilmiyya in Bosnien-Herzegowina, Srebrenik 1996.

Ders., *Islam u vremenu* (*Islam in der Zeit*), hrsg. vom Vollstreckungsausschuss der 'Ilmiyya für die sozialistische Republik Bosnien-Herzegowina, Sarajevo 1976.

Ders., *„Kako islam gleda na čovjeka"* (*„Wie der Islam auf den Menschen schaut"*), in: *Glasnik Islamske vjerske zajednice* (*Der Herold der islamisch-religiösen Gemeinschaft*), Nr. 4-5, Sarajevo IX/1941.

Ders., *„Marija majka Isusova u islamskoj predaji"* (*„Marija Mutter von Jesus in der islamischen Tradition"*), in: *Glasnik VIS-a* (*Der Herold der Islamischen Oberverwaltung*), Nr. 6-8, Sarajevo IX/1958.

Ders., *Prijevod Kur'âna s komentarom, prvi džuz* (*Die Übersetzung des Koran mit Kommentar. Erster Teil*), Oberamt der Islamischen Gemeinschaft der sozialistisch-föderativen Republik Jugoslawien, Sarajevo 1966.

Ders., *Prijevod Kur'âna s komentarom, drugi džuz* (*Die Übersetzung des Koran mit Kommentar. Zweiter Teil*), Oberamt der Islamischen Gemeinschaft der sozialistisch-föderativen Republik Jugoslawien, Sarajevo 1966.

Ders., *Prijevod Kur'âna s komentarom, treći džuz* (*Die Übersetzung des Koran mit Kommentar. Dritter Teil*), Oberamt der Islamischen Gemeinschaft der sozialistisch-föderativen Republik Jugoslawien, Sarajevo 1967.

---

80 Vgl. *ra'īs al-'ulamā'*/Mustafa Ceric, Rijaset Islamske zajednice u Bosni i Hercegovini (Islamische Gemeinschaft in Bosnien-Herzegowina), *Dopunjena Rezolucija* (*Ergänzte Resolution*), Sarajevo 17.10.1427/08.11.2006, S. 2.

Ders., *Prijevod Kur'âna s komentarom, četvrti džuz* (*Die Übersetzung des Koran mit Kommentar. Vierter Teil*), Oberamt der Islamischen Gemeinschaft der sozialistisch-föderativen Republik Jugoslawien, Sarajevo 1974/1975/1976.

Ders., *Problem reforme u islamu* (*Problem der Reform im Islam*), Sawt al-Islâm, II/1936, Nr. 24, S. 1-2.

Ders., *„Razum i vjera nisu u sukobu"* (*„Vernunft und Religion sind nicht im Widerstreit"*), in: *al-'Arab*, Nr. 260, Kuwait, Juli 1980, S. 56-58 und in: Taqwîm, Sarajevo 1997, S. 219-224.

Ders., *Sjećanja* (*Erinnerungen*), *Preporod* (*Renaissance*), Vereinigung der Gelehrten ('Ilmiyya) in der sozialistischen Republik Bosnien-Herzegowina, Nr. 129, Sarajevo VII/1976.

Ders., *„Tumačenje Kur'âna"* (*„Die Deutung des Koran"*), in: *Glasnik VIS-a* (*Der Herold der Islamischen Oberverwaltung*), XXIX, Sarajevo, 1996, I, II.

Ders., *„Značaj i šerijatska osnova akcije ubiranja i raspodjele zekâta i sadakatul-fitra"* (*„Die Bedeutung und die Scharî'agrundlage in der Aktion des Einziehens und Verteilens des Zakât und Sadaqa al-Fitr"*), in: *Glasnik VIS-a u SFRJ* (*Der Herold der Islamischen Oberverwaltung*), Nr. 4, Sarajevo 1976.

Dzananovic, Ibrahim, *Idžtihad u prva četiri stoljeća islama* (*Iğtihâd in den ersten vier Jahrhunderten des Islam*), Sarajevo 1986.

Hasani, Mustafa, *Biografija i bibliografija radova Husein efendije Doze* (*Biografie und Bibliografie der Arbeiten des Husein Efendi Djozo*), Sarajevo 1998.

Hrvacic, Esad, *Vakuf – trajno dobro, sa posebnim osvrtom na vakufe u Bosni i Hercegovini* (*Waqf – das dauerhafte Gut, mit besonderem Rückblick auf den Waqf in Bosnien-Herzegowina*), Sarajevo 2001.

Kalesi, Hasan, *Predgovor* (*publikacija iz Kur'âna Casnog, Svetu celom opomena*), *„Vorwort"* (*Veröffentlichung aus dem Koran, der ganzen Welt eine Mahnung*), Beograd 1967, S. 32-33.

Karic, Enes, *Tefsir* (*Tafsīr*), Sarajevo 1995.

Ders., *Uvod u tefsirske znanosti* (*Einführung in die tafsīr-Wissenschaften*), Sarajevo 1995.

Korkut, Besim, *Kur'ân s prevodom* (*Koran mit Übersetzung*), *„Die Kuh"*, 30., 31. Koranvers, Sarajevo 1984.

Muftic, Teufik, *Mu'ağam 'arabî-sarbokrowâtî* (*Arabisch-Serbokroatisches Wörterbuch*), 1. Bd., Sarajevo 1973, S. 2556.

Pasic, Muhamed, *„Mededija usluga"* (*„Trojanisches Pferd"*), in: *Glasnik VIS-a* (*Der Herold der Islamischen Oberverwaltung*), Nr. 4-6, Sarajevo X/1959, S. 166-171.

Prijevod Kur'âna s komentarom (*Die Übersetzung des Koran mit Kommentar*), hrsg. v. Vrhovno islamsko starješinstvo u SFRJ (Die Islamische Oberverwaltung in der sozialistisch-föderativen Republik Jugoslawien), Sarajevo 1966.

Prijevod Kur'âna s komentarom (*Die Übersetzung des Koran mit Kommentar*), 1. Teil, hrsg. v. Vrhovno islamsko starješinstvo u SFRJ (Die Islamische Oberverwaltung in der sozialistisch-föderativen Republik Jugoslawien), Sarajevo 1966.

Prijevod Kur'âna s komentarom (*Die Übersetzung des Koran mit Kommentar*), 2. Teil, hrsg. v. Vrhovno islamsko starješinstvo u SFRJ (Die Islamische Oberverwaltung in der sozialistisch-föderativen Republik Jugoslawien), Sarajevo 1966.

Prijevod Kur'âna s komentarom (*Die Übersetzung des Koran mit Kommentar*), 3. Teil, hrsg. v. Vrhovno islamsko starješinstvo u SFRJ (Die Islamische Oberverwaltung in der sozialistisch-föderativen Republik Jugoslawien), Sarajevo 1967.

Ramic, Jusuf, *Bošnjaci na Univerzitetu Al-Azharu* (*Bosniaken an der Universität Al-Azhar*), Sarajevo 2002.

Ders., *„Husein Djozo kao prevodilac i komentator Kur'âna"* (*„Husein Djozo als Übersetzer und Kommentator des Koran"*), in: *Zbornik radova Fakulteta islamskih nauka pod naslovom: Život i djelo Husein efendije Đoze* (*Die Sammlung der Werke der Fakultät der Islamischen Wissenschaften unter dem Titel: Das Leben und Werk des Husein Djozo*), Sarajevo 1998.

Smailagic, Nerkez, *Leksikon Islama* (*Islamlexikon*), Sarajevo 1990.

Spahic, Mustafa, *Povijest Islama* (*Die Geschichte des Islam*), Sarajevo 1995.

Spomenica 450 godina Gazi Husrev-begove medrese u Sarajevu (*Denkschrift der 450-jährigen Gazi Husrev-beg Madrasa in Sarajevo*), Gazi Husrev-beg Madrasa, Sarajevo 1988.

Spomenica šerijatsko sudačke škole u Sarajevu (*Denkschrift der šarīʿa-Rechtsschule in Sarajevo*), Sarajevo 1937.

Traljic, Hafiz Mahmud, *„Sjećanje na Husein efendiju Djozu"* (*„Erinnerung an Husein Efendi Djozo"*), in: *Zbornik radova Fakulteta islamskih nauka* (*Sammlung der Arbeiten der Fakultät der Islamischen Wissenschaften*), *Život i djelo Husein efendije Đoze* (*Das Leben und Werk des Husein Efendi Djozo*), Sarajevo 1998.

Wild, Stefan, *Mensch, Prophet und Gott im Koran*, Münster 2001.

III. Einblicke in die Islamische Theologie

Wer bestimmt die Islamische Theologie und nach welchen Kriterien?

Nimetullah Akın

Der vorliegende Beitrag erhebt nicht den nur schwerlich zu erfüllenden Anspruch, die in der Überschrift genannte Problematik in ihrer Gänze zu lösen. Vielmehr soll der Versuch gewagt werden, eine allgemeine bzw. systematische Perspektive zu erarbeiten. In der Untersuchung werden zwei grundlegende Dichotomien berücksichtigt: die eine ist diejenige der Divergenz bezüglich der *Grundlagen* der Islamischen Theologie, welche wiederum die unterschiedlichen politischen Betrachtungsweisen hervorbringt, und die andere betrifft den Unterschied hinsichtlich verwendeter Quellen und Methoden, welche der Entstehung der Maḏāhib und den verschiedenen Strömungen den Weg ebnete.

1. Die Grundlagen der Islamischen Theologie

Bevor etwas über die Islamische Theologie und die sie konstituierenden Kriterien ausgesagt werden kann, liegt es nahe, allen voran die Region, in der die Religion des Islam entstand, sowie die Vorbildhaftigkeit des ehrwürdigen Propheten, die er in den 23 Jahren seines Prophetentums an den Tag legte, eingehender zu thematisieren. Das Gebiet, in dem der Islam im Jahre 612 zum ersten Mal auftrat, war die Arabische Halbinsel, und die erste Gesellschaft, die mit seiner Botschaft angesprochen wurde, diejenige in Mekka. Angesichts des Wissens über diese Zeit in Mekka im Speziellen und über die arabische Gesellschaft im Allgemeinen, können folgende Feststellungen getroffen werden.

1.1 *Tawḥīd* (Monozentrische Autorität)

Ein wesentliches Charakteristikum der mekkanischen Gesellschaft war der polytheistische Glaube. Laut Koran war es für mächtige und reiche Personen recht einfach, die polyzentrische Religion als Mittel für ihre Zwecke zu nutzen. Kurz ausgedrückt: Über die Macht Gottes wurde verhandelt und sie wurde manipuliert und instrumentalisiert. Als Beispiel hierfür sei eine Anekdote aus dem Leben des ʿAbd al-Muṭṭalib ibn Hāšim (dem Großvater des Propheten Muḥammad) angeführt. ʿAbd al-Muṭṭalib gelobte den Göttern, eines seiner Kinder zu opfern, falls er zehn Kinder bekommen sollte. Als schließlich sein letzter und zehnter Sohn ʿAbd Allāh geboren wurde, wurde er mithilfe eines Traumes an sein Versprechen erinnert, sodass er sich zu den Götzen begab und per Los seine „Opfergabe“ bestimmte. Als er ausgerechnet ʿAbd Allāh, seinen Lieblingssohn, ausloste, befand er sich in einer sehr schwierigen Lage. Er entschloss sich, erneut zu losen: dieses Mal zwischen der Opferung seines Sohnes ʿAbd Allāh und der Opfergabe von zehn Kamelen. Wieder fiel das Los jedoch auf ʿAbd Allāh. Insgesamt wiederholte sich dieser Vorgang zehn Mal, bis die Losung schließlich zugunsten des Lebens seines Sohnes bei Opferung von 100 Kamelen ausging, was die Rettung seines Sohnes bedeutete. Während des gesamten Vorgangs hatte ʿAbd al-Muṭṭalib jedoch, trotz der zehnfachen Wiederholung und dem hierbei signalisiertem Willen der Götter, nicht ein einziges Mal mit dem Gedanken gespielt, seinen Sohn zu opfern.[1]

In der mekkanischen Gesellschaft, in der keine Anbetung des einzigen und alleinigen Gottes stattfand, und die von menschlichen Begierden und Wünschen überschattet war, versuchte der Prophet zehn Jahre lang, den polytheistischen und polyzentrischen Glauben zu beseitigen und einen monotheistischen Glauben einzuführen. Der *Tawḥīd*-Glaube beendete schließlich das Machtchaos und die Ausnutzung der Religion in der Gesellschaft.

1.2 Eine gemeinschaftliche und universelle Religionsauffassung in der *Umma*

Eine weitere Eigenschaft der mekkanischen Gesellschaft zur Zeit der Entstehung des Islam war das Überlegenheitsgefühl des eigenen Stammes bzw. der eigenen Rasse. Da die Stämme in Mekka und Umgebung ihre Angehörigen gegenüber anderen generell für überlegen hielten, leisteten sie ihnen unter jeder Bedingung Schutz. Hatte ein Angehöriger des eigenen Stammes Streit mit jemandem, der zu einem anderen Stamm gehörte, wurde er immer unterstützt, unabhängig davon, ob er tatsächlich Recht oder Unrecht hatte. Ein altarabisches Sprichwort aus jener Zeit verdeutlicht dieses Verhalten: „Egal, ob Täter oder Opfer, hilf immer deinem ‚Bruder‘ (Angehörigen).“ Sobald ein Angehöriger der Stämme Banū Hāšim, Banū ʿAbd Manāf oder Banū Umayya mit einem Problem konfrontiert wurde, rief er: „Eilt mir zu Hilfe, meine Brüder.“

Als die Polytheisten (*Mušrikūn*) den Propheten boykottierten, um die Verbreitung des Islam zu verhindern, waren nicht nur der Prophet und die Muslime, sondern sein ganzer Stamm der Banū Hāšim vom Boykott betroffen. Unter ihnen befanden sich auch Nicht-Muslime. Denn das Verhalten des Propheten wurde allgemein als das Verhalten des Stammes aufgefasst und einige Nicht-Muslime aus seinem Stamm, insbesondere Abū Ṭālib ibn ʿAbd al-Muṭṭalib, nahmen den Propheten in Schutz. Einen Tag vor der *Hiǧra* (der Auswanderung nach Medina) planten die Polytheisten den Propheten zu ermorden und beauftragten dazu ein Mordkommando, das sich aus je einem Angehörigen eines je-

1 Vgl. Ibn Hišām, *as-Sīra an-nabawīya*, Bde. 1-4, Bd. 1, Beirut 1971, S. 160-162.

den Stammes zusammensetzte. Es wurde dabei so gedacht, dass der Stamm Banū Hāšim hierauf keine Rache für die Ermordung ausüben können würde.

Der Prophet selbst lehnte mit seiner Botschaft das Überlegenheitsgefühl des eigenen Stammes jedoch deutlich ab. Alle Menschen seien gleich, eine Überlegenheit könne es nur in Hinblick auf Tugend und Moral geben.[2] In seiner Abschiedspredigt schaffte der Prophet die Blutrache ab und betonte die Brüderschaft unter den Menschen: „Ich schaffe die Blutrache aus der *Ǧāhiliyya* komplett ab. Und die erste Blutrache, die ich abschaffe, ist diejenige meines Neffen Rabīʿa."[3]

In den ersten zehn Jahren in Mekka beschäftige sich der Prophet hauptsächlich mit den zwei oben genannten Themen (Unterpunkte 1.1 und 1.2). Er betonte, dass ohne eine Bereinigung der Missstände zugunsten des *Tawḥīd*-Glaubens und der *Umma*, die wahrhaftige Glaubenspraxis kaum zur Geltung kommen würde. Es ist offensichtlich, dass ein Gottesdienst, in welchem die Gottheit per se nicht als Gottheit bestimmt und anerkannt wurde, als auch die Anbetung einer bestätigten Gottheit, bei welcher aber gleichzeitig abgelehnt wird, sie als Quelle einzigartiger Autorität und Macht zu akzeptieren, nicht mehr als bloße Lippenbekenntnisse sind. Religiöse und moralische Prinzipien können nur über den Glauben an einen Gott als mächtigen Schöpfer tragen.

1.3 Politische Autorität

Genauso wichtig wie das *Tawḥīd*-Verständnis ist auch die Existenz einer religiösen, starken und wirksamen Autorität, die in der Gesellschaft für Ordnung sorgen kann. Während der Zeit in Mekka war der Prophet ein Religionsoberhaupt, doch es gab keine Regierung oder Verwaltung, in der er hätte mitwirken können. Um hierfür eine Möglichkeit zu finden, wanderte man nach Medina aus (*Hiǧra*); das heißt, dass die *Hiǧra* keine Flucht, sondern ein Neuanfang war. Es sollte eine Distanzierung vom Bösen und Übel und eine Erreichung des Guten sein. Während der Zeit in Medina war der Prophet nicht nur ein religiöser, sondern auch ein politischer Führer. Er galt hinsichtlich der Glaubenspraxis als Vorbild und sorgte auch dafür, dass andere den Glauben praktizieren und umsetzen konnten.

---

2 Vgl. at-Tirmiḏī, Muḥammad b. ʿIsā, *Sunan*, Bd. 5, 44 (K. Tafsīr al-Qurʾān), 49 (Bāb Sūra al-ḥuǧūrā), Hadithnr. 3270, Çağrı yay, İstanbul 1992, S. 389.

3 Vgl. al-Qušairī, Muslim b. Ḥaǧǧāǧ, *Ṣaḥīḥ Muslim*, Bd. 1, 15 (K. al-Ḥaǧǧ), Hadithnr. 147 (1218), Çağrı yay, İstanbul 1992, S. 886.

1.4 Der Einsatz für Gerechtigkeit und die Abschaffung der Tyrannei

Sowohl der Koran als auch der Prophet äußer(te)n sich entschlossen gegen Ungerechtigkeit und Tyrannei. Die Tyrannei zu meiden, gilt als Tugend. Ein gläubiger Mensch darf unter keinen Umständen grausam handeln. Während der Zeit in Mekka war es zwar individuell möglich, die Tyrannei zu (ver)meiden, doch bei der Etablierung von Gerechtigkeit konnte das Individuum nicht mitwirken. Gerechtigkeit kann nur dann errichtet werden, wenn eine tugendhafte Gesellschaft Macht erlangt und diese im Sinne der Gerechtigkeit einsetzt. Dem Propheten, der in Mekka versuchte, den *Tawḥīd* zu verbreiten, gelang es in Medina ein Gemeinwesen aufzubauen, in dem die Ausübung religiöser und moralischer Grundüberzeugungen ermöglicht wurde. Zusammen mit der Gesellschaft, die er gegründet hatte, akzeptierte der Prophet in seiner Umgebung die Ausübung von Grausamkeiten nicht, sondern er setzte sich vielmehr für deren Beseitigung ein. Jeder Muslim hat auf individueller Ebene die Aufgabe, Grausamkeiten zu vermeiden und auf der gesellschaftlichen die Aufgabe, die Gerechtigkeit zu verbreiten (*Ǧihād*). Der Begriff *Ǧihād* hat diesbezüglich nichts mit dem häufig verwendeten Begriff „heiliger Krieg" zu tun. *Ǧihād* bedeutet schlicht die individuelle Vermeidung von Tyrannei und die Bewahrung einer aufrechten Haltung gegenüber Tyrannen. Wesentlich ist auch die gesamtgesellschaftliche Anstrengung, für Gerechtigkeit zu sorgen. Sowohl der Koran als auch der Prophet legten viel Wert auf diese Anstrengung.

1.5 Differenziationen und die Reflexionen über die islamische Geschichte

Noch vor seinem Tod lehrte der Prophet seiner *Umma* den *Tawḥīd*, die Gerechtigkeit, die Prinzipien der *Umma* und des *Ǧihād* und formte aus ihr eine reife Gesellschaft. Als Wegweiser hinterließ er den *Koran* – das Buch Allahs – und seine *Sunna*. Auch nach dem Tod des Propheten bildeten die Muslime eine *Umma* und schafften das Überlegenheitsgefühl des eigenen Stammes ab. Sie bildeten eine Gemeinschaft, mit der Absicht, den *Tawḥīd* und die Gerechtigkeit zu verbreiten und die Tyrannei mithilfe des *Ǧihād* zu beseitigen. Mit dem Ableben des Propheten endete das Prophetentum und seine Führungsrolle wurde vom Kalifen, nach dessen Wahl durch die Gesellschaft, übernommen. Während des Kalifats von Abū Bakr und ʿUmar wich die islamische Gemeinschaft von den Prinzipien und Werten, die der Prophet ihnen gelehrt hatte, nicht ab. Die Grenzen des muslimischen Herrschaftsbereichs wurden ausgeweitet und man lernte neue Kulturen kennen.

Gegen Ende des Kalifats von ʿUṯmān gab es innerhalb der islamischen Gesellschaft Anzeichen von Abweichungen. Das Überlegenheitsgefühl des eigenen

Stammes keimte wieder auf. Sichtbar wurde dies beim Konflikt zwischen den Banū Umayya (Uṯmān und Muʿāwiya) und den ʿAlī-Anhängern, der zum Tod Ḥusains und zur ersten politischen Spaltung innerhalb der islamischen Gesellschaft führte (in Sunniten und Schiiten).

Von der politischen Spaltung waren zwei religiöse Konzepte besonders betroffen: der *Tawḥīd* und die *Umma* bzw. Stammeszugehörigkeit. Aus dem ursprünglich einheitlichen *Tawḥīd* entwickelten sich unterschiedliche Gotteswahrnehmungen und das Prinzip der Stammeszugehörigkeit wurde von der Koexistenz mehrerer Parteien abgelöst. Während der politischen Spaltung verlor die umayyadische Richtung an Bedeutung und wurde durch die sunnitische Richtung, die sich auf authentischere Quellen stützt, ersetzt. Aus der schiitischen Richtung entwickelten sich mäßige, teilweise sogar außerislamische, Strukturen.

Nach der Zersetzung der islamischen Gesellschaft (sunnitisch-schiitisch) gab es weitere Spaltungen innerhalb der *Šīʿa*. Es entstanden *Maḏāhib*, die weitgehend dem *Tawḥīd* entsprachen, wie Al-Iṯnā-Ašāriyya und Zaidīya, und weitere *Maḏāhib*, die vom *Tawḥīd* abwichen, wie die Ismailiten, Drusen, Nusairier.

Auf der sunnitischen Seite kam es kaum zu Spaltungen. Es wurde sich vom Überlegenheitsgefühl des eigenen Stammes distanziert und eine *Umma* gebildet. Sunnitisch regiert wurden in der islamischen Geschichte folgende Dynastien: die Umayyaden, die Abbasiden, die Dynastien Andalusiens, die Mameluken, die Seldschuken und schließlich die Osmanen. Schiitisch regiert wurden die Fatimiden und die Safawiden.

2. Methoden- und Quellenunterschiede bei der Deutung des Islam

Die Methodenunterschiede bei der Anwendung und Deutung der Islamischen Theologie nach dem Propheten führen zu einer weiteren Spaltung. Insbesondere bezüglich des Glaubensbekenntnisses entsteht ein Konflikt zwischen Verstand und Tradiertem. Einige *Maḏāhib* räumen dem Verstand Priorität ein, andere behaupten hingegen, dem Tradierten käme eine größere Bedeutung zu. Eine dritte Variante behauptet, das Tradierte sei die Grundlage überhaupt, und der Verstand habe die Aufgabe, es zu verstehen bzw. dieses zu versuchen.

Ein ähnlicher Methodenunterschied liegt bei der praktischen Anwendung der islamischen Werte in Bezug auf das Gebet und Rechtswesen vor. Hinsichtlich der Festlegung der Glaubenspraxis gibt es zwei Standpunkte: zum einen der Vorzug der Deutungen und des individuellen *Iǧtihād*, die bezogen auf die Texte durchgeführt werden, und zum anderen die ausschließliche Berücksichtigung des Koran und der Sunna unter Ausschluss des *Iǧtihād*. Eine ähnliche Situation hatte es auch bei der *Šīʿa* gegeben, sodass in der Folge zwei weitere *Maḏāhib* entstanden waren.

In selbiger Weise ebnete die unterschiedliche Bezugnahme auf verschiedene Quellen weiteren madhabischen Ausdifferenzierungen den Weg. Ein Resultat hieraus ist die Herausbildung der schwerpunktmäßig in Indien vorkommenden Ahl-al-Koran-Schule, welche ausschließlich den Koran als Quelle anerkennt. Darüber hinaus sind zum einen Strömungen wie die Salafiyya entstanden, welche den Koran und die Sunna als Hauptquelle deklariert und dafür plädiert, dass das gesamte Leben hiernach geregelt wird; zum anderen entwickelten sich Strömungen solcherart, die sich ebenfalls im Lichte des Koran und der Sunna, allerdings in methodologischer Hinsicht in der Mitte verorten und für die Verbindlichkeit der Autorität der *Maḏāhib* eintreten.

3. Fazit

Wenn wir die im Titel des vorliegenden Beitrags formulierte Frage *„Wer bestimmt die Islamische Theologie und nach welchen Kriterien?"* wieder aufgreifen, so kann vor dem Hintergrund des oben Dargelegten abschließend Folgendes festgehalten werden: Die Muslime müssen zu den Grundprinzipien zurückkehren, die der Prophet in den 23 Jahren des Prophetentums darlegte und persönlich anwendete. Die Muslime müssen sich auf den *Tawḥīd* berufen und ihr Verhalten dem Willen Allahs entsprechend verändern. Sie müssen die Ideologien der Stammeszugehörigkeit und des Rassismus abschaffen und sich wieder der universellen islamischen Gesellschaft annähern.

In diesem Zusammenhang müssen sich die Muslime im Umfeld einer religiösen Autorität, die über umfassende allgemeingültige und gesetzgeberische Befugnisse verfügt, begegnen und sich im Leben der Einhaltung der im Koran und in der Sunna niedergelegten universellen Prinzipien verpflichtet fühlen.

Wenn sich die Muslime heutzutage nicht im gemeinsamen Glauben an den *Tawḥīd*, die Gerechtig- und Geschwisterlichkeit begegnen und wenn keine Autorität vorhanden ist, die imstande ist, diese Prinzipien selbst zu verkörpern und zu vermitteln, dann können die unterschiedlichen Auffassungen einer Islamischen Theologie und die daraus resultierenden Probleme nicht beseitigt werden.

Literatur

Ibn Hišām, *as-Sīra an-nabawīya*, Bd. 1, Beirut 1971.
Al-Qušairī, Muslim b. Ḥaǧǧāǧ, *Ṣaḥīḥ Muslim*, Bd. 1, İstanbul 1992.
At-Tirmiḏī, Muḥammad b. ʿIsā, *Sunan*, Bd. 5, İstanbul 1992.

Die Legitimation von Wissen im Islam

Von Ahmed Akgündüz[1]

1. Die Bedeutung von Wissen im Islam und den islamischen Quellen

Innerhalb der islamischen Epistemologie wird der arabische Begriff *ʿilm* für das Wissen benutzt; dieser besitzt weitaus mehr Konnotationen als die im Englischen oder in anderen westlichen Sprachen für ihn synonym verwendeten Begriffe. Das Wort „Wissen" bleibt hinter dem Begriff *ʿilm* zurück, da es schlichtweg nicht alle den *ʿilm* inhärenten Bedeutungsdimensionen abdeckt. In der westlichen Welt bedeutet „Wissen", dass man über irgendetwas Informationen besitzt – sei es über etwas Göttliches oder Physisches; *ʿilm* hingegen ist ein allumfassender Terminus, der sich auf die Theorie, das praktische Handeln und die Bildung bezieht. Rosenthal, der die Wichtigkeit des Begriffs im Islam und innerhalb der muslimischen Zivilisation hervorhebt, konstatiert, dass der Begriff dadurch signifikante Unterscheidungskriterien erhält. Unabhängig davon hat auf der Welt jedoch die Tatsache Bestand, dass die Menschen irgendeine Art von Information, Theorie, Idee, kulturelle und religiöse Gesinnung, Tatsache oder Doktrin im Allgemeinen unter „Wissen" subsumieren. Vor diesem Hintergrund ist es notwendig, den Wissensbegriff im Kontext der islamischen Epistemologie einer Redefinition zu unterziehen. Wie im Folgenden gezeigt werden soll, existieren im Islam insgesamt drei Wissensquellen.

1.1 Die Form der göttlichen Überlieferung (*al-ḫabar al-mutawātir*)

Dieses ist die Wahrheit, die uns von Allah über Seinen Propheten verkündet wurde. Im Koran heißt es: „Lies! Im Namen deines Herrn, der erschuf, Erschuf den Menschen aus *geronnenem Blut*. Lies, denn dein Herr ist allgültig, Der die Feder gelehrt, gelehrt den Menschen, was er nicht gewußt."[2] Und in einem anderen Vers heißt es: „Und so ihr in Zweifel seid über das, was Wir auf Unsern Diener herniedersandten, so bringt eine gleiche Sure hervor und rufet andere außer Gott zu Zeugen, so ihr wahrhaft seid."[3] Der Koran weist auf die Integrität und Weisheit des Propheten hin. Diese Weisheit – *salīm* – ist rein und gesund, geht also niemals fehl und irrt niemals. Sie bietet niemals Anlass zu nachträgli-

---

1 Aus dem Englischen von Anna Wiebke Klie.

2 Koran, 96/1-5. Die folgenden Koranverse werden zitiert aus: *Der Koran. Aus dem Arabischen von Max Henning*, mit einer Einleitung und Anmerkungen von Annemarie Schimmel, Stuttgart 2006 (Hervorhebungen: im Original).

3 Koran, 2/23.

cher Reue. Bei Fragen, die im Ermessensbereich liegen, unterlaufen dadurch keine Fehler. Sie führt letztlich immer zu Handlungsweisen, die gut sind oder sich als solche erweisen. Sie ist immer anständig und findet den richtigen Weg. Die Taten gelten immer als korrekt. Jene Weisheit war nur den Propheten vorbehalten, die mithin bei jeder der von ihnen initiierten Unternehmungen erfolgreich waren. Sie hätten niemals etwas getan, was sie hinterher bereut hätten oder was ihnen persönlich geschadet hätte. Eine Weisheit, die derjenigen der Propheten sehr nahekam, ist diejenige der *ṣaḥāba*, der *ṭābiʿūn*, der *atbāʿ aṭ- ṭābiʿīn* und der aufrichtigen Imame. Deren Weisheit ging mit den Grundsätzen und dem Geist der Scharia konform.[4]

1.2 Der gesunde Verstand, der nicht irrt (*al-ʿaql as-salīm*)

Der Koran ist der beste Beweis für Folgendes:

> „Und Allah hat euch aus den Leibern eurer Mütter hervorgebracht als Unwissende. Und Er gab euch Gehör und Gesicht und Herzen, auf daß ihr dankbar wäret.“[5]

Der Islam spricht dem menschlichen Denkvermögen einen erhabenen Status zu. Es ist diese Fähigkeit, die uns denken, nachsinnen und Schlussfolgerungen ziehen lässt. Es ist diese Vernunft, die uns befähigt, die Erde, auf der wir leben, weiterzuentwickeln. Der Koran betont diese Tatsache aus unterschiedlichen Blickwinkeln:

1. Allah wählt diejenigen Menschen aus, die Verstand besitzen und die sich darüber bewusst sind, dass sie diejenigen Gesandten sind, die für die Anbetungen

---

4 Es gibt zwei Arten von Offenbarung: Die erste ist die *explizite* Offenbarung. Bei dieser ist der erhabene Überbringer lediglich ein Interpret und Verkünder, jedoch ohne inhaltlich beteiligt zu sein. Der Koran und einige *aḥādīt al-qudsīyya* zählen zu dieser Art von Offenbarung. Die zweite Art ist die *implizite* Offenbarung: Ihr Wesensgehalt oder ihre Abstraktion basiert ebenfalls auf der Offenbarung oder der Inspiration, aber ihre Erklärung und Beschreibung waren dem Gesandten überlassen. Wenn dieser die Offenbarung erklärte, dann vertraute er zuweilen auf die Offenbarung oder Inspiration oder sprach mitunter auf der Grundlage seiner persönlichen Erkenntnisse. Wenn er auf seine persönliche Interpretation zurückgriff, dann verließ er sich auf seine scharfsinnige Wahrnehmungskraft, die er aufgrund seines prophetischen Auftrags besaß, oder er sprach als ein normaler Mensch auf einem allgemein verständlichen Niveau unter Berücksichtigung etablierter Gepflogenheiten und Bräuche. Folglich sind nicht alle Einzelheiten jedes *ḥadīṯ* zwangsläufig von der reinen, unverfälschten Offenbarung abgeleitet; auch sollten die Anzeichen seines erhabenen Status als Bote Gottes nicht in den Anregungen und Geschäften gesucht werden, die er aufgrund seiner Mitgliedschaft und Einbindung als Mensch im Staat zu machen hatte; vgl. Bediuzzaman Said Nursi, *Letters*, übers. von Şükran Vahide, Sözler Publications, Istanbul 2004, S. 123.

5 Koran, 16/78.

und Verehrungen Allahs auserkoren wurden. Bei der Erörterung von Regelungen, etwa wie die Pilgerfahrt durchzuführen ist, schließt er mit den Worten ab:

> „Und fürchtet Mich, ihr Verständigen.“[6]

2. Allah erklärt, dass diejenigen, die Verstand besitzen, die Ihm gedenken und Seinen Ermahnungen horchen, den Prinzipien der Wahrheit und Rechtschaffenheit folgen, davon ausschließlich profitieren werden. Allah sagt:

> „Wahrlich, in ihren Geschichten ist eine Lehre für die Verständigen.“[7]

Vernunft spielt nicht in allen Bereichen des Wissens die gleiche Rolle. In dieser Hinsicht kann Wissen in drei Kategorien unterteilt werden:

a) Essenzielles Wissen: Dieses ist das Wissen, das von keiner rationalen Person angezweifelt werden kann. Jede vernunftbegabte Seele muss dieses Wissen besitzen. Es beinhaltet das Wissen einer Person über ihre eigene Existenz, über die Tatsachen, dass die Zahl Zwei größer ist als die Zahl Eins oder dass sich der Himmel über uns und die Erde sich unter uns befindet.

b) Theoretisches Wissen: Dieses ist das Wissen, das durch Beweisführungen erworben bzw. durch solche zusammengetragen wurde. Ein solches Wissen (bzw. eine auf ihm fußende Denkweise) muss aus dem essenziellen Wissen deduziert werden, damit seine Richtigkeit erkannt werden kann. Viele Disziplinen fallen in diese Kategorie, etwa die Naturwissenschaften, die Medizin und diverse Künste. Gerade in diesen Bereichen spielt die Vernunft die größte, kritischste und konstruktivste Rolle.

c) Wissen des Verborgenen: Dieses bezieht sich auf Angelegenheiten, die nicht allein mittels Vernunft wahrgenommen werden können. Um ein derartiges Wissen zu erlangen, sind weitere Informationsquellen vonnöten. Diese beinhalten Wissen über Vorkommnisse oder Verhältnisse in fremden Ländern, über Ereignisse im Jenseits, das Jüngste Gericht oder die Auferstehung. Dieses Wissen ist nur über Berichte erfassbar. Wenn sich Fragen auf den religiösen Glauben beziehen (insbesondere hinsichtlich der Einzelheiten), so ist die einzige verlässliche Quelle die göttliche Offenbarung.

Dieses entspricht einer ausgewogenen Annäherung an Vernunft und Offenbarung. Sie hebt sich ab von den Annäherungen vieler anderer Sekten, von denen einige, wie etwa die peripatetischen Philosophen, ausschließlich auf den Verstand vertrauen und die Offenbarung gänzlich negieren. Andere, wie die Mehrheit der scholastischen Theologen, stellen den Sinn der Offenbarung in Abrede, da sie der Auffassung sind, dass sie den Diktaten des Verstandes widerspreche. Andere wiederum, wie einige der Sufi-Bruderschaften, nehmen die per-

6 Koran, 2/197.
7 Koran, 12/111.

sönliche Erleuchtung und spirituelle Erfahrungen als Grundlagen der Wahrheit, auch, wenn sie mit der Vernunft und Offenbarung nicht zu vereinbaren sind.

Es ist (in den islamischen Wissenschaften) ein etabliertes methodologisches Prinzip, dass wenn irgendeine Einzelheit oder Position des religiösen Wissens, die auf Grundlage des Koran oder der Sunna verkündet wird, scheinbar in den Konflikt mit dem Verstand gerät, dass dann dem Urteil des Verstandes – vorausgesetzt es ist authentisch – Priorität eingeräumt wird und die betreffende Einzelheit oder Position der Interpretation unterliegt. Authentische, genuine Vernunft ist diejenige, die expliziert und gelehrt wurde mittels etablierter Wahrheiten und fundamentaler Prinzipien des Islam; es ist diejenige, die verwirklicht wird durch eine Person, die über detailliertes Wissen sowohl über die göttlichen Schöpfungsgesetze verfügt als auch über die Gesetze, die verankert sind in dem geoffenbarten religiösen Kodex, in der Scharia.[8]

Zweifellos ist das größte Hindernis der vermeintliche Konflikt zwischen einigen äußeren Aspekten des Islam und bestimmten anerkannten wissenschaftlichen Fakten. Dies ist, gelinde gesagt, befremdlich, denn: Wie kann eine Sache in Konflikt geraten mit einem wahrhaftigen Phänomen, das diese Sache erst hervorgerufen hat? Denn es ist der Islam, der die Wissenschaften angeleitet und viele von ihnen sogar begründet hat. Doch der Trugschluss der Existenz eines Konfliktes zwischen dem Islam und den Wissenschaften bleibt in unseren Denkweisen verhaftet; er treibt viele Muslime in die Hoffnungslosigkeit und versperrt ihnen die Türen zum Wissen und zur Zivilisation.[9]

1.3 Wahrnehmungsvermögen oder Empirismus: Die Sinne (Menschliche Erfahrung = *al-ḥawāss as-salīma*)

Dieses ist die Wahrheit, die erlangt wird durch die gemeinsamen Anstrengungen unserer Sinnesorgane. Jeder unserer Sinne besitzt Grenzen der Belastbarkeit bzw. seines spezifischen Wirkbereichs. Jeder Versuch, einen der Sinne über seinen Kompetenzbereich hinausgehend zu beanspruchen, ist ein Akt der Vergeblichkeit, der für denjenigen, der diesen Versuch unternimmt, zugleich schädlich sein kann. Beispielsweise stattet uns das Auge mit der Fähigkeit aus, Objekte zu sehen. Unabhängig davon, wie intakt und scharf das Augenlicht einer Person auch sein mag: Das Auge ist ohne weitere Hilfsmittel nicht imstande, Mikroben zu sehen, wenngleich Mikroben zweifellos existieren. Ebenso sind die Farben im Bereich der infraroten und ultravioletten Lichtspektren für das Auge nicht wahrnehmbar. Eine Person, die dennoch versucht, Letztere mit ihren Augen er-

8 Vgl. Bediuzzaman Said Nursi, *The Reasonings. A Key to Understanding the Qur'an's Eloquence*, übers. v. Huseyin Akarsu, o.O. o.J., S. 19ff.

9 Vgl. Taqiyyuddīn Aḥmad ibn ʾAbdulḥalīm, *Darʾu Taʿāruḍ al-ʿAql wa an-Naql*, c. I, Medina 1991, S. 4ff.

kennen zu können, wird erfolglos bleiben, womöglich nur ihr Sehvermögen schädigen.

2. Die Legitimation von Wissen im islamischen Recht, in islamischen Werten und Normen

Rechtliche Bestimmungen werden detailliert aus den folgenden vier grundlegenden Quellen abgeleitet: Koran, Sunna, *iǧmāʿ* (Konsensus) und *qiyās* (Analogieschluss). Die Bestimmungen wurden in unterschiedlichen rechtswissenschaftlichen Werken zusammengetragen. Ein Kalif oder Sultan (*al-imām al-mašrūʿ* = der rechtmäßige Führer) ist der Statthalter Allahs auf Erden; mit anderen Worten ist er Allah gegenüber verantwortlich und muss den Verfügungen von Koran und Sunna gehorchen. Falls er diesen Gehorsam nicht leistet, so wird ihm selbst kein Gehorsam zuteilwerden. Er ist dazu angehalten, sich hinsichtlich der Verwaltung und Leitung des Staates mit den fähigsten und kompetentesten Staatsmännern zu beratschlagen. Die Autorität des Kalifen oder Sultans wird durch die göttlichen Dekrete eingeschränkt. Ihnen ist nicht gestattet, nach ihrem Gutdünken zu handeln.

Hinsichtlich der legislativen Stellung des Kalifen umfasst der Islam nicht ausschließlich allgemeine Doktrinen; vielmehr besteht er in diesem Bereich aus einer Ansammlung von Kodexen und der Islam besitzt hierfür ein eigenes Rechtssystem. Unglücklicherweise sind sich Europäer bzw. Muslime, die in Europa studiert haben, dieses signifikanten Unterschieds nicht bewusst. Meiner Ansicht nach genügt jedoch nur ein Blick in den Koran, um dies zu verstehen. Die Scharia, die vom Propheten Muḥammad übermittelt wurde, ist unveränderbar und inhaltlich nicht erschöpfend bewältigt. Der Prophet sagte: „Diese Welt ist das Feld des Jenseits“[10] und die weltlichen Sultanate wurden nicht zurückgesetzt. Die Anstrengungen und Leistungen der *muǧtahidūn* (islamische Rechtsgelehrte) sind allgemein bekannt.

Alle rechtlichen Regulierungen des islamischen Rechts sind nach rechtlichen Quellen in zwei Gruppen eingeteilt:

1. Regeln, die direkt auf dem Koran oder der Sunna basieren und in Büchern des *fiqh* (Islamisches Recht) kodifiziert sind, werden als Vorschriften der Scharia, *aš-šarʿ aš-šarīf* (das edle religiöse Gesetz) oder Gesetze der Scharia bezeichnet; diese Bestimmungen machen 85% des gesamten Rechtssystems aus. Die Quellen der Scharia-Gesetze können wiederum in zwei Kategorien aufgegliedert werden:

---

10 Vgl. al-Saḫāwī, ʾAbdurraḥmān, *al-Maqāṣid al-Ḥasanah*, Dār al-Kitāb al-ʾArabī, Beirut o.J.

a) Primärquellen, auch *al-adilla aš-šar'iyya* genannt, von denen es insgesamt vier gibt: den erhabenen Koran, die Sunna, *iğmā'* (allgemeine Übereinstimmungen und Konsense bezüglich der Meinungen und Entscheidungen von Rechtsgelehrten) und *qiyās* (Analogieschluss).

b) Sekundärquellen, d.h. traditionelle Regeln und Brauchtümer, *istiṣlāḥ* (Erleichterungen), *istiḥsān* (Empfehlungen), historische rechtliche Bestimmungen, Erzählungen von Aṣḥāb al-Kirām (den erhabenen Begleitern des Propheten) und weitere ähnliche Quellen.

Das Studium der Scharia-Gerichtsregister (*Seriyye sicilleri*) beweist, dass im Osmanischen Reich Scharia-Bestimmungen als Grundlage für das Persönlichkeits-, Familien- und Erbrecht, das *Ius obligationum*, das Handelsgüter-Recht sowie alle Zweige des (internationalen) Privatrechts fungierten; im gesamten Recht bezüglich von Verfahrensweisen des öffentlichen Rechts, für 80% des Strafrechts, die Mehrheit des Finanzrechts und hinsichtlich der generellen Prinzipien des *Ius gentium*, des Verwaltungs- und Verfassungsrechts. Die obige Auflistung macht ungefähr 85% des Rechtssystems aus.

2. Finanzrecht, Landrecht, *ta'zīr*-Strafen (*ta'zīr* = Ahndung durch den politischen Führer ohne konkrete gesetzliche Norm), Maßnahmen bezüglich des Militär- und insbesondere des Verwaltungsrechts basierten auf den eingeschränkten gesetzgeberischen Befugnissen durch die Scharia-Dekrete sowie denjenigen rechtswissenschaftlichen Beschlüssen, die ihren Ursprung in den Sekundärquellen (die Traditionen, Brauchtümer oder das Allgemeinwohl betreffend) hatten und in den Bereich des öffentlichen Rechts fielen, *as-siyāsa aš-šar'iyya* (Scharia-Politik), *qānūn* (Gesetzeskodex), *qānūnname* (Gesetzbuch) und dergleichen. Weil auch Letztere nicht über die durch die Prinzipien der Scharia gesetzten Beschränkungen hinausgehen konnten, sollten sie nicht als ein Rechtssystem außerhalb des islamischen Rechts betrachtet und untersucht werden.[11]

Die Analyse der zwei wesentlichen Informationsquellen hinsichtlich des osmanischen Rechts, d.h. der Gesetzeskodexe und der Scharia-Gerichtsregister, führt zu der folgenden unwiderlegbaren Schlussfolgerung: Die osmanischen gesetzgeberischen Autoritäten kodifizierten ausschließlich das Verwaltungsrecht, besonders verschiedenartige Gegenstände des Verfassungsrechts, solche Themen des Eigentumsrechts, die Staatsland betrafen, Militärrecht, Finanzrecht, *ta'zīr*-Verbrechen im Strafrecht sowie deren Strafen und Dekrete hinsichtlich einiger Sonderfälle im Privatrecht.

---

11 Vgl. Ibn Qayyim al-Ǧawziyya, *I'lām al-Muwaqqi'īn 'an Rabb al-'Ālamīn*, Vol. IV, Beirut 1973, S. 372-378; PA (Başbakanlık Osmanlı Arşivi), *Prime Ministerial Ottoman Archives*, YEE, no. 14-1540, S. 12f.; Ahmed Akgündüz/Halil Cin, *Turk Hukuk Tarihi*, Vol. I, Selcuk University, Konya 1989, S. 140-157.

2.1 Die erste Quelle: Koran

Der Koran wird betrachtet als das göttliche Wort, das vom Propheten empfangen und von diesem wortwörtlich in Umlauf gebracht wurde. Darüber hinaus existiert eine subtile und tiefgründige Beziehung zwischen Muḥammad und dem Koran. Erstens gibt es direkte koranische Bezugnahmen auf Muḥammad, seinen Charakter und seine Rolle. Beachtenswert ist, dass der Koran kundtut, dass er ein Mann und kein göttliches Wesen, dass er das „Siegel der Propheten" (*ḫātam al-anbiyā'*) war, dass er einen der ehrwürdigsten Charaktere besaß und dass Gott ihn zum „stattlichen Vorbild" (*uswah ḥasana*) für alle anderen Muslime bestimmt hatte. Zweitens war Muḥammad diejenige Person, die die (Wort-) Bedeutung des Koran am besten verstand und er war der erste Interpret und Kommentator dieses heiligen Buches. Im Laufe der Jahrhunderte haben alle Muslime dank der Interpretationen Muḥammads den Koran verstanden, und wann immer sie den Koran rezitieren oder versuchen, seine Lehren in die Praxis umzusetzen, spüren sie die Präsenz des Propheten. Tatsächlich haben islamische Gelehrte häufig die Position vertreten, dass Gott nur dem Propheten allein das Verständnis des Koran auf allen für die Menschen erreichbaren Bedeutungsebenen zugestanden hat und dass diejenigen, die nach ihm kamen und sich mit den Sinngehalten des Koran beschäftigten, lediglich Erben des Wissens waren, welches Muḥammad durch Gott empfangen hat.[12]

2.2 Die zweite Quelle: Sunna

Die Taten des Propheten, die Sunna, die formal betrachtet eigentlich auch seine Äußerungen umfasst, sind laut des Koran die wichtigste Quelle für den gesamten Islam, vom Gesetz, über die Kunst und Ökonomie bis hin zur Metaphysik, und sie fungieren als Leitbild für alle frommen Muslime, die Muḥammad nacheifern wollen. Die Sunna behandelt auch eine Reihe von Aktivitäten und Glaubensauffassungen, wie beispielsweise das Betreten einer Moschee, die Handhabung der persönlichen Hygiene, den familiären Umgang und ferner sehr sublime, mystische Fragen, die auch die Liebe zwischen Menschen und Gott betreffen. Des Weiteren thematisiert die Sunna alltägliche Handlungen; intime Angelegenheiten des persönlichen wie auch des sozialen und ökonomischen Lebens von Muslimen wurden jahrhundertelang durch die Sunna geregelt und gelenkt. Sogar die zu beachtenden Details der religiösen Hauptriten – die täglichen Gebete, das Fasten, die alljährliche Pilgerfahrt etc. – basieren auf der Sunna des Propheten. Der Koran befiehlt den Gläubigen die Pflichtgebete zu verrichten, zu fasten, die Pilgerfahrt durchzuführen, aber es war der Prophet, der den Gläubi-

12 Vgl. Mu'awwaḍ/Abdulmawǧūd, *Tārīḫ al-Tašrī' al-Islāmī*, Vol. I, Beirut 2000, S. 275-88; al-Qattān, *Tārīḫ al-Tašrī' al-Islāmī*, Beirut 1987, S. 40-58.

gen lehrte, wie sie all diese Handlungen zu vollziehen haben, neben vielen weiteren religiösen Ritualen wie die Heirat und die Beerdigung von Toten.[13]

Das rechtsgültige Wesen des Islam ist verankert in der Offenbarung wie sie im Koran und durch die Vorgaben des Propheten verkündet wurde. Die Besonderheiten des islamischen Rechts waren den neuen gesetzmäßigen Anweisungen, die von Gott gegeben wurden, inhärent. Selbst die individuelle Meinung des Propheten basierte auf der göttlichen Offenbarung (*waḥy*). Während der 13 Jahre, die der Prophet in Mekka verbrachte, konzentrierte sich die Gesamtheit der Offenbarungen auf das religiöse Bekenntnis und ethische Fragen, mit nur wenigen Bezügen zu praktischen Elementen des islamischen Rechts. Der Zeitraum, der durch das Leben des Propheten abgedeckt wird, war der zentralste in der Geschichte des islamischen Rechts, denn nur in dieser Zeit gab es eine göttliche Offenbarung. Das islamische Recht trat nach der Flucht des Propheten (*hiǧra*) in eine neue Phase ein, als ein muslimischer Staat errichtet wurde. Hiermit kündigte sich eine neue Ära an, in der nun die praktische Umsetzung und Anwendbarkeit der Gesetzgebung fokussiert und etabliert werden musste.[14]

2.3 Die dritte Quelle: *iǧmāʿ*

Der *iǧmāʿ aṣ-ṣaḥāba* (Konsens der Prophetengefährten) ist eine gesetzmäßige Quelle wie der Koran und die Sunna, übermittelt durch den Boten Allahs. In Anbetracht der *iǧmāʿ aṣ-ṣaḥāba* stimmten alle darüber überein, dass es nach dem Tod des Propheten notwendig war, einen Nachfolger oder *ḫalīfa* zu berufen, und alle waren damit einverstanden, nach den Toden von Abū Bakr, ʿUmar und ʿUṯmān für die Verstorbenen jeweils einen Nachfolger zu ernennen. Einige muslimische Gelehrte vertreten die Ansicht, dass *iǧmāʿ* nur in den Zeiten der Gefährten möglich war aufgrund der Anzahl Letzterer. Es sollte erwähnt werden, dass die Mehrheit der rechtskräftigen Verfügungen erst durch Konsultationen konkret ausgestaltet wurden; dieses war in Sonderheit von Bedeutung bei Fällen während der Zeit von Abū Bakr (632-634) und ʿUmar (634-644), die öffentliche Angelegenheiten betrafen. Als beispielsweise der Irak (*sawād al-ʿIrāq*) erobert wurde, wandte sich ʿUmar an die Gefährten des Propheten, um sich Rat bezüglich der Verteilung und Nutzung des Landes zu holen. Er war sich unsicher, ob er es in den Händen der ursprünglichen Besitzer lassen oder es unter den Eroberern aufteilen sollte. Nach der Konsultation fiel die Entscheidung, dass

13 Vgl. al-Qattān, *Tārīḫ al-Tašrīʿ al-Islāmī*, S. 87-98.

14 Vgl. Muʿawwaḍ/Abdulmawǧūd, *Tārīḫ al-Tašrīʿ al-Islāmī*, Vol. I, S. 308-336; Mūʾil Yūsuf ʿIzz al-Dīn, *Islamic Law: From Historical Foundations to Contemporary Practice*, Edinburgh 2004, S. 3f.

das Land bei seinen Besitzern bleiben sollte, da diese über alle notwendigen Fertigkeiten für seine Kultivierung auch in der Zukunft verfügten.[15]

2.4 Die vierte Quelle: *qiyās*

Man kann *qiyās* (Gesetzesanalogie), *iǧtihād* (extensive Untersuchung) oder *raʾy* (angesehene Meinung) als Gesetzesquellen bezeichnen, zugleich auch als Mittel, um die Ausarbeitungen der Gesetze enger an die Schrift anzuknüpfen. Der Prophet demonstrierte den *qiyās* und betrachtete ihn als Zeugnis der Scharia. Die *ṣaḥāba* folgten ihm in dieser Ansicht und sie sahen den *qiyās* gleichermaßen als Zeugnis der Scharia an, um aus Ersterer Vorschriften zu extrahieren. Die *ṣaḥāba* betonten ausdrücklich, dass sie den *qiyās* nutzten und der Prophet akzeptierte dies. Es ist belegt, dass die *ṣaḥāba* den *qiyās* bei vielen Anlässen anwendeten. Als Abū Bakr das Erbe an die Großmutter mütterlicher-, nicht väterlicherseits vermachte, sagten ihm einige der Anṣār:

> „Du hast das Erbe an eine Frau [die Großmutter mütterlicherseits] der gestorbenen Person [dem Enkel] vermacht, der, wenn sie die verstorbene Person gewesen wäre, niemals von ihr geerbt hätte. Andererseits hast Du eine Frau [die Großmutter väterlicherseits] nicht berücksichtigt, von der der Enkel, wenn sie verschieden wäre, geerbt hätte. So gib ihr [der Großmutter väterlicherseits] ein Sechstel der Erbschaft."

Als Abū Bakr diesen *qiyās* hörte, änderte er seine Entscheidung und führte die neue Regel ein.[16]

Als die Gefährten eine Versammlung abhielten, um die Strafe für das Trinken von Wein festzulegen, schlug ʿAlī ibn Abī Ṭālib auf Grundlage der Analogie vor, dass die Strafe für falsche Anschuldigungen (*qaḏf*) für den Weintrinker geltend gemacht werden sollte: „Wenn sich eine Person betrinkt, dann fängt sie an zu fantasieren und wenn sie fantasiert, beschuldigt sie unrechtmäßig."[17]

Beachtet werden muss, dass nach den Gefährten lediglich *ar-raʾy al-mamdūh* (die angesehene Meinung) akzeptiert wird. *Ar-raʾy al-maḏmūm* (die falsche und abgelehnte Meinung) stellt hingegen keine Quelle für rechtliche Vorschriften dar. Deshalb verschmähte der Kalif ʿUmar die zweite Gattung von *raʾy*.[18]

---

15 Vgl. Muʿawwaḏ/Abdulmawǧūd, *Tāriḫ al-Tašrīʿ al-Islāmī*, Vol. I, S. 449-464; ʿIzz al-Dīn, *Islamic Law*, Edinburgh 2004, S. 5f.

16 Vgl. Muʿawwaḏ/Abdulmawǧūd, *Tārīḫ al-Tašrīʿ al-Islāmī*, Vol. I, S. 464-469.

17 Vgl. Zaidan, *Al-Waǧīz*, Bagdad 1961, S. 177; al-Zarqa, *al-Fiqh al-Islamî Fi Sawbih al-Jadid*, Vol. I, Damaskus 1998, S. 173-178.

18 Vgl. Zaidan, *Al-Madḫal Li Dirāsah al-Šarīʿa al-Islāmiyyah*, Bagdad 1977,S. 118-131; Ibn Qayyim al-Ǧawziyya, *Iʿlām ʿul-Muvaqqiʿīn*, Vol. I, Kairo 1325-1326, S. 7-9, 45; Ali Ḥasan, *Naẓratun ʾĀmmah fi Tārīḫ al-Fiqh al-Islāmī*, Kairo 1965, S. 54-105; Al-Ḫudārī, *Tārīḫ al-Tašrīʿ al-Islāmī*, Kairo 1939, S. 117-120.

Literatur

Akgündüz, Ahmed/Cin, Halil, *Turk Hukuk Tarihi*, Vol. I, Selcuk University, Konya 1989.

Ali Ḥasan, Abdulqādir, *Naẓratun ʾĀmmah fi Tārīḫ al-Fiqh al-Islāmī*, Dār al-Kutub al-Ḥadīṯah, Kairo 1965.

Henning, Max (Übers.), *Der Koran. Aus dem Arabischen von Max Henning*, mit einer Einleitung und Anmerkungen von Annemarie Schimmel, Stuttgart 2006.

Al-Ḫudārī, Muḥammad Beg, *Tārīḫ al-Tašrīʿ al-Islāmī*, Dār al-Kutub al-Misriyyah, Kairo 1939.

Ibn Qayyim al-Ǧawziyya, *Iʿlām ʿul-Muvaqqiʿīn*, Vol. I, Kairo 1325-1326.

Ders., *Iʿlām al-Muwaqqiʿīn ʿan Rabb al-ʾĀlamīn*, Vol. IV, Beirut 1973.

ʿIzz al-Dīn, Mūʾil Yūsuf, *Islamic Law: From Historical Foundations to Contemporary Practice*, Edinburgh University Press, Edinburgh 2004.

Al-Muʿawwaḏ, ʿAli Muḥammad/Abdulmawǧūd, ʾĀdil Aḥmad, *Tārīḫ al-Tašrīʿ al-Islāmī*, Vol. I-II, Dār al-Maktabah al-ʾIlmiyyah, Beirut 2000.

Nursi, Said Bediuzzaman, *Letters*, übers. von Şükran Vahide, Sözler Publications, Istanbul 2004.

Ders., *The Reasonings. A Key to Understanding the Qur'an's Eloquence*, übers. v. Huseyin Akarsu, o.O. o.J.

PA (Başbakanlık Osmanlı Arşivi), *Prime Ministerial Ottoman Archives*, YEE, no. 14-1540.

Al-Qattān, Mannaʿ, *Tārīḫ al-Tašrīʿ al-Islāmī*, al-Risālah, Beirut 1987.

Al-Saḫāwī, Abdurraḥman, *al-Maqāṣid al-Ḥasanah*, Dār al-Kitāb al-ʾArabī, Beirut o.J.

Taqiyyuddīn Aḥmad ibn ʾAbdulḥalīm, *Dārʾu Taʾāruḍ al-ʾAql wa al-Naql*, c. I, İslam Üniversitesi, Medina 1991.

Zaidan, Abd al-Karīm, *Al-Waǧīz fī Uṣūl al-Fiqh*, Maṭbaʾa al-Ānī, Bagdad 1961.

Ders., *Al-Madḫal Li Dirāsah al-Šarīʿa al-Islāmiyyah*, Matbaʾah al-Ānī, Bagdad 1977.

Al-Zarqa, Muṣṭafā Aḥmad, *Al-Madḫal al-Fiqhi al-ʾĀmm ila al-Fiqh al-Islāmī*, Dār al-Qalam, Damaskus 1998.

Annäherungen an den Koran und den Propheten „im Westen"/Okzident

Von Özcan Hıdır

1. Einführung

Der Terminus „Westen" wird aus geografischer, geschichtlicher, politischer und soziokultureller Perspektive mit unterschiedlicher Zielsetzung verwendet. Auch wenn in der Vergangenheit die Benutzung dieses Begriffs im geografischen Zusammenhang für die Regionen, in denen die Christen lebten, dominierte, versteht man heutzutage unter dem Terminus „Westen" nicht nur eine gesonderte geografische Lage und politische Gesellschaft, sondern eine bestimmte Mentalität, Weltanschauung, Geschichte sowie ein spezifisches Zivilisationsverständnis. Offensichtlich ist, dass in der Vergangenheit in Regionen, die heutzutage als „Osten" oder „Naher Osten" bezeichnet werden, viele Christen lebten. Auch in Regionen, die heutzutage als „der Westen" gelten, gibt es einen beachtlichen Prozentsatz von Menschen, die mit dem Islam ihre eigene Religion und Kultur leben. Aufgrund dessen wird dieser Begriff hier nicht vor dem Hintergrund einer geografischen, sondern vielmehr einer kulturellen und – aufgrund der Entwicklung – politischen Perspektive heraus verwendet.

In diesem Zusammenhang wird „der Osten" durch „den Westen" als „das Andere" (bzw. „die Anderen") bezeichnet. „Der Westen" hat, indem er in die Region, die er als diejenige der „Anderen" bezeichnet, eingedrungen ist, immer diese distanzierte Haltung gezeigt. Dennoch ist Europa selbst, das den „Osten" für das „Andere" hält, mit seiner Kultur, Philosophie, seinem sozialen Leben, seiner Zivilisation, Geschichte und Geografie eine am Rande der Menschheit gelegene Ortschaft. Das heißt, es ist geografisch und damit letztlich auch kulturell nicht essenziell, sondern akzidentell, marginal. Erst in der Moderne hat sich diese Entwicklung gewandelt. Dennoch besetzt Europa/„der Westen" in seiner Marginalität in der modernen Zeit das Zentrum, und die Menschheit sorgt dafür, dass „westliche" Probleme universal werden, und exportiert somit „westliche" Werte und Normen als allgemeingültige in die ganze Welt.

In der Auseinandersetzung mit dem „Islam" und Europa oder „dem Westen" treffen im eigentlichen Sinne nicht zwei verschiedene geografische Regionen, sondern zwei unterschiedliche Kulturen aufeinander. Folglich kann Europa/„der Westen" eher als eine in einem geschichtlichen Prozess durch den Islam bereicherte Landschaft betrachtet werden. Im Endeffekt liegt ein Fehlschluss darin, den Islam, der von sich behauptet universal und an die ganze Menschheit gerichtet zu sein, in geografische Grenzen setzen zu wollen. Daher müssen „der Westen" und der Islam als zwei sich ständig und gegenseitig bereichernde verschiedene Zivilisationen und Kulturen verstanden werden. Wenn man die Angelegenheit in diesem Blickwinkel betrachtet, befindet sich also der Islam in Europa/„im Westen" und Europa/„der Westen" im Islam.

Nach diesen Vorgedanken zur Thematik „des Westens" kann nun zu der eigentlichen Thematik übergegangen werden, nämlich der Sichtweisen „des Westens" auf den Koran und den Propheten sowie die Analyse grundsätzlicher Annäherungen an das Koranverständnis vonseiten der Islamwissenschaftler.

Annäherungen an den Koran sind „im Westen" grundsätzlich eng mit den Haltungen gegenüber dem islamischen Propheten verbunden. Daher müssen die Sichtweisen, die im Folgenden benannt werden, sowohl im Hinblick auf den Koran, der nach islamischer Auffassung die letzte Offenbarung Gottes an die Menschheit ist, als auch im Hinblick auf den als Verkünder geltenden Propheten untersucht werden. Aus diesem Grund nimmt die Stellung des Koran, die mit ihm verbundene Stellung des Propheten sowie seiner Prophetie als eines der wichtigsten strittigen Themen in der Beziehung zwischen Muslimen und Christen eine ganz wesentliche Position ein. Letztere besitzt bis heute Gültigkeit und Bedeutung und wird diese voraussichtlich auch in der Zukunft weiterhin innehaben.[1]

2. Allgemeine „westliche" Annäherungen an den Koran und an den Propheten

Bei der Betrachtung historischer Daten und Reflexionen kann Folgendes festgestellt werden: Durch die koranische Behauptung,[2] das Juden- und Christentum hätten sich von der ursprünglichen religiösen Form entfernt und als Ergebnis dessen sei der Islam als die letzte Religion verkündet worden, sind in der Geschichte vielerlei theologische Probleme zwischen diesen genannten Religionen entstanden. Denn der erwähnte Anspruch hat dazu geführt, dass der Islam bereits früh vom Juden- und Christentum abgelehnt wurde.

So wurde der Prophet als ein „Hochstapler" bezeichnet, der behauptet hätte, ihm sei eine neue Religion offenbart worden. Darüber hinaus wurde der Koran als ein Buch bezeichnet, das von diesem „Hochstapler" geschrieben worden sei. Für den Nachweis dessen hat die christliche Welt (das Abendland/„der Westen") verschiedene Anstrengungen für die Erforschung der Frühzeit des Islam unternommen. Durch die Sendung der Orientalisten vor allem in den Süden Italiens

1 Vgl. Özcan Hıdır, *"XX. Yüzyıl Oryantalist Çalışmalarda Hz. Peygamber İmajı"*, in: *İLAM Araştırma Dergisi* (İAD), III/2, Temmuz-Aralık 1998, S. 141-165. Für einen englischen Aufsatz bezüglich dieses Themas siehe auch URL: http://www.lastprophet.info/en/orientalists-on-prophet-muhammad/index.php.

2 Vgl. Koran, 2/79; Koran, 3/78; Koran, 4/46; Koran, 5/13.

Anfang des 19. Jhd. ist in extensiver Weise Literatur entstanden, mit Ausführungen zum Koran, zum Leben des Propheten und zur Frühzeit des Islam. In diesen Schriften haben die „westlichen“ Islamwissenschaftler den Koran und das Leben des Propheten mehrheitlich mit einem in der „westlichen“ Wissenschaft üblichen positivistischen und säkularen Verständnis, manchmal aber auch vor ihrem persönlichen religiösen Hintergrund, bearbeitet. Parallel dazu haben sie den Weg eingeschlagen, ihn schließlich mit einem negativen Image, einer negativen Definition und negativen Interpretationen zu versehen.

Vor dem Hintergrund dieser meist negativen Ansichten bezüglich des Koran und des Propheten bildete sich „im Westen“ der eigentliche und auf den Islam im Allgemeinen bezogene Triangulationspunkt heraus. Insbesondere bezieht er sich auf den Koran und die Sunna des Propheten und damit schließlich auch auf die gesamte islamisch geprägte Kultur und Zivilisation. Daher ist es wichtig, die Herangehensweisen an den Koran zu kennen, um zu wissen, ob der Prophet als ein „geistiger Führer“ , ein „sozialer Reformer“, „Verbesserer“, oder ein „kluger Beobachter“ betrachtet wird, der sich die Sitten und Traditionen der von ihm besuchten Regionen selbst aneignet, oder ob er vornehmlich als jemand angesehen wird, der im Zusammenhang mit soziologischen und psychologischen Motiven verstanden wird und der sein Verhalten aufgrund seiner jeweiligen Umgebung verändert und sich an gegebene Situationen angepasst hat.[3]

Wenn die „im Westen“ unternommenen Untersuchungen neben diesen allgemeinen Haltungen, Definitionen und Perspektiven betrachtet werden, so ist zu erkennen, dass einige böswillige und voreingenommene Bilder und Charakterisierungen[4] vorhanden sind: So ist u.a. zu lesen, dass der Prophet ein Epileptiker gewesen wäre, der epileptische Anfälle gehabt und zu Halluzinationen geneigt hätte,[5] oder dass er ein Hysteriker gewesen wäre, der andauernd Visionen gehabt hätte,[6] oder ein Heuchler, der seinen Begierden verfallen gewesen wäre,[7] ein Prophet des Schwertes,[8] der die Juden grundlos getötet[9] und sich nicht mit Glau-

3 Für eine Zusammenfassung und Bewertung der orientalistischen Arbeiten über den Propheten im 20. Jhd. siehe Özcan Hıdır, *"XX. Yüzyıl Oryantalist Çalışmalarda Hz. Peygamber İmajı"*, in: *İLAM Araştırma Dergisi* (İAD), III/2, Temmuz-Aralık 1998, S. 141-165.

4 Für eine allgemeine Bewertung der „westlichen“ Annährungen an den Propheten siehe James E. Royster, *"The Study of Muhammad: A* Survey *of Approaches from the Perspective of the History and Phenomenology of Religion"*, in: MW, LXII, Ocak 1972, S. 49ff.; Roisters teilt diese Methoden im Allgemeinen in „non-empirical/normative“ und „empirical/descriptive“ auf und erklärt dies mit zahlreichen Beispielen.

5 Vgl. Edward Sell, *The Life of Muhammad*, London 1913, S. 173.

6 Vgl. Suat Yıldırım, *Oryantalistlerin Yanılgıları*, Istanbul 2003, S. 172-174.

7 Für solche Charakterisierungen des Propheten siehe Maxime Rodinson, *"A Critical Survey of Modern Studies on Muhammad"*, in: Merlin L. Swartz (ed.), *Studies on Islam*, New York 1981, S. 23.

8 Vgl. John C. Blair, *The Sources of Islam*, VII, VIII, Madras 1925.

bensangelegenheiten befasst hätte.[10] Den Ausgangspunkt dieser Etikettierungen bildet ein Image, das den Propheten als einen Hochstapler und als jemanden, der halluziniert, kennzeichnet.[11]

Wenn man diese Behauptungen zusammenfasst, entsteht folgendes Bild: Die Muslime sind eine Gesellschaft, die eher den Propheten anstatt Gott anbetet, und sie werden als jene dargestellt, die an ein Buch – den Koran – glauben, das aus den vergangenen Kulturen und Religionen, allen voran dem Juden- und Christentum, zusammengestellt wurde. Allein diese Formulierungen zeigen, dass versucht wird, den Eindruck zu vermitteln, die Religion des Islam würde nicht einer Offenbarung entsprechen und durch den Propheten geformt worden sein. All dies sind nach Edward Said, der die qualitativste Analyse bezüglich der Orientalistik erstellt hat, „symptomatische Hypothesen bezüglich der Inakzeptanz Muhammads – diesbezüglich auch des Koran – aus ethischen und religiösen Perspektiven."[12] Ihm zufolge ist die für den Islam erfundene Bezeichnung „Muhammedanismus" eine Erweiterung des Images eines „fiktiven Propheten" und ein typisches Beispiel für die „Verwestlichung durch den Westen"[13]. Außerdem wurde kein Nachteil darin gesehen, dem Propheten alle möglichen „*manhīyāt*" (Verbote) zuzuschreiben,[14] weil er als ein Verkünder einer fiktiven Offenbarung betrachtet wurde. Diese Schilderungen und Definitionen bezüglich des Islam, des Koran und des Propheten haben von den Anfängen des Islam bis ins Mittelalter hinein existiert, wenn auch mit verschiedenen Zielen und Motiven.

Eine Erklärung, was die Ziele der Angriffe auf den Islam, den Koran und den Propheten sind, welche Norman Daniel als „die Angriffe der Christen auf eine fiktive/unechte Prophetie"[15] bezeichnet, gibt Daniel, indem er aufzeigt, wie die Christen gedacht haben könnten: „Je mehr du dich bemühst, dem Feind der Wahrheit zu schaden [damit ist der Islam, der Koran und der Prophet gemeint], desto eher kannst du die Wahrheit erreichen."[16]

Diese Auffassung spiegeln im Allgemeinen auch das Mittelalter und die nachfolgenden Epochen wider. R. W. Southern (1912-2001), ein renommierter Historiker und der Autor des Werkes *Western Views of Islam in the Middle*

9 Vgl. Edward Sell, *The Life of Muhammad*, London 1913, S. 174.

10 Vgl. Arent Jan Wensinck, *The Muslim Creed: Its Genesis and Historical Development*, New York 1932, S. 17.

11 Vgl. Muhammed Mustafa el-A'zamî, *"Müslümanlar oryantalistleri niçin reddetmelidir? I"*, in: *Zaman Gazetesi*, 08.12.2007.

12 Vgl. Edward Said, *Orientalism: Western Conceptions of the Orient*, London 1991, S. 335.

13 Vgl. ebd., S. 66.

14 Vgl. ebd., S. 62.

15 Vgl. Norman Daniel, *Islam and the West: The Making of an Image*, Oxford 2000, S. 47-78.

16 Vgl. ebd., S. 47-78, hier S. 245.

Ages, stellt dar, dass das in dieser Zeit Geschriebene vor dem Hintergrund dieser Prämisse zustande gekommen ist.[17] Dementsprechend wurde der Islam im 12. und 13. Jhd. in den Augen der Kirchenväter allgemein als eine Zufluchtsstätte der verirrten Häretiker betrachtet; der Prophet wurde weiterhin als listiger Hochstapler angesehen.[18] In dieser Epoche wurde nicht berücksichtigt, wie der Islam sich selbst sah, sondern es wurde vor allem beabsichtigt, die Christen von den negativen Charakteristika des Islam zu überzeugen. Als ein Ergebnis dessen wurde der Prophet während des Mittelalters als „Verkünder einer fiktiven Religion“ (s.o.) bezeichnet und als Personifizierung sexueller Lust, Minderwertigkeit, Homosexualität und anderer Unsittlichkeiten präsentiert.[19]

In der heutigen Zeit kommt der Erfassung der Themen bezüglich der Sichtweise „des Westens“ auf den Islam, den Koran, den Propheten und die Muslime eine große Bedeutung zu, denn seit dem Mittelalter haben „westliche“ Autoren ihre Definitionen und Kritiken bezüglich des Islam anhand von Untersuchungen des Koran und des Propheten aufgestellt. Immer wenn der Islam und die Muslime das Diskussionsthema darstellten, befanden sich der Koran und der Prophet in der Schusslinie. Wie auch der in jüngster Vergangenheit in Dänemark zustande gekommene und in der gesamten islamischen Welt Protest entfachende „Karikaturenstreit“ klar und deutlich zeigt, assoziieren die Menschen „des Westens“ die Figur des Propheten mit einem negativen Image. Dieses entstand mehrheitlich im Mittelalter durch die in ein wissenschaftliches Gewand gehüllten Schriften der Orientalisten und nahm mit der Aufklärung auch eine säkulare Sichtweise an. Zweifelsohne ist dieses Image eher auf willkürliche Zuschreibungen als auf wissenschaftliche Erkenntnisse zurückzuführen, da es eine außerhalb des Selbstverständnisses des Islam entwickelte Fiktion darstellt. Ohne die Kenntnis dieser Fiktion kann das Image, das bezüglich des Koran und des Propheten „im Westen“ entstanden ist, nicht vollkommen verstanden werden. Es ist ein Image, das von Generation zu Generation weitergegeben wurde, so wie es Norman Daniel in seinem Buch *Islam and the West* beschreibt.[20]

Dieses Image stützt sich auf folgende Behauptungen: Der Islam ist keine Religion, die sich auf Offenbarungen stützt, und der Prophet Muhammad ist kein Prophet, der durch die Offenbarung kontrolliert wird. Im Kontext dieser Urteilsfällung mussten sich die Orientalisten auf die Fragen konzentrieren, wie der Islam entstanden ist und wie der Prophet den Koran und die Sunna geformt hat. Diesbezüglich erscheint der aufkommende Gedanke als selbstverständlich, dass der Islam in erster Linie aus Elementen des Judentums, des Christentums, der hellenistischen/griechischen Kultur sowie aus vorherigen Kulturen und Reli-

---

17 Vgl. R. W. Southern, *Western Views of Islam in the Middle Ages*, Cambridge 1978, S. 14

18 Vgl. ebd., S. 275.

19 Vgl. Edward Said, *Oryantalism*, übers. von Selahattin Ayaz, Istanbul 1989, S. 105.

20 Vgl. Norman Daniel, *Islam and the West*, Oxford 2000.

gionen geformt worden sei.[21] Dies erklärt die Nutzung von Begriffen wie „borrowing" (= „leihen/borgen"), „influence" (= „Einfluss"), „origins of Islam" (= „die Quellen des Islam"), „spirit of Islam" (= „der Geist des Islam") und „Muhammadanismus" (= „Mohammedanismus")[22] in orientalistischen Schriften. Das Aufkommen solcher Begriffe bzw. die mit ihnen aufgestellten Behauptungen können auf den Anfang der orientalistischen Arbeiten, also auf das 18. Jhd., zurückdatiert werden.[23]

Das systematische und grundlegendste Auftauchen dieser Behauptungen[24] geht zurück auf die Meinungen im Buch *Judaism and Islam*[25] des Lehrers des deutschen Rabbis und Meisters des Orientalisten Ignaz Goldziher namens Abraham Geiger (1810-1874). Diesem zufolge wäre der Prophet eine Person, die sogar mehrere Aspekte des Juden- und Christentums nicht richtig hätte auffassen können, sie falsch verstanden hätte und er somit ein ungebildeter Anthologe ge-

---

21 Siehe für diese Behauptungen und Meinungen Özcan Hidir, *Yahudi Kültürü ve Hadisler*, (Teile I/II), Istanbul 2006, S. 149-410.

22 Für eine solche Darstellung, Definition und für die Begriffe, die bezüglich des Islam und seiner Quellen (von welchen Islamwissenschaftlern) angeführt werden, siehe Özcan Hıdır, *Yahudi Kültürü ve Hadisler*, Teil III, Istanbul 2006.

23 Es ist auch möglich, die orientalistischen Arbeiten bis in die Zeit der Kreuzzüge zurückzudatieren. Allerdings wurden diese Arbeiten erst im 18. Jhd. präzise und systematisch verfasst. Ferner ist es möglich, für die Feststellung der Entstehungszeit des Islam die Behauptung, der Islam sei unter dem Einfluss des Judentums entstanden, heranzuziehen. Denn einer der ersten Einwände seitens der mekkanischen Polytheisten – bereits zur Anfangszeit der Offenbarung – war derjenige, dass der Prophet diese Religion in erster Linie unter dem Einfluss des Juden- und Christentums sowie anderer früherer Religionen geformt hätte. Der Koran selbst stellt dar, dass die Polytheisten behaupteten, dass ein Mensch dem Propheten den Koran beigebracht hätte (siehe an-Naḥl 16/103); die Menschen, die dem Propheten den Koran gelehrt hätten, wären „aʿǧamī" gewesen. Der Koran setzt dem allerdings entgegen, dass er in einer arabischen Sprache herabgesandt wurde. Die Behauptungen zum Ursprung des Koran wurden von Abdülaziz Hatip – mehrheitlich auf der Grundlage französischer Quellen – in seiner Doktorabeit *Die Bewertung bezüglich der Behauptungen der Orientalisten über die Quelle des Korans* (MÜSBE, 1996) untersucht. Später wurde diese unter dem Namen *Kur'an ve Hz. Peygamber Aleyhindeki İddialara Cevaplar* (*Antworten auf die Behauptungen gegen den Koran und den Propheten*) publiziert (Istanbul 1997). Außerdem beinhaltet die Doktorarbeit des Autors, die später unter dem Titel *Jüdische Kultur und Ḥadīṯe* (Istanbul 2000) gedruckt wurde, Bewertungen zu diesen Themen.

24 Die Behauptungen werden von Abraham Geiger in seinem Werk *Judaism and Islam*, New York 1970, dargestellt. Es ist bekannt, dass viele solcher Behauptungen im Mittelalter entstanden und seitdem kontinuierlich vertreten wurden, was von vielen „westlichen" Forschern belegt wird.

25 Die deutsche Originalfassung dieses Werkes mit dem Titel *Was hat Mohammed aus dem Judenthume aufgenommen?* wurde erstmals im Jahre 1833 in Bonn gedruckt.

wesen wäre; der Islam erscheint Geiger als eine verfälschte Fortführung des Judentums, das sich mit der polytheistischen Kultur vermischt hätte.[26]

Geiger bedient sich in dem genannten Werk eines Schreibstils, der oftmals äußerst polemisch ist. Auffällig sind seine voreiligen Urteile über den Islam, den Koran und den Propheten, die er konsequent verfolgt. Auch wenn Bernard Lewis versucht, die Haltung Geigers in verteidigender Weise als „den Beitrag des Judentums zum Islam“[27] zu bezeichnen, gibt er durch verschiedene Annahmen und Fragen, wie: „Was hat Muhammad vom Judentum ausgeliehen?“, oder: „Hat Muhammad vom Judentum etwas borgen können?“, und falls dies der Fall gewesen sein sollte: „Wie ist der Vorgang des Ausleihens vonstattengegangen?“[28], typische Beispiele für die Perspektive der Orientalisten auf den Islam, den Koran und den Propheten im 19. Jhd.

In den Jahren nach Geiger haben sich die Schriften vermehrt, die seine Auffassung teilen, allerdings in einem anderen Stil und in abweichender Haltung.[29] Diesbezüglich müssen die Arbeiten von Goldziher erwähnt werden, welche die jüdischen Sitten und Bräuche und die Zitate aus der Bibel in islamischen Quellen beinhalten.[30] Eine der wichtigsten und detailliertesten Arbeiten nach Geiger ist jedoch das Buch *Jewish Foundation of Islam* von Charles C. Torrey (gest. 1956). Torrey stellt die These auf, dass sich im 6. Jhd. eine jüdische Population in Mekka befand, die sich mit der jüdischen Kultur auskannte und erkannte, dass sich der Prophet bei der Formung der neuen Religion (Islam) soweit wie möglich auf diese stützte.[31] Um diese Grundbehauptung beweisen zu können, führt er verschiedene Belege an. Laut Torrey, der neben den philologischen Vergleichen von Geiger seine Behauptungen auf historischer Ebene zu untermauern sucht, hat der Prophet mindestens einen Teil der alten heiligen Schriften gese-

26 Siehe zu den Behauptungen und Ansichten Geigers sein Werk *Judaism and Islam*, New York 1970, S. 17, 31-45, 45, 48, 64, 66-70.

27 Vgl. Bernard Lewis, *The Jews of Islam*, Princeton 1984, S. 68.

28 Für ähnliche Aussagen von Geiger, die als einzelne Überschriften dargestellt sind, siehe *Judaism and Islam*, New York 1970, S. 3, 4, 17, 21, 26.

29 Diesbezüglich sind die Arbeiten von Goldziher mit den Titeln *„Über Bibelzitate in muhammedanischen Schriften“*, *„Über jüdische Sitten und Gebräuche in muhammedanischen Schriften“*, in: Ignaz Goldziher, *Gesammelte Schriften*, II, S. 77-101; III, S. 309-315 wichtig. Für ähnliche Ansichten von Goldziher siehe *al-ʿAqīda wa š-šarīʿa*, Beirut 1946, S. 13f., 17f.

30 Dass Goldziher, der Arbeiten über den Einfluss der persischen Kultur, des Christentums und sogar des Buddhismus auf die islamischen Wissenschaften und Quellen verfasst hat, kein eigenständiges Werk über den Einfluss des Judentums auf den Islam vorgelegt hat, obwohl er dies an verschiedenen Stellen in seinen Arbeiten angekündigt hat, wird von jüdischstämmigen Autoren als Forschungsdesiderat betrachtet. Siehe Hava Lazarus-Yafeh, *„al-Fikr al-islāmī wa l-fikr al-yahūdī“*, in: *al-Iǧtihād*, XXVIII, 1995, S. 187.

31 Vgl. Charles C. Torrey, *The Jewish Foundation of Islam*, New York 1967, S. 2, 6, 8-18, 26, 31, 34, 36f., 39, 41, 46, 61.

hen, dies aber tunlichst für sich behalten. Es sei auch möglich, dass er Sprachen wie Hebräisch und Aramäisch beherrschte.[32]

Diesbezüglich kamen in der zweiten Hälfte des 20. Jhd. jedoch gemäßigtere Ansichten auf. Heutzutage hat sich mehrheitlich die Idee gefestigt, dass das Judentum den Islam, Koran und Propheten nicht komplett beeinflusst hat, sondern lediglich beeinflusst haben *könnte*. Einige Stimmen kritisieren Meinungen, die den absoluten Einfluss auf den Islam behaupteten.[33] Neben diesen wurden auch andere Meinungen angeführt, die behaupteten, dass das Christentum, die persische/iranische, indische und hellenistische Kultur den Islam und den Propheten – somit auch den Koran – beeinflusst haben könnten.[34] Letztlich bedeutet dies, dass Behauptungen bezüglich des Einflusses des Juden- und Christentums auf den Islam (und in anderen Zusammenhängen auch anderer Religionen und Kulturen) seit der Entstehung des Islam bestehen.[35]

---

32 Vgl. ebd., S. 34.

33 Obwohl von G. D. Newby in *A History of the Jews of Arabia*, Columbia 1988, die Islamwissenschaftler der klassischen Zeit bezüglich ihrer Meinungen, der Prophet hätte die jüdische und christliche Doktrin und Praxis falsch in den Koran hineinkopiert, Kritik erfährt, wird eine Beeinflussung im Endeffekt nicht geleugnet. Die Behauptung der jüdischen Abstammung wurde von Newby zwar von der Hand gewiesen und kritisiert, hat aber dazu geführt, dass er selbst zur Zielscheibe der Kritik wurde.

34 Das wichtigste Werk, in dem viele Behauptungen bezüglich christlicher Einflüsse auf den Islam, den Koran und den Propheten aufgestellt werden, ist R. Bells *The Origins of Islam in Its Christian Environment*, London 1968. Siehe außerdem zu diesem Thema Alfred Guillaume, *"The Influence of Judaism on Islam"*, in: Edwyn R. Bevan/Charles J. Singer (eds.), *The Legacy of Israel*, Oxford 1928, S. 130; Alfred Guillaume, *The Traditions of Islam*, Oxford 1924, S. 132. Ähnliche Behauptungen werden auch von Julian Obermann verteidigt (siehe *"Koran and Agada. The Events at Mount Sinai"*, in: AJSL, LVIII, 1941, S. 23f.; ders., *"Islamic Origins. A Study in Background and Foundation"*, in: N. A. Faris (ed.), *The Arab Heritage*, Princeton 1944, S. 58-120).

35 Obwohl es unter den Islamwissenschaftlern viele Meinungen bezüglich der Beeinflussung des Islam durch andere Kulturen gibt, lassen sich diese in vier Hauptgruppen aufteilen: 1.) Der Islam ist vom Juden- und Christentum gleichermaßen beeinflusst worden. Denn in dieser Zeit lebten auf der arabischen Halbinsel Juden und Christen zusammen, wenn auch in verschiedenen Gebieten (siehe Alfred Guillaume, *"The Influence of Judaism on Islam"*, in: Edwyn R. Bevan/Charles J. Singer (eds.), *The Legacy of Israel*, Oxford 1928, S. 130). Guillaume gewichtet den jüdischen Einfluss jedoch stärker. 2.) Der jüdische Einfluss ist viel kennzeichnender als der christliche; man könne einen christlichen Einfluss auf den Islam sogar vollständig negieren. Diese These basiert auf der Behauptung, dass das Christentum eine entartete Form des Judentums sei. 3.) Das Christentum hat mehr Einfluss auf den Islam als das Judentum ausgeübt, da die Christen – so die These – im Koran positiver als die Juden erwähnt würden. Zudem seien Waraqa b. Nawfal und Bahīrā Christen gewesen, deren Einfluss auf den Propheten sehr wahrscheinlich ist. 4.) Der Islam wurde in erster Linie durch die persische/iranische Kultur beeinflusst (siehe William St. Clair Tisdall, *The Sources of Islam*, S. 76-88, URL: http://www.answering-islam.org/Books/Tisdall/Sources0/).

Auch die Standpunkte, nach welchen die Quellen des Islam auf dem Judentum und dem Christentum basierten, und dass der Prophet durch diese Religionen beeinflusst wurde, konzentrierten sich zunächst auf den Propheten und den Koran; erst später wurde die komplette Kultur des Islam mit einbezogen. Dementsprechend wurden die islamischen Gottesdienste vom Juden- oder Christentum übernommen; sogar das Glaubensbekenntnis (*at-tauḥīd*) sei der samaritischen Quelle entnommen worden. Diese und ähnliche Behauptungen sind in der Literatur, die den Anfang und die Entwicklung des Islam thematisieren, zu finden.[36] Darüber hinaus wurde angenommen, dass der Einfluss auf den Propheten nicht vom herrschenden rabbinischen Judentum ausging, sondern von der jüdischen Konfessionsgruppe der Samariter, von den jüdischen Christen (Jewish Christians), vom Manichäismus,[37] von einer Gruppe der durch das Christentum beeinflussten Juden, oder von der sog. *ʿIsāvīya*,[38] deren Anhänger Jesus als Propheten akzeptieren, Muhammad als Propheten ablehnen und sagen, dass er nur zu den Arabern gesandt wurde. Diese Annahme fand so starke Verbreitung, dass sie nicht nur die Orientalisten, sondern auch einige berühmte Autoren „des Westens“ in ihre Werke[39] aufgenommen haben. Es ist ersichtlich, dass die islamischen Forscher diese Behauptungen und Vorwürfe, die oft falsche Informationen weitergeben und manchmal sogar den Islam angreifen, nicht in derselben Intensität beantworten konnten.[40] Darüber hinaus haben einige mus-

---

36 Vgl. Steven Wasserstrom, *Between Muslim and Jew. The Problem of Symbiosis Under Early Islam*, New Jersey 1995, S. 172.

37 Diese Doktrin, die in den islamischen Quellen als „Sāmirīya“ auftaucht, akzeptiert niemanden außer Moses und Aaron als Propheten und lehnt somit alle jüdischen Quellen außerhalb der Thora ab, siehe Faḫruddīn ar-Rāzī, *Iʿtiqādāt firaq al-muslimīn wa l-mušrikīn*, Beirut 1982, S. 83.

38 Diese Gruppe sind Anhänger von Abū ʿĪsā b. Yaʿkūb al-Aṣfahānī. Sie sind für ihre Anerkennung der Prophetie Muḥammads bekannt. Aber sie glauben daran, dass der Prophet nur für die Araber berufen wurde und nicht für die restlichen Völker (*ʿağam*), siehe ar-Rāzī, ebd., S. 83.

39 Zum Beispiel behauptete Sigmund Freud, der mit seinen Arbeiten in der Psychoanalyse und der Psychologie einen Wendepunkt einleitete, dass der Islam eine Zusammenfassung, ein Abriss des Judentums sei und dass der Prophet das Judentum anfangs für sich und seine Gesellschaft zu akzeptieren plante, vgl. Ali Köse, *"Musa ve Tektanrıcılık: Bir Tarih Psikanalizinin Açmazları"*, in: *Divan*, I/1998, S. 1-20.

40 Bernard Lewis, der hervorhebt, dass jüdische und nichtjüdische Forscher den Einfluss des Judentums auf den Islam als ein Problem betrachten und daher weiterführende Forschungen anstellen, behauptet, dass die muslimischen Forscher dies wiederum nicht als ein Problem wahrnehmen, denn sie akzeptierten den Propheten als jemanden, der mit göttlicher Offenbarung agierte, und sähen den Koran sowohl vom Wortlaut her als auch inhaltlich nicht als mit der Bibel gleichwertig an, siehe *The Jews of Islam*, Princeton 1984, S. 69.

limische Forscher die Meinung vertreten, dass der Prophet in der Entstehungszeit des Islam unter dem kulturellen Einfluss des Judentums stand.[41]

Das eigentliche Ziel dieser Behauptungen und Ansichten liegt in dem bereits oben ausgeführten Gedanken, nämlich zu beweisen, dass der Koran sich nicht auf Offenbarungen stützt und dem Propheten folglich keine Offenbarung zuteilwurde. Denn ein Prophet ohne Verbindung zur Offenbarung wird seine Quellen nur in den ihn umgebenden Religionen und Kulturen finden können. Es ist jedoch auch zu konstatieren, dass die den Islam betreffenden Hypothesen – zumindest teilweise – in der zweiten Hälfte des 20. Jhd. Veränderungen aufweisen, weil der Islam und die Muslime im Verlaufe des 20. Jhd. und besonders unter dem Einfluss politischer Entwicklungen zu einem wichtigen Bestandteil „des Westens" wurden. Parallel dazu hat „der Westen" begonnen, diese Menschen und das Phänomen „Islam", dessen Quellen und Wurzeln sowie seine Begründer auf eine wissenschaftliche Art und Weise zu erforschen.[42] In diesem Zusammenhang ist zu erwähnen, dass im Rahmen einer Umfrage die Mitglieder eines französischen Bücherklubs befragt wurden, von welchen Persönlichkeiten sie gerne die Biografien lesen würden. Im Ergebnis hat der Prophet mit einem großen Vorsprung den ersten Platz belegt.[43]

Dieses Interesse im 20. Jhd. führte zu einer Menge der teilweise objektiven und von Vorurteilen befreiten Literatur über den Islam, den Koran und den Propheten, deren Grundlagen mehrheitlich eine kritische Analyse historischer Quellen bildeten.[44] Diesbezüglich bot das Werk *Mohammed and the Rise of Islam* von David Samuel Margoliouth, das 1905 publiziert wurde, die Basis für Schriften der Orientalisten über den Propheten und seine Prophetie. Nach der Publikation dieses Werkes vermehrten sich in der Folge die „westlichen" Forschungen. Bedauerlicherweise kam es in diesen Arbeiten niemals zur wirklichen Akzeptanz seiner Prophetie, und auch der Islam wurde nicht verinnerlicht. Der Prophet wurde vielmehr als ein bodenständiger Mensch dargestellt, was in einem deutlichen Gegensatz zur imaginären Darstellung des Propheten – so wie ein Held der

---

41 Vgl. Ḥusnī Yūsuf Aṭyar, *al-Bidāyāt al-ūlā li l-isrā'ilīyāt*, Kairo 1991, S. 6f. Für die Theorie, dass der Islam im Juden- und Christentum wurzelt, siehe Özcan Hıdır, *"İslam'ın Yahudi ve Hıristiyan Kökeni Teorisi İle İlgili İddialar ve Çalışmalar"*, in: *İLAM Araştırma Dergisi*, III/1, S. 155-169.

42 Vgl. Maxime Rodinson, *"A Critical Survey of Modern Studies on Muhammad"*, in: Merlin L. Swartz (ed.), *Studies on Islam*, New York/Oxford 1981, S. 23.

43 Vgl. ebd., S. 24.

44 Das Werk *Mohammed – The Man and His Faith* von Tor Andrae, einem der berühmtesten schwedischen Orientalisten, das den Propheten aus religionspsychologischer Perspektive betrachtet, und die Arbeiten von H. R. Gibb (siehe Polk, *"Islam and the West – Sir Hamilton Gibb Between Orientalism and History"*, in: *International Journal of Middle Eastern Studies*, VI, 1975, S. 131-139) und W. M. Watt, dessen Ansichten im Weiteren dargestellt werden, sind diesbezüglich als Beispiele zu betrachten.

Mythologie – durch die vorherigen Orientalisten stand. Die größte Sackgasse, die durch dieses neue Portrait des Propheten entstand, lag in der Zuschreibung perverser Handlungen, die für normale Menschen nicht akzeptabel sind.

Dieser Zustand beschreibt das Ergebnis der modernen Orientalisten, das durch säkulare Elemente der „westlichen Kultur" im 18. und 19. Jhd. entstand. Schließt man in der Betrachtung des Islam und seines Propheten charakteristische Vorurteile aus, so ist zu erkennen, dass ähnliche Darstellungen und Definitionen in dieser Epoche auch in Bezug auf Jesus aufgestellt wurden. Ohne dass diese positivistischen und profanen Zuschreibungen, in denen das Heilige völlig außer Acht gelassen wird, von Muslimen gründlich und kritisch studiert werden, kann das Image des Koran und des Propheten „im Westen" heutzutage nicht richtig verstanden werden. Die Werke zur Geschichte des Islam und der Prophetenbiografie vom holländischen Orientalisten Reinhard Dozy, von Leo Caetani, Alois Sprenger und Sir W. Muir sind als ernsthafte Forschungsarbeiten im eigentlichen Sinne zu bezeichnen. Jedoch machen sich in den Veröffentlichungen dieser Autoren Hass und Vorurteile gegen den Islam, die Muslime und den Propheten bemerkbar. In den Forschungen dieser Autoren wird der Prophet negativ dargestellt, indem Details zum Propheten und Koran angeführt werden, die lediglich reduzierende Perspektiven auf beide gewähren.

3. Die methodologische Betrachtung der Arbeiten „im Westen" zum Koran und Propheten

Betrachtet man die teilweise bereits oben erwähnten Werke der Autoren, die den Koran und den Propheten aus verschiedenen Perspektiven untersuchen, so kann festgestellt werden, dass hier zwei Methoden angewandt wurden: die reduktionistische (reductionist) und die phänomenologische Methode. Eine genauere Betrachtung der Methoden eröffnet die Möglichkeit, die Autorenperspektive besser nachvollziehen zu können.

3.1 Die reduktionistische Methode

Bekanntlich besagt die materialistische Philosophie, dass alles nur aufgrund der Materie existiert. Die Materie existiert seit der Urewigkeit und wird auch in der Ewigkeit weiter existieren. Den Vertretern dieser Philosophie zufolge gibt es nichts außer dieser Materie. Materialisten folgen einer reduktionistischen Logik, um ihre Behauptungen begründen zu können. Eigentlich ist die reduktionistische Methode ein Produkt der Diskussionen und Entwicklungen des 18. und 19. Jhd.,

der Auffassung, dass auch Dinge, die nicht materiell erscheinen, mit plastischen Faktoren zu erklären sind.[45]

Viele „westliche" Autoren nutzten bei ihren Beschreibungen des Koran und des Propheten diese Methode. Demgemäß haben sie den Koran von seinem Offenbarungsstatus auf ein menschliches Produkt reduziert. Der Prophet wird von seiner religiösen Identität entfernt, abstrahiert und zu einem sozialen Reformer gemacht.[46] Die Autoren, die sich mit dem Propheten beschäftigten, leugneten seine Prophetie und beachteten seine Offenbarungskommunikation nicht. Dieser Methode folgend, ergibt sich als Ergebnis ein an den Menschen herangerückter Koran, was in der Folge bedeuten würde, dass er menschlichen Ursprungs ist.[47] Besonders im Mittelalter haben viele Autoren die oben erwähnte Methode in vielfältiger Weise genutzt.

Die Vertreter dieser Auffassung präsentieren ihre Behauptungen, indem sie mehrheitlich der Frage nachgehen, wie der Prophet den Koran und dementsprechend auch den Islam geformt hat. Dabei gibt es neben denjenigen, die bei dieser Formung auf die Genialität des Propheten hinweisen, auch einige, die diese auf politische und psychologische Motive reduzieren.[48] Dies führt zu Behauptungen von Autoren, dass der Prophet anfangs nicht mit seiner religiösen Identität, sondern als ein sozialer und verbessernder Reformer auftrat und erst später seine religiöse Identität formte. Diesen Autoren zufolge hat dem Propheten diesbezüglich die soziokulturelle Umgebung im damaligen Mekka sehr geholfen.[49]

Zweifellos hat diese Sichtweise europäischer Autoren bezüglich des Koran und des Propheten in der modernen Zeit nachhaltigen Einfluss gezeigt. Zum Verständnis der heutigen Sichtweisen „westlicher" Autoren und Wissenschaftler

---

45 Vgl. William M. Watt, *"The Sociologist and the Prophet: Reflections on the Origin of Islam"*, in: *Arsi Presentation Volume*, December 1965, S. 29-36; Nakra at-Tahāmī, *„al-Qur'ān wa l-mustašrikūn"*, in: *Manāhiǧ al- mustašrikīn fi d-dirāsāt al-ʿarabīya wa l-islāmīya*, Riyadh 1985, S. 26.

46 Für solch ein Verständnis siehe William M. Watt, *"The Sociologist and the Prophet: Reflections on the Origin of Islam"*, in: *Arsi Presentation Volume*, Dezember 1965, S. 29-36; ders., *"Secular Historians and the Study of Muhammad"*, in: *Hamdard Islamicus*, I/3, 1978, S. 51-53.

47 Vgl. Nakra at-Tahāmī, *„al-Qur'ān wa l-mustašrikūn"*, in: *Manāhiǧ al- mustašrikīn fi d-dirāsāt al-ʿarabīya wa l-islāmīya*, Riyadh 1985, S. 26.

48 Für entsprechende Behauptungen siehe Maxime Rodinson, *"The Life of Muhammad and the Sociological Beginnings of Islam"*, in: *Diogenes*, XX, 1973, S. 36ff.

49 Hier kann man den Aufsatz *"The Character of Mohammed as a Prophet"* von F. Buhl (MW, I/4, 1911), in dem er die Veränderungen des Charakters des Propheten und dessen Botschaften an die Gesellschaft untersucht, sowie den Aufsatz *"The Study of Muhammad: A Survey of Approaches From the Perspective of the History and Phenomenology of Religion"* von J. E. Royster (MW, LXII/1, 1972), der den Propheten aus der Sicht der Religionsphänomenologie erforscht, als weiterführende Lektüre empfehlen.

auf den Koran und den Propheten müssen auch die Forschungsansätze im Mittelalter intensiv untersucht werden. Insbesondere die Handlungen und Aussagen nach den Kreuzzügen sowie die späteren Beziehungen zwischen Christen und Muslimen beeinflussen noch immer heutige Handlungen und Aussagen.[50] Solange dieser historische Prozess, der den Hintergrund der heutigen Orientalisten bildet, nicht ausreichend kritisch beleuchtet wird, bleibt es schwierig, die aktuellen Haltungen gegenüber dem Islam, dem Koran und dem Propheten zu verstehen und zu erklären. Denn laut der Aussage des Historikers E. H. Carr ist das Verständnis der Geschichte der Schüssel zum Verständnis der Gegenwart.[51]

Eine der Hauptquellen der reduktionistischen Methode, die von christlichen Autoren im Mittelalter genutzt wurde und von heutigen „westlichen“ Schriftstellern immer noch genutzt wird, ist die griechische Schrift *De Haeresibus*, die unter dem Titel *Ismailitischer Irrtum* als eine Ablehnung des Islam, des Koran und des Propheten von Johannes von Damaskus (675-750), einem der Kirchenväter, verfasst wurde und die in der Literatur als eines der ersten Traktate gegen den Islam gilt.[52] Diese Schrift, deren Autor von den Christen in Angelegenheiten des Islam als eine Autorität angesehen wurde, ist zu einer Quelle polemischer Werke über den Koran und den Islam geworden. Die wichtigsten Thesen in dieser Schrift sind folgende:

a. Der Islam ist eine häretische Bewegung des Christentums.
b. Der Prophet ist ein fiktiver Prophet und ein Rabbiner (Rāhib Bahīrā), und er hat durch die Bekanntschaft mit Waraqa bin Naufal in Mekka das Alte und Neue Testament gelesen.
c. Der Koran ist ein Buch, das menschlichen Ursprungs ist und von Menschen verfasst wurde.

Diese und ähnliche Behauptungen[53] sind „im Westen“ zu Grundlagen von Schriften mittelalterlicher und späterer Autoren geworden und werden – wenngleich nicht in derselben Intensität und Schärfe – auch heutzutage noch herangezogen. Die Schrift von Johannes von Damaskus hat nur einen geringen Umfang, und abgesehen von der Tatsache, dass sie als die erste intellektuelle Antwort des Christentums auf den Islam gilt, kann sie als Hauptquelle falscher Informationen über den Islam, die während des Mittelalters in den Umlauf kamen, betrachtet werden. Denn, wie oben erwähnt, wiederholten die Autoren des Mittelalters le-

50 Vgl. Adam S. Francisco, *Martin Luther and Islam. A Study in Sixteenth-Century Polemics and Apologetics*, Leiden/Boston 2007, S. 5.

51 Vgl. Edward Hallett Carr, *What is History?*, Harmondsworth 1961, S. 26.

52 Bezüglich der Schriften von Johannes von Damaskus gegen den Islam und den Propheten siehe Danial J. Sahas, *John of Damascus: The "Heresy of the Ishmaelities"*, Leiden 1972.

53 Der Autor führt diese Behauptungen, die eng miteinander verbunden sind, in seinem Werk *Yahudi Kültürü ve Hadisler* (*Jüdische Kultur und Hadīṯe*), Istanbul 2006, S. 149-206, S. 413-450 detailliert aus.

diglich die Ansichten von Johannes von Damaskus, wodurch das negative Bild des Islam gefestigt wurde.[54] Mit Damaskus' Schrift und seinen Behauptungen wurden religiös-theologische Grundsätze erschüttert. Die unfundierte These,[55] die besagt, dass der Prophet den Islam über den christlichen Priester Bahīrā kennengelernt hat und die von den Orientalisten im 19. und 20. Jhd. immer wieder vorgebracht wird, fußt im Grunde auf den Behauptungen des Johannes von Damaskus. Der deutsche Forscher Adel Theodor Khoury stellt dies folgendermaßen dar:

> „Wir müssen akzeptieren, dass die Urteile und Ideen, die in dem Werk von von Damaskus vorhanden sind, unter den christlichen Intellektuellen dazu geführt haben, dass negative Haltungen entstanden sind. Tatsächlich haben viele Autoren im Bezug auf diese Religion (Islam) ihre Vorurteile nicht auf diese Thesen gestützt, sondern vielmehr das akzeptiert, was sie als gegeben und fundiert betrachteten."[56]

Die Behauptungen des Johannes von Damaskus hatten großen Anteil daran, dass sich die Meinung, der Islam sei eine häretische Bewegung des Christentums, etablieren konnte und von bedeutenden Autoren wie Peter the Venerable, Pierre Alphonso, Raymond Martin, Alain de Lille, Roger Bacon, Voltaire und Dante Alighieri, die als die historischen Größen unter den Autoren und Denkern der christlichen Welt des Mittelalters gelten, aufgenommen wurden. Philip S. Khoury, der im Besitz einer Untersuchung des genannten Werkes von Johannes von Damaskus ist, stellt dar, dass viele Details, die seitens Johannes von Damaskus im Bezug auf den Islam, den Koran und den Propheten angegeben wurden, nicht haltbar sind, und dass von Damaskus diese Aussagen lediglich aufgrund seines persönlichen Hasses getroffen hat.[57]

Somit wird deutlich, dass die damaligen Ansichten zum Islam, Koran und Propheten, die von Generation zu Generation weitergegeben wurden, zum Verständnis der heutigen „westlichen" Ansichten unter die Lupe genommen werden müssen. Denn, so wie bereits festgestellt, bewertet „der Westen" andere Kulturen und Zivilisationen, indem er diese mehrheitlich als die „fremden Anderen" definiert und sich selbst im Zentrum sieht. Damit verbunden ist eine dominante Eigenschaft „des Westens", dass er zwischen der Religion des Islam und der islamischen Kultur und Zivilisation nicht differenziert. Folglich wird der Islam im Grunde nicht als eine Religion, sondern als eine verirrte, häretische religiöse Bewegung identifiziert. Im Gegensatz dazu werden den Leistungen der Muslime

54 Vgl. Bekir Karlığa, *İslâm Düşüncesinin Batı Düşüncesine Etkileri*, Istanbul 1993, S. 70.

55 Für die Bewertung diesbezüglicher Behauptungen vor dem Hintergrund der Informationen in den islamischen Quellen, siehe Özcan Hıdır, *Yahudi Kültürü ve Hadisler*, Istanbul 2006.

56 Vgl. Adel Theodor Khoury, *Les Theologiens Byzantins et l'Islam*, Louvain/Paris 1969, S. 55f.

57 Vgl. Bekir Karlığa, *İslâm Düşüncesinin Batı Düşüncesine Etkileri*, Istanbul 1993, S. 70.

in Wissenschaft, Philosophie, Kultur und Kunst jedoch beachtliche Qualitäten zugewiesen.

Dieses Verständnis wurde im Zeitalter der Renaissance größtenteils fortgeführt. Die meisten Denker der Renaissance konnten ihre Bewunderung für die islamische Kultur nicht verstecken, obwohl sie den Islam als Religion ablehnten. Der wichtigste Unterschied zwischen dem Mittelalter und der Renaissance liegt darin, dass sich die Denker in der Renaissance von der Religion im Allgemeinen und vom Christentum im Speziellen immer mehr distanzierten und eine säkulare Weltauffassung aufzubauen versuchten, die mit dem Einfluss des Positivismus an humanistischen Einfärbungen gewann. Im Hinblick auf den Universalitätsanspruch wurde der Islam zu dieser Zeit als eine Alternative zum Christentum angeboten. Der Islam diente als Beleg für die These, dass andere religiöse Systeme möglich und sogar erfolgreich sein konnten. Die Worte der „westlichen“ Autoren zur Zeit der Aufklärung (unter denen sich auch Goethe[58] und Thomas Carlyle[59] befanden), die bezüglich des Islam positive Äußerungen machten, müssen auch in diesem Licht verstanden werden.

Als ein typisches Beispiel für reduktionistische „westliche“ Annäherungen an den Koran im Mittelalter ist der Begründer des Protestantismus, Martin Luther, anzuführen. Die Auffassung gegenüber dem Islam, dem Koran und dem Propheten des Begründers des Reformprozesses in der Epoche der Aufklärung hatte einen großen Einfluss auf „den Westen“ – insbesondere innerhalb des Protestantismus –, und sie ist immer noch einflussreich. In seinen Werken *Vom Kriege Wider die Türken*, *Heerpredigt wider den Türken* und *Vermahnung zum Gebet wider den Türken*[60] stellt Luther den Islam als eine Religion dar, die vom Propheten erfunden, wie auch der Koran von ihm erschaffen wurde. In diesen Texten befinden sich – wie die Titel bereits andeuten – deutliche Aussagen gegen die Türken (Muslime). Luther benutzte das Werk *Confutatio Alcorani* (= *Ablehnung des Koran*) von Ricoldo da Monte di Croce, der 15 Jahre lang in verschiedenen Regionen der islamischen Welt – in erster Linie in Bagdad – lebte, dort Arabisch lernte und in Bagdad Abhandlungen über den Koran und die islamische Theologie schrieb. Diese übersetzte Luther ins Deutsche.[61] Dabei formulierte er das mit seinen Schriften verfolgte Ziel folgendermaßen: „Damit wir Deutschen wissen, wie verdorben der Glauben Muhammads ist und wir uns in unserem Glauben noch mehr stärken.“ Er hat zu der Koranübersetzung, die von Theodor Bibliander (1504-1564) ins Lateinische übersetzt wurde, ein Vorwort

58 Vgl. Katharina Mommsen, *Goethe und die Arabische Welt*, Frankfurt a. M. 1988, S. 198; Alim Kahraman, *"Geothe'nin 'Mahomets Gesang' Şiiri: Türkçe Çeviri Üzerine"*, in: *Diyanet İlmi Dergi*, Hz. Muhammed Özel Sayısı, Ankara 2003, S. 575-578.

59 Vgl. Clinton Bennett, *Victorian Images of Islam*, London 1992, S. 10, 45.

60 Vgl. Pekka Huhtinen, *"Luther and World Missions: A Review"*, in: *Concordia Theological Quarterly*, 65, January 2001, S. 28.

61 Dieses Werk wurde im Jahre 1542 in Wittenberg gedruckt.

geschrieben und dafür gesorgt, dass diese Übersetzung gedruckt wurde, indem er sie im Jahre 1543 dem Konzil von Bern vorstellte. Hier gilt es, die Wichtigkeit der Perspektive Luthers auf den Islam, den Koran und den Propheten hervorzuheben, indem seine Aussage bezüglich dieser Übersetzungen und die Gründe für deren Vorstellung in der christlichen Welt näher beleuchtet wird:

> „Es hat mich dazu bewegt, dies zu machen, weil es nichts anderes gibt, was Muhammad und den Türken noch mehr schadet und Kopfzerbrechen bereitet, als dass ich den Christen zeige, dass der Koran etwas Schlimmes, Verdorbenes und ein hoffnungsloses, falsches und fiktives Buch ist. [...] Man muss den Koran übersetzen und den Christen vorstellen, damit Muhammad und den Muslimen geschadet wird. Die Bischöfe sollen den Christen die Unterdrückungen von Muhammed aufzeigen, damit ihre Feindschaft ihnen gegenüber steigt. Ihr Glauben an das Christentum sollte sich verstärken. Ihr Mut soll sich in den Kriegen gegen die Türken vervielfachen. Sie sollen ihren Besitz und ihr Leben dafür opfern."[62]

Die lateinische Überlieferung, die falsche Informationen bezüglich des Islam beinhaltet und zu deren Veröffentlichung Luther beigetragen hat, ist „im Westen" drei Jahrhunderte lang als Hauptquelle für den Zugang zum Islam herangezogen worden.

Der Historiker R. W. Southern (1912-2001), der das bedeutende Werk *Western Views of Islam in the Middle Ages* verfasst hat, stellt dar, dass alle Schriften des Mittelalters die oben beschriebenen negativen Empfindungen widerspiegeln. Dementsprechend wurden der Islam bzw. islamisch geprägte Regionen im 12. und 13. Jhd. als Zufluchtsorte für Verirrte und Häretiker und der Prophet tendenziell als ein hinterlistiger Hochstapler betrachtet.[63] In dieser Epoche wurde nicht versucht, den Islam aus seinem Selbstverständnis heraus kennenzulernen und zu verstehen, sondern vielmehr galt es, den Islam gegenüber dem Christentum mit negativen Attributen zu versehen. Dementsprechend wurde der Prophet im Mittelalter als ein „Hochstapler einer fiktiven Religion", der Koran als sein Ergebnis und ein Ausgangspunkt für Wollust, Minderwertigkeit, Homosexualität und viele andere moralisch verwerfliche Angelegenheiten dargestellt.[64] Southern hat diesbezüglich Folgendes vermerkt: „In der ersten Hälfte des 12. Jhd. sind in fast allen Arbeiten zum Islam, Koran und Propheten Gemütszustände solcherart festzustellen."[65]

---

62 Vgl. Muhammed Umara, *"Vatikan ve İslam 5"*, in: *Islami Edebiyat*, Istanbul 2007. Für die Ansicht Martin Luthers zum Islam, Koran und Propheten siehe Özcan Hıdır, *"Lutherci Protestanlığın Tarihi Arka Planı ve Martin Luther'in Kur'an, Hz. Muhammed ve İslâm-Türk Kültürüne Bakışı"*, in: *İslâm-Türk Medeniyeti ve Avrupa – XI. ve XIIII. Yüzyıllar*, Istanbul 2006, S. 139f.

63 Vgl. Norman Daniel, *Islam and the West*, Oxford 2000, S. 275.

64 Vgl. Edward Said, *Oryantalizm*, übers. von Selahattin Ayaz, Istanbul 1989, S. 105.

65 Vgl. R. W. Southern, *Western Views of Islam in the Middle Ages*, Cambridge 1962, S. 35f. Für Ansichten solcherart siehe auch Norman Daniel, *Islam and the West*, Oxford 2000, S. 275.

Es gab in der unmittelbaren Vergangenheit bzw. gibt auch gegenwärtig jede Menge von Islamwissenschaftlern, die solche Vorstellungen transportieren. Orientalisten wie R. Bell, John Wansbrough und seine Schüler, G. H. Houting, A. Rippin, M. Cook, die in den Koranforschungen bahnbrechend wirkten und viele Schüler ausbildeten, sind Vertreter dieses Verständnisses. W. Montgomery Watt jedoch, der das Werk *Introduction* von Bell mit einem Vorwort in einer Neuauflage publizierte, hat sich von der reduktionistischen Methode verabschiedet und die phänomenologische Methode verfolgt, die im Weiteren erläutert wird.

3.2 Die phänomenologische Methode

Die zweite Annäherungsart in dieser Thematik erfolgt phänomenologisch. Die Methode, Religionen und ihre Anführer phänomenologisch zu untersuchen, kam Anfang des 20. Jhd. auf. In dieser Phase realisierten die Forscher, dass Religion, als Thema der Religionswissenschaften, Phänomen und historisches Element zugleich ist und somit zwei Seiten in sich birgt. Es wurde allerdings zunächst nicht ausreichend berücksichtigt, dass der fromme Mensch (homme religieux) im Zentrum der religiösen Historie steht und den Ursprung des gelebten Phänomens bildet.[66] Dennoch ist die phänomenologische Annäherung beachtenswert, da sie zeigt, dass das religiöse Phänomen nicht in reduzierender Art relativiert werden kann und dasselbe ins Zentrum der Religionsgeschichte setzt. Sie demonstriert darüber hinaus, dass die Untersuchung dieses Phänomens untrennbar verbunden ist mit der Untersuchung des frommen Menschen und seinen Handlungen. Mit diesen Blickwinkeln bietet sie eine Gegenposition zu der oben dargestellten reduktionistischen Methode. Denn von diesem Verständnis ausgehend, kann das religiöse Phänomen nur vom Menschen mit seinen Aussagen und Handlungen erfasst werden. Alle Äußerungen des religiösen Phänomens sind Erfahrungen. Eine phänomenologische Analyse spricht folglich jedem speziellen Phänomen einen allgemeinen Kern zu. Die Phänomenologie hat das auf der historischen Untersuchung basierende Verständnisideal verwirklicht. Somit besteht eine Verbindung zwischen Religion und Geschichte. Die Phänomenologie wendet sich zuerst der Benennung und Klassifizierung der behandelten Phänomene zu. Bei der Klassifizierung erstellt sie ein Inventurverzeichnis, welches die Grundlage für die Typologie bildet. Damit ist die Rolle der Phänomenologie nicht nur auf die Klassifizierung der Phänomene oder auf die Typologisierung begrenzt. Sie versucht Phänomene sowohl in den historischen Umständen als auch aus der Sicht der Handlungen des frommen Menschen zu verstehen.

„Westliche“ Autoren, die sich dem Koran und dem Propheten mit einem phänomenologischen Verständnis nähern, entdecken die Offenbarungsgebun-

---

66 Vgl. Nakra at-Tahāmī, *„al-Qur'ān wa l-mustašrikūn“*, in: *Manāhiǧ al- mustašrikīn fi d-dirāsāt al-ʿarabīya wa l-islāmīya*, 1985, S. 26.

denheit des Koran und die religiöse Identität des Propheten, was die Trennung von der materialistischen Haltung bedeutet. Demnach wird versucht, den Propheten unter Berücksichtigung der historischen Umstände und der Sichtweisen der Muslime zu untersuchen. Es muss allerdings auf die immer wieder festzustellende Tatsache hingewiesen werden, dass die Vorurteile eines Forschers seine Objektivität maßgeblich beeinflussen und sich auf seine Methode auswirken können. Herausgestellt werden muss ferner, dass in phänomenologischen Untersuchungen in erster Linie die Methoden der Hermeneutik, der Semantik, des „narrativen Lesens", der „Historizität" sowie der„historischen Kritik" in aller Breite genutzt werden. Diese Methoden wurden ursprünglich für Untersuchungen und Interpretationen der Bibel entwickelt.

Die phänomenologische Methode, die sich mit der reduktionistischen in einigen Punkten überschneidet, ist heutzutage in „westlichen" Untersuchungen verbreitet. Im Grunde genommen wird hierdurch der Koran aus dem Bereich der Theologie verwiesen und der Soziologie und Anthropologie zugeordnet. Dies ist eine Vorgehensweise, auf die sich auch muslimische Forscher in muslimischen Fachgebieten stützen. Dementsprechend sind auch Aussagen wie: „In der Zeit, als der Koran offenbart wurde, gab es eine kulturelle, historisch gewachsene Umgebung", „Der Koran wurde den nomadischen Arabern herabgesandt", „Die Grundprinzipien des Koran ändern sich nicht, aber die Urteile und Beispiele werden in den neuen Jahrhunderten neu interpretiert" Ergebnisse dieser phänomenologischen/anthropologischen, zum Teil aber auch der reduktionistischen Methode.[67] Im Endeffekt wird versucht, den Koran von der Offenbarung zu entfernen, auch wenn er essenziell mit solcher verbunden ist. Wie auch im Juden- und Christentum führt diese Methode zum Thema der menschlichen Einwirkung auf die Offenbarung. Sie kommt zustande, da über die islamische Offenbarungsauffassung Unkenntnis herrscht. Denn wenn man sich den Offenbarungscharakter des Koran und seinen Unterschied zu den vorherigen Offenbarungen an die anderen Propheten vor Augen führt, so ist dieses Verständnis nur schwer zu akzeptieren. Nach der islamischen Auffassung der Offenbarung wurde der Koran – im Gegensatz zur Thora, Bibel und zu anderen Heiligen Schriften – mit denselben Wörtern herabgesandt, die auch heute noch in ihm zu lesen sind. Der Prophet hat die Verse des Koran mit ihrer Bedeutung während der Herabsendung der Offenbarung erhalten. Jedoch haben die anderen Propheten die Bücher, die ihnen offenbart wurden, so erhalten, wie der Prophet die *ḥadīṯ qudsī* erhalten hat.[68]

---

67 Vgl. ebd.; Özcan Hıdır, *Yahudi Kültürü ve Hadisler*, III, Istanbul 2006, S. 149-165.

68 Vgl. Ibn Ḫaldūn, *The Muqaddimah: An Introduction to History*, I, London 1958, S. 192f. Die Meinung von Ibn Ḫaldūn, dass die Offenbarungen vorheriger Propheten und die *ḥadīṯ qudsī* gleich seien, kann auch bedeuten, dass er davon ausgeht, die vorherigen Religionen (auch wenn sie nicht verfälscht wurden) befänden sich nicht auf demselben Niveau wie der Islam und Koran. Die Konsequenz daraus ist, dass die Bücher dieser

Diese Ansichten stammen von dem großen islamischen Gelehrten und Soziologen Ibn Ḫaldūn (gest. 808/1406) und wurden auch von anderen islamische Gelehrten akzeptiert, wenngleich sie in einigen Punkten kritisiert und diskutiert werden sollten. Einer der Gelehrten, die eine Offenbarungsauffassung zeigen, die derjenigen von Ibn Ḫaldūn entspricht, ist Ibn Ḥaǧar al-Ḥayṭamī (gest. 974/1567). Er unterteilt die Offenbarungen Gottes in seiner Abhandlung *al-kalām al-muḍāf ilaihi ta῾āla* (*Offenbarungen, die von Gott kommen*) in folgende Unterpunkte:

a. Koran,
b. Offenbarungsbücher, die dem Propheten *vor* dem Zeitpunkt ihrer Verfälschung offenbart wurden,
c. Heilige Aussprüche, die nicht in die beiden ersten Kategorien gehören und „*ḥadīṯ qudsī*“ genannt werden. Dies sind Aussprüche, die nach Einzelüberlieferungen des Propheten Gott zugeschrieben werden.

Wie man sieht, unterteilt al-Ḥayṭamī die Offenbarung in verschiedene Kategorien. Er vergleicht die vorherigen Offenbarungen aufgrund ihrer lexikalischen Bedeutung – als „Heiliges Wort“ – zwar mit dem Koran und betrachtet sie als gleichwertig, trennt den Koran aber dennoch von den restlichen Offenbarungen. Dies hat mit der Art der Herabsendung zum Propheten zu tun. Denn laut der islamischen Offenbarungsauffassung ist der Koran eine Offenbarung, die zum Herzen herabgesandt und weiter tradiert wurde, ohne dass dabei ein menschlicher Zugriff stattfand.[69] Nach dieser Vorstellung ist der Prophet lediglich ein passiver Rezipient. Die Offenbarung (*waḥy*) selbst ist in dieser Hinsicht mit der

---

beiden Religionen – die Thora und die Bibel – aufgrund ihrer Übertragungen auf die Adressaten nicht als gleichwertig zu betrachten sind. Denn die Behauptung von Ibn Ḫaldūn impliziert, dass sie höchstens mit der zweiten Quelle des Islam – der Sunna – gleichwertig sein können. Denn wie bereits festgestellt wurde, entstanden zuerst Werke, die den Koran mit der Bibel verglichen, wie das Werk *Qur'an and the Bible* von M. S. Seale und das Werk *Judaism and Islam* von A. Geiger. In der letzten Zeit sind aber auch Werke entstanden, die Teile der Bibel mit den ḥadīṯen vergleichen. Das Werk *Tarīqat at-taḥlīlī al-balāġī wa t-tafsīr – taḥlīlāt nuṣūṣ min al-kitāb al-muqaddas wa min al-ḥadīṯ an-nabawīy aš-šarīf* von vier libanesischen Forschern (zwei muslimischen und zwei christlichen), die Teile der Bibel und ḥadīṯe von Buḫārī und Muslim miteinander hermeneutisch untersucht haben, kann hier als Beispiel angeführt werden. Für die Vorstellung des Werkes siehe Özcan Hıdır, *İLAM Araştırma Dergisi*, 1/1, S. 175-178. Wie vom Titel her ersichtlich, haben die Verfasser die Bibel nicht mit dem Koran verglichen. Auch wenn sie dies damit begründen, dass die Muslime den Koran mit keinem anderen Buch gleichsetzen, kann dies so verstanden werden, dass sie für die Gegenüberstellung mit dem Koran nur die ḥadīṯe akzeptieren können.

69 Vgl. Koran, 2/97; Koran, 26/192-195; Ibn Kaṯīr, *Muḫtaṣār tafsīr Ibn Kaṯīr*, III, Beirut: Dār al-Qur᾿ān al-Karīm, 1399, S. 687; Özcan Hıdır, *„Het Profeetschap van Mohammed in de Koran“*, in: Stella el-Bouyadi-van de Wetering, *In het Spoor van Jesus en Mohammed. Op zoek naar God en hoe te leven...*, Zoetermeer 2008, S. 24f.

„Inspiration/Eingebung" (*ilhām*) im Islam als gleichwertig zu betrachten. Im Islam können die Inspiration/Eingebung und Offenbarung nicht gleichwertig nebeneinander stehen. Folglich kann die Bibel eher als mit der Sunna und den *ḥadīṯen* gleichwertig betrachtet werden.

Auch wenn insbesondere nach den 1950er Jahren vermehrt Forschungseinrichtungen entstanden (bzw. heutzutage noch entstehen), in denen die Wissenschaftler den Propheten unter der phänomenologischen Sichtweise betrachten, ist das reduktionistische Bild des Propheten, das im Mittelalter entstanden ist, „im Westen" immer noch weit verbreitet. In jeder Debatte über den Islam und die Muslime wird „im Westen" sofort auf dieses Image zurückgegriffen. Untersucht man die Abhandlungen vieler „westlicher" Autoren zum Leben des Propheten näher, so kann festgestellt werden, dass sie die Auffassung vertreten, der Koran sei keine originale Quelle, sondern vielmehr ein vom Propheten erfundenes Buch wie auch der Islam vom Propheten erfunden worden sei.[70]

Das prominenteste Beispiel für eine reduktionistische Arbeit des 20. Jhd. ist das Buch *The Origins of Islam in Its Christian Environment* von Richard Bell, der die Wurzeln des Islam im Christentum sucht. Bell porträtiert den Propheten, indem er behauptet, dass dieser Teile der Bibel übernommen und damit den Koran formuliert hätte. Diese Behauptung Bells ist nicht nur im genannten Werk, sondern auch in *Introduction to Qur'an* zu lesen. S. Vahidüddin, der diese Werke von Bell bewertet, konstatiert, dass die „westlichen" Forscher, die den Koran untersuchen, generell zwar an Gott und an die göttliche Offenbarung glauben, jedoch all dies in Bezug auf den Propheten leugnen und im Endeffekt versuchen, den Propheten im Kontext der Umgebung, in der er aufgewachsen ist, einer historischen und soziokulturellen Analyse zu unterziehen. Für einen solchen Untersuchungsansatz stellt Bell ein typisches Beispiel dar.[71]

Heutige Annäherungen an den Islam, den Koran und an den Propheten zeigen noch immer den mittelalterlichen Denkhintergrund. Damit verbunden verursachen aktuell die Medien, auf symbolischer Ebene, mit kulturellen Begrifflichkeiten so manche Verwirrung über den Islam, den Koran und den Propheten. Vorstellungen und Trugbilder über Krieg, Dschihad (*ǧihād*), Gewalt und Fanatismus, die schon im Mittelalter kursierten und von den klassischen Orientalisten bearbeitet wurden, werden in der Gegenwart aktualisiert und gegen den Islam, den Koran, den Propheten und die Muslime gerichtet. Es kann somit festgestellt werden, dass sich die Geschichte mit neuen Trugbildern wiederholt, und man sieht sich mit der harten Wahrheit konfrontiert, dass dem Koran und dem Propheten bzw. dem Islam „im Westen" ein deutliches Imageproblem anhängt. Es

70 Für eine zusammenfassende Darstellung und Bewertung der Arbeiten der Orientalisten im 20. Jhd. bezüglich des Propheten siehe Özcan Hıdır, *"XX. Yüzyıl Oryantalist Çalışmalarda Hz. Peygamber İmajı"*, in: İAD, III/2, Temmuz-Aralık 1998, S. 141-165.

71 Vgl. S. Vahidüddin, *"Richard Bell's Study of the Qur'an: A Critical Analysis"*, in: *Islamic Culture*, XXX/3, Juli 1956, S. 264.

kann ohne zu übertreiben behauptet werden: Die negativen Definitionen und Vorstellungen zum Islam „im Westen“ richten sich mehrheitlich auf den Koran und den Propheten. Nach Muḥammad Muṣṭafā al-A'ẓamī,[72] einem der führenden okzidentalischen Gelehrten des *ḥadīṯ*, liegen wesentliche Angriffspunkte des Orientalismus im Koran und in der Figur des Propheten.

4. Aktionsvorschläge für Muslime

In dieser Arbeit wurden die Aussagen, Haltungen und Methodologien, die bezüglich der Untersuchungen des Koran und Propheten bisher aufgekommen sind, mit ihren Grundzügen und deren Einflussbereichen dargestellt. Im Folgenden soll nun skizziert werden, was die „im Westen“ lebenden Muslime aktiv tun können, um dem negativen Image des Islam langfristig entgegenzuwirken.

Von besonderer Wichtigkeit ist, dass die Muslime zukünftig präzise und umfassende okzidentalische Forschungen aufnehmen, welche die Fehler der Bewertungsmethoden und das erfundene Image bezüglich des Propheten und des Koran im heutigen „Westen“ aufdecken und analysieren. Dabei ist maßgeblich, dass diese Arbeiten nicht als Gegensatz zum Orientalismus präsentiert und nicht in einem anti„westlichen“ Rahmen dargestellt werden. Auch wenn das Verständnis der Vergangenheit gleichzeitig das Instrument für das Verständnis der Gegenwart ausmacht, so herrscht heutzutage eine vollkommen andere religiöse, politische, psychologische und soziokulturelle Atmosphäre (wie auch geografische Verteilung) als in Zeiten des Mittelalters und des klassischen Orientalismus. Vor allem okzidentalische Institutionen – nicht vereinzelte individuelle Bemühungen – müssen sich diesen Herausforderungen der Forschung annehmen. Andernfalls wird die muslimische Welt, insbesondere Muslime, die „im Westen“ leben, bei Ereignissen wie etwa im Zusammenhang mit den „Satansversen“, dem „Karikaturenstreit“, dem 15-minütigen Kurzfilm „Fitna“ über den Koran oder den Aussagen und Handlungen von Papst Benedikt XVI. oder Geert Wilders, die den Alltag in Europa und in der islamischen Welt erschüttert haben, unvorbereitet in einer lediglich reaktiven Rolle verharren. Daher muss umgehend mit einer umfassenden Erforschung der Bilder des Islam, des Koran und des Propheten vom Mittelalter bis in die Gegenwart hinein begonnen werden. Deren Ergebnisse müssen in „westlichen“ Sprachen veröffentlicht werden. Eine Strategie für die „Restauration des Images“ sollte sowohl nach innen – also für Muslime – als auch nach außen – für Nichtmuslime – wirksam sein. Zu betonen ist, dass die Festlegung einer solchen Strategie zweifelsohne in den Händen einer religiös-intellektuellen Führung (der Okzidentalisten) „im Westen“ bzw. in

72 Zum Begriff des Okzidentalismus bzw. des Okzidentalismus des ḥadīṯ siehe Özcan Hıdır, *“Oksidentalism Versus Orientalism: Hadis Oksidentalizmi – Fuat Sezgin ve Mustafa el-A'zamî Örneği”*, in: *Hadis Tedkikleri Dergisi*, Istanbul, April 2007.

Europa liegt. Die notwendigen Bedingungen für die Übernahme einer entsprechenden religiös-intellektuellen Führung, die als Okzidentalismus bezeichnet wird, sind folgende:

a. Eine gute religiöse/islamische Bildung auf wissenschaftlicher Grundlage; Wissen zu Interpretationen und Methodologien des Koran, der Sunna und der islamischen Wissenschaften.
b. Gute Kenntnis der Muttersprache und der Sprache des Landes, in dem man sich befindet, um wissenschaftliche Arbeiten zu verfassen und an Diskussionen teilnehmen zu können.
c. Hintergrundwissen zu Theorien und Strömungen in der Theologie und in den Sozialwissenschaften sowie eine sichere Verwendung der notwendigen Fachterminologie. Parallel dazu: Studium der orientalistischen Aussagen zum Koran, Propheten und zur Sunna. Des Weiteren: Ablehnung reaktionärer Haltungen.

Eine entsprechende Ausbildung sollte selbstverständlich an okzidentalischen Institutionen erfolgen. Vonnöten sind Zentren und extensive Projekte im Bereich religiös-theologischer Wissenschaftszweige und der Sozialwissenschaften. Begabte Jugendliche können an solchen Institutionen und durch ihre Mitarbeit an Forschungsprojekten adäquat ausgebildet werden.

Die islamischen Gemeinden in den „westlichen“ Ländern sollten ihre ethnische Teilung aufgeben und weiter zusammenwachsen, sich von provisorischen Lösungen verabschieden und stattdessen zukunftsorientierte Pläne verfolgen. Das Land, in dem sie leben, sollen sie achten. Sie sollen zur Richtigstellung bzw. Restaurierung des Islambildes beitragen. Ihre Aussagen bezüglich des Islam, Koran und Propheten – der „heiligen Werte“ des Islam – können für die Muslime nur positive Auswirkungen haben; vor allem dann, wenn die Menschen „im Westen“ den Islam, das Leben des Propheten und den Koran kennen und lesen lernen. Anstelle von über lange Zeiten tradierte negative Botschaften werden wahrheitsgetreue Informationen aus erster Hand authentisch weitergegeben.

Die Tatsache, dass die Koranübersetzung nach den Terroranschlägen des 11. Septembers in den „westlichen“ Sachbuchlisten an den ersten Stellen auftaucht und Werke über das Leben des Propheten zahlreich publiziert werden, ist ein deutlicher Hinweis für vorhandenes Interesse, aber auch für die Notwendigkeit, die oben erwähnten Schritte einzuleiten. Unbedingt beachtet werden muss jedoch, dass Koranübersetzungen in einer jeweiligen Landessprache fehlerfrei publiziert werden. Ein wesentlicher Mangel besteht darin, dass Bücher und wissenschaftliche Publikationen, die als thematische Einführungen taugen, die den Islam sachlich-objektiv darstellen und aus einer muslimischen Perspektive verfasst sind, bisher so gut wie gar nicht existieren. Einführende Literatur und Darstellungen sind jedoch essenziell wichtig für ein erstes unvoreingenommenes und richtiges Verständnis des Heiligen Buches, des Propheten und der Werte einer Religion.

Literatur

al-Aʿẓamī, Muḥammad Muṣṭafā, *“Müslümanlar oryantalistleri niçin reddetmelidir? I”*, in: *Zaman Gazetesi* vom 08.12.2007.

ar-Rāzī, Faḫruddīn, *Iʿtiqādāt firaq al-muslimīn wa l-mušrikīn*, Beirut 1982.

at-Tahāmī, Nakra, *„al-Qurʾān wa l-mustašrikūn“*, in: *Manāhiǧ al- mustašrikīn fi d-dirāsāt al-ʿarabīya wa l-islāmīya I*, Riyadh 1985.

Aṭyar, Ḥusnī Yūsuf, *al-Bidāyāt al-ūlā li l-isrāʾilīyāt*, Kairo 1991.

Bell, R., *The Origins of Islam in Its Christian Environment*, London 1968.

Bennett, Clinton, *Victorian Images of Islam*, London 1992.

Blair, John C., *The Sources of Islam*, VII, VIII, Madras 1925.

Buhl, F., *“The Character of Mohammed as a Prophet”*, in: MW, I/4, 1911.

Carr, Edward Hallett, *What is History?*, Harmondsworth 1961.

Daniel, Norman, *Islam and the West: The Making of an Image*, Oxford 2000.

Francisco, Adam S., *Martin Luther and Islam. A Study in Sixteenth-Century Polemics and Apologetics*, Leiden/Boston 2007.

Geiger, Abraham, *Judaism and Islam*, New York 1970.

Goldziher, Ignaz, *Gesammelte Schriften*, Bde. II u. III, Hildesheim 1986.

Guillaume, Alfred, *“The Influence of Judaism on Islam”*, in: Bevan, Edwyn Robert/Singer, Charles Joseph (eds.), *The Legacy of Israel*, Oxford 1928.

Ders., *The Traditions of Islam*, Oxford 1924.

Hatip, Abdülaziz, *Kur'an ve Hz. Peygamber Aleyhindeki İddialara Cevaplar* (*Antworten auf die Behauptungen gegen den Koran und den Propheten*), Istanbul 1997.

Hıdır, Özcan, *“XX. Yüzyıl Oryantalist Çalışmalarda Hz. Peygamber İmajı”*, in: *İLAM Araştırma Dergisi (İAD)*, III/2, Temmuz-Aralık 1998, S. 141-165.

Ders., *Yahudi Kültürü ve Hadisler*, III, Istanbul 2006.

Ders., *“İslam'ın Yahudi ve Hıristiyan Kökeni Teorisi İle İlgili İddialar ve Çalışmalar”*, in: *İLAM Araştırma Dergisi*, III/1, S. 155-169.

Ders., *Yahudi Kültürü ve Hadisler*, Istanbul 2006.

Ders., *„Het Profeetschap van Mohammed in de Koran“*, in: el-Bouyadi-van de Wetering, Stella, *In het Spoor van Jesus en Mohammed. Op zoek naar God en hoe te leven...*, Zoetermeer 2008.

Ders., *Tarīqat at-taḥlīlī al-balāġī wa t-tafsīr – taḥlīlāt nuṣūṣ min al-kitāb al-muqaddas wa min al-ḥadīṯ an-nabawīy aš-šarīf*, Beirut 1994 (siehe für die Rezension des Werks: *İLAM Araştırma Dergisi*, 1/1, S. 175-178).

Ders., *“Oksidentalism Versus Orientalism: Hadis Oksidentalizmi – Fuat Sezgin ve Mustafa el-A'zamî Örneği”*, in: *Hadis Tedkikleri Dergisi*, Istanbul, April 2007.

Huhtinen, Pekka, *“Luther and World Missions: A Review”*, in: *Concordia Theological Quarterly*, 65, January 2001.

Ibn Kaṯīr, *Muḫtaṣār tafsīr Ibn Kaṯīr*, III, Beirut: Dār al-Qurʾān al-Karīm, 1399.

Ibn Khaldûn, *The Muqaddimah: An Introduction to History*, I, trans. by F. Rosenthal, London 1958.

Kahraman, Alim, *“Geothe'nin 'Mahomets Gesang' Şiiri: Türkçe Çeviri Üzerine”, in: Diyanet İlmi Dergi*, Hz. Muhammed Özel Sayısı, Ankara 2003, S. 575-578.

Karlığa, Bekir, *İslâm Düşüncesinin Batı Düşüncesine Etkileri*, Istanbul 1993.

Khoury, Adel Theodor, *Les Theologiens Byzantins et l'Islam. 1. Textes et Auteurs* (VIIIe-XIIIe S.), Louvain/Paris 1969, S. 50-55.

Köse, Ali, *"Musa ve Tektanrıcılık: Bir Tarih Psikanalizinin Açmazları"*, in: *Divan*, I/1998, S. 1-20.

Lazarus-Yafeh, Hava, *„al-Fikr al-islāmī wa l-fikr al-yahūdī"*, in: *al-Iğtihād*, XXVIII, 1995.

Lewis, Bernard, *The Jews of Islam*, Princeton 1984.

Mommsen, Katharina, *Goethe und die Arabische Welt*, Frankfurt a. M. 1988.

Newby, G. D., *A History of the Jews of Arabia*, Columbia 1988.

Obermann, Julian, *"Koran and Agada. The Events at Mount Sinai"*, in: *AJSL*, LVIII, 1941.

Ders., *"Islamic Origins. A Study in Background and Foundation"*, in: Faris, N. A. (ed.), *The Arab Heritage*, Princeton 1944, S. 58-120.

Polk, William R., *"Islam and the West – Sir Hamilton Gibb Between Orientalism and History"*, in: *International Journal of Middle Eastern Studies*, VI, 1975, S. 131-139.

Rodinson, Maxime, *"A Critical Survey of Modern Studies on Muhammad"*, in: Swartz, Merlin L., *Studies on Islam*, New York/Oxford 1981.

Ders., *"The Life of Muhammad and the Sociological Beginnings of Islam"*, in: *Diogenes*, XX, 1973.

Royster, James E., *"The Study of Muhammad: A Survey of Approaches from the Perspective of the History and Phenomenology of Religion"*, in: MW, LXII, Ocak 1972.

Sahas, Daniel J., *John of Damascus: The "Heresy of the Ishmaelities"*, Leiden 1972.

Said, Edward, *Orientalism: Western Conceptions of the Orient*, London 1991.

Ders., *Oryantalism*, übers. von Selahattin Ayaz, Istanbul 1989.

Seale, Morris S., *Qur'an and Bible: Studies in Interpretation and Dialogue*, London 1978.

Sell, Edward, *The Life of Muhammad*, London 1913.

Southern, R. W., *Western Views of Islam in the Middle Ages*, Cambridge 1962.

St. Clair Tisdall, William, *The Sources of Islam*, S. 76-88, URL: http://www.answering-islam.org/Books/Tisdall/Sources0/.

Torrey, Charles C., *The Jewish Foundation of Islam*, New York 1967.

Vahidüddin, S., *"Richard Bell's Study of the Qur'an: A Critical Analysis"*, in: *Islamic Culture*, XXX/3, Juli 1956.

Wasserstrom, Steven, *Between Muslim and Jew. The Problem of Symbiosis Under Early Islam*, New Jersey 1995.

Watt, William M., *"The Sociologist and the Prophet: Reflections on the Origin of Islam"*, in: *Arshi Presentation Volume*, Delhi, November 1965, S. 29-36.

Ders., *"Secular Historians and the Study of Muhammad"*, in: *Hamdard Islamicus*, I/3, 1978, S. 51-53.

Wensinck, Arent Jan, *The Muslim Creed: Its Genesis and Historical Development*, New York 1932.

Yıldırım, Suat, *Oryantalistlerin Yanılgıları*, Istanbul 2003.

Die Funktionen des Rechts und einige Bemerkungen zu den zentralen Koranversen über die Polygamie aus der Sicht der hanafitischen Rechtsmethodologie (*uṣūl al-fiqh*)

Abdurrahim Kozalı

Die Polygamie (*taʿaddud az-zawǧāt*) ist eines der umstrittensten Themen im Islamischen Recht[1], wobei sie keineswegs nur ein genuin islamisches, sondern zugleich auch ein generelles historisch-soziologisches Phänomen darstellt. Aufgrund der Tatsache, dass überwiegend Männer für kriegerische Auseinandersetzungen rekrutiert wurden (wodurch sich die Anzahl der von Frauen potenziell zu heiratenden Männer verringerte) und dass nur die Frauen mit bestimmten Aufgaben wie Schwangerschaft, Geburt, Stillen und Erziehung der Kinder betraut wurden, wie auch aufgrund der natürlichen Veranlagung und den konventionel-

1 Um Näheres über die Polygamie ab dem 19. Jhd. nach der „Tanzimat" (Reformperiode im Osmanischen Reich) bis heute zu erfahren, siehe Sümeyye Incegül, *Tanzimat'tan Günümüze Çok Evlilik Tartışmaları*, Erciyes Universität, Institut für Sozialwissenschaften, Islamwissenschaften/Islamisches Recht (Masterarbeit), Kayseri 2008. Folgende Werke behandeln die Polygamie: Kawṯar Kāmil ʿAlī, *Niḍāmu Taʿaddud az-Zawǧāt fī'l-Islām*, Kairo 1985; Muḥammad ʿAbdulqādir al-Ǧazāʾirī, *al-Fārūq wa at-Turyāq fī Taʿaddud az-Zawǧāt wa aṭ-Ṭalāq*, Kairo 1327/1909; ʿAbdullāh Nāṣiḥ ʿUlwān, *Taʿaddud az-Zawǧāt fī'l-Islām*, Damaskus 1973/1392; Ibrāhīm Muḥammad Ḥasan Ǧamal, *Taʿaddud az-Zawǧāt fī'l-Islām: ar-Radd ʿalā al-Iftirāʾāt al-Muġriḍīn fī Maṣr*, Kairo 1986; Asmāʾ Abū Bakr, *Zawǧa wāḥida hal takfī?: Taʿaddud az-Zawǧāt Muḥāwala lī Fahmi'ṣ-Ṣiḥāḥ*, Kairo 1992; Muḥammad Farīd Wadī, *„Kalimāt iǧtimāʿiyya fī'z-Zawāǧ wa Waḥdat az-Zawāǧ wa Taʿaddud az-Zawǧāt"*, ME, VIII/4 (1937), S. 492-497; Muḥammad al-Madanī, *„Raʾyun Ǧadīdun fī Taʿaddud az-Zawǧāt"*, *Risāletu'l-Islām*, Kairo 1958, S. 412-447; Muḥammad ʿAlī Ṣābūnī, *Šubuhāt wa Abāṭīl ḥawla Taʿaddud Zawǧāt ar-Rasūl*, Mekka 1980/1400; ʿAbdulġanī ʿAbdurraḥmān Muḥammad, *Zawǧātu'n-Nabī (s.a.s) wa Ḥikmatu Taʿaduddihinna* (=*Wives of Mohammad the Prophet and the Wisdom of his Polygamy*), Kairo 1988; Kevser Kâmil Ali-Salim Öğüt, *"Çok Evlilik"*, in: *Türkiye Diyânet Vakfı İslâm Ansiklopedisi* (DİA), Bd. VIII, Istanbul 1993, S. 365-369; Ismail Mutlu, *Teaddüd-ü zevcat: Çok kadınla evlilik ve İslam dini*, Ankara 1983. Einige Aufsätze zur Polygamie gegen Ende des Osmanischen Reiches: Mansûrizâde Mehmed Said, *"İslâmiyet'te Teaddüd-ü Zevcât Men Olunabilir mi?"*, in: *İslâm Mecmuası*, Ausgaben 232-238; Ahmed Naim, *"Müdâfa-i Dîniyye: Teaddüd-i zevcât İslâmiyet'te Men Olunabilir mi imiş?"*, in: *Sebîlürreşad*, Ausgaben 298, 300, 308, 1332; Ahmed Hamdi Aksekili, *"İslâmiyet ve Teaddüd-ü Zevcât 1-5"*, in: *Sebîlürreşad*, Ausgaben 275, 276, 277, 280, 284, 285, 1329; Mazhar Osman Bey, *"Teaddüd-ü Zevcât Hakkında Mazhar Osman Bey'in Mühim Neşriyatı"*, in: *Sebilürreşad*, Ausgaben 589, 1340; Ömer Nasuhi, *"Teaddüd-i Zevcât Müessese-i İctimâiyesi 1-2"*, in: *Sebilürreşad*, Ausgaben 590, 1340.

len religiösen und moralischen Wertvorstellungen, hat sich die Polygamie überwiegend in Form einer Polygynie (Vielweiberei) ausgebildet.[2]

Bei den Regelungen im Bereich des Islamischen Rechts, wie unter anderem bei Themen die Sklaverei, Scheidung oder das Erbrecht der Frau betreffend, verfährt man im Allgemeinen so, dass man die gesellschaftliche Realität berücksichtigt und davon ausgehend versucht, das Faktische an das Ideal heranzuführen. Gleiches gilt auch für den Fall der Polygamie. Zur Zeit der Entstehung des Islam wurde die Polygamie unter den Arabern ohne jegliche Einschränkung praktiziert.[3] Erst allmählich schränkte der Islam die Polygamie auf maximal vier Ehefrauen ein und setzte zudem noch gewisse Bedingungen wie die Gleichberechtigung fest. An dieser Stelle drängt sich die Frage auf, ob der Islam bzw. das Islamische Recht die Polygamie nicht hätten komplett verbieten können.[4] Um auf diese Frage antworten zu können, müssen die „Funktionen des Rechts", die in allen großen Rechtssystemen vorzufinden sind, betrachtet werden. In dem vorliegenden Beitrag werden die Koranverse 3 und 129 aus der Sure an-Nisāʾ, die das Thema der Mehrehe direkt zu regulieren beanspruchen, unter Berücksichtigung der „Funktionen des Rechts" und der sprachtheoretischen Sachverhalte der *uṣūl al-fiqh*-Disziplin (Rechtsmethodologie) genauer untersucht.

Das Recht hat drei grundlegende Funktionen. Dies sind die Gewährleistung von Gerechtigkeit, die Befriedigung gesellschaftlicher Bedürfnisse sowie die Herstellung von Rechtssicherheit (und -ordnung). Die Gerechtigkeit soll als ein anzustrebendes maßgebliches Ziel des Rechtswesens zur Gewährleistung des gesellschaftlichen Wohls langfristig das beste Ergebnis erzielen. Die zweite und eigentliche Funktion der Gerechtigkeit ist das Streben nach dem Ideal. Mit dieser zweiten Bedeutung wird die Gerechtigkeit meistens mit der Idee des Idealrechts (meistens auch des Naturrechts) in Zusammenhang gebracht. Die Gerechtigkeit übernimmt als eine der wesentlichen Funktionen des Rechts die Rolle eines dynamischen, konstruktiven, souveränen und kritischen Wertmaßstabs und richtungsweisenden Leitfadens für die Beurteilung der menschlichen Taten und Handlungen.

Die Funktion der Rechtssicherheit hingegen ist auf den Umstand zurückzuführen, dass das Recht als ein Teil der sozialen Lebensordnung eine gewisse formelle Struktur aufweisen muss, um seine Funktion auch erfüllen zu können. Diese Form schlägt sich in der Hierarchie der Gesetze, in den Abläufen juristischer Verfahren und in der Ordnung der staatlichen Organe nieder. Rechtssicherheit bedeutet, dass auch das Recht an sich geschützt und gesichert wird. Auf

---

2 Vgl. Kâmil Ali-Salim Öğüt, *"Çok Evlilik"*, in: DİA, Bd. VIII, Istanbul 1993, S. 365.

3 Vgl. Az-Zağğāğ Abū Isḥāq Ibrāhīm (gest. 311), *Maʿānī'l-Qurʾān wa Iʿrābuh*, Beirut 1988, S. 11; Kevser Kâmil Ali-Salim Öğüt, *"Çok Evlilik"*, in: DİA, Bd. VIII, S. 366.

4 Die gleiche Frage wird auch hinsichtlich der Sklaverei gestellt: Hätte der Islam die Sklaverei nicht vollständig verbieten können? Die Antworten, die im Text in Bezug auf die Polygamie gegeben werden, können auch auf die Sklaverei übertragen werden.

der anderen Seite sorgt die Rechtssicherheit dafür, dass keinem Ungerechtigkeit widerfährt und dass der Einzelne so weit wie möglich vor unvorhersehbaren Entscheidungen geschützt wird. Für die Garantie der Rechtssicherheit sind vier Aspekte vorauszusetzen: 1. Das Recht muss positiv sein (in Kraft sein); 2. Das genannte positive Recht muss eindeutig sein; es muss eindeutig und klar definiert werden und darf dem Richter keinen zu großen Ermessensspielraum zugestehen; 3. Die juristischen Tatbestände, die das positive Recht ausmachen, müssen möglichst deutlich und präzise definiert und mit entsprechend genauen Kriterien und Maßstäben bewertet werden; 4. Das positive Recht darf nicht zu häufig verändert werden.

Wenn man von der Funktion des Rechts als „Befriedigung der gesellschaftlichen Bedürfnisse" spricht, meint man damit die Schaffung von probaten Grundlagen, auf deren Basis die Befriedigung der gesellschaftlichen, wirtschaftlichen, biologischen, psychologischen und politischen Bedürfnisse der Menschen mittels des Rechts gewährleistet werden kann.[5]

Ohne ins Detail gehen zu wollen, sei an dieser Stelle erwähnt, dass im Islamischen Recht das „ideale Recht"[6] immer in Verbindung mit den Funktionen der Gerechtigkeit und der Rechtssicherheit zu denken ist. Einfacher ausgedrückt heißt dies, dass sich das „ideale Recht" im Sinne des Islamischen Rechts sowohl wortwörtlich als auch implizit-geistig in den Offenbarungstexten (*nuṣūṣ*) befindet. Die Aussage, dass der Wortlaut der Offenbarungstexte das ideale Recht beinhaltet, ist folgendermaßen zu verstehen: Gemäß der klassischen *uṣūl al-fiqh* (Rechtsmethodologie) werden bei der Ableitung der Handlungsnormen an erster Stelle die Offenbarungstexte (*nuṣūṣ*) herangezogen.[7] Jedoch wird im Islami-

---

5 Für die Funktionen des Rechtswesens siehe Yavuz Abadan, *Hukuk Felsefesi Dersleri*, A.Ü.H.F., Ankara 1954, S. 105-107; Orhan Münir Çağıl, *Hukuka ve Hukuk İlmine Giriş*, I.Ü.H.F., Istanbul 31966, S. 39, 48; Vecdi Aral, *Hukuk ve Hukuk Bilimi Üzerine*, I.Ü.H.F., Istanbul 1975, S. 17, 22-24.

6 Es wird kontrovers darüber diskutiert, ob im Islamischen Recht eine Unterscheidung zwischen dem Realem und Idealem existiert. Recep Şentürk zufolge beinhaltet der *fiqh* keine Unterscheidung zwischen Realem und Idealem; vgl. Recep Şentürk, *İslâm Dünyasında Modernleşme ve Toplumbilim*, Istanbul 1996, S. 99.

7 Die vorrangige Bedeutung des Wortlauts der Offenbarungstexte in der klassischen *uṣūl al-fiqh* wird an folgenden Punnkt sehr deutlich: Der *iǧtihād* (Rechtsfindung durch eine methodengeleitete Interpretation der beiden Rechtsquellen Koran und Sunna) besitzt eine bestimmte Reihenfolge: *iǧtihād bayānī*, *iǧtihād qiyāsī* und *iǧtihād istiṣlāḥī*. Das heißt, dass die Offenbarungstexte und deren Wortlaut für einen *muǧtahid* (Gelehrter des Islamischen Rechts) die primären Rechtsquellen darstellen. Danach folgen *qiyās* (Analogieschluss), *maṣlaḥa* (Nützliches erwerben, Schädliches verwerfen), *istiḥsān* (das Für-besser-Halten) und weitere Beweise. *ʿIlla* (Rechtsgrund), der wichtigste Aspekt beim *qiyās*, wird nach der Untersuchung der Offenbarungstexte festgestellt. Urteile werden nicht nach einer Weisheit (*ḥikma*), sondern nach dem zugrunde liegenden objektiven Rechtsgrund (*ʿilla*) bestimmt. Dagegen sollte bei *maṣlaḥa*, *ʿurf* (Gewohnheit) und *šarʿ*

schen Recht das „ideale Recht" auch aus dem Geist der Offenbarungstexte extrahiert. Der *muğtahid* (islamischer Gelehrter mit Rechtsfortbildungskompetenz) sollte außerdem darauf achten, dass es sowohl allgemeine übergeordnete Prinzipien gibt, die man „die Ziele der Religion (*maqāṣid aš-šarīʿa*)" nennt, als auch spezifische Absichten (*ḥikma*), die der Gesetzgeber (*šāriʿ*) über den Wortlaut der einzelnen Textstellen vermittelt.[8] Daraus lässt sich folgern, dass sich das „Ideal" des Islamischen Rechts in den Offenbarungstexten befindet, nämlich einerseits auf der wörtlichen und andererseits auf der geistigen Ebene.[9] Dementsprechend führt das Islamische Recht auf der Grundlage des Wortlauts der Offenbarungstexte die Rechtssicherheitsfunktion aus; mit den spezifischen aus den einzelnen Texten deduzierten Zielen und den aus dem Geist der gesamten Offenbarung abgeleiteten universalen Prinzipien wird hingegen die Gerechtigkeitsfunktion berücksichtigt.

Doch das Rechtswesen hat darüber hinaus noch die Aufgabe „die Bedürfnisse der Gesellschaft zu verwirklichen". Demnach müssen juristische Regelungen die Anliegen der Gesellschaft erfüllen und vorhandene Probleme lösen können. Orientiert man sich zu sehr an idealen Lösungsmethoden, kann dies dazu führen, dass gesellschaftliche Bedürfnisse nicht erfüllt werden und es zu Konflikten und Kontinuitätsbrüchen kommt. In der Methodologie des Islamischen Rechts (*uṣūl al-fiqh*) bilden *maṣlaḥa* (Allgemeinwohl), *istiḥsān* (das Für-besser-Halten) und *ʿurf* (Gewohnheit) die „Instrumente" für die notwendige Befriedigung der gesellschaftlichen Bedürfnisse.

Überträgt man nun die dargestellten grundlegenden Funktionen des Rechts auf das Thema dieses Beitrags, die Polygamie, so ist Folgendes festzuhalten: Beginnt man mit dem Prinzip der Rechtssicherheit, ist der Wortlaut der dazugehörigen Koranverse zu berücksichtigen. Damit man jedoch die sprachtheoretische Analyse der jeweiligen Koranverse besser verstehen kann, ist es angebracht, einige grundlegende Informationen über die relevanten Begrifflichkeiten aus der *uṣūl al-fiqh*-Disziplin zu geben bzw. zu erhalten.

In nahezu allen hanafitischen *uṣūl al-fiqh*-Werken werden zunächst die vier Hauptquellen des *fiqh*, nämlich *kitāb* (der Koran), *sunna*, *iğmāʿ* (Konsensus der

---

man qablanā darauf geachtet werden, dass sie nicht in Widerspruch zu den Offenbarungstexten stehen.

8 Wie auch im folgenden Abschnitt erwähnt wird, wurden die *maqāṣid aš-šarīʿa* von fast allen *muğtahidūn* berücksichtigt; insbesondere der von den Hanafiten oft angewandte *istiḥsān* sowie der von den Malikiten angewandte *istiṣlāḥ* (Berücksichtigung des allgemeinen Interesses) sind Methoden, die auf die Berücksichtigung der „übergeordneten Prinzipien" zurückzuführen sind.

9 Für eine ähnliche Bewertung siehe Talip Türcan, *İslâm Hukukunda Norm ve Amaç*, Ankara 2009, S. 98.

islamischen Gelehrten) und *qiyās* aufgelistet.[10] Anschließend wird der Koran mit seinen Eigenschaften definiert und festgehalten, dass der Koran aus Wortlaut (*naẓm*/*lafẓ*) und Bedeutung (*maʿnā*) besteht.[11] Sodann wird der Wortlaut aufgrund seiner Funktion als signifikanter Bedeutungsträger näher untersucht.[12] In diesem Rahmen wird der Ausdruck zunächst auf seine festgesetzte (*waḍʿ*) Bedeutung (konventionelle, wörtliche Bedeutung) hin untersucht, wobei der spezielle Ausdruck (*ḫāṣṣ*) prioritär analysiert wird. Abgesehen von Detailfragen wird der *ḫāṣṣ*-Ausdruck in der *uṣūl al-fiqh* im Allgemeinen als ein „Ausdruck, der nur für eine einzige Bedeutung festgesetzt wurde", definiert. Zudem herrscht unter den Gelehrten Konsens darüber, dass die Bedeutung eines *ḫāṣṣ*-Ausdrucks eindeutig (*qaṭʿī*)[13] ist. Der *ʿām*-Ausdruck („allgemein") hingegen ist der „Ausdruck, der alle Individuen mit identischen Grenzen ausnahmslos umfasst."[14] Die Bedeutung des „*ʿām*"-Wortlauts („allgemeinen" Wortlauts) ist, solange er nicht

---

10 Als Beispiel siehe Abūʾl-Usr Faḫruʾl-Islām ʿAlī b. Muḥammad al-Bazdāwī (gest. 482/1089), *Uṣūl*, Bd. I, Istanbul 1308, S. 19f.; Ibn Malak ʿIzzudīn ʿAbdullaṭīf (Firişteoğlu) (gest. 797/1394-5), *Šarḥu Manar al-Anwār*, o.O., o.J., S. 4f.

11 Zur Auffassung von Abū Ḥanīfa, dass der Koran alle Bedeutungen beinhalte, siehe ʿAlāʾuddīn ʾAbdulʾazīz b. Aḥmad Buḫārī (gest. 730/1330), *Kašfuʾl-Asrār*, Bd. I, Beirut 1997/1418, S. 40.

12 Die von Abūʾl-Usr al-Bazdāwī entworfene und später von den meisten Gelehrten übernommene systematische Aufteilung in vier Kategorien lautet folgendermaßen:
I. Die Ausdrücke (*naẓm*) nach deren lexikalischer (*luġatan*) und grammatischer (*ṣīġatan*) Form:
a) *ḫāṣṣ* (speziell), b) *ʿāmm* (allgemein), c) *muštarak* (homonym), d) *muʾawwal* (ausgelegt)
II. Die Ausdrücke nach deren Deutlichkeitsgrad (*wuǧūh al-bayān*):
a) *ẓāhir* (evident) x *ḫafīy* (verborgen)
b) *naṣṣ* (explizit) x *muškil* (schwierig)
c) *mufassar* (erläutert) x *muǧmal* (unbestimmt)
d) *muḥkam* (eindeutig) x *mutašābih* (mehrdeutig)
III. Ausdrücke (*naẓm*) nach deren Gebrauch:
a) *ḥaqīqa* (wörtliche Bedeutung), b) *maǧāz* (metaphorische Bedeutung), c) *sarīḥ* (eindeutige Äußerung), d) *kināya* (deiktische Äußerung)
IV. Wege und Methoden (*wuǧūh*) zur Erschließung der Bedeutung (*maʿnā*):
a) *ʿibārat an-naṣṣ* (Wortlaut des Textes)
b) *išārat an-naṣṣ* (Hinweis des Textes)
c) *dalālat an-naṣṣ* (Implikation des Textes)
d) *iqtiḍāʾ an-naṣṣ* (propositionale Vervollständigung im Text).

13 Vgl. Zakiyyudīn Šabān, *Uṣūlʾl-Fiqhiʾl-Islāmī*, Beirut 1971, S. 244.

14 Vgl. Nasafī, S. 34 (الْعَامُّ هُوَ مَا يَتَنَاوَلُ أَفْرَادًا مُتَّفِقَةَ الْحُدُودِ عَلَى سَبِيلِ الْاِشْتِمَال). Mit (مُتَّفِقَةَ الْحُدُود/deren Grenzen gleich sind) wird der *muštarak*-Ausdruck und mit der Aussage (أَفْرَادًا/Individuen) der *ḫāṣṣ*-Ausdruck von der Definition ausgeschlossen.

eingeschränkt (*taḫṣīṣ*) wurde,[15] definitv klar (*qaṭʿī*). Dies ist die Meinung der Hanafiten, die Mehrheit jedoch ist der Auffassung, dass ein allgemeiner Wortlaut keine definitive (*qaṭʿī*), sondern lediglich eine präsumtive (*ẓannī*) Bedeutung besitze.[16]

Der Imperativ (*amr*) hingegen, welcher eine Unterkategorie des *ḫāṣṣ*-Ausdrucks bildet, wird im *uṣūl al-fiqh* folgendermaßen definiert: „Einer untergeordneten Person mit einer sprachlichen Aufforderung (‚tue das!') befehlen, etwas zu tun."[17] Der Imperativ drückt, sofern es keinen anderweitigen Hinweis (*qarīna*) gibt, eine Verpflichtung (*wuǧūb*) aus.[18] Das heißt, wenn nichts dagegen spricht (kein anderes Zeichen vorhanden ist), muss das Befohlene definitiv eingehalten werden.[19] Falls es doch einen einschränkenden Anhaltspunkt geben sollte, drückt die Imperativform, je nach der Beschaffenheit des Hinweises, entweder „*nadb* (Empfehlung)" oder „*ibāḥa* (Erlaubnis)" aus.[20]

Die zweite der oben genannten Kategorisierungen der koranischen Ausdrücke und Bedeutungen wird hinsichtlich der Deutlichkeit (*wuḍūḥ*) und Unklarheit (*ḫafā*) der jeweiligen Ausdrücke vorgenommen.[21] In diesem Zusammenhang

---

15 Bei einem spezifischen Fall kann der definitorische Umfang des „*ʿām*"-Begriffs eingeschränkt sein; vgl. Šabān, S. 270-273. Für die Einschränkung siehe Ferhat Koca, *İslâm Hukuk Metodolojiisnde Daraltıcı Yorum (Tahsis)*, Istanbul 1996.

16 Vgl. Šabān, S. 274.

17 (اَلْأَمْرُ هُوَ قَوْلُ الْقَائِلِ لِغَيْرِهِ عَلَى سَبِيلِ الْإِسْتِعْلَاءِ اِفْعَلْ); vgl. Nasafī, S. 10.

18 Vgl. ebd.

19 In der Offenbarung (وما كان لمؤمن ولا مؤمنة اذا قضى الله ورسوله امرا ان يكون لهم الخيرة من امرهم, al-Aḥzāb 33/36) wird berichtet, dass es gemäß des Imperativs keine Auswahlmöglichkeit mehr gibt; in einem anderen Koranvers wird denjenigen, die die Befehle nicht einhalten, mit Bestrafung gedroht (فليحذر الذين يخالفون عن امره ان تصيبهم فتنة او يصيبهم عذاب اليم, an-Nūr 24/63). Dies wird auch durch das Prinzip des Konsenses (*iğmāʿ*) und der Vernunft so bestimmt. Genauso wie die Vergangenheitsform (*māḍī*) die Vergangenheit ausdrückt und die Präsensform (*muḍāriʿ*) die Gegenwart und die Zukunft schildert, so wurde die Imperativform in der arabischen Sprache für „die definitve Forderung einer Handlung" festgesetzt (*waḍʿ*).

20 Ein Beispiel für *nabḏ* ist der in der als „mudāyana-Vers" bezeichneten Sure al-Baqara, Vers 2/282 vorkommende Ausdruck (فاكتبوه). Dieser Vers hat folgende Bedeutung: „O ihr, die ihr glaubt! Wenn es bei euch um eine Schuld auf einen bestimmten Termin geht, so schreibt es auf […]". Im Allgemeinen sehen die Gelehrten in diesem Vers keine Verpflichtung (*wuǧūb*), sondern lediglich eine Empfehlung (*nabḏ*) (vgl. Abū ʿAbdullāh Muḥammad b. Aḥmad Qurṭubī (gest. 671/1273), *al-Ǧāmiʿu lī Aḥkāmi'l-Qurʾān*, Bd. IV, Beirut 2006, S. 431). Ein Beispiel für *ibāḥa* ist der Ausdruck (وَإِذَا حَلَلْتُمْ فَاصْطَادُوا/habt ihr den Pilgermantel abgelegt, dürft ihr jagen) in dem Vers al-Māʾida 5/2. Qurṭubī verdeutlicht, dass Konsens darüber herrscht, dass es sich hier um eine *ibāḥa* handelt; vgl. Qurṭubī, *al-Ǧāmiʿu lī Aḥkāmi'l-Qurʾān*, Bd. VII, Beirut 1427/2006, S. 263. Eine weitere Offenbarung, mit der sich der Autor dieses Beitrags beschäftigt hat, ist der Vers an-Nisāʾ 4/3. Auch hier handelt es sich bei dem Befehlsausdruck um *ibāḥa* (فَانْكِحوُا مَاطَابَ لَكُمْ).

21 Siehe Fußnote 12:
a) *ẓāhir* x *ḫafīy*

sind insbesondere zwei Begriffe für unser Thema von großer Bedeutung. Daher werden wir, ohne ins Detail zu gehen, lediglich diese beiden Begriffe näher erläutern. Eine Äußerung gilt als *ẓāhir* (evident), „wenn der Hörer ohne Weiteres aus der Syntax (*ṣīġa*) heraus verstehen kann, was der Sprecher mit seiner Äußerung gemeint hat.“[22] Ein *naṣṣ*-Ausdruck („explizit“) hingegen ist „die Äußerung, die den *ẓāhir*-Ausdruck an Deutlichkeit übertrifft. Diese größere Klarheit erfolgt jedoch nicht aufgrund des Wortlautes, sondern durch den Sprecher selbst.“[23] Deutlicher ausgedrückt heißt dies, dass der *naṣṣ*-Ausdruck deswegen klarer als der *ẓāhir*-Ausdruck ist, weil beim Evidenten (*naṣṣ*) die Bedeutung zugleich mit der Sprecherintention identisch ist.[24]

Bevor im Folgenden die Sicherheitsfunktion des Rechts und die bereits genannten methodologischen Prinzipien genauer untersucht werden, ist es an dieser Stelle zunächst angebracht, nochmals die relevanten Koranverse die Polygamie betreffend ins Gedächtnis zu rufen.

وَاِنْ خِفْتُمْ اَلاَّ تُقْسِطوُا فِى الْيَتَامىَ فَانْكِحوُا مَا طَابَ لَكُمْ مِنَ النِّسَاءِ مَثْنىَ وَثُلث وَرُبَاعَ ج فَاِنْ خِفْتُمْ اَلَّا تَعْدِلوُا
فَوَاحِدَةً اَوْ مَا مَلَكَتْ اَيمَانُكُمْ ط ذَلِكَ اَدْنىَ اَلَّا تَعُولُوا ۝

„Und wenn ihr fürchtet, nicht gerecht gegen die Waisen zu sein, so heiratet, was euch an Frauen gut ansteht, zwei, drei oder vier; und wenn ihr fürchtet, nicht billig zu sein, (heiratet) eine oder was im Besitz eurer rechten (Hand ist). So könnt ihr am ehesten Ungerechtigkeit vermeiden“ (an-Nisāʾ 4/3).

وَلَنْ تَسْتَطِيعوُا اَنْ تَعْدِلوُا بَيْنَ النِّسَاءِ وَلَوْ حَرَصْتُمْ فَلاَ تَميلوُا كُلَّ الْمَيْلِ فَتَذَرُوهَا كَالْمُعَلَّقَةِ ط وَاِنْ تُصْلِحوُا وَتَتَّقوُا
فَاِنَّ اللّٰهَ كَانَ غَفوُراً رَحِيمًا ۝

„Und ihr könnt zwischen den Frauen keine Gerechtigkeit üben, so sehr ihr es auch wünschen möget. Aber neigt euch nicht gänzlich (einer) zu, so daß ihr die andere gleichsam in der Schwebe lasset. Und wenn ihr es wiedergutmacht und gottesfürchtig seid, so ist Allah Allverzeihend, Barmherzig“ (an-Nisāʾ 4/129).

Die folgenden Ausdrücke in an-Nisāʾ 4/3 (فانكحوا / heiratet), (من النساء / an Frauen), (مثنى وثلاث ورباع / zwei, drei oder vier); (وان خفتم الا تعدلو / falls ihr fürchtet, nicht gerecht sein zu können) und (فواحدة / so heiratet nur eine Frau) wie auch die

---

b) *naṣṣ*	x	*muškil*
c) *mufassar*	x	*muǧmal*
d) *muḥkam*	x	*mutašābih*

22 Vgl. Nasafī, S. 46. Als Beispiel für den Begriff *ẓāhir* wird der Ausdruck (واحل الله البيع وحرم الربا) aus dem Vers al-Baqara 2/275 angegeben. Dieser Vers verdeutlicht, dass der Handel legitim und der Zins verboten ist.

23 Vgl. Šabān, S. 284.

24 Vgl. ebd.

Ausdrücke in an-Nisāʾ 4/129 (لن تستطيعوا / ihr werdet es nicht schaffen), (ان تعدلوا / gerecht zu handeln) sind für die vorliegende Abhandlung besonders wichtig.

Zunächst soll hier auf etwas hingewiesen werden, was vielen häufig entgeht: Der Abschnitt (فانكحوا ما طاب لكم من النساء مثنى وثالث ورباع) aus dem Koranvers an-Nisāʾ 4/3, der im Islamischen Recht im Allgemeinen als Beweis für die Legitimität der Polygamie herangezogen wird, ist nach der oben beschriebenen *uṣūl al-fiqh*-Terminologie keine *naṣṣ*- (explizite), sondern eine (evidente) *ẓāhir*-Äußerung. Dies besagt wiederum Folgendes: Die Bedeutung dieses Abschnitts ist verständlich; das heißt, jemand der die arabische Sprache beherrscht, würde ohne Weiteres verstehen, was mit dieser Aussage gemeint ist. Wie bereits oben erwähnt, ist dieser Aspekt für die Rechtssicherheit besonders wichtig. Denn Texte, die Vorschriften beinhalten, müssen verständlich sein; die Bedeutung dieser Texte muss objektiv und die Absicht des „Gesetzgebers“ eindeutig sein. Da die Bedeutung dieses Abschnitts evident (*ẓāhir*) ist, erfüllt sie diese Voraussetzungen voll und ganz. Wie man bei der sprachlichen Analyse dieser Verse weiter unten sehen wird, sind die Bedeutungen dieser Ausdrücke zumeist verständlich und objektiv. Es entgeht einem bei dem oben genannten Vers jedoch, dass dieser Abschnitt des Verses, wenn man den Vers als Ganzes betrachtet, nicht *naṣṣ* (explizit), sondern *ẓāhir* (evident) ist. Das Ziel[25] der Offenbarung in der Sure an-Nisāʿ 4/3 (die dahinterstehende eigentliche Absicht) ist nicht die Regelung der Polygamie, sondern der Schutz der Waisenmädchen vor ungerechter Behandlung. Die Regelung der Polygamie wird nur beiläufig als ein Teil des eigentlichen Ziels behandelt und ist nur von sekundärer Bedeutung. Da *naṣṣ*-Begriffe in dem *uṣūl al-fiqh* innerhalb der Kategorie der verständlichen Ausdrücke behandelt werden, hat dieser Vers als Ganzes gesehen, wie *ẓāhir*-Ausdrücke, ebenfalls eine klare, verständliche Bedeutung. Da jedoch ein *naṣṣ*-Ausdruck von der Bedeutung her noch eindeutiger ist als ein *ẓāhir*-Wortlaut, sollte diese Bedeutung in diesem Vers stets in den Vordergrund gestellt und dementsprechend bewertet werden.[26]

Nach dieser allgemeinen Beurteilung können wir uns mit den Aussagen in den Koranversen beschäftigen, die für die vorliegende Arbeit wichtig sind. Das Wort (فانكحوا / heiratet) ist ein spezieller (*ḫāṣṣ*-)Ausdruck und hat eine definitiv klare (*qaṭʿī*) Bedeutung. Das Wort (النكاح) ist mehrdeutig (*muštarak*) und kann

25 Bei der Offenbarung darf man zwei Aspekte nicht miteinander verwechseln: *nuzūl* (eine Offenbarung nach einem konkreten Fall) und *sauq* (√) (eine Offenbarung, bei der Allah oder der Prophet eine Anweisung erteilt). Der Grund für die Offenbarung des Verses an-Nisāʿ 4/3 ist (gemäß der Überlieferung nach ʿĀʾiša) der Schutz der Waisen; sie bekamen deutlich weniger Hochzeitsgeschenke und wurden ungerecht behandelt; vgl. Qurṭubī, Bd. VI, S. 23.

26 Da *naṣṣ* eindeutiger ist als *ẓāhir*, wird beim Vergleich *naṣṣ* bevorzugt; vgl. Nasafī , S. 49.

sowohl „Eheschließung" als auch „Geschlechtsakt" bedeuten.[27] Im Kontext dieses Koranverses wurde es jedoch für den Geschlechtsakt ausgelegt[28] (*muʾawwal*).[29] Demnach müssen die Beziehungen, die man eingeht, um sich davor zu hüten, Ungerechtigkeit gegenüber den Waisenmädchen walten zu lassen, in Form der Ehe erfolgen. Auf der anderen Seite ist das Wort (فانكحوا / heiratet) von der grammatischen Form her ein Imperativ. Wie oben bereits erwähnt, drückt der uneingeschränkte Imperativ eine Verpflichtung (*wuǧūb*) aus. Doch in diesem Falle ist der Befehl (فانكحوا / heiratet) als eine Antwort auf die Bedingung (وَإِنْ خِفْتُمْ اَلاَّ تُقْسِطُوا) zu verstehen und drückt deshalb keine Verpflichtung, sondern *ibāḥa* (Zulässigkeit) aus.[30] *Ibāḥa* bedeutet hier zugleich, dass auch die Ehe mit bis zu vier Frauen bei der Erfüllung gewisser Voraussetzungen zulässig ist (*ǧāʿiz*). Indirekt wird mit der Bedeutung dieses Verses auch gezeigt, dass die Aussagen, wonach die Polygamie im Islam grundsätzlich verboten sei, falsch sind. Doch die Bedingungen, die für die Mehrehe gestellt worden sind, erschweren die tatsächliche Umsetzung erheblich.

Der Ausdruck (ما طاب لكم من النساء / von den Frauen) bezeichnet die Frauen, mit denen eine Eheschließung (nach dem Islam) möglich ist und wie sie auch in an-Nisāʾ 4/23[31] und weiteren ähnlichen Versen dargestellt werden.[32] Dementsprechend ist die Bedeutung dieses Verses: „Ihr könnt ausschließlich von den

---

27 Vgl. Abū'l-Faḍl Muḥammad b. Mukarram İbn Manẓūr, *Lisānu'l-ʿArab*, Bd. 14, Beirut 1419/1999, S. 4537.

28 Innerhalb der *fiqh*-Methodik bedeutet der Ausdruck „das Einschließen von Individuellem mit verschiedenen Definitionen". Vor der Bestimmung von einer der Bedeutungen wird der Begriff nicht angewandt. Nach der Bestimmung der Bedeutung wird der Begriff mehrdeutig; vgl. Nasafī, S. 45f.

29 Vgl. Abū Ǧaʿfar Muḥammad b. Ǧarīr Ṭabarī (gest. 664), *Ǧāmiʿu'l Bayān ʿan Taʾwīl Āyi'l-Qurʾān*, (hrsg. v. ʿAbdullāh b. ʿAbdulmuḥsin at-Turkī), Bd. VI, Kairo 1422/2001, S. 369; Abū Bakr Muḥammad b. ʿAbdullāh Ibnu'l-ʿArabī (gest. 543), *Aḥkāmu'l-Qurʾān*, Bd. I, Beirut 1392/1972, S. 408.

30 Vgl. al-Kiyā al-Ḥarrāsī, *Aḥkāmu'l-Qurʾān*, Bde. I, II, Beirut 1403/1983, S. 317; siehe auch Muḥammad b. Aḥmad al-Qurṭubī Ibn Rušd (gest. 595), *Bidāyatu'l-Muǧtahid wa Nihāyatu'l-Muqtaṣid*, Bd. II, Beirut 1402/1982, S. 43.

31 In dem Koranvers an-Nisāʾ 4/23 wird den Männern mitgeteilt, mit welchen Frauen sie keine Ehe schließen dürfen; er lautet folgendermaßen: „Verboten sind euch (zur Heirat) eure Mütter, eure Töchter, eure Schwestern, eure Vaterschwestern und Mutterschwestern, eure Brudertöchter und Schwestertöchter, eure Nährmütter, die euch gestillt haben, und eure Milchschwestern und die Mütter eurer Frauen und eure Stieftöchter, die in eurem Schutze sind, von euren Frauen, mit denen ihr (die eheliche Beziehung) vollzogen habt. Habt ihr dies jedoch noch nicht mit ihnen vollzogen, so ist es keine Sünde. Ferner die Ehefrauen eurer Söhne aus eurer Abstammung, und ihr sollt nicht zwei Schwestern zusammen haben, es sei denn (es ist) bereits geschehen. Seht, Allah ist Allverzeihend und Barmherzig."

32 Vgl. Qurṭubī, *al-Ǧāmiʿ lī Aḥkāmi'l-Qurʾān*, Bd. VI, S. 29; Ibnu'l-ʿArabī, *Aḥkāmu'l-Qurʾān*, Bd. I, S. 408.

Frauen (und nicht von den Männern), die euch erlaubt sind und die ihr begehrt, heiraten".

Auf der anderen Seite sind die Ausdrücke (مثنى وثلاث ورباع / zwei, drei oder vier) durch die Tatsache, dass sie Zahlen sind, *ḫāṣṣ*-Ausdrücke[33] und haben eine definitive (*qaṭ'ī*) Bedeutung. Davon ausgehend kann man nicht behaupten, dass diese Zahlen „metaphorisch zu verstehen sind und es deswegen erlaubt sei, auch mehr als vier Frauen zu heiraten."[34]

Auch das Wort „gerecht" (الا تعدلوا / gerecht handeln) in dem Ausdruck „falls ihr fürchtet, nicht gerecht handeln zu können / وان خفتم الا تعدلوا" ist ein *ḫāṣs*-Ausdruck. Das hier genannte Wort „gerecht/Gerechtigkeit" wird in den *Fiqh*-Werken mit dem Begriff „*qasm*" wiedergegeben. *Qasm* schreibt einem Mann vor, die Frauen in Angelegenheiten von Kleidung, Nahrung, Unterkunft und Unterhaltung gleich zu behandeln.[35]

Der Ausdruck „heiratet nur eine Frau (فواحدة)" ist eine Antwort auf den Bedingungssatz „وان خفتم الا تعدلوا / falls ihr fürchtet, nicht gerecht handeln zu können" und ist deshalb abhängig von ihm. Wenn wir festhalten, dass der Ausdruck (فانكحوا واحدة) eine Imperativform hat[36] und dass ein uneingeschränkter Imperativ Verpflichtung ausdrückt, so lässt sich sagen, dass, wenn die Befürchtung, eine gerechte Behandlung nicht gewährleisten zu können, vorhanden ist, die Einehe „befohlen" wird.

Wenn wir nun einen weiteren für unser Thema relevanten Offenbarungstext, nämlich an-Nisā' 4/129, unter dem Aspekt der Ordnungs- bzw. Sicherheitsfunktion des Rechts untersuchen, können wir Folgendes konstatieren: Der Ausdruck „(لن تستطيعوا / es ist für euch unmöglich" taucht in einer besonderen grammatischen Form, die in der arabischen Sprache[37] (*ta'kīd-i nafī istiqbāl*)[38] genannt wird, auf und ist ebenfalls ein *ḫāṣs*-Ausdruck, wodurch er eine definitive Bedeu-

33 Zahlen gehören auch in die Kategorie der *ḫāṣṣ*-Wörter; siehe hierzu 'Abdulkarīm Zaydān, *al-Wāǧīz fī Uṣūli'l-Fiqh*, Istanbul 1999, S. 280.

34 Der Ausdruck (مثنى وثلاث ورباع) „zwei, drei, vier" soll nicht den Eindruck erwecken, mehr als vier Ehen schließen zu dürfen; vgl. Qurṭubī, *al-Ǧāmi' lī Aḥkāmi'l-Qur'ān*, Bd. VI, S. 30-35; Ibnu'l-'Arabī, *Aḥkāmu'l-Qur'ān*, Bd. I, S. 408f.; Ibn Rušd, *Bidāyatu'l-Muǧtahid*, Bd. II, Beirut 1982, S. 43f.

35 Vgl. 'Abdulġanī al-Maydānī, *al-Lubāb fī Šarḥi'l-Kitāb*, Bd. III, Beirut 2002, S. 30. Bezüglich dieser Angelegenheit existiert ein Ḥadīṯ, das häufig genannt wird: "مَن كَانَ عِندَهُ امْرَأَتَانِ وَلَمْ يَعْدِلْ بَيْنَهُمَا جَاءَ يَوْمَ الْقِيَامَةِ وَشِقُّهُ سَاقِطٌ" („Diejenigen, die zwei Frauen haben sollten und sie nicht gerecht behandeln, werden am Tag des Jüngsten Gerichts ‚verkrümmt' erscheinen"); vgl. Tirmiḏī, Nikāḥ, 41.

36 Vgl. Abū Zakariyyā Yaḥyā b. Ziyād al-Farrā' (gest. 207), *Ma'āni'l-Qur'ān*, Bd. I, Beirut 1983, S. 255.

37 Vgl. 'Abdullāh b. Ismā'īl Ayyūbī, *Šarḥu'l-Izhār*, Istanbul 1305, S. 54.

38 Die grammatische Verneinungsform „ta'kīd nafyī istiqbāl" wurde festgesetzt, um damit ausdrücken zu können, dass eine Handlung in der Zukunft niemals vollzogen werden kann.

tung besitzt. Die im Kontext der Textstelle an-Nisā' 4/3 genannte Bedeutung des Wortes „gerecht" gilt auch für den Ausdruck (تعدلوا / gerecht zu handeln (√)) in diesem Vers; auch hier ist „gerecht" ein *ḫāṣṣ*-Ausdruck und somit eindeutig. Demnach wird die Bedeutung „es wird euch (den Männern) niemals gelingen, eure Frauen alle gerecht zu behandeln" unzweideutig festgelegt. Mit „gerecht behandeln" im obigen Vers wird neben der Bedeutung, die in den *fiqh*-Werken auftaucht und mit dem Begriff *qasam* wiedergegeben wird, womit die Beschaffung von (materiellen) Gütern wie Kleidung, Nahrung, Unterkunft und Unterhalt gemeint ist, auch noch eine andere Bedeutung ausgedrückt, nämlich Liebe. Demnach könnte der Mann zwar rein äußerlich die Gleichbehandlung der Frauen gewährleisten, aber innerlich/emotional wäre dies unmöglich, das heißt, er kann nicht alle Frauen in gleichem Maße lieben. In an-Nisā' 4/3 hingegen ist mit der Gerechtigkeit der materielle Aspekt gemeint. Die *fuqahā'* (Gelehrte, die sich mit *fiqh* beschäftigen) haben damit versucht, den Bedeutungs- und Perspektivenunterschied zwischen den Wörtern in den beiden Versen herauszustellen, um zu zeigen, dass es zwischen den beiden Versen keinen Widerspruch gibt.[39]

Die Analyse der bezüglich der Polygamie relevanten Koranverse aus dem Blickwinkel der Sicherheitsfunktion des Rechts, die zugleich die Objektivität der Rechtsnormen gewährleistet, hat somit folgende Ergebnisse hervorgebracht:

- Die Aussagen in an-Nisā' 4/3, die im Islamischen Recht als Grundlage für die Zulassung der Mehrehe mit bis zu vier Frauen gelten, haben zwar eine eindeutige Bedeutung, repräsentieren jedoch nicht den primären intentionalen Gehalt dieses Verses. Der eigentliche Äußerungsgrund dieses Verses ist „die gerechte Behandlung der Waisenmädchen". Somit wurde die Gerechtigkeitsfunktion des Rechts, die die normative Funktion des Rechts festlegt, in den Text, der die Rechtssicherheit garantiert, integriert.
- Die Polygamie wird in an-Nisā' 4/3 als zulässig erklärt (فانكحوا).
- Gleichzeitig mit mehr als vier Frauen verheiratet zu sein, ist nicht gestattet (مثنى وثلاث ورباع).
- Falls Zweifel darüber besteht, nicht gerecht handeln zu können, wird der Mann angewiesen, nur eine Ehe einzugehen (وان خفتم الا تعدلوا فواحدة).

Betrachtet man die Sure an-Nisā' 4/129, so erhält man folgendes Ergebnis: Für Männer ist es nahezu unmöglich, die Frauen (auf emotionaler Ebene) gleich zu behandeln (ولن تستطيعوا ان تعدلوا).

Bevor das Thema Polygamie im Folgenden aus der Perspektive der Gerechtigkeitsfunktion des Rechts betrachtet wird, muss zunächst nochmals auf etwas aufmerksam gemacht werden, was bereits erwähnt wurde. In den meisten Fällen

39 Zu dieser Thematik siehe Qurṭubī, *al-Ǧāmi'lī Aḥkāmi'l-Qur'ān*, Bd. VII, S. 167; Ibnu'l-'Arabī, *Aḥkāmu'l-Qur'ān*, Bd. I, S. 634f.

gibt es innerhalb des Islamischen Rechts sehr enge Beziehungen zwischen der Gerechtigkeits- und der Sicherheitsfunktion des Rechts. So lässt sich sagen, dass das „ideale Recht" sowohl wörtlich als auch im übertragenen Sinn in den Offenbarungstexten (*nuṣūṣ*) vorhanden ist, was zur Folge hat, dass bei der Normbegründung im klassischen *uṣūl al-fiqh* zunächst der Wortlaut der Offenbarungstexte (*nuṣūṣ*) analysiert wird.[40] Das „ideale Recht" wird im Islamischen Recht jedoch auch dem Geiste der Offenbarungstexte entnommen. Die über die einzelnen Normen waltenden höheren Werte, die man *maqāṣidu'š-šarīʿa*[41] nennt und die die partiellen Ziele des Gesetzgebers (*šāriʿ*) in den einzelnen Offenbarungstexten darstellen, sind wichtige Grundlagen für den *muğtahid*.[42] Man kann folglich behaupten, dass das Islamische Recht in seinen Offenbarungstexten sowohl wörtlich als auch geistig ein Ideal beinhaltet. Daher verwirklicht das Islamische Recht mit dem Wortlaut der Offenbarungen die Rechtssicherheit, mit den speziellen in den einzelnen Offenbarungen ausgedrückten Zielen (*ḥikam*) sowie den universellen Absichten der Offenbarung als Ganzes die Funktion der Gerechtigkeit.

Die enge Beziehung zwischen der Sicherheits- und der Gerechtigkeitsfunktion des Rechts ist auch in den hier bezüglich der Polygamie zu analysierenden Versen sehr deutlich zu sehen. Als oben die Verse an-Nisāʾ 4/3 und 129 aus der Perspektive der Rechtssicherheit untersucht wurden, tauchte der Begriff „Gerechtigkeit" in diesen beiden Versen gleich dreimal auf. Erstens heißt es, „wenn man befürchtet, nicht gerecht gegenüber den Waisenmädchen sein zu können, so sollte man andere Frauen heiraten, um der Ungerechtigkeit zu entgehen"; zweitens, „dass man bei einer Befürchtung, gegenüber den Ehefrauen nicht gerecht sein zu können, nur eine Frau heiraten sollte"; drittens heißt es in der Sure an-Nisāʾ Vers 129, dass „wenn man mehrere Frauen hätte, man zwischen ihnen niemals vollkommen gerecht sein könnte." Zu bedenken ist ferner, dass das eigentliche Ziel des Verses 4/3 die „gerechte Behandlung" der Waisenmädchen betrifft.[43] Somit wurde die Gerechtigkeit, die als solche ein Metaprinzip des Rechts ist, in den Offenbarungstext, der eine notwendige Voraussetzung für die Ordnungsfunktion des Rechts darstellt, eingebunden.

---

40 Dass das „ideale Recht" in den Offenbarungen vorhanden ist, wurde im Islamischen Recht am deutlichsten von aš-Šāfiʿī dargelegt. Es lässt sich auch sagen, dass er sein Werk *ar-Risāla*, in dem das Konzept des *bayāns* im Vordergrund steht, überwiegend aus diesem Grund verfasst haben könnte. Für ausführlichere Informationen zu dieser Thematik siehe Abdurrahim Kozalı, *"İslâm Hukuku ile Batı Hukuku Arasındaki Temel Düşünsel ve Metodolojik Farklılık Açısından İmam Şafii'nin Konumu"*, Internationales Imam aš-Šāfiʿī-Symposium (7.-9. Mai 2010, Diyarbakır).

41 Für maqāṣidu'š-šarīʿa siehe Ertuğrul Boynukalın, *"Makâsıdü'ş-şerîa"*, in: DİA, Bd. 27, Ankara 2003, S. 423-427.

42 Für den Begriff *maqāṣid* mit dieser Bedeutung und anderen siehe M. Ṭāhir Ibn ʿAšūr, *Maqāṣidu'š-Šarīʿa al-islāmiyya*, Tunesien 1978, S. 51, 146.

43 Der in Fußnote 26 aufgeführte Offenbarungsgrund trifft auch hier zu.

Beurteilt man das Metaprinzip Gerechtigkeit aus der Sicht des Islamischen Rechts, dann müssen auch die in der islamischen Rechtsterminologie mit „maqāṣidu'š-šarī'a" wiedergegebenen Maximen berücksichtigt werden.[44] Nach der Theorie, die mit Imāmu'l-Ḥaramain Abū'l-Ma'ālī al-Ǧuwaynī (gest. 478/1085) begann und durch Abū Ḥāmid al-Ġazālī (gest. 505/1111) systematisiert wurde, lassen sich die *maqāṣid* in drei Bereiche gliedern: *ḍarūriyyāt*, *ḥāǧiyyāt* und *taḥsīniyyāt*. Die für die Existenz einer Gesellschaft als essenziell empfundenen *ḍarūriyyāt* beinhalten die Wahrung des Lebens, der Nachkommenschaft, des Verstandes, des (materiellen) Vermögens und der Religion.[45] Auch wenn sich *ḥāǧiyyāt* nicht auf einer Ebene mit *ḍarūriyyāt* befindet, umfasst es Elemente, deren Vernachlässigung innerhalb der Gesellschaft zu erheblichen Problemen führen kann. *Taḥsīniyyāt* hingegen beinhaltet Aspekte, die das Leben vereinfachen und verschönern. Bedenkt man, dass die Kategorie der *ḍarūriyyat* als ein Teil der *maqasidu'š-šarī'a* ebenfalls allgemeine Prinzipien festlegt, dann stellt man fest, dass das Thema der Polygamie aus der *ḍarūriyyāt*-Perspektive betrachtet mit den Prinzipien der Wahrung der Nachkommenschaft und der Religion in einer sehr engen Verbindung steht. Betrachtet man die klassischen und modernen *fiqh*-Werke, in denen versucht wird, die Polygamie zu rechtfertigen, so werden die Sicherstellung der Nachkommenschaft und der Schutz vor Ehebruch besonders betont.[46] Anzumerken ist dabei aber, dass das Thema der Mehrehe, wenngleich nur indirekt, auch mit den anderen Prinzipien des Schutzes des Lebens, des (materiellen) Vermögens und des Verstandes zusammenhängt.

Abū Isḥāq aš-Šāṭibī (gest. 790/1388), der die *maqāṣid*-Theorie systematisierte, behauptet, dass Rechtsgelehrte bei ihren *iǧtihāds* oftmals Fehler begingen, da sie die allgemeinen Absichten des *šāri'* (Gesetzgebers) vernachlässigten. Als eine Besonderheit des Islamischen Rechts dürfen die Normen, auch wenn sie zu der *ḍarūriyyāt*-Kategorie (die notwendigen Bedürfnisse) gehören, nicht unabhängig von den einzelnen Koranversen (oder *aḥādīṯ*) übergeordneten Prinzipien zugeordnet werden, sondern spezielle Normen werden auch speziellen einzelnen Textstellen zugewiesen, wobei gleichzeitig auch die übergeordneten Prinzipien den einzelnen Textstellen, die die Rechtssicherheit gewährleisten,

---

44 Vgl. Abū Isḥāq Ibrāhīm b. Mūsa aš-Šāṭibī (gest. 790), *al-Muwāfaqāt*, (ausgearb. v. Abū 'Ubaydā Mašhūr), Bd. V, Huber 1417/1997, S. 43, 135, 142.

45 Es fällt auf, dass Ibn Rušd und 'Iz b. 'Abdissalām die Gerechtigkeit zu den *maqāṣid* zählen; siehe Ertuğrul Boynukalın, *"Makâsıdü'ş-şerîa"*, in: DİA, Bd. 27, S. 426.

46 Für insbesondere gegen Ende des Osmanischen Reiches erfasste Aufsätze siehe Ahmed Naim, *"Müdâfa-i Dîniyye: Teaddüd-i Zevcât İslâmiyet'te Men Olunabilir mi imiş?"*, in: *Sebîlürreşad*, Ausgaben 298, 300, 308, 1332; Ahmed Hamdi Aksekili, *İslâmiyet ve Teaddüd-ü Zevcât 1-5*, Ausgaben 275, 276, 277, 280, 284, 285, 1329; Mazhar Osman Bey, *"Teaddüd-ü Zevcât Hakkında Mazhar Osman Bey'in Mühim Neşriyatı"*, in: *Sebilürreşad*, Ausgaben 589, 1340; Ömer Nasuhi, *"Teaddüd-i Zevcât Müessesi İctimâiyesi 1-2"*, in: *Sebilürreşad*, Ausgabe 590, 1340.

zugeschrieben werden.[47] Diese Herangehensweise an die sprachlichen Ausdrücke resultiert zweifelsohne auch aus dem Glauben, dass die Intention des Gesetzgebers (*šāri'*) und die damit verbundenen Weisheiten im Wortlaut der Offenbarung enthalten sind.[48] Wie man sehen kann, wird eine „doppelte Kontrolle" durchgeführt, indem die einzelnen Normen durch übergeordnete Prinzipien und die übergeordneten Prinzipien wiederum durch die Texte selbst ausbalanciert werden, um dadurch das Ideal des Islamischen Rechts erreichen zu können.

Es wurde oben bereits erwähnt, dass die Verwirklichung der Bedürfnisse die dritte Funktion des Rechtswesens ist. Dieser Aspekt ist im Prinzip sehr eng mit dem ebenfalls oben aufgeführten Charakteristikum des Islamischen Rechts verbunden, wonach es das Faktische wahrnimmt und davon ausgehend versucht, das tatsächlich Vorhandene möglichst nah an das Ideale heranzuführen. In diesem Kontext ist anzumerken, dass Probleme, die während der 23-jährigen Prophetie des Propheten Muḥammad hätten gelöst werden können, auch schrittweise an das Ideale herangeführt wurden. Angelegenheiten jedoch, deren ideale Lösung in diesen 23 Jahren nicht möglich gewesen war, wurden durch richtungsweisende Bestimmungen geregelt, mit dem Ziel, diese im historischen Verlauf in der Zukunft lösen zu können. Dazu gehört auch die Angelegenheit der Polygamie. Denn in der arabischen Gesellschaft war die Polygamie ein weitverbreitetes Phänomen. Durch die Begrenzung der Ehefrauen auf vier und die Bedingung, alle Frauen gerecht zu behandeln, wurden den Arabern Grenzen gesetzt, nur sehr schwer zu erfüllende Bedingungen aufgestellt und somit eine bestimmte einzuschlagende Richtung angezeigt. Bei der Aufstellung dieser Regelungen wurde zweifellos die gesellschaftliche Situation der arabischen Gesellschaft berücksichtigt.

Wenn die dritte Funktion des Rechts, nämlich die Befriedigung gesellschaftlicher Bedürfnisse, in Verbindung mit dem Prinzip, dass rechtliche Regelungen eine gesellschaftliche Akzeptanz finden müssen und eine vorhandene Lücke zu füllen haben, gedacht wird, so lässt sich ganz klar feststellen, dass die Regelungen des Islamischen Rechts in Bezug auf die Polygamie und in Bezug auf die Befriedigung gesellschaftlicher Anliegen je nach gesellschaftlicher Realität sehr unterschiedlich ausfallen werden. Demnach ist die Praxis der Mehrehe, die durch den Koran prinzipiell erlaubt wurde und deswegen technisch gesehen

---

47 Für aš-Šāṭibīs Bewertungen bezüglich dieser Thematik siehe *al-Muwāfaqāt*, Bd. III, Huber 1417/1997, S. 176-180.

48 Imam aš-Šāfi'ī, der die arabische Sprache sehr gut beherrschte, hat die Koranverse in sein Werk *ar-Risāla* nicht willkürlich eingearbeitet. Einer dieser Verse ist Fuṣṣilat 41/42 (تَنْزِيلٌ مِنْ حَكِيمٍ حَمِيدٍ / Es ist eine Offenbarung von einem Allweisen, des Lobes Würdigen). Nach meiner Auffassung versucht aš-Šāfi'ī zu verdeutlichen, dass die Weisheit nicht unabhängig von den Offenbarungen sein kann; vgl. Muḥammad b. Ibdrīs Šāfi'ī (gest. 204), *ar-Risāla*, (ausgearb. v. Abdulfattāḥ Kabbāra), Beirut 1999, S. 33.

nicht verboten werden darf,[49] hinsichtlich der Befriedigung der gesellschaftlichen Bedürfnisse der Araber durch die Begrenzung auf vier Ehefrauen und der Bedingung des Waltenlassens von Gerechtigkeit unter den Frauen geregelt worden. Diese Regelung kann jedoch in den Gesellschaften der türkischen Kultur beispielsweise ganz anders erfolgen. Kann die in den türkischen Gesellschaften geläufige Realität der Einehe[50] bei der Normbegründung des Rechts berücksichtigt werden? Kann die in den türkischen Gesellschaften vorgefundene gesellschaftliche Realität, in der die türkische Frau, die einen türkischen Mann heiratet, oftmals gar nicht auf den Gedanken kommt, dass ihr Ehemann später womöglich noch eine zweite Frau heiraten könnte, quasi als eine (wie in einem Ehevertrag festgehaltene) implizite Regelung wahrgenommen werden, die dem Ehemann verbietet, eine zweite Frau zu heiraten? Zweifelsohne sollte dieser Frage, sofern es aus der Sicht des *fiqh* möglich ist, auch unter Berücksichtigung der einzelnen Rechtsschulen in einer eigenständigen Studie nachgegangen werden. An dieser Stelle sei jedoch erwähnt, dass das nach den über die Mehrehe sehr intensiv geführten Debatten[51] im Osmanischen Reich veröffentlichte *Aile*

---

49 Siehe als Vorschlag zu diesem Thema Mansûrizâde Mehmed Said, *"İslâmiyet'te Teaddüd-ü Zevcât Men Olunabilir mi?"*, in: *İslâm Mecmuası*, Ausgaben 232-238; Ahmed Naim, *"Müdâfa-i Dîniyye: Teaddüd-i Zevcât İslâmiyet'te Men Olunabilir mi imiş?"*, in: *Sebîlürreşad*, Ausgaben 298, 300, 308, 1332.

50 In einer Abhandlung zur Familie im Osmanischen Reich aus den Jahren 1839-1876 (Bursa) sind folgende Angaben gemacht worden. Gemäß Archivbefunden verteilte sich die Zahl der Polygamie-Fälle im 16. Jhd. wie folgt: Von 939 verheirateten Männern waren 22 (2%) mit zwei Frauen verheiratet, nur zwei (0,2%) Männer mit drei Frauen und niemand war mit vier Frauen verheiratet. Eine andere Untersuchung aus dem 17. Jhd. hat ergeben, dass von 1092 verheirateten Männern 49 (4,4%) zwei Frauen und nur zwei (0,1%) mit drei Frauen verheiratet waren. In einer weiteren Untersuchung des Autors aus der Tanzimat-Zeit (Reform-Periode) sind folgende Werte zu finden: Von 361 verheirateten Männern waren 353 (97,8%) mit einer Frau verheiratet, sieben mit zwei (0,5%) Frauen und einer mit vier (0,3%) Frauen verheiratet. Anhand dieser Zahlen kann man feststellen, dass die Polygamiequote 2,2% beträgt (vgl. Abdurrahman Kurt, *Bursa Sicillerine Göre Osmanlı Ailesi (1839-1876)*, Bursa 1998, S. 86f.). Ilber Ortayli konstatiert bezüglich dieses Themas: „Entgegen den Erwartungen ist die Polygamie in der osmanischen Gesellschaft kaum verbreitet." Diese Tatsache ist auch einigen Europäern nicht entgangen. Salomon Schweiger, ein deutscher (evangelischer) Priester, der sich im 17. Jhd. in der Türkei aufhielt, behauptete: „Das Land wird von den (türkischen) Männern regiert und die Männer von ihren Frauen. Es gibt keine Frau, die mehr ausgeht und sich mehr amüsiert als die türkische Frau. Es gibt auch keine Polygynie"; vgl. İlber Ortaylı, *Osmanlı İmparatorluğu'nda İktisadî ve Sosyal Değişim*, Ankara 2000, S. 59.

51 Siehe zu diesen Diskussionen Sümeyye İncegül, *Tanzimat'tan Günümüze Çok Evlilik Tartışmaları*, Masterarbeit, Erciyes Üniversität, Institut für Sozialwissenschaften, Islamwissenschaften/Islamisches Recht, Kayseri 2008; siehe auch M. Âkif Aydın, *"Hukûk-ı Aile Kararnâmesi"*, in: DİA, Bd. XVIII, Istanbul 1998, S. 314-318.

Hukuku Kararnamesi (Familiengesetz) dieses Thema im Artikel 38[52] regelt und der Frau somit ein Mitbestimmungsrecht einräumt. Bei dieser Regelung, die von dem im Osmanischen Reich geltenden hanafitischen Recht abweicht, spielen die Funktionen des Islamischen Rechts, das die gesellschaftliche Realität und die Befriedigung der gesellschaftlichen Bedürfnisse berücksichtigt, eine maßgebliche Rolle.

Literatur

Abadan, Yavuz, *Hukuk Felsefesi Dersleri*, A.Ü.H.F., Ankara 1954, S. 105-107.

ʿAbdulġanī, ʿAbdurraḥmān Muḥammad, *Zawǧātu'n-Nabī (s.a.s) wa Ḥikmatu Taʿaduddihinna* (= *Wives of Mohammad the Prophet and the Wisdom of his Polygamy*), Kairo 1988.

Aksekili, Ahmed Hamdi, *"İslâmiyet ve Teaddüd-ü Zevcât 1-5"*, in: *Sebîlürreşad*, Ausgaben 275, 276, 277, 280, 284, 285, 1329.

Aral, Vecdi, *Hukuk ve Hukuk Bilimi Üzerine*, I.Ü.H.F., Istanbul 1975.

Aydın, M. Âkif, *"Hukûk-ı Aile Kararnâmesi"*, in: *Türkiye Diyânet Vakfı İslâm Ansiklopedisi* (DİA), Bd. XVIII, Istanbul 1998, S. 314-318.

Ayyūbī, ʿAdullāh b. Ismāʿīl, *Šarḥu'l-Izhār*, Istanbul 1305.

Abū Bakr, Asmāʾ, *Zawǧa wāḥida hal takfī?: Taʿaddud az-Zawǧāt Muḥāwala lī Fahmi'ṣ-Ṣiḥāḥ*, Kairo 1992.

Bazdāwī, Abū'l-Usr Faḫru'l-Islām ʿAlī b. Muḥammad al- (gest. 482/1089), *Uṣūl*, Bd. I, Istanbul 1308.

Boynukalın, Ertuğrul, *"Makâsıdü'ş-şerîa"*, in: DİA, Bd. 27, Ankara 2003, S. 423-427.

Buḫārī, ʿAlāʾudddīn ʾAbdulʾazīz b. Aḥmad al- (gest. 730/1330), *Kašfu'l-Asrār*, Bd. I, Beirut 1997/1418.

Çağıl, Orhan Münir, *Hukuka ve Hukuk İlmine Giriş*, I.Ü.H.F., Istanbul[3] 1966.

Farrāʾ, Abū Zakariyyā Yaḥyā b. Ziyād al- (gest. 207), *Maʿāni'l-Qurʾān*, Bd. I, Beirut 1983.

Ǧamal, Ibrāhīm Muḥammad Ḥasan, *Taʿaddud az-Zawǧāt fī'-Islām: ar-Radd ʿalā al-Iftirāʾāt al-Muġriḍīn fī Maṣr*, Kairo 1986.

Al-Ġazāʾirī, Muḥammad ʿAbdulqādir, *al-Fārūq wa at-Turyāq fī Taʿaddud az-Zaǧāt wa aṭ-Ṭalāq*, Kairo 1327/1909.

Ibn ʿAšūr, M. Ṭāhir, *Maqāṣidu'š-Šarīʿa al-islāmiyya*, Tunesien 1978.

Ibn Malak, ʿIzzudīn ʿAbdullaṭīf (Firişteoğlu) (gest. 797/1394-5), *Šarḥu Manar al-Anwār*, o.O., o.J.

Ibn Manẓūr, Abū'l-Faḍl Muḥammad b. Mukarram, *Lisānu'l-ʿArab*, Bd. 14, Beirut 1419/1999.

Ibn Rušd, Muḥammad b. Aḥmad al-Qurṭubī (gest. 595), *Bidāyatu'l-Muǧtahid wa Nihāyatu'l-Muqtaṣid*, Bd. II, Beirut 1402/1982.

Ibnu'l-ʿArabī, Abū Bakr Muḥammad b. ʿAbdullāh (gest. 543), *Aḥkāmu'l-Qurʾān*, Bd. I, Beirut 1392/1972.

---

52 Der Artikel lautet folgendermaßen: „Eine zweite Ehe kann nicht geschlossen werden. Falls dies doch der Fall sein sollte, wird eine der beiden Frauen automatisch geschieden"; vgl. Komisyon, *Osmanlı Hukuk-ı Aile Kararnâmesi*, (ausgearb. v. Orhan Çeker), Konya 1979.

Incegül, Sümeyye, *Tanzimat'tan Günümüze Çok Evlilik Tartışmaları*, Erciyes Universität, Institut für Sozialwissenschaften, Islamwissenschaften/Islamisches Recht (Masterarbeit), Kayseri 2008.

Kawṯar Kāmil ʿAlī, *Niḍāmu Taʿaddud az-Zawǧāt fīʾl-Islām*, Kairo 1985.

Al-Kiyā al-Ḥarrāsī, *Aḥkāmuʾl-Qurʾān*, Bde. I, II, Beirut 1403/1983.

Koca, Ferhat, *İslâm Hukuk Metodolojiisnde Daraltıcı Yorum (Tahsis)*, Istanbul 1996.

Komisyon, *Osmanlı Hukuk-ı Aile Kararnâmesi*, (ausgearb. v. Orhan Çeker), Konya 1979.

Kozalı, Abdurrahim, *"İslâm Hukuku ile Batı Hukuku Arasındaki Temel Düşünsel ve Metodolojik Farklılık Açısından İmam Şafii'nin Konumu"*, Internationales Imam aš-Šāfiʿī-Symposium (7.-9. Mai 2010, Diyarbakıır).

Kurt, Abdurrahman, *Bursa Sicillerine Göre Osmanlı Ailesi (1839-1876)*, Bursa 1998.

Madanī, Muhammad al-, *„Raʾyun Ǧadīdun fī Taʿaddud az-Zawǧāt"*, in: *Risāletuʾl-Islām*, Kairo 1958, S. 412-447.

Al-Maydānī, Abdulġanī, *al-Lubāb fī Šarḥiʾl-Kitāb*, Bd. III, Beirut 2002.

Mutlu, Ismail, *Teaddüd-ü zevcat: Çok kadınla evlilik ve İslam dini*, Ankara 1983.

Naim, Ahmed, *"Müdâfa-i Dîniyye: Teaddüd-i zevcât İslâmiyet'te Men Olunabilir mi imiş?"*, in: *Sebîlürreşad*, Ausgaben 298, 300, 308, 1332.

Nasuhi, Ömer, *"Teaddüd-i Zevcât Müessese-i İctimâiyesi 1-2"*, in: *Sebilürreşad*, Ausgaben 590, 1340.

Öğüt, Salim/Ali, Kevser Kâmil, *"Çok Evlilik"*, in: *Türkiye Diyânet Vakfı İslâm Ansiklopedisi* (DİA), Bd. VIII, Istanbul 1993, S. 365-369.

Ortaylı, İlber, *Osmanlı İmparatorluğu'nda İktisadî ve Sosyal Değişim*, Ankara 2000.

Osman, Mazhar, *"Teaddüd-ü Zevcât Hakkında Mazhar Osman Bey'in Mühim Neşriyatı"*, in: *Sebilürreşad*, Ausgaben 589, 1340.

Qurṭubī, Abū ʿAbdullāh Muḥammad b. Aḥmad (gest. 671/1273), *al-Ǧāmiʿu lī Aḥkāmiʾl-Qurʾān*, Bd. IV, Beirut 2006.

Ders., *al-Ǧāmiʿu lī Aḥkāmiʾl-Qurʾān*, Bd. VII, Beirut 1427/2006.

Šabān, Zakiyyudīn, *Uṣūlʾl-Fiqhiʾl-Islāmī*, Beirut 1971.

Ṣābūnī, Muḥammad ʿAlī, *Šubuhāt wa Abāṭīl ḥawla Taʿaddud Zawǧāt ar-Rasūl*, Mekka 1980/1400.

Šāfiʿī, Muḥammad b. Ibdrīs (gest. 204), *ar-Risāla*, (ausgearb. v. Abdulfattāḥ Kabbāra), Beirut 1999.

Said, Mansûrizâde Mehmed, *"İslâmiyet'te Teaddüd-ü Zevcât Men Olunabilir mi?"*, in: *İslâm Mecmuası*, Ausgaben 232-238.

Šāṭibī, Abū Isḥāq Ibrāhīm b. Mūsa (gest. 790), *al-Muwāfaqāt* (ausgearb. v. Abū ʿUbaydā Mašhūr), Bd. V, Huber 1417/1997.

Şentürk, Recep, *İslâm Dünyasında Modernleşme ve Toplumbilim*, Istanbul 1996.

Ṭabarī, Abū Ǧaʿfar Muḥammad b. Ǧarīr (gest. 664), *Ǧāmiʿuʾl Bayān ʿan Taʾwīl Āyiʾl-Qurʾān*, (hrsg. v. ʿAbdullāh b. ʿAbdulmuḥsin at-Turkī), Bd. VI, Kairo 1422/2001.

Türcan, Talip, *İslâm Hukukunda Norm ve Amaç*, Ankara 2009.

ʿUlwān, ʿAbdullāh Nāṣiḥ, *Taʿaddud az-Zawǧāt fīʾ-Islām*, Damaskus 1973/1392.

Wadī, Muḥammad Farīd, *„Kalimāt iǧtimāʿiyya fīʾz-Zawāǧ wa Waḥdat az-Zawāǧ wa Taʿaddud az-Zawǧāt"*, ME, VIII/4 (1937), S. 492-497.

Az-Zaǧǧāǧ, Abū Isḥāq Ibrāhīm (gest. 311), *Maʿānīʾl-Qurʾān wa Iʿrābuh*, Beirut 1988.

Zaydān, ʿAbdulkarīm, *al-Wāǧīz fī Uṣūliʾl-Fiqh*, Istanbul 1999.

„Gebt acht auf Gott und Seinen Gesandten…!" (Koran 8/20) – Wie (unterschiedlich) Muslime ihrem Propheten folgen

Yaşar Sarıkaya

Einführung: Muḥammad aus Sicht seiner Gefährten

Wenn Muslime die Bezeichnung „Mohammedaner" ablehnen, meinen sie nur, dass sie Muḥammad (*ʿalayhi s-salām*) nicht als Gott oder Teilgott anbeten. Natürlich besitzt der Prophet Muḥammad für sie eine elementare Bedeutung. Sie bezeugen, dass er der Gesandte Gottes ist, der die göttliche Offenbarung empfing und den Menschen überbrachte. Sie verehren ihn als einen Propheten, der sehr zuverlässig, vertrauenswürdig, anständig, gesellig, umgänglich etc. ist. Sie lieben ihn, vertrauen ihm und erweisen ihm tiefe Zuneigung. Für sie ist er nicht nur der letzte Prophet, sondern darüber hinaus ein Vorbild, ja ein Idealbild. Diese Vorbildfunktion wird u.a. damit begründet, dass Gott die Propheten gesandt hat, damit die Menschen ihnen als Modelle für ihr eigenes Leben folgen.[1] Gott offenbarte diesen Propheten seine Botschaft. Das Wort Gottes, welches die Propheten empfingen und weitergaben, ist zunächst abstrakt. Wie sollte es nun verstanden, interpretiert und umgesetzt werden? Wer sollte dabei die Korrektheit und Genauigkeit prüfen?

Deutlich ist, dass die göttliche Offenbarung erst durch die Auslegung und Praxis eines von Gott autorisierten Vorbildes konkretisiert wird und Bedeutung für die Adressaten gewinnt. Gott machte seine Gesandten zu Wegweisern des geraden Pfads und befahl den Menschen, sie als Beispiel zu nehmen.[2] Im Grunde waren frühere Propheten Vorbilder für ihre Nachfolger. So werden Abraham und seine Nachfolger im Koran als Modell für den Propheten Muḥammad benannt.[3]

Dass der Prophet Muḥammad als Vorbild für seine Gemeinde gelten soll, wird in zahlreichen Koranversen und Überlieferungen unmissverständlich gefordert. Wer Gott gehorcht, der soll deswegen auch dem Propheten gehorchen.[4]

> „Und wer immer auf den Gesandten acht gibt, der gibt dadurch acht auf Gott."[5]

---

1 Vgl. Koran 4/64.

2 Vgl. Koran 6/90.

3 Vgl. Koran 60/4.

4 Vgl. Koran 4/80; Buḫārī, Muḥammad b. Ismāʿīl, *Ṣaḥīḥ al-Buḫārī*, Ǧihād 109, Aḥkām 1; Muslim, Abū l-Ḥusayn Muslim, *Ṣaḥīḥ Muslim*, Imāra 32.

5 Koran 4/80.

Wer sich jedoch vom Gesandten trennt, den wird Gott dem überlassen, was er selbst gewählt hat.[6] Als Prophet der schönen Moral ist Muḥammad zudem ein gutes Beispiel hinsichtlich seines starken Glaubens, seiner Geduld, seines Gottvertrauens, seiner intensiven Religiosität, seiner Barmherzigkeit, Aufrichtigkeit, Bescheidenheit und Gerechtigkeit. Einem Ḥadīṯ zufolge sagte er zu seinen Gefährten:

„Ich wurde entsandt, um das schöne Verhalten zu vervollkommnen."[7]

Dass die Gefährten Muḥammads ihn auch in dieser Funktion gesehen haben, ist allgemein bekannt. Für sie war es äußerst wichtig zu wissen, wie sich der Prophet in diesem oder jenem Fall verhalten, wie er in dieser oder jener Situation reagiert hat. Sie wollten so viel wie möglich vom Propheten wissen, einerseits, um auch in seiner Abwesenheit Anweisungen für ihr Leben zu haben, und andererseits, um diese auch an andere Muslime weitergeben zu können, die den Propheten selbst gar nicht erlebt hatten. Ihnen eiferte die nächste Generation nach und sie war bestrebt, sich mit der ganzen Begeisterung und Glaubenstreue am Vorbild des Propheten zu orientieren. Dieser Eifer hat dazu geführt, dass man schon sehr früh nach seinem Tod damit begonnen hat, die Aussprüche und Handlungen, die von ihm in der jungen muslimischen Gemeinde lebendig waren, zu bewahren und weiterzugeben.[8] Zur Zeit des Propheten war es möglich, die Richtigkeit dessen, was man vom Propheten und über ihn gehört, verstanden und tradiert hat, direkt von ihm bestätigen zu lassen. Nach seinem Tod jedoch ergaben sich zwei Grundfragen hinsichtlich der Ḥadīṯ- und Sunna-Hermeneutik. Die eine Frage betrifft die Glaubwürdigkeit dessen, was vom Propheten und über ihn berichtet wird. Die andere Frage bezieht sich darauf, wie seine Worte und Taten zu verstehen, erklären und interpretieren sind.

Die Frage der Authentizität

Die Frage, ob das dem Propheten zugeschriebene Wort (oder auch die Handlung) in einer Überlieferung (Ḥadīṯ) wirklich auf den Propheten zurückgeht, beschäftigt die Gelehrten berechtigterweise seit der Frühzeit des Islam über Jahrhunderte hinweg bis heute. Denn man begegnete bereits in der Frühzeit des Islam der Überlieferung von Worten, die dem Propheten in den Mund gelegt wurden. Gründe hierfür sind zahlreich: Rechtfertigung bestimmter Parteien oder Standpunkte, Widerlegung der Gegenpartei, Interesse an wirtschaftlichen und

---

6 Vgl. Koran 4/115.

7 Mālik ibn Anas, *al-Muwaṭṭa'*, Ḥusn al-ḫulūq 8.

8 Dabei spielten sicherlich die Anweisungen des Propheten, seine Worte zu prägen und den anderen weiterzugeben, eine wichtige Rolle; vgl. Buḫārī, ʿIlm 9, 37.

materiellen Vorteilen etc.[9] Zu Lebzeiten der Gefährten pflegten viele von ihnen, Berichte vom und über den Propheten untereinander zu bestätigen. Wenn sie nicht selbst die unmittelbaren Zeugen einer Handlung oder Rede des Propheten waren, fragten sie den Berichterstatter, ob er Zeugen für seinen Bericht benennen könne.[10] Andere unternahmen sogar lange Reisen, um die Glaubwürdigkeit der Nachricht durch den Erstüberlieferer bestätigen zu lassen.[11] Insbesondere ʿUmar, der zweite Kalif, ist bekannt für seine strenge Prüfung der Ḥadīṯ-Überlieferung. Eine Episode veranschaulicht, wie die Gefährten die Richtigkeit einer Überlieferung untereinander diskutierten. Abū Saʿīd al-Ḫudrī berichtet:

> „Eines Tages saß ich mit einigen Muslimen aus Medina (Anṣār) zusammen, als Abū Mūsā zu uns kam. Er war sehr aufgeregt. ‚Dreimal habe ich ʿUmar um Einlass gebeten, aber man hat mich nicht hineingebeten! Da bin ich wieder gegangen!', rief er. Als (der Kalif) ʿUmar davon erfuhr, fragte er Abū Mūsā, warum er nicht hereingekommen sei. Er antwortete: ‚Ich habe doch dreimal um Einlass gebeten, aber niemand gab mir die Erlaubnis einzutreten! Deswegen bin ich wieder gegangen! Der Gesandte Gottes hat doch gesagt: ‚Wenn ihr dreimal um Einlass bittet und ihr werdet nicht hineingebeten, dann geht wieder zurück!' ‚Bei Gott, das musst du erst beweisen, dass er dies wirklich gesagt hat!', erwiderte ʿUmar. Abū Mūsā wandte sich an die Versammelten und fragte: ‚Kann jemand von euch diese Aussage des Propheten bezeugen?' Ubay sagte: ‚Der Jüngste von uns kann diesen Ausspruch des Propheten bestätigen!' Ich war damals der Jüngste der Anwesenden. Ich erhob mich und bestätigte ʿUmar, dass der Prophet dies wirklich gesagt hat."[12]

Aus dieser anfänglichen Sorgfalt und Überprüfung entwickelte sich später eine wissenschaftliche Disziplin: die islamische Ḥadīṯ-Kritik (*uṣūl al-ḥadīth*).[13] Eine der Methoden, die angewandt wurden, um „echte" Berichte von „unechten" zu unterscheiden, heißt *isnād*. Spätestens im dritten islamischen Jahrhundert etablierte sich diese Form, nach der jeder Ḥadīṯ neben dem eigentlichen Text den Namen der Überlieferer enthielt. Dabei wird in der Regel nicht nur die Person genannt, welche unmittelbar Zeuge einer Aussage, einer Handlung oder eines Verhaltens des Propheten gewesen ist, sondern darüber hinaus alle weiteren Per-

---

9 Vgl. Albrecht Noth, *„Gemeinsamkeiten muslimischer und orientalischer Hadit-Kritik – Ibn Gawzis Kategorien der Hadit-Fälscher"*, in: Udo Tworuschka (Hg.), *Gottes ist der Orient, Gottes ist der Okzident*, Festschrift für Abdoldjavad Falaturi, Köln 1991, S. 40-46.

10 Vgl. Osman Arpaçukuru, *Sahabe dönemi hadis rivayetinde tesebbüt, iklal ve iksar*, Diss., Istanbul 2006, S. 61ff.

11 Vgl. ebd., S. 41.

12 Bukhārī, Istiʾḏān 13; Muslim, Adab 32, 34-36; Ibn Māǧa, Adab 17.

13 Siehe Ibn aṣ-Ṣalāḥ al-Shahrazūrī, *An Introduction to the Science of the Ḥadīṯ*, (Kitāb Maʿrifat anwaʿ ʿilm al-ḥadīṯ), ins Englische übersetzt von Eerik Dickinson, Reading, Garnet 2005; Ibn an-Nafīs, *Kompendium über die Wissenschaft von den Grundlagen des Hadit*, Edition und kommentierte Übersetzung von Hasan Amarat, Hildesheim u.a. 1986; H. Motzki, *Ḥadīth. Origins and Developments*, Aldershot 2004; Talat Koçyiğit, *Hadis Usûlü*, Ankara 1975.

sonen, die im Laufe der Zeit an der Weitergabe des Ḥadīṯ beteiligt waren. Die Abfolge dieser Überlieferer bildet die Kette der Überlieferer (*isnād*). Jede Quelle (Kette und Gewährsmann) musste bestimmte Kriterien erfüllen, die Echtheit und Glaubwürdigkeit der Aussage gewährleisten sollten. Ist die Quelle der Nachricht zuverlässig und glaubwürdig, so gilt der Bericht als „echt".[14]

Den höchsten Grad der Echtheit besitzen Aḥadīṯ, die von vielen Garanten überliefert wurden, weil eine Übereinstimmung von Lügen unwahrscheinlich ist (*mutawātir*: „ununterbrochen, aufeinanderfolgen und sich wiederholen"). Über die Anzahl solcher Aḥadīṯ gibt es jedoch sowohl in der islamwissenschaftlichen Forschung wie auch in der muslimischen Ḥadīṯ-Wissenschaft Meinungsverschiedenheiten. Einige Gelehrte, wie an-Nawawī (gest. 671/1272) und Ibnu ṣ-Ṣalāḥ (gest. 643/1245), behaupten, dass es sehr wenig *mutawātir*-Aḥadīṯ gibt.[15] Kırbaşoğlu, ein zeitgenössischer Ḥadīṯ-Wissenschaftler aus Ankara, kommt in seiner Analyse zum Schluss, dass kein Ḥadīṯ die *mutawātir*-Kriterien der klassischen Ḥadīṯ-Methodologie erfüllt. *Mutawātir*-Aḥadīṯ als gelebte Sunna sind hingegen zahlreich. Hierzu gehören beispielsweise die seit der Frühzeit des Islam bis heute kontinuierlich durchgeführten religiösen Praktiken wie Gebetsruf und Festgebete sowie ununterbrochen befolgte Bestimmungen wie die der Gebetszeiten und Gebetseinheiten.[16]

Den größten Teil der Aḥadīṯ bilden die *aḥād*-Überlieferungen, jene Überlieferungen also, die in einer oder mehreren Generation(en) nur von Einzelnen weitergegeben wurden. Diese Aḥadīṯ werden in der klassischen Ḥadīṯ-Wissenschaft je nach der Beurteilung des *isnād* „korrekt" (*ṣaḥīḥ*) oder „gut" (*ḥasan*) genannt. Die meisten Ḥadīṯ-Gelehrten sind sich darin einig, dass auch Überlieferungen „einzelner" Gewährsmänner (*aḥād*) authentisch sind. Manche Aḥadīṯ besitzen jedoch aufgrund der Schwäche im *isnād* nicht diese Qualität, werden daher als „schwach" (*ḍaʿīf*) bewertet, auch wenn keine zwingenden Beweise für deren Falschheit vorliegen. Unter den Ḥadīṯ-Gelehrten besteht Uneinigkeit über die Verwendung der „schwachen" Aḥadīṯ. Die Mehrheit geht jedoch davon aus, dass sie bei tugendhaften Handlungen unter bestimmten Voraussetzungen eingesetzt werden können.[17]

---

14 Zum *Isnād*-System siehe J. Horovitz, *„Alter und Ursprung des Isnād"*, in: *Der Islam*, VIII/1918, S. 39-47; J. Robson, *"The Isnād in Muslim Traditions"*, in: *Glasgow University Oriental Society Transaction*, XV, Hartford 1955, S. 15-26; Mustafa Azami, *"The Isnād System: its Validity and Authenticity"*, in: Mustafa Shah (ed.), *The Hadīth: Critical Concepts in Islamic Studies*, Vol. II, London u.a. 2010, S. 130-184.

15 Siehe M. Hayri Kırbaşoğlu, *İslâm Düşüncesinde Hadis Metodolojisi*, 3. Baskı, Ankara 2006, S. 108.

16 Vgl. ebd., S. 99.

17 Es geht um die folgenden Voraussetzungen: 1. Die Schwäche darf nicht zu extrem sein; 2. Der Ḥadīṯ muss einer Handlung entsprechen, die schon praktiziert wird; 3. Bei der Umsetzung des Ḥadīṯ darf nicht davon ausgegangen werden, dass es sich um einen

Die islamische Ḥadīṯ-Wissenschaft konzentrierte sich vorwiegend auf die Kritik der *isnād* und meinte, die Glaubwürdigkeit des Berichts dadurch sichergestellt zu haben. Die von dieser Wissenschaft entwickelten Begriffe, Methoden, Kriterien und Kategorien sowie die von ihr erzielten Ergebnisse wurden jahrhundertelang unbestritten als Standards anerkannt, sodass es bis zur Begegnung mit den Methoden der westlichen Wissenschaften kaum ein Wissenschaftler wagte, sie infrage zu stellen. Daher gelten die Aḥadīṯ in den „sechs Büchern" (*kutub as-sitta*), insbesondere aber in den Sammlungen Buḫārīs und Muslims, für die Mehrheit der Muslime bis heute noch als authentisch. Es reicht für sie aus, eine Überlieferung in einem dieser Werke zu finden, um sie als authentisch zu bewerten.

Die islam- und ḥadīṯ-wissenschaftliche Diskussion über die Verlässlichkeit der Methoden der klassischen Ḥadīṯ-Wissenschaft hält gegenwärtig mit wachsender Dynamik an. Immer mehr muslimische Ḥadīṯ-Wissenschaftler weisen darauf hin, dass die klassische Ḥadīṯ-Methodologie seit Jahrhunderten stagniere und deshalb heute eine grundlegende wissenschaftliche Auseinandersetzung mit ihr erforderlich sei. Die Forderung nach der Entwicklung neuer Methoden in der Ḥadīṯ-Wissenschaft ist also in unserer Zeit unabweisbar, auch wenn die große Mehrheit der islamischen Gesellschaften immer noch an die Unveränderlichkeit der bereits erzielten Ergebnisse, etablierten Methoden und festgelegten Normen glaubt.[18]

Die Frage der Ḥadīṯ-Hermeneutik

Dass die Gefährten den Propheten als Modell für ihr Leben genommen haben, da sie ihn aus dem Glauben heraus liebten, sich auf ihn verließen, ihm vertrauten, wird bereits in den frühesten historischen Quellen dokumentiert.[19] Ein wichtiger Faktor, der die Kommunikation zwischen dem Propheten und seinen Gefährten erleichterte, ist die Erzähl- und Erklärungsart des Propheten. „Der Gesandte Gottes redete in einer deutlichen Sprache, die jeder, der ihn hörte, verste-

---

authentischen Ḥadīṯ handelt, sondern er darf nur unter Vorbehalt umgesetzt werden; vgl. İsmail L. Çakan, *Anahatlarıyla Hadîs*, 2. Baskı, Istanbul 1985, S. 195ff.

18 Für die kontroversen Diskussionen in der Türkei siehe z.B. Kırbaşoğlu, *Hadis Metodolojisi*; İbrahim Hatiboğlu, *"Klasik Hadis Usulü ve çağdaş Hadis Metodolojilerinin Değeri Üzerine"*, in: ders. (ed.), *İslâmî İlimlerde Metodoloji (Usûl) Meselesi*, II, Istanbul 2005, S. 785-799.

19 Die älteste Quelle über das Leben Muḥammads stellt die Prophetenbiografie von Ibn Isḥāq dar, der auf reichhaltiges, sowohl schriftlich als auch mündlich überliefertes Material zurückgreifen konnte. Zu den früheren Quellen siehe auch Fuat Sezgin, *Geschichte des arabischen Schrifttums*, Bd. 1, Leiden 1967, S. 135-364; Gregor Schoeler, *Charakter und Authentie der muslimischen Überlieferung über das Leben Mohammeds*, Berlin/New York 1996; Ferdinand Wüstenfeld, *Die Geschichtsschreiber der Araber und ihre Werke*, Göttingen 1882.

hen konnte“, berichtete ʿĀʾisha. Überlieferungen zufolge sprach er nur zur richtigen Zeit und hielt nur kurze Reden. Wenn er sprach, hörten die Gefährten ihm aufmerksam zu. Die meisten von ihnen versuchten, alles zu sammeln und weiterzugeben, was sie vom Propheten gehört und gesehen hatten. Manchen wurde sogar erlaubt, es aufzuzeichnen.

Handelte es sich dabei um blinde Nachahmung, bloße Niederschrift oder versuchte man das gesprochene Wort oder die durchgeführte Handlung reflektierend zu verstehen? Einige Berichte weisen darauf hin, dass der Prophet seine Gefährten ermunterte, die Worte, die sie von ihm hörten, erst richtig zu verstehen und dann weiterzugeben. Einem Ḥadīṯ zufolge sprach er:

> „Gott möge den glücklich machen, der meine Worte überliefert, nachdem er sie gehört, verstanden und bewahrt hat.“[20]

Dieser Ḥadīṯ deutet zugleich auf die Möglichkeit hin, dass die Hörer das, was sie vom Propheten gehört haben, unterschiedlich verstehen konnten. Dies kann einerseits von den emotionalen, sozialen und intellektuellen Fähigkeiten des Tradenten abhängen, der das Wort überliefert, wie andererseits auch von den Adressaten, die das Gesagte empfangen. Ebenfalls sind sprachliche und semantische Eigenschaften des Wortes wichtige Faktoren dafür, dass das Wort von Hörern unterschiedlich wahrgenommen und verstanden werden konnte. Hinzu kommt noch die Tatsache, dass Hörer und Tradent nicht immer gleich aufmerksam sein konnten oder dass die Sprache für die vollständige Artikulation der Gedanken nicht immer ausreichte. In den Quellen gibt es zahlreiche Beispiele dafür, dass die Gefährten Worte und Taten des Propheten selbst zu dessen Lebzeiten aus diesen und vielen weiteren Gründen unterschiedlich wahrgenommen, verstanden und interpretiert haben. Hierzu gehört die Unstimmigkeit bezüglich der Durchführung eines Nachmittagsgebets. Nach dem sogenannten Grabenkrieg (*ḫandaq*) ordnete der Prophet an, gegen die Banī Quraiẓa zu ziehen, die während des Grabenkriegs mit den Polytheisten aus Mekka in Machenschaften verwickelt waren.[21] Er befahl:

> „Keiner von euch soll das Nachmittagsgebet verrichten, bevor ihr im Gebiet der Banī Quraiẓa ankommt.“[22]

Als jedoch unterwegs die Gebetszeit eintrat, entstand ein Streit darüber, was der Prophet wirklich gemeint habe. Aus diesem Disput gingen zwei Methoden hervor, wie man an Quellen herangehen kann: eine, die sich an dem Wortlaut orientiert und eine andere, die den Sinn zu erschließen sucht. Gefährten, die danach fragten, *was* der Prophet *gesagt* habe, nahmen den Ausspruch des Propheten

20 Tirmiḏī, *Sunan*, ʿIlm 7; Ibn Māǧa, *Sunan*, Sunna 18.

21 Vgl. W. Montgomery Watt/Alford T. Welch, *„Der Islam: Mohammed und die Frühzeit, Islamisches Recht, Religiöses Leben“*, in: Christel Matthias Schröder (Hg.), *Die Religionen der Menschheit*, Bd. 25/1, Stuttgart 1980, S. 114.

22 Buḫārī, Maġāzī 31.

wörtlich und verschoben das Nachmittagsgebet. „Wir werden nicht beten, bis wir dort ankommen", sagten sie. Andere Gefährten hingegen, die danach fragten, *was* der Prophet hier wirklich *gemeint* habe, vertraten die Überzeugung, es gehe sinngemäß darum, so schnell wie möglich das Ziel zu erreichen. Sie hielten daher an und verrichteten das Nachmittagsgebet.[23]

Eine weitere exemplarische Begebenheit ereignete sich vor den Augen des Propheten. Dem Bericht von Abū Sa'īd zufolge zog der Prophet eines Tages beim Beten seine Sandale aus und legte sie zu seiner linken Seite nieder. Die Gefährten sahen dies und taten das Gleiche. Nach dem Gebet fragte der Prophet: „Warum habt ihr eure Sandalen ausgezogen?" „Weil du das so gemacht hast!", erwiderten sie. Daraufhin sagte der Prophet: „Ich zog meine Sandalen aus, weil Gabriel mir berichtete, dass Schmutz daran anhing."[24]

An diesen beiden Beispielen wird deutlich, dass bereits in der frühen Zeit des Islam zwei methodische Tendenzen und Herangehensweisen hinsichtlich der Ḥadīṯ-Hermeneutik entstanden, die für die spätere Methodologie-Diskussion in den islamischen Wissenschaften maßgeblich waren: eine am Äußeren, am wortwörtlichen Schriftverständnis orientierte und eine andere, den Sinn und die Intention zu erschließen suchende.

Die am Äußeren, dem wortwörtlichen Schriftverständnis orientierte Herangehensweise nahm den Bericht vom und über den Propheten wortwörtlich und richtete sich nach der äußeren Erscheinung der Handlung. Anhänger dieses Ansatzes waren Bewunderer des Propheten. Sie betrachteten alles, was auch immer der Prophet getan hatte, als *sunna*. Daher versuchten sie, ihn in jeder Situation und unter allen Umständen zu imitieren und seine Taten kollektiv nachzuahmen. Für sie spielte die Frage nach der Quelle des Wortes, nach der Verbindlichkeit der Handlung, nach dem Geist oder Prinzip, das mit dem Wort einhergeht, kaum eine Rolle. Als Hauptvertreter dieser Herangehensweise gelten Abū Hurayra (gest. 678), 'Abdullāh b. 'Umar (gest. 644), 'Abdullāh b. 'Amr und Abū Ḏarr al-Ġifārī (gest. 652).[25] Über 'Abdullāh b. 'Umar wird etwa berichtet, dass er einmal auf dem Berg Arafat genau dort Wasser ließ, wo der Prophet es einst getan hatte. Es gibt viele weitere Beispiele dafür, dass er den Propheten buchstäblich und unreflektierend zu imitieren versuchte. Da der Prophet das Gebet während der Reise gekürzt hatte, glaubte er, dass die volle Verrichtung des Gebets auf der Reise *sunna*-widrig sei.[26] Salāma b. Aqwā (gest. 693), ein anderer Gefährte, pflegte nach dem Tode des Propheten immer an der gleichen Stelle in der Mo-

23 Für den Hinweis auf dieses Ereignis bedankt sich der Autor dieses Artikels bei Hüseyin Atay, der sich im SS 2010 als Gastprofessor in Paderborn aufhielt; siehe auch Mehmet Görmez, *Sünnet ve Hadisin anlasilmasi ve yorumlanmasinda metodoloji sorunu*, Ankara 32011, S. 63.

24 Abū Dāwud, *Sunan*, Ṣalah 88.

25 Vgl. Görmez, S. 64.

26 Vgl. Aḥmad Ibn Ḥanbal, *Musnad*, II, 20, 31, 57.

schee zu beten. Auf die Frage, warum er das tue, antwortete er: „Der Gesandte Gottes betete gewöhnlich an dieser Stelle.“[27]

Für diese Leute galt der Prophet als jemand, den man in allem, was er tat, imitieren musste, und all das, was er tat, als etwas, das man genauso tun sollte. Sie meinten, wenn sie so aussähen wie er, sich so verhielten wie er, seien sie auf der sicheren Seite.

Die den Sinn und die Intention zu erschließen suchende Herangehensweise fragte nicht primär danach, *was* der Prophet *sagte*. Das gesprochene Wort an sich steht nicht im Vordergrund. Vielmehr versuchten die Vertreter dieser Methode, den Sinn des Gesagten, die Textintention oder die Absicht des Propheten herauszufinden. Für sie hatten also nicht der Text oder das Wort an sich, sondern vielmehr die mit dem Text einhergehende Lehre und Idee, der Geist oder das Prinzip zentrale Bedeutung. Immer wenn sie das Gefühl hatten, das, was sie von einem anderen gehört hatten, sei problematisch, hinterfragten sie dies kritisch und korrigierten gegebenenfalls den Bericht. Als Hauptfigur dieser Schule gilt ʿĀʾisha, die Ehefrau des Propheten, deren Korrekturen und Kritik an Gefährten, die das Prophetenwort buchstäblich verstanden, zahlreich sind.[28] Badr ad-Dīn az-Zarkašī hat mehr als 70 Fälle gesammelt, in denen ʿĀʾisha wiederum Berichte anderer Gefährten auf Basis ihrer Einschätzung unter Berufung auf den Koran und die Sunna korrigierte.[29] Hierzu gehört etwa die Überlieferung eines Ausspruchs über Frauen, wonach das Unglück in „Haus, Frau und Pferd“[30] liege. Aus den Quellen wissen wir, wie wütend ʿĀʾisha hierauf reagierte, als man ihr diesen Bericht mitteilte. Sie schwor: „Bei Gott, der Muḥammad den Koran offenbarte!“, und fügte hinzu: „Das hat der Gesandte Gottes niemals gesagt.“ Der Prophet habe nur auf eine Tradition in der vorislamischen Zeit hingewiesen, wonach man die Frau, das Haus und das Pferd als unheilbringend betrachtete.[31] Gefährten, die diesen Ḥadīṯ in Umlauf brachten, haben laut ʿĀʾisha dem Propheten nicht aufmerksam genug zugehört oder ihn nicht richtig verstanden. ʿĀʾisha kritisierte einen weiteren Ḥadīṯ, den Abū Hurayra überlieferte. Demnach wird die Frau zusammen mit einem schwarzen Hund und einem Esel als etwas erwähnt, das, wenn es an ihm vorbeigeht, das Gebet eines Betenden ungültig macht. „Was für eine Schlechtigkeit, dass ihr uns mit Hund und Esel auf eine

---

27 Görmez, S. 66.

28 Vgl. M. Said Hatiboğlu, *İslamda Tenkit Zihniyeti ve Hadis Tenkidinin Doğuşu*, Diss. Ankara 1962; ders., *"Hazreti Aişe'nin Hadis Tenkidciliği"*, in: *Ankara Üniversitesi Ilahiyat Fakültesi Dergisi*, cilt 19, S. 59-74.

29 Vgl. Badr ad-Dīn az-Zarkašī, *al-Iṣāba li īrād mā istadrakathu ʿĀisha ʿalā ṣ-Ṣaḥāba*, hrsg. v. Saʿīd al-Afġānī, Beirut 1980, S. 6.

30 Buḫārī, Ǧihād 47, Nikāḥ 18.

31 Vgl. Aḥmad b. Ḥanbal, *Musnad*, VI, 151, 240, 247; Az-Zarkašī, S. 104.

Stufe stellt!", sagte sie empört und fügte hinzu: „Ich lag oft wie eine Tote vor dem Gesandten Gottes, während er sein Gebet verrichtete."[32]

Schlussbemerkung

Die Ideen- und Geistesgeschichte der Muslime zeigt sehr deutlich, wie sich das frühere Bild der Muslime von Muḥammad, die Ansätze und Herangehensweisen an seine *sunna* im Laufe der Zeit zu systematischen Schulen und Methoden entwickelt haben. Aus der am Äußeren, dem Wortlaut orientierten Herangehensweise ging die Schule der *ahl al-ḥadīṯ* hervor und aus der den Sinn zu erschließen suchenden Herangehensweise die Schule der *ahl ar-ra'y*. Erstere lässt sich als konservativ, mimetisch und formalistisch charakterisieren. Die zweite hingegen liest die Quellen kritisch, reflektierend und wertet sie rational aus. Das Verhältnis der beiden Schulen zueinander basierte selten auf Anerkennung und Respekt. Vor allem die *ahl al-ḥadīṯ*, die den sunnitischen Islam maßgeblich prägte, verurteilte jede neue Idee, Praxis und Handlung als *bid'a* (böse Neuerung), somit als Irrweg. Wer sich zu einer *bid'a* bekennt oder sich an einer *bid'a* orientiert, der gilt für sie als Häretiker. Der wichtigste Teil der islamisch-theologischen Literatur besteht daher aus polemisch verfassten Schriften und aus Apologien, die zur Bekräftigung eigener Positionen und zur Entkräftung und zum Widerlegen derjenigen der „Gegner" geschrieben wurden/werden, indem man sich auf Überlieferungen vom und über den Propheten beruft. Auch die gegenwärtigen religiös-theologischen Strömungen beruhen weitestgehend auf einer dieser Schulen. Das heißt, dass diese beiden Ansätze auch heute noch im modernen muslimischen Denken fortleben.

Literatur

Abū Dāwūd, *Sunan*, I-V, Istanbul 1981.

Arpaçukuru, Osman, *Sahabe dönemi hadis rivayetinde tesebbüt, iklal ve iksar*, Diss., Istanbul 2006.

Azami, Mustafa, *"The Isnād System: its Validity and Authenticity"*, in: Shah, Mustafa (ed.), *The Hadīth: Critical Concepts in Islamic Studies*, Vol. II, London u.a. 2010, S. 130-184.

Buḫārī, Muḥammad b. Ismāʿīl, *Ṣaḥīḥ al-Buḫārī*, 4 Bde., Beirut, Dār al-Kutub al-ʿIlmīya 1999.

Çakan, İsmail L., *Anahatlarıyla Hadîs*, Istanbul ²1985.

Görmez, Mehmet, *Sünnet ve Hadisin anlasilmasi ve yorumlanmasinda metodoloji sorunu*, Ankara ³2011.

32 Muslim, aṣ-Ṣalāh 267-274. Siehe für nähere Informationen zu früheren Tendenzen Görmez, S. 59-67.

Hatiboğlu, İbrahim, *"Klasik Hadis Usulü ve çağdaş Hadis Metodolojilerinin Değeri Üzerine"*, in: ders. (ed.), *İslâmî İlimlerde Metodoloji (Usûl) Meselesi*, II, Istanbul 2005, S. 785-799.

Hatiboğlu, M. Said, *"Hazreti Aişe'nin Hadis Tenkidciliği"*, in: *Ankara Üniversitesi Ilahiyat Fakültesi Dergisi*, Bd. 19, S. 59-74.

Hatiboğlu, M. Said, *İslamda Tenkit Zihniyeti ve Hadis Tenkidinin Doğuşu*, Diss., Ankara 1962.

Horovitz, J., *„Alter und Ursprung des Isnâd"*, in: *Der Islam*, VIII/1918, S. 39-47.

Ibn al-Ṣalāḥ al-Shahrazūrī, *An Introduction to the Science of the Ḥadīth*, (Kitāb Ma'rifat anwa' 'ilm al-hadīth), ins Englische übersetzt von Eerik Dickinson, Reading, Garnet 2005.

Ibn an-Nafīs, *Kompendium über die Wissenschaft von den Grundlagen des Hadit*, Edition und kommentierte Übersetzung von Hasan Amarat, Hildesheim 1986.

Ibn Ḥanbal, Aḥmad, *Musnad*, I-VI, Beirut o.J.

Ibn Māǧa, Abū 'Abdullāḥ, *Sunan*, I-II, Kairo o.J.

Kırbaşoğlu, M. Hayri, *İslâm Düşüncesinde Hadis Metodolojisi*, Ankara ³2006, S. 108.

Koçyiğit, Talat, *Hadis Usûlü*, Ankara 1975.

Mālik ibn Anas, *al-Muwaṭṭa'*, Beirut 1984.

Motzki, H., *Ḥadīth. Origins and Developments*, Aldershot 2004.

Muslim, Abū al-Ḥusayn Muslim, *Ṣaḥīḥ Muslim*, hrsg. v. Muḥammad Fu'ād 'Abdulbāqī, 5 Bde., Istanbul, al-Maktabah al-Islāmīya, o.J.

Noth, Albrecht, *„Gemeinsamkeiten muslimischer und orientalischer Hadit-Kritik – Ibn Ǧawzīs Kategorien der Hadit-Fälscher"*, in: Tworuschka, Udo (Hg.), *Gottes ist der Orient, Gottes ist der Okzident*, Festschrift für Abdoldjavad Falaturi, Köln 1991, S. 40-46.

Robson, J., *"The Isnād in Muslim Traditions"*, in: *Glasgow University Oriental Society Transaction*, XV, Hartford 1955, S. 15-26.

Schoeler, Gregor, *Charakter und Authentie der muslimischen Überlieferung über das Leben Mohammeds*, Berlin/New York 1996.

Sezgin, Fuat, *Geschichte des arabischen Schrifttums*, Bd. 1, Leiden 1967, S. 135-364.

Tirmiḏī, Abū 'Īsā Muḥammad, *Sunan*, I-V, Istanbul 1981.

Watt, W. Montgomery/Welch, Alford T., *„Der Islam: Mohammed und die Frühzeit, Islamisches Recht, Religiöses Leben"*, in: Schröder, Christel Matthias (Hg.), *Die Religionen der Menschheit*, Bd. 25/1, Stuttgart 1980.

Wüstenfeld, Ferdinand, *Die Geschichtsschreiber der Araber und ihre Werke*, Göttingen 1882.

Az-Zarkašī, Badr ad-Dīn, *al-Iṣāba li īrād mā istadrakathu 'Ā'isha 'alā ṣ-Ṣaḥāba*, hrsg. v. Sa'īd al-Afġānī, Beirut 1980.

Ḥašr im Diskurs der *Mutakallimūn* und islamischen Philosophen

Merdan Güneş

Alle theologischen Schulen im Islam sind sich einig, dass der Glaube an das Leben nach dem Tod ein Bestandteil des Glaubens ist.[1] Diese Vorstellung verbindet fast alle Religionen und Kulturen auf der Welt miteinander.[2] Sie sind der Meinung, dass diese Welt vergänglich ist und nach dieser eine beständige, ewige Welt kommen wird.[3] Die ewige Glückseligkeit kann man hiernach nur im Jenseits finden. Das Diesseits ist dagegen der Ort der Prüfung und Handlung, gemäß dem islamischen Verständnis:

> „Das Diesseits ist das Ackerfeld des Jenseits."[4]

Die Überzeugung ist: Was man hier sät, wird man im Jenseits ernten. Der Koran beschreibt das Jenseits als einen Ort der ewigen Glückseligkeit, doch natürlicherweise wird auch das Diesseits als Gottes Werk erachtet, das zum Dienst des Menschen geschaffen wurde.[5] Allah fordert im Koran:

> „Vergiss nicht deinen Anteil an dieser Welt, und sei wohlwollend, wie Gott es dir gegenüber gewesen ist."[6]

Somit ist der Mensch beauftragt, beide Welten in Einklang zu bringen. Er soll diese Prüfung durch seine Bemühungen bestehen und damit ewige Glückseligkeit gewinnen. Durch seinen Glauben und gute Taten hat der Mensch die Möglichkeit, Anstrengungen, Schmerzen und Leiden in dieser Welt in eine ewige Glückseligkeit in der nächsten Welt umzuwandeln.

---

1 Vgl. al-Buḫārī, Hadith Nr. 50 (bei den im Folgenden angegebenen Quellen von al-Buḫārī handelt es sich um deutsche Übersetzungen der arabischen Originalversion; die Hadithnummern ändern sich nie); Präsidentschaft für Religiöse Angelegenheiten, *Grundzüge islamischer Religion (Ilmihal)*, S. 62f.; *İlmihal I, İman ve İbadetler*, İSAM, S. 117f. Im Koran wird der Glaube an das Jenseits an mehr als hundert Stellen thematisiert. Siehe Stichwort *"Âhiret"*, in: *İslam Ansiklopedisi*, Bd. 1, S. 544; Yüksel, *Sistematik Kelâm*, S. 187.

2 Vgl. Yasa, *Ölüm Sonrası Yaşam*, S. 9f.; vgl. auch Gölcük, *İslâm Akaidi*, S. 218; Dalkılıç, *İslam Mezheplerinde Ruh*, S. 272f.

3 Vgl. Yüksel, *Sistematik Kelâm*, S. 163.

4 ʿAǧlūnī, *Kašf al-ḫafā*, Hadith Nr. 1318, S. 364.

5 Vgl. Koran 31/20; 45/13.

6 Koran, 28/77. Ein Hadith betont dieses Gleichgewicht: „Handle in dieser Welt, als müsstest du ewig leben, und handle im Hinblick auf die andere Welt, als müsstest du morgen sterben" (Lahbabi, *Der Mensch*, S. 80). Es handelt sich hier um einen sehr bekannten, aber schwachen (*ḍaʿīf*) Hadith.

Der Tod wurde in der islamischen Tradition aus verschiedenen Perspektiven betrachtet. Die Forderung, gewappnet für den Tod zu sein[7] und ihm furchtlos entgegenzusehen, ist dabei der Kerngedanke der islamischen Vorstellung vom Sterben. Der Gläubige soll keine Angst vor dem Tod haben,[8] denn der Tod wird wird als die Zusammenkunft mit dem Geliebten[9] und daher als Tor zur ewigen Glückseligkeit gesehen. Laut einem Hadith beschreibt der Prophet Muhammad die Begegnung mit Allah folgendermaßen:

> „Wer die Begegnung mit Allah liebt, mit dem liebt auch Allah die Begegnung. Und wer die Begegnung mit Allah verabscheut, mit dem verabscheut auch Allah die Begegnung."[10]

Ein vorherrschender Gedanke ist, dass der Mensch durch den Tod von allen Anstrengungen und Mühen des diesseitigen Lebens befreit wird.[11]

Leben und Tod bilden in der islamischen Tradition eine untrennbare Einheit:[12]

> „Der Tod als existenzielle allgemeinmenschliche Erfahrung[13] betrifft im islamischen Glauben sowohl die Leiblichkeit als auch die Geistigkeit des Menschen."[14]

Der menschliche Werdegang, vom Einhauchen der Seele bis zur Rückkehr zu Gott, vollzieht sich in diesem Rahmen. Der Tod ist in dieser Vorstellung die Schwelle, an der das anvertraute irdische Leben an den Schöpfer zurückgeht.[15] Über diese Einheit in der islamischen Glaubensvorstellung sagt der Koran:

> „(Er) schuf den Tod und das Leben, um euch (Menschen) auf die Probe zu stellen (und zu sehen), wer von euch am besten handelt. Er ist der, der mächtig ist und bereit zu vergeben."[16]

An einer anderen Stelle ermahnt Allah die Menschen wie folgt:

---

7 Vgl. al-Ġazālī, *'Aqīdat al- muslimīn*, S. 211.

8 Vgl. al-Ġazālī, *Iḥyā'*, S. 1476f.; Gülen, *Grundlagen des islamischen Glaubens*, S. 106.

9 Vgl. Hekimoglu, *Bedeutet der Tod das Nichts?*, S. 62.

10 al-Buḫārī, Hadith Nr. 6507, 6508; Tirmiḏī, Hadith Nr. 1067; Ibn Māǧa, Hadith Nr. 4264.

11 Vgl. Aymaz, *Der islamische Glaube*, S. 89; Elsas, *Sterben im islamischen Kulturkreis und Sterbebegleitung für Muslime in Deutschland*, S. 330; Gülen, *Grundlagen des islamischen Glaubens*, S. 106f.

12 Nach Stephenson gehören Leben und Tod zu jenen rätselhaften Urerfahrungen, die das Dasein und Denken des Menschen seit Jahrtausenden geprägt haben. Bei den Antworten auf diese zentrale Herausforderung liegt der Akzent manchmal auf dem Leben und manchmal auf dem Tode (vgl. Stephenson (Hg.), *Leben und Tod in den Religionen: Symbol und Wirklichkeit*, S. IX).

13 Vgl. al-Būṭī, *Kubrā al-yaqīniyyāt al-kawniyya*, S. 306.

14 Ilkilic, *Begegnung und Umgang mit muslimischen Patienten*, S. 48.

15 Vgl. Dalkılıç, *İslam Mezheplerinde Ruh*, S. 270.

16 Koran, 67/2; vgl. Waardenburg, *„Leben Verlieren' oder ‚Leben Gewinnen' als alternative in prophetischen Religionen"*, in: Stephenson (Hg.), *Leben und Tod in den Religionen*, S. 41.

„O ihr Gläubigen! Lasst euch nicht durch euren Besitz und eure Kinder davon ablenken, Gottes zu gedenken. Diejenigen, die das tun, sind die Verlierer. Spendet von den Gaben, die Wir euch gewährt haben, bevor zu dem einen oder dem anderen von euch der Tod kommt und er sagen wird: ‚Mein Herr! Wenn Du mir nur einen kurzen Aufschub gewährtest, würde ich Spenden geben und mich unter die Rechtschaffenen reihen.'"[17]

Daher sollte sich jeder Muslim auf die Reise zur Ewigkeit vorbereiten.[18] Der Koran sagt, wenn die Zeit des Todes kommt, bittet jeder Mensch vor Allah um die Verlängerung des irdischen Lebens.[19] Dies wird aber keinem gewährt:

„Wenn der Tod an einen von ihnen herantritt, spricht er: ‚Mein Herr, sende mich zurück. Auf dass ich recht handeln möge in dem, was ich zurückließ.' Keineswegs, es ist nur ein Wort, das er ausspricht. Und hinter ihnen ist eine Schranke bis zum Tage, an dem sie auferweckt werden."[20]

Der Prophet mahnt auch vor dem Tod und seinen unmittelbaren Folgen:

„Sterbet bevor ihr sterbet!",[21]

oder:

„Denkt häufig an den Zerstörer der Vergnügungen, nämlich den Tod."[22]

Weil der Tod unumgänglich ist,[23] kann niemand vor diesem von Allah festgelegten Zeitpunkt des Sterbens fliehen:

„Wenn Gott die Menschen gleich für ihre Ungerechtigkeit bestrafen würde, hätte Er auf der Erde kein Lebewesen übrig gelassen. Doch Er gewährt ihnen Aufschub bis zu einem bestimmten Zeitpunkt. Kommt das festgesetzte Ende, kann es niemand weder vorverlegen noch aufschieben."[24]

Eine weitere Überzeugung, die auf vielen Hadithen fußt, besagt, dass jeder stirbt, wie er gelebt hat und aufersteht, wie er gestorben ist.[25] Wer ein gutes und rechtschaffenes Leben geführt hat, wird demnach auch einen angenehmen, glücklichen Tod erleben. Wer aber ein schlechtes Leben geführt hat, erfährt einen schlimmen, leidvollen Tod.[26]

---

17 Koran, 63/9-11.

18 Vgl. al-Ġazālī, *'Aqīdat al- muslimīn*, S. 211.

19 Vgl. Koran, 63/11: „Doch Gott gewährt keinem Aufschub, wenn die Zeit seines Todes kommt. Gott weiß alles, was ihr tut."

20 Koran, 23/99-100.

21 Ritter, *Das Meer der Seele*, S. 583; Schimmel, *Rumi*, S. 143; Balic, *„Mensch"*, in: Khoury (Hg.), *Lexikon religiöser Grundbegriffe*, S. 1053.

22 Tirmiḏī, Hadith Nr. 2307; Ibn Māǧa, Hadith Nr. 4258.

23 Vgl. Koran, 3/185; vgl. auch Waardenburg, *„‚Leben Verlieren' oder ‚Leben Gewinnen' als alternative in prophetischen Religionen"*, in: Stephenson (Hg.), *Leben und Tod in den Religionen*, S. 45.

24 Koran, 16/61.

25 Vgl. Ṣa'rânî, *Ölüm-Kiyâmet-Âhiret (Muhtasaru Tezkirati'l-Kurtubî)*, S. 141f.

26 Vgl. Gülen, *Grundlagen des islamischen Glaubens*, S. 106.

Der Tod ist notwendig, damit der Zweck des menschlichen Lebens, nämlich die Prüfung,[27] erfüllt wird. In der islamischen Vorstellung ist der Tod kein Ende,[28] sondern vielmehr ein Übergang von der irdischen, vergänglichen hin zur ewigen Welt.[29] Der Glaube an das jenseitige Leben ist einer der sechs Glaubenssätze,[30] an die jeder Muslim glaubt.[31] Es heißt im Koran:

> „Jedes Lebewesen (*nafs*) wird den Tod kosten[32]; und euch wird euer Lohn am Tage der Auferstehung vollständig gegeben; und wer da vom Feuer ferngehalten und ins Paradies geführt wird, der soll glücklich sein; und das irdische Leben ist nichts als ein trügerischer Nießbrauch."[33]

Eines der zentralen Themen im Koran ist das ewige Leben im Jenseits (*āḫira*). In der ersten Sure ist von zwei Wegen die Rede. Der eine Weg führt zum Paradies und der andere zur Hölle und somit zur ewigen Verdammnis. Der Mensch wählt seinen Weg mit seinem freien Willen; dies ist entweder der Weg derjenigen, denen Gott seine Gnade erwiesen hat oder derjenigen, die den Zorn Gottes erregt haben und in die irregegangen sind.[34] Bis zu diesem Punkt vertreten die muslimischen Theologen keine unterschiedlichen Meinungen.[35] Die Meinungsverschiedenheiten beginnen erst mit der Diskussion über die Auferstehung, vor allem bezüglich der Frage, ob die Auferstehung mit dem Körper oder nur mit der Seele stattfindet.

Al-Ġazālī beschreibt den Tod als „eine völlige Veränderung des Zustandes,[36] in dem sich der Geist (*rūḥ*) vom Körper löst und weiterlebt.[37] Der

---

27 Vgl. Aymaz, *Der islamische Glaube*, S. 77; *Ilmihal, Der Gelebte Islam*, S. 54.

28 Für viele Menschen bedeutet der Tod heutzutage jedoch Trostlosigkeit, Hoffnungslosigkeit, Angst, Trauer und Verzweiflung. Vgl. Küng, *Ewiges Leben*, S. 17; al-Ġazālī, *ʿAqīdat al-muslimīn*, S. 211.

29 Vgl. Tworuschka, Monika und Udo, *Islam Lexikon*, Stichwort *„Sterben und Tod"*, S. 189; *Grundzüge islamischer Religion (Ilmihal)*, S. 62f.; Gülen, *Grundlagen des islamischen Glaubens*, S. 107; Dalkılıç, *İslam Mezheplerinde Ruh*, S. 270; al-Ġazālī, *ʿAqīdat al-muslimīn*, S. 212.

30 Vgl. Koran, 2/4; 4/136; ʿAssāf, *Buġyat aṭ-ṭālibīn*, S. 436; Nesefi, *İslam İnancının Temelleri Akaid*, S. 125f.; Zaidan, Amir, *Al-ʿAqida*, S. 163f.; Kazanci, *İslâm Akãidi*, S. 187f.; Gölcük, *İslâm Akaidi*, S. 211f.; Taftazâni, *İslâm Akâidi (Şerhu'l-akâid)*, S. 251; Abū Ḥanīfa, *Al-Fiqh Al-Akbar*, übers. v. Ali Ghandour, S. 16; Abū Ḥanīfa, *„Al-Fiqh Al-Akbar"*, in: *alʿAqīda wa ʿilm al-kalām*, redigiert von al-Kawṯarī, S. 619; as-Salmān, *al-asʾila wa al-aǧwiba al-uṣūliyya ʿalā al-ʿaqīda al-wāsiṭiyya*, S. 31, 261f.

31 Vgl. al-Buḫārī, Hadith Nr. 50; *Grundzüge islamischer Religion (Ilmihal)*, S. 62f.; *İlmihal I, İman ve İbadetler*, İSAM, S. 117f.

32 An zwei anderen Stellen im Koran: 21/35 und 29/57.

33 Koran, 3/185.

34 Vgl. Koran, 1/7.

35 Vgl. al-Ǧumaylī, *al-Imām al-Ġazālī wa ārāʾuhū al-kalāmiyya*, S. 242f.; Dalkılıç, *İslam Mezheplerinde Ruh*, S. 282.

36 Vgl. Hekimoglu, *Bedeutet der Tod das Nichts?*, S. 16.

Geist wird nun entweder bestraft oder erhält ein seliges Leben."[38] Er steht hier in der Tradition vieler Religionen.[39] Die Veränderung durch den Tod besteht nach al-Ġazālī darin, dass der Geist alle Macht über den Körper verliert.[40] Er lebt aber weiter und bleibt wissend (*ālima*), vernünftig (*āqila*) und verstehend (*mudrika*).[41] Die Seele stirbt nicht und vergeht auch nicht.[42] An diesem Punkt sind sich nicht alle muslimischen Theologen einig. Eine Gruppe vertritt die Meinung, dass die Seele ebenfalls stirbt.[43] Sie unterstützen ihre Meinung mit der koranischen Festlegung:

> „Alles, was auf (Erden) ist, wird vergehen. Aber das Angesicht deines Herrn bleibt bestehen – des Herrn der Majestät und der Ehre."[44]

Anscheinend folgen sie der Ansicht von Aristoteles.[45] Die Mehrheit jedoch ist der Meinung und damit in Einklang mit al-Ġazālī, dass der Körper auf jeden Fall stirbt, aber nicht die Seele.[46] Die Befürworter dieser Meinung führen viele Koranverse und die Hadithe als Beweis an. Eine wichtige koranische Aussage lautet:

---

37 Vgl. ʿAssāf, *Buġyat aṭ-ṭālibīn*, S. 433; Yar, *Ruh-Beden İlişkisi Açısından İnsanın Bütünlügü*, S. 89; Ibn Qayyim, *ar-Rūḥ*, S. 70; Erkol, *Seyfüddin Amidiy'e Göre Cismani Hasr*, Bd. 2, S. 193; al-Ġazālī, *ʿAqīdat al-muslimīn*, S. 212.

38 Yar, *Ruh-Beden İlişkisi Açısından İnsanın Bütünlügü*, S. 90; Çubukçu, *İslâm Düşüncesi Hakkında Araştırmalar*, S. 53; Taftazâni, *İslâm Akâidi*, S. 251.

39 Vgl. Bouman, *Glaubenskrise*, S. 156; Yasa, *Ölüm Sonrası Yaşam*, S. 9f.

40 „Die Seele ist nur eine einfache Substanz, aber erst wenn sie mit dem Körper zusammengesetzt worden ist, ist dieser befähigt, zu leben und zu handeln" (al-Ġazālī, *Die kostbare Perle*, S. 55); vgl. ʿAssāf, *Buġyat aṭ-ṭālibīn*, S. 434.

41 Vgl. al-Ġazālī, *ʿAqīdat al-muslimīn*, S. 212.

42 Vgl. al-Ġazālī, *Tahāfut al-falāsifa*, S. 198; al-Ġazālī, *ʿAqīdat al-muslimīn*, S. 212.

43 Vgl. Ibn Qayyim, *ar-Rūḥ*, S. 70; Dalkılıç, *İslam Mezheplerinde Ruh*, S. 267f. und 288.

44 Koran, 55/26 und auch 21/35; 28/88.

45 Vgl. Yar, *Ruh-Beden İlişkisi Açısından İnsanın Bütünlügü*, S. 87. Oder auch Aristoteles, *Über die Seele*, S. 9-45. Die Seelenlehre des Aristoteles (384-322) ist in seinem Werk *Über die Seele* (*Peri psychēs*, lateinisch *De anima*) dargelegt, das zugleich eine Hauptquelle für die vorsokratischen Seelenauffassungen darstellt. Aristoteles erörtert und kritisiert die Auffassungen früherer Philosophen, insbesondere diejenige Platons, und präsentiert seine eigene. Er definiert die Seele als „die erste Entelecheia" (die vollendete Wirklichkeit), andernorts auch als „Energeia", „eines natürlichen Körpers, der potentiell Leben hat"; einen solchen Körper bezeichnet er als „organisch". Er lehnt einen Leib-Seele-Dualismus ab: „Die Seele ist nicht eine unkörperliche Substanz in einer körperlichen, sondern sie ist vielmehr die unkörperliche Substanz des Körpers, der die Seele hat." Die Seele kann nicht unabhängig vom Körper existieren. Er sagt: „In den meisten Fällen scheint die Seele nicht ohne den Körper zu leiden oder zu wirken." Sie ist seine Form und daher nicht von ihm trennbar.

46 Vgl. Ibn Qayyim, *ar-Rūḥ*, S. 70; Akseki, *İslâm Dîni*, S. 94; Dalkılıç, *İslam Mezheplerinde Ruh*, S. 270f.

> „Und betrachte nicht diejenigen, die auf Allahs Weg gefallen sind, als tot. Nein! Sie leben bei ihrem Herrn, und sie werden dort versorgt.“[47]

Wie Ibn Sīnā und Ibn Rušd folgten die meisten Philosophen[48] der Lehre Platons,[49] der in seinem Buch *Phaidon* auch die Unsterblichkeit bzw. Ewigkeit der Seele verficht.[50] Die Idee einer ewigen Seele basiert wiederum auf dem Grundgedanken, dass die Seele eine eigenständige Substanz ist.[51]

Gemäß der *Ahl as-sunna* (Sunniten) treten im Tod zwei Veränderungen ein. Die Seele wird dem Körper entnommen und reist in eine andere Welt.[52] Die wichtigste Veränderung jedoch ist, dass dem Geist im Tod enthüllt (*inkašafa*) wird, was ihm im irdischen Leben verborgen geblieben ist.[53] Dem Toten wird der Schleier weggenommen und das Verborgene wird ihm enthüllt. Es ist, als ob man aus einem Schlaf erwacht.[54] So heißt es in einer Überlieferung des Propheten:

> „Die Menschen befinden sich nur im Schlaf; wenn sie sterben, dann wachen sie auf.“[55]

Die Ahl as-sunna stimmt darin überein, dass die Auferstehung mit dem Körper und dem Geist zusammen geschehen wird.[56] Manche Muʿtaziliten und Vertreter der Šīʿa vertreten ebenfalls diese Meinung.[57] Aber nach manchen Philosophen wie al-Kindī, al-Fārābī und Ibn Sīnā, die der platonischen Philosophie der Immaterialität der Seele folgen, ist das Leben im Jenseits, die Bestrafung und Be-

---

47 Koran, 3/169. Ein weiterer Vers über die Unsterblichkeit der Seele findet sich ebd., 39/68.

48 Erkol, *Seyfüddin Amidiy'e Göre Cismani Hasr*, Cilt. II, S. 185.

49 Vgl. Dalkılıç, *İslam Mezheplerinde Ruh*, S. 272f.

50 Vgl. Yar, *Ruh-Beden İlişkisi Açısından İnsanın Bütünlügü*, S. 87, 94f.; Küng, *Ewiges Leben*, S. 18.

51 Vgl. Yar, *Ruh-Beden İlişkisi Açısından İnsanın Bütünlügü*, S. 88f. Laut Yar haben die muslimische Theologen (*Mutakallimūn*) diese These über die Ewigkeit der Seele von den Philosophen einfach übernommen (vgl. Yar, S. 101f.); Erkol, *Seyfüddin Amidiy'e Göre Cismani Hasr*, Bd. 2, S. 185; Dalkılıç, *İslam Mezheplerinde Ruh*, S. 287.

52 Vgl. *Grundzüge islamischer Religion (Ilmihal)*, S. 63; Yar, *Ruh-Beden İlişkisi Açısından İnsanın Bütünlügü*, S. 89; al-Ġazālī, *ʿAqīdat al-muslimīn*, S. 212.

53 Vgl. ʿAssāf, *Buġyat aṭ-ṭālibīn*, S. 435; al-Ġazālī, *ʿAqīdat al-muslimīn*, S. 212, 214.

54 Vgl. Sachedina, *„Das Recht mit Würde zu sterben“*, in: Eich (Übers.), *Moderne Medizin und Islamische Ethik*, S. 156-158.

55 Al-Ġazālī, *Die kostbare Perle*, S. 48; as-Suyūṭī, *Šarḥ aṣ-ṣudūr*, S. 48; „Jedwede Seele schmeckt das Sterben“, heißt es im Koran an drei Stellen (Koran, 3/185; 21/35; 29/57).

56 Vgl. *İlmihal I, İman ve İbadetler*, İSAM, S. 125; *Şâmil İslâm Ansiklopedisi*, Bd. 2, Stichwort *"Haşr-ı Cismâni"*, S. 363; *İslam Ansiklopedisi*, Bd. 16, Stichwort *"Haşir"*, S. 417; Zaidan, *al-ʿAqida*, S. 190; al-Ġazālī, *Tahāfut al-falāsifa*, S. 203; Yüksel, *Sistematik Kelâm*, S. 187; as-Samarqandī, *Tanbīh al-ġāfilīn*, S. 58; Gölcük, *İslâm Akaidi*, S. 224f.; al-Ǧumaylī, *al-Imām al-Ġazālī wa ārāʾuhū al-kalāmiyya*, S. 242f.

57 Vgl. *İslam Ansiklopedisi*, Bd. 5, Stichwort *"Baʿs"*, S. 99; al-Ǧumaylī, *al-Imām al-Ġazālī wa ārāʾuhū al-kalāmiyya*, S. 243.

lohnung, das Paradies und die Hölle kein materieller, sondern ein vollkommen geistiger Zustand.[58]

In dieser Abhandlung soll die Vorstellung von dem Leben nach dem Tod und der Auferstehung zuerst nach der Ahl as-sunna erörtert und dann, in einem weiteren Schritt, die Auseinandersetzungen der verschiedenen theologischen Schulen diskutiert werden, insbesondere diejenigen zwischen den muslimischen Philosophen wie al-Fārābī,[59] Ibn Sīnā und Ibn Rušd auf der einen und den Mutakallimūn auf der anderen Seite.

Der Beerdigungsritus

Grundsätzlich hat jeder Muslim einen Anspruch auf sein eigenes Grab.[60] Eine gemeinsame Bestattung ist nur dann möglich, wenn eine entsprechende Notwendigkeit (*ḍarūra*)[61] vorliegt.[62] Dem Verstorbenen werden nach islamischem Glauben im Grab einige Fragen gestellt.[63] In einem Hadith des Propheten wird das Grab folgendermaßen beschrieben:

---

58 Vgl. *Şâmil İslâm Ansiklopedisi*, Bd. 2, Stichwort *"Haşr-ı Cismâni"*, S. 363; *İslam Ansiklopedisi*, Bd. 16, Stichwort *"Haşir"*, S. 417; *EI*, Bd. 1, Stichwort *"Djahannam"*, S. 1041; as-Samarqandī, *al-Mu'taqad li i'tiqād ahl al-islām*, S. 31; Çubukçu, *İslâm Düşüncesi Hakkında Araştırmalar*, S. 54; Erkol, *Seyfüddin Amidiy'e Göre Cismani Hasr*, Bd. 2, S. 188; Dalkılıç, *İslam Mezheplerinde Ruh*, S. 282f.

59 Vgl. Çubukçu, *İslâm Düşüncesi Hakkında Araştırmalar*, S. 53f.; Erkol, *Seyfüddin Amidiy'e Göre Cismani Hasr*, Bd. 2, S. 185.

60 Vgl. Krawietz, *Die Ḥurma*, S. 153.

61 Vgl. as-Sudlān, *al-qawā'id al-fiqhiyya al-kubrā*, S. 247f.; an-Nadwī, *al-qawā'id al-fiqhiyya*, S. 101f. und S. 308.

62 Vgl. al-Buḫārī, Hadith Nr. 1345; Krawietz, *Die Ḥurma*, S. 155.

63 Vgl. al-Buḫārī, Hadith Nr. 1338; Tirmiḏī, Hadith Nr. 1071; Ibn Māğa, Hadith Nr. 4268, 4269; al-Ġazālī, *Die kostbare Perle*, S. 32; as-Samarqandī, *Tanbīh al-ġāfilīn*, S. 52; *Grundzüge islamischer Religion (Ilmihal)*, S. 64; Werner (Hg.), *Das islamische Totenbuch. Jenseitsvorstellung des Islam*, S. 89; Erdogan, *Ölüm ve Ötesi*, S. 179; (zwei Engel, Munkar und Nakīr, stellen solche Fragen: „Wer ist dein Herr und wer ist dein Prophet, was ist deine Religion und was ist deine Gebetsrichtung?"); vgl. auch *Ilmihal, Der Gelebte Islam*, S. 53; *İlmihal I, İman ve İbadetler*, İSAM, S. 121; Beyazîzâde, *İmam-ı Azam Ebû Hanîfe'nin İtikadî Görüşleri*, S. 150f.; Ebû Hanîfe, *İmâm-ı A'zam'in Beş Eseri*, S. 57; 'Aliyyulqārī, *Šarh al-Fiqh al-akbar*, S. 207; Gülen, *Grundlagen des islamischen Glaubens*, S. 109; *EI*, Bd. 3, Stichwort *„Munkar wa-Nakīr"*, S. 782; Taftazâni, *İslâm Akâidi*, S. 251; Abū Ḥanīfa, *Al-Fiqh Al-Akbar*, übers. von Ali Ghandour, S. 67; Abū Ḥanīfa, *„Al-Fiqh Al-Akbar"*, in: *al'Aqīda wa 'ilm al-kalām*, redigiert von al-Kawṯarī, S. 623; as-Salmān, *al-as'ila as'ila wa al-ağwiba al-uṣūliyya 'alā al-'aqīda al-wāsiṭiyya*, S. 262; al-Ğumaylī, *al-Imām al-Ġazālī wa ārā'uhū al-kalāmiyya*, S. 244f.; al-Ġazālī, *'Aqīdat al-muslimīn*, S. 215f.

„Das Grab ist entweder ein Garten des Paradieses oder ein Abgrund der Hölle.“[64]

Über das Grab sagt der Gesandte Allahs:

„Das Grab ist die erste Station der Stationen des Jenseits. Wenn man es heil übersteht, so ist leichter, was nach ihm kommt. Wenn man es aber nicht heil übersteht, so ist das, was nach ihm kommt, noch härter.“[65]

Manche Muʿtaziliten lehnen jedoch die Vorstellung von der Strafe im Grab ab.[66] Al-Ġazālī beschreibt den Übergang in den Tod sehr eindringlich: Sobald der Tote in seine Leintücher gewickelt werde, hänge sich die Seele an die Brust und fange an zu brüllen und zu schreien.[67] Sie sage dann: „Eilet mit mir! Wenn ihr doch wüsstet, zu was für einer Barmherzigkeit ihr mich hintraget!“ Wenn der Seele aber Unheil verkündet worden sei, sage die Seele: „Langsam, langsam! Wenn ihr wüsstet, zu welcher Strafe ihr mich hintraget!“[68]

Die richtigen Antworten auf die Fragen im Grab hängen vom Glauben und den Taten des Menschen ab.[69] Die Strafe im Grab[70] wird im Koran erwähnt[71] und

---

64 Tirmiḏī, Hadith Nr. 2460; *Grundzüge islamischer Religion (Ilmihal)*, S. 64; al-Būṭī, *Kubrā al-yaqīniyyāt al-kawniyya*, S. 311; Beyazîzâde, *İmam-ı Azam Ebû Hanîfe'nin İtikadî Görüşleri*, S. 151; Gülen, *Grundlagen des islamischen Glaubens*, S. 110; ʿAssāf, *Buġyat aṭ-ṭālibīn*, S. 435; Yüksel, *Sistematik Kelâm*, S. 185; as-Samarqandī, *Tanbīh al-ġāfilīn*, S. 38; Ibn Qayyim, *ar-Rūḥ*, S. 115; Akseki, *İslâm Dîni*, S. 94; Taftazâni, *İslâm Akâidi*, S. 253; as-Salmān, *al- as'ila wa al-aǧwiba al-uṣūliyya ʿalā al-ʿaqīda al-wāsiṭiyya*, S. 262f.

65 Tirmiḏī, Hadith Nr. 1071, 2308; Ibn Māǧa, Hadith Nr. 4267; Gülen, *Grundlagen des islamischen Glaubens*, S. 108; vgl. auch Zaidan, *Al-ʿAqida*, S. 170; as-Samarqandī, *Tanbīh al-ġāfilīn*, S. 49.

66 Vgl. al-Ǧumaylī, *al-Imām al-Ġazālī wa ārā'uhū al-kalāmiyya*, S. 246f.

67 Vgl. al-Ġazālī, *Die kostbare Perle*, S. 31.

68 Ebd. Im Hadith heißt es: „Am Propheten zog eine Leiche vorüber. Da stellte er sich aus Ehrerbietung zu ihr hin; man sagte aber: ‚O Gesandter Gottes, dies ist ein Jude.‘ Er erwiderte: ‚Ist es nicht eine Seele? ‘“ (Muslim, Hadith Nr. 961). In einem anderen Hadith (bei al-Buḫārī, Nr. 1311) sagte der Prophet: „Wenn ihr einen Trauerzug seht, dann steht auf!“

69 Vgl. Zaidan, *Al-ʿAqida*, S. 171; al-Būṭī, *Kubrā al-yaqīniyyāt al-kawniyya*, S. 309f.; al-Buḫārī, Hadith Nr. 1338; Tirmiḏī, Hadith Nr. 1071, 2308; as-Samarqandī, *Tanbīh al-ġāfilīn*, S. 54.

70 Vgl. Ibn Qayyim, *ar-Rūḥ*, S. 95f.; as-Samarqandī, *al-Muʿtaqad li iʿtiqād ahl al-islām*, S. 34; Abū Ḥanīfa, *Al-Fiqh Al-Akbar*, übers. v. Ali Ghandour, S. 67; Abū Ḥanīfa, *„Al-Fiqh Al-Akbar“*, in: *alʿAqīda wa ʿilm al-kalām*, redigiert von al-Kawṯarī, S. 623; as-Salmān, *al- as'ila wa al-aǧwiba al-uṣūliyya ʿalā al-ʿaqīda al-wāsiṭiyya*, S. 262; al-Ǧumaylī, *al-Imām al-Ġazālī wa ārā'uhū al-kalāmiyya*, S. 245f.; al-Ġazālī, *ʿAqīdat al-muslimīn*, S. 213.

71 Vgl. Koran, 40/46: „Sie sind dem Höllenfeuer morgens und abends ausgesetzt. Wenn die Stunde des Gerichts kommt, werden sie hören: ‚Ihr Leute Pharaos! Geht in die Hölle und kostet die qualvolle Strafe!‘“

in den Hadithen[72] detailliert beschrieben.[73] Nach dem Tod beginnt die *Welt des barzaḫ*[74] (Zwischenstation oder Zeitraum zwischen dem irdischen und jenseitigen Leben)[75], die bis zum Jüngsten Tag andauert.[76] Man nennt diese Zwischenstation auch „Welt des Grabes" oder „Welt des Geistes".[77] Danach ereignet sich der Jüngste Tag, mit den Stationen der Auferstehung (*ḥašr*)[78], der Waage (*mīzān*[79]) (Allah wird gemäß den Taten des Menschen im irdischen Leben urteilen),[80] und des *ṣirāt* (die Brücke über der Hölle hin zum Paradies).[81] Je nach dem

72 Vgl. al-Buḫārī, Hadith Nr. 1338, 1372, 1377, 1378, 1379; Tirmiḏī, Hadith Nr. 1071, 2308; as-Suyūṭī, *Šarḥ aṣ-ṣudūr*, S. 222f.; Dalkılıç, *İslam Mezheplerinde Ruh*, S. 282.

73 Vgl. Koran, 47/27; 6/93; 8/50; 9/101; *EI*, Bd. 3, Stichwort *„Munkar wa-Nakīr"*, S. 782; Taftazâni, *İslâm Akâidi*, S. 251.

74 An drei Stellen im Koran: 23/99-100; 25/53; 55/19-20; *Dinî Kavramlar Sözlüğü*, Diyanet, Stichwort *"Berzah"*, S. 60, 309; *İslam Ansiklopedisi*, Bd. 5, Stichwort *"Berzah"*, S. 525; *İlmihal I, İman ve İbadetler*, İSAM, S. 121; Zaidan, *Al-ʿAqida*, S. 172; Topaloğlu/Çelebi, *Kelâm Terimleri Sözlüğü*, Stichwort *"Berzah"*, S. 46 und *"Kabir"*, S. 172f.; Kazanci, *İslâm Akãidi*, S. 209; Ibn Qayyim, *ar-Rūḥ*, S. 45; as-Salmān, *al- asʾila wa al- ağwiba al-uṣūliyya ʿalā al-ʿaqīda al-wāsiṭiyya*, S. 264f.; al-Ġazālī, *ʿAqīdat al-muslimīn*, S. 212f.

75 Vgl. Hughes, *Lexikon des Islam*, Stichwort *„Seele"*, S. 657; nach den islamischen Theologen gibt es drei Welten: das Diesseits, das *Barzaḫ* und das Jenseits; vgl. Ibn Qayyim, *ar-Rūḥ*, S. 114.

76 Vgl. Yar, *Ruh-Beden İlişkisi Açısından İnsanın Bütünlügü*, S. 102. Nach Mucāhid ist Barzaḫ ein Hindernis oder ein Schleier zwischen Diesseits und Jenseits; vgl. Ibn Qayyim, *ar-Rūḥ*, S. 48.

77 Yar, *Ruh-Beden İlişkisi Açısından İnsanın Bütünlügü*, S. 102.

78 Vgl. Kazanci, *İslâm Akãidi*, S. 211; Gölcük, *İslâm Akaidi*, S. 227f.; Taftazâni, *İslâm Akâidi*, S. 254.

79 Vgl. Koran, 7/8-9; 21/47; 23/102-103; 101/6; *Grundzüge islamischer Religion (Ilmihal)*, S. 65; al-Būṭī, *Kubrā al-yaqīniyyāt al-kawniyya*, S. 351; *İlmihal I, İman ve İbadetler*, İSAM, S. 128; Ebû Hanîfe, *İmâm-ı Aʾzamʾin Beş Eseri*, S. 57; ʿAliyyulqārī, *Šarh al-Fiqh al-akbar*, S. 198; Kazanci, *İslâm Akãidi*, S. 217f.; Gölcük, *İslâm Akaidi*, S. 231; as-Samarqandī, *al-Muʿtaqad li iʿtiqād ahl al-islām*, S. 35; Taftazâni, *İslâm Akâidi*, S. 255; Şa'rânî, *Ölüm-Kiyâmet-Âhıret*, S. 205; Abū Ḥanīfa, *Al-Fiqh Al-Akbar*, übers. v. Ali Ghandour, S. 65; Abū Ḥanīfa, *„Al-Fiqh Al-Akbar"*, in: *al-ʿAqīda wa ʿilm al-kalām*, redigiert von al-Kawṯarī, S. 622; as-Salmān, *al-asʾila wa al- ağwiba al-uṣūliyya ʿalā al-ʿaqīda al-wāsiṭiyya*, S. 265.

80 Vgl. *İlmihal I, İman ve İbadetler*, İSAM, S. 118; al-Būṭī, *Kubrā al-yaqīniyyāt al-kawniyya*, S. 347; Beyazîzâde, *İmam-ı Azam Ebû Hanîfeʾnin İtikadî Görüşleri*, S. 152; al-Ğumaylī, *al-Imām al-Ġazālī wa ārāʾuhū al-kalāmiyya*, S. 247f.

81 Vgl. Koran, 37/23; Ibn Māğa, Hadith Nr. 4280; al-Būṭī, *Kubrā al-yaqīniyyāt al-kawniyya*, S. 353; Werner (Hg.), *Das islamische Totenbuch*, S. 126, 160f.; *Dinî Kavramlar Sözlüğü*, Diyanet, Stichwort *"Sirat"*, S. 518; *Grundzüge islamischer Religion (Ilmihal)*, S. 66: „Hierbei handelt es sich um eine Brücke, die dünner ist als das Haar und schärfer als die Zunge des Schwertes"; *İlmihal I, İman ve İbadetler*, İSAM, S. 128; *EI*, Bd. 2, Stichwort *„Al-Kiyāma"*, S. 1126; as-Samarqandī, *Tanbīh al-ġāfilīn*, S. 56; Kazanci, *İslâm Akãidi*, S. 218f.; Gölcük, *İslâm Akaidi*, S. 233f.; as-Samarqandī, *al-*

Urteil Gottes stürzt der Mensch von der Brücke in die Hölle hinab oder er gelangt in das Paradies.[82] Es gibt eine weitere Diskussion unter den Theologen, ob all diese Vorstellungen materiell zu verstehen sind oder mit spezifischen Bedingungen verbunden sind, die nur für das Jenseits gelten. Nach der Beschreibung des Koran und der Sunna haben sie einen an das Jenseits angepassten, materiellen Zustand. Das Paradies und die Hölle existieren nach der Ahl as-sunna bereits und sind beide ewig.[83] Die Muʿtaziliten lehnen diese Annahme der jetzigen Existenz von Paradies und Hölle ab.[84] Sie begründen dies damit, dass die jetzige Existenz des Paradieses und der Hölle nicht logisch-vernünftig, sondern absurd wäre, da das Jüngste Gericht noch nicht eingetreten sei.[85] Weil Allah aber weise sei und immer gemäß seiner Weisheit handele, so schließen die Vertreter dieser Schule, wäre es absurd anzunehmen, Paradies und Hölle existierten bereits. Damit beschränken sie aber die endlose Verfügungsgewalt Gottes auf die Grenzen der menschlichen Vernunft. Dabei gelten die Regeln der Vernunft nicht zwangsläufig auch im Jenseits. Gesichert ist nur, dass der Mensch nicht in der Lage ist, es zu wissen. Die Ahl as-sunna richtet sich in dieser Frage nach der Offenbarung und nicht nach der Vernunft.[86]

Die islamische Theologie argumentiert grundsätzlich basierend auf dem Koran und der Sunna. Die vorliegende Arbeit nimmt jedoch vorwiegend die koranischen Verse zur Grundlage. Dabei stellen sich u.a. folgende Fragen: Wie beschreibt der Koran den Tod und die Auferstehung? Wie beschreibt Allah das Jenseits im Koran? Was hat der Gesandte Allahs den Menschen dazu vermittelt? Diesen Fragen widmet sich der nächste Abschnitt.

Muʿtaqad li iʿtiqād ahl al-islām, S. 35; Taftazâni, *İslâm Akâidi*, S. 257; Şa'rânî, *Ölüm-Kiyâmet-Âhıret*, S. 213f.; as-Salmān, *al-asʾila wa al-aǧwiba al-uṣūliyya ʿalā al-ʿaqīda al-wāsiṭiyya*, S. 270; al-Ǧumaylī, *al-Imām al-Ġazālī wa ārāʾuhū al-kalāmiyya*, S. 249f.

82 Vgl. *Grundzüge islamischer Religion (Ilmihal)*, S. 66; *Ilmihal, Der Gelebte Islam*, S. 53; *İlmihal I, İman ve İbadetler*, İSAM, S. 118; Ebû Hanîfe, *İmâm-ı Aʿzamʾin Beş Eseri*, S. 57; al-Būṯī, *Kubrā al-yaqīniyyāt al-kawniyya*, S. 358f.; *EI*, Bd. 2, Stichwort *„Al-Kiyāma"*, S. 1126; Kazanci, *İslâm Akāidi*, S. 219.

83 Vgl. Ibn Qayyim, *Ḥādī al-arwāḥ ilā bilād al-afrāḥ*, S. 14f.; as-Samarqandī, *al-Muʿtaqad li iʿtiqād ahl al-islām*, S. 36; Taftazâni, *İslâm Akâidi*, S. 258; Abū Ḥanīfa, *Al-Fiqh Al-Akbar*, übers. v. Ali Ghandour, S. 66; Abū Ḥanīfa, *„Al-Fiqh Al-Akbar"*, in: *alʿAqīda wa ʿilm al-kalām*, redigiert von al-Kawṯarī, S. 622; as-Salmān, *al-asʾila wa al-aǧwiba al-uṣūliyya ʿalā al-ʿaqīda al-wāsiṭiyya*, S. 271; al-Ǧumaylī, *al-Imām al-Ġazālī wa ārāʾuhū al-kalāmiyya*, S. 250f.

84 Vgl. al-Ǧumaylī, *al-Imām al-Ġazālī wa ārāʾuhū al-kalāmiyya*, S. 250f.

85 Vgl. as-Samarqandī, *al-Muʿtaqad li iʿtiqād ahl al-islām*, S. 36.

86 Ebd.

Tod und Auferstehung im Koran

Der Koran und die Sunna sind die einzigen Quellen, die auf die Fragen über das Jenseits eine Antwort geben können,[87] da der Vernunft der Zugang zur Metaphysik verschlossen bleibt. Mit den daraus resultierenden Fragen haben sich schon viele Gelehrte wie Augustinus, Thomas von Aquin, Spinoza oder Pascal befasst.[88] Der Koran beschreibt den Unterschied zwischen beiden Welten folgendermaßen:

> „Das diesseitige Leben hier ist (doch) nichts als Spiel und Zerstreuung. Die jenseitige Behausung, das ist das eigentliche (wahre) Leben (*wa-inna ad-dāra l-āḫirata lahiya l-ḥayawānu*). Wenn sie (es) nur wüssten!“ [89]

Nach der Einführung der Philosophie in die islamische Gedankenwelt durch al-Kindī und Ibn Sīnā[90] wurde – besonders nach al-Ġazālī – die Frage der Auferstehung (*maʿād*) und ob sie mit oder ohne Leib stattfindet, unter dem Begriff *samʿiyyāt*[91] thematisiert.[92] Der am häufigsten verwendete Begriff für die Auferstehung in der islamischen Theologie (*kalām*) und Philosophie ist der Begriff *maʿād*.[93] Doch auch der synonyme Begriff *ḥašr* wird oft benutzt.[94]

Ḥašr kommt aus dem Arabischen und hat unter anderem folgende Bedeutungen: hineinzwängen, hineinstecken, hineinstopfen; Menschen versammeln,[95] oder sogar: „eine Gruppe von Menschen aus ihren Wohnorten herauszwingen

---

87 Vgl. Kazanci, *İslâm Akãidi*, S. 208.

88 Vgl. Güneş, *al-Ġazālī und der Sufismus*, S. 257ff.

89 Koran, 29/64 (nach der Übersetzung von Waardenburg); das Wort *al-ḥayawānu* als Intensiv von *al-ḥayātu* (das Leben) kommt nur einmal im Koran vor und bedeutet das wirkliche, wahre Leben, das Leben par excellence. Siehe Waardenburg, *„‚Leben Verlieren‘ oder ‚Leben Gewinnen‘ als alternative in prophetischen Religionen“*, in: Stephenson (Hg.), *Leben und Tod in den Religionen*; vgl. auch Gülen, *Grundlagen des islamischen Glaubens*, S. 112.

90 Vgl. die Philosophie nach al-Ġazālī, von Faḫruddīn ar-Rāzī (gest. 606) systematisiert und bei Sayfuddīn ʿAmidī weiterentwickelt; vgl. Erkol, *Seyfüddin Amidiyʾe Göre Cismani Hasr*, Cilt. II, S. 182.

91 Vgl. Dalkılıç, *İslam Mezheplerinde Ruh*, S. 272. Das, was man im Islam nicht mit der Ratio, sondern nur durch Offenbarung bzw. Koran und Sunna erfahren kann, nennt man *„samʿiyyāt“*.

92 Vgl. Erkol, *Seyfüddin Amidiyʾe Göre Cismani Hasr*, Cilt. II, S. 182, 187; Dalkılıç, *İslam Mezheplerinde Ruh*, S. 270.

93 Vgl. ebd., S. 183; wörtlich bezeichnet dies den Ort, an den man zurückkehrt und an dem man für immer bleibt; in der islamischen Literatur bezeichnet *maʿād* die Auferstehung nach dem Tod; Dalkılıç, *İslam Mezheplerinde Ruh*, S. 270.

94 Vgl. Erkol, *Seyfüddin Amidiyʾe Göre Cismani Hasr*, Cilt. II, S. 183; Dalkılıç, *İslam Mezheplerinde Ruh*, S. 271.

95 Vgl. Krahl/Gharieb, *Wörterbuch Arabisch-Deutsch*, Stichwort *„hašr“*, S. 175; Kazanci, *İslâm Akãidi*, S. 211; Şa'rânî, *Ölüm-Kiyâmet-Âhıret (Muhtasaru Tezkiratiʾl-Kurtubî)*, S. 149; al-Ǧumaylī, *al-Imām al-Ġazālī wa ārāʾuhū al-kalāmiyya*, S. 242.

und zu einem Ort ins Exil hineinzwängen."[96] Dieses Wort wird im Islam für die Auferstehung der Menschheit im Jenseits verwendet.[97] Für den Ort der Auferstehung werden in der islamischen Glaubenslehre die Bezeichnungen *maḥšar*, *mawqif* und *arasat* verwendet.[98] An jenem Versammlungsort werden Menschen, Geister, Teufel, Engel und Götzenbilder zusammengeführt und zur Rechenschaft gezogen.[99]

Das Wort *ḥašr* wird zweimal im Koran gebraucht, einmal jedoch mit anderer Bedeutung („Vertreibung", Sure 59).[100] In anderen von dieser Wurzel abgeleiteten Formen kommt es 41-mal vor. In den meisten Fällen geht es um die Szenen der Auferstehung.

Die Ahl as-sunna stimmt darin überein, dass Geist und Körper gemeinsam ins Paradies oder in die Hölle eingehen werden.[101] Gott wird den Körpern Formen geben, die einzig und allein im Jenseits existieren.[102] Al-Ġazālī lässt die anderen Möglichkeiten jedoch offen.[103] Nach ihm gibt es kein Hindernis, weder dafür, dass Allah den alten Körper wiederbelebt, noch einen ganz neuen Leib auferstehen lässt.[104] Er ist der Allmächtige, der alles aus dem Nichts erschaffen hat und ihm fällt es nicht schwer, noch einmal „Sei!" zu sagen: „Bei ihm ist es so: Wenn er etwas will, sagt er dazu nur: ‚Sei!', dann ist es."[105]

Von den zahlreichen koranischen Versen, in denen von *ḥašr* die Rede ist, sollen im Folgenden einige aufgeführt werden:

> „An dem Tage, an dem die Erde sich spaltet und sie plötzlich freigibt – das wird ein Versammeln sein, das Uns leicht fällt."[106]

An einer anderen Stelle erklärt Allah, wie die Menschen aus ihren Gräbern hervorkommen werden:

> „An dem Tage, an dem der Rufer zu etwas Unvorstellbarem ruft, werden sie gesenkten Blickes aus den Gräbern hervorkommen, wie zerstreute Heuschrecken."[107]

---

96 *İslam Ansiklopedisi*, Stichwort *"hasr"*, S. 416.
97 Vgl. Kazanci, *İslâm Akāidi*, S. 211; Gölcük, *İslâm Akaidi*, S. 227f.; al-Ǧumaylī, *al-Imām al-Ġazālī wa ārāʾuhū al-kalāmiyya*, S. 242.
98 Vgl. *İslam Ansiklopedisi*, Stichwort *"hasr"*, S. 416.
99 Vgl. Koran, 3/158; 6/51; 72; 128; 34/40; 46/6; Gölcük, *İslâm Akaidi*, S. 227f.
100 Vgl. Koran, 59/2: „Er ist es, der diejenigen von den Leuten der Schrift, die ungläubig sind, aus ihren Wohnungen vertrieben hat, zur ersten (diesseitigen) Versammlung (an den Ort ihrer Verbannung)."
101 Vgl. al-Ǧumaylī, *al-Imām al-Ġazālī wa ārāʾuhū al-kalāmiyya*, S. 242f.
102 Vgl. Gülen, *Grundlagen des islamischen Glaubens*, S. 112.
103 Vgl. *İslam Ansiklopedisi*, Bd. 5, Stichwort *"Baʾs"*, S. 100; al-Ġazālī, *Tahāfut al-falāsifa*, S. 200f.; al-Ǧumaylī, *al-Imām al-Ġazālī wa ārāʾuhū al-kalāmiyya*, S. 244.
104 Vgl. al-Ǧumaylī, *al-Imām al-Ġazālī wa ārāʾuhū al-kalāmiyya*, S. 244.
105 Vgl. Koran, 36/82.
106 Koran, 50/44.
107 Koran, 54/7-8.

Die zwei Engel werden die Seelen bei der Auferstehung begleiten:

„Und jede Seele wird mit einem Treiber und einem Zeugen kommen."[108]

Die Sünder werden an diesem Tag auf verschiedene Weisen bestraft:

„An dem Tage wirst du die Sünder in Fesseln zusammengekoppelt sehen. In Kleider aus Pech. Und das Feuer wird über ihre Angesichter schlagen."[109]

Ähnlich auch hier:

„Eines Tages versammeln wir die Gottesfürchtigen in ehrenvoller Weise vor dem Erbarmer und treiben die Missetäter in die Hölle, wie eine Herde zur Tränke."[110]

Diejenigen, die das Leben nach dem Tode verleugnen, werden blind, stumm und taub versammelt:

„Und wen Allah leitet, der ist der Rechtgeleitete. Und wen Er irregehen lässt – nimmer findest du Helfer für sie außer Ihm. Und am Tage der Auferstehung werden Wir sie versammeln, auf ihren Gesichtern blind, stumm und taub. Und ihre Herberge soll die Hölle sein. So oft sie nachlässt, werden Wir die Flamme wieder anfachen. So ist ihr Lohn, weil sie nicht an Unsere Zeichen glaubten und sprachen: ‚Wenn wir zu Knochen und Staub geworden sind, sollen wir dann wieder als ein neues Geschöpf erstehen?'"[111]

Dies gilt auch für diejenigen, die die Ermahnung und die Botschaft Allahs im Diesseits missachtet haben:

„Wer aber Meine Ermahnung nicht annimmt, dem ist ein kümmerliches Leben beschieden. Und am Tage der Auferstehung werden Wir ihn blind vorführen."[112]

An diesem Tag wird Gott nicht nur die Menschen, sondern auch die Satane auferstehen lassen:

„Bei deinem Herrn! Wir werden sie gewiss versammeln; und die Satane ebenfalls. Dann werden Wir sie auf ihren Knien rund um die Hölle zusammenbringen."[113]

Jeder wird so intensiv mit sich selbst beschäftigt und bekümmert sein, dass er auch vor seinen Geliebten fliehen wird:

„An diesem Tage flieht ein jeder vor seinem Bruder, seiner Mutter, seinem Vater, seiner Frau und seinen Kindern. Jeder hat an diesem Tage genug mit sich selbst zu schaffen."[114]

Diese Betrübnis an jenem Tag betrifft aber nicht jeden:

---

108 Koran, 50/21; Şa'rânî, *Ölüm-Kiyâmet-Âhıret (Muhtasaru Tezkirati'l-Kurtubî)*, S. 189f.

109 Koran, 14/49-50.

110 Koran, 19/85-86.

111 Koran, 17/97-98.

112 Koran, 20/124.

113 Koran, 19/68.

114 Koran, 80/34-37; siehe auch 35/18; as-Samarqandī, *Tanbīh al-ġāfilīn*, S. 60f.; Şa'rânî, *Ölüm-Kiyâmet-Âhıret (Muhtasaru Tezkirati'l-Kurtubî)*, S. 152.

> „An diesem Tage werden manche Gesichter strahlen, lachen und fröhlich sein. Und an diesem Tage werden manche Gesichter staubbedeckt sein.“[115]

Die Auferstehung wird auch in den Hadithen sehr detailliert thematisiert.[116] Nach diesen Überlieferungen wird zuerst der Prophet Muhammad von seinem Grab auferweckt,[117] dann nacheinander Abū Bakr, ʿUmar b. al-Ḫaṭṭāb und die damaligen Muslime von Medina und Mekka.[118] Die Menschen werden barfuß, nackt[119] und ohne Beschneidung auferstehen.[120]

Vor der Betrachtung der Überlieferungen des Propheten soll noch kurz darauf eingegangen werden, wie der Koran die Erweckung eines zu Staub zerfallenen Körpers beschreibt.[121] Der Koran verwendet hauptsächlich drei Vergleiche, um diesen Sachverhalt zu verdeutlichen. Zum einen vergleicht Allah die Auferstehung mit der ersten Schöpfung. Weiter sagt Er, dass bei der Betrachtung des Kosmos klar werde, dass eine erneute Schöpfung dem Schöpfer nicht schwerfalle. Zum Dritten vergleicht der Koran die Auferstehung mit den Phänomenen in der Natur. Der Koran lädt die Menschen ein, über die Wiederbelebung der Natur im Zyklus der Jahreszeiten nachzudenken. Im Folgenden sollen die einzelnen Methoden detailliert untersucht werden.

1. Vergleich mit der Erstschöpfung

Es gibt dazu einen Vorfall aus der Zeit des Propheten, der eine Antwort bietet. Als die mekkanischen Polytheisten durch die Verkündigung des Propheten von der Auferstehung der Toten erfuhren, machten sie sich darüber lustig und beleidigten den Propheten. Einer der führenden Quraišīten, Umayya b. Ḫalaf, kam mit einem zerfallenen Knochenteil zum Propheten und fragte: „Wer wird die Gebeine wiederbeleben, wenn sie zerfallen sind?“ Allah selbst beantwortete diese Frage:[122]

> „Sieht der Mensch nicht, dass Wir ihn aus einem Samentropfen erschaffen haben und dass er dann ein offenkundiger Widersacher wurde? Er führt Uns als Gleichnis an und vergisst, wie Wir ihn erschaffen haben. Er sagt: ‚Wer kann denn die Gebeine

115 Koran, 80/38-40.

116 Vgl. Ibn Māğa, Hadith Nr. 4291, 4292, 4297, 4300, 4312, 4313.

117 Vgl. Ibn Māğa, Hadith Nr. 4274, 4308; as-Samarqandī, *Tanbīh al-ġāfilīn*, S. 59, 62.

118 Vgl. *İslam Ansiklopedisi*, Stichwort *"haşr"*, S. 416.

119 Vgl. Ibn Māğa, Hadith Nr. 4276.

120 Vgl. as-Samarqandī, *Tanbīh al-ġāfilīn*, S. 60.

121 Für die Einwände der Polytheisten im Koran siehe: Koran, 13/5; 16/38; 23/35-38, 81-83; 27/66-69; 45/24-25; 64/7.

122 Vgl. Elmalılı, *Hak Dini Kur'an Dili*, Bd. 6, S. 425; Sâbûnî, *Safvetü't-Tefâsîr*, Bd. 5, S. 212; Yüksel, *Sistematik Kelam*, S. 174; *Şâmil İslâm Ansiklopedisi*, Bd. 2, Stichwort *"Haşr-ı Cismâni"*, S. 363f.

> wieder ins Leben rufen, wenn sie schon verwest sind?‘ Sprich: ‚Wer sie zuerst erschaffen hat, ruft sie wieder ins Leben. Er weiß über jedes Geschöpf Bescheid.‘“[123]

Al-Kindī (185-260 h. / 801-873 n. Chr.), der als der erste islamische Philosoph gilt, vertritt die Auffassung, dass eine koranische Offenbarung, da göttlicher Herkunft, mehr Wahrheitsgehalt haben müsse als menschlich-philosophische Argumente.[124] Auf die oben gestellte Frage (der Quraišīten) antwortet der Koran wie folgt:

> „Wer sie zuerst erschaffen hat, ruft sie wieder ins Leben.“[125]

Allein diese kurze, eindeutige und bedeutsame Antwort zeigt die Überlegenheit des Koran gegenüber den Philosophen sehr deutlich.[126] Der koranische Vers hebt den Umstand hervor, dass der Erstschöpfer auch erneut schöpfen kann und dies somit für Ihn keinen Akt der Unmöglichkeit darstellt.[127]

Im Koran findet man viele Beispiele dafür, dass die Mekkaner zur Zeit des Propheten Muhammad die Auferstehung und das Jenseits verleugneten:

> „Und die Ungläubigen sagen: ‚Wie? Wenn wir und unsere Väter zu Staub geworden sind, sollen wir dann wirklich wieder hervorgebracht werden?“[128]

> „Und wenn du sprichst: ‚Ihr werdet wahrlich nach dem Tode auferweckt werden‘, dann werden die Ungläubigen gewiss sagen: ‚Das ist nichts als offenkundige Zauberei.“[129];

> „Wie? Wenn wir tot sind und zu Staub und Gebeinen geworden sind, dann sollen wir wieder auferweckt werden? Oder etwa unsere Vorväter? Sprich: ‚Jawohl; und dabei werdet ihr erniedrigt.“[130]

Allah stellt in dem folgenden Vers sehr deutlich dar, wie und in welchen Zyklen er den Menschen geschaffen hat:

> „O ihr Menschen, wenn ihr über die Auferstehung im Zweifel seid, so (bedenkt,) dass Wir euch aus Erde erschaffen haben, dann aus einem Samentropfen, dann aus einem Blutklumpen, dann aus einem Klumpen Fleisch, teils geformt und teils ungeformt, auf dass Wir es euch deutlich machen. Und Wir lassen bis zu einem bestimmten Zeitpunkt in den Mutterschößen ruhen, was Wir wollen; dann bringen Wir euch als Kinder hervor; dann [131](lassen Wir euch groß werden,) auf dass ihr eure Vollkraft erreicht. Und mancher von euch wird abberufen, und mancher von euch wird

123 Koran, 36/77-79.
124 Vgl. Yüksel, *Sistematik Kelam*, S. 174.
125 Koran, 36/79.
126 Vgl. Yüksel, *Sistematik Kelam*, S. 174.
127 Vgl. ebd.
128 Koran, 27/67.
129 Koran, 11/7.
130 Koran, 37/16-18.

zu einem hinfälligen Greisenalter geführt, so dass er, nachdem er gewusst hatte, nichts mehr weiß…“[132]

Der Vergleich mit dieser Erstschöpfung gilt als Beweis dafür, dass derselbe Gott auch Neues erschaffen kann.

2. Vergleich mit der Erschaffung des Kosmos

Der Koran empfiehlt den Leugnern der Wiederbelebung, sich den Kosmos zu betrachten.[133] Er rät ihnen, die Schaffung des Kosmos mit dem Akt der Auferstehung zu vergleichen.[134] Einige dieser Verse lauten wie folgt:

> „Haben sie denn nicht gesehen, dass Allah, der Himmel und Erde geschaffen hat, ohne dass es Ihm zu viel geworden wäre, (auch) fähig ist, die Toten (wieder) lebendig zu machen? Aber gewiss (ist Er dazu fähig)! Er hat zu allem die Macht.“[135]

Gott sagt hier selbst, dass er in der Lage ist, Tote wieder zum Leben zu erwecken, und drückt noch einmal die Leichtigkeit aus, mit der er Himmel und Erde erschaffen hat.

> „Sehen sie denn nicht ein, dass Gott die Schöpfung hervorbrachte und dass Er sie durch die Auferweckung wieder erschaffen wird? Das ist für Gott ein Leichtes. Sprich: ‚Geht auf der Erde umher und seht, wie Er die Schöpfung entstehen ließ! Gott wird dann die letzte Schöpfung erwirken. ‘Gottes Allmacht umfasst alles.“[136]

Neben der Ankündigung der Auferweckung weist Gott auch auf eine damit verbundene Konsequenz, die letzte Schöpfung, hin.

> „An dem Tage, da werden Wir den Himmel zusammenrollen, wie die Schriftrollen zusammengerollt werden. (So) wie Wir die erste Schöpfung begonnen haben, werden Wir sie wiederholen – bindend für Uns ist die Verheißung; wahrlich, Wir werden (sie) erfüllen.“[137]

Gott spricht seine Verheißung ausdrücklich aus und versichert, sie zu erfüllen. Er spricht von der Wiederholung der Schöpfung und deutet damit auf die Auferstehung hin.

3. Vergleich mit natürlichen Zyklen

Der Koran weist den Leser auf die wechselnden Jahreszeiten und den damit verbundenen wiederkehrenden Zyklus der Erneuerung hin. Der Mensch soll gründ-

132 Koran, 22/5.
133 Vgl. Yüksel, *Sistematik Kelam*, S. 175.
134 Ebd.
135 Koran, 46/33.
136 Koran, 29/19-20.
137 Koran, 21/104.

lich über die Natur nachdenken und sich besinnen. Dadurch soll er die Auferstehung besser verstehen.[138] So sagt der Koran:

> „Schau auf die Folgen der Barmherzigkeit Gottes, wie Er die Erde wieder ins Leben ruft nach ihrem Tod! Ebenso wird Er die Toten ins Leben rufen, denn Er kann alles."[139]

Eine weitere Stelle, die natürliche Phänomene heranzieht, um die Auferstehung zu erklären, bedient sich des Wechsels der Witterung. Sehr plötzlich erwachen tote Städte und Landschaften durch kräftigen Niederschlag zum Leben. So ähnlich kann sich der Mensch die Auferstehung vorstellen:

> „Und Allah ist es, Der die Winde sendet, die das Gewölk hochtreiben. Dann treiben Wir es über eine tote Stadt und beleben damit die Erde nach ihrem Tode. Ebenso wird es bei der Auferstehung der (Toten) sein."[140]

Während im obigen Vers von einer toten Stadt die Rede ist, handelt der nächste Vers von lebloser Erde, die eine plötzliche Artenvielfalt hervorbringt.

> „...Und du siehst die Erde leblos, doch wenn Wir Wasser über sie niedersenden, dann regt sie sich und schwillt und lässt alle Arten von entzückenden Paaren hervorsprießen. Dies (ist so), weil Allah die Wahrheit ist und weil Er es ist, Der die Toten lebendig macht, und weil Er die Macht über alles hat; und weil die Stunde kommt – darüber herrscht kein Zweifel – und weil Allah alle erwecken wird, die in den Gräbern ruhen."[141]

4. Leibliche Auferstehung (*al-ḥašr al-ǧismānī*)

Der Begriff *ḥašr* bezeichnet die Auferstehung aller Lebewesen am Tag des Jüngsten Gerichts (*qiyāma*).[142] Die klassisch-islamische Theologie verwendet eher den Begriff *maʿād* als *ḥašr*.[143] Man unterscheidet im Allgemeinen bzgl. der Auferstehung *maʿād* zwischen fünf Schulen.[144]

Die erste Schule umfasst diejenigen, die nur die Vorstellung von der leiblichen Auferstehung vertreten, weil sie an eine eigenständige Seele nicht glauben. Die Seele kann dieser Auffassung nach nur mit einem Leib ein Dasein haben. Dies resultiert daraus, dass die Seele weder im Diesseits noch im Jenseits ein

---

138 Vgl. Yüksel, *Sistematik Kelam*, S. 179.

139 Koran, 30/50.

140 Koran, 35/9; weitere Koranverse: 7/57; 43/11.

141 Koran, 22/5-7.

142 Vgl. Yüksel, *Sistematik Kelam*, S. 181.

143 Vgl. ebd; Dalkılıç, *İslam Mezheplerinde Ruh*, S. 270.

144 Vgl. ebd.; Deniz, *Kelâm-Felsefe Tartışmaları* S. 260f.; Ibn Rušd unterscheidet zwischen drei islamischen Auffassungen: derjenigen, die das Leben nach dem Tod mit dem Leben im Diesseits gleichsetzt; derjenigen, die die Auferstehung nur mit dem Geist als möglich sieht, und derjenigen, die im jenseitigen Leben den Geist mit einem anderen, für das Jenseits erschaffenen Leib zusammen sieht; vgl. Yüksel, *Sistematik Kelam*, S. 186f.

eigenständiges Leben ohne Körper führen kann.[145] Unter den muslimischen Theologen (*al-mutakallimūn*) sind die Vertreter dieser Meinung in der großen Überzahl.[146]

Die zweite Schule umfasst diejenigen, die nur die Auferstehung der Seele akzeptieren. Diese Richtung wird hauptsächlich von den muslimischen Philosophen vertreten.[147]

Weiterhin gibt es diejenigen, die sowohl die Vorstellung von der Auferstehung der Seele als auch des Leibes vertreten. Diese Vorstellung vertreten die meisten *Muḥaqqiqūn*. Diese sind: al-Ḥalīmī (gest.403/1012), al-Ġazālī (gest. 505/1111), ar-Rāġib al-Isfahānī (gest. 502/1108), Abū Zayd ad-Dabbūsī (gest. 439/1039), der vormalig muʿtazilitische Muʿammar (gest. 220/835), die Mehrheit der späteren Imāmiyya und die meisten der Sufis.[148] Nach diesen Gelehrten wird der Mensch in Wirklichkeit erst durch seine Seele zum Menschen.[149] Hauptbestandteil unseres Seins sei demnach unser lebender und bewusster Geist. Unser Geist fühle, denke, glaube, verweigere, entscheide und kontrolliere unseren Körper. Der Körper wird als ein Instrument erachtet, als ein Mittel, das der Geist nutzt, um seine Entscheidungen in die Tat umzusetzen.[150] Nach dem Verderben des Leibes lebt die Seele deshalb weiter.[151] Wenn Gott die Menschen wiederauferstehen lässt, wird Er für jede Seele einen geeigneten Körper erschaffen, sodass die Seele sich mit ihm verbindet, ihn kontrolliert und lenkt.[152]

> „Der Mensch ist Geist und Leib, da Gott von diesem Ganzen den einen Teil dem Anderen unterstellt hat. Zur Auferstehung versammelt wird das Ganze und belohnt und gestraft wird das Ganze."[153]

Al-Ġazālī beschreibt die Seele als etwas Erschaffenes, aber zugleich auch als etwas Ewiges (*qadīm*).[154] Nachdem ein Embryo das geeignete Stadium für das

145 Vgl. Yüksel, *Sistematik Kelam*, S. 182.

146 Vgl. Yüksel, *Sistematik Kelam*, S. 181; Deniz, *Kelâm-Felsefe Tartışmaları*, S. 261; as-Samarqandī, *al-Muʿtaqad li iʿtiqād ahl al-islām*, S. 31

147 Vgl. Deniz, *Kelâm-Felsefe Tartışmaları*, S. 261; as-Samarqandī, *al-Muʿtaqad li iʿtiqād ahl al-islām*, S. 31; Çubukçu, *İslâm Düşüncesi Hakkında Araştırmalar*, S. 53; Erkol, *Seyfüddin Amidiy'e Göre Cismani Hasr*, Bd. 2, S. 185.

148 Vgl. Yüksel, *Sistematik Kelam*, S. 181; Deniz, *Kelâm-Felsefe Tartışmaları*, S. 261

149 Vgl. Yüksel, *Sistematik Kelam*, S. 181.

150 Vgl. Gülen, *Grundlagen des islamischen Glaubens*, S. 88; Yüksel, *Sistematik Kelam*, S. 181.

151 Vgl. ʿAssāf, *Buġyat aṭ-ṭālibīn*, S. 433; Yüksel, *Sistematik Kelam*, S. 181.

152 Vgl. Yüksel, *Sistematik Kelam*, S. 181.

153 Al-Qušayrī, *ar-Risāla*, S. 87; Gramlich, *Sendschreiben al-Qušayrīs*, S. 144f.; Dalkılıç, *Ruh*, S. 169f.

154 Meister Eckhart ist in seiner Seelenlehre sehr nahe an der Lehre al-Ġazālīs; vgl. dazu Lasson, *Meister Eckhart*, S. 81ff.

Empfangen der Seele erreicht habe, bekomme er von Gott die Seele eingehaucht, ohne dass Gott etwas verlieren würde.[155]

Es gibt auch die Gruppierung, deren Zugehörige beides ablehnen. Weder seelische noch leibliche Auferstehung findet ihnen zufolge statt. Sie lehnen das Jenseits und folglich auch die Wiederauferstehung ausnahmslos ab. Die Vertreter dieser Richtung werden Naturalisten (*ṭabiʿiyyūn/dahriyyūn*) genannt.[156]

Zuletzt gibt es diejenigen, die schweigen. Sie sagen gar nichts darüber. Man nennt sie *ahl at-tawaqquf.* Sie sind der Meinung, dass sie dazu nichts wissen könnten und deswegen schweigen müssten.[157]

ʿAdududdīn al-Īǧī, der Verfasser des *Al-mawāqif* (*Die Stufen*), war anfangs der Meinung, dass die Auferstehung mit dem Leib stattfinden werde. Später vertrat er jedoch die Auffassung, dass sie nur seelisch stattfinden könne.[158]

Abschließend kann festgehalten werden, dass *ḥašr* zwar von manchen Gelehrten mit *baʿṯ*[159] gleichgestellt wird, nach der Mehrheit der Gelehrten wird aber *ḥašr* nach dem *baʿṯ* stattfinden.[160] Diese Informationen basieren, wie bereits erwähnt, auf Koran und Sunna und deswegen gibt es unter den Gelehrten kaum unterschiedliche Meinungen. Neben einigen, kleineren Interpretationsunterschieden zwischen einzelnen Gelehrten und Strömungen gibt es jedoch eine große Diskrepanz zwischen den Mutakallimūn und den muslimischen Philosophen, nämlich bezüglich der zentralen Frage, ob die Auferstehung mit dem Körper oder nur seelisch erfolgen wird.[161]

Die Lebensaktivitäten der Tiere, also Wachstum, Fortpflanzung, Empfindungsfähigkeit und Bewegung, sowie das Bewusstsein und die Vernunft des Menschen werden nach Ibn Sīnā und al-Ġazālī erst durch die Seele ermöglicht. Den beiden großen Gelehrten zufolge besteht der Mensch aus Materie und Seele, wobei jedoch die Materie unterschiedlich aufgefasst wird: Für Ibn Sīnā ist der Körper Teil eines natürlichen Systems und unterliegt demnach den Folgen natürlicher Kausalität.[162] Für al-Ġazālī wird diese Naturkausalität des Körpers

---

155 Vgl. Dalkılıç, *Ruh*, S. 227; al-Ġazālī, *al-Maḍnūn aṣ-ṣaġīr (Maǧmūʿa)*, S. 363f.: Dieses Einhauchen dürfe man sich nicht als etwas Materielles vorstellen, als würde etwas von einem Ort zu einem anderen befördert. Vielmehr gleiche es der Beziehung eines Bildes zu seinem Spiegelbild.

156 Vgl. Yüksel, *Sistematik Kelam*, S. 181; Deniz, *Kelâm-Felsefe Tartışmaları*, S. 261; as-Samarqandī, *al-Muʿtaqad li iʿtiqād ahl al-islām*, S. 31.

157 Vgl. ebd.

158 Vgl. Yüksel, *Sistematik Kelam*, S. 181.

159 Vgl. Gölcük, *İslâm Akaidi*, S. 218f. Laut dem Koran: „Eure Erschaffung und eure Auferstehung (*baʿṯukum*) sind (für Ihn so leicht wie die) eines einzigen Wesens. Wahrlich, Allah ist Allhörend, Allsehend" (Koran, 31/28); al-Ǧumaylī, *al-Imām al-Ġazālī wa ārāʾuhū al-kalāmiyya*, S. 242f.

160 Vgl. al-Ǧumaylī, *al-Imām al-Ġazālī wa ārāʾuhū al-kalāmiyya*, S. 242f.

161 Vgl. as-Samarqandī, *al-Muʿtaqad li iʿtiqād ahl al-islām*, S. 31f.

162 Vgl. Dalkılıç, *İslam Mezheplerinde Ruh*, S. 155f.

jedoch an die Tätigkeit einer spirituellen Substanz der Seele und des Körpers gebunden, wobei die Seele mit dem Körper nicht identisch ist. Al-Ġazālī nimmt zwar eine klare Unterscheidung zwischen Körper und Seele vor, postuliert aber eine seinsmäßige Kontinuität. Dieser Meinung schließen sich die Philosophen nicht an.[163] Demnach wird die Auferstehung nach der Auffassung von bedeutenden muslimischen Gelehrten, die sich u.a. an der griechischen Philosophie orientieren (wie Ibn Sīnā, Ibn Rušd, al-Fārābī) *ohne* den Körper,[164] nach al-Ġazālī und der Ahl as-sunna hingegen, *mit* dem Körper gemeinsam stattfinden.[165] „Die körperliche Auferstehung wird bei al-Ġazālī zur Glaubensdoktrin. Körper und Seele bilden für ihn ein Kontinuum von Geist und Materie."[166]

Fazit

Neben den unterschiedlichen Auffassungen der Gelehrten stellt sich die Frage, an welche Vorstellung die Mehrheit der Muslime glaubt. Man kann sagen, dass al-Ġazālīs Ansatz die größte Durchschlagskraft gehabt hat und heute breite Akzeptanz erfährt, während der Ansatz der Philosophen aus wissenschaftlicher Sicht nachvollziehbar und zu würdigen ist. In der islamischen Praxis spielt ihre Auffassung jedoch eine untergeordnete Rolle. Die Mehrheit der Muslime, Sunniten wie Schiiten, glauben daran, dass die Auferstehung sowohl geistig wie auch leiblich geschehen wird.

Nach dem heutigen Forschungsstand muss man aber sagen, dass die Kritik al-Ġazālīs an Ibn Sīnā nicht gerechtfertigt ist, sondern auf Missverständnissen al-Ġazālīs beruht. Manche Äußerungen Ibn Sīnās bieten womöglich zu großen Spielraum für Interpretationen und lassen sich damit leicht falsch verstehen. Jedoch ist eigentlich sehr klar, was Ibn Sīnā im Großen und Ganzen meint, wenn man sein Buch *an-Naǧāt* aufmerksam liest. Er behauptet gar nicht, dass die Auferstehung nur geistig geschehen könne. Er sagt vielmehr, dass man als gläubiger Mensch die Auferstehung nach dem Koran und der Sunna erörtern müsse, und dort heiße es sehr offensichtlich, dass sie nicht nur geistig, sondern auch mit dem Leib geschehen werde. Ibn Sīnā drückt lediglich aus, dass die leibliche Auferstehung nicht mit der Vernunft bewiesen werden kann – und wird missverstanden.[167]

Ibn Rušd unterscheidet bezüglich der Auferstehung zwischen drei islamischen Auffassungen: derjenigen, die das Leben nach dem Tod mit dem Leben

163 Vgl. Moosa, *„Die Nahtstelle von Naturwissenschaft und Jurisprudenz"*, in: Eich, *Moderne Medizin und Islamische Ethik*, S. 194.

164 Vgl. Erkol, *Seyfüddin Amidiy'e Göre Cismani Hasr*, Bd. 2, S. 185

165 Vgl. Eich, *Moderne Medizin und Islamische Ethik*, S. 207.

166 Ebd.

167 Vgl. Yüksel, *Sistematik Kelam*, S. 182f.; vgl. auch Erkol, *Seyfüddin Amidiy'e Göre Cismani Hasr*, Bd. 2, S. 198.

im Diesseits gleichsetzt; derjenigen, die die Auferstehung nur mit dem Geist zusammen als möglich sieht, sowie derjenigen, die im jenseitigen Leben den Geist mit einem anderen, für das Jenseits erschaffenen Leib zusammen sieht.[168]

Ibn Rušd vertritt hier eine ausgewogene Auffassung. Die drei verschiedenen Meinungen sind alle nebeneinander möglich, ohne dass ein wesentlicher Aspekt des Islam, der Glaube an die Auferstehung, dadurch verletzt würde. Er unterstreicht, dass jeder Gläubige seine eigene Entscheidung treffen und entsprechend glauben solle, unter der Voraussetzung, das Leben nach dem Tod nicht infrage zu stellen.[169] Damit zeigt er einen sehr besonnenen Umgang mit einer sehr hitzigen Debatte.[170]

Der Koran hat eine monistische Sichtweise in Bezug auf den Menschen. Körper und Seele bilden Teile eines Ganzen. Als die islamische Gelehrsamkeit in Kontakt mit anderen Kulturen kam, besonders mit dem Erbe der Antike, ist sie selbstverständlich durch diese beeinflusst worden und hat dabei auch Ideen eines dualistischen Menschenbildes, das den Körper als unwesentliche Hülle ansieht und die Seele als den Teil, der das wahre Wesen des Menschen ausmacht, übernommen. Dieser Ansicht nähert sich zwar auch al-Ġazālī, aber bezüglich der Unsterblichkeit der Seele sperrt er sich gegen die Vorstellung der Philosophen. Nach der Ahl as-sunna ist die Seele ein Geschöpf Gottes und ihre „Ewigkeit" beruht somit auf Seinem Willen.

Darauf begründet sich auch al-Ġazālīs Vorwurf gegenüber den Philosophen, die leibliche Auferstehung abzulehnen, da diese irrational und mit der Vernunft nicht erklärbar sei. Sie verfolgten somit die Ansicht Platons, für den es nur eine geistige Auferstehung geben könne. Die Ahl as-sunna hingegen betont die Rolle der Offenbarung in Bereichen, die außerhalb der Vernunft stehen. Solche Fragen könnten allein in Gottes Willen eine Antwort finden; obgleich der Koran auch immer wieder den Verstand des Menschen anspricht und ihn auffordert nachzudenken. Gemäß dem Koran ist die Vernunft imstande, die Auferstehung zu begreifen, jedoch nicht in der Lage, ihr Wesen zu erfassen. Der Koran berichtet unmissverständlich von einer leiblichen Auferstehung. Der Großteil der islamischen Gelehrten vertritt diese Ansicht des Koran. Hier zeigt sich einer der Hauptunterschiede zwischen der Ahl as-sunna und den islamischen Philosophen, die die Vernunft als Maßstab genommen haben, auch um die Offenbarung zu verstehen.

Es soll an dieser Stelle ausdrücklich darauf hingewiesen werden, dass nicht alle Philosophen in allen Fragen die gleichen Meinungen vertreten haben und umgekehrt, gleichermaßen nicht alle sunnitischen Gelehrten sich immer einig

---

168 Vgl. Ibn Rušd, *Manāhiğ al-adilla fī ʿaqāid al-milla*, S. 245f.; vgl. Yüksel, *Sistematik Kelam*, S. 186f.; Erkol, *Seyfüddin Amidiy'e Göre Cismani Hasr*, Bd. 2, S. 185.

169 Vgl. Erkol, *Seyfüddin Amidiy'e Göre Cismani Hasr*, Bd. 2, S. 201.

170 Vgl. Ibn Rušd, *Manāhiğ al-adilla fī ʿaqāid al-milla*, S. 245f.; vgl. Yüksel, *Sistematik Kelam*, S. 186f.; Erkol, *Seyfüddin Amidiy'e Göre Cismani Hasr*, Bd. 2, S. 201.

gewesen sind. Vielmehr hat es Überschneidungen in den Meinungen der Philosophen und den islamischen Gelehrten gegeben.

Ziel des vorliegenden Beitrags war es nicht, eine Richterrolle zu übernehmen, sondern vielmehr den Versuch zu unternehmen, die unterschiedlichen Ansichten sachlich zu analysieren und damit Anstoß zu geben für weitere Forschungen in diese Richtungen.

Literatur

Abū Ḥanīfa, Nuʿmān b. Ṯābit, „*Al-Fiqh Al-Akbar*“, in: *alʿAqīda wa ʿilm al-kalām*, redigiert von al-Kawṯarī, Muḥammad Zāhid, Dār al-kutub al-ʿilmiyya, Beirūt 2009.

Ders., *Al-Fiqh Al-Akbar, Die Fundamente des Glaubens von Imâm Abû Hanîfa*, Übersetzung und Kommentierung: Ali Ghandour, Kalbi Kitaplar, Duisburg o.J.

ʿAğlūnī, Ismāʿīl b. Muḥammad b. ʿAbdalhādī, *Kašf al-ḫafā' wa muzīl al-ilbās*, bearbeitet von Muḥammad ʿAbd al-ʿAzīz al-Ḫālidī, Dār al-kutub al-ʿilmiyya, Beirūt 2001.

Akseki, A. Hamdi, *İslâm Dîni*, Diyanet İşleri Başkanlığı Yayınları, Ankara 1977.

ʿAliyyulqārī, al-Mulla Ibn Sultan Muḥammad, *Šarh al-fiqh al-akbar*, Abū Hanīfa an-Nuʿmān, (redigiert von Aš-šayḫ Marwān Muḥammad Aš-šaʿʿār), Dār an-nafāis, Beirūt 1997.

Aristoteles, *Über die Seele*, Paderborn 2007.

ʿAssāf, Aḥmad Muḥammad, *Buġyat aṭ-ṭālibīn min iḥyāʾ ʿulūm ad-dīn: muḫtaṣar ʿan „iḥyāʾ ʿulūm ad-dīn“ lil Imām al-Ġazālī*, Dār iḥyāʿ al-ʿulūm, Beirūt 1983.

Aymaz, Abdullah, *Der islamische Glaube*, Mörfeldin-Walldorf 2002.

Beyazîzâde Ahmed Efendi, *İmam-ı Azam Ebû Hanîfe'nin İtikadî Görüşleri*, (Übersetzer: İlyas Çekebi), M. Ü. İlâhiyat Fakültesi Vakfı Yayınları, İstanbul 2010.

Bouman, Johan, *Glaubenskrise und Glaubensgewissheit im Christentum und im Islam*, Bd. 2: *Die Theologie al-Ghazalis und Augustinus im Vergleich*, Giessen/Basel 1990.

al-Buḫārī, Muḥammad b. Ismāʿīl al-Buḫārī, *Nachrichten von Taten und Aussprüchen des Propheten Muhammed*, übersetzt und herausgegeben von Dieter Ferchl, Stuttgart 1991.

Ders., *Ṣaḥīḥ al- Buḫārī*, Dār al-arqam, Beirūt o.J.

al-Būṭī, Muḥammad Saʿīd Ramaḍan, *Kubrā al-yaqīniyyāt al-kawniyya*, Dār al-fikr, Dimašq 1979.

Çubukçu, İbrahim Agâh, *İslâm Düşüncesi Hakkında Araştırmalar*, Ankara Üniversitesi İlâhiyat Fakültesi Yayınları, CVI, Ankara 1972.

Dalkılıç, Mehmet, *İslam Mezheplerinde Ruh*, İz Yayıncılık, İstanbul 2004.

Deniz, Gürbüz, *Kelâm-Felsefe Tartışmaları (Tehâfütler Örneği)*, Fecr Yayınları, Ankara 2009.

Die Präsidentschaft für Religiöse Angelegenheiten, *Grundzüge islamischer Religion (Ilmihal)*, Ankara 2004.

Dinî Kavramlar Sözlüğü, Diyanet İşleri Başkanlığı Yayınları, İstanbul 2009.

Ebû Hanîfe, *İmâm-ı A'zam'in Beş Eseri*, (Übersetzer: Mustafa Öz), M. Ü. İlâhiyat Fakültesi Vakfı Yayınları, İstanbul 2010.

Eich, Thomas (Übers.), *Moderne Medizin und Islamische Ethik. Biowissenschaften in der muslimischen Rechtstradition*, Freiburg i. Br. 2008.

Elmalılı, M. Hamdi Yazır, *Hak Dini Kur'an Dili*, Azim Dagitim, İstanbul o.J.

Erdogan, S. Hüseyin, *Ölüm ve Ötesi, Kabir, Kiyamet, Ahiret*, Çile Yayinevi, İstanbul o.J.

Erkol, Ahmet, *Seyfüddin Amidiy'e Göre Cismani Hasr*, İlahiyat Fakültesi Dergisi, Cilt. II, Dicle Üniversitesi İlahiyat Fakültesi Yayınları No. 4, Diyarbekir 2000.

al-Ġazālī, Abū Ḥāmid Muḥammad b. Muḥammad al-Ġazālī, *Die kostbare Perle im Wissen des Jenseits* (*ad-Durra al-fāḫira fī kašf al-ʿulūm al-āḫira*), überarbeitete Fassung der Übersetzung aus dem Arabischen des Jahres 1924 von Mohamed Brugsch, Kandern 2003.

Ders., *al-Maḍnūn aṣ-ṣaġīr Maǧmūʿat rasāil al-imām al-Ġazālī*, Dār al-kutub al-ʿilmiyya, 1. Auflage, Beirūt 1996.

Ders., *ad-Durra al-fāḫira fī kašf al-ʿulūm al-āḫira*, Dār al-kutub al-ʿilmiyya, Beirūt o.J.

Ders., *Iḥyāʾ, ʿulūm ad-dīn*, Dār al-kutub al-ʿilmiyya, 1. Auflage, Beirūt 2004.

Ders., *Tahāfut al-falāsifa*, Taḥqīq wa taʿlīq: Maḥmūd Bayğū, Dār at-taqwā, 1. Auflage, Dimašq 2006.

Ders., *ʿAqīdat al-muslimīn*, Dār al-qalam, Dimašq 1987.

Gölcük, Şerafeddin, *İslâm Akaidi*, Esra Yayınları, Konya 1994.

Gramlich, Richard, *Das Sendschreiben al-Qušayrīs über das Sufitum*, Wiesbaden 1989.

Gülen, M. Fethullah, *Grundlagen des islamischen Glaubens*, Hamm 2003.

Güneş, Merdan, *Al-Ġazālī und der Sufismus*, Wiesbaden 2011.

al-Ǧumaylī, Ḥāmid darʿa ʿAbd ar-Raḥmān, *al-Imām al-Ġazālī wa ārāʾuhū al-kalāmiyya*, Dār al-kutub al-ʿilmiyya, 1. Auflage, Beirūt, 2005.

Hekimoglu, Ismail, *Bedeutet der Tod das Nichts?*, İstanbul 2009.

Houtsma, Martin T. (Hg.), *EI. Enzyklopädie des Islam: geographisches, ethnographisches und biographisches Wörterbuch der muhammedanischen Völker*, Leiden 1936.

Hughes, Thomas Patrick, *Lexikon des Islam*, München 2000.

Ibn Māğa, al-Ḥāfiẓ Abī ʿAbd Allāh Muḥammad b. Yazīd al-Qazwīnī, *Sunan Ibn Māğa*, Dār Iḥyāʾ at-turāṯ al-ʿarabī, 1. Auflage, Beirūt 2000.

Ibn Qayyim al-Ǧawziyya, *Ḥādī al-arwāḥ ilā bilād al-afrāḥ*, (hrsg. v. Aḥmad Muḥammad Kanʿān), Dār al-arqām, Beirūt o.J.

Ders., *ar-Rūḥ*, redigiert von as-Sayyid al-Ǧumaylī, Dār al-kutub al-ʿarabī, Beirūt 2001.

Ibn Rušd, *Manāhiğ al-adilla fī ʿaqāid al-milla*, taqdīm wa taḥqīq: Maḥmūd Qāsim, Qāhira 1969.

Ilkilic, Ilhan, *Begegnung und Umgang mit muslimischen Patienten. Eine Handreichung für die Gesundheitsberufe*, Zentrum für Medizinische Ethik, Heft 160, Bochum 2005.

Ilmihal, Der Gelebte Islam, Okusan GmbH, Frankfurt a.M. o.J.

İlmihal I, İman ve İbadetler, İSAM, Türkiye Diyanet Vakfi, Divantaş, İstanbul o.J.

İslam Ansiklopedisi, Divantaş TDV, İSAM, Türkiye Diyanet Vakfı İslam Araştırmaları Merkezi, Ankara 2002.

Kazanci, A. Lütfi, *İslâm Akâidi*, Marifet Yayınları, İstanbul 2008.

Khoury, Adel Theodor, *Lexikon Religiöser Grundbegriffe – Judentum, Christentum, Islam*, Wiesbaden 2007.

Krahl, Günther/Gharieb, Mohamed Gharieb, *Wörterbuch Arabisch-Deutsch*, Librairie du Liban Publishers, Beirut 1997.

Krawietz, Birgit, *Die Ḥurma. Schariatrechtlicher Schutz vor Eingriffen in die körperliche Unversehrtheit nach arabischen Fatwas des 20. Jahrhunderts*, Schriften zur Rechtstheorie, Heft 145, Berlin 1991.

Küng, Hans, *Ewiges Leben*, München 1982.

Lahbabi, Mohamed Aziz, *Der Mensch: Zeuge Gottes, Entwurf einer islamischen Anthropologie*, ausgewählt, übersetzt und kommentiert von Markus Kneer, Freiburg i. Br. 2011.

Lasson, Adolf, *Meister Eckhart. Der Mystiker und eine Einführung in die mittelalterliche Mystik*, Wiesbaden 2003.

Moosa, Ebrahim, *„Die Nahtstelle von Naturwissenschaft und Jurisprudenz: Unterschiedliche Blickwinkel auf den Körper in der modernen islamischen Ethik“*, in: Eich, Thomas (Übers.), *Moderne Medizin und Islamische Ethik. Biowissenschaften in der muslimischen Rechtstradition*, (ausgewählt, übersetzt und kommentiert von Thomas Eich), Freiburg i. Br. 2008.

Muslim, *Ṣaḥīḥ Muslim*, hrsg. von Muḥammad Fuʾād ʿAbd al-Bāqī, Qāhira 1955/56.

an-Nadwī, Ali Ahmad, *al-Qawāʿid al-fiqhiyya*, Dār al-qalam, Dimašq 1994.

Nesefi, Ömer, *İslam İnancının Temelleri Akaid*, (hrsg. v. M. Sayyid Ahsen), Bayrak Yayınları, İstanbul 1993.
al-Qušayrī, Abū al-Qāsim ʿAbd al-Karīm b. Hawzān an Nīsābūrī, *ar-Risāla al-qušayriyya*, kritische Reflexion von Maʿrūf Muṣṭafā Zarīq, al-Maktab al-ʿašriyya, Ṣaydā, Beirūt 2003.
Ritter, Helmut, *Das Meer der Seele – Mensch, Welt und Gott in den Geschichten des Farīduddīn ʿAttār*, Leiden 1995.
Sâbûnî, Muhammed Ali, *Safvetü't-Tefâsîr*, übersetzt und bearbeitet von Sadreddin Gümüş und Nedim Yılmaz, İz Yayıncılık, İstanbul 2003.
Sachedina, Abdulaziz, *„Das Recht mit Würde zu sterben"*, in: Eich, Thomas (Übers.), *Moderne Medizin und Islamische Ethik, Biowissenschaften in der muslimischen Rechtstradition*, ausgewählt, übersetzt und kommentiert von Thomas Eich, Freiburg i. Br. 2008.
as-Salmān, ʿAbd al-ʿAzīz al-Muḥammad, *al-asʾila wa al-aǧwiba al-uṣūliyya ʿalā al-ʿaqīda al-wāsiṭiyya*, Maṭābiʿ an-naṣr al-ḥadīṯa, Riyāḍ 1980.
as-Samarqandī, Abū al-Laith Naṣr b. Muḥammad, *Tanbīh al-ġāfilīn*, Taḥqīq wa taʿlīq: Yūsuf ʿAlī Badawī, Dār ibn kaṯīr, Dimašq 2004.
as-Samarqandī, Šamsuddīn Muḥammad b. Ašraf al-ḥusaynī, *al-Muʿtaqad li iʿtiqād ahl al-islām*, taḥqīq wa at-tarǧama wa at-taḥlīl: İsmail Yürük und İsmail Işık, Araştırma Yayınları, Ankara 2011.
Şâmil İslâm Ansiklopedisi, Şâmil Yayınevi, İstanbul 1991.
Şa'rânî, İmam, *Ölüm-Kiyâmet-Âhiret (Muhtasaru Tezkirati'l-Kurtubî)*, Bedir Yayınevi, İstanbul 1981.
Schimmel, Annemarie, *Rumi – Ich bin Wind und du bist Feuer – Leben und Werk des großen Mystikers*, Kreuzlingen/München 2003.
Stephenson, Gunther (Hg.), *Leben und Tod in den Religionen Symbol und Wirklichkeit*, Darmstadt 1980.
as-Sudlān, Ṣāliḥ b. Ġānim, *al-qawāʿid al-fiqhiyya al-kubrā*, Dār Blansiyya, Riyad [1417].
as-Suyūtī, al-Imam Jalāl ad-Dīn Abd ar-Rahmān b. Abī Bakr, *Šarḥ aṣ-ṣudūr bišarḥi ḥāl al-mawtā wa al-qubūr*, Taḥqīq wa taʿlīq: Yūsuf ʿAlī Badawī, Dār ibn kaṯīr, Beirūt 1992.
Taftazâni, *İslâm Akâidi (Şerhu'l-akâid)*, hrsg. v. Süleyman Uludağ, dergah yayınları, İstanbul 1980.
Tirmiḏī, Muḥammad b. ʿĪsā b. Sawra, *Sunan at-Tirmiḏī*, taḥqīq wa taḥrīǧ aš-Šayḫ Ḫalīl Maʾmūn Šiyḥā, Dār al-maʿrifa, Beirūt 2002.
Topaloğlu, Bekir/Çelebi, İlyas, *Kelâm Terimleri Sözlüğü*, İSAM Yayınları, İstanbul 2010.
Tworuschka, Monika und Udo, *Islam Lexikon*, Düsseldorf 2002.
Werner, Helmut (Hg.), *Das islamische Totenbuch. Jenseitsvorstellung des Islam*, nach der Dresdener und Leipziger Handschrift, Bergisch Gladbach 2002.
Yar, Erkan, *Ruh-Beden İlişkisi Açısından İnsanın Bütünlügü Sorunu*, Ankara Okulu Yayınları, Ankara 2000.
Yasa, Metin, *Felsefî ve Deneysel Dayanaklarla Ölüm Sonrası Yaşam*, Ankara Okulu Yayınları, Ankara 2001.
Yüksel, Emrullah, *Sistematik Kelâm*, İz Yayıncılık, İstanbul 2005.
Zaidan, Amir M. A., *Al-ʿAqida, Einführung in die Iman-Inhalte*, Offenbach 1999.

IV. Islam und Christentum

Islam zwischen Christentum und Demokratie: der interreligiöse und interkulturelle Diskurs mit Muslimen in Deutschland

Von Ulrich Steuten

Einleitung

So sehr Religion, religiöse und quasi-religiöse Phänomene gegenwärtig in mannigfaltigen Formen Konjunktur haben, so emotionsgeladen werden viele ihrer Aspekte auch diskutiert. Besondere Brisanz liefern Themen, die sich nahezu zwangsläufig ergeben, wenn Glaubensvorstellungen und -praktiken unterschiedlicher Religionen zusammentreffen. Eine Debatte um das Kopftuch wird schnell zu einem Streit über die Rolle der Frau im Islam, der Bau von Moscheen (mit Minaretten) führt zu Bürgerbegehren und zieht oft jahrelange juristische und kommunalpolitische Verhandlungen nach sich. Debatten zum Islamischen Religionsunterricht oder der religiösen Unterweisung beschäftigen Eltern, Schüler, Lehrer, Juristen und Politiker. Schwierig gestaltet sich nach wie vor auch der interreligiöse Dialog zwischen Christen und Muslimen bzw. zwischen dem deutschen Staat und den Vertretern des organisierten Islam in Deutschland. Viele Themen dieser Dialoge lassen sich auf eine grundlegende Frage zurückführen. Es ist die Frage nach der Vereinbarkeit einer bestimmten Glaubenshaltung mit den Grundsätzen eines demokratisch verfassten, pluralistischen Staates, dessen Kultur über Jahrhunderte christlich geprägt wurde. Es gilt also, sich zum einen mit einer Problematik auseinanderzusetzen, welche die Anwältin und Menschenrechtlerin Seyran Ateş sehr zugespitzt formuliert hat. Sie erkennt in Deutschland die gefährliche Entwicklung,

> „dass unter dem Deckmantel der Religions- und Glaubensfreiheit […] eine autoritäre, archaisch-patriarchalische Parallelgesellschaft etabliert wird, die den modernen aufgeklärten Prinzipien von Rechtsstaatlichkeit diametral entgegensteht.“[1]

Zum anderen ist zu klären, wie sich eine an christlichen Werten orientierte Mehrheitsgesellschaft mit den Glaubensvorstellungen und der religiösen Praxis einer muslimischen Minderheit arrangieren kann.

Zur Bewältigung solcher Fragen werden in Wissenschaft und Politik seit langem dialogische Verfahren als zweckmäßig angesehen.[2] Wenngleich auch

---

1 Seyran Ateş, *Der Multikulti-Irrtum. Wie wir in Deutschland besser zusammenleben können*, Berlin 2007, S. 202.

2 Vgl. Armin Nassehi, *„Dialog der Kulturen – wer spricht?“*, in: *Aus Politik und Zeitgeschichte*, Heft 28/29 (2006), S. 33-38.

hier nicht einvernehmlich die Ansicht besteht, dass diese ein praktikabler Weg sind, um gravierende interreligiöse Konflikte zu bewältigen, so werden sie doch im Sinne einer präventiven Konfliktminimierung als Alternative zu militärischen Auseinandersetzungen weitgehend anerkannt. Zwei große dialogische Prozesse sind seit einigen Jahren in wechselnder Intensität in Deutschland zu beobachten: Zum einen handelt es sich dabei um einen Dialog zwischen zwei Glaubensgemeinschaften. Die unterschiedlichen Formen des wechselseitigen Austausches zwischen Christen und Muslimen werden im vorliegenden Beitrag als interreligiöser Dialog untersucht. Von diesem Dialog lässt sich zum anderen ein zweiter unterscheiden, in dem der deutsche Staat auf der einen Seite und Vertreter der in Deutschland lebenden Muslime auf der anderen Seite miteinander kommunizieren. Da bei Letzterem zwar auch, aber nicht nur religiöse Aspekte thematisiert werden, soll er hier unter dem Begriff des interkulturellen Dialogs analysiert werden. Der Darstellung dieser beiden Dialoge werden zunächst einige Überlegungen zur begrifflichen Bestimmung (Definitionen), zu Dialogpositionen und zu den faktischen Dialog-Barrieren vorangestellt.

1. Definitionen

Die Begriffe „interkultureller Dialog" und „interreligiöser Dialog" sind weder im Alltag noch in der Wissenschaft eindeutig definiert. Das „Signalwort" „Dialog" wird häufig als repräsentativ für „bestimmte Einstellungs- und Verhaltenstendenzen"[3] der Kommunikation angesehen, es wird gewöhnlich mit hoher emotionaler Aufladung und ebenso hohem Anspruch verwendet, gleichwohl bleibt sein genaues Bedeutungsfeld unbestimmt. Unter qualitativem Aspekt bezeichnet es eine „Balance von Zuhören und Reden auf der Basis der Anerkennung der Wahrheitsfähigkeit des Dialogpartners"[4]. In der Praktischen Religionswissenschaft ist insbesondere der Begriff des interreligiösen Dialogs in den letzten Jahrzehnten aufgrund der religiösen Globalisierung zu einem Schwerpunktthema avanciert.

Für die anschließenden Ausführungen soll daher von folgendem (zugegebener Weise immer noch recht allgemeinen) begrifflichen Rahmen ausgegangen werden: Der Begriff des Dialogs umfasst in beiden Fällen alle Formen der wechselseitig absichtsvoll auf einen Dialogakteur bezogenen Kommunikation. Sie schließt soziale Interaktionen im Sinne von Begegnung, (Streit-)Gespräch, Austausch, Verständigung und Zusammenarbeit ein.

---

3 Vgl. Udo Tworuschka (Hg.), *Die Weltreligionen und wie sie sich gegenseitig sehen*, Darmstadt 2008, S. 10.

4 Reinhold Bernhardt, *Ende des Dialogs? Die Begegnung der Religionen und ihre theologische Reflexion*, (*Beiträge zu einer Theologie der Religionen 2*), Zürich 2006, S. 17.

Im Idealfall vollziehen sich diese Dialoge vorurteilsfrei, gleichberechtigt, respektvoll, kritisch und freiwillig. Folgt man Reinhold Bernhardt, so bezeichnet ein Dialog im weitesten Sinne „eine bestimmte Form und Qualität zwischenmenschlicher Beziehungen, eine Kultur der Offenheit in Respekt vor der Andersartigkeit des anderen, [...] eine Kultur der Anerkennung von Differenz.“[5] Ein so skizzierter idealer Dialog bietet eine Maßgabe für die unter den Machtverhältnissen der alltäglichen Wirklichkeit zu vollziehenden Dialoge.

Im Falle des interkulturellen Dialogs treten Akteure, die sich an unterschiedlichen kulturellen Bezugssystemen orientieren, miteinander in eine bi- oder multilaterale Interaktion; bei einem interreligiösen Dialog kommunizieren Akteure miteinander, deren Glaube, Denken und Handeln an verschiedenen religiösen Bezugssystemen ausgerichtet sind.

Dialoge über Religion und Kultur dienen der wechselseitigen Vermittlung religiöser und kultureller Wissensbestände, Standpunkte, Selbstdarstellungen und Fremdwahrnehmungen. Sie sollen bewirken, Vorurteile und Stereotype bei der Wahrnehmung der jeweils anderen Religion oder Kultur zu vermeiden bzw. zu korrigieren. Letztlich zielen sie darauf ab, einen gemeinsamen Wertekonsens zu fundieren, aus dem sich ein für alle Dialogpartner verbindlicher Handlungsrahmen ableiten lässt.

Offen – und wahrscheinlich nicht zu klären – bleibt die Frage, welches der Bezugssysteme dem anderen über- bzw. unter- oder nachgeordnet ist. Religionen können als kulturelle Subsysteme verstanden werden,[6] wirken ihrerseits aber auch verändernd auf einen kulturellen Überbau ein. Unbestritten ist, dass beide Systeme in einem engen Wirkungszusammenhang stehen und sich wechselseitig stark beeinflussen. Eine analytische Perspektive auf den ursächlichen Zusammenhang von Religion und Kultur, die ihrerseits frei von der Prägung durch religiöse und kulturelle Traditionen oder Erfahrungen wäre, ist zudem nicht möglich.[7] Jede Kommunikation über Kultur oder Religion nimmt bereits Kultur in Anspruch; jeder Dialog der Kulturen ist Ausdruck von Kultur und bringt seinerseits Kultur hervor.[8] Ein Dialog zwischen den Religionen kann somit immer auch als Bestandteil eines Dialogs zwischen den Kulturen gedacht werden.[9] Kul-

5 Ebd., S. 17.

6 Vgl. Hermann Häring, *„Konflikt- und Gewaltpotentiale in den Weltreligionen?“*, in: Reinhard Hempelmann/Johannes Kandel (Hg.), *Religionen und Gewalt. Konflikt- und Friedenspotentiale in den Weltreligionen*, Göttingen 2006, S. 14f.

7 Vgl. Friedrich Wilhelm Graf, *Die Wiederkehr der Götter: Religion in der modernen Kultur*, München 2004, S. 205.

8 Vgl. Armin Nassehi, *„Dialog der Kulturen – wer spricht?“*, in: *Aus Politik und Zeitgeschichte*, Heft 28/29 (2006), S. 37.

9 Vgl. Udo Steinbach, *„Der interreligiöse Dialog zwischen Christen und Muslimen – Verortung, Inhalte, Argumentationsstränge“*, in: Evangelische Akademien in Deutschland (Hg.), *Christen und Muslime. Verantwortung zum Dialog*, Darmstadt 2006, S. 16.

turen sind dabei nicht als monolithische Blöcke anzusehen. Sie sind in sich differenziert, unterliegen einem beständigen Wandel und existieren genauso wenig wie Religionen in einer Reinform. Neben Hochkulturen existieren in allen Gesellschaften Sub- und Randkulturen, die immer wieder spezifische Differenzierungen generieren. Interkulturelle Dialoge bedürfen daher ihrer permanenten Fortsetzung.

2. Dialogpositionen

Interreligiöse wie interkulturelle Dialoge können aus unterschiedlichen Motivlagen, mit unterschiedlichen Erwartungshaltungen und Erfolgseinschätzungen initiiert oder verweigert werden. Grundsätzlich lassen sich Dialogbefürworter und Dialogkritiker trennen. Aus beiden Positionen heraus ist eine grundsätzliche (essentialistische) Haltung sowie eine funktionalistische Perspektive möglich, also eine Sichtweise, die den Dialog in Abhängigkeit von Nutzen- oder Nachteilserwägungen oder im Hinblick auf eine erwünschte oder abzulehnende gesellschaftliche Entwicklung beurteilt. Idealtypisch ergeben sich somit die folgenden vier Varianten:

	Befürworter	**Kritiker**
essentialistisch	1	2
funktionalistisch	3	4

Abb. 1: Dialogpositionen für interreligiösen und interkulturellen Austausch

(1) Essentialistische Befürworter gehen von der Prämisse aus, dass alle Religionen letztlich die gleiche Wahrheit anstreben. Lediglich Unkenntnis, politische Instrumentalisierung der Religion oder historische Ereignisse – so die weitere Argumentation – können als Störfaktoren des Dialogs auftreten. Prinzipiell ist der Dialog möglich und zielführend.

(2) Essentialistische Kritiker bestreiten genau dies: Ihrer Auffassung zufolge sind die Unterschiede zwischen den Religionen zu groß um in zentralen Fragen zu Übereinstimmungen zu gelangen. Die jeweiligen absolut gesetzten, unumstößlichen Wahrheitsansprüche dominieren das Dialogbestreben. In einer anderen Variante essentialistischer Kritik wird der Dialog als gefährlich eingeschätzt, da er zu Vermischungen der Religionen führt.

(3) Funktionalistische Befürworter sehen im interreligiösen Dialog die Chance – in bestimmten Fällen auch die Bedingung – für ein friedliches Zusammenle-

ben. Der Dialog führt zu Integration und kultureller Bereicherung, er ist daher gesellschaftspolitisch wichtig.

(4)Funktionalistische Kritiker lehnen den Dialog ab, da er ihrer Auffassung nach hauptsächlich dem Machterwerb religiöser Akteure dient. Er impliziere Missionierung, trage nicht zur Lösung sozialer Probleme bei, sei daher als Weg zu interreligiösem oder interkulturellem Zusammenleben abzulehnen.

Für alle Positionen finden sich in der gesellschaftlichen Realität Belege. Sie reichen von einer essentialistischen Befürwortung eines interreligiösen Dialogs, wie er beispielsweise in dem von Hans Küng initiierten Projekt „Weltethos" zum Ausdruck kommt, bis hin zu einer radikalen Ablehnung, wie sie zum Beispiel Henryk M. Broder formulierte.[10]

3. Dialogbarrieren

Die schwierige Gestaltung interkultureller und interreligiöser Dialoge auf institutioneller wie alltäglicher Ebene lässt sich auf eine Reihe von Ursachen zurückführen.

(1) Generell ist zunächst festzuhalten, dass Religion an sich ein komplexes, sensibles und schwierig zu diskutierendes Phänomen ist. Dies zeigt sich bereits an Diskursen innerhalb einer Glaubensgemeinschaft. Zum einen besteht eine breite Übereinstimmung darüber, dass Religion „ein zentrales Medium der Integration von Gesellschaften ist."[11] Zum anderen wohnen Auseinandersetzungen über religiöse Inhalte aber Gefährdungspotenziale inne: Wo Fragen des Glaubens und letzter Wahrheiten thematisiert werden, werden Menschen in ihren Gefühlen und letztlich ihrer Identität berührt. Religionen und Konfessionen stellen immer auch „Emotionsgemeinschaften"[12] dar. Wo aus Gründen der Identitätsbewahrung religiöse Deutungen zu Verabsolutierung und Totalsetzung tendieren, geraten unterschiedliche religiöse Selbstverständnisse leicht in Konkurrenz und Rivalität zueinander. Dies gilt für den Dialog mit Muslimen aktuell umso mehr, da seit den Terrorangriffen des 11. Septembers 2001 nahezu jede Auseinandersetzung mit dem Islam zusätzlich weltpolitisch „aufgeladen" ist.

Bezogen auf den interkulturellen Dialog in Deutschland gilt es zum ersten zu bedenken, dass sich bei den Dialogparteien (noch) Angehörige einer autochthonen Mehrheitsgesellschaft auf der einen Seite und einer allochthonen Minderheit auf der anderen gegenüberstehen. Noch gilt der Islam in Deutschland als

---

10 Vgl. Henryk M. Broder, *„Dialog? Nein, Danke!"*, 2006, URL: http://www.spiegel.de/kultur/gesellschaft/0,1518,druck-403133,00.html (Abruf: 26.02.2009).

11 Friedrich Wilhelm Graf, *Die Wiederkehr der Götter: Religion in der modernen Kultur*, München 2007, S. 207.

12 Ebd., S. 33.

eine Einwandererreligion, die sich gegenüber einem über Jahrhunderte etablierten Christentum behaupten und – seit dem genannten 11. September mehr denn je – um Anerkennung werben muss. Und noch immer wird der Islam hierzulande von der deutschen Mehrheitsgesellschaft sehr stark vor dem Hintergrund einer – medial vermittelten – konfliktreichen Weltlage und durch seine extremen Vertreter und Erscheinungsformen wahrgenommen.

(2) Zu einer weiteren Hürde tragen christliche Dialoginitiatoren bei, wenn sie das Niveau des christlich-islamischen Diskurses an dem des wirkmächtigen und länger etablierten christlich-jüdischen messen wollen. Eine Aussage wie: „Das Judentum ist ein wesentlicher Bestandteil unserer deutschen Kulturgeschichte und deutschen Identität“[13] ist bezogen auf den Islam gegenwärtig offensichtlich noch nicht möglich. Sie sollte auf Muslime in Deutschland aber auch nicht erschreckend wirken. Dialoge brauchen Zeit.

In diesem Zusammenhang ist auch die von einigen Islamwissenschaftlern vertretene Ansicht zu erwähnen, dass der Islam als Religion heute hinter einen bis zum 12. Jahrhundert erreichten philosophischen, wissenschaftlichen und kulturellen Stand zurückgefallen sei. Navid Kermani und andere benennen Ursachen, warum sich demokratische Strukturen in der islamischen Welt selten durchgesetzt hätten: überkommene soziale Strukturen, ökonomische Verwerfungen, ein oft katastrophales Bildungssystem. Diese Defizite sind freilich nicht dem Islam als Religion anzulasten, sondern den jeweiligen Staatsführungen – im Übrigen ein Umstand, den insbesondere aufgeklärte Muslime und Reformdenker bitter beklagen, da die Vertrautheit mit Dialogbereitschaft und -kompetenz darunter gelitten hat. Gleichzeitig verspricht die in Europa in letzter Zeit verstärkt zu beobachtende innermuslimische – auch selbstkritisch geführte – Diskussion Anzeichen von Hoffnung.[14]

(3) Drittens gibt es unter den zugewanderten Muslimen in Deutschland immer noch eine zu kleine Zahl religionswissenschaftlich ausgewiesener deutschsprachiger Experten, die sich einem fundierten Dialog in Wort und Schrift stellen können. Auf der politischen Ebene besteht das Problem der repräsentativen Ansprechpartner auf muslimischer Seite. Dass diese sich, ähnlich wie die Mehrzahl der Muslime im Alltag, angesichts der an sie gerichteten Dialog-Anforderung darüber hinaus häufig in der Defensive sehen, erschwert die Kommunikation zusätzlich.

Trotz dieser erschwerenden Umstände sind in Deutschland in den vergangenen Jahrzehnten Dialoge mit den zugewanderten Muslimen in Gang gesetzt

---

13 Bundeskanzlerin Angela Merkel in der *Rheinischen Post* vom 10.12.2008.

14 Vgl. Navid Kermani, *„Das heilige Phantasma“*, in: *Die Zeit* vom 02.01.2003, S. 5; Karl-Josef Kuschel, *„Der Islam und die Freiheit“*, in: *Publik-Forum*, Nr. 3 (2006), S. 46-48; Wolfgang Günter Lerch, *„Der Islam in der Moderne“*, in: *Aus Politik und Zeitgeschichte*, Heft 28-29 (2006), S. 15ff.

worden. Ihre wichtigsten Akteure, Etappen und Ergebnisse sollen im Folgenden dargestellt werden. Als grobe, nicht immer konsequent durchzuhaltende Unterscheidung wird zum einen auf den interreligiösen Dialog zwischen Islam und christlichen Kirchen eingegangen, zum anderen auf den Dialog zwischen dem deutschen Staat und den Muslimen in Deutschland.

4. Interreligiöser und interkultureller Dialog in Deutschland auf institutioneller Ebene – Problemlage und Ist-Zustand

Sowohl der Dialog zwischen Christen und Muslimen als auch der zwischen Muslimen und dem deutschen Staat hat sich in Deutschland relativ schwerfällig entwickelt. Eine wesentliche Ursache dafür ist sicherlich darin zu sehen, dass sich die Bundesrepublik Deutschland erst sehr spät – mehr als 40 Jahre nach der Anwerbung sogenannter „Gastarbeiter" aus islamisch geprägten Ländern (Türkei, Marokko, Tunesien, Teile des ehemaligen Jugoslawien) – als Einwanderungsland bekannt hat. Solange man in Deutschland davon ausging, dass die zur Arbeit ins Land geholten Menschen nach einigen Jahren wieder in ihre Heimatländer zurückkehren würden, schien keinerlei Notwendigkeit zu bestehen, mit ihnen in einen grundsätzlichen Meinungsaustausch über ihr kulturelles oder religiöses Selbstverständnis zu treten. Auch als infolge des Anwerbestopps ab 1973 erkennbar wurde, dass viele der zugewanderten Menschen in Deutschland bleiben und ihre Familien nachholen würden, blieben umfassende integrationsfördernde Maßnahmen, zu denen auch eine Auseinandersetzung mit der kulturellen und insbesondere religiösen Herkunft gehörte, seitens der Bundespolitik zunächst weiterhin aus. Die nun zunehmend dringlicher werdenden Aufgaben der Beratung und Betreuung der Zugewanderten wurden weitgehend an Wohlfahrtsverbände delegiert, wobei die jeweilige Zuständigkeit eigentümlicherweise anhand des Glaubenshintergrundes der Klienten definiert wurde: Der christlich-katholische Caritasverband sah sich nur für die soziale Betreuung von Arbeitsmigranten aus katholisch geprägten Anwerbeländern verantwortlich. Weil es eine vergleichbare islamische Institution in Deutschland seinerzeit nicht gab, bot die religiös neutrale Arbeiterwohlfahrt Sozialberatung für die zugewanderten Muslime an. Die Aufgabe der interreligiösen Verständigung wurde weitgehend den beiden großen christlichen Kirchen überlassen. Diese hatten sich ihrerseits erst sehr spät einer sachlichen, vorurteilsfreien Auseinandersetzung mit dem Islam gewidmet. In der katholischen Kirche hatte das Zweite Vatikanische Konzil (1962-1965) eine Öffnung und Anerkennung gegenüber den Muslimen eingeleitet. 1964 wurde unter Papst Paul VI. das „Sekretariat für die Nichtchristen" eingerichtet, erst 1989 der Päpstliche Rat für den Interreligiösen Dialog installiert. Auf evangelischer Seite begann die institutionelle Auseinandersetzung mit dem Islam in Deutschland in den sechziger Jahren ebenfalls als Reaktion auf die Arbeitsmigration. Während sich die Evangelischen Kirche in Deutschland (EKD) und insbesondere die ökumenische Bewegung um eine konstruktive Verständigung mit der fremden Religion und Kultur bemühten, betonte der evangelikale Zweig der deutschen Protestanten deutlich die Unvereinbarkeit von christlichem und muslimischem Glauben.[15]

Auch die 2002 einsetzende finanzielle Unterstützung christlich-islamischer Dialogprojekte durch die Bundesregierung wie die 2006 als Dialog zwischen dem deutschen Staat und den in Deutschland lebenden Muslimen von Innenminister Wolfgang Schäuble einberufene „Deutsche Islam Konferenz" erfolgten – aus heutiger Sicht – viel zu spät.

Zu den Dialogthemen gehören von Anfang an Fragen nach Gemeinsamkeiten wie auch zu spezifischen Eigenheiten der jeweiligen kulturellen oder religiösen Orientierung. Viel diskutierte Aspekte sind bis heute die religionsspezifischen Sichtweisen zur Gottesfrage, zum (Selbst-)Verständnis der Glaubensgemeinschaft, zur Institution einer Kirche, zum multireligiösen Feiern und Beten, zum Verhältnis von Religion und Staatsform sowie Konfliktpotenziale, die sich aus der konkreten Religionsausübung ergeben. Bei Letzteren handelt es sich seit Jahren um die Themenfelder Islamischer Religionsunterricht oder religiöse Unterweisung in deutschen Schulen, Befreiung muslimischer Mädchen vom koedukativen Sportunterricht, Tragen des Kopftuchs in staatlichen Schulen oder am Arbeitsplatz sowie dem Schlachten nach islamischem Ritus.[16] Zu den in den letzten Jahren problematischsten Themen zählen Moscheen oder Moscheeplanungen in christlichen Wohnvierteln und der Muezzinruf. Hierbei ist es in mehreren Kommunen zu massiven und langwierigen Streitigkeiten zwischen Moscheevereinen und nichtmuslimischen Nachbarschaften gekommen.[17]

Angesichts einer solchen Aufzählung potenzieller Konfliktfelder darf jedoch nicht übersehen werden, dass Kontroversen wie auch lediglich konfliktträchtige Situationen massenmedial häufiger und dramatischer in die Öffentlichkeit transportiert werden als Berichte über das in der Regel reibungslose alltägliche Zusammenleben zwischen Christen und Muslimen.

4.1 Der interreligiöse Dialog in Deutschland

An der Anbahnung eines christlich-muslimischen Dialogs beteiligen sich in der Bundesrepublik etwa seit Ende der sechziger Jahre verschiedene Akteure auf

15 Vgl. Udo Tworuschka (Hg.), *Die Weltreligionen und wie sie sich gegenseitig sehen*, Darmstadt 2008, S. 55.

16 Vgl. Thomas Lemmen/Melanie Miehl, *Islamisches Alltagsleben in Deutschland*, Köln 2001, S. 23ff.; vgl. Claus Leggewie, *Politischer Islam und multikulturelle Demokratie*, in: *kursiv – Journal für politische Bildung*, Heft 2 (2004), S. 30.

17 Vgl. Ulrich Steuten, *„Religion im interkulturellen Diskurs"*, in: *VIA-Magazin. Religionen in Deutschland*, Heft 2 (2008), S. 22-37.

unterschiedlichen Ebenen. Zu unterscheiden ist dabei zum einen eine Kommunikationsstruktur auf institutioneller Ebene durch Politik, Verbände, Vereinigungen oder Kirchen, zum anderen informelle Begegnungen zwischen Angehörigen unterschiedlichen Glaubens im alltäglichen Leben, zum Beispiel am Arbeitsplatz, in der Schule oder in der Nachbarschaft. Hier stellen sich praktische Probleme – und finden sich häufiger auch praktische Lösungen als im Bereich der institutionellen und akademischen Diskussion.

Während der christlich-jüdische Dialog über die mehr als 80 seit 1948 gegründeten Gesellschaften für Christlich-Jüdische Zusammenarbeit (mit etwa 20.000 Mitgliedern) seit langem als gut institutionalisiert und etabliert gilt, entwickelte sich der christlich-islamische Dialog in Deutschland in organisierter Form erst ab Anfang der achtziger Jahre. Die derzeit größte Vereinigung, die Christlich-Islamische Gesellschaft (CIG), wurde 1982 gegründet. Neben ihr existieren zurzeit 16 weitere Vereinigungen, die sich 1983 im „Koordinierungsrat der Vereinigungen des christlich-islamischen Dialogs in Deutschland" (KCID) zusammengeschlossen haben. Der KCID wird seit 2002 wie auch die Muslimische Akademie (seit 2004) durch die Bundesregierung projektbezogen finanziell unterstützt.

Seit der durch den Anwerbestopp hervorgerufenen Zäsur reagierten die beiden großen christlichen Kirchen in Deutschland beispielsweise immer wieder mit grundsätzlichen Erklärungen und Positionspapieren wie auch mit konkreten Aktionen. So organisierten sie zum Beispiel 1975 erstmalig den bundesweit durchgeführten ökumenischen „Ausländersonntag". Aus dieser Initiative entstand in den Folgejahren unter anderem die „Woche der ausländischen Mitbürger" (ab 1991 auch „Interkulturelle Woche"), die zwar zu einer gesellschaftlichen Institution wurde, den Eindruck einer Alibiveranstaltung jedoch nie abstreifen konnte, geschweige denn in der Lage war, offenen und latenten Rassismus grundlegend zu beseitigen. Dies wurde auf tragische Weise zu Beginn der neunziger Jahre offenkundig, als aufgrund von Kriegen und Bürgerkriegssituationen in ihren Heimatländern außergewöhnlich viele Menschen Zuflucht und Asyl in Deutschland suchten. Das bis dahin erreichte Niveau des interkulturellen Zusammenlebens erwies sich als nicht ausreichend, um Eskalationen zu verhindern: In Hünxe und Hoyerswerda (1991), Rostock und Mölln (1992), sowie Solingen (1993) und in anderen Orten kam es zu Mordanschlägen auf Migranten, bezeichnenderweise überwiegend solchen islamischen Glaubens. Zwar wurden in der Reaktion darauf – auch unter Beteiligung der christlichen Kirchen – erneut eine Vielzahl von Initiativen, Aktionen und Projekten gegen Ausländerfeindlichkeit und Rassismus gestartet und Begegnungen und Austausch zwischen Christen und Muslimen intensiviert (z.B. Gründung des Interkulturellen Rates (1994) mit Abrahamitischem Forum, kommunale Islamforen) doch gelang es letztlich nicht, die interreligiösen Beziehungen nachhaltig zu verbessern. „In der Breite haben Kirchen vor dieser Herausforderung versagt“[18], räumte 1995 der damalige Ausländerreferent der EKD, Jürgen Micksch, ein.

Als eine Konsequenz aus solch selbstkritischer Erkenntnis ist womöglich die im Jahre 2000 publizierte EKD-Handreichung *Zusammenleben mit Muslimen in Deutschland* zu sehen. Ihr folgten in den nächsten Jahren, sicherlich auch unter dem weltweiten Schock durch die islamistischen Anschläge am 11. September 2001, weitere Arbeitspapiere, Handreichungen, Leitlinien und andere Beiträge zum Zusammenleben von Christen und Muslimen. In einer 2002 veröffentlichten Arbeitshilfe *Integration braucht ein Konzept* der Projektgruppe „Integration“ in der Evangelischen Kirche im Rheinland (EKiR) werden beispielsweise unter der Überschrift „Kultur, Religion – insbesondere Islam“ Erwartungen sowohl an islamische Einrichtungen, an die Politik und an die Kirchen und ihre Einrichtungen formuliert. Von den islamischen Organisationen wird dort die Zustimmung zu einem Grundkonsens erwartet, der sich primär in der „Ausrichtung an der Verfassung sowie [der] Wahrung und Achtung der Menschenrechte“[19] manifestiert. Die Erwartungen an die Politik beziehen sich auf die Punkte interkulturelle Kompetenz und Öffnung, Einführung eines Islamischen Religionsunterrichtes in deutscher Sprache, Einrichtung von Lehrstühlen für Islamische Theologie. Quasi an die eigene Adresse gerichtet werden die Erwartungen, interkulturelle und interreligiöse Begegnung auf mehreren Ebenen zu fördern: in der Kinder- und Jugendarbeit, in Nachbarschaften, Stadtteilen, zwischen Kirchen- und Moscheegemeinden. Bei Letzteren gelte es insbesondere „über den Austausch von Freundlichkeiten bei Tee und Gebäck hinauszukommen und die Einbahnstraße im Dialog aufzubrechen.“[20]

Neben diesen basisorientierten Empfehlungen entstanden 2003 und 2006 zwei weitere nennenswerte Positionspapiere, in denen die EKD ihre Einstellung zum interreligiösen Dialog mit dem Islam generell verdeutlicht. *Christlicher Glaube und nichtchristliche Religionen* (2003) sowie *Klarheit und gute Nachbarschaft* (2006) verstehen sich als Grundsatzpapiere, die theologische Leitlinien zum interreligiösen Dialog mit dem Islam aufzeigen wollen. Auffällig ist, dass die Schrift von 2006 die Vorzüge der eigenen Religion sehr selbstbewusst betont und Ansprüche und Anforderungen an den Dialogpartner um einiges strenger an die Adresse der islamischen Verbände und Organisationen formuliert als die von 2003. Dies zeigt sich beispielsweise in der sehr deutlichen Hervorhebung des christlichen Missionsgedankens gegenüber den Muslimen oder im Appell, die Muslime mögen sich selbstkritisch mit dem religiös motivierten Fanatismus und Fundamentalismus auseinandersetzen. Sie hat daher

---

18 Jürgen Micksch, *„Miteinander für Gerechtigkeit. 20 Jahre Woche ausländischer Mitbürger – wie geht es weiter?“*, in: Forschungsinstitut der Friedrich-Ebert-Stiftung (Hg.), *Interkulturelles Lernen. Basis kommunaler Ausländerarbeit*, Bonn 1995, S. 38.

19 EkiR = Evangelische Kirchen im Rheinland 2002, hier S. 38.

20 Ebd., S. 41.

auch zu entsprechend deutlichen Reaktionen auf der Gegenseite geführt. Der Koordinierungsrat der Muslime antwortete mit einer heftigen, detaillierten Kommentierung, in der es zuletzt heißt: „Diese Publikation zerrüttet jedoch gerade auch das Vertrauen zwischen bisherigen Dialogpartnern."[21] Der in der interreligiösen Diskussion renommierte Erziehungswissenschaftler, Micha Brumlik, erkennt in diesem EKD-Grundsatzpapier sogar einen „Rest des alten christlichen Triumphalismus"[22] und eine Abwertung des Islam. So verwundert es nicht, wenn der oben zitierte Jürgen Miksch elf Jahre später konstatiert: „Bisher finden auf Dauer angelegte interreligiöse Dialoge kaum statt."[23] Diese Einschätzung überrascht, denn im gleichen Jahr hatte das Deutsche Islamforum, dem Micksch auch angehört, eine „Information" zur Scharia veröffentlicht, in der es unter anderem heißt: „Begrüßt wird das demokratische System der Bundesrepublik Deutschland, in dem Staat und Religion grundsätzlich getrennt sind."[24] An der dialogischen Erarbeitung dieses Positionspapiers waren alle großen islamischen Verbände beteiligt.

Dennoch gibt es in vielen lokalen christlichen Kirchengemeinden, also auf der Ebene des alltäglichen Zusammenlebens, verdienstvolle Bemühungen, den Dialog mit den Muslimen vor Ort voranzubringen. Mehr als die offiziellen Verlautbarungen und Positionspapiere der Amtskirchen scheinen es gerade die basisnahen „alltagsweltlichen und politischen Kooperationen bzw. Konfliktlösungen [zu sein], die im Großen und Ganzen auf die Akzeptanz der westlichen Demokratien durch die Muslime in der [deutschen] Diaspora und auf die Toleranz der Einheimischen gegenüber den Muslimen hindeuten."[25] Offensichtlich setzt sich hier durch, was der Soziologe Ulrich Beck die „Praxis des kooperativen Mehrwerts" nennt: „Gruppen können intolerant im Hinblick auf die Theologie des anderen sein, trotzdem kooperieren, um gemeinsam geteilte alltagsrelevante Anliegen zu verwirklichen."[26] Beck hegt die Hoffnung, dass ein alltäglicher Pragmatismus des religiösen *Common sense* eine tragfähige und belastbare Basis für interreligiöse wie auch religiös-säkulare Kooperationen bereitstellt, weil sie allen Beteiligten den größten Nutzen bringt.

---

21 Vgl. KRM = Koordinierungsrat der Muslime 2007.

22 Micha Brumlik, *„Christliche Wahrheit und Abwehr"*, in: *taz.de*, 07.10.2007, URL: http://www.taz.de/1/debatte/kommentar/artikel/1/christliche-wahrheit-und-abwehr/.

23 Jürgen Micksch, *„Herausforderungen durch die multireligiöse Gesellschaft"*, in: *Migration und Soziale Arbeit*, Heft 2 (2006), S. 118.

24 Deutsches Islamforum, *Scharia als Glaubensweg von Muslimen*, Frankfurt a. M. 2006

25 Claus Leggewie, *„Politischer Islam und multikulturelle Demokratie"*, in: *kursiv. Journal für politische Bildung*, Heft 2 (2004), S. 28f.

26 Ulrich Beck, *Der eigene Gott. Friedensfähigkeit und Gewaltpotential der Religionen*, Leipzig 2008, S. 246.

4.2 Der deutsch-islamische Dialog

Weitgehend unhinterfragt herrschte in der ersten Phase der Anwerbung und Beschäftigung von „Gastarbeitern" in Deutschland die Auffassung vor, diese hätten sich der deutschen Kultur „anzupassen". Bis in die sechziger Jahre des letzten Jahrhunderts war die gängige Vorstellung und Erwartung, die man den Arbeitsmigranten entgegenbrachte, vom Gedanken der Akkulturation im Sinne einer Übernahme der in Deutschland geltenden Normen und Werte, aber auch des hiesigen Lebensstils geleitet. Erst die in den siebziger Jahren einsetzende Diskussion über eine multikulturelle Gesellschaft beförderte ein Denken in den Kategorien von Integration und interkulturellem Zusammenleben, das sich nach und nach von der Sichtweise einseitiger Anpassung entfernte und ein beiderseitiges Aufeinanderzugehen von Allochthonen und Autochthonen zu denken bereit war. Szenarien eines multiethnischen und multikulturellen Zusammenlebens begannen gesellschaftliche Gestalt anzunehmen. Migranten wurden auf politisch-institutionellerer wie alltäglicher Ebene zunehmend von Weisungsempfängern zu Gesprächspartnern. In Betrieben, Schulen und Nachbarschaften entwickelte sich zwischen „ausländischen Mitbürgern" und Einheimischen allmählich eine Interaktion auf Augenhöhe – eine Voraussetzung für den Eintritt in einen interethnischen Dialog über kulturelle Differenzen und Gemeinsamkeiten.

Ausgehend von solchen Dialogprozessen entstanden in Deutschland in der Folgezeit unter anderem beispielsweise kommunale Ausländerbeiräte, interkulturelle Zentren und Projekte sowie diverse interkulturelle Arbeits- und Aktionsbündnisse in politischen, gewerkschaftlichen, kirchlichen, wissenschaftlichen, künstlerischen und sportlichen Kontexten.

Einen vielversprechenden und viel beachteten Versuch der Dialoganbahnung und -verstetigung hatte beispielsweise 2004 der Integrationsbeauftragte der Landesregierung NRW, Klaus Lefringhausen, mit seinem Konzept *Integration mit aufrechtem Gang. Wege zum interkulturellen Dialog*[27] begonnen. In landesweit 400 Dialoggruppen versuchten die Teilnehmenden, Einheimische und Zugewanderte, gemeinsame Vorstellungen von einem zukünftigen Zusammenleben zu entwickeln. Diese mündeten in ein selbst auferlegtes Bündnis für Integration ein.

Deutlichster symbolischer und wirkmächtigster Ausdruck des interkulturellen Dialogs auf höchster politischer Ebene ist heute die vom ehemaligen Innenminister Schäuble initiierte und im September 2006 unter hohem medialen Aufwand zum ersten Mal einberufene Deutsche Islam Konferenz (DIK). In diesem „ersten institutionalisierten Dialog zwischen dem deutschen Staat und den in Deutschland lebenden Muslimen", einem „Zeichen des Aufbruchs zu einem

27 Klaus Lefringhausen (Hg.), *Integration mit aufrechtem Gang: Wege zum interkulturellen Dialog*, Wuppertal 2005.

neuen Miteinander"[28], soll in einem über mehrere Jahre angelegten gesteuerten, zielgerichteten und ergebnisoffenen Verständigungsprozess erreicht werden, dass „Muslime in Deutschland [...] sich als Teil der deutschen Gesellschaft verstehen und von dieser auch so verstanden werden."[29] Partner dieses Dialogs, in dem das Verhältnis von (deutschem) Staat und Religion zentrales Thema ist, sind hohe politische Repräsentanten der Bundesrepublik Deutschland auf der einen und Vertreter muslimischer Organisationen sowie nicht organisierte Muslime auf der anderen Seite. Anders als bei dem im gleichen Jahr unter dem Titel „Deutscher Integrationsgipfel" eingeleiteten Dialogprozess, der sich an multinationale und nicht spezifisch religiöse Zuwanderergruppen wendet, wird hier also ausschließlich das Gespräch mit den in Deutschland lebenden Muslimen gesucht. Es zielt laut Bundesregierung darauf ab, ihre Integration in der aufnehmenden Gesellschaft zu verbessern. Im Klartext bedeutet dies, die Vereinbarkeit der Prinzipien des Islam (Lebens- und Glaubensvorschriften) mit denen der deutschen Verfassung, der im Grundgesetz verankerten demokratischen Werte unter der Prämisse zu diskutieren, dass in der freiheitlich-demokratischen Grundordnung geschützte Grundregeln des Zusammenlebens für jeden, der in Deutschland lebt verbindlich sind, das Grundgesetz also nicht verhandelbar ist.[30] Neben dieser immer wieder von Seiten des deutschen Staates betonten Werbung um eine Selbstverpflichtung der in Deutschland lebenden Muslime auf die hiesige Gesellschaftsordnung und den ihr zugrunde liegenden Wertekonsens, bietet die Konferenz auch Raum für die Diskussion der Frage, was und wie die deutsche Verfassungs- und Rechtsordnung zur Entwicklung eines modernen deutschen Islam beitragen können.

Bis Februar 2009 haben drei Plenumssitzungen und mehrere Treffen von Arbeitsgruppen zu speziellen Themenbereichen (Religionsfragen im deutschen Verfassungsverständnis, Deutsche Gesellschaftsordnung und Wertekonsens, Wirtschaft und Medien, Sicherheit und Islamismus) stattgefunden. Schon jetzt zeichnet sich ab, dass die Konferenz über den vorgesehenen Zeitraum von drei Jahren hinausgehen wird.

Bei den bisherigen Treffen zeigte sich bereits, dass Probleme auf der Tagesordnung stehen, deren Bearbeitung über Jahrzehnte vernachlässigt wurde und die nun in einer Art nachholenden Integrationspolitik bewältigt werden sollen.

---

28 Wolfgang Schäuble, URL: http://www.deutsche-islam-konferenz.de/cln_101/nn_1319098/SubSites/DIK/DE/Presse/RedenInterviews/Reden/20060928-regerkl-dik-perspektiven.html (Abruf: 18.02.2009).

29 Wolfgang Schäuble, URL: http://www.deutsche-islam-konferenz.de/cln_101/nn_1318820/SubSites/DIK/DE/DieDIK/AufgabenZiele/aufgabenziele-node.html?__nnn=true (Abruf: 19.02.2009).

30 Vgl. URL: http://www.deutsche-islam-konferenz.de/cln_101/nn_1319098/SubSites/DIK/DE/Presse/RedenInterviews/Reden/20060928-regerkl-dik-perspektiven.html (Abruf: 18.02.2009).

Dass kaum Erfahrungen im Dialog zwischen dem deutschen Staat und den Muslimen in Deutschland bestehen, wurde bereits im Vorfeld der Konferenz bei der Auswahl der Gesprächspartner auf muslimischer Seite deutlich. Kritisch hinterfragt wurde und wird, dass bestimmte Gruppen (z.B. Aleviten) nicht berücksichtigt wurden und ob die eingeladenen muslimischen Konferenzmitglieder, insbesondere die Repräsentanten der Verbände Islamrat für Deutschland, Zentralrat der Muslime, DITIB und des Verbandes der islamischen Kulturzentren geeignet sind, die Positionen der ca. 80% der nicht in Vereinen organisierten Muslime zu vertreten.

Konferenzbeobachter berichten, dass der Dialog sich zäh gestalte, was nicht zuletzt auch an der mangelnden Übung und Dialogerfahrung der Gesprächspartner miteinander liegen dürfte. Überzogene Positionen, Rückzugsandrohungen, eine Mandatsniederlegung und ein spektakuläres Austauschangebot (des Schriftstellers Feridun Zaimoglu) drohten die Konferenz zeitweise gar zu einer Farce werden zu lassen.

Deutliche Skepsis wird darüber hinaus bezüglich der Sinnhaftigkeit dieses deutsch-islamischen Dialogprozesses artikuliert. Dazu wird argumentativ ins Feld geführt, dass die Mehrheit der Muslime in Deutschland längst hinreichend integriert sei und keiner Sonderbehandlung bedürfe. Faktisch verhielten sich Muslime in Deutschland genauso gesetzeskonform wie Nicht-Muslime, nur eine Minderheit (8-12%) distanziere sich von Demokratie und Rechtsstaatlichkeit. Bei der gegenüber der Demokratie distanzierten Minderheit handle es sich überwiegend um Menschen, deren sprachlich-soziale Integration schlecht gelungen sei.[31]

Die bisher in den Arbeitsgruppen erzielten Ergebnisse haben überwiegend empfehlenden Charakter: Sie beziehen sich auf die (in einigen Bundesländern bereits als Modellvorhaben praktizierte) Einführung des Islamischen Religionsunterrichts in deutscher Sprache an öffentlichen Schulen, die frühzeitige, sorgfältige und von Beginn an für alle Beteiligten und Betroffenen transparente Planung von Moscheebauten sowie die Verbesserung der Bildungsbeteiligung für Migranten (Schulkonzepte, sprachliche Förderung, Elternarbeit). Des Weiteren wurde ein Forschungsvorhaben zur Erkundung des muslimischen Lebens in Deutschland sowie die Einrichtung einer Clearingstelle „Präventionskooperation“ vorgeschlagen, in der Moscheevereine und Sicherheitsbehörden eng zusammenarbeiten. Eine Intensivierung des Dialogs zwischen Politik, Wissenschaft und Medien soll dazu führen, das Image der Muslime in der Öffentlichkeit differenzierter darzustellen. Als existenzielles Anliegen wurde von den Konferenzmitgliedern die aktive Mitwirkung bei der Verhinderung von Gewalt und Extremismus betont.

31 Vgl. dazu z.B. Katrin Brettfeld/Peter Wetzels, *Muslime in Deutschland. Integration, Integrationsbarrieren, Religion und Einstellungen zu Demokratie, Rechtsstaat und politisch-religiös motivierter Gewalt*, Hamburg 2007, S. 197ff.

In einer Zwischenbilanz hatte sich die Konferenz auf eine gemeinsame Wertebasis, ein gemeinsames Integrationsverständnis und – ähnlich wie es bereits 2006 das Deutsche Islamforum getan hatte – auf die Achtung der deutschen Rechtsordnung und des Grundgesetzes verpflichtet.

Als eine Art unintendierten, erfreulichen Nebeneffekt der Islamkonferenz hat sich der „Koordinierungsrat der Muslime" gebildet. Ihm gehören die vier in Deutschland vertretenen großen konservativen muslimischen Dachverbände DITIB, VIKZ, Islamrat, und der Zentralrat der Muslime an; eine Organisation der türkisch-alevitischen Muslime ist nicht dabei.

Welche weiteren Auswirkungen die Konferenz haben wird, kann gegenwärtig noch nicht genau eingeschätzt werden. Sicher scheint, dass sie auch künftig allein aufgrund ihrer hohen symbolischen Bedeutung richtungsweisend für folgende interkulturelle Dialoge sein wird. Hinter die erzielten Absprachen wird man schwerlich zurückfallen können. Genauso sicher erscheint, dass alle gefassten und noch zu fassenden Konferenzbeschlüsse auch künftig von deutlicher Kritik aus verschiedenen Lagern begleitet sein werden. Die durch den Zusammenschluss als Koordinierungsrat verfestigte Dominanz der konservativen Verbände wird weiterhin auf den Widerspruch verbandsunabhängiger, liberaler oder religiös indifferenter Muslime stoßen. Konkret könnten sich Kontroversen an den noch nicht geklärten Fragen, wie z.B. der Gleichberechtigung und Emanzipation von Frauen und der Organisation der Teilnahme muslimischer Schüler an bestimmten schulischen Veranstaltungen (Religions-, Sport,- Sexualkundeunterricht, Klassenfahrten), entzünden. Innermuslimische Auseinandersetzungen wie auch Meinungsstreitigkeiten zwischen Mehrheitsgesellschaft und einer islamischen Minderheit über Wertefragen werden aber auch nach Abschluss der Islamkonferenz nicht verschwinden.

Fazit

Kulturelle Divergenzen und damit einhergehende disparate Wertevorstellungen und Verhaltensweisen sind in modernen multikulturellen Gesellschaften eine Normalität. In dialogischen Prozessen lassen sie sich verhandeln, sodass von ihnen in der Regel keinerlei desintegrative Wirkungen ausgehen. Potenzielle Konfliktfelder zwischen gesellschaftlichen Gruppierungen mit disparaten kulturellen oder religiösen Orientierungen können mit diesen Verfahren sowohl präventiv reguliert als auch angemessen korrektiv bearbeitet werden. Dies gilt auch für Glaubensgemeinschaften monotheistischer Religionen, die in modernen Gesellschaften wie andere kulturelle (und auch ökonomische) Systeme auf dem Markt der Sinnstiftungsagenturen als Werber und Konkurrenten aufeinandertreffen und dort um Geltung und Einflussnahme kämpfen.[32] Als solche begegnen sich im Alltag auch gläubige Christen und Muslime in Deutschland in bestimmten Situationen. Problematisch wird die Behauptung und Verteidigung unterschiedlicher Glaubensvorstellungen und -praktiken in multikulturellen und multireligiösen Gesellschaften erst, wenn ihre Repräsentanten nicht bereit sind, sich in Auseinandersetzungen auf diskursive Prozesse mit Andersgesinnten einzulassen. Konfliktlinien können dabei zum einen zwischen Gläubigen und Andersglaubenden und zum anderen zwischen Gläubigen und „Ungläubigen" (Säkularisten, Atheisten, Agnostikern) verlaufen. Das Insistieren auf religiöse Gewissheiten – den „einen Gott", den „wahren Glauben" – sowie die Vorstellung von Missionierung, die zum Kernbestand von Christentum und Islam gehört, stellen für dialogische Vorgehensweisen eine kaum überwindliche Belastung dar. Rechthaberisches Beharren auf Wahrheitsansprüchen, die rigorose Verweigerung der Möglichkeit unterschiedlicher Interpretationen der Heiligen Bücher, die Ablehnung zeitgemäßer Auslegung, letztlich also fundamentalistisches Denken, gefährdet auf nationaler wie internationaler Ebene das Zusammenleben der Menschen.

Zu einer unumgänglichen Voraussetzung eines gelingenden Dialogs in einer religiös-pluralistischen Gesellschaft gehört daher, Dialogbereitschaft dauerhaft sicherzustellen und Dialogkompetenz kontinuierlich weiterzuentwickeln. Nur unter dieser Voraussetzung kann es gelingen, die in allen Weltreligionen enthaltenen Friedenspotenziale zur Geltung zu bringen. In den maßgebenden Schriften des Christentums (z.B. Mt 5,43-48) und des Islam (z.B. Sure 13/22) sind explizit Vorgaben zum friedlichen Umgang, nämlich zum gewaltlosen Dialog mit den Gläubigen der jeweils anderen Religion formuliert. Bezugspunkte zum Dialog und damit auch zur „Zivilisierung weltreligiöser Konflikte"[33] sind in den „Heiligen Büchern" vorhanden. Diese religionshermeneutisch zu nutzen, auf ihrer Grundlage den Friedens- anstelle des Wahrheitsanspruchs der Religionen in den Mittelpunkt künftiger Dialoge zu stellen, wäre eine ebenso verdienstvolle wie zukunftsweisende Aufgabe für alle religiösen Akteure.

---

32 Vgl. Friedrich Wilhelm Graf, *Die Wiederkehr der Götter: Religion in der modernen Kultur*, München 2007, S. 231f.

33 Vgl. Ulrich Beck, *Der eigene Gott. Friedensfähigkeit und Gewaltpotential der Religionen*, Leipzig 2008, S. 176ff.

Literatur

Ateş, Seyran, *Der Multikulti-Irrtum. Wie wir in Deutschland besser zusammenleben können*, Berlin 2007.

Beck, Ulrich, *Der eigene Gott. Friedensfähigkeit und Gewaltpotential der Religionen*, Leipzig 2008.

Bernhardt, Reinhold, *Ende des Dialogs? Die Begegnung der Religionen und ihre theologische Reflexion*, Beiträge zu einer Theologie der Religionen 2, Zürich 2006.

Brettfeld, Katrin/Wetzels, Peter, *Muslime in Deutschland. Integration, Integrationsbarrieren, Religion und Einstellungen zu Demokratie, Rechtsstaat und politisch-religiös motivierter Gewalt*, Hamburg 2007.

Broder, Henryk M., *„Dialog? Nein, Danke!"*, 2006, URL: http://www.spiegel.de/kultur/gesellschaft/0,1518,druck-403133,00.html (Abruf: 26.02.2009).

Brumlik, Micha, *„Christliche Wahrheit und Abwehr"*, auf: taz.de, 07.10.2007, URL: http://www.taz.de/1/debatte/kommentar/artikel/1/christliche-wahrheit-und-abwehr/.

Deutsches Islamforum, *Scharia als Glaubensweg von Muslimen*, Broschüre, Frankfurt a. M. 2006.

Evangelische Kirche in Deutschland (EKD) (Hg.), *Klarheit und gute Nachbarschaft: Christen und Muslime in Deutschland*, Hannover 2006.

Evangelische Kirche im Rheinland (EKiR) (Hg.), *Integration braucht ein Konzept*, Düsseldorf 2002.

Fischer, Veronika, *„Chancen und Grenzen der politischen Bildung im interkulturellen Dialog"*, in: Behrens, Heidi/Motte, Jan (Hg.), *Politische Bildung in der Einwanderungsgesellschaft*, Schwalbach/Ts. 2006, S. 105-127.

Graf, Friedrich Wilhelm, *Die Wiederkehr der Götter: Religion in der modernen Kultur*, München 2007.

Häring, Hermann, *„Konflikt- und Gewaltpotentiale in den Weltreligionen?"*, in: Hempelmann, Reinhard/Kandel, Johannes (Hg.), *Religionen und Gewalt. Konflikt- und Friedenspotentiale in den Weltreligionen*, Göttingen 2006, S. 13-45.

Kermani, Navid, *„Das heilige Phantasma"*, in: *Die Zeit* vom 02.01.2003, S. 5.

Koordinierungsrat der Muslime (KRM), *Profilierung auf Kosten der Muslime*, URL: http://islam.de/8443_print.php (Abruf: 10.12.2008).

Kuschel, Karl-Josef, *„Der Islam und die Freiheit"*, in: *Publik-Forum*, Nr. 3 (2006), S. 46-48.

Lefringhausen, Klaus (Hg.), *Integration mit aufrechtem Gang: Wege zum interkulturellen Dialog*, Wuppertal 2005.

Leggewie, Claus, *„Politischer Islam und multikulturelle Demokratie"*, in: *kursiv. Journal für politische Bildung*, Heft 2 (2004), S. 20-31.

Lemmen, Thomas/Miehl, Melanie, *Islamisches Alltagsleben in Deutschland*, Köln 2001.

Lerch, Wolfgang Günter, *„Der Islam in der Moderne"*, in: *Aus Politik und Zeitgeschichte*, Heft 28-29 (2006), S. 11-17.

Micksch, Jürgen, *„Miteinander für Gerechtigkeit: 20 Jahre Woche ausländischer Mitbürger – wie geht es weiter?"*, in: Forschungsinstitut der Friedrich-Ebert-Stiftung (Hg.), *Interkulturelles Lernen: Basis kommunaler Ausländerarbeit*, Bonn 1995, S. 35-41.

Ders., *„Herausforderungen durch die multireligiöse Gesellschaft"*, in: *Migration und Soziale Arbeit*, Heft 2 (2006), S. 114-119.

Nassehi, Armin, *„Dialog der Kulturen – wer spricht?"*, in: *Aus Politik und Zeitgeschichte*, Heft 28/29 (2006), S. 33-38.

Steinbach, Udo, „*Der interreligiöse Dialog zwischen Christen und Muslimen – Verortung, Inhalte, Argumentationsstränge*“, in: Evangelische Akademien in Deutschland (Hg.), *Christen und Muslime. Verantwortung zum Dialog*, Darmstadt 2006, S. 16-20.

Steuten, Ulrich, „*Religion im interkulturellen Diskurs*“, in: *VIA-Magazin. Religionen in Deutschland*, Heft 2 (2008), S. 22-37.

Tworuschka, Udo (Hg.), *Die Weltreligionen und wie sie sich gegenseitig sehen*, Darmstadt 2008.

Doppelt unter Druck: Muslime in Europa zwischen christlichem und säkularistischem Fundamentalismus

Von Ulrich Schoen

Thema

Im Rahmen der Ringvorlesung „Islam in Deutschland zwischen Anspruch und Integration" sollen diese beiden Ansprüche heute unter dem Aspekt „Fundamentalismus" beleuchtet werden. Dabei soll skizziert werden, wie Menschen, die in Deutschland und in Europa in einem muslimisch geprägten Universum leben, dem Druck der sich gegenseitig widersprechenden Ansprüche zweier anderer, sich häufig fundamentalistisch gebärdender Welten ausgesetzt sind. Nämlich dem der christlichen Leitreligion und dem der säkularen Leitkultur. Ansprüche sind es, die sich bei näherem Hinsehen – wie bei den zwei Druckflächen einer Zange – als zu dem selben Werkzeug gehörig erweisen. Ist doch der westlich geprägte Säkularismus aus dem christlichen Abendland entstanden!

Den Ausdruck „fundamentalistisch" verwende ich hier in einem unscharfen und erweiterten Sinn: Als exklusiv-normativ auftretender, methodologisch nicht reflektierter simpler Bezug auf einen Text und/oder eine Tradition.[1] Streng genommen allerdings gehört der Begriff „Fundamentalismus" zum bibelgläubigen Protestantismus, so wie er als Antwort auf die Moderne im 19. Jahrhundert in Nordamerika entstanden ist. Zur selben Zeit und aus demselben ängstlichen Grund entstand damals im Katholizismus der vor allem in Frankreich sogenannte „Integrismus", der die Bezugnahme auf Bibel und (katholische) Tradition bedeutet.

Was heute als „islamischer Fundamentalismus" bezeichnet wird, wäre demnach eher ein Integrismus. Denn hier handelt es sich zumeist um den Bezug auf den koranischen Text (*naṣṣ*) und auf die (besser gesagt auf eine) Tradition (*sunna*), deren „Tür der Interpretation" (*bāb al-iğtihād*) verschlossen wurde.

Das Adjektiv „säkularistisch" verhält sich hier zu „säkular" so ähnlich wie „kindisch" zu „kindlich". Um eine Analogie herzustellen, müsste ich von „christischem" und nicht von „christlichem" Fundamentalismus reden.

In einem noch weiteren Sinne erscheinen hier das gesamte Christentum und der gesamte westliche Säkularismus als Fundamentalismen, das heißt als ein je ausschließlicher Bezug auf nur einen Korpus von Texten. Betrachtet man jedoch

---

1 Reflektiert etwa im Sinne von Paul Feyerabends stimulierendem Buch *Wider den Methodenzwang*.

die Gesamtheit der Religionen und der säkularen Welten als ein „Ensemble von Texten", so wird dieser einander ausschließender, sich selbst isolierender („autistischer") Bezug zum Fundamentalismus.

Absicht

Es soll gezeigt werden, wie gerade Menschen, die zwischen den Blöcken stehen und die mit diesen Blöcken leben, besonders gut ausgerüstet sind, um die aufgeblasenen und sie bedrückenden Systeme „anzustechen" und um so ihren „Dampf abzulassen". Dieses ermöglicht ein geruhsameres Zusammenleben der verschiedenen Glaubens- und Überzeugungs-Gemeinschaften, stellt einen besseren Bezug zur Wirklichkeit her und führt zu einem sinnvollen internormativen Handeln.

Anlass

Bei der letzten Tagung der alljährlich in Stuttgart stattfindenden islamisch-christlichen Denkschmiede ging es um islamische und christliche Ethik und dabei vor allem natürlich um die universalen Menschenrechte.

Zwei einführende Vorträge wurden von einer Muslima aus dem Libanon und einer Christin aus Deutschland gehalten.[2] Die eine führte überzeugend aus, dass es „keine universalen säkularen Werte" gäbe. Die andere dagegen stellte gerade diese Werte einleuchtend vor aller Augen. Das Erstaunliche dabei war, dass Letztere zur Grundlegung der universalen Menschenrechte und zum Erweis der Würde der menschlichen Person auf den als Person zu verstehenden Gott Bezug nahm, der sich in der christlichen Dreieinigkeit als Vater, Sohn und Heiliger Geist in drei Personen zeigt. Erstaunlich, ja empörend für buddhistische Hörer, für die das Jenseitige nichts „Persönliches" ist, für muslimische Hörer, welche die christliche Trinität ablehnen, und für alle die, welche sich in der Geschichte der Dogmen ein wenig auskennen und wissen, dass die drei trinitarischen „Personen" mit unserem heutigen Verständnis von Person nichts zu tun haben.

Letztlich schien dieser Rückgriff auf Gott den Anspruch der These der ersten Vortragenden zu untermauern, dass nämlich das Säkulare, wenn es universal sein will, das Göttliche benötige.

---

2 Dokumentiert bei der Katholischen Akademie in Stuttgart-Hohenheim und beim Verlag Pustet in Regensburg.

Der Anspruch des Religiösen

Schon vor tausend Jahren prallten die beiden Ansprüche aufeinander: Liberale muslimische Ethiker begründeten ihren Anspruch mit der antiken griechischen Vernunft (*al-ʿaql*) – die damals weithin als allgemeingültig angesehen wurde! – und (wie Hans Küng es heute in seinem „Weltethos" tut[3]) mit der Goldenen Regel, die lautet: „Was du nicht willst, dass man dir tu', das füg' auch keinem andern zu." Konservative Gläubige lehnten diesen Anspruch ab, weil er in gewissen Fällen in klarem Widerspruch zum offenbarten Willen Gottes steht. Ibn Hazm zum Beispiel wies darauf hin, dass er zwar gern für sich selbst die von Gott und dem ehrwürdigen Qur'an erlaubte Möglichkeit, vier Frauen zu haben, akzeptiere, dass er aber der Goldenen Regel zuwider handle, indem er seiner Frau das Entsprechende, nämlich vier Männer zu haben, verweigere.[4] Dieser von Koran und Tradition (*an-naql*) transportierte Wille Gottes trete zwar, sagte Ibn Ḥazm damals und sagen die Seinen bis heute, in irdisch und kulturell bedingter Form auf, er sei aber – weil von Gott, dem Absoluten und Universalen kommend – eo ipso allgemein gültig: Wie das Licht, entzündet von jenem Öl, das von einem Olivenbaum stammt, „weder östlich noch westlich"[5] ist.

Zum Anspruch des Religiösen gehört auch, dass es wahrzunehmen glaubt, wie das ihm selbst von Gott explizit Offenbarte bei allen Menschen durch das scheinbar rein säkular Menschliche hindurchschimmert. Wie es also in jedem Menschen implizit schon da ist. Trägt doch der „vollkommene Mensch" (*al-insān al-kāmil*, das Modell, nach dem Gott die Menschen erschaffen hat) die Züge Muḥammads![6] Im Klartext heißt das: Alle Menschen sind als Muslime ge-

3 Hans Küng, *Denkwege. Ein Lesebuch*, hrsg. v. Karl-Josef Kuschel, München 1992/2008.

4 Ibn Ḥazm (gest.1064), dargestellt bei George F. Hourani, *Reason and Tradition in Islamic Ethics*, London 1985, besprochen in: *Theologische Rundschau*, 61/1996, S. 39. – In ähnlicher Weise schließt die katholische Tradition die Möglichkeit aus, dass Gott eine Frau zum Priesteramt berufen könne, begrüßt aber eine solche Berufung, wenn sie einem Mann erteilt wird. Sie widerspricht damit der „Goldenen Regel", indem sie einer Frau etwas zufügt, was die zum Priesteramt berufenen Männer nicht wollen, dass man es ihnen antut.

5 Sure 24/35. – Ein anderes koranisches Bild (Sure 27/20-44) weist hin auf die (im Folgenden besprochene) Beziehung zwischen dem Offenbarten und dem Verborgenen – zwischen dem expliziten und dem implizitem Islam: Es ist *Hudhud*, der Wiedehopf, der vermittelnd hin- und herfliegt zwischen Suleiman (Salomo) in seinem palästinensischen Jerusalem und Bilqīs (der „Königin des Südlandes", wie Jesus sie in Lukas 11,31 nennt) in ihrem südarabischen Saba.

6 Henry Corbin, der große französische Islamologe, der besonders im iranischen schiitischen Islam zu Hause war, hat immer wieder auf den „Bund (*mīṯāq*) im Himmel", den Gott mit diesem (präexistenten) vollkommenen Menschen vor aller Schöpfung geschlossen hat, hingewiesen (vgl. Sure 33/72). – Hierzu auch ein Text von Klaus Hock in: *Interkulturelle Theologie*, 34/2008, S. 400-418.

boren, sie sind implizite (oder „anonyme“) Muslime.[7] Was zu ersehen ist aus dem berühmten Roman *Ḥayy ibn Yaqẓān* (der Lebende, Sohn des Erwachten), in dem der mittelalterliche andalusische Philosoph Ibn Ṭufail von einer Art muslimischem Mogli erzählt, der allein auf einer Insel, fern von allen schlechten Einflüssen, mit den Tieren aufwächst. Muslimische Missionare, die auf der Insel landen, entdecken, dass er nicht bekehrt zu werden braucht, weil er im Grunde schon Muslim ist.[8]

Im christlichen Universum dagegen ist es der präexistente Jesus, der das Modell liefert, nach dem sich Gott bei der Schöpfung des Menschen richtet. Karl Rahner leitet von daher seine heute weit verbreitete Lehre von den „anonymen Christen“ ab, der zufolge der christliche Missionar, der zum Beispiel nach Australien kommt, entdecke, dass die dort einheimischen Menschen implizit und ohne sich dessen bewusst zu sein bereits Christen sind.

Kein Wunder also, dass sich diese beiden religiösen Universen – das islamische und das christliche –, weil sie jeweils die Welt ganzheitlich erfassen, gegenseitig unter Druck setzen, und zwar gerade auch dann, wenn es darum geht, universale Menschenrechte zu formulieren. Wobei die Frage auftaucht, ob diese Rechte – und Pflichten – sich nach dem Bilde Jesu oder nach dem Bilde Muḥammads richten sollen.

Der Anspruch des Säkularen

Seit der Präsident Frankreichs (das unter den europäischen Ländern den Laizismus am reinsten vertritt und das ja auch bei der Geburt der modernen Türkei nicht ohne Einfluss war) auf Kuschelkurs mit der katholischen Mehrheit seines Landes gegangen ist und meint (wie er anlässlich eines Papstbesuches sagte), dass „der Curé wichtiger als der Instituteur“ sei – das heißt, dass der katholische Pfarrer, zu dem die Eltern, wenn sie wollen, am schulfreien Mittwoch ihre Kinder schicken, wichtiger ist als der Lehrer der laizistischen staatlichen Schule, aus der jeglicher Religionsunterricht verbannt ist[9] –, seitdem erheben Frankreichs

---

7 Der analoge christliche Ausdruck stammt von Karl Rahner und lautet: „Anonyme Christen“ (siehe im Folgenden).

8 Daniel Defoes *Robinson Crusoe* (1719) hat sich wahrscheinlich von dem von Abu Bakr Ibn Ṭufail um 1180 geschriebenen Roman *Ḥayy ibn Yaqẓān* (übersetzt von Patric Schaerer im Meiner Verlag, Hamburg 2004) inspirieren lassen. – Eine 1675 dem englischen König gewidmete Quäker-Dogmatik hatte sich auf diesen „Mogli“ (oder „Freitag“) berufen, um damit die Lehre der Quäker vom allen Menschen von Hause aus innewohnenden „Gottesfunken“ zu belegen. – Zu „Mogli“ siehe Kiplings von Walt Disney verfilmtes *Dschungelbuch*.

9 Klaus Kreiser, *Atatürk. Eine Biographie*, München 2008; Nicolas Sarkozy, *Der Staat und die Religionen*, Hannover 2008 (Original 2004: *La république, les religions, l'esperance*).

Laizisten erneut ihre Stimme und bekennen, dass sie, um an den Menschen und an die gemeinsame Zukunft der einen Menschheit zu glauben, keiner Religion bedürfen.[10] Einige der schlagenden Argumente sind dabei, dass das Religiöse immer unablöslich kulturell bedingt sei, dass es zumeist kulturintern auftrete, system-differenziert und funktionsspezifisch wirke und deswegen beschränkt und keineswegs universal sei.

Um von säkularer Seite her das im Menschen verborgene Universale herauszuschälen, geht es zuerst um das biologisch Gemeinsame und um vergleichbare Verhaltensmuster, welche die Menschen untereinander – und in erstaunlichem Umfang auch mit den Primaten – teilen.[11] Als Zweites allerdings kommt das „menschliche Besondere" hinzu. Hier streiten sich die Gelehrten: Was macht das Mensch-Sein aus? Ist es die Sprache? Ist es die Subjektivität? Wie auch immer... Es besteht jedenfalls eine frappierende und vielsagende Ähnlichkeit zwischen Sprache und Religion: Jede der beiden meint, den „heißen Draht" zur Wirklichkeit zu haben und diese richtig zu erfassen.

Hierzu erzählt der berühmte dänische Physiker und Philosoph Niels Bohr die bedeutsame Geschichte von dem österreichischen Bauern, der nach seiner Rückkehr von einer Italienreise gefragt wird, wie es ihm dort gefallen habe. Worauf der Österreicher antwortet: „Ja bestens! Bloss ein's hat mich g'stört. Nämlich dass die Italiener zu dem was doch a Roß ist, Cavallo sagen."

Wie beim Religiösen richtet sich also auch beim Säkularen der Glaube an das Allgemein-Menschliche auf etwas Jenseitiges. Hier ist es das im Inneren des Menschen wohnende Jenseits von Sprache und Religion, Kaste und Kultur. Und damit auch jenseits aller Säkularismen, die eine nationale (z.B. die bundesdeutsche), regionale (z.B. die europäische) oder sonstige Form angenommen haben. Ein Glaube also an ein „Jenseits im Diesseits", an das Transzendente im Immanenten.

Kein Wunder also, dass die verschiedenen säkularen Welten sich gegenseitig unter Druck setzen. Erfassen sie doch – wie Bohrs Österreicher und Italiener

---

10 „Die menschliche Hoffnung, das Überschreiten des Individuellen – die Transzendenz – sind kein Monopol der Religionen", sagte François Hollande, der damalige Generalsekretär der Sozialistischen Partei Frankreichs, der Zeitung *Libération* am 15.09.2008. – In Deutschland drückt sich – weniger intellektuell – der Anspruch des Säkularen zum Beispiel in einem Wort von Innenminister Wolfgang Schäuble aus, das von den Muslimen fordert, ihr Glaubensverständnis zu modernisieren und sich den Gegebenheiten der neuen Heimat anzupassen (*Süddeutsche Zeitung* vom 24.11.2008): Bezeichnenderweise tritt hier wieder einmal, in einer Zeit, in der die Postmoderne von allen Dächern ruft, der Anspruch auf, dass die Muslime sich der (ja doch überholten) Moderne anpassen sollen.

11 Es handelt sich hier um die heute viel diskutierte „evolutionäre Ethik": Frans de Waal u.a., *Primaten und Philosophen. Wie die Evolution die Moral hervorbrachte*, München 2008.

und wie auch die diversen Religionen es tun – die Wirklichkeit jeweils ganzheitlich.

In ähnlicher Weise prallt jede säkulare Welt ja auch auf die ihr entsprechende religiöse Welt. Das heißt auf die, aus der sie stammt.[12]

Zwei Fragen tauchen hierbei auf. Zum einen: Wie kann das Religiöse seinen universalen Anspruch glaubwürdig darstellen? Zum anderen: Wie kann das Säkulare seinen universalen Anspruch glaubwürdig darstellen? Auf zwei Fragen zwei Antworten:

Erste Antwort: natürlich interreligiös! Gott ist nicht festschreibbar. Gott ist nur zu erahnen. Aus kurzen Blicken, die – sozusagen – auf einen unterirdischen Lavastrom fallen, der aus den Spalten und Rissen in der Erdkruste hervorleuchtet. Das Wort „inter“ bedeutet ja „dazwischen“, und Gott erscheint offenbar besonders gern in den Zwischenräumen. „Gottes ist der Orient, Gottes ist der Okzident“, sagt der Qur'an und fügt hinzu: „und was dazwischen ist (*wa mā bainahumā*)“[13]. Die sogenannte negative (oder apophatische) Theologie bedenkt und betont, dass Gott für uns immer ein Geheimnis bleibt – selbst nachdem Gott sich offenbart hat.

Die Absolutheitsansprüche der einzelnen Religionen aber sind wie erratische Findlingsblöcke, die in der Welt herumliegen: Sie sind jeweils eine Abspaltung (*fiṭrah*) vom göttlichen Urgestein. Ein Funke aus dem einen ungeschaffenen Licht. Sie alle weisen auf das Eine, auf den einen Absoluten hin.

Jede einzelne Religion – stolz auf ihren Gottesfunken – hält sich so für die einzig wahre. Sie gleicht dabei einem Menschen, der an der Meeresküste steht und auf die untergehende Sonne schaut: Er sieht wie die breite goldglänzende Straße allein auf ihn zuläuft. Und er denkt nicht daran, dass auf die am Ufer neben ihm stehende Schwester-Religion eine ebensolche Lichtstraße zuläuft. Er sieht nicht, dass sie beide wie zwei sich drehende Derwische sind, die – nach dem Vorbild der vom Sonnenstrahl erleuchteten Staubkörner – im Licht tanzen.

Derartige Überlegungen führen dazu, den Absolutheitsanspruch des Religiösen methodologisch zu hinterfragen: Das erleuchtete Menschliche wird dabei relativ – obwohl es das Absolute voll und ganz in sich trägt. Negative Theologie wird dabei zur negativen Anthropologie.[14] Und der als Ebenbild und Kalif Gottes geschaffene Mensch wird dabei ebenso geheimnisvoll, undenkbar und unnennbar wie Gott selber.

Zweite Antwort: natürlich intersäkular! Jene, die nicht glauben, dass der Mensch nach dem Bilde Gottes geschaffen ist und die nicht meinen, dass der Mensch Gottes Kalif und Stellvertreter hier auf Erden ist, haben – wie gesagt – ihre liebe Not damit, wenn sie das „typisch Menschliche“ – das Humanum –

---

12 Siehe unten bei „heilig-nüchtern“.

13 Sure 26/24-28; teilweise übersetzt von Goethe in seinem *West-östlichen Divan*, Zürich 1952, S. 10.

14 Ausdruck von Tarek Mitri.

irgendwie umreißen oder es gar festschreiben möchten. Sollte ihnen dies wirklich eines Tages gelingen, dann offenbar nur als Ergebnis eines Zusammenspiels der unterschiedlichen Säkularismen, welche die Menschheit zu verschiedenen Zeiten und an verschiedenen Orten hervorgebracht hat. Ich nenne hier deren fünf:

- Im neuzeitlichen Westen gibt es Aufklärung samt dazugehöriger Trennung von Staat und Kirche in verschiedenen Ausführungen, z.B. in ihrer europäischen und in ihrer nordamerikanischen Fassung.[15]
- Im Mittelalter, zur Zeit der in Bagdad herrschenden ʿAbbāsīden z.B., erlebte die muslimische Welt eine – später durch äußere Umstände zu Fall gebrachte – Säkularisierung.[16] Das Jüdisch-Säkulare schwamm damals weitgehend im Kielwasser der vorherrschenden arabo-persischen muslimischen Kultur (heute tritt es im Gefolge der neuzeitlichen abendländischen Aufklärung auf).
- Vor etwa 2.500 Jahren und an drei verschiedenen Orten bildeten sich längs einer Ost-West-Achse dreierlei Arten von Säkularisierung heraus: In verweltlichendem und entmythologisierendem Sinn wirkten damals Konfuzius in China, Buddha in Indien und Plato in Griechenland.

Besonders die konfuzianische Ethik ist es, die sich heute aktiv in die große Debatte um die Definition der universalen Menschenrechte einmischt.[17]

Das „Ganz-einfach-Mensch-Sein“ beruht bei all diesen Entwicklungen nicht nur auf Idealvorstellungen, wie ja Ibn Ṭufails *Ḥayy ibn Yaqẓān* und etwa auch Voltaires „edler Wilder“ es sind. Es gab und gibt auch konkrete und oft schmerzlich gelebte Erfahrungen, die das Einfach-Menschliche tatsächlich und mit Händen zu greifen freilegen. Dabei lassen unmenschliche Behandlung und

---

15 Bei der einen, gemäß der französischen Revolution, die klare Frontstellung des Säkularen gegenüber jeglichem Religiösen. Bei der anderen eher eine (heute nationalmessianistisch auftretende) mehr oder weniger christlich-theistische „Zivilreligion“, die sich zur Zeit ihrer Entstehung vom staatskirchlichen Zwang der englisch-anglikanischen Kirche zu befreien hatte. Hierzu: Tarek Mitri, *In Gottes Namen? Politik und Religion in den USA*, Frankfurt a. M. 2005. – Ähnliche (freikirchliche) Ansätze gab es auch im Deutschland des 19. Jahrhunderts. Sie sind aber gegenüber dem bei uns herrschenden Staatskirchentum der großen Kirchen marginal geblieben. Hierzu: Erich Geldbach, *„Säkularisierung und Aufklärung“*, in: *Ökumenische Rundschau*, 57/2008, S. 289-302.

16 Hierzu Maxime Rodinsons Klassiker *Islam et capitalisme*, Paris 1966 und John M. Hobsons, *The Eastern Origins of Western Civilization*, Cambridge 2004, S. 146f. – Vermutlich haben die um das Jahr 1100 einsetzenden Kreuzzüge zur heutigen Verhärtung sowohl der christlichen als auch der muslimischen Welt beigetragen. Hierzu bei Friedrich Rosen im Nachwort zu seiner Übersetzung der *Sinnsprüche Omars des Zeltmachers*, Frankfurt a. M. 1929/1990, S. 45-52.

17 Zum Beispiel der chinesische Philosoph Tu Weiming auf einem internationalen Philosophen-Kongress in Korea (*„Auf der Lebensbühne“*, in: *Süddeutsche Zeitung* vom 08.08.2008).

ein erniedrigendes, entkulturierendes Sklavenschicksal, wie das der alten Hebräer im ägyptischen Exil es war,[18] den „bloßen Menschen mit nackter Haut“ übrig – was nicht immer nur negative, sondern mitunter auch positive Folgen nach sich zieht. Man denke etwa an die erstaunliche Vitalität und die bewundernswerte Blüte der afroamerikanischen Kulturen.

Der atheistische Anthropologe Lévi-Strauss schöpft aus der Zähigkeit der über eine Million Jahre alten physischen und mentalen Strukturen des menschlichen Gehirns Hoffnung für eine unzerstörbare Zukunft der Menschheit.[19] In der indischen Bewegung der früher „Kastenlose“ oder „Unberührbare“ genannten Dalit, die einerseits ihrer alten Kulturen und Sprachen beraubt, andererseits aber (wie es auch den alten Hebräern vonseiten der Ägypter widerfuhr) von der sie entkulturierenden Hindu-Gesellschaft nicht aufgenommen wurden, herrscht heute blühendes Leben voller Begeisterung nach dem Motto:

> „Gib Religion und Kaste auf, lass deinem Mensch-Sein freien Lauf.“[20]
>
> Vor allem aber: heilig-nüchtern![21]

Zu den beiden angedeuteten und geforderten Dialog-Konstellationen (der interreligiösen, zwischen verschiedenen Religionen und der inter-säkularen, zwischen verschiedenen säkularen Kulturen vermittelnden) kommt eine dritte Beziehung hinzu. Sie ist die naheliegendste und wird heute von unzähligen Menschen gelebt – in der täglichen Spannung, die sie mit sich bringt. Es handelt sich um den Dialog zwischen meiner eigenen, mehr oder weniger säkularen Kultur und der zu ihr gehörenden Religion.[22]

Es ist der Dialog mit einer Religion, die heute – in was für einem religiösen Universum auch immer sie auftritt – weit davon entfernt ist zu verschwinden, oder sich – wie die säkularistische „religiöse Säuberung“ des öffentlichen Raums in Frankreich es sich z.B. wünscht – ins unauffällige Private zurückzuziehen. Ist doch die Säkularisierung kein, wie oft noch gesagt wird, „weltweit

---

18 Lessing sah die im ägyptischen Exil versklavten alten Hebräer als das „ungeschliffenste, das verwildertste Volk“. Denn einerseits habe es seine alte Religion und Kultur vergessen, andererseits sei es in die ägyptische Religion und Kultur nicht aufgenommen worden (Gotthold Ephraim Lessing, *Die Erziehung des Menschengeschlechts*, § 8 u. 9, Wolfenbüttel 1780).

19 Claude Lévi-Strauss (geb. 1909) in einem Interview in der *Frankfurter Rundschau*, 13.01.2000, S. 9.

20 Arvind P. Nirmal u.a., *Towards a Common Dalit Ideology*, Madras 1989, S. 81-95.

21 Ausdruck von Friedrich Hölderlin.

22 Ganz allgemein kann gesagt werden, dass jede Sprache und Kultur früher einmal eine Religion war.

irreversibler Vorgang"[23]. Vielmehr ist allenthalben die oft beschworene „Rückkehr des Religiösen"[24] zu beobachten.

Diese dritte Konstellation wird – wie gesagt tagtäglich und oft innerhalb ein und derselben Person – in „heilig-nüchterner" oder „sakral-weltlicher" Weise gelebt.[25] Auch sie ist gut geeignet, den diversen unter Druck setzenden Systemen „den Dampf abzulassen". Auch sie kann das Leben geruhsamer und gedeihlicher gestalten. Dies geschieht vielfach mit Tiefsinn und Humor. Hierfür zwei Beispiele:

- In einem seiner berühmten Sinnsprüche schildert der persische Naturwissenschaftler und Philosoph ʿUmar Ḫayyām sein Leben, das zwischen Vernunft und Religion hin- und hergerissen ist. Dabei symbolisiert er den *ʿaql*-Pol mit „Krug", den *naql*-Pol mit „Koran":
  In einem Arm den Krug, im andern den Koran...
  kein ganzer Heide und kein rechter Muselman.[26]
- Niels Bohr hat ein kleines Holzhaus an einem dänischen See. Über dessen Tür ist ein Hufeisen angebracht. Ein Freund, der Niels besucht, bemerkt es und sagt erstaunt: „Ich dachte, du glaubst nicht an solche Dinge." Worauf Niels antwortet: „Ich habe mir sagen lassen, dass es auch hilft, wenn man nicht daran glaubt!" Als umsichtiger Wissenschaftler also verdrängt Niels die Möglichkeit, dass die alten dänischen Götter immer noch am Werk sein könnten, nicht aus seinem Denken.

Zum Schluss drängen sich zwei Folgerungen auf:

Erstens: Die Suche nach dem Allgemein-Menschlichen ist langwierig

Drei Arten von Dialog also – in drei Konstellationen. Die Ergebnisse all dieser Gespräche und gemeinsamen Überlegungen zusammengenommen können eines Tages dazu führen, dass sich das Allgemein-Menschliche abzeichnet. Bedeutsam wird es dabei sein, dass an jenem Tag alle Glaubenden und alle Nicht-Glaubenden, alle *naql*-Orientierten und alle *ʿaql*-Orientierten sich und ihre Überzeugung in dem so entstandenen Menschenbild wiedergefunden haben werden. Ein mehrdimensionales Bild also wird es sein!

Ist doch das Ziel nicht die Erstellung eines – etwa mit Hilfe von Küngs „Weltethos" ermittelten – kleinsten gemeinsamen Nenners, um dessentwillen ja

---

23 Der kanadische Denker Charles Taylor redet in seinem 2007 erschienenen Buch *A Secular Age* vom heutigen „unwiderruflich säkularen Zeitalter".

24 Christina von Braun u.a., *Säkularisierung. Bilanz und Perspektiven einer umstrittenen These*, Münster 2007.

25 Wie die Romantiker Friedrich Hölderlin und Robert Schumann sagen.

26 *Die Sinnsprüche Omars des Zeltmachers* (*Rubāʿīyāt ʿUmar Ḫayyām*), Frankfurt a. M. 1929/1990, Nr. 59. – Omar starb, vom seit Beginn der Kreuzzüge aufkommenden Konservatismus bedrängt, in Nischapur im Jahr 1123, hierzu: Anm. 16.

die einzelnen Glaubensweisen und Überzeugungen dermaßen zurechtgestutzt werden müssen, dass sie sich in ihm nicht wiedererkennen.[27] Es geht hier nicht um Minimalisieren, sondern um Maximalisieren. Nicht die zwar lobenswerten „gemeinsamen Werte" sind das Entscheidende, sondern das Zusammenspiel der unterschiedlichen, jedoch von allen akzeptierten Werte. Kein Über-einen-Kamm-Scheren also, vielmehr die Suche nach der – wenn auch schwer erschaubaren – Koinzidenz, die sich hinter widersprüchlichen Inhalten abzeichnet.[28] Das Endergebnis also wäre, dass die *ʿaql*-Leute und die *naql*-Leute sich an jenem Tag umarmen und lachend zueinander sagen: „Unsere Methoden und Begründungen waren zwar verschieden. Das Ergebnis aber, zu dem wir gelangt sind, ist dasselbe!"[29]

Dieses utopisch anmutende Bild steht wohlgemerkt nicht unter dem Motto „Friede, Freude, Eierkuchen". Denn es gibt das Unakzeptierbare, das nicht Tolerierbare, das Unmenschliche, das wie der Krebs die Einheit der Menschheit zerfrisst.[30] Die „Unterscheidung der Geister" ist deshalb nötig und wird zu Recht gefordert. Die viel geschmähte „postmoderne Beliebigkeit" hat nicht einmal Paul Feyerabend gewollt. Sein Leitspruch „alles geht" (d.h. ist es wert, ausprobiert zu werden) wird oft missverstanden.[31]

Diese Unterscheidung der Geister – die auch von Bibel und Koran gefordert wird – ist jedoch schwer durchzuführen. Das Aufkleben der Etiketten „gut" und „böse" ist nicht so einfach. Überall lauert die Gefahr der falschen Schuldzuweisung.[32] Ein gründliches Sich-Dokumentieren und eine eingehende Gewissensprüfung sind deshalb angesagt. So habe ich mich zum Beispiel zu fragen, ob das, was mir als unerträglich und inakzeptabel erscheint, dies auch auf universaler Ebene ist; ob es wirklich für die Allgemeinheit schädlich ist. Ob ich also unter Umständen akzeptieren, ob ich tolerieren und – nicht nur widerwillig – hinnehmen kann, was mir persönlich und meiner Kultur zuwiderläuft.

---

27 Wie zum Beispiel die Muslime in Bassam Tibis „Euro-Islam".

28 Hierzu Nikolaus von Kues, *Vom Frieden zwischen den Religionen*, Frankfurt a. M. 2002.

29 Formulierung von Sabine Udodesku. – Hierzu auch ʿUmar Ḫayyāms *Sinnsprüche* Nr. 115 u. 116 (die ausmalen, was geschieht, wenn „König Tag" Wein in den Pokal gießt: siehe oben zur Bedeutung von „Krug"):
Die Zeit des Frühtrunks rückt heran, o Schenke
Zum Weinhaus führ mich hin, o Schenke!
Was fruchtet jetzt noch frommer Rat? Sei still,
Spar deine Sprüche und stoß an, o Schenke!
Deswegen sagt ja auch die Apokalypse, dass es im Jerusalem des Tausendjährigen Reiches keinen Tempel mehr geben wird (Offenbarung des Johannes 21,22).

30 „*aš-Šaiṭān*" – das arabische Wort für Satan – hat auch den Sinn „der Entzweiende".

31 Siehe Anm. 1.

32 Eines der auf Mose herabgesandten Zehn Gebote lautet: „Du sollst nicht falsch Zeugnis ablegen wider deinen Nächsten."

Zweitens: Internormatives Handeln ist ab sofort möglich

Diese Suche ist ein langwieriges Unternehmen. Denn was für die gesamte Menschheit gut und was für sie schädlich ist, darüber werden sich alle Arten von *naql* und alle Arten von *ʿaql* – samt deren Vertreter – nicht so schnell einigen können. Doch um gemeinsames Handeln zu ermöglichen, ist es nicht nötig, weltweite Ergebnisse abzuwarten.

Ein solches Handeln nämlich ist zumeist in begrenztem Rahmen gefragt. Und kann deshalb ad hoc – vor Ort und von Fall zu Fall – von den jeweils Betroffenen unternommen werden. Die säkularen und die religiösen Instanzen eines Landes – zum Beispiel Malaysia – können sich an einen Tisch setzen, können gemeinsam etwa über Kinderprostitution befinden und die entsprechenden Gesetze bzw. Verbote veranlassen bzw. erlassen.

Frei von allem globalisierenden Zangendruck kann und soll also, auch ohne klar definierte gemeinsame Werte als Voraussetzung und ohne irgendwelche im Voraus ethisch-theoretisch geforderten Vorbedingungen, in einer bestimmten Situation der Weg des gemeinsamen und internormativen Handelns ab sofort begangen werden!

Abschließend möchte ich das Porträt eines Freundes[33] skizzieren, der heilig-nüchtern lebt. Er ist Libanese und Religionssoziologe, hat an verschiedenen Universitäten unterrichtet, war jahrelang im Ökumenischen Rat der Kirchen in Genf zuständig für den christlich-islamischen Dialog und ist heute parteiloser Informationsminister und Sprecher der libanesischen Regierung: ein zwischen den Positionen vermittelnder Brücken-Mensch...

Einerseits ist er treues und überzeugtes Mitglied seiner griechisch-orthodoxen Kirche und glaubt mit dieser, dass alles, was es auf Erden an Gutem, Wahrem und Schönem gibt, auf den Logos spermatikos, den allen Geschöpfen innewohnenden „Christus-Keim", zurückzuführen ist. Andererseits hat er eine starke säkulare Ader. So war er aktiv in der 1968er-Bewegung seines Landes, hat aber innerhalb dieser Gruppierung immer den Anspruch des Religiösen verteidigt und vertreten.

Das Säkulare drückt sich bei ihm auch in seiner Skepsis aus, die er gegenüber dem „abrahamitischen Erbe" hegt, jenem heute viel gelobten jüdisch-christlich-muslimischen religiösen Dreierbund. Lieber nimmt er Bezug auf das allen Menschen – den gläubigen und den ungläubigen – gemeinsame „adamitische Erbe". Er entzieht damit dem Religiösen, das meint, die Welt bestimmen zu können, den Boden. Dieses Hochgefühl der Theologen stellt er auch an den Pranger, indem er – belegt durch reiche eigene Erfahrung – die viel zitierte Küngsche Formel „kein Weltfriede ohne Religionsfriede" umkehrt, sie auf ihre Füße stellt und sagt: „kein Religionsfriede ohne Weltfriede!"

33 Siehe Anm. 14 u. 15.

Literatur

Braun, Christina von u.a., *Säkularisierung. Bilanz und Perspektiven einer umstrittenen These*, Münster 2007.

Chajjam, Omar, *Die Sinnsprüche Omars des Zeltmachers* (*Rubā'īyāt 'Umar Ḫayyām*), Frankfurt a. M. 1929/1990.

Defoe, Daniel, *Robinson Crusoe*, (englische Erstausgabe 1719), Zürich 1957.

Feyerabend, Paul, *Wider den Methodenzwang*, Stuttgart 1986.

Geldbach, Erich, in: *„Säkularisierung und Aufklärung"*, in: *Ökumenische Rundschau*, 57/2008, S. 289-302.

Hobson, John M., *The Eastern Origins of Western Civilization*, Cambridge 2004.

Hock, Klaus, in: *Interkulturelle Theologie*, 34/2008, S. 400-418.

Hollande, François, in: *Libération* vom 15.09.2008.

Hourani, George F., *Reason and Tradition in Islamic Ethics*, London 1985.

Kipling, Rudyard, *Dschungelbuch*, Zürich 1993.

Kreiser, Klaus, *Atatürk. Eine Biographie*, München 2008.

Küng, Hans, *Denkwege. Ein Lesebuch*, hrsg. v. Karl-Josef Kuschel, München 1992 und 2008.

Kues, Nikolaus von, *Vom Frieden zwischen den Religionen*, Frankfurt a. M. 2002.

Lessing, Gotthold Ephraim, *Die Erziehung des Menschengeschlechts*, Wolfenbüttel 1780.

Lévi-Strauss, Claude (geb. 1909) in einem Interview in der *Frankfurter Rundschau* vom 13.01.2000, S. 9.

Mitri, Tarek, *In Gottes Namen? Politik und Religion in den USA*, Frankfurt a. M. 2005.

Nirmal, Arvind P. u.a., *Towards a Common Dalit Ideology*, Gurukul. Luth. Theol. College, Madras 1989.

Rodinson, Maxime, *Islam et capitalisme*, Paris 1966.

Sarkozy, Nicolas, *Der Staat und die Religionen*, Hannover 2008 (Original 2004: *La république, les religions, l'ésperance*).

Schäuble, Wolfgang in: *Süddeutsche Zeitung* vom 24.11.2008.

Taylor, Charles, *A Secular Age*, Harvard University Press 2007.

Theologische Rundschau, 61/1996, S. 39

Ibn Ṭufail, Abū Bakr, *Ḥayy ibn Yaqẓān*, Hamburg 2004.

Waal, Frans de u.a., *Primaten und Philosophen. Wie die Evolution die Moral hervorbrachte*, München 2008.

Weiming, Tu, *„Auf der Lebensbühne"*, in: *Süddeutsche Zeitung* vom 08.08.2008.

Herausforderung Theologie – Ein christlicher Blick auf muslimische Sichtweisen bezüglich des Theodizeeproblems[1]

Von Klaus von Stosch

1. Rechtfertigung des Themas

Aufklärung und Moderne haben das Christentum in Europa dazu gezwungen, den eigenen Glauben in erheblichem Maße zu rationalisieren und eine Verantwortung des Glaubens auf dem Forum der Vernunft zu leisten. Dabei entwickelte sich die Auseinandersetzung mit dem Leiden in der Welt, also der Streit um die neuzeitliche Theodizeefrage, zum Modernisierungs- und Rationalisierungsmotor für die Theologie. Natürlich haben sich Menschen auch schon vor der Aufklärung und Neuzeit bemüht, rationale Antworten auf die Frage zu geben, warum das Leben auch angesichts des Leidens zustimmungswürdig ist. Und natürlich waren ihnen die Religionen Christentum und Islam dabei eine wichtige Hilfe, sodass sich in beiden Religionen schon früh Theologien entwickelten, die sich mit dem Problem des Leidens in der Welt auseinandersetzten. Auch die Idee, dabei auf dem Forum der Vernunft über den Glauben nachzudenken, ist keine Erfindung der Aufklärung, sondern war Christentum und Islam von Anfang an vertraut. Wenn man an einen guten und allmächtigen Gott als den Ursprung der Welt glaubt, wäre ein grundlegendes Misstrauen gegenüber der Vernunft auch schwer verständlich. Denn wieso sollte Gott uns die Vernunft schenken, wenn bei der Anwendung dieses Instruments immer Unsinn entstünde, wenn wir über ihn nachdenken? Aus einem grundlegenden Vertrauen bezüglich der Möglichkeiten der Vernunft, aber auch aus apologetischen Gründen, begannen Theologen beider Religionen schon früh ihren jeweiligen Glauben auf dem Forum der Vernunft und das hieß zunächst im Horizont der griechischen Philosophie zu artikulieren.

Und doch änderte sich durch die Aufklärung und Neuzeit etwas Entscheidendes. Durch die Philosophien Humes und Kants wurden die traditionellen Formen der Metaphysik und damit auch die herkömmlichen Grundlagen der Theologie als unwissenschaftlich entlarvt, und vor allem wurden die traditionellen Gottesbeweise schlüssig widerlegt.[2] Damit war der Atheismus keine irratio-

---

1 Für hilfreiche Anmerkungen zu einer ersten Version dieses Aufsatzes danke ich meinen beiden muslimischen Kollegen Dr. Fateme Rahmati und Dr. Elhadi Essabah.

2 Vgl. zu Kant meinen Aufsatz „*Transzendentaler Kritizismus und Wahrheitsfrage*", in: Georg Essen/Magnus Striet (Hg.), *Kant und die moderne Theologie*, Darmstadt 2005, S. 46-94.

nale Randerscheinung mehr, sondern spielte in intellektueller Hinsicht eine immer wichtigere Rolle. Das Theodizeeproblem avancierte dabei zu einem Hauptkampfplatz zwischen Atheismus und Gottesglauben, weil das ungeheure Ausmaß des Leidens in der Welt von atheistischer Seite als das entscheidende Argument gegen die Existenz Gottes angesehen wurde. Man denke nur an das berühmte Diktum Stendhals, dass die einzige akzeptable Entschuldigung Gottes angesichts des Leidens darin bestehe, nicht zu existieren. Hier war die Theologie gefordert und musste zeigen, dass es auch andere akzeptable Entschuldigungen Gottes für das Leiden gibt. Es ging also nicht mehr darum, dem Gläubigen das Leiden in der Welt verständlich zu machen, sondern darum, dem Ungläubigen zu erklären, warum man trotz des Leidens weiter an dem Glauben an einen guten und allmächtigen Gott festhalten darf. Nur weil sich das Christentum der Herausforderung solcher Einsprüche gegen den Glauben mit den Mitteln der Vernunft stellte, konnte sich in ihm so etwas wie die moderne Theologie herausbilden, die in mehrerer Hinsicht über das Projekt der Theologie in Antike und Mittelalter hinausgeht.[3]

Während der Islam im Mittelalter eine herausragende Theologie vorzuweisen und in diesem Zusammenhang auch für die damalige Zeit leistungsstarke Theodizeen herausgebildet hatte, so hat er sich bisher nicht genügend den Herausforderungen der Aufklärung und Moderne gestellt, sodass sich bis dato nur erste Ansätze für eine moderne islamische Theologie herausgebildet haben. In meinem Vortrag möchte ich am Beispiel des Theodizeeproblems eine Spurensuche in der zeitgenössischen und klassischen muslimischen Glaubensreflexion unternehmen, um zu untersuchen, wie hier mit dem Theodizeeproblem umgegangen wird und ob die hier vollzogenen Denkbewegungen den Anforderungen einer modernen Theologie gerecht werden. Ich komme dabei zu der These, dass der Islam in Europa gegenwärtig vor der Herausforderung steht, eine moderne Theologie entsprechend westlicher Wissenschaftsstandards auszubilden, und ich zeige, dass es hierfür vielversprechende Ansätze gibt, die auch die christliche Theologie zu befruchten vermögen. Ich habe keine Zweifel, dass der Islam die „Herausforderung Theologie" bestehen kann, nehme aber wahr, dass nicht alle Muslime zu den dabei notwendigen Anpassungsleistungen an das Projekt Aufklärung und zu den enormen intellektuellen Anstrengungen, die es erfordert, be-

3 Ohne dies hier näher ausführen zu können, denke ich an folgende Merkmale moderner Theologie, die auch eine islamische Theologie kennzeichnen müssen, wenn diese sich an der Universität artikulieren will. 1.) Der Mitvollzug der methodischen Autonomie der anderen Wissenschaften. Auch die Argumente der Theologie dürfen die Existenz Gottes und das Gegebensein von Offenbarung nicht einfach voraussetzen, sondern müssen die Plausibilität des religiösen Glaubens ohne Glaubensvoraussetzungen nachvollziehbar machen. Auch die Theologie muss sich einem Denken gemäß der These *etsi Deus non daretur* aussetzen und darf Gott nicht zur Arbeitshypothese degradieren. 2.) Ein Denken in Freiheitskategorien scheint mir unerlässlich zu sein, genauso wie 3.) ein kritizistisches Denken, das die kopernikanische Wende ernst nimmt (s. Anm. 2).

reit sind. Eine säkulare und multireligiöse Gesellschaft in Europa kann aber nur gelingen, wenn von muslimischer und christlicher Seite die „Herausforderung Theologie" angenommen wird. Daher ist dieser kleine Beitrag als Einladung an Muslime zu verstehen, sich dieser Herausforderung zu stellen – eine Einladung, die aus der Erfahrung eines Christen motiviert ist, der Theologie als Befreiung und Bereicherung des eigenen Glaubens erlebt.

2. Anmerkungen zur Verweigerung der argumentativen Auseinandersetzung mit dem Theodizeeproblem

Die offensichtliche Tatsache, dass sich die islamische Theologie insgesamt weniger mit dem Theodizeeproblem auseinandergesetzt hat als die christliche, wird von manchen Theologen und Islamwissenschaftlern als Charakteristikum der beiden Religionen angesehen[4] und insbesondere von islamischen Theologen noch einmal rational dadurch gerechtfertigt, dass in Frage gestellt wird, ob man sich überhaupt in argumentativer Weise mit dem Theodizeeproblem auseinandersetzen sollte. Hierbei wird dann in der Regel auf den Qur'an verwiesen, der ja nicht auf die spekulative Frage nach dem Leiden antworten, sondern im Leiden beistehen will; „er zielt darauf ab, seine Gläubigen in der Weise zu formen, dass sie fähig werden, die Fälle von Leiden, Elend, Qual und Schmerz zu bekämpfen und eventuell fähig werden, die Versuchung zu besiegen, Böses zu tun."[5] Das Problem des Übels sei erst einmal kein logisches, sondern ein existenzielles Problem.[6] Es gehe darum, mit dem Übel klarzukommen und es zu bekämpfen, nicht darum, es zu erklären.[7] Im Übrigen sei es – so Bülent Ucar – auch völlig aussichtslos, den Sinn des Leidens verstehen zu wollen: „Leid ist nicht immer zu verstehen. Es muss jedoch auch ohne es zu verstehen von einem Glaubenden im Vertrauen auf den Erbarmer angenommen werden. Die Akzep-

---

4 So sieht W. Montgomery Watt beispielsweise die Unverstehbarkeit des Leidens als typischen Ausdruck der nomadischen Existenz der Araber: "The unpredictable and unforeseeable was thus an essential part of the experience of the nomadic Arab" (Watt, *"Suffering in Sunnite Islam"*, S. 8); "Wisdom consists in learning to accept and cope with whatever happens without being anxious about possible future disasters" (ebd., S. 9). Auch wenn an dieser genealogischen Deutung etwas dran sein sollte, so rechtfertigt sie jedoch nicht, warum heute Muslime an dieser nomadischen Eigenart festhalten sollten – zumindest dann nicht, wenn sie mittlerweile sesshaft geworden sind.

5 Adnan Aslan, *„Sündenfall, Überwindung des Bösen und des Leidens im Islam"*, in: Peter Koslowski (Hg.), *Ursprung und Überwindung des Bösen und des Leidens in den Weltreligionen*, München 2001, S. 32.

6 Vgl. ebd., S. 35.

7 Vgl. ebd., S. 37.

tanz des Leidens vom Verstehen abhängig zu machen, ist aus islamischer Sicht verwerflich."[8] Oder noch einmal in den Worten Adnan Aslans:

> „Zusammengefasst sehen Muslime Vorkommnisse von Leiden, Elend und Schmerz nicht als *Infragestellungen* der Existenz eines allmächtigen und gütigen Gottes an. Diese Vorkommnisse wurden in eine optimistische Lebenssicht integriert. Also konzentriert sich der Koran, indem er die pessimistischen Elemente des Falls eliminiert, die persönliche Verantwortung betont und die Widrigkeiten des Lebens als Gelegenheiten zum Lernen und zur Selbsterprobung ansieht, darauf, die Gläubigen psychologisch mit angemessenen Mitteln auszustatten, mit Übeln umzugehen und sie zu überwinden."[9]

Hierzu ist festzuhalten, dass es nicht darauf ankommt, ob Muslime oder Christen sich durch das Leiden in ihrem Glauben in Frage gestellt fühlen. Es geht bei der Theodizeefrage um die Auseinandersetzung mit dem Atheisten.[10] Der Atheist sagt, dass er angesichts des Leidens nicht an Gott glauben kann, ja dass es geradezu unmoralisch ist, angesichts des Leidens in der Welt an Gott zu glauben. Dem gilt es entgegenzutreten. Das ändert nichts daran, dass das Leiden erst einmal eine enorme existenzielle Herausforderung ist und dass diese existenzielle Herausforderung sicher viel wichtiger ist als die intellektuelle Auseinandersetzung mit der Theodizeefrage. Ich bezweifle auch nicht, dass es im Qur'an wie auch in der Bibel wichtige Hilfestellungen bei der existenziellen Auseinandersetzung mit dem Leiden gibt. Nur kann man von dem Koran, gerade dann wenn man glaubt, dass er von Gott verfasst wurde, keine theologische Antwort auf die Theodizeefrage erwarten. Denn diese Frage setzt ja die Möglichkeit des Zweifels an Gott voraus. Wenn ich diese Zweifelsmöglichkeit dogmatisch eliminiere, indem ich aus der Perspektive Gottes argumentiere, verabschiede ich mich aus der wissenschaftlichen Diskussion wie sie sich im Westen entwickelt hat. Das kann man natürlich tun und auch dafür argumentieren, indem man etwa sagt, dass Gott jenseits unserer Vernunft ist und „die göttliche Freiheit [...] absolut und in diesem Sinne jenseits von Gut und Böse"[11] ist. Aber wenn ich tatsächlich annehme, dass Gott so sehr jenseits von Gut und Böse ist, dass eine Katastrophe

8 Bülent Ucar, *„Zwischen Ergebung und Erduldung. Die muslimische Grundhaltung im Umgang mit Leid. Eine Erwiderung auf Arnulf von Scheliha"*, in: Andreas Renz u.a. (Hg.), *Prüfung oder Preis der Freiheit? Leid und Leidbewältigung im Christentum und Islam*, Regensburg 2008, S. 82.

9 A. Aslan, *„Sündenfall, Überwindung des Bösen und des Leidens im Islam"*, S. 47.

10 Das bedeutet nicht, dass sich nicht auch Gläubige beider Religionen innerhalb ihres Glaubens sehr ernsthaft mit dem Theodizeeproblem auseinandersetzen können und auseinandergesetzt haben. Ich mache nur darauf aufmerksam, dass man sich angesichts des neuzeitlichen Atheismus dieser Auseinandersetzung nicht mehr entziehen kann, ohne dass der religiöse Glaube unredlich wird.

11 Tahsin Görgün, *„Leid als Teil der Welt und des Lebens. Gibt es ein Theodizee-Problem aus islamischer Perspektive?"*, in: Renz u.a. (Hg.), *Prüfung oder Preis der Freiheit?*, Regensburg 2008, S. 46.

wie Auschwitz oder das Erdbeben von Lissabon seine Güte nicht in Frage stellt, dann ist Gott nach unseren Maßstäben böse, und wir haben nun einmal keine anderen Maßstäbe als die unsrigen. Ein Mensch, der wenigstens versucht, gut zu sein, wäre dann moralisch besser als ein Gott, der jenseits von Gut und Böse ist. Für einen Menschen wäre es dann tatsächlich unmoralisch an Gott zu glauben, und jedenfalls würde die Antwort auf das zentrale Argument des Atheismus verweigert.

Wichtig ist dabei im Auge zu behalten, dass eine Antwort auf die Theodizeefrage nicht so sein muss, dass sie den Sinn des Leidens erklärt und das Leiden folglich verstehbar macht. Es geht im Gegenteil darum, gerade angesichts der offenkundigen Sinnlosigkeit und Nichtverstehbarkeit manchen Leidens, den Glauben an einen guten und allmächtigen Gott zu verteidigen. Die Theodizee zielt eben nicht auf das Verstehen des Leidens und auch nicht auf die Rechtfertigung Gottes, sondern auf die Rechtfertigung des Glaubens an Gott angesichts des unverstandenen Leidens; und auf diese Rechtfertigung dürfen Muslime und Christen angesichts der Herausforderung des Atheismus beide nicht verzichten.

3. Traditionen argumentativer Theodizee im Islam

Wie oben bereits angedeutet gab es in der muslimischen Tradition – insbesondere in der islamischen Philosophie und bei den Mu'taziliten durchaus respektable Versuche der rationalen Bearbeitung des Theodizeeproblems, die auch in der Gegenwart mitunter neu aufgelegt werden und die interessante Entsprechungen in der christlichen Theologie haben. Auf einige von ihnen will ich im Folgenden exemplarisch eingehen.

3.1 Funktionalisierung des Leidens

Einen ersten Versuch möchte ich gerne im Rekurs auf den muʿtazilitischen Theologen ʿAbd al-Ǧabbār (ca. 935-1024) vorstellen. ʿAbd al-Ǧabbār ist zwar kein sonderlich origineller Denker der Muʿtaziliten, aber er war politisch sehr einflussreich und kann durchaus als repräsentativ für das Denken dieser theologischen Strömung gelten. Anders als die meisten anderen Theologen dieser Denkrichtung ist sein Denken nicht nur durch die Darstellung seiner Gegner bekannt, sondern durch neu entdeckte Originalstücke seines Werkes,[12] sodass er eine eigene Beachtung verdient.

---

12 Vgl. Anja Middelbeck-Varwick, *Die Grenze zwischen Gott und Mensch. Erkundungen zur Theodizee in Islam und Christentum*, (Jerusalemer Theologisches Forum; 13), Münster 2009, S. 241.

ʿAbd al-Ǧabbār geht bei all seinen Überlegungen bezüglich des Leidens in der Welt von der absoluten Güte und Gerechtigkeit Gottes aus. Alle Taten Gottes sind für ihn gut, sodass auch die Taten, die Leiden mit sich bringen, gut sein müssen.[13] Wenn Schmerzen beispielsweise zur Abwehr eines anderen Schadens dienen oder einen Nutzen einschließen, so kann ihre Zufügung als gut angesehen werden.[14] In diesem Sinne könne beispielsweise eine Krankheit eine Warnfunktion für den menschlichen Organismus einnehmen oder den Menschen daran erinnern, bestimmte Pflichten nicht zu vernachlässigen.[15]

In einer ganz ähnlich angelegten Argumentationsweise betont auch der zeitgenössische christliche Religionsphilosoph Richard Swinburne in seiner *need-for-knowledge*-Argumentation, dass die nicht von Menschen verursachten Übel erforderlich seien, um die positiven und negativen Auswirkungen menschlicher Freiheitsentscheidungen und die Breite des sittlichen Handlungsspielraums des Menschen zu erkennen.[16] Zudem seien viele Fortschritte in der menschlichen Erkenntnis der Welt erst der Konfrontation mit Leiden geschuldet.

In dem von diesem Argumentationsgang zu trennenden *being-of-use*-Argument bemüht sich Swinburne aufzuzeigen, dass die Ausbildung moralischer Tugenden wie Solidarität, Mitleid und Tapferkeit erst möglich werde, wenn es so etwas wie Leiden, Gefahren und Schmerzen gebe. Und erst die mannigfachen Leiden dieser Welt ermöglichten es den Menschen, sittliche Reifungsprozesse durchzumachen – ein Argument, das wir etwa auch bei Adnan Aslan finden, wenn dieser Leiden als „Mittel zur Charakterbildung“[17]. „In einer reinen Paradieseswelt gäbe es weder eine Mutter Teresa noch einen Albert Schweitzer, und auch nicht die menschlich-personalen Werte, die uns an ihnen faszinieren.“[18] In diesem Zusammenhang ist es äußerst wichtig, dass der Sinn der Verteilung des Leidens nicht durchschaubar sein darf, weil andernfalls unser Einsatz gegen das Leiden unterminiert würde. Würden nur die Menschen leiden,

---

13 Vgl. ebd., S. 286.

14 Vgl. ebd., S. 289.

15 Vgl. ebd., S. 303.

16 Vgl. Richard Swinburne, *Providence and the Problem of Evil*, Oxford 1998, S. 176-192; Armin Kreiner, *Gott im Leid*, Freiburg i. Br. 1997, S. 350-358; R. Swinburne, *"Natural evil"*, in: *American Philosophical Quarterly*, (15) 1978, S. 301f.: "There must be natural evils if men are to know how to cause evils themselves or are to prevent evil occuring. And there have to be many such evils, if men are to have sure knowledge, for as we saw, sure knowledge of what will happen in future comes only by induction from many past instances." Zur Kritik an Swinburnes Verteidigung Gottes angesichts des malum physicum vgl. David O'Connor, *"Swinburne on natural evil"*, in: *Religious Studies*, (19) 1983, S. 65-73; Eleonore Stump, *"Knowledge, freedom, and the problem of evil"*, in: *International Journal for Philosophy of Religion*, (14) 1983, S. 321f.

17 A. Aslan, *„Sündenfall, Überwindung des Bösen und des Leidens im Islam“*, S. 55f.

18 Alexander Loichinger, *„Theologie und Naturwissenschaft“*, in: *Theologie und Glaube*, (92) 2002, S. 207.

die dieses Leiden verdient hätten, wäre Mitleid mit ihnen unangebracht und die Ausbildung der genannten Tugenden würde erschwert.[19]

Auch wenn demnach die Gründe für die genaue Verteilung des Leidens unklar bleiben müssen, soll doch für die Sinnhaftigkeit des Leidens als solchem argumentiert werden. Swinburne geht in diesem Zusammenhang so weit, das Leiden als eine Art Privileg anzusehen, weil es anderen Menschen die Ausbildung besonderer Werte ermögliche. So sei etwa die sittliche Relevanz der Entscheidungen von Plantagenbesitzern angesichts des Sklavenhandels des 18. Jahrhunderts enorm gewachsen, und der Einsatz für die Abschaffung der Sklaverei habe eine Reihe von selbstlosen und heroischen Charakteren hervorgebracht.[20]

Auch wenn derartige Entgleisungen offenkundig zynisch sind und hier nicht weiter diskutiert werden müssen, ist durch die bizarre Wahl der Beispiele das grundlegende Argument Swinburnes und ʿAbd al-Ǧabbārs, dass Leiden die Bedingung der Möglichkeit für die Ausbildung bestimmter Werte und Charakterzüge ist, noch nicht erledigt. Der Einsatz des Lebens für andere und das freiwillige Ertragen von Schmerzen für andere sind nicht nur für die christliche und islamische Kultur von überragender Bedeutung. Und nicht nur religiöse Menschen würden Swinburne und ʿAbd al-Ǧabbār in der Auffassung zustimmen, dass die schmerzensreiche Geburt eines Kindes einen tiefen Sinn hat und jedenfalls wertvoller ist als ein durch Drogen hergestelltes Glücksgefühl.[21]

Insofern wäre es falsch, dem Funktionalisierungsargument jede Relevanz abzusprechen. Es stellt die berechtigte Intuition heraus, dass Leiden mitunter einen tieferen Sinn haben und oft in einen solchen Sinn integriert werden können.[22] Doch selbst wenn man bezogen auf das eigene Leben zu der Erkenntnis kommt, dass jedes Leiden, dem man begegnen musste, einen tieferen Sinn hatte

---

19 Vgl. John Hick, *Evil and the God of love*, London 2007, S. 334f.; Christian Illies, *„Theodizee der Theodizeelosigkeit"*, in: *Philosophisches Jahrbuch*, (107) 2000, S. 424; Vernon White, *The fall of a sparrow*, Exeter 1985, S. 166: "If all suffering had an evident rationale then no attempt would be made to relieve it, no courage, pity, compassion, would be evoked, and souls would not be fully made."

20 Vgl. R. Swinburne, *Providence and the Problem of Evil*, Oxford 1998, S. 245; zum *being-of-use*-Argument insgesamt vgl. ebd., S. 241-249; ders., *"The Problem of Evil"*, in: S. C. Brown (Hg.), *Reason and Religion*, New York 1977; zur Kritik vgl. Richard Gale, *"Swinburne on Providence"*, in: *Religious Studies*, (36) 2000, S. 216f.

21 Vgl. R. Swinburne, *Providence and the problem of evil*, Oxford 1998, S. 242.

22 Bei aller Kritik an Swinburnes Theodizee meint Gale bei Swinburne doch eine Reihe interessanter Gleichnisse finden zu können, die uns deutlich machen, wie wir unser Leben und Leiden in ihm meistern können (vgl. R. Gale, *"Swinburne on Providence"*, in: *Religious Studies*, (36) 2000, S. 219). Wie immer man die Reichweite von Swinburnes Gleichnissen einschätzt (ich wäre da insgesamt skeptischer als Gale), so sollen sie erklärtermaßen mehr sein, als eine praktische Lebens- und Leidbewältigungshilfe, sodass es geboten ist, sie zunächst einmal an Swinburnes Anspruch zu messen.

oder zumindest in den Gesamtsinn des eigenen Lebens integriert werden kann, so ist aus moralischen Gründen eine solche Aussage doch niemals in Bezug auf das Leiden anderer zulässig. Nur die leidende Person selbst darf ihrem Leiden einen Sinn geben. Sobald die Theologie anfängt, fremdes Leiden funktional zu verarbeiten, verletzt sie in unerträglicher Weise die Dignität der Leidenden. Das entscheidende Gegenargument gegen eine Bonisierung des Leidens durch eine der genannten Formen der Funktionalisierung besteht also darin, dass das Leiden oft gerade für die leidenden Personen selbst keinen Sinn hat und für diese selbst keinerlei Funktion erfüllt. Es widerspricht aber der sittlich gebotenen Achtung vor dem Menschen als Zweck an sich selbst, sein Leben und Leiden ohne Einwilligung des Betroffenen als Zweck für andere Güter anzusehen. Gerade im Blick auf das Leiden von Kindern und Tieren erscheint jede Form von Funktionalisierung des Leidens als unangemessen.

ʿAbd al-Ǧabbār sind derartige Einwände offenkundig bekannt. Er reagiert auf sie mit einer doppelten Strategie. Zunächst einmal betont er, dass das Leiden des einen durchaus auch für andere von Nutzen sein könne – „so könne zum Beispiel die Krankheit eines Kindes eine Hilfe für seine Eltern bedeuten.“[23] Dieses Argument ist nun allerdings nicht besonders überzeugend, weil der Leidende auf diese Weise nicht in seiner Selbstzwecklichkeit respektiert wird. Es müsse eben – so schon ʿAbd al-Ǧabbār – „auch einen Gewinn für die Kinder selbst geben.“[24] An dieser Stelle hilft es auch nicht weiter, Leiden mit einer verborgenen nur Gott bekannten Dimension zu rechtfertigen, die sich erst in der Rückschau auf das Leben erschließen lässt. Diese Strategie, die unter Verweis auf al-Chidr immer wieder von muslimischer Seite vorgebracht wird,[25] vermag nämlich keine Antwort auf Leiden zu geben, die grausam das Leben Unschuldiger beenden. Zu Tode gemarterte Kinder können durch ihre Qualen keinen personalen Reifungsprozess durchmachen[26] und ihr Leiden kann für sie selbst nicht in irgendeinen verborgenen innerweltlichen Sinn integrierbar sein. Der für andere ggf. durch

---

23 Anja Middelbeck-Varwick, *Die Grenze zwischen Gott und Mensch. Erkundungen zur Theodizee in Islam und Christentum*, Münster 2009, S. 293.

24 Ebd., S. 293.

25 Ömer Özsoy, *„‚Gottes Hilfe ist ja nahe!‘ (Sure 2,214). Die Theodizeeproblematik auf der Grundlage des koranischen Geschichts- und Menschenbildes“*, in: Renz u.a. (Hg.), *Prüfung oder Preis der Freiheit?*, Regensburg 2008, S. 208-211. Die hier zitierte Stelle des Koran erzählt eine Geschichte, in der Mose erst im Nachhinein erklärt bekommt, warum scheinbar unerklärliches Leiden geschieht.

26 Vgl. Karl Rahner, *„Warum lässt uns Gott leiden?“*, in: ders., *Schriften zur Theologie*, Bd. 14, Zürich u.a. 1980 S. 460f.: „Die von Napalmbomben verbrannten Kinder haben dadurch keinen humanen Reifungsprozeß durchgemacht. [...] [Es ist eine; Vf.] Tatsache, daß es unendlich vielfältiges, entsetzliches Leid in der Geschichte der Menschheit gibt bis zu dem dunklen Los der unmündig sterbenden Kinder und den in Altersschwachsinn verdämmernden Greisen, das nicht in einen Prozeß der Reifung und personalen Bewährung integriert werden kann.“

ihre Qualen entstehende Nutzen kann aber aus kategorischen Gründen niemals ihr Leiden rechtfertigen. Der atheistische Philosoph Günter Streminger stellt deshalb völlig zu Recht in Abrede, dass „die Verlorenheit von Waisenkindern jemals dadurch gerechtfertigt werden [kann; Vf.], dass andere die Möglichkeit erhalten, sich mildtätig zu verhalten.“[27] Dieser Einwand gilt insbesondere dann, wenn die betroffenen Personen selber durch ihren Tod keine Möglichkeit mehr haben, personal zu reifen oder von dem durch ihr Leiden erreichten evolutiven Fortschritt oder dem entsprechenden Wissenszuwachs selber zu profitieren.

Wie gesagt ist ʿAbd al-Ǧabbār dieses Problem durchaus bewusst, und er greift zu einer Lösung, die auch aus der christlichen Tradition gut bekannt ist: Gott kompensiert die Leidenden im Himmel.[28] Damit nimmt er eine weitere traditionelle Strategie der Theodizee auf, die ich im folgenden Abschnitt würdigen will und als teleologische Depotenzierung des Leidens bezeichnen möchte, weil es ihr darum geht, das Leiden im Blick auf ein Ziel (Telos), eben das Jenseits, als weniger schlimm zu betrachten.

3.2 Teleologische Depotenzierung des Leidens

„ʿAbd al-Ǧabbār nimmt an, dass Gott so große Entschädigung für Schmerzen, die er verursacht hat, gibt, dass alle Menschen entschieden hätten, unter welchen Umständen auch immer, dafür den Schmerz auf sich zu nehmen.“[29] Er sorge dabei so für ausgleichende Gerechtigkeit, dass jede Schuld gesühnt und jede Träne getrocknet wird, aber auch die Schuldigen selber ihre Schuld begleichen. „Gott gleiche einer Art Buchhalter, der die Konten über die Entschädigungsansprüche jedes einzelnen führe, die sie von ihm zu erhalten haben und der die Mengen von einem Konto zum anderen verschiebe.“[30] In gewisser Weise hat also der Wert der Willensfreiheit für ʿAbd al-Ǧabbār eine herausragende Bedeutung, weil Gott auch in seiner Barmherzigkeit nicht über die Köpfe der Versöhnung von Opfern und Tätern hinweg handle. Allerdings werde die Belohnung im Paradies alles Menschenmögliche und zu Erwartende übersteigen, sodass man nur sagen könne, dass die Entschädigung und Sühne jeweils in begrenzter Form durch das Engagement und die Verpflichtung der Geschöpfe erfolgten, während die eigentliche Kompensation dann in unbegrenzter Weise durch Gott vervoll-

27 Gerhard Streminger, *Gottes Güte und die Übel der Welt*, Tübingen 1991, S. 217.

28 Auch innerislamisch war diese Strategie alles andere als neu und gerade unter Mu'taziliten sehr beliebt; vgl. W. Montgomery Watt, *"Suffering in Sunnite Islam"*, in: *Studia Islamica*, (50) 1979, S. 6f.: "A common view in later times was that God allowed children to suffer in order to warn adults and that then in order to compensate for their sufferings he gave them an indemnity such as entry into Paradise."

29 Anja Middelbeck-Varwick, *Die Grenze zwischen Gott und Mensch. Erkundungen zur Theodizee in Islam und Christentum*, Münster 2009, S. 294.

30 Ebd., S. 299.

kommnet werde und so die höhere Gerechtigkeit Gottes beweise, die uns den Schmerz leicht ertragen lasse – so jedenfalls die Vorstellung ʿAbd al-Ǧabbārs.[31]

Diese Art der Argumentation ist in der christlichen Tradition gut bekannt und wird in der religionsphilosophischen Diskussion gerne als teleologische Depotenzierung des Leidens bezeichnet, weil es ihr um eine Relativierung des Leidens im Hinblick auf ein zukünftiges Leben geht.[32] Kein Leiden, kein Schmerz und kein Übel können dieser Argumentationsfigur zufolge in einem endlichen Leben so schrecklich sein, dass sie nicht in der Ewigkeit von Gott verwandelt, geheilt und versöhnt werden könnten.

Diesem Gedanken wird man sicherlich insofern zustimmen können, als der Verzicht auf die Gewissheit einer eschatologischen Verwandlung des Leidens jeder argumentativ vorgehenden Theodizee erhebliche Schwierigkeiten bereiten dürfte. Verzichtet man, wie etwa die Prozesstheologie, auf die Gewissheit einer postmortalen Rettung und Tröstung durch den allmächtigen Gott, weil man Gott das Allmachtsprädikat in seinem traditionellen Sinn meint absprechen zu müssen, verliert die Theodizee erheblich an Überzeugungskraft.[33] Denn allzu offensichtlich ist die Tatsache, dass es viel zu viele Formen des Leidens in diesem Leben gibt, die ohne Aussicht auf einen eschatologischen Verwandlungsprozess zu einer Ablehnung des Daseins durch die betroffenen Menschen führen müssten.

Andererseits ist es nicht überzeugend, in der Aussicht auf eine postmortale Versöhnung eine eigenständige Antwort auf die Theodizeefrage sehen zu wollen. Das entscheidende Argument gegen diese und jede andere Version teleologisch ausgerichteter Theodizee lautet, dass sie nicht zu erklären vermögen, warum uns Gott nicht direkt in den dabei angestrebten Zustand hinein erschaffen hat.[34] Wenn es richtig ist, dass der Wert des Daseins letztlich durch das Jenseits sichergestellt wird, und wenn weiter richtig ist, dass sich das Glück des Jenseits unabhängig vom Diesseits erreichen lässt, ist schlechterdings nicht mehr erklärbar, warum ein guter und allmächtiger Gott das Diesseits überhaupt erschaffen haben sollte. Wenn das ewige Leben auch ohne unser leiderfülltes Leben denkbar ist, „kann es zwar als Überwindung des Leides gedacht werden, legitimiert

31 Vgl. ebd., S. 300.

32 Vgl. zu dieser Strategie bereits Gottfried Wilhelm Leibniz, *Theodizee*, I, o.O. 1710, S. 16f. Auch in der gegenwärtigen islamischen Theologie spielt sie eine große Rolle – etwa dann, wenn Theologen wie Bülent Ucar auf die „Relativität menschlichen Leids und die Vergänglichkeit der Welt“ verweisen (Bülent Ucar, *„Zwischen Ergebung und Erduldung. Die muslimische Grundhaltung im Umgang mit Leid. Eine Erwiderung auf Arnulf von Scheliha“*, in: Renz u.a. (Hg.), *Prüfung oder Preis der Freiheit?*, Regensburg 2008, S. 83).

33 Vgl. V. White, *The fall of a Sparrow*, Exeter 1985, S. 174f.

34 Vgl. A. Kreiner, *Gott im Leid*, Freiburg i. Br. 1997, S. 268.

es aber nicht."[35] Denn es bleibt immer die Frage offen, warum es dieses Leben mit seinem Leiden geben muss und warum wir nicht direkt in die ewige Seligkeit hinein erschaffen worden sind.

Beantwortet man diese Frage mit dem Hinweis auf menschliche Reifungsprozesse in diesem Leben, die dann eben postmortal fortgesetzt würden, stellt sich die Frage, ob der Hinweis auf postmortale Vorgänge für die Beantwortung der Frage nach der Annahme des Daseins im Hier und Jetzt nicht zu spät kommt.

In diesem Zusammenhang wird jedenfalls immer wieder der Protest der Romanfigur Iwan Karamasow zitiert, der sich weigert, die Eintrittskarte in einen postmortalen Versöhnungsprozess anzunehmen. Als Illustration dieser Verweigerung wählt Iwan den Bericht über einen russischen General und sehr reichen Gutsbesitzer, der zu Beginn des 19. Jahrhunderts einen achtjährigen Jungen eines Hofleibeigenen dafür bestrafen möchte, dass er beim Spielen einen seiner Lieblingshunde mit einem Stein am Fuß verletzt hat. Die Strafe besteht darin, den Jungen vor den Augen aller Hofleibeigenen und vor den Augen seiner Mutter nackt auszuziehen und ihn von der ganzen Meute der Windhunde des Generals zu Tode hetzen und in Fetzen reißen zu lassen.[36] Trotz des schrecklichen Ausmaßes dieses Verbrechens gibt Iwan zu, dass er gar nicht ausschließen könne, dass sich angesichts der Offenbarung der Herrlichkeit Gottes alle Menschen versöhnen und dass auch er selber dem General verzeihen und die Gerechtigkeit Gottes preisen wird. Doch zugleich hält er fest:

> „Ich will aber gar nicht, dass ich dann so ausrufe. Solange es noch an der Zeit ist, beeile ich mich, mich dagegen zu wehren, und deshalb sage ich mich auch völlig los von der höchsten Harmonie. Sie lohnt gar nicht das Tränchen, sei es auch nur eines einzigen gemarterten Kindchens, das sich mit seinen kleinen Fäustchen an die Brust schlug in seiner übelriechenden Höhle, und mit seinen ungesühnten Tränchen zu dem lieben Gott betete!"[37]

Eine Sühne aber für das Leiden der Kinder sei nicht denkbar, sodass man die auf den Leiden namenloser Unschuldiger errichtete Harmonie des Himmels nur ablehnen könne: „Ich aber will gar keine Harmonie, aus Liebe zur Menschheit will ich sie nicht. Ich will lieber verharren bei ungesühntem Leiden! [...] Deshalb beeile ich mich auch, mein Eintrittsbillet [in diese Harmonie; Vf.] zurückzugeben."[38]

---

35 Karl Rahner, *„Warum lässt Gott uns leiden?"*, in: ders., *Schriften zur Theologie*, Bd. 14, Zürich u.a. 1980, S. 462.

36 Vgl. Fjodor Michailowitsch Dostojewski, *Die Brüder Karamasow I*, Frankfurt a. M. 2006, S. 416f.

37 Ebd., S. 420.

38 Ebd., S. 421.

Der Hinweis auf postmortale Entwicklungsprozesse kommt bei dieser Form des Protestes immer schon zu spät.[39] „Ein Gott, der erst im Nachhinein zur vollendeten Agonie Unschuldiger – etwa als Totenerwecker – auf den Plan tritt, kann Iwan Karamasoff nicht daran hindern, sein Eintrittsbillet zurückzugeben."[40] Theologen wie Hansjürgen Verweyen bestehen deshalb auf eine Ausbuchstabierung der christlichen Eschatologie, die die Auferstehung als einen Akt kennzeichnet, „der den Anschein der Sinnlosigkeit von innen her unterläuft."[41] Unabhängig davon, ob man dieser Näherbestimmung des Auferstehungsglaubens beipflichtet und wie man eine solche Näherbestimmung in einer muslimischen Perspektive entwickeln kann, darf sich die Bearbeitung des Theodizeeproblems nicht von Hoffnungsfiguren abhängig machen, die das Dasein hier und jetzt unverändert lassen. Denn nur wenn das Leben hier und jetzt durch die eschatologische Perspektive verwandelt wird, gibt es in diesem Leben den Sinn, der es letztendlich lohnend macht, auch angesichts der äußersten Gestalt der Vernichtung dem Bösen standzuhalten.[42]

Zusammenfassend kann man sagen, dass ʿAbd al-Ǧabbārs Überlegungen zur Theodizee nicht zu überzeugen vermögen. Man wird gegen ihn genauso wie gegen Richard Swinburne einwenden müssen, dass die Grundidee einer Funktionalisierung des Leidens gegen die Selbstzwecklichkeit jedes Menschen verstößt und der Verweis auf eine Kompensation im Jenseits angesichts des soeben genannten Arguments von Iwan Karamasow zu spät kommt. Jedenfalls muss man fragen, wieso Gott uns nicht direkt ins Paradies hinein erschafft, wenn der eigentliche Sinn des Lebens im Nachhinein erst von Gott hergestellt wird. Ich will mich daher noch kurz einer dritten Form argumentativer Theodizee zuwenden, die in der islamischen Tradition und Gegenwart eine große Rolle spielt – die Pädagogisierung des Leidens.

---

39 Vgl. Karl-Heinz Menke, *„Der Gott, der jetzt schon Zukunft schenkt"*, in: Harald Wagner (Hg.), *Mit Gott streiten. Neue Zugänge zum Theodizee-Problem* (*Quaestiones Disputate*), Freiburg i. Br. 1998, S. 97f.: „Für Iwan kommt eine nachträgliche Antwort in jedem Falle zu spät. Für ihn ist der Erfinder des Kompensationshimmels ein Zyniker."

40 Hansjürgen Verweyen, *„Kants Gottespostulat und das Problem sinnlosen Leidens"*, in: ThPh, (62), 1987, S. 585.

41 Ebd., S. 586; vgl. Paul Platzbecker, *Radikale Autonomie vor Gott denken*, Regensburg 2003, S. 383f.

42 Vgl. Viktor Frankl, ... *trotzdem Ja zum Leben sagen*, München 1977, S. 110: „Hat dieses ganze Leiden, dieses Sterben rund um uns, einen Sinn? Denn, wenn nicht, dann hätte es letztlich auch gar keinen Sinn, das Lager zu überleben. Denn ein Leben, das damit steht und fällt, dass man mit ihm davonkommt oder nicht, ein Leben also, dessen Sinn von Gnaden eines solchen Zufalls abhängt, solch ein Leben wäre nicht eigentlich wert überhaupt gelebt zu werden."

3.3 Pädagogisierung des Leidens

An zahlreichen Stellen im Koran wird das Leiden als göttliche Prüfung verstanden.[43] Das gegenwärtige Leben wird in diesem Blickwinkel als ein Test angesehen: „Wir bestehen die Probe, indem wir akzeptieren, was Gott uns gibt, indem wir erkennen, dass die Gnade, die er selbst dem unglücklichsten Menschen erweist, größer ist als das Unglück, das er erlebt."[44] In dieser Perspektive gilt: „Alle Lebensumstände sind Prüfungen göttlicher Art, die dem Menschen zum Weg zu Gott werden können."[45] Demgemäß können Leiden sogar als Auszeichnung verstanden werden, weil Gott einem Menschen, der besonders viel Schlimmes erfährt, auch besonders viel zutraut.[46] Sowohl in der christlichen als auch in der muslimischen Tradition hat sich vor dem Hintergrund eines solchen Glaubens das Sprichwort herausgebildet, dass Gott uns nicht mehr zumutet als wir tragen können.

Auch wenn dieses Sprichwort sehr fromm ist, ist es leider falsch. Es gibt unzählige Menschen, denen mehr zugemutet wurde als sie tragen konnten. Und es wäre äußerst zynisch zu behaupten, dass sie alle die ihnen von Gott her zugedachte Prüfung nicht bestanden hätten. Was ist etwa mit einem Kind, das in einem Elendsviertel groß wird, das niemals ein sittliches Bewusstsein entwickelt und sich gewaltsam den Lebensunterhalt verdient, bis es schließlich von gedungenen Killern eines Großgrundbesitzers getötet wird? Oder was ist mit einem Menschen, der von Geburt an an mehreren Behinderungen leidet und unter furchtbaren Schmerzen stirbt? Will man hier wirklich sagen, dass diese Menschen eine echte Chance hatten, die ihnen zugemutete Prüfung zu bestehen?

Es ist unzweifelhaft richtig, dass eine Krankheit erzieherische Effekte für den Leidenden haben und dass ein als Sündenstrafe verstandenes Leiden mitunter die Anstrengungen zur sittlichen Besserung beflügeln kann. Darüber hinaus kann das Leiden durch seine Pädagogisierung seine Hoffnungs- und Aussichtslosigkeit verlieren, indem eine Gemeinde das Leiden als Chance sieht, um um-

---

43 Vgl. A. Aslan, *„Sündenfall, Überwindung des Bösen und des Leidens im Islam"*, S. 47.

44 Peter Heine, *„Die Antwort des Islams auf die Frage nach dem Leid und dem Bösen"*, in: Hermann Kochanek (Hg.), *Wozu das Leid? Wozu das Böse? Die Antwort von Religionen und Weltanschauungen*, Paderborn 2002, S. 254.

45 Elhadi Essabah, *Die metaphysische Basis der Religionsfreiheit und die Grundprinzipien des freien menschlichen Willens im Koran*, Aachen 2002, S. 53.

46 Für Sufis beispielsweise waren „Heimsuchungen und Anfechtungen Zeichen dafür, dass Gott ihnen nahe ist. Denn [...], je mehr Er jemanden liebt, umso mehr wird Er ihn prüfen, indem Er ihm auch die letzte Spur irdischer Tröstungen hinwegnimmt, so dass der Liebende sich einzig und allein auf Ihn stützt'" (E. Essabah, *Die metaphysische Basis der Religionsfreiheit*, S. 54) – ein Gedanke, der übrigens stark an die Himmelszenen des Buches Ijob erinnert. In ähnlicher Stoßrichtung verweist auch Aslan auf einen „Hadith, in welchem der Prophet sagt: ‚Von den Menschen leiden die Propheten am meisten, dann die Heiligen, dann die anderen Menschen nach ihrem jeweiligen Rang.'" (A. Aslan, *„Sündenfall, Überwindung des Bösen und des Leidens im Islam"*, S. 55).

zukehren und das Verhältnis zu Gott wieder in Ordnung zu bringen.[47] In diesem Sinne ist beispielsweise das ganze deuteronomistische Geschichtswerk von der Idee beseelt, dass Israel durch die schrecklichen Erfahrungen seiner Geschichte zu mehr Treue Gott gegenüber erzogen werden soll, und auch der Koran enthält einige Stellen, die das Leiden als Prüfung plausibel machen. Doch nicht erst die Maßlosigkeit des Grauens von Auschwitz macht diesen Gedanken vollkommen unmöglich, wenn man ihn für das Theodizeeproblem fruchtbar machen will. Das Leiden ist viel zu oft viel zu verheerend, um ihm noch irgendeinen pädagogischen Nutzen zusprechen zu können – zumindest nicht über die Köpfe der von ihm Betroffenen hinweg.

Schon die in den Büchern Ijob und Kohelet greifbar werdende Krise der weisheitlichen Theologie macht deutlich, dass die Idee vom Leiden als angemessene Strafe für menschliche Sünden oder ein erzieherisches Ziel jedem Leiden der Wirklichkeit Hohn spricht. Es gibt einfach viel zu viele Menschen, bei denen ihr Leiden allzu offensichtlich keine Sündenstrafe sein und keinerlei erzieherischen Nutzen mehr haben kann. Damit ist nicht gesagt, dass Gott nicht (gelegentlich) moralisch gerechtfertigt sein könnte, – so wie ein Vater, sein Kind bittere Medizin nehmen lässt – Menschen zu ihrem Wohl Leiden aufzuerlegen.[48] Es ist auch nicht gesagt, dass es falsch wäre, bestimmte Formen des Leidens als Prüfung anzuerkennen. Es ist allein der Tatsache Rechnung getragen, dass in unserer Wirklichkeit sehr viel dafür spricht, dass eine solche Rechtfertigung allzu oft nicht zutrifft. Ganz davon abgesehen, dass die Pädagogisierung des Leidens geradezu zu unsittlichem und unsolidarischem Verhalten einlädt, weil Leiden ja in dieser Logik zur Strafe oder Erziehung des Anderen zugelassen werden müsste, scheitert der Pädagogisierungsversuch also an seiner fehlenden Kompatibilität mit unserer alltäglichen Wirklichkeitserfahrung.[49]

Versucht man ihn deshalb wieder dadurch zu retten, dass man den pädagogischen Wert des eigenen Leidens für andere hervorhebt, entsteht wieder das moralische Problem, dass hier die im Kategorischen Imperativ geforderte Selbstzwecklichkeit des Individuums nicht gewahrt bleibt und die Argumentation unmoralisch wird. Mit dem jüdischen Religionsphilosophen Emmanuel Levinas gesprochen: „Die Rechtfertigung des Schmerzes des Anderen ist der Ursprung aller Unmoral.“[50]

Bleibt man deshalb bei der Unhintergehbarkeit der Perspektive der Leidenden und löst das Theodizeeproblem mit Rekurs auf teleologische Argumentationsfiguren, entstehen die skizzierten Probleme. Es bleibt in meinen Augen des-

---

47 Vgl. Klaus Berger, *Wer bestimmt unser Leben?*, Gütersloh 2002, S. 117-119.

48 Vgl. Nelson Pike, *„Hume über Übel“*, in: Christoph Jäger (Hg.), *Analytische Religionsphilosophie*, Stuttgart 1998, S. 230.

49 Zur ausführlichen Kritik an der Idee vom Leiden als Sündenstrafe vgl. A. Kreiner, *Gott im Leid*, Freiburg i. Br. 1997, S. 141-163.

50 Emmanuel Lévinas, *Zwischen uns*, München/Wien 1995, S. 126.

halb nur eine einzige überzeugende Möglichkeit argumentativer Theodizee übrig,[51] die ich im Folgenden noch andeuten möchte: das Argument von der Willensfreiheit.

3.4 Free will defense

Das Argument von der Willensfreiheit ist in den letzten drei Jahrzehnten wieder vermehrt in der theologischen und religionsphilosophischen Diskussion präsent und wird in der Fachdebatte der Gegenwart meistens unter dem Stichwort *free will defense* diskutiert. Es hat folgenden Grundgedanken: Das von den Menschen verursachte Leiden ist nicht Gott anzulasten, sondern der Freiheit des Menschen. Denn es ist aus logischen Gründen auch für ein allmächtiges Wesen unmöglich, Freiheit zu gewähren und gleichzeitig zu garantieren, dass der Mensch sich immer zum Guten entschließt. Wenn Gott die Freiheit des Menschen will, kann er nicht anders, als das von Menschen verursachte Leiden zuzulassen.

Dafür dass Gott die menschliche Willensfreiheit bedingungslos bejaht, gibt es gute Gründe, weil die Respektierung von Freiheit das Gesetz der Liebe ist. Wenn Gott also die Liebe des Menschen gewinnen will – was zumindest aus christlicher Sicht das zentrale Schöpfungsziel Gottes ist –, muss er ihn bedingungslos frei setzen und darf an keiner Stelle manipulativ in seine freien Willensentscheidungen eingreifen. Daher muss Gott auch die bösen Folgen menschlichen Handelns zulassen, auch wenn er sie eigentlich nicht gutheißt. Aber um des höheren Wertes der menschlichen Willensfreiheit willen, lässt er das böse Tun der Menschen zu. Das durch dieses Tun verursachte Leiden ist dann gewissermaßen der Preis für die menschliche Willensfreiheit.

Aber auch das Leiden, das nicht von Menschen verursacht wird, das sogenannte *malum physicum*, lässt sich in diese Argumentationsfigur integrieren. Das *malum physicum* folgt nämlich aus Naturgesetzen, die Bedingung der Möglichkeit für die Evolution hin zum Menschen sind (*natural law defense*). So lassen sich gute physikalische Argumente dafür vorbringen, dass auch nur die kleinste Veränderung in den Naturgesetzen die evolutive Entwicklung zum Menschen hin unmöglich machen würde. Die Konstanten der Naturordnung dieser Welt sind in so feiner Weise aufeinander abgestimmt, dass man keineswegs

51 Im schiitischen wie im christlichen Denken spielt oft noch die erlösende Kraft des Mitleidens eine wichtige Rolle in der Theodizee. Sie wird hier nicht näher thematisiert, weil sie das Problem des Leidens nicht löst, sondern eigentlich noch verschärft, weil hier auch noch der Gerechte mitleidet und damit noch unklarer wird, warum Gott die Welt nicht so eingerichtet hat, dass ein solches Mitleiden überflüssig wird. Von Gott wird man zu Recht eher erwarten, dass er das Leiden beendet als dass er es verdoppelt.

weniger Leid erzeugende Resultate erreichen kann, ohne dass eine Entwicklung zum Menschen unmöglich wird.

Das in dieser *natural law defense* verwendete Argument ist natürlich uralt. Es hat seine Grundlagen in Leibniz' Rede von der besten aller möglichen Welten, und es kann bereits in al Ghazzalis Gedanken als vorgezeichnet gesehen werden, dass „es nicht möglich ist, dass es etwas Besseres, Vollkommeneres und Vollständigeres gibt als das.“[52] Daher sehe ich nicht, wieso sich islamische Theologen schwer damit tun sollten, die *natural law defense* und die mit ihr verbundene Keine-bessere-Welt-Hypothese mitzuvollziehen. Integriert in die *free will defense* bietet sie jedenfalls ein interessantes Argument zur Abwehr des Protestatheismus angesichts der Theodizeefrage. Da ich dieses Argument bereits ausführlich an anderer Stelle entfaltet habe, müssen an dieser Stelle allerdings die bisherigen Andeutungen genügen.[53] Dieses Argument scheint mir jedenfalls nichts zu enthalten, was die islamische Theologie aus grundsätzlichen Gründen nicht mitvollziehen könnte, und man kann durchaus muʿtazilitische Denker und islamische Philosophen finden, die Teile der Argumentation der *free will defen-*

---

52 A. Aslan, *„Sündenfall, Überwindung des Bösen und des Leidens im Islam“*, S. 51. Der Gedanke taucht allerdings nicht in der Theodizee, sondern in der Bestimmung der Einheit Gottes und des Vertrauens zu ihm auf (vgl. ebd.). Theodizeekritische muslimische Theologen behaupten deshalb, dass seine Argumentation nicht im Zusammenhang der Theodizee verwendet werden sollte (vgl. Tahsin Görgün, *„Leid als Teil der Welt und des Lebens. Gibt es ein Theodizee-Problem aus islamischer Perspektive?“*, S. 47). Dagegen verteidigen andere muslimische Autoren die Idee der besten aller möglichen Welten im Kontext der Theodizee (vgl. etwa die Hinweise bei Ibrahim Kalin auf al-Ġazālī und Mullā Ṣadrā, von denen er in seinem Artikel sechs Argumente zur Verteidigung der Doktrin referiert, die im Anschluss an die Muʿtazila und die islamischen Philosophen entwickelt wurden; Ibrahim Kalin, *"Mulla Sadra on Theodicy and the Best of All Possible Worlds"*, S. 183). Bereits Ormsby hatte in dem zweiten Kapitel seiner aufschlussreichen Monografie einen Überblick über eine ganze Reihe von Kommentatoren gegeben, die al-Ġazālīs Gedanken übernehmen und denen man noch viele Autoren unterschiedlichster Provenienz hinzufügen kann, so beispielsweise so unterschiedliche Denker wie Ibn ʿArabī und Ibn Taymīya (vgl. John Hoover, *"The Justice of God and the Best of All Possible Worlds – the Theodicy of Ibn Taymiyya"*, S. 56). Etwas anders gelagert ist die Argumentation bei Averroes, wenn dieser festhält, dass die einzige Alternative zur Erschaffung einer Welt mit Leiden die Erschaffung von gar keiner Welt gewesen wäre, "and that would have meant renouncing that greater good", (George F. Hourani, *"Averroes on God and Evil"*,S. 27). Ob man diesen Gedanken in eine vom Freiheitsdenken geleitete Form der *natural law defense* integrieren kann oder ob er noch einem metaphysischen Nezessitarismus verpflichtet ist, wäre eine spannende Anschlussfrage, die aber eine eigene vergleichende Studie zu Averroes und Thomas von Aquin erfordern würde.

53 Vgl. als Zusammenfassung meines Gedankens an dieser Stelle meinen Aufsatz *„Leiden als Preis von Freiheit und Liebe“*, in: ThPh, (81) 2006, S. 60-75.

se vorwegnehmen – so beispielsweise al-Ǧauzīyah.[54] Dennoch bleiben auch bei einer noch so starken Explikation dieser Argumentation Rückfragen offen. Insbesondere kann man auch bei dieser Form argumentativer Theodizee die moralische Integrität des Gottesglaubens in Frage stellen. Im Gefolge des weiter oben zitierten Einwandes von Iwan Karamasow kann man nämlich aus protestatheistischer Sicht fragen, ob man das Leiden überhaupt als Preis der Freiheit und Liebe akzeptieren darf, wenn es doch Menschen gibt, die nichts oder viel zu wenig von diesem Preis haben. Hier könnte man nun zwar sagen, dass alle Menschen zumindest durch die Auferstehung erkennen werden, dass dieser Preis tatsächlich auch ihr Leiden wert ist. Aber dieser Gedanke ist wieder gefährlich nahe bei einer teleologischen Depotenzierung des Leidens. Außerdem liegt er quer zu dem moralisch zwingend gebotenen Respekt vor dem kategorischen Nicht-Sein-Sollen des Leidens des Anderen. Zumindest ist die Einsicht, dass es ein Leiden gibt, das unbedingt nicht sein soll, die Quelle autonomer Moral und sollte auch von religiösen Menschen anerkannt werden.

Daher scheint es aus moralischen Gründen geboten zu sein, auf eine Rechtfertigung des Leidens zu verzichten. Da der Glaube an Gott aber der Glaube an universalen Sinn ist und die Rechtfertigung des Leidens geradezu analytisch aus ihm folgt,[55] scheint es so, dass der Gottesglaube tatsächlich moralisch fragwürdig und der Protestatheismus gerechtfertigt ist. Natürlich kann man gegen diesen moralischen Einwand geltend machen, dass auch der Protestatheismus fragwürdige moralische Konsequenzen hat, weil er den Leidenden definitiv aufgibt und die Solidarität der Hoffnung für ihn verweigert. Aber mit diesem Einwand hätte man nur ein argumentatives Patt in moralischer Hinsicht erzielt; die folgenschwere protestatheistische Basisintuition wäre nicht widerlegt. Wir stehen also jetzt vor der schwierigen Aufgabe, wie man einerseits die theistische Hoffnungsperspektive beibehalten kann, um den Anderen in seinem Leiden nicht im Stich zu lassen, ohne dadurch zu sagen, dass dieses Leiden in einen Gesamtsinn integriert ist. Die *Free will defense* und *natural law defense* haben hier insofern einen ersten wichtigen Schritt vollzogen, als sie dem Leiden keinen konkreten Sinn mehr zusprechen. Sie halten fest, dass bestimmte Formen des Leidens eigentlich nicht sein sollen, weil sie aus Sünden der Menschen oder Dysfunktionen der Natur folgen. Aber sie beharren dadurch, dass sie das Leiden als Preis der Freiheit ansehen, darauf, dass die theistische Sinnperspektive auch angesichts der Katastrophen dieser Geschichte beibehalten werden darf. Und dadurch werden sie moralisch fragwürdig. Kann man diese Konsequenz vermeiden, kann man also die moralischen Folgeprobleme des Theismus vermeiden, ohne auf

---

54 Den Hinweis auf Ibn Qaiyim al-Ǧauzīya, dessen Buch *Šifā' al-'alīl* ab S. 455f. bis S. 591 grundsätzlich auf dem Prinzip der Willensfreiheit basiert, verdanke ich Dr. Elhadi Essabah.

55 Vgl. Ludwig Wittgenstein, *„Tagebücher 1914-1916"*, in: *Werkausgabe*, Bd. 1., neu durchges. v. J. Schulte, Frankfurt a. M. [9]1993, S. 16.

seine ja auch wieder moralisch gebotene Hoffnungsperspektive zu verzichten? Interessanterweise ist es wieder ein muslimischer Denker, der einen Weg aufgezeigt hat, wie man diese Problemlage bearbeiten kann.

4. Attar und der Aufstand gegen Gott – oder: die Wende zur postulatorischen Rede von Gott

In seiner Habilitationsschrift schildert Navid Kermani ausführlich, wie in Teilen der islamischen Mystik ein jüdisch-christlicher Traditionsstrang, der vor allem an das biblische Buch Ijob anknüpft, aufgenommen wird, der das denkerische Potenzial enthält, um die soeben beschriebene Aporie zu lösen. Diese Lösung besteht darin, Gottes Gerechtigkeit gegen die Ungerechtigkeit dieser Welt einzufordern, also – kantisch gesprochen – die Wirklichkeit Gottes und damit seine authentische Selbstrechtfertigung zu postulieren, ohne sie dogmatisch vorwegzunehmen. Zu diesem Postulat gehört notwendig der Protest gegen das Leiden, der sich im Hadern mit Gott und in der Anklage Gottes äußert. Auch wenn das Hadern mit Gott in der islamischen genauso wie in der christlichen Orthodoxie weitgehend verpönt ist, zeigt sich in der von Kermani zitierten islamischen mystischen Literatur ebenso wie im Buch Ijob ein Weg des Haderns mit Gott, das aus der Liebe zu ihm gespeist wird und das die hier geforderte postulatorische Gottesrede begleiten kann. Das bedeutendste Zeugnis dieses Haderns ist *Das Buch der Leiden* des persischen mystischen Dichters Attar (1145-1221). Es „lehrt, dass die Wege, auf denen mit Gott gehadert wird, auch mitten durch die islamische Frömmigkeit verlaufen können."[56] Das Besondere an Attars Attacken gegen Gott besteht darin, dass sie von jemandem artikuliert werden, der Gott verfallen ist: „Nur wer an den Höchsten glaubt, kann mit Steinen bis in den Himmel schmeißen."[57]

Die von Atheisten geforderte Haltung des Protestes wird hier also nicht etwa widerlegt, sondern noch einmal überbietend übernommen, aber in den Dialog mit Gott integriert und damit mit der theistischen Perspektive verbunden. Bei aller Sehnsucht nach Gott und bei aller Annahme auch noch so schlimmer Schicksalsschläge bleibt dennoch um des Anderen willen die Anklage und Nachfrage; „in ihrer Verzweiflung sind sie religiöser als die Gläubigen, die Gott

---

56 Navid Kermani, *Der Schrecken Gottes. Attar, Hiob und die metaphysische Revolte*, München 2005, S. 209.

57 Ebd., S. 172. Dass es sich bei Attar nicht nur um eine Außenseiterposition handelt, kann man daran sehen, dass in den schiitischen Bittgebeten von Imamen die Formulierung vorkommt, dass man „von Gott einzig und allein zu Gott flüchten kann" – sogar am Tag des Jüngsten Gerichts. Diese Formulierung erinnert sehr an den biblischen Ijob, der sich in seiner Verzweiflung an Gott, der Welt und seinem eigenen Schicksal auch nicht mehr anders zu helfen weiß, als mit der Flucht zu Gott. Diesen Hinweis verdanke ich Dr. Fateme Rahmati.

preisen, aber vor den realen Verhältnissen Seiner Schöpfung die Augen verschließen. Die über das übliche Maß lieben, wagen es den Gott einzufordern, wie Er sich selbst offenbart hat."[58] Gerade die Auflehnung gegen Gott wird so vielleicht als das intimste Moment des Glaubens überhaupt sichtbar.[59]

Der von Navid Kermani aufgezeigte Weg der Bejahung Gottes im Modus des Protestes eröffnet eine Möglichkeit auch auf der Ebene der praktischen Vernunft der Kritik des Protestatheismus standzuhalten. Dies kann die argumentative Auseinandersetzung mit dem Theodizeeproblem mit den Mitteln der theoretischen Vernunft nicht ersetzen. Natürlich muss ich zunächst einmal mit den Mitteln der theoretischen Vernunft zeigen, wieso es nicht unvernünftig ist, angesichts des Leidens an einen guten und allmächtigen Gott zu glauben. Dies kann man m.E. mit den unter 3.4 angedeuteten Argumenten leisten und sollte es auch tun. Wenn nun aber gegen diese Argumentation moralische Bedenken geltend gemacht werden, kann man mit Attar, Ijob, Kant und Kermani den Modus der Gottesrede ändern und die gesamte menschliche Gottesrede in einen postulatorischen Modus setzen. Gott selbst kann im Koran bzw. in Christus auch im Indikativ sprechen und uns direkt seine Barmherzigkeit und Liebe zusagen. Aber wir können hierauf nicht glaubend und liebend antworten, ohne klagend und hadernd das geschundene Gesicht dieser Welt vor Gott zu bringen. Wir müssen deshalb die theoretische Rede von Gott einfassen in den Modus des Postulats, sodass deutlich wird, dass wir das Leiden des Anderen nicht ideologisch verklären, sondern einfach nur die Solidarität mit ihm nicht aufzugeben bereit sind. Da nur Gottes Liebe stärker ist als der Tod, kann ich eben nicht ohne Gott kategorisch für den zu Tode Gemarterten eintreten und dieses Eintreten als sinnvoll denken. Und so können und dürfen wir uns das Postulat seiner Wirklichkeit auch vom Protestatheismus nicht ausreden lassen, ohne das wir deshalb die berechtigten Intuitionen dieser Haltung ignorieren müssten.

Literatur

Antes, Peter, *"The first Ash'arites' Conception of Evil and the Devil"*, in: Nasr, Seyyed Hossein (Hg.), *Mélanges offerts à Henry Corbin*, Teheran 1977, S. 177-189.

Aslan, Adnan, *„Sündenfall, Überwindung des Bösen und des Leidens im Islam"*, in: Koslowski, Peter (Hg.), *Ursprung und Überwindung des Bösen und des Leidens in den Weltreligionen*, München 2001, S. 31-62.

Ayoub, Mahmoud, *Redemptive Suffering in Islam. A Study of the Devotional Aspects of 'Ashura in Twelver Shism*, New York 1978.

58 Ebd., S. 213.

59 Vgl. ebd., S. 211.

Berger, Klaus, *Wer bestimmt unser Leben?*, Gütersloh 2002.
Dostojewski, Fjodor Michailowitsch, *Die Brüder Karamasow I*, Frankfurt a. M. 2006.
Essabah, Elhadi, *Die metaphysische Basis der Religionsfreiheit und die Grundprinzipien des freien menschlichen Willens im Koran*, Aachen 2002.
Frankl, Viktor, *... trotzdem Ja zum Leben sagen*, München 1977.
Gale, Richard, *"Swinburne on Providence"*, in: *Religious Studies*, (36) 2000, S. 209-219.
Görgün, Tahsin, *„Leid als Teil der Welt und des Lebens. Gibt es ein Theodizee-Problem aus islamischer Perspektive?"*, in: Renz u.a., *Prüfung oder Preis der Freiheit?*, aaO., S. 31-48.
Heine, Peter, *„Die Antwort des Islams auf die Frage nach dem Leid und dem Bösen"*, in: Kochanek, Hermann (Hg.), *Wozu das Leid? Wozu das Böse? Die Antwort von Religionen und Weltanschauungen*, Paderborn 2002, S. 253-265.
Hick, John, *Evil and the God of love*, London 2007.
Hoover, John, *"The Justice of God and the Best of All Possible Worlds – the Theodicy of Ibn Taymiyya"*, in: *Theological Review*, 27 (2006), S. 53-75.
Hourani, George F., *"Averroes on God and Evil"*, in: *Studia Islamica*, 16 (1962), S. 13-40.
Illies, Christian, *„Theodizee der Theodizeelosigkeit"*, in: *Philosophisches Jahrbuch*, (107) 2000, S. 410-428.
Inati, Shams C., *The Problem of Evil. Ibn Sina's Theodicy*, Binghampton 2000.
Kalin, Ibrahim, *"Mulla Sadra on Theodicy and the Best of All Possible Worlds"*, in: *Journal of Islamic Studies*, 18 (2007), S. 183-201.
Kermani, Navid, *Der Schrecken Gottes. Attar, Hiob und die metaphysische Revolte*, München 2005.
Kreiner, Armin, *Gott im Leid*, Freiburg i. Br. 1997.
Leibniz, Gottfried Wilhelm, *Theodizee*, I, o.O. 1710.
Levinas, Emmanuel, *Zwischen uns. Versuch über das Denken und den Anderen*, München/Wien 1995.
Loichinger, Alexander, *„Theologie und Naturwissenschaft"*, in: *Theologie und Glaube*, (92) 2002, S. 195-208.
Menke, Karl-Heinz, *„Der Gott, der jetzt schon Zukunft schenkt"*, in: Wagner, Harald (Hg.), *Mit Gott streiten. Neue Zugänge zum Theodizee-Problem* (*Quaestiones Disputate*), Freiburg i. Br. 1998, S. 90-130.
Middelbeck-Varwick, Anja, *Die Grenze zwischen Gott und Mensch. Erkundungen zur Theodizee in Islam und Christentum*, Münster 2009.
O'Connor, David, *"Swinburne on Natural Evil"*, in: *Religious Studies*, (19) 1983, S. 65-73.
Özsoy, Ömer, *„‚Gottes Hilfe ist ja nahe!' (Sure 2,214). Die Theodizeeproblematik auf der Grundlage des koranischen Geschichts- und Menschenbildes"*, in: Renz u.a., *Prüfung oder Preis der Freiheit?*, aaO., S. 199-211.
Ormsby, Eric L., *Theodicy in Islamic Thought. The Dispute over al-Ghazzali's "Best of all possible Worlds"*, Princeton 1984.
Pike, Nelson, *„Hume über Übel"*, in: Jäger, Christoph (Hg.), *Analytische Religionsphilosophie*, Stuttgart 1998, S. 227-253.
Platzbecker, Paul, *Radikale Autonomie vor Gott denken*, Regensburg 2003.
Rahner, Karl, *„Warum lässt Gott uns leiden?"*, in: ders., *Schriften zur Theologie*, Bd. 14, Zürich u.a. 1980.
Renz, Andreas u.a. (Hg.), *Prüfung oder Preis der Freiheit? Leid und Leidbewältigung in Christentum und Islam*, (Theologisches Forum Christentum – Islam), Regensburg 2008.

Schreiner, Stefan, *„Der Prophet Ayyub und das Theodizee-Problem im Islam. Eine Erwiderung auf Zahsin Görgün"*, in: Renz u.a., *Prüfung oder Preis der Freiheit?*, aaO. S. 49-63.

Stosch, Klaus von, *„Transzendentaler Kritizismus und Wahrheitsfrage"*, in: Essen, Georg/Striet, Magnus (Hg.), *Kant und die moderne Theologie*, Darmstadt 2005, S. 46-94.

Ders., *Gott – Macht – Geschichte. Versuch einer theodizeesensiblen Rede von Gottes Handeln in der Welt*, Freiburg/Basel/Wien 2006.

Ders., *„Leiden als Preis von Freiheit und Liebe"*, in: ThPh, (81) 2006, S. 60-75.

Streminger, Gerhard, *Gottes Güte und die Übel der Welt*, Tübingen 1991.

Stump, Eleonore, *"Knowledge, Freedom, and the Problem of Evil"*, in: *International Journal for Philosophy of Religion*, (14) 1983.

Swinburne, Richard, *"Natural Evil"*, in: *American Philosophical Quarterly*, (15) 1978, S. 295-301.

Ders., *"The Problem of Evil"*, in: Brown, S. C. (Hg.), *Reason and Religion*, New York 1977.

Ders., *Providence and the Problem of Evil*, Oxford 1998, S. 176-192.

Ucar, Bülent, *„Zwischen Ergebung und Erduldung. Die muslimische Grundhaltung im Umgang mit Leid. Eine Erwiderung auf Arnulf von Scheliha"*, in: Renz u.a., *Prüfung oder Preis der Freiheit?*, aaO., S. 80-84.

Verweyen, Hansjürgen, *Kants Gottespostulat und das Problem sinnlosen Leidens*, in: ThPh, (62) 1987, S. 580-587.

Watt, William Montgomery, *"Suffering in Sunnite Islam"*, in: *Studia Islamica*, 50 (1979), S. 5-19.

White, Vernon, *The Fall of a Sparrow*, Exeter 1985.

Wittgenstein, Ludwig, *„Tagebücher 1914-1916"*, in: *Werkausgabe*, Bd. 1., neu durchges. v. J. Schulte, Frankfurt a. M. [9]1993, S. 87-187.

Zirker, Hans, *„‚Er wird nicht befragt ...' (Sure 21,23). Theodizee und Theodizeeabwehr in Koran und Umgebung"*, in: Klöcker, Michael/Tworuschka, Udo (Hg.), *Gottes ist der Orient, Gottes ist der Okzident. FS A. Falaturi*, Köln 1991, S. 409-424.

V. Islam in Deutschland

Islam in Deutschland – deutscher Islam

Von Ina Wunn

1. Problemaufriss

Als Folge der Arbeitsmigration in eine noch junge Bundesrepublik Deutschland in den 1960er Jahren trat hier nach und nach eine Religion in den Blick einer weiteren Öffentlichkeit, die bislang nur im Zusammenhang mit einem romantisierenden Orientbild bekannt geworden war: der Islam. Hart arbeitende, einfache Männer und schlichte, kaum des Deutschen mächtige Frauen, die unter Mühen ihren Alltag in Deutschland bewältigten, passten kaum zu den wilden Abenteuern eines Kara Ben Nemsi, den raffinierten Liebesgeschichten aus der *Märchensammlung 1001 Nacht* oder Goethes *Ost-westlichem Divan*; eine Literatur, die sich vor allem an die Angehörigen des Bildungsbürgertums gewandt und dort für ein grundsätzlich positives Orientbild gesorgt hatte. Ein Weiteres taten die politischen Verflechtungen des Deutschen Reiches, das enge Kontakte zum Osmanischen Reich pflegte und auf militärischem und wirtschaftlichem Gebiet kooperierte. Man denke hier nur an den Bau der Bagdadbahn, eine technische Glanzleistung, die uns bis heute Bewunderung abnötigt, und die in der zeitgenössischen Presse vor allem als diplomatische und politische Großtat gefeiert wurde.[1] Dass dieses Osmanische Reich muslimisch war, dass trotz der Reformen der Tanẓīmāt *Šarīʿa*-Gerichte für zivilrechtliche Fragen zuständig waren und dass die Bildung vorwiegend an Medresen, also religiöse Einrichtungen gebunden war, mochte Reformer innerhalb des Osmanischen Reiches stören, war aber aus der Sicht der deutschen Öffentlichkeit kein wesentlicher Kritikpunkt. Selbst die Diskussion um die untergeordnete Stellung der Frau, heute einer der am häufigsten geäußerten pauschalen Vorwürfe gegen den Islam, wurde zur damaligen Zeit ein wenig gelassener geführt, als nämlich die deutsche Kaiserin anlässlich eines Staatsbesuches 1898 den Harem des Sultans Abdülhamid besichtigte und eher die dort herrschende Langeweile als die generellen Lebensumstände der Haremsinsassinnen kritisierte.[2]

Fazit: noch vor weniger als drei Generationen waren weder der Islam als Religion noch die muslimische Welt Themen leidenschaftlicher und mit negativem Tenor geführter öffentlicher Diskussionen; im Gegenteil: Immer noch stand der

---

1 Vgl. Gregor Schöllgen, *„Instrument deutscher Weltmachtpolitik. Die Bagdadbahn im Zeitalter des Imperialismus“*, in: Jürgen Franzke (Hg.), *Bagdadbahn und Hedjazbahn. Deutsche Eisenbahngeschichte im Vorderen Orient*, Nürnberg 2003, S. 108-111.

2 Vgl. Thomas Benner, *Die Strahlen der Krone. Die religiöse Dimension des Kaisertums unter Wilhelm II. vor dem Hintergrund der Orientreise 1898*, Marburg 2001, S. 256f.

Orient für das „ex oriente lux“, für alte Hochkulturen, für Prachtentfaltung und üppigen Luxus, vielleicht auch für Abenteuer, und der Islam galt als das zwar fremde, aber faszinierende geistige und kulturelle Band, das die unterschiedlichen Völkerschaften mit ihrer jeweils spezifischen Historie und Kultur zusammenhielt. Niemandem wäre zur damaligen Zeit eingefallen, dass nur wenige Jahrzehnte später gerade der Islam, vor allem aber der Islam in Deutschland ein Thema sein könnte, das angefangen vom Stammtisch über die Presse bis hin zur Politik die öffentliche Diskussion beherrscht.[3]

Nur durch diesen krassen Umschwung in der öffentlichen Meinung lässt sich ein Titel wie der obige – *Islam in Deutschland, deutscher Islam* – überhaupt erklären, unterstellt er doch stillschweigend, dass es sich beim Islam um eine in Deutschland fremde Religion handle, die es zu integrieren oder gar zu assimilieren gelte, gerade so wie auch die zahlreichen Zuwanderer nach Deutschland dem offiziellen Tenor zufolge integriert, eigentlich aber assimiliert werden sollen. Dementsprechend unterschiedlich könnte man sich der Thematik annehmen: Es könnte z.B. hinterfragt werden, was eine Religion eigentlich zu einer „fremden“ Religion macht. Entgegen der landläufigen Auffassung ist es keinesfalls ihr relativ spätes Auftreten in Mitteleuropa; zu leicht lassen sich Gegenbeispiele finden. So wurde auch das Judentum in Europa immer als fremd empfunden, obwohl die Geschichte des Judentums in Europa mindestens ebenso alt ist wie die des Christentums und sich europäische Juden und Christen auch in ethnischer Hinsicht nicht unterscheiden.[4] Erst in neuester Zeit spricht man öffentlich von einer christlich-jüdischen Tradition, die das Abendland geprägt habe, und setzt diese Tradition in einen gewollten und konstruierten Gegensatz zur islamischen Kultur – gewollt und konstruiert deshalb, weil die Kulturgeschichte des Islam und die europäische Kulturgeschichte keinesfalls auseinanderdividiert werden können, sondern angefangen von der geistigen Blüte im Griechenland der Antike, über das Byzantinische und Sassanidische Reich, dann über die islamischen Reiche (besonders unter den Umayyaden, ʻAbbāsīden, den Almohaden und Almoraviden in Spanien, den Fatimiden in Ägypten und Sizilien) und zuletzt das Heilige Römische Reich Deutscher Nation (vor allem durch Friedrich II.) eine Linie bilden, die sich in der Geschichte der Naturwissenschaften und Medizin exemplarisch beobachten lässt und deutlich macht, dass Europas Zivilisation fest auf griechischen und islamischen Füßen steht.

Diese wenigen Bemerkungen dürften bereits deutlich gemacht haben, dass es eigentlich um etwas anderes geht als um Religion, hier verstanden als die Zugehörigkeit zu einer bestimmten Glaubensgemeinschaft, und es geht auch um mehr als nur Kultur. Letztlich geht es eben auch um soziale Konflikte; um einen

3 Lediglich Oswald Spengler sah im Islam eine kommende Macht heraufziehen; vgl. Oswald Spengler, *Der Untergang des Abendlandes*, München 1923.

4 Vgl. Luigi-Luca Cavalli-Sforza, *Gene, Völker und Sprachen. Die biologischen Grundlagen unserer Zivilisation*, Darmstadt 1996, S. 24f.

Wettbewerb um die Ressource Arbeit auf der einen Seite; auf der anderen Seite aber um einen Prozess, der sich möglicherweise als langwierig und schwierig erweisen könnte, nämlich die Findung organisatorischer Strukturen für die in Deutschland heimisch gewordenen Muslime, verbunden mit der Aufgabe von Positionen, die immer noch stark von den politischen Entwicklungen der Herkunftsländer bestimmt sind.

2. Die Anfänge: deutscher Islam

Der Islam in Deutschland begann als deutscher Islam, ein Paradoxon, das erklärungsbedürftig ist: Nachdem es bereits unter den Preußenkönigen erste Moscheen für islamische Regimenter bzw. Kriegsgefangene gegeben hatte, die aber Randerscheinungen im gesellschaftlichen Leben blieben,[5] fanden sich im Berlin der Weimarer Republik junge Muslime aus intellektuellen Kreisen zusammen, die Kontakte zu einer damals vorwiegend im indischen Raum beheimateten Spielart des Islam, der Ahmadiyya, unterhielten. Schon bald begann diese Gruppe mit missionarischen Aktivitäten, und bereits 1923 konnte man die feierliche Grundsteinlegung für den einen ersten Moscheebau der Qadiyan-Ahmadiyya am Kaiserdamm begehen, zu der nicht nur sämtliche Repräsentanten muslimischer Länder, sondern selbstverständlich auch die politischen Vertreter des Deutschen Reiches gekommen waren. Dass dieses hoffnungsvolle Projekt der eigentlich unpolitischen *Islamischen Gemeinde zu Berlin* über diese Grundsteinlegung nie hinausgelangte, war letztlich internen Streitigkeiten über die Rolle Großbritanniens in Ägypten geschuldet.[6] Erfolgreicher war eine zweite Gruppe der Ahmadiyya, die unter Leitung ihres charismatischen Imams Maulānā Ṣadr ad-Dīn im selben Jahr mit dem Bau einer repräsentativen und bis heute erhaltenen Moschee in Berlin-Wilmersdorf begann, die bald zum Zentrum eines regen Gemeindelebens wurde.

In dieser Moschee verkehrten nicht nur alle in und um Berlin ansässigen Muslime, sondern auch alle am Islam interessierten deutschen Bürger waren willkommen,[7] sodass ausgerechnet in der Frühzeit des Islam in Deutschland ein Ziel erreicht war, von dem der heutige, in landsmannschaftliche Organisationen zersplitterte Islam weiter denn je entfernt zu sein scheint: Muslime unterschiedlichster ethnischer Herkunft und unterschiedlichster Richtungen hatten sich in der *Moslemischen Gesellschaft* zusammengefunden und diese Gemeinschaft in

5 Vgl. Muhammad Salim Abdullah, *„Muslime in Deutschland – Geschichte und Herausforderung"*, in: Tilman Hannemann/Peter Meier-Hüsing, *Deutscher Islam – Islam in Deutschland*, Marburg 2000, S. 36.

6 Vgl. Marfa Heimbach, *Die Entwicklung der islamischen Gemeinschaft in Deutschland seit 1961*, Berlin 2001.

7 Vgl. Muhammad Salim Abdullah, *Geschichte des Islams in Deutschland*, (*Islam und westliche Welt*, Bd. 5), Graz/Wien/Köln 1981, S. 31f.

der damaligen bürgerlichen deutschen Gesellschaft fest etablieren können[8] – ein Kunststück, dass vor allem deshalb gelang, weil laut Satzung im Vorstand der Gemeinde auch Nicht-Muslime vertreten waren und sich die Gemeinde als dezidiert nicht-politisch und überkonfessionell verstand. Auf deutsche Konvertiten und Sympathisanten übte der Islam in seiner von der damaligen Ahmadiyya vertretenen Form große Faszination aus, weil er sich als universale und tolerante Religion präsentierte, die sämtliche Propheten, auch die der übrigen monotheistischen Religionen anerkenne und daher geeignet sei, Demokratie und brüderliches Miteinander der Völker zu garantieren.[9] Überzeugend für ein zu diesem Zeitpunkt noch vorwiegend liberal denkendes deutsches Bürgertum waren über die vereinsinternen Strukturen hinaus die Theologie und die religiöse Organisation innerhalb des Islam, der kein Dogma, keine Unterscheidung von Klerus und Laien, ja nicht einmal kirchliche Strukturen kennt. Die erfolgreiche Gemeinde, seit 1930 unter dem Namen *Deutsch-Moslemische-Gesellschaft e.V.* ins Vereinsregister eingetragen, wurde bald auch publizistisch tätig. Die *Moslemische Revue* präsentierte sich als deutschsprachiges Publikationsorgan, das sich mit seinen Themen – Fragestellungen zur Ethik standen im Vordergrund – vorwiegend an eine deutsche Leserschaft richtete. Gerade die Wahl des Deutschen als Verkehrssprache sowohl innerhalb der Gemeinde als auch in der *Moslemischen Revue* erwies sich als glücklich, weil damit nationale und konfessionelle Unterschiede nivelliert und dieser Islam der ersten Stunde von Anfang an fest in das religiöse und kulturelle Leben in Deutschland (wenn auch nur in der Hauptstadt) eingegliedert werden konnte.[10]

Die Erfolgsgeschichte dieses Islam, der mit Fug und Recht als deutscher Islam bezeichnet werden kann, wurde unterbrochen, als die *Deutsch-Moslemische-Gesellschaft* in die politischen Auseinandersetzungen im Zuge des Untergangs der Weimarer Republik hineingezogen wurde. Bereits um 1926 setzte eine erste und einseitige Politisierung vor allem der jüngeren Mitglieder der Islamischen Gemeinde gegen den Widerstand der Gründungsmitglieder ein, die sich um den aus Syrien stammenden Studenten Muhammad-Nafi-Tschelebi (Celebi) und den deutschen Muslim Mohammed Hassan Hoffmann sowie einen der *Nationalsozialistischen Bewegung* nahestehenden Orientalisten, Gustav Kampffmeyer, formierten. Aus diesem Zirkel der jungen Unzufriedenen ging als Neugründung das bis heute existierende *Islam-Institut* hervor, das als „geistiges Zentrum für den Kulturaustausch zwischen Deutschland und der islamischen Welt" fungieren sollte. Gleichzeitig machten sich auch in publizistischer Hin-

8 Vgl. Bernd Bauknecht, *Muslime in Deutschland von 1920 bis 1945*, Köln 2001, S. 72f.

9 Vgl. *Moslemische Revue*, 1/1925, S. 1f., hier referiert nach Bernd Bauknecht, *Muslime in Deutschland von 1920 bis 1945*, Köln 2001, S. 61f.; vgl. auch Mohammad Ahman Hobohm, *Neuanfänge muslimischen Gemeindelebens in Berlin nach dem Krieg*, Vortrag, URL: http://www.muslim-liga.de/1141137448_ja.htm (Abruf: 21.06.2006).

10 Vgl. Bernd Bauknecht, *Muslime in Deutschland von 1920 bis 1945*, Köln 2001, S. 69.

sicht erste Anzeichen des politischen Klimawandels bemerkbar, als mit dem Autor Faruq H. Fischer plötzlich antisemitische Töne in der *Moslemischen Revue* angeschlagen wurden, die weder mit dem Tenor der früheren Veröffentlichungen, noch mit dem toleranten Geist des Ahmadiyya-Islam auf eine Linie zu bringen waren. Infolge dieses langsamen Gesinnungswandels gegen den ausdrücklichen Widerstand der Gründungsmitglieder verließen in den folgenden Jahren etliche der offiziellen Vertreter der Ahmadiyya Deutschland.[11] Damit war der Niedergang der erstmals so weltoffenen und toleranten ersten deutschen islamischen Gemeinde nicht mehr aufzuhalten: Während sich trotz der nicht zu übersehenden nationalistischen Tendenzen das *Islam-Institut* zunächst noch vorwiegend um Bildungsaufgaben (Betreuung von Studenten und Muslimen in Deutschland, Aufbau einer Islam-Bibliothek und eines *Islam-Archivs*) gekümmert hatte, gerieten nach einem Führungswechsel sowohl in der Leitung des Instituts als auch innerhalb der *Moslemischen Gesellschaft* beide Institutionen in zunehmend nationalsozialistisches Fahrwasser, sodass nun jedes neue Mitglied den Nachweis seiner nicht-jüdischen Abstammung zu führen hatte. Endlich wurde 1942 das *Islam-Archiv* vom *Islamischen Zentral-Institut* abgelöst, das nun völlig unter dem Einfluss der Politik (konkret des Auswärtigen Amtes) stand und mit der Konzeption des ursprünglichen *Islam-Instituts* nichts mehr gemein hatte.[12]

In das Zentrum außenpolitischer Interessen waren die *Deutsch-Moslemische Gesellschaft* und das *Islam-Institut* geraten, als der sogenannte Mufti von Jerusalem und Führer der palästinensisch-arabischen Bewegung, Muḥhammad Amīn al-Ḥusainī, Kontakt zu Nazi-Deutschland suchte, um mit Hilfe der Deutschen seine Vorstellungen von einem palästinensischen Staat mit Jerusalem als Hauptstadt gegen die britische Zivilverwaltung durchzusetzen. In diesem Zusammenhang hatte al-Ḥusainī vor allem gegen die jüdische Einwanderung nach Palästina opponiert und einen militanten Antisemitismus geschürt, der bis heute nicht nur in vielen arabischen Ländern intensiv nachwirkt und seinen Niederschlag vor allem in den Ideologien heutiger Terrornetzwerke gefunden hat, sondern unterschwellig auch aktuell die Haltung des deutschen „Mannes auf der Straße" zur Palästinenserfrage beeinflusst. Nachdem ein deutschfreundlicher Putschversuch

---

11 Vgl. ebd., S. 86-90, S. 93.

12 Vgl. Gerhard Höpp, *Muslime unterm Hakenkreuz. Zur Entstehungsgeschichte des Islamischen Zentralinstituts zu Berlin e.V.*, URL: http://www.islamarchiv.de/index2.html (Abruf: 20.07.2006). Dort heißt es wörtlich: „Die Umstände seiner Gründung sowie die weitere, noch genauer zu erforschende Geschichte des Instituts, das in der Zehlendorfer Klopstockstraße Quartier fand und in seinen Kopfbögen den Zusatz ‚Schirmherr: S.E. der Großmufti' führte, lassen indessen ahnen, daß es mit der völkerverbindenden Mission seines Vorgängers nichts mehr zu tun hatte." Vgl. dazu aber auch den retrospektiv romantisierenden Vortrag von Mohammad Aman Hobohm, *Neuanfänge muslimischen Gemeindelebens*, URL: http://www.muslim-liga.de/1141137448_ja.htm (Abruf: 22.06.2006).

im Irak gescheitert war, setzte sich al-Ḥusainī 1941 nach Deutschland ab, wo man ihm eine Residenz, ein Büro und großzügige finanzielle Mittel zur Verfügung stellte, mit deren Hilfe er einen Spionage- und Propagandaapparat in den islamischen Gebieten Europas und des Nahen Ostens aufbaute. Welche Rolle dieser Bewunderer von Hitlers „Endlösung" und erklärte Eichmann-Freund inzwischen auch im Umfeld der Berliner Gemeinde spielen konnte, macht eine Ansprache anlässlich des Festes des Fastenbrechens im Jahre 1942 deutlich, in der er zum Dschihad (*ǧihād*) gegen die Juden aufrief: „Ich erkläre einen heiligen Krieg, meine Brüder im Islam! Tötet die Juden! Tötet sie alle!"[13]

Rassistische und antijüdische Interessen waren es auch, die 1944 zur Konversion zahlreicher Schüler und Mitglieder der Hamburger Marine-Hitlerjugend führte; aus dieser Organisation ging in den 1950er Jahren die *Deutsche Muslim Liga* hervor, die sich als Interessenvertretung vor allem der deutschen Muslime im Gegensatz zu dem von ganz anderen Fragestellungen geleiteten Migrantenislam sieht.[14] Auch das *Islam-Archiv* hat inzwischen mit dem seit 1982 in Soest beheimateten *Zentralinstitut Islam-Archiv-Deutschland* seinen Nachfolger gefunden. Beide Organisationen, die sich ausdrücklich auf ihre lange Geschichte in Deutschland und damit auf eine genuin europäische islamische Tradition berufen, verfolgen inzwischen wieder den liberalen, toleranten und weltoffenen Kurs des deutschen Islam der ersten Stunde.[15] Obwohl an der antirassistischen Haltung dieser Gruppen heute kein Zweifel besteht, müssen sie sich dennoch vorwerfen lassen, ihre Geschichte zur Zeit des Nationalsozialismus nicht aufgearbeitet zu haben, ja, sich ihr nicht einmal zu stellen.

3. Der Islam der ersten Einwanderer – Schiiten in Hamburg

Nachdem sich der deutsche Islam nach seiner Vereinnahmung durch den Nationalsozialismus schwer tat, an seine doch einstmals erfolgreichen Traditionen anzuknüpfen, und vor allem das islamische Leben in der ehemaligen Hauptstadt Berlin völlig zum Erliegen gekommen war, entwickelte sich im Zuge einer ersten Einwanderungswelle von Muslimen wieder reges islamisches Leben – diesmal im Norden Deutschlands, in Hamburg. Hier hatten sich bereits seit den

13 Artikel „*Mohammed Amin al-Husseini*", in: *Wikipedia*, URL: http://de.wikipedia.org/wiki/Mohammed_Amin_al-Husseini (Abruf: 25.04.2009).

14 Vgl. Muhammad Salim Abdullah, *Geschichte des Islams in Deutschland*, Graz/Wien/Köln 1981, S. 43.

15 Bei der Wiedergründung des *Zentralinstituts Islam-Archiv Stiftung e.V.* legten die Gründungsmitglieder besonderen Wert darauf, ihr Archiv im Sinne der ursprünglichen Gründung des Islam-Instituts zu führen und haben daher das Gespräch mit dem Judentum als Verpflichtung in ihre Satzung aufgenommen. Vgl. *Das Zentralinstitut Islam-Archiv-Deutschland in Soest* (seit 1982), URL: http://www.islamarchiv.de/iarchiv/soest.html (Abruf: 27.02.2009).

1920er Jahren Kaufleute aus dem Iran niedergelassen und sowohl untereinander als auch mit der Hamburger Kaufmannschaft gesellschaftlichen Umgang gepflegt. Beginnend mit den 1950er Jahren setzte eine regelrechte Auswanderungswelle aus dem Iran ein: 1953 war der Schah mit Hilfe der amerikanischen CIA in den Iran zurückgekehrt, um dann im Zuge seiner weißen Revolution die iranische Gesellschaft gewaltsam im westlichen Sinne umzugestalten. Jeder Widerstand vonseiten der Intellektuellen und der etablierten Geistlichkeit (*'ulamā'*) wurde im Keim erstickt, wobei der Staat auch vor brutaler Verfolgung nicht zurückschreckte und sich dabei des gefürchteten Geheimdienstes bediente, sodass sowohl die oppositionellen Kreise als auch die Intellektuellen das Land verließen und sich in den nordamerikanischen Staaten und in Europa niederließen. Im selben Zeitraum kamen junge Männer zum Studium nach Deutschland, die mehrheitlich wohlhabenden und gebildeten Familien entstammten und entgegen der ursprünglichen Intention in Deutschland blieben. Da vor allem die in Hamburg und Umgebung ansässig gewordenen iranischen Kaufleute ihren Aufenthalt in Deutschland als dauerhaft ansahen, gingen sie schon früh daran, erste religiöse Einrichtungen zu schaffen, um ihren Glauben und ihre religiösen Traditionen auch in der neuen Heimat leben zu können. Ihren Niederschlag fanden diese Bemühungen in dem allein durch Spendengelder finanzierten Bau einer Moschee in einem repräsentativen und großbürgerlichen Viertel Hamburgs, die 1964 eröffnet wurde.[16] Das *Islamische Zentrum Hamburg – Imam Ali Moschee* verstand sich von Beginn an als ein offener Raum für alle islamischen Richtungen und als Zentrum für den interreligiösen Dialog.[17] Obwohl die *Imam Ali Moschee* diesem Anspruch bis heute genügt, hat der notwendige Import schiitischer Theologen aus dem Kreise der Absolventen der Theologischen Hochschule in Qom spätestens nach der islamischen Revolution von 1979 dazu geführt, dass die meisten Exiliraner gar keine oder nur lose Beziehungen zu dieser Gemeinde pflegen. Dennoch ist dieses im toleranten hanseatischen Klima immer akzeptierte islamische Zentrum in seiner Bedeutung für einen deutschen Islam nicht zu unterschätzen: Gerade die Anwesenheit hochkarätiger und brillant geschulter, wenn auch konservativ-autoritär denkender Theologen war wie keine andere Einrichtung von muslimischer Seite geeignet, theologisch gebildeten Nachwuchs hervorzubringen, so z.B. den derzeitigen Inhaber des Lehrstuhls für die Religion des Islam in Münster, Muhammad Kalisch.[18]

16 Mündliche Mitteilung des Zeitzeugen und Sohns des ersten Imams dieser Moschee, Djavad Mohagheghi, vom 12.08.2006.

17 Vgl. [O. A.], *Die Geschichte der Entstehung des islamischen Zentrums Hamburg*, Tehran 1995, S. 17.

18 Vgl. den entsprechenden Eintrag, URL: http://www.eyeplorer.com/eyePlorer/?conceptTerms=Islamisches+Zentrum+Hamburg&language=de (Abruf: 07.05.2009).

4. Die Einwanderung türkischer Arbeitsmigranten

Während der Islam der Weimarer Republik als deutscher Islam begann und der schiitische Islam um die *Imam Ali Moschee* in Hamburg immerhin noch als uneingeschränkt akzeptierter Islam in Deutschland gelten konnte, änderte sich die Situation mit dem Zuzug von Arbeitsmigranten vorwiegend türkischer Herkunft, was auf eine bewusst und offensiv gesteuerte deutsche Politik zurückzuführen war, die das Ziel verfolgte, einen akuten Arbeitskräftemangel in der jungen Bundesrepublik Deutschland zu beheben. Im Zuge von Bemühungen vonseiten der Bundesrepublik wurde 1961 auch mit der türkischen Regierung ein entsprechendes Abkommen geschlossen. Für die Türkei bedeutete die Entsendung von Arbeitskräften sowohl eine Reduzierung der gravierenden Arbeitslosigkeit als auch einen Zufluss an dringend benötigten Devisen durch die regelmäßigen Zahlungen der Gastarbeiter an die daheim gebliebenen Familienangehörigen.

Aufseiten der Ausreisewilligen waren es neben wirtschaftlichen Problemen auch die massiven und teilweise gewaltsam durchgeführten Reformen Kemal Atatürks, die nicht nur die Anhänger ethnischer oder religiöser Minderheiten, sondern auch die konservativ-muslimische Landbevölkerung in die Emigration trieben.[19] In diesem Zusammenhang ist vor allem die kemalistische nationalstaatliche Ideologie zu nennen, die unter Stichworten wie Türkisierung und Säkularisierung jegliche Opposition auch vonseiten der Religiösen ausschaltete.[20] Nach einem demokratischen Zwischenspiel ab 1950, das einherging mit einer deutlichen Liberalisierung im Umgang mit religiösen Sondergruppierungen, putschte 1960 die Armee, wodurch sich die Situation vor allem der Kurden und religiösen Minderheiten wieder massiv verschlechterte. Im Zuge dieser von einer kemalistisch-nationalistischen Ideologie getragenen Restauration kam es zu gewaltsamen Aktionen vonseiten der Regierung vor allem im Kurdengebiet, worauf als Gegenreaktion oppositionelle Gruppen, unter ihnen auch die sozialistische kurdische Arbeiterpartei PKK, entstanden.[21] Mitte der achtziger Jahre eskalierten die Konflikte zwischen Regierung und PKK; bürgerkriegsähnliche Zustände prägten den Alltag vor allem in den östlichen Provinzen der Türkei und führten zu einem wahren Exodus nicht nur von intellektuellen Opponenten, sondern auch der einfachen Bevölkerung, die ihre Zuflucht in der Anonymität der Großstädte oder in der Emigration als sogenannte Gastarbeiter suchte.[22]

Nicht nur vonseiten des Aufnahmelandes, sondern auch vonseiten des Einwandernden selbst war der Aufenthalt dieser Gastarbeiter zunächst als zeitlich befristet gedacht. An dieser Auffassung änderte sich auch grundsätzlich nichts,

19 Zu den geschichtlichen Hintergründen vgl. Udo Steinbach, *Geschichte der Türkei*, München 2000, S. 30f.

20 Vgl. Günter Seufert/Christopher Kubaseck, *Die Türkei*, München 2004, S. 88f.

21 Vgl. Karin Vorhoff, *Zwischen Glaube, Nation und neuer Gemeinschaft: Alevitische Identität in der Türkei der Gegenwart*, Berlin 1995, S. 173.

22 Vgl. Günter Seufert/Christopher Kubaseck, *Die Türkei*, München 2004, S. 152ff.

als nach dem offiziellen Anwerbestopp 1973 die arbeits- und sozialrechtliche Stellung der Zuwanderer gesetzlich geregelt und ein Familiennachzug ermöglicht wurde. Die gefühlte Heimat war und blieb die Türkei, wo man in Grund und Boden investierte und der man vor allem ideell verbunden blieb.[23] Aus dieser Verbundenheit resultierte dann letztlich auch die starke Anteilnahme an innertürkischen Entwicklungen, die sowohl Veränderungen auf der politischen Ebene, als auch im Bereich religiöser Gruppierungen betraf.

Spätestens in Verbindung mit dem Familiennachzug entstand unter den Zugewanderten das Bedürfnis, die gewohnte Religion auch im Ausland zu leben und vor allem die Kinder in dieser Religion zu erziehen, sodass man sich in Deutschland zunächst zu Moscheevereinen zusammenfand. Erst sekundär begannen im Zuge der Etablierung in Deutschland und unter dem Eindruck der teilweise gewaltsamen innertürkischen Auseinandersetzungen interne Ausdifferenzierungen, die neben unterschiedlichen religiösen Schwerpunktsetzungen vor allem die rivalisierenden türkeiinternen Ideologien widerspiegelten. Dabei muss betont werden, dass gerade Fragestellungen, die den Platz des Islam in der jungen türkischen Gesellschaft zum Inhalt hatten, im türkeiinternen Diskurs eine ganz wesentliche Rolle spielten. Dies bedeutet für die heutige Situation: Je mehr sich die innenpolitische Situation in der türkischen Republik beruhigt hat, umso stabiler wurden und sind auch die Organisationen türkeistämmiger Muslime in Deutschland.

Von den fraglichen Organisationen, die im Zuge der innertürkischen Auseinandersetzungen entstanden, sollen hier einige wenige stellvertretend genannt werden:

Da ist zunächst einmal die *Milli Görüş*; ursprünglich entstanden als türkische Auslandsorganisation von Necmettin Erbakans islamistischer *Partei der Nationalen Ordnung*, die sich in den frühen 1980er Jahren zunächst innertürkisch in den häufig gewaltsamen Auseinandersetzungen zwischen religiösnationalen und sozialistischen Kräften aufseiten der Rechten engagierte, im deutschsprachigen Raum aber in den ideologischen Sog der islamischen Revolution im Iran geriet und sich auf diese Weise radikalisierte. Die veränderten politischen Verhältnisse im Mutterland, die Abkehr der Intellektuellen von totalitären, inzwischen gescheiterten Staatsmodellen, vor allem aber die notwendige Auseinandersetzung und Kooperation mit den Institutionen der Aufnahmegesellschaft sowie das Aufkommen neuer intellektueller Eliten der zweiten Migrantengeneration führten innerhalb der *Milli Görüş* zu einem Paradigmenwechsel, der inzwischen in ein klares Bekenntnis zum Lebensmittelpunkt Deutschland mündet und folgerichtig Teilhabe am gesellschaftlichen und politischen Leben einfordert. Vertreter der *Milli Görüş* beteiligen sich heute aktiv am gesellschaftlichen Leben in den Aufnahmegesellschaften. Auf Gemeindeebene

23 Vgl. Ljubomir Bratic/Eveline Viehböck, *Die zweite Generation*, Innsbruck 1994, S. 14f.

engagieren sie sich vor allem auf dem sozialen und dem Bildungssektor, über ihren Verband und die Verbandsvertreter sind sie in politischen Gremien und Migrantenorganisationen aktiv, und ihre Frauengruppen (womit ich an dieser Stelle auch nominell unabhängige Frauenvereinigungen wie das *Zentrum für Islamische Frauenforschung* (ZIF) in Köln meine) machen durch feministische Koranexegesen und die Bereitstellung von Unterrichtsmaterial für den Islamischen Religionsunterricht von sich reden. Wo immer in Deutschland vom interreligiösen oder interkulturellen Dialog die Rede ist, wird man an den Vertretern der *Milli Görüş* nicht vorbeikommen, sodass diese Gruppe nicht mehr wegzudenken ist, wenn es um den Weg in Richtung deutscher Islam geht.

Anders die *Jama'at un-Nur*. Auch sie hat ihre Ursprünge in der Türkei, aber sie ist als eine Reaktion auf den verfehlten Reformkurs im ausgehenden Osmanischen Reich und der nachfolgenden Republik zu verstehen. Sie geht auf Said Nursi (1873-1960), den in Nurs in der Osttürkei geborenen Korankommentator zurück, dessen Werk *Risale-i Nur* die religiösen und politischen Grundlagen der *Jama'at un-Nur* absteckt. Said Nursi kritisierte die religiösen Hierarchien der osmanischen Zeit ebenso wie die religionsfeindlichen Reformen Atatürks, lehnte nationalistische Strömungen jedweder Couleur ab und sprach sich für ein rationalistisches, wissenschaftsfreundliches und auf strengen gesetzlichen Grundlagen fußendes Staatswesen aus, das er theologisch begründete. Die *Jama'at un-Nur* bekennt sich in ihrer Satzung ausdrücklich zum Gedankengut von Said Nursi, einschließlich einer Weiterentwicklung seines Staatsmodells, geriet aber ebenfalls in den 1980er Jahren in den Sog der innertürkischen Auseinandersetzungen. Vor allem die Diskussion um die sogenannte türkisch-islamistische Synthese, eine Kombination von nationalistischem und islamistischem Gedankengut, fand letztlich ihren Niederschlag auch in Teilen der *Jama'at un-Nur* und führte zu Spaltungen innerhalb der Gruppierung. In verschiedenen Gruppen verfolgt man jedoch die ursprüngliche anti-nationalistische, antitotalitäre und dialogorientierte Ausrichtung strikt weiter, die sich in einem aktiven Engagement sowohl auf gesellschaftlicher wie auch auf religiöser Ebene zeigt. Vor allem die im Korankommentar *Risale i-Nur* festgeschriebene Toleranz anderen Konfessionen und Religionen gegenüber macht die *Jama'at un-Nur* zu einem wertvollen Gesprächspartner für Theologen und Politiker und zu einem Vorreiter auf dem Wege zu einem deutschen Islam.

Etwas schwerer tut sich die DITIB, die *Türkisch-Islamische Anstalt für Religion e.V.*, die seit 1985 ihren Hauptsitz in Köln hat und ursprünglich das Zentrum des offiziellen und daher politisch-laizistisch ausgerichteten türkischen Islam in Deutschland ist. Das dem türkischen Ministerpräsidenten unterstehende *Zentrum für Religionsangelegenheiten* (*Diyanet Işleri Başkanliği*, kurz DIB) in Ankara bestimmte bisher sowohl die Satzung als auch die personelle Struktur der DITIB (*Diyanet Işleri Türk Islam Birliği*), deren Imame bezeichnenderweise türkische Staatsbeamte sind. Vor allem im Zuge der innerdeutschen Diskussion um die Erteilung Islamischen Religionsunterrichts bemüht sich die deutsche DITIB inzwischen, den Anforderungen gerecht zu werden, die der deutsche Staat an eine anerkannte Religionsgemeinschaft stellt, und hat in diesem Zusammenhang mit entsprechenden vereinsrechtlichen Umstrukturierungen begonnen, welche die DITIB vom türkischen Diyanet unabhängiger machen sollen.[24]

Diese wenigen Beispiele machen deutlich, dass der heutige, inzwischen vorwiegend durch die Arbeitsmigration bestimmte Islam in Deutschland noch weit von einem tatsächlichen deutschen Islam entfernt ist: Die Gründe liegen hierbei nicht nur in politischen Differenzen oder auf der Ebene umstrittener Personalentscheidungen innerhalb der islamischen Verbände, sondern entwickeln sich vielmehr aus der historischen Entwicklung. Während zu Zeiten des Kalifats eine organisatorische Differenzierung innerhalb des Islam nicht nötig war, sondern (mit gewissen Einschränkungen) jeder dem religiösen Lehrer seiner Wahl folgen konnte, machte die Unterdrückung religiöser Strukturen in vielen Nachfolgestaaten des ehemaligen Osmanischen Reiches – hier beispielhaft gezeigt an der Türkischen Republik – eine freie Entfaltung religiösen Lebens unmöglich; dies ging bis zum Verlust religiöser Identitäten wie z.B. bei den hier nicht näher diskutierten Aleviten. Oft genug erlaubte erst die Migration die freie Religionsausübung und hatte damit ebenso eine Rückbesinnung auf gewachsene Traditionen wie ein bewusstes Entdecken der eigenen spezifischen Religionsform zur Folge. Erst in der Diaspora konnten sich etliche muslimische Gruppen als eigene Entitäten innerhalb der *Umma* überhaupt entdecken. Im Gegenzug ist es dann die erlebte Unterdrückung der eigenen religiösen Identität, die zu einer scharfen Abgrenzung gegenüber einem wie auch immer definierten Mehrheitsislam und hier in der Diaspora auch der säkularen oder christlichen Mehrheitsgesellschaft führt, wie es sie in dieser Weise bisher noch nicht gegeben hat.

In theologischer Hinsicht hatte die teilweise scharfe Abgrenzung einzelner muslimischer Gruppen vom offiziellen türkischen Staatsislam den Verlust des Kontaktes zu einer wissenschaftlich fundierten Theologie zur Folge. Dies zeigt sich in einer generell stark konservativen, gelegentlich fundamentalistischen Haltung, die geneigt ist, regionale Traditionen und althergebrachte Sitten als genuin muslimisch zu betrachten und zur kritischen Reflexion nur wenig fähig ist. Diese Haltung betrifft nicht nur die muslimischen Einwanderer der ersten Generation, die aus ihrer Heimat einen Volksislam, gepaart mit starker persönlicher Frömmigkeit mitbrachten, sondern auch die zweite und dritte Migrantengeneration, die heute in Deutschland vor allem im Zusammenhang mit der Frage nach Islamischem Religionsunterricht an deutschen Schulen die innerdeutsche Diskussion zwischen Muslimen und Vertretern der Politik prägt und

24 Vgl. Ina Wunn u.a., *Muslimische Gruppierungen in Deutschland*, Stuttgart 2007.

dort immer wieder (vor allem in Zusammenhang mit Lehrstuhlbesetzungen) einen Islam einfordert, der ebenso konservativ wie traditionell türkisch ist.[25]

In organisatorischer Hinsicht kennzeichnen bis heute politisch und personell motivierte Spaltungen als Resultat einer innerislamischen Identitätsfindung die Bewegungen innerhalb der Verbände, wohingegen auf Dachverbandsebene eine gegenläufige Tendenz zu beobachten ist. Inzwischen sprechen mit dem *Zentralrat* und dem *Islamrat* zwei große, bundesweite Dachverbände für eine höchst heterogene Menge unterschiedlichster Moscheegemeinden, die sich mit dem VIKZ und der DITIB zum *Koordinationsrat der Muslime* zusammengefunden haben und so zumindest auf Bundesebene den von der Politik geforderten Ansprechpartner stellen. Zusätzlich haben sich auch landesweit, unter bewusster Anlehnung an die föderalistischen Strukturen in der Bundesrepublik, Dachverbände gebildet, die sich als Ansprechpartner für die Politik verstehen. Gemeinsames Ziel der genannten Einrichtungen ist die Etablierung des Islam in Deutschland – einmal, um als Religionsgemeinschaft und in ferner Zukunft vielleicht auch einmal als Körperschaft des öffentlichen Rechts anerkannt zu werden und in den Genuss der damit verbundenen Privilegien zu kommen, andererseits aber auch, um sich bewusst in Deutschland verorten zu können. Dies schließt die Entwicklung eines spezifisch auf deutsche Verhältnisse zurechtgeschnittenen Islam ein, der allerdings wegen der fehlenden Anbindung an die innerislamische theologische Diskussion heute oft konservativ-sektiererische Züge zeigt, die dem ersten deutschen Islam noch fremd waren.

Der Islam ist also dabei, sich in Deutschland zu etablieren – nicht nur, was die Zahl seiner Mitglieder anbelangt, sondern auch hinsichtlich seiner Strukturen, die sich an die deutschen Verhältnisse anpassen müssen. Ob sich dabei eine von vielen Muslimen gefürchtete Institutionalisierung und Hierarchisierung des Islam vermeiden lassen wird, sei dahingestellt. Wenn man sich aber die schon heute erfolgreichen islamischen Gruppierungen ansieht, wie die *Ahmadiyya*, der VIKZ oder die sich gerade als eigenständige Glaubensgemeinschaft formierenden Aleviten der AABF, sind die positiven Seiten einer solchen Institutionalisierung kaum zu übersehen. Dass ein solcher Erfolg den weitgehenden Verzicht auf die Durchsetzung von Partikularinteressen bedeutet, dürfte ebenfalls offensichtlich sein. An welcher Stelle sich am Ende eines solchen Prozesses kleinere Moscheegemeinden einordnen wollen und wie sie ihre Identität bewahren können (ob z.B. ein an einer deutschen Hochschule ausgebildeter Imam den Ansprüchen einer sich als typisch marokkanisch verstehenden und heimatliches Brauchtum pflegenden Gemeinde gerecht werden kann), wird die Zukunft zeigen. Auch die Frage, wo sich der zukünftige Islam theologisch verorten will – eher bei den gemäßigt Progressiven, wie sie teilweise den wissenschaftlichen Tenor an der Theologischen Fakultät der Universität Ankara bestimmen, oder

25 Vgl. z.B. die Diskussionen um den Münsteraner Theologen Muhammad Kalisch.

doch eher im konservativen Milieu eines typischen Migrantenislam –, dürfte für die Zukunft eines deutschen Islam von entscheidender Bedeutung sein.

Literatur

Abdullah, Muhammad Salim, *Geschichte des Islams in Deutschland*, (Islam und westliche Welt, Bd. 5), Graz/Wien/Köln 1981.

Ders., *„Muslime in Deutschland – Geschichte und Herausforderung"*, in: Hannemann, Tilman/Meier-Hüsing, Peter, *Deutscher Islam – Islam in Deutschland*, Marburg 2000.

Bauknecht, Bernd, *Muslime in Deutschland von 1920 bis 1945*, Köln 2001.

Benner, Thomas, *Die Strahlen der Krone. Die religiöse Dimension des Kaisertums unter Wilhelm II. vor dem Hintergrund der Orientreise 1898*, Marburg 2001.

Bratic, Ljubomir/Viehböck, Eveline, *Die zweite Generation*, Innsbruck 1994.

Cavalli-Sforza, Luigi-Luca, *Gene, Völker und Sprachen. Die biologischen Grundlagen unserer Zivilisation*, Darmstadt 1996.

Das Zentralinstitut Islam-Archiv-Deutschland in Soest (seit 1982), URL: http://www.islamarchiv.de/iarchiv/soest.html (Abruf: 27.02.2009).

Heimbach, Marfa, *Die Entwicklung der islamischen Gemeinschaft in Deutschland seit 1961*, Berlin 2001.

Hobohm, Mohammad Aman, *„Neuanfänge muslimischen Gemeindelebens"*, URL: http://www.muslim-liga.de/1141137448_ja.htm (Abruf: 22.06.2006).

Höpp, Gerhard, *„Muslime unterm Hakenkreuz – Zur Entstehungsgeschichte des Islamischen Zentralinstituts zu Berlin e.V."*, URL: http://www.islamarchiv.de/index2.html (Abruf: 20.07.2006).

„Mohammed Amin al-Husseini", Artikel, in: *Wikipedia*, URL: http://de.wikipedia.org/wiki/Mohammed_Amin_al-Husseini (Abruf: 25.04.2009).

Schöllgen, Gregor, *„Instrument deutscher Weltmachtpolitik. Die Bagdadbahn im Zeitalter des Imperialismus"*, in: Franzke, Jürgen (Hg.), *Bagdadbahn und Hedjazbahn. Deutsche Eisenbahngeschichte im Vorderen Orient*, Nürnberg 2003.

Seufert, Günter/Kubaseck, Christopher, *Die Türkei*, München 2004.

Spengler, Oswald, *Der Untergang des Abendlandes*, München 1923.

Steinbach, Udo, *Geschichte der Türkei*, München 2000.

Vorhoff, Karin, *Zwischen Glaube, Nation und neuer Gemeinschaft. Alevitische Identität in der Türkei der Gegenwart*, Berlin 1995.

Wunn, Ina u.a., *Muslimische Gruppierungen in Deutschland*, Stuttgart 2007.

Islam in Deutschland zwischen Anerkennung und Ignoranz

Von Avni Altıner

Besonderer Dank gilt – dies sei vorweg genommen – dem niedersächsischen Ministerpräsidenten Christian Wulff, der sich seit einiger Zeit strategisch und zukunftsorientiert für friedenssichernde Maßnahmen in Bezug auf den wachsenden muslimischen Bevölkerungsanteil persönlich einsetzt. Dazu gehört auch das Angebot eines Staatsvertrages. Wir wissen oder ahnen auch, dass sich im Parlament, in Parteien und anderen Instanzen für solche Gedanken nicht nur Freunde finden, und achten Christian Wulffs Weg umso mehr.

Staatsvertrag

Die beim Bundesinnenministerium angesiedelte „Deutsche Islam Konferenz" hat über Prof. Heinrich de Wall ein verfassungsrechtlich tragfähiges Arbeitspapier vorgelegt; dies ist auch für uns die Grundlage für das weitere Vorgehen, zumal die Satzung der Schura Niedersachsen von Anfang an die aktuellen religionsverfassungsrechtlichen Anforderungen berücksichtigt hat.

Ein Staatsvertrag muss auf Jahrzehnte tragfähig sein und juristisch belastbare Vertragspartner binden: Vor diesem Hintergrund sollen auf dem Weg zu einem Staatsvertrag heute nicht oder kaum streitbefangene Themen zwischen Land und Muslimen ausgehandelt werden, um mit wachsendem Vertrauen der Verhandlungspartner zueinander, mit erfolgreicher Aushandlung schwierigerer Themen und mit wachsendem religions- und rechtspolitischen Verständnis der Muslime und ihrer Vereinigungen nach Jahren zu einem belastbaren und geregeltem Miteinander von Staat und Religionsgemeinschaft zu gelangen. Es ist dabei selbstverständlich und von der Verfassung geboten, dass in einem solchen Prozess die Muslime sich selbst repräsentieren und keiner vom Staat bestellter Kuratoren, etwa für eine „schweigende Mehrheit" bedürfen. Die Verbände würden in einem solchen Falle ihre Kooperation sicher verweigern müssen.

Themen zu einer Vereinbarung mit dem Land könnten oder sollten insbesondere sein (ohne wertende Reihenfolge): Mitsprache in den Rundfunkräten und Sendezeiten, Beteiligung als Träger öffentlicher Belange, an Islamischen Lehrstühlen an Universitäten sowie dem Religionsunterricht mit jeweiliger einvernehmlicher Beteiligung (*iǧāza*) der Verbände, Bekleidungsfreiheit, Einrichtung und Förderung der Anstalts-Seelsorge sowie der Jugendarbeit, Bestattungsrecht, Beachtung der Speisegebote (v.a. in öffentlichen Kantinen), Pflichtgebet in Schule und am öffentlichen Arbeitsplatz, Feiertagsrecht, Bauplanungs- und Bauordnungsrecht in Bezug auf Moscheen und ihre Einrichtungen, institutionelle Förderung, Evaluierung und Anpassung sowie analoge Verfahrensempfehlungen für die Kommunen.

Islamische Verbände

Wie sollten/müssen/wollen die Muslime sich vereinigen, um gegenüber dem Staat verhandlungs- und vertragsfähig zu werden? Dazu beobachten wir:

- Die ersten Verbandsgründungen seit den 1970er Jahren waren an Identitäten aus dem Herkunftsland orientiert.
- In spätestens zwei Generationen, also um 2040, hat sich die Mehrheit der Muslime (dann in Deutschland geborene Menschen und mit deutscher Staatsbürgerschaft und Sprache) hier eingerichtet.
- Heute haben sich darauf ausgerichtete, nämlich muslimische multiethnische und multikonfessionelle Landesverbände gegründet.
- Dies zeigt, dass die Muslime in einer organisatorischen Umbruchphase stehen, die früher oder später auch die monoethnischen herkunftslandorientierten Verbände erfassen wird und solche auf die Drittstaaten Einfluss nehmen werden.
- Sinnbildlich bedeutet dies, dass um 2050 deutsche oder niedersächsische Muslime und Bürger Hannovers zum Freitagsgebet ihre Hauptmoschee (*masǧid al-ǧāmiʿ*) in der hannoverschen Innenstadt aufsuchen, dort eine *ḫuṭba* in deutscher Sprache hören werden, gehalten von einem in Deutschland ausgebildeten Imam, und anschließend beim Tee über Hannover und die Welt diskutieren werden.
- Derzeit werden die Muslime in Niedersachsen – soweit organisiert – zu fast 100% durch DITIB und Schura Niedersachsen vertreten; dies schließt Mehrfachmitgliedschaften von Moscheevereinen im Landesverband und darüber hinaus in sog. Bundes- oder Dachverbänden, etwa im Islamrat oder im Zentralrat, nicht aus.
- Die verbandliche Organisationsentwicklung muss sich diesem besonderen demografischen Wandel anschließen, demokratisch, von innen heraus in einem Bottom-up-Konzept, jedenfalls nicht in einem teilweise drittstaatsgesteuerten Top-down-Modell.

Muslime entdecken ihre eigenen Ressourcen

Wir erblicken ein krasses Missverhältnis zwischen der hohen und zunehmenden Zahl von Muslimen in Deutschland (ca. 3,5 Mio.) bzw. Niedersachsen (bis zu 250.000) und der Bereitstellung von personellen, intellektuellen und insbesondere finanziellen Ressourcen. Wir müssen – eine Alternative wäre eine nicht erwünschte Stärkung des Einflusses von Drittstaaten – heute mit einer Art innerer Mission beginnen, um die Ressourcen an Mitteln und Kompetenzen zu gewinnen, die nötig sind, um die Voraussetzungen für die Leistungsanforderungen an eine Religionsgemeinschaft zu finden, wie sie nach Art. 7 Abs. 3 GG und als Vertragspartner eines Staatsvertrages benötigt wird.

Dazu gehört auch der systematische und durch eigene Ressourcen abgesicherte Aufbau einer islamischen wissenschaftlichen Theologie in deutscher Sprache samt Publikationswesen.

Weitere Selbstkritik

Spannungen zwischen Muslimen, die in nationalen, ethnischen, konfessionellen oder historischen Ursachen wurzeln, und in ihren Herkunftsländern teils friedlich, teils – wie heute insbesondere im Irak – gewalttätig ausgetragen werden, dürfen keinen Platz auf deutschem Boden finden. Die Verbände sind aufgerufen, allen Spaltpilzen wirksam zu begegnen und – mehr noch – Instrumente zu ihrer Überwindung zu entwickeln.

Es gibt noch keine bodenständige Ausbildung von Imamen und – von den aus der Türkei finanzierten Hodschas bei DITIB abgesehen – kein geordnetes Anstellungs- und Vergütungswesen in den Moscheevereinigungen. Ohne dieses bleibt ein Imamstudium für junge Abiturienten uninteressant.

In vielen Moscheegemeinden und mithin auch in den Dachverbänden ist die Mitgliedschaft nicht transparent genug: Mitgliederlisten, Vereinsadressen, aktuelle Vorstände und ihre Meldung beim Registergericht, saubere Aktenführung, Beitragsverwaltung – es ist noch viel zu tun, bis die Muslime in Deutschland angekommen sind!

Es wird heute durch die Moscheevereine und ihre Verbände eine mehr als beachtliche Arbeit geleistet für die Jugend, Erziehung, Bildung, Frauen, Senioren, für Kranke oder Häftlinge, Notleidende und die Katastrophenhilfe. Dies ist ein reines Ehrenamt und damit ein hervorragender Beweis für Integration; sind doch Ehrenamt und Vereinsarbeit ein deutsches Markenzeichen. Und es entwickelt sich hier immer mehr und immer Vorbildlicheres, doch all dies wird in der Öffentlichkeit kaum wahrgenommen. Tue Gutes und sprich darüber: Vielen Vereinigungen fehlt es an Medienkompetenz. Wir sind überzeugt davon, dass das Image der Muslime in Deutschland ein weitaus besseres sein könnte.

Materielle Hilfen durch die öffentliche Hand erwünscht

Abertausende von Muslimen arbeiten erfolgreich und seit Jahrzehnten an der Volkswohlfahrt, etwa als Werktätige bei VW in Wolfsburg und Hannover oder (noch) in Osnabrück bei Karmann; während infolge der Kirchenstaatsverträge staatliche Mittel (auch für personelle Leistungen) an die christlichen Religionsgemeinschaften fließen, und – wir begrüßen dies – auch die jüdischen Gemeinden mit Mitteln unterstützt werden, werden die Muslime, obschon zahlenstark, eine Unterstützung aus staatlichen Mitteln noch einfordern müssen: beharrlich, unablässig und gezielt, insbesondere für strukturelle und karitative Aufgaben.

Probleme der Muslime im Alltag

Gebet

Der Islam ist in Deutschland angekommen, die Muslime leben nicht mehr in der Diaspora. Dies hat nach islamischem und deutschem Recht Auswirkungen, die sich bereits 2005 beim Urteil des BVerfG über das Schächten zeigten. Nach der Scharia gilt keine Erleichterung mehr im Ritus wegen des Lebens außerhalb eines islamischen Landes, soweit die Muslime dort die Möglichkeit haben, ihre rituell-religionsrechtlichen Bedürfnisse und Pflichten frei zu gestalten; hier eben durch vielfältige Partizipation. Noch Papst Paul II. hatte die Muslime in Europa dazu aufgerufen, vom öffentlich sichtbaren Ritus nicht zu lassen.

Und so gilt dies auch und besonders für das Gebet (*aṣ-ṣalāh oder namaz*), eine zentrale Pflicht, wie Prophet Muhammad (s.a.s.) lehrte: „Wer nicht betet, gehört nicht zu uns." Der *Religionsmonitor 2008* der Bertelsmann Stiftung hat die hohe rituelle Pflichttreue der Muslime in Deutschland, besonders für das Gebet auch in der nachwachsenden Generation, belegt. 2008 erklärte das Verwaltungsgericht Berlin in einem Beschluss vom 10. März 2008 das islamische Gebet in der staatlichen Schule in den Unterrichtspausen vor dem Hintergrund der religiösen Neutralität der Schule als zulässig. Nun ist es unsere Aufgabe als Landesverband, für die Einrichtung des Gebets nach seiner pflichtmäßigen Zeit und ggf. nach Raum für Schüler und Arbeitnehmer zu sorgen. Hierzu ist seitens der Schura Niedersachsen eine besondere Tagung geplant.

Bestattungen und Friedhof

Es sind in der Landesgesetzgebung einiger Bundesländer Fortschritte zu verzeichnen. Noch steht eine völlige rechtliche und rituelle Gleichbehandlung der Muslime aus. Neben Sargfreiheit und langer Ruhezeit geht es hier vorrangig um die gesetzliche Einräumung der Trägereigenschaft für eigene muslimische Friedhöfe.

Schächten

Unter dem Mantel des Tierschutzes lebt heute die 1935 von der nationalsozialistisch-rassistischen Diktatur eingeführte staatliche Diskriminierung jüdischer

Speisevorschriften fort und richtet sich so auch gegen Muslime. Die mit Ausnahmegenehmigungen befassten Behörden sind heute wieder zu restriktiver Haltung aufgefordert. Zugleich stört es offensichtlich nicht, dass die religiöse Nachfrage nach halal (*ḥalāl*) oder koscher geschlachtetem Fleisch weite LKW-Transporte mit ihren bekanntermaßen tierquälerischen Wirkungen auslöst, etwa um Schafe aus Deutschland und Niedersachsen ins Ausland zum Schächten zu transportieren und das so erzeugte gute Fleisch zu reimportieren, oder um überhaupt anstelle inländisch erzeugter Agrarprodukte solche zu importieren; hier dominiert Ideologie über die Förderung der heimischen Fleischerzeuger. Deshalb ersuchen wir das niedersächsische Landwirtschaftsministerium eindringlich, unsere Vorschläge bezüglich einer tierschutzgerechten Kooperation und Vermarktungsinitiative mit niedersächsischen Tierzuchtbetrieben aufzugreifen, damit Absatz, Nachfrage, Landschaftsschutz und Tierschutz sinnvoll zusammengeführt werden können.

Feiertagsregelung und Schule

Christlichen Schülerinnen und Schülern ist an ihren wesentlichen Feiertagen (Karfreitag, Ostern, Himmelfahrt, Pfingsten und Weihnachten) Unterrichtsfreiheit gegeben, indem diese christlichen religiösen Feiertage durch Gesetz des laut Verfassung religionsneutralen Staates zu unmittelbaren staatlichen Feiertagen erklärt sind.

Im Islam gibt es nur zwei zentrale religiöse Feiertage: das Fest am Ende des Fastenmonats Ramadan und das zehn Wochen darauf folgende Opferfest. Für schiitische Muslime hat darüber hinaus der nach weiteren vier Wochen folgende Trauertag *ʿāšūrāʾ* (ähnlich Karfreitag) zentrale Bedeutung. Es ist im Hinblick auf den Gleichbehandlungsgrundsatz nach Art. 4 GG und im Hinblick auf die Anforderungen an Schüler und Eltern unangemessen, die muslimischen Schulkinder bzw. ihre Eltern auf ein bürokratisches Verfahren des zu begründenden Einzelantrages zu verweisen und im Gewährungsfalle nur den Besuch einer religiösen Veranstaltung, nicht aber eine Befreiung für den ganzen Feiertag zu gewährleisten.

Ramadan- und Opferfest sind familienbezogene Feiertage. Die Kinder sind in die Familie und das Festgeschehen fest eingebunden. Sie müssen deshalb ganztägig beteiligt sein. Beide Feiertage werden dreitägig begangen; die Schura Niedersachsen hat beim Niedersächsischen Kultusministerium die grundsätzliche Befreiung für den ersten Tag beantragt.

Die Termine sind gegenüber dem Sonnenkalender variabel und richten sich nach dem rituellen lunaren Kalender, können mithin auch in die Schulferien fallen. Die Schura Niedersachsen will dem Niedersächsischen Kultusministerium die Termine jeweils rechtzeitig zur Bekanntmachung mitteilen. Hierzu ist aber auch eine Vereinheitlichung der Terminermittlung (erste Sichtung des jungen Mondes nach Neumond) zwischen den muslimischen Gruppen erforderlich.

Diskriminierung – staatlich und privat

Es gibt unverändert – insbesondere hier in Niedersachsen – die staatliche Diskriminierung von Muslimen und Moscheegemeinden durch die sogenannten „verdachtsunabhängigen“ Kontrollen von Moscheen bzw. ihrer Besucher, insbesondere zum Freitagsgebet. Heute, wenige Tage nach dem 70. Gedenktag an die Novemberpogrome von 1938, stößt diese staatliche, durch das Niedersächsische Innenministerium betriebene Diskriminierung umso bedenklicher auf. Im Klartext: Wenn Uniformierte und Dienstfahrzeuge eine Moschee umstellen und die Besucher kontrollieren, ist dies für die deutsche Nachbarschaft eine unmissverständliche Ansage; wo Rauch ist, wird auch Feuer sein, wenn die Polizei tätig wird, „dann sind dort auch Terroristen“. Die negativen Emotionen werden kollektiviert und gegen die Muslime insgesamt gewendet.

Alltägliche Diskriminierungen erleben muslimische Schülerinnen und Schüler, sei es durch Mitschüler, sei es – leider auch – durch Lehrkräfte. Eltern berichten uns, und es kommt zuweilen Entsetzliches zutage. Etwa wenn – so geschehen – Lehrerinnen nach den Osterferien nach Urlaubszielen fragen und bei einer Erklärung von Muslimen, auf einer Moscheefreizeit gewesen zu sein, nachhaken, ob sie dazu gezwungen und dort auch geschlagen worden seien; nicht zu sprechen von muslimischer Sittsamkeit bezüglich ihrer Bekleidung.

Deshalb begrüßen wir das Vorhaben der Integrationsbeauftragten des Landes Niedersachsen ausdrücklich und danken Frau Deihimi dafür, interkulturelles Training im Schulsektor systematisch zu fördern. Dazu gehören sicher auch Kindergärten, Jugendherbergen und ähnliche Einrichtungen. Zielgruppen sind jeweils das Lehr-, Leitungs-, Verwaltungs-, Küchen- und technische Personal. Wir hoffen, dass dies in einer fruchtbaren Kooperation mit dem Kultusministerium zum Erfolg werden kann. Da es solche Vorhaben auch in anderen Bundesländern gibt, bleibt es offen, ob Niedersachsen auch in diesem Felde als Vorbild vorangehen will.

Islamischer Religionsunterricht

Hier ist Niedersachsen in der Tat als bundesweites Vorbild vorangegangen. Dies verdient Respekt! Dazu gehört auch Lob für die Bereitschaft, anstelle einer durch Religionszugehörigkeit förmlich feststellbaren Unterrichtsteilnahmepflicht, die ja dem Islam wesensfremd ist, ein Anmeldesystem einzuführen. Der Erfolg zeigt, dass dies der richtige Weg war. Weiter werden für die nächste Zeit erforderlich:

- Die Ausdehnung des Schulversuchs aus der Sekundarstufe 1, damit Kinder nach der 4. Klasse nicht ins Leere (oder den Werte- und Normenpflichtunterricht) fallen;
- Die Beschäftigung geeigneter Muslime auf Honorarbasis bzw. befristet zur Überbrückung des Lehrkraft-Engpasses, bis an der Universität Osnabrück die sich nur sehr allmählich einschreibenden Studenten ausgebildet sind;
- Der weitere Abbau von Misstrauen zwischen IRU-Lehrkräften und Eltern, zwischen Religionsgemeinschaft, Lehrkräften und Kultusverwaltung ist ein allmählicher Prozess; wo irgend möglich, sollten Instrumente zu seiner Beschleunigung gefunden werden;
- Lehrbücher zum Islamischen Religionsunterricht erscheinen allmählich. Sie bedürfen der staatlichen Zulassung, und erste Blicke in diese Werke führten zu unterschiedlichen Echos. Wir gehen davon aus, dass Autoren und Verlage sich bemühen werden, ihre Manuskripte mit den Vertretern der Eltern und den islamischen Verbänden auf Landesebene abzustimmen, und dass dies auch förmlich, d.h. im Einvernehmen mit den Kultusverwaltungen erfolgen wird.

Schule und Fasten

Art. 4 GG schützt die Religionsausübung – auch in der Schule, wie die jüngste Berliner VG-Entscheidung wegen des Betens in der Schule noch einmal bestätigt hat. Minderleistung und Müdigkeit aufgrund des Fastens durch Schülerinnen und Schüler, die in dem nach rituellem Recht fastenpflichtigen Alter sind, müssen hingenommen werden. Theologisch gesprochen: Am Tag des Jüngsten Gerichts sind die Schulnoten kein Kriterium.

Im Sinne des islamischen rituellen Rechtes sind Muslime in Deutschland „angekommen", nicht mehr auf Reisen, d.h. es gelten nicht die für Reisende bestehenden Erleichterungen, sondern die vollen Pflichten in der Religionsausübung. Mit anderen Worten: Die Schulen sollten ihren Unterricht einschließlich der Termine für Klassenarbeiten und Schulausflüge etc. auf den Ramadan einstellen. Wenn Integration keine Einbahnstraße ist, muss dies zwangsläufig auch dazugehören. Wir wissen um die Schwierigkeit der Umsetzung in den Schulen und auch um die Mühe vieler, hierfür Verständnis zu entwickeln. Im Gegenzug ist es die Aufgabe der Muslime auf den Nutzen und die Segnungen des Fastens – auch im psychohygienischen, Bildungs- und sozialen Kontext – zu verweisen. Das Thema wird in den nächsten Jahren an Bedeutung gewinnen, da der Ramadan ja immer mehr – jährlich 10 Tage früher – in die Sommermonate mit den kurzen Nächten fällt.

Zum Schluss ein Wort über Toleranz und Rechtsstaat

Am letzten Sonntag jährte sich die Reichspogromnacht zum 70. Male. In der Geschichte Deutschlands richtete sich die Intoleranz gegenüber anderen Glaubensüberzeugungen insbesondere gegen die Juden, aber auch gegen die Türken und Muslime. In Luthers Schrift *Von den Juden und ihren Lügen* aus dem Jahre 1543 lesen wir u.a.:

> „[…] Erstlich, dass man ihre Synagogen oder Schulen mit Feuer anstecke, und, was nicht verbrennen will, mit Erde überhäufe und beschütte, dass kein Mensch einen Stein oder Schlacke davon sehe ewiglich. Zum anderen, dass man auch ihre Häuser desgleichen zerbreche und zerstöre. Denn sie treiben eben dasselbige drinnen, was sie in ihren Schulen treiben. Dafür mag man sie etwa unter ein Dach oder Stall tun, wie die Zigeuner, auf dass sie wissen, sie seien nicht Herren in unserem Lande. [...] Zum dritten, dass man ihnen nehme alle ihre Betbüchlein […], darin solche Abgötterei, Lügen, Fluch und Lästerung gelehrt wird […].“[1]

Karl Jaspers schrieb 1962 ganz nüchtern: „Luthers Ratschläge gegen die Juden hat Hitler genau ausgeführt.“ Wir verlangen von unseren christlichen Nachbarn in Deutschland nicht, sich von Luther zu distanzieren oder seine Werke gar zu indizieren, auch nicht in der gerade in Wittenberg begonnenen Lutherdekade. Denn es ist nicht unsere Aufgabe zu richten, schon gar nicht als Muslime in Deutschland.

Es gehört aber auch zu unseren täglichen Erfahrungen, dass uns die religiösen Grundrechte aus Artikel 4 GG nicht geschenkt werden. Vielmehr müssen sie gegen vielfältige direkte oder indirekte Widerstände aus Politik, Kirchen, Medien oder Verwaltungen immer wieder neu angemahnt und neu erkämpft werden. Noch im heutigen Deutschland spüren wir deutlich einen Nachhall von Luthers Intoleranz gegenüber anderen Denkrichtungen und Glaubensüberzeugungen wirken, etwa wenn der Ruf nach Integration oft nur dem Aufhören des Andersseins und Andersdenkens dient, gemäß dem Motto: Wer sich anders kleidet, wer unseren Wein und unser Bier nicht schätzt, gehört nicht zu „uns“.

Aber nach all den historischen und politischen Erfahrungen in und mit Deutschland und in aller Welt ist für uns der Kampf gegen Gewalt, Ausländerfeindlichkeit, Antisemitismus und Islamophobie eine umso wichtigere Aufgabe – eine Aufgabe, bei der wir alle Instanzen ins Boot holen möchten, ohne Blauäugigkeit, ohne Einäugigkeit, ohne religiöse Apologetik, ohne politischen Populismus, aber auf der Grundlage einer echten christlichen und muslimischen Nächstenliebe. Gott hat uns im Koran gelehrt und Sein Prophet Muhammad (s.a.s.) hat es uns vorgelebt:

- Alle Menschen sind Seine Geschöpfe.
- Gottes Schöpfung ist schön und Er liebt seine Geschöpfe.

1 Martin Luther, *WA 53*, S. 523, 536f.

- Gott hat die Menschen in Vielfalt geschaffen, damit sie einander erkennen.
- Unter den Menschen ragt das Individuum oder die Gruppe nur durch Gottesnähe heraus.
- Moses (a.s.) und Jesus (a.s.) und ihre Botschaften sind Gottes Botschaften, sie sind uns heilig.
- Gottesliebe und Nächstenliebe sind untrennbar miteinander verbunden.
- Und beschimpfe nicht, wer unfreundlich zu dir ist; wende dich ihm freundlich zu und er wird dir ein warmherziger Freund werden.

50 Jahre muslimische Zuwanderung und die Anerkennung muslimischer Verbände als Körperschaft des öffentlichen Rechts

Von Gerhard Robbers

1.

Menschen muslimischen Glaubens stellen heutzutage einen erheblichen Teil der Bevölkerung in Deutschland. Diese relativ neue Präsenz ist eine Bereicherung auch für das deutsche Religionsrecht und wirft neue Fragen auf, stellt das Religionsrecht dabei aber auch vor intensive Herausforderungen. Das Religionsrecht der Bundesrepublik Deutschland ist von dem Bestreben geprägt, den religiösen Bedürfnissen der Religionsgemeinschaften möglichst weitgehende Entfaltungsräume zu gewährleisten. Das zeigt sich etwa im allgemeinen Recht der Religionsfreiheit nach Art. 4 GG, das nicht nur den Glauben selbst und rituelle Handlungen schützt, sondern auch sehr weitgehend ermöglicht, sich seinem Glauben gemäß zu verhalten, alle seine Lebensvollzüge entsprechend seinem Glauben zu gestalten. Deshalb ist etwa auch die Gründung von Krankenhäusern, Altenheimen, Schulen und Kindergärten aus religiösen Gründen als Teil der Religionsausübung geschützt. Religionsunterricht ist ordentliches Lehrfach an öffentlichen Schulen; über seinen religiösen Inhalt bestimmen die Religionsgemeinschaften jeweils für den Unterricht in ihrer Religion. Religionsgemeinschaften genießen ein weitgehendes Selbstbestimmungsrecht aus Art. 140 GG, der die schon in der Verfassung der Weimarer Republik von 1919 geltende Gewährleistung des Art. 137 Abs. 3 WRV in das Grundgesetz übernimmt, wonach jede Religionsgesellschaft ihre Angelegenheiten selbstständig innerhalb der Schranken der für alle geltenden Gesetze ordnet und verwaltet. Aufgrund dieser Bestimmung können die Religionsgemeinschaften nicht nur frei über ihre religiöse Lehre bestimmen, sondern auch ihre innere rechtliche Struktur sehr weitgehend selbst ordnen. Viele Religionsgemeinschaften verfügen, geschützt vom Selbstbestimmungsrecht, über eine eigene Gerichtsbarkeit, die von staatlichen Gerichten nur in eingeschränktem Maße kontrolliert werden kann. Religionsgemeinschaften können wichtige Inhalte des in ihren Einrichtungen geltenden Arbeitsrechts selbst regeln, etwa dass und inwieweit nur Glaubensangehörige beschäftigt werden und welche Loyalitätsobliegenheiten für die Beschäftigten der Religionsgemeinschaft gegenüber gelten. Auch das Steuer- und Abgabenrecht nimmt – wie viele andere Rechtsgebiete – Rücksicht auf religiöse Bedürfnisse.

Das deutsche Religionsrecht ist in erheblichem Maße christlich geprägt. Muslime und muslimische Gemeinschaften finden sich mit ihren religiösen Bedürfnissen hierbei nicht immer ohne Weiteres berücksichtigt. Das gilt etwa schon für den Begriff der Religionsgemeinschaft, der nach herkömmlicher Auffassung nicht nur eine Repräsentation durch Organe der Organisation voraussetzt und Mitglieder haben muss, sondern auch das Recht und die Fähigkeit, für die Mitglieder verbindlich über die Glaubensinhalte zu entscheiden. Das erklärt sich nicht zuletzt auch dadurch, dass der Religionsunterricht an öffentlichen Schulen in seinem Inhalt von der jeweiligen Religionsgemeinschaft bestimmt wird; hierfür braucht der Staat verlässliche Partner. Muslimische Verbände mögen hierin ein Problem finden, weil die verbindliche Festlegung von Glaubensinhalten durch eine Organisation religiöse Schwierigkeiten macht. Das deutsche Religionsrecht sollte insgesamt offen und flexibel genug sein, um sich so zu entwickeln, dass für alle Religionen angemessener Raum zur freien Entfaltung besteht, ohne dass es seine eigenen Wurzeln und Grundstrukturen verleugnen muss. Andererseits muss auch bei den Religionen die Bereitschaft gegeben sein, sich selbst in das System einzufinden und seine Grundstrukturen und grundlegenden Ideen anzuerkennen. Dieses System ist seiner Grundidee nach geprägt von den Menschenrechten, von Toleranz und religiöser Neutralität.

2.

Eine Reihe von Religionsgemeinschaften besitzt den Status von Körperschaften des öffentlichen Rechts. Art. 137 Abs. 5 WRV in Verbindung mit Art. 140 GG sagt dazu:

> „Die Religionsgesellschaften bleiben Körperschaften des öffentlichen Rechtes, soweit sie solche bisher waren. Anderen Religionsgesellschaften sind auf ihren Antrag gleiche Rechte zu gewähren, wenn sie durch ihre Verfassung und die Zahl ihrer Mitglieder die Gewähr der Dauer bieten. Schließen sich mehrere derartige öffentlich-rechtliche Religionsgesellschaften zu einem Verbande zusammen, so ist auch dieser Verband eine öffentlich-rechtliche Körperschaft."

Die mitgliederstarken Religionsgemeinschaften in der Bundesrepublik Deutschland, aber auch eine erhebliche Zahl kleinerer Religionsgemeinschaften wie die jüdischen Kultusgemeinden, die Adventisten, die Mormonen, die Zeugen Jehovas und auch atheistische Weltanschauungsgemeinschaften besitzen diesen besonderen Status. An den Status knüpfen sich einzelne besondere Rechte und Pflichten. So haben Religionsgemeinschaften, die Körperschaften des öffentlichen Rechts sind, die Möglichkeit, ihre Mitgliedsbeiträge als Steuer zu erheben, die sogenannte Kirchensteuer; sie können zudem eigene Beamte haben, weil ihnen insoweit die Dienstherrenfähigkeit zukommt. Religionsgemeinschaften mit dem Status der Körperschaft des öffentlichen Rechts haben auch die Widmungsbefugnis: Sie können begründet in ihrem Wirkungsbereich „öffentliche Sachen" kreieren, indem sie einzelne Sachen wie ihre Grundstücke, Gebrauchsgegenstände und religiöse Gegenstände wie Heilige Schriften, Glocken o.Ä.

dem – öffentlichen – Gebrauch der Religionsgemeinschaft widmen; diese Sachen unterliegen dann wie staatliche Sachen einem speziellen Rechtsregime und dürfen dem widmungsgemäßen öffentlichen Gebrauch nicht ohne Weiteres entzogen werden. Darüber hinaus bestehen noch eine Reihe weiterer einzelner Rechte der öffentlich-rechtlich korporierten Religionsgemeinschaften, wie etwa die besondere Mitsprache bei der Städteplanung im Blick auf die religiösen Bedürfnisse der Bevölkerung.

Mit dem Status des öffentlichen Rechts sind aber auch bestimmte besondere Pflichten der Religionsgemeinschaft verbunden. So müssen sie gewährleisten, dass sie die aus ihrer Dienstherreneigenschaft resultierenden Fürsorgepflichten gegenüber ihren Beamten auf Dauer erfüllen können, also etwa Pensionslasten, die sich über längere Zeiträume erstrecken können.

3.

Jede Religionsgemeinschaft erhält auf ihren Antrag von dem hierfür zuständigen Bundesland den Status als Körperschaft des öffentlichen Rechts, wenn sie durch ihre Verfassung und die Zahl ihrer Mitglieder die Gewähr der Dauer bietet.[1] Anders als andere Körperschaften des öffentlichen Rechts, wie etwa staatliche Universitäten oder Städte und Gemeinden, sind die Religionsgemeinschaften mit diesem Status jedoch nicht in den Staatsaufbau eingegliedert. Sie behalten ihre volle Selbstbestimmung auch als Körperschaft des öffentlichen Rechts. Der Status der Körperschaft des öffentlichen Rechts von Religionsgemeinschaften ist ein Status besonderer Art, ein Status „sui generis“. Mit dieser Rechtsform ist keine besondere Identifikation von Staat und Religionsgemeinschaft verbunden; vielmehr erkennt der Staat in dieser Beschreibung die Bedeutung der Religionsgemeinschaften für das öffentliche Leben an. Die Anerkennung muslimischer Verbände als Körperschaften des öffentlichen Rechts würde deshalb jenseits aller einzelnen, besonderen Rechte vor allem die Anerkennung des Islam als Teil der guten öffentlichen Ordnung in Deutschland bedeuten. Gelänge dies, wäre das ein weiterer bedeutender Schritt zur Integration.

Um den Status einer Körperschaft des öffentlichen Rechts nach Art. 140 GG in Verbindung mit Art. 137 Abs. 5 WRV zu erhalten, muss eine Organisation zunächst eine Religionsgemeinschaft sein. Eine Religionsgemeinschaft ist eine Organisation, die die gemeinschaftliche Ausübung einer Religion bezweckt. Hierfür kann auf eine klassische Formel von Gerhard Anschütz aus der Weimarer Zeit zurückgegriffen werden: Eine Religionsgemeinschaft ist charakterisiert als ein „die Angehörigen eines und desselben Glaubensbekenntnisses – oder mehrerer verwandter Glaubensbekenntnisse – für ein Gebiet [...] zusammenfas-

1 Vgl. Art. 137 Abs. 2 S. 2 WRV; Art. 140 GG.

sender Verband zu allseitiger Erfüllung der durch das gemeinsame Bekenntnis gestellten Aufgaben."

Die Anerkennung einer Religionsgemeinschaft als Körperschaft des öffentlichen Rechts hat gemäß Art. 140 GG i. V. m. Art. 137 Abs. 5 Satz 2 WRV zur Voraussetzung, dass die Religionsgemeinschaft durch ihre Verfassung und die Zahl ihrer Mitglieder die Gewähr der Dauer bietet. Nach der Rechtsprechung des Bundesverfassungsgerichts zu den Voraussetzungen für die Verleihung des Status einer Körperschaft des öffentlichen Rechts nach Art. 140 GG i. V. m. Art. 137 Abs. 5 Satz 2 WRV[2] muss eine Religionsgemeinschaft, die Körperschaft des öffentlichen Rechts werden will, deshalb die prognostische Einschätzung stützen, dass sie auch in Zukunft dauerhaft bestehen wird. Grundlage für diese Einschätzung sind danach der gegenwärtige Mitgliederbestand der Religionsgemeinschaft und ihre Verfassung im Übrigen.

Die Religionsgemeinschaft muss durch ihre Verfassung die Gewähr der Dauer bieten. Dabei bezeichnet der Begriff der Verfassung mehr als eine den Erfordernissen des Rechtsverkehrs genügende rechtliche Satzung. „Verfassung" im Kontext des Art. 140 GG i. V. m. Art. 137 Abs. 5 Satz 2 WRV meint auch den tatsächlichen Zustand einer Gemeinschaft, ihre Verfasstheit.[3] Nicht die Papierform, also eine geschriebene Satzung oder ein Statut, ist entscheidend für die Einschätzung, ob die Gewähr der Dauer gegeben ist, wenngleich auch ein solches Dokument erforderlich ist. Vielmehr ist hierfür wesentlich, dass der Gesamtbestand der Gemeinschaft stabil ist; hierzu trägt ein geschriebenes Statut bei, kann dies allerdings nicht allein gewährleisten.

Der tatsächliche Gesamtzustand einer Religionsgemeinschaft kann eine aussagekräftige Grundlage für die Einschätzung des künftigen Fortbestehens bieten, um das es nach Art. 140 GG i. V. m. Art. 137 Abs. 5 Satz 2 WRV vor allem geht. Schon nach dem Willen der Weimarer Nationalversammlung sollte diese Einschätzung nicht auf ein zufälliges, äußeres Kriterium, sondern auf das „tiefere Moment des Inhalts ihrer Verfassung"[4] gestützt sein.

Für die Einschätzung dauerhaften Bestands ist deshalb neben dem Kriterium der Mitgliederzahl der tatsächliche Gesamtzustand der Gemeinschaft zu würdigen. Dafür gelten als weitere Indizien: eine ausreichende Finanzausstattung, eine Mindestbestandszeit und die Intensität des religiösen Lebens.[5]

---

2 Vgl. BVerfGE 102, 370 [384f.].

3 Vgl. BVerfGE 102, 370 [384f.]; allg. Meinung, vgl. etwa A. Frhr. v. Campenhausen, in: v. Mangoldt/Klein/Starck, *GG*, 5. Aufl., Art. 140 GG/Art. 137 WRV Rdnr. 224; D. Ehlers, in: Sachs, *GG*, 5. Aufl., Art. 140 GG/Art. 137 WRV, Rdnr. 27; H. Weber, *„Die Verleihung der Körperschaftsrechte an Religionsgemeinschaften"*, ZevKR 34 (1989), S. 337, 350.

4 *Verhandlungen der verfassunggebenden Deutschen Nationalversammlung*, Bd. 329, S. 2159.

5 Vgl. BVerfGE 102, 370 [384f.]; 66, 1 [24]; OVG Berlin, NVwZ 1996, S. 478, 480; VG München, ZevKR 29 (1984), S. 628, 630ff.

Diese Indizien müssen auf den Einzelfall abgestimmt angewendet werden und dürfen die von Art. 140 GG i. V. m. Art. 137 Abs. 5 Satz 2 WRV geforderte Gesamteinschätzung nicht stören. Vor allem dürfen nicht Umstände in die Beurteilung einfließen, deren Bewertung dem religiös-weltanschaulich neutralen Staat verwehrt ist.[6]

Mit der Zuerkennung des Körperschaftsstatus werden der betroffenen Religionsgemeinschaft einzelne hoheitliche Befugnisse übertragen. Solche Befugnisse bestehen dann sowohl gegenüber Mitgliedern, wie dies beim Besteuerungsrecht und der Dienstherrenfähigkeit der Fall ist, als auch gegenüber Dritten, wie etwa bei der Widmungsbefugnis.[7]

Voraussetzung der Verleihung der Körperschaftsrechte ist die Hoheitsfähigkeit der Religionsgemeinschaft. Die Gemeinschaft muss zur dauerhaften rechtstreuen Wahrnehmung der mit diesem Status verbundenen Hoheitsbefugnisse fähig sein.[8] Diese Rechtstreue bedeutet nicht, dass die Religionsgemeinschaften stets und in jedem Einzelfall das Recht wahrt, denn dieses Recht kann ja strittig sein. Voraussetzung ist aber, dass die Religionsgemeinschaft als Körperschaft des öffentlichen Rechts grundsätzlich und gemeinhin das Recht wahrt. Die Anerkennung der Rechtsordnung der Bundesrepublik Deutschland ist deshalb ein wesentliches Kriterium der Anerkennung als Körperschaft des öffentlichen Rechts.

Die Rechtsprechung und das überwiegende Schrifttum fordern zudem eine Mindestbestandszeit der Religionsgemeinschaft. Bisweilen ist von 30 bis 40 Jahren Bestand die Rede.[9] Manche fordern die Zeitdauer einer Generation, andere die von zwei Generationen oder von zwei Generationswechseln.[10]

Mit dem Status einer Körperschaft des öffentlichen Rechts sind auch finanzielle Voraussetzungen verbunden. Damit ist die Fähigkeit gemeint, den mit dem Status als Körperschaft des öffentlichen Rechts und der damit verbundenen Dienstherrenfähigkeit verbundenen Fürsorgepflichten gegenüber seinen Dienstnehmern nachzukommen. Er muss eine dauerhafte Alimentierung gewährleisten. Er muss auch gewährleisten, dass das von ihm beschäftigte Personal die Qualifikationen aufweist, die zur dauerhaften und verlässlichen Erfüllung der mit dem Körperschaftsstatus verbundenen Aufgaben erforderlich sind. Zudem ist für die Verleihung der Körperschaftsrechte eine gewisse erforderliche Intensität des

---

6 Vgl. BVerfGE 102, 370 [384f.].

7 Vgl. BVerfGE 102, 370 [388].

8 Vgl. Kirchhof, *„Die Kirchen als Körperschaften des öffentlichen Rechts"*, in: *Handbuch des Staatskirchenrechts*, 1. Bd., 21994, S. 682f.

9 Vgl. Ehlers, in: Sachs, *GG*, 5. Aufl., Art. 140 GG/137 WRV, Rdnr. 27; H. Weber, ZevKR 34 (1989), 352.

10 Vgl. v. Campenhausen/de Wall, *Staatskirchenrecht*, ^{4}2006, S. 135, Fn. 66 m.w.N.; Ehlers, in: Sachs, *GG*, 5. Aufl., Art. 140 GG/137 WRV, Rdnr. 27; H. Weber, ZevKR 34 (1989), 352.

religiösen Lebens gefordert worden. Es muss eine ordnungsgemäße Verwaltung gewährleistet sein,[11] wie sie zur Wahrnehmung der mit dem öffentlich-rechtlichen Körperschaftsstatus verbundenen Rechte und zur Erfüllung der dadurch begründeten Pflichten erforderlich ist.

Die Gewähr der Dauer wird auch durch die Zahl der Mitglieder der Religionsgemeinschaft begründet. Nach der ständigen Verwaltungspraxis wird für die Anerkennung einer Religionsgemeinschaft als Körperschaft des öffentlichen Rechts regelmäßig eine Mitgliederzahl in dem Verhältnis 1:1.000 der Bevölkerung des jeweiligen Landes gefordert.[12] Die Gewähr der Dauer ist nicht gegeben, wenn wegen Überalterung der Bestand der Gemeinschaft auf Dauer gefährdet ist.[13] Auch die für den Status einer Körperschaft des öffentlichen Rechts erforderliche Besetzung der Ämter setzt einen Grundbestand von Mitgliedern voraus.

4.

Die Möglichkeit, den Status einer Körperschaft des öffentlichen Rechts zu erlangen, setzt zunächst die Frage an die muslimischen Verbände selbst voraus, ob sie diesen Status wollen. Der Kern dieser Fragestellung liegt nicht in der Bereitschaft einer Eingliederung in den Staatsaufbau – die ist dabei in keiner Weise gegeben. Vielmehr sind es die Strukturvoraussetzungen der Organisation, die vorliegen müssen und die sich für muslimische Verbände nicht von selbst verstehen dürften. Tiefer noch liegen aber Fragen der Integration in die deutsche Rechtsordnung. Dies ist eine Anfrage nicht zuletzt an die deutsche Gesellschaft insgesamt, für die sich mit dem Status der Körperschaft des öffentlichen Rechts muslimischer Verbände Bereitschaft und Anerkennung gelingender Integration verbinden würde. Dabei ist nicht zuletzt Geduld gefordert und die Fähigkeit, in längerfristigen Dimensionen zu denken.

---

11 Vgl. dazu Nr. 2 der Erläuterungen der für kirchliche Angelegenheiten zuständigen Ressorts zu den Empfehlungen der Kultusministerkonferenz vom 12. März 1954 über die Verleihung der öffentlichen Körperschaftsrechte an Religionsgesellschaften und Weltanschauungsvereinigungen vom 12. Oktober 1962, abgedruckt bei H. Weber, *„Die Verleihung der Körperschaftsrechte"*, ZevKR 34 (1989), 378f.

12 Ehlers, in: Sachs, *GG*, 5. Aufl., Art. 140 GG/137 WRV, Rdnr. 27; H. Weber, ZevKR 34 (1989), 354; Radtke, NdsVBl 1999, 34; Kirchhof, *„Die Kirchen als Körperschaften des öffentlichen Rechts"*, in: *Handbuch des Staatskirchenrechts*, 1. Bd., ^{2}1994, S. 686.

13 Vgl. Nr. 2 b) Empfehlungen der Kultusministerkonferenz über die Verleihung der öffentlichen Körperschaftsrechte an Religionsgesellschaften und Weltanschauungsvereinigungen vom 12.03.1954, abgedruckt bei H. Weber, *„Die Verleihung der Körperschaftsrechte"*, ZevKR 34 (1989), 377f.; Kirchhof, *„Die Kirchen als Körperschaften des öffentlichen Rechts"*, in: *Handbuch des Staatskirchenrechts*, 1. Bd., ^{2}1994, S. 686; H. Weber, *„Die Verleihung der Körperschaftsrechte"*, ZevKR 34 (1989), 354; OVG Berlin AS 10, 105, 111.

Literatur

BVerfGE 102, 370 [384f.].

BVerfGE 102, 370 [388].

Kirchhof, Paul, *„Die Kirchen als Körperschaften des öffentlichen Rechts"*, in: Listl, Joseph/Pirson, Dietrich (Hg.), *Handbuch des Staatskirchenrechts*, 1. Bd., Berlin ²1994, S. 682ff.

Sachs, Michael (Hg.), *Grundgesetz. Kommentar*, München ⁵2009.

Verhandlungen der verfassunggebenden Deutschen Nationalversammlung, Bd. 329, Berlin 1920.

Von Campenhausen, Axel Frhr./de Wall, Heinrich, *Staatskirchenrecht*, München ⁴2006.

Von Mangoldt, H./Klein, F./Starck, Chr., *Kommentar zum Grundgesetz: GG*, München ⁵2005.

Weber, Hermann, *„Die Verleihung der Körperschaftsrechte an Religionsgemeinschaften"*, ZevKR 34 (1989).

Staatsverträge mit Muslimen in Europa und Deutschland – Chancen und Schwierigkeiten[1]

Von Ansgar Hense

1. Einleitung

Verträge besitzen die Aura, widerstreitende Interessen besonders sachadäquat zu regeln, zumal sich die Vertragspartner auf gleicher Augenhöhe begegnen und grundsätzlich gleichberechtigt agieren können. Dass dies dann für die besonders sensiblen Regelungsgebiete des Verhältnisses von Staat und Religion von prinzipiellem Interesse ist, versteht sich fast von selbst und lässt sich etwa an der herausgehobenen Bedeutung der vertraglichen Absprachen zwischen Staat und Kirche ablesen. Das Vertragsinstrument hat in Osnabrück wegen des Westfälischen Friedens von 1648 noch einmal eine zusätzliche, auch dem Genius Loci geschuldete Bedeutung. Hier in Osnabrück wurde doch mithilfe des Vertrages *Instrumentum Pacis Osnabrugensis* (IPO) das Vorhaben verwirklicht, einen nicht zuletzt mit zahlreichen religiösen Aspekten behafteten Konflikt schiedlich-friedlich zu schlichten. Letztlich ist durch den Westfälischen Frieden auch das Fundament für das moderne Religionsverfassungsrecht gelegt worden, das Michael Heinig zu Recht als „Reformationsfolgenrecht" tituliert. Diese wenigen Hinweise verdeutlichen schon den besonderen Reiz des Vertragsinstruments für das Religionsverfassungsrecht, wobei der Reiz noch dadurch gesteigert wird, dass sich im Institut des Vertrages Herkunft und Zukunft des so stark geschichtlich geprägten deutschen Staatskirchenrechts bündeln. Gerade sog. Staatskirchenverträge sind dabei keine toten Rechtsmaterien, sondern lebende Rechtsformen, die einen avisierten Zustand nicht als Produkt einer Absprache ansehen, sondern vielmehr Ziele und Vorgaben formulieren, die sich – insofern einer Verfassung nicht unähnlich – entwickeln und bewähren müssen und von veränderten Zeitläufen und Lebenswelten nicht losgelöst sein können. Nicht ohne Grund kann man deshalb in einer theologischen Fachzeitschrift Folgendes lesen:

> „Konkordate sind Konstrukte, die erst im Vollzug zu leben beginnen. In einem zunehmend säkularen Staat wird es immer schwerer, dieses Miteinander so zu begründen, daß die Gesellschaft es akzeptiert. Und Kirchenrechtler fragen sich, ob nicht auch ein Konkordat mit dem Islam längst notwendig wäre. Noch aber mangelt es

---

1 Der vorliegende Beitrag ist eine leicht aktualisierte Zusammenfassung eines Vortrags des Autors am 30. Oktober 2009 an der Universität Osnabrück. Eine erweiterte Fassung dieses Aufsatzes mit den erforderlichen wissenschaftlichen Nachweisen wird in der Zeitschrift *Kirche und Recht* 2010 oder 2011 erscheinen.

Deutschland unter anderem an einem autorisierten Ansprechpartner auf islamischer Seite."[2]

Die in dem Zitat enthaltenen Aussagen beschreiben durchaus korrekt die Funktion von Verträgen und titulieren dann einen möglichen Vertrag mit einer muslimischen Religionsgemeinschaft als „Konkordat", wo sicherlich eine allgemeinere Formulierung wie religions(verfassungs)rechtlicher Vertrag angebracht wäre. Ungeachtet des Umstands, dass selbst der Heilige Stuhl bei seinen Verträgen nicht mehr per se die Titulierung als „Konkordat" verwendet, wie sich an den (katholischen) Staatskirchenverträgen der „dritten Generation" (Michael Germann) nach 1989 leicht ablesen lässt, könnte mit einer solchen Titulierung leicht das sehr verbreitete Missverständnis verbunden werden, dass die grundgesetzliche Ordnung von Staat und Religion vom Islam eine „Verkirchlichung" fordere. Dies wird der Autor nicht intendiert haben, es zeigt sich aber, dass mit einer herkömmlichen Begrifflichkeit und einer zu dezidierten fachlichen Perspektive Schwierigkeiten verbunden sind, derer man sich bewusst sein muss, um die Rechtsprobleme sachadäquat beschreiben und lösen zu können. So wird nicht selten der Vorwurf erhoben, dass das Grundgesetz doch zu stark das Vorbild der Kirchen als Leitvorstellung und Hintergrundannahme voraussetze und damit letztlich muslimische Gruppierungen apriorisch aus der grundgesetzlichen Ordnung ausschließe. Dies zeigt sich dann nicht nur an den Fragen der Einführung eines Islamischen Religionsunterrichts und den damit verbundenen Problemen der Religionslehrerausbildung, der fachlichen Repräsentanz des Islam an den deutschen Hochschulen überhaupt, sondern auch an der Frage, ob muslimische Staatsverträge möglich oder unmöglich sind.[3] Im Folgenden können nicht alle Rechtsfragen näher arrondiert oder erschöpfend behandelt werden. Bemerkenswert ist, dass religiöse Pluralität und die mit ihr verbundenen Spannungen und möglichen Konfliktlagen zunehmend unter leicht pejorativen Titeln erörtert werden.[4] Auf dies kann nachfolgend nicht in der gebotenen Intensität eingegan-

2 Richard Puza, *„Kirchen und Staat in Deutschland. Ein ausgewogenes Verhältnis?"*, in: *Theologische Quartalschrift*, 190 (2010), S. 89 (114).

3 Siehe dazu ausführlich Ansgar Hense, *„Staatsverträge mit Muslimen – eine juristische Unmöglichkeit? Überlegungen zu Grund und Grenzen in rechtsvergleichender Perspektive"*, in: S. Mückl (Hg.), *Das Recht der Staatskirchenverträge. Colloquium aus Anlaß des 75. Geburtstags von Alexander Hollerbach*, Berlin 2007, S. 115-173 m.w.N.

4 Siehe dazu Christian Waldhoff, *Neue Religionskonflikte und staatliche Neutralität: Erfordern weltanschauliche und religiöse Entwicklungen Antworten des Staates?*, Gutachten D zum 68. Deutschen Juristentag, München 2010; ferner Christoph Möllers/Uta Sacksofsky, *„Religiöse Freiheit als Gefahr?"*, in: VVDStRL, 68 (2009), S. 7ff. und 47ff. Kritisch zu der Fragestellung Christian Walter, *„Religiöse Freiheit als Gefahr? Eine Gegenrede"*, DVBl. 2008, S. 1073ff. Die keineswegs von den Verfassern zu verantwortenden Titel deuten doch, selbst wenn sie mit Fragezeichen versehen sind, gewisse Tendenzen an, da eine Frage bereits immer auch ein Körnchen der Antwort enthält.

gen werden, allenfalls am Rande ist auf das eine oder andere zurückzukommen. In einem ersten Schritt ist die kontraktuelle Religionspolitik[5] in der Bundesrepublik Deutschland kurz zu vergegenwärtigen und zu verorten (2.), bevor in einem zweiten Schritt eine im Umfang beschränkte rechtsvergleichende Bestandsaufnahme erfolgt, wo in Europa bereits vertragliche Absprachen mit Muslimen geschlossen worden sind (3.). In einem dritten Schritt ist auf einige religionsverfassungsrechtliche Probleme in Deutschland einzugehen (4.). Der Beitrag mündet dann in einem kurzen religionsrechtspolitischen Ausblick (5.).

2. Kontraktuelle Religionspolitik als bundesrepublikanisches Leitbild

Vertragliche Absprachen mit den evangelischen Kirchen und der katholischen Kirche haben Tradition nicht nur in Deutschland, sondern auch in anderen Staaten, wenngleich dies in unterschiedlichem Ausmaß der Fall ist. Staatskirchenverträge gelten in der Bundesrepublik Deutschland als das Instrument, mit dem die komplexen und komplizierten Beziehungen zwischen Staat und Kirche austariert werden. Die Kooperation des Staates mit gesellschaftlichen Akteuren ist dabei kein Privileg der christlichen Kirchen, sondern findet sich an nicht wenigen Stellen in der deutschen Rechtsordnung und zeigt sich beispielsweise auch am Atomkonsens aus dem Jahr 2000/2001.[6] Der „kooperative Staat“ wird als ein Phänomen der Gegenwart betrachtet, bei dem das konsensuale Handeln im Vordergrund steht und sich die Akteure insbesondere des Vertragsinstruments bedienen, wobei andere Formen rechtsverbindlichen oder eher unverbindlichen Zusammenwirkens nicht ausgeschlossen sind.[7] Ob sich bereits ein Verwaltungskooperationsrecht entwickelt hat,[8] mag dabei als Frage an dieser Stelle unbeantwortet bleiben. Festzuhalten ist, dass das Vertragsinstrument zu bewährten Formen der Kooperation gehört und ihm bei der Rechtskonkretisierung eine nicht unwesentliche Bedeutung zukommen kann. Es verwundert demzufolge nicht, dass sich tendenziell ein „partieller Wandel vom normierenden zum pak-

5 In verändernder, neu akzentuierender Übernahme des Titels von Christian Lahusen, *Kontraktuelle Politik. Politische Vergesellschaftung am Beispiel der Luftreinhaltung in Deutschland, Frankreich, Großbritannien und den USA*, Weilerswist 2003.

6 Zum Phänomen „kooperatives Recht“ und zum Exempel „Atomkonsens“ näher Rainer Schröder, *Verwaltungsrechtsdogmatik im Wandel*, Tübingen 2007, S. 194ff.

7 Vgl. nur Stefan Storr/Rainer Schröder, *Allgemeines Verwaltungsrecht*, Stuttgart 2010, Rdn. 255.

8 Dazu nur Gunnar Folke Schuppert, *Grundzüge eines zu entwickelnden Verwaltungskooperationsrechts. Regelungsbedarf und Handlungsoptionen eines Rechtsrahmens für Public Private Partnership*, Rechts- und verwaltungswissenschaftliches Gutachten erstellt im Auftrag des Bundesministeriums des Innern, Juni 2001.

tierenden Staat" (Michael Kloepfer) in einigen Bereichen des Öffentlichen Rechts feststellen lässt.[9]

Die Rechtsgrundlagen im Allgemeinen Verwaltungsrecht (§§ 54ff. VwVfG) und das Phänomen normprägender und normersetzender Absprachen des Staates mit gesellschaftlichen Akteuren sind dabei neueren Datums,[10] sodass dem Staatskirchenvertragsrecht bei den „Vorspuren" eines vertraglichen Zusammenwirkens so etwas wie eine „Vorreiter-Rolle" zugemessen werden kann.[11]

Gerade in dem sensiblen Feld von Staat und Kirche bzw. Religion wird Sinn und Zulässigkeit vertraglicher Absprachen in Abrede gestellt. Die Einwände sind vielfältig. Immer wieder entzündet sich Streit am Reichskonkordat von 1933; die besonderen historischen Umstände dieses Vertragsschlusses sollen bzw. scheinen das Instrument des Staatskirchenvertrags zu diskreditieren.[12] Gleichwohl haben sich die Staatskirchenverträge im System des deutschen Rechts bewährt und gelten nach wie vor als zeitgemäße Handlungs- und Rechtsformen, um differenzierte Regelungen und Konkretisierungen des z.B. verfassungsrechtlich Vorgegebenen zu ermöglichen.[13] Der Forderung nach Rechtsstellungsgesetzen für Kirchen und Religionsgemeinschaften ist bis jetzt eine Absage erteilt worden. Mag darin auch demokratischer Charme liegen, so stellt sich doch die Frage, ob die einseitig gesetzliche Regelung das angemessene Instrument zur Erfassung der rechtlichen Beziehungen zwischen Staat und Religion ist. Dies lässt sich nachhaltig bezweifeln, zumal es bei staatsvertraglichen Abmachungen zwischen Staat und Kirche bzw. Staat und Religion immer der gesetzgeberischen Transformation bedarf. Es liegt gleichsam ein gestuftes Konkretisierungsverfahren vor, bei dem der (Landes-)Gesetzgeber das letzte Wort hat. Dass er hierbei nicht über einzelne Vertragsbestimmungen getrennt abstimmen kann,[14] liegt in der Eigenart der Rechtsmaterie; aber auch bei anderen Staatsverträgen oder völkerrechtlichen Verträgen ist dem Gesetzgeber kein derartiges Vorgehen möglich.

---

9 Z.B. im Bereich des Umweltrechts. Zur Tendenz siehe nur Martin Schulte, *Schlichtes Verwaltungshandeln*, Tübingen 1995, S. 44f. und passim.

10 Grundlegendes dazu bei Lothar Michael, *Rechtsetzende Gewalt im kooperierenden Verfassungsstaat. Normprägende und normersetzende Absprachen zwischen Staat und Wirtschaft*, Berlin 2002.

11 Nicht in allen Einzelheiten, aber dem Grunde nach, dürfte die formulierte These nicht fernliegend sein.

12 Zur historischen Einordnung siehe nur Heinrich de Wall/Stefan Muckel, *Kirchenrecht. Ein Studienbuch*, München ^{2}2010, § 19 Rdn. 44 m.w.N.

13 Statt vieler Stefan Korioth, *„Konkordate und Kirchenverträge im System des deutschen Staatskirchenrechts"*, in: *Archiv für katholisches Kirchenrecht*, 177 (2008), S. 394 (407ff., insbes. 409).

14 Hierin liegt einer der Einwände der Kritiker von Staatskirchenverträgen.

3. Rechtsvergleichende Hinweise[15]

So wenig bis jetzt die Frage nach der Europafestigkeit des Staatskirchenvertragsrechts hinreichend untersucht worden ist,[16] und so wenig gegenwärtig ein elaboriertes und belastbares religiöses Kooperationsprinzip auf EU-Ebene verortet werden kann,[17] so sehr ist es doch aufschlussreich, wie andere Mitgliedsstaaten der EU vertragsrechtlich gerade mit muslimischen Gruppierungen umgehen. Einige Beispiele mögen dies verdeutlichen.

Das spanische Religionsverfassungsrecht basiert auf einer verfassungsrechtlichen Absicherung von Kooperation.[18] In dem Abschluss eines Vertrages liegt eine besondere „öffentliche Anerkennung" einer Religion in Spanien. Solche Verträge können nur mit den Glaubensgemeinschaften geschlossen werden, die in einem öffentlichen Religionsregister eingetragen sind und es muss sich um eine Religion handeln, die „offenkundig verwurzelt" ist in Spanien, was sich neben dem Wirkungsbereich der Religion noch aus der Zahl ihrer Mitglieder ergibt. Der spanische Staat schließt dabei die Verträge nicht mit einzelnen Vereinigungen, sondern mit Dachverbänden der jeweiligen Religion.

Der Kooperationsvertrag zwischen dem Königreich Spanien und der „Comisión Islámica de Espana" (Islamische Kommission Spaniens) vom 28. April 1992 regelt vielfältige Fragen des Verhältnisses von Staat und Religion, wobei seine Regelungen „praktisch identisch" sind mit den anderen Kooperationsvereinbarungen, die der spanische Staat gleichzeitig mit den nichtkatholischen Religionsgemeinschaften geschlossen hat. Der spanische Staat hat aber nur eine einzige muslimische Organisation als repräsentativen Ansprechpartner akzeptiert und nur mit dieser einen Kooperationsvertrag abgeschlossen.[19] Die staatlich geforderte Repräsentativität der spanischen Muslime in Form der Islamischen Kommission wird durchaus kontrovers beurteilt. Regelungsgegenstände des Abkommens in Spanien beziehen sich auf sehr unterschiedliche Materien und reichen vom Moscheebau über das Friedhofsrecht bis zu arbeitszeitrechtli-

---

15 Siehe ausführlich Hense, *„Staatsverträge mit Muslimen"* (Fn. 2), S. 115 (120-134).

16 Eine Pionierarbeit dazu bei Peter M. Huber, *„Konkordate und Kirchenverträge unter Europäisierungsdruck?"*, in: *Archiv für katholisches Kirchenrecht*, 177 (2008), S. 411ff., wenngleich der Veränderungsdruck vielleicht nur – letztlich sogar staatskirchenvertragsrechtlich randständige – Detailregelungen betreffen dürfte.

17 Eine instruktive politikwissenschaftliche Beschreibung des Problemkreises bei Antonius Liedhegener/Daniel Gerstenhauer, *„Auf dem Weg zu einem kooperativen Verhältnis. Religion und die Vertiefung der Europäischen Union"*, in: O. Leiße (Hg.), *Die EU nach Lissabon. Eine Bestandsaufnahme*, Wiesbaden 2009, S. 160ff.

18 Art. 16 Abs. 3 der Spanischen Verfassung lautet: „Es gibt keine staatliche Konfession. Die öffentlichen Gewalten berücksichtigen die religiösen Anschauungen der spanischen Gesellschaft und unterhalten die entsprechenden, auf Zusammenarbeit ausgerichteten Beziehungen zur katholischen Kirche und den übrigen Konfessionen."

19 Die Islamische Kommission Spaniens wurde zu diesem Zweck aus zwei unterschiedlichen muslimischen Verbänden gebildet.

chen Freistellungen für Gebetszeiten oder Feiertage. Der „spanische Weg" eines islamischen Kooperationsvertrages wird wegen seiner „Vertragswirklichkeit" keineswegs nur euphorisch beschrieben, sondern sogar recht kritisch beurteilt. Teilweise wird der mangelnde politische Wille zur Ausfüllung des Vertrages kritisiert, während andere innerislamische Zwistigkeiten zwischen den einzelnen islamischen Gruppierungen für Umsetzungsprobleme des Kooperationsabkommens verantwortlich machen.

Der Rechtslage in Spanien vergleichbar ist Italien, da auch die italienische Verfassung in ihrem Art. 8 Abs. 3[20] ein Kooperationsgebot zwischen Staat und Religion enthält, welches vorrangig durch Vereinbarungen auch mit Minderheitskonfessionen zu regeln ist. Zwar existieren verschiedene Vertragsentwürfe für ein muslimisches Abkommen, jedoch ist bis heute keine solche vertragliche Übereinkunft geschlossen worden. Stattdessen setzt der italienische Staat eher auf die Bildung dialogischer Foren, um mit den muslimischen Gruppierungen ins Gespräch zu kommen.

Der Vergleich mit Frankreich steht vor der Schwierigkeit, dass das Laizitätsprinzip die Ausbildung eines Vertragssystems im Sinne kodifikatorischer Abmachungen zwischen Staat und einzelnen Religionen unterbunden hat und immer noch unterbindet. Stattdessen sind auch in Frankreich Konsultations- und Dialogprozesse institutionalisiert, deren Anliegen die Beförderung muslimischer Selbstorganisation ist.

Die kursorischen Hinweise zeigen bereits, dass gemeineuropäisch keineswegs davon ausgegangen werden kann, dass das Vertragsinstrument in Sachen Muslime und Religionspolitik die vorrangige Handlungs- oder Rechtsform ist. Ein Blick nach Österreich zeigt sogar, dass dort die gesetzliche Regelung der vertraglichen Absprache dominiert und hinsichtlich der Muslime mit dem Islamgesetz von 1912 auf Pfadabhängigkeiten der alten habsburgischen Dynastie beruht. Angesichts nicht unbeträchtlicher innerislamischer Schwierigkeiten in Österreich und des in die Jahre gekommenen Islamgesetzes[21] wird die österreichische Lösung des Islamgesetzes heute keineswegs als ein über alle Zweifel erhabenes nachahmenswertes Modell religionsrechtlicher Integration betrachtet.

20 Art 8 Abs. 3 Verfassung von Italien lautet: „Ihre [sc. die nichtkatholischen Konfessionen] Beziehungen zum Staat werden auf Grund von Übereinkommen mit den jeweiligen Vertretungen gesetzlich geregelt."

21 Teile des Gesetzes sind 1987 für verfassungswidrig erklärt worden und letztlich basiert das Gesetz auf Regelungsbedarfen des Habsburger Reiches und ist insofern vielleicht auch überarbeitungsbedürftig; 1988 wurde das Islamgesetz durch eine Anerkennungsverordnung für alle islamischen Richtungen erweitert.

4. Religionsverfassungsrechtliche Koordinaten in der Bundesrepublik Deutschland

4.1 Ein muslimischer Staatsvertrag – nur ein Traum oder eine reelle Chance?

Während sich die Staatskirchenverträge mit den beiden christlichen Kirchen und jüdischen Gemeinschaften in eingespielten und à la longue bewährten Bahnen bewegen, ist ein muslimischer Staatsvertrag zwar immer wieder Gegenstand von politischen Absichtserklärungen und auch Gegenstand wissenschaftlicher, aber durchaus praxisorientierter Überlegungen, gleichwohl bis jetzt noch nicht realisiert worden. Der Reiz des Vertragsinstruments liegt abstrakt darin begründet, dass mit dem Aushandeln des Vertrags als Prozess und dem Vertragstext als Produkt eine Richtigkeitsgewähr vermutet wird, die beiden Vertragsseiten gerecht wird. Gerade bei den Staatskirchenverträgen begegnen sich seit jeher zwei Ordnungsmächte, die nicht nur bloß kooperieren wollen, sondern sich bei der Kooperation auf gleicher Augenhöhe begegnen. Im Übrigen wird mit dem Vertragsgeschehen eine nahezu grenzenlose Flexibilität vermutet, mit der die Vertragsparteien zu sachgerechten Absprachen gelangen. Gleichwohl ist der Vertrag im Allgemeinen wie im Besonderen auch Gefährdungslagen ausgesetzt, weil es durchaus zu Ungleichgewichtigkeiten zwischen den Vertragsparteien kommen kann, da eine Seite über „mehr Macht" verfügt als die andere. Hinsichtlich des Verhältnisses von Staat und Religion wird in dem Vertrag ein besonders adäquates Regelungsinstrument gesehen, weil dadurch religiöse Interessen vorgespurt werden. Zwischen staatlichen und religiösen Interessen erfolgt ein konkretisierender Ausgleich, der Konfliktlagen vorbeugt und idealerweise Sensibilität für die Rechtspositionen der jeweils anderen Vertragsseite schafft.

4.2 Gegenwärtig noch bestehende Hindernisse für den Abschluss muslimischer Staatsverträge in der Bundesrepublik Deutschland

Die gegenwärtige religionsverfassungsrechtliche Situation in der Bundesrepublik Deutschland hat die Gleise der Bonner Republik zwar nicht verlassen, ist aber gekennzeichnet von nicht unerheblichen Unsicherheiten und Herausforderungen, die sich in begriffspolitischen Grundsatzstreitigkeiten ebenso manifestieren (Stichwort: Staatskirchenrecht oder Religionsverfassungsrecht) wie in sehr unterschiedlichen „symbolischen Anerkennungskämpfen" (Matthias Koenig). Sämtlich geht es auch um die religionsverfassungsrechtliche Inklusion von Muslimen in die grundgesetzliche Ordnung von Staat und Religion. Ob ein religionsverfassungsrechtlicher Vertrag zwischen muslimischen Institutionen und einzelnen Bundesländern oder sogar dem Bund sich als realistisch erweist, bleibt nachfolgend ein wenig zu arrondieren.

4.2.1 Denkbare Regelungsgegenstände

Die herkömmlichen Staatskirchenverträge regeln im Wesentlichen die grundlegenden Fragen des Verhältnisses von Staat und Religion mit besonderem Blick auf die religionsgemeinschaftlichen Bedürfnisse. Die Wesentlichkeit der Verträge resultiert daraus, dass sie bloß punktuelle Rechtssätze und Rechtspositionen zu einem geordneten Gefüge zusammenfassen wollen. Die übergreifende Zusammenfassung dient der Ausformung verfassungsrechtlicher Gewährleistungen und stellt demnach ein Stück Verfassungsentfaltung durch Vertrag dar. Religionsverfassungsrechtliche Verträge sind vom Verfassungsrecht abhängig und werden im Wesentlichen durch die konstitutionelle Ordnung des Verhältnisses von Staat und Religion dirigiert. Dies muss aber keineswegs zur bloßen Wiederholung verfassungsrechtlicher Bestimmungen führen, sondern dient häufig der Konkretisierung der allgemein notwendigen Verfassungsbestimmungen; die ausformulierten Vertragsbestimmungen überführen die verfassungsrechtlichen Verbürgungen in konkrete, abgrenzbare Rechte und Pflichten. Aber selbst wenn Vertragsbestimmungen nur den Verfassungswortlaut wiederholen, ist dies nicht funktionslos, wie der staatskirchenvertragsrechtliche Schutz der Sonn- und Feiertagsgarantie (Art. 140 GG/139 WRV) gezeigt hat. Übergreifende, die Gesamtrechtslage konkretisierende Verträge zwischen Staat und Religionsgemeinschaften werden als kodifikatorische Verträge oder Statusverträge bezeichnet. Hans Ulrich Anke hat die funktionalen Mechanismen und Regelungsgehalte von Staatskirchenverträgen plastisch in vier Grundmotive zusammengefasst: Kooperation, Absicherung/Perpetuierung, Verpflichtung/Einwirkung und Förderung.[22] Verträge zwischen Staat und Religionsgemeinschaften führen demnach zu einem Rechtsverhältnis, das die Interessenlagen auf beiden Seiten zu einem Gefüge zusammenführt und dessen Grundmotiv die compositio amicabilis ist. Die Verträge regulieren unter Hinzuziehung der begünstigten bzw. normunterworfenen Religionsgemeinschaften ein Stück weit selbst die normative Deutungsoffenheit der Verfassung und auch einfachgesetzlicher Bestimmungen.

Eine eher schlichte Beobachtung ist, dass ein Staatskirchenvertrag in Deutschland vorrangig die Rechte und Pflichten normiert, die die institutionelle Dimension einer Religion betreffen und die hinsichtlich der grundgesetzlichen Gewährleistungen z.B. von Art. 7 Abs. 3 GG (Religionsunterricht) oder dem

---

22 Vgl. umfassend Hans Ulrich Anke, *Die Neubestimmung des Staat-Kirche-Verhältnisses in den neuen Ländern durch Staatskirchenverträge: Zu den Möglichkeiten und Grenzen des staatskirchenvertragsrechtlichen Gestaltungsinstruments*, Tübingen 2000, S. 62f., 68ff., 218ff., 316ff., 353ff.

Grundgesetz durch Art. 140 GG inkorporierten Bestimmungen der Weimarer Reichsverfassung (vom religionsgemeinschaftlichen Selbstbestimmungsrecht bis zur Anstaltsseelsorge) einen „institutionelle[n] Überhang" (Josef Isensee) aufweisen, also rechtliche Gewährleistungen, die über die individuelle Religions(ausübungs)freiheit hinausgehen. Dies schließt aber nicht aus, dass auch Aspekte kollektiver oder sogar individueller Religionsfreiheit Gegenstand einer vertraglichen Absprache sein könnten. Das Tableau der gegenwärtig diskutierten Fragen zeigt dies deutlich. Denkbare Vertragsregelungen könnten dann vom Moscheebau über die Religionsausübung in öffentlichen Einrichtungen (äußerst umstritten gegenwärtig das Gebet eines muslimischen Schülers in Berliner Schulen[23]), die Befreiungen von schulischen Pflichtveranstaltungen (Sportunterricht, Klassenfahrten u.a.m.) bis hin zur Zulässigkeit des Kopftuches reichen. Die konkretisierende Regelung der Religionsfreiheit würde in einem muslimischen Staatsvertrag wohl auch eine andere Funktion haben als dies bei den bisherigen Staatskirchenverträgen mit den Kirchen und anderen Religionsgemeinschaften der Fall gewesen ist. Hinsichtlich des Islam besteht Verständigungsbedarf zwischen den Akteuren darüber, was und weshalb etwas als Religionsausübung qualifiziert werden kann und wo Grenzziehungen erforderlich werden. Konfliktanfälliger sind Fragen der Religionsfreiheit insbesondere dann, wenn es um Verhaltensweisen in staatlichen Institutionen (z.B. Schulen) geht. Darüber hinaus ist die Gewährleistung des religionsgesellschaftlichen Selbstbestimmungsrechts ein fester Bestandteil des Staatskirchenvertragsrechts.

Wünschenswerte Regelungen eines religionsverfassungsrechtlichen Vertrags dürften in der Regel vor allem die Gegenstände der „gemeinsamen Angelegenheiten" zwischen Staat und Religion (sog. res mixtae) sein, die in spezifischer Weise das religionsgemeinschaftliche Selbstbestimmungsrecht in Interaktion mit dem Staat betreffen. Gerade in diesem Feld, das vom Religionsunterricht als ordentliches Lehrfach an den staatlichen Schulen über die Religionslehrerausbildung an staatlichen Universitäten bis hin zu den praxisrelevanten Fragen von Anstaltsseelsorge reicht, zeigt sich das Kooperationsinteresse beider Seiten ganz besonders deutlich. In dem z.B. wegen der staatlichen Neutralitätsverpflichtung sehr sensiblen Bereich der sog. gemeinsamen Angelegenheiten korrespondieren staatliche Einrichtungen mit religiösen Interessen. Beides ist miteinander verwoben und die Zusammenarbeit zwischen Staat und Religion unbedingt erforderlich, da beispielsweise staatliche Behörden nicht abschließend und sogar wertend zu religiösen Phänomenen Stellung nehmen können. Auf der anderen Seite wäre ein dem Art. 7 Abs. 3 GG entsprechender Religionsunterricht nicht eine ausschließliche Veranstaltung einer möglichen muslimischen Religionsgemeinschaft; der Religionsunterricht ist eine Veranstaltung des Staates.

23 Vgl. OVG Berlin-Brandenburg, Urteil vom 27. Mai 2010 – OVG 3 B 29.09.

Weitere „klassische“ Regelungsgegenstände von Staatskirchenverträgen sind z.B. das Sonn- und Feiertagsrecht, das Rundfunkwesen und insbesondere das weite und immer sehr heftig diskutierte Feld der Staatsleistungen. Grundsätzlich erstreckt sich die Bandbreite der Vertragsgegenstände soweit die konkreten, u.U. unterschiedlichen religiösen und religionsgemeinschaftlichen Interessen reichen und der Staat ein Interesse daran hat, sie zum Gegenstand einer vertraglichen Absprache zu machen.

4.2.2 „Vertragsreife“ der Regelungsgegenstände?

Die politischen und fachwissenschaftlichen Diskussionen über fast sämtliche religiöse Interessen von Muslimen und muslimischen Gruppierungen indizieren, dass die Zeit zum Abschluss muslimischer Staatsverträge noch nicht reif ist. Dies hat sowohl formal-institutionelle als auch materiale Gründe. Da die thematische Referenz vertraglicher Absprachen häufig das Verfassungsrecht und insbesondere das religionsgemeinschaftliche Selbstbestimmungsrecht ist, wird ein Zurechnungsendsubjekt (Hans Julius Wolff) vorausgesetzt, welches bestimmte Eigenschaften erfüllen muss, weil ansonsten korrekterweise kein Vertrag über den die Institution betreffenden Gegenstand geschlossen werden kann. Wenn eine verfassungsrechtliche Bestimmung eine Rechtsposition einer Religionsgemeinschaft normiert, dirigiert die Verfassung den Vertrag insofern, als der Staat auch nur mit einer Religionsgemeinschaft darüber einen Vertrag schließen kann. Ob eine wie auch immer geartete „Vertragswürdigkeit“ einer Religionsgemeinschaft gegeben sein muss, wird unterschiedlich beurteilt. Soweit die Rechtspositionen etwa nicht mit dem Körperschaftsstatus i.S. des Art. 140 GG/137 Abs. 5 WRV verbunden sind, wird man dies für einen Vertragsschluss über sie auch grundsätzlich nicht fordern können.[24]

Wie groß der Verständigungsbedarf über die muslimischen Interessen ist, lässt sich noch an vielen anderen Aspekten verdeutlichen. Exemplarisch lässt sich dies auch an dem Aspekt der Anstaltsseelsorge ablesen: Auf einem ersten Blick wird man einen Bedarf an seelsorgerischer Betreuung von Muslimen in Justizvollzugsanstalten und anderen Formen der Anstaltsseelsorge sofort annehmen und einsichtig finden können. Ein zweiter Blick konfrontiert aber mit der Frage, ob das muslimische Selbstverständnis eine Form pastoral-seelsorgerlicher Betreuung – wie sie z.B. für die christlichen Kirchen gang und gäbe ist – überhaupt kennt? In der Regel wird dies – soweit ersichtlich – ver-

24 Die Einführung eines Islamischen Religionsunterrichts setzt keine Religionsgemeinschaft voraus, die als Körperschaft des öffentlichen Rechts verfasst ist. Gleichwohl können die Verleihungsvoraussetzungen doch eine Rolle spielen, weil z.B. die Dauerhaftigkeit einer Gemeinschaft für den Staat bei der Verwendung von finanziellen Bildungsressourcen nicht unerheblich sein kann.

neint.[25] Dies führt dann zu der Nachfrage, ob die Zulassung zur Anstaltsseelsorge nicht zu einseitig von dem Gleichbehandlungsgedanken dominiert wird, der dann dazu führt, dass muslimische Interessen von Muslimen selbst zu stark in Analogie zu kirchlichen Interessen formuliert werden. Dem Grunde nach schließen die Verfassung wie auch die einfachgesetzliche Ordnung[26] es nicht aus, dass es zu einer Form islamischer Gefangenenseelsorge kommt, wenn es sich denn religiös-theologisch belegen lässt.[27] Und die Herleitung eines solchen Selbstverständnisses bedarf einer religiös sprach- und auskunftsfähigen Institution, sodass man hier wie in fast allen anderen Fällen auf den Knackpunkt religionsverfassungsrechtlicher Problemstellungen zurückgeworfen ist, der um die Qualifikation von muslimischen Gruppierungen als Religionsgesellschaft bzw. Religionsgemeinschaft im Sinne des Grundgesetzes kreist. Es reicht nicht einfach aus, dass es sich um eine Religion (bzw. Weltanschauung) handelt, sondern die religiöse Betreuung von Gefangenen muss bezogen sein auf eine Religionsgemeinschaft und deren „Betreuungspersonal" („Seelsorger").[28] Ähnliche Rechtsprobleme stellen sich in sämtlichen anderen Bereichen und erstrecken sich auf die Möglichkeit der Einführung eines Islamischen Religionsunterrichts bis hin zu der Repräsentanz des Islam an den staatlichen Hochschulen (z.B. Ausbildung von Lehrkräften oder Imamen). Gerade die gegenwärtig diskutierte und vom Wissenschaftsrat favorisierte Konzeption eines Beiratsmodells als religiöser Ansprechpartner eines Studiengangs Islamische Theologie begegnet nicht unerheblichen religionsverfassungsrechtlichen Bedenken, auf die Martin Heckel jüngst noch einmal ausdrücklich hingewiesen hat.[29] Für eine provisorische Übergangslösung dürfte das Modell des Wissenschaftsrats tolerabel sein, was sich dann

25 Exemplarisch etwa Susanne Eick-Wildgans, *Anstaltsseelsorge. Möglichkeiten und Grenzen des Zusammenwirkens von Staat und Kirche im Strafvollzug*, Berlin 1993, S. 115.

26 Siehe etwa §§ 53, 54 Strafvollzugsgesetz des Bundes. Seit der Föderalismusreform liegt die Gesetzgebungszuständigkeit für diesen Rechtsbereich bei den Bundesländern, die sich aber – sofern sie die Rechtsmaterie schon regeln – in diesem Punkt im Wesentlichen an die bisherige bundesgesetzliche Regelung anlehnen, vgl. z.B. §§ 57, 58 HmbStVollzG, §§ 53, 54 NdsJVollzG.

27 Für ihr religiöses Selbstverständnis tragen alle Religionsgemeinschaften eine argumentative Darlegungslast.

28 Nicht problembewusst sind die Ausführungen zum Terminus Religionsgemeinschaft und Islam bei Frank Arloth, *Strafvollzugsgesetz. Kommentar*, München ^{2}2008, § 53 Rdn. 2, der die Rechtsprechung zur Qualifikation von muslimischen Gruppierungen als Religionsgemeinschaft im Sinne des Grundgesetzes und der deutschen Rechtsordnung nicht hinreichend erfasst.

29 Vgl. Martin Heckel, *„Korollarien zur ‚Weiterentwicklung von Theologien und religionsbezogenen Wissenschaften' – im Spiegel der Wissenschaftsratsempfehlungen vom 29.1.2010"*, in: *Zeitschrift für evangelisches Kirchenrecht*, 55 (2010), S. 117 (insbes. 217ff. m.w.N.).

z.B. in konkreten Befristungen bzw. Evaluationsmechanismen widerspiegeln muss.[30]

4.2.3 Die Krux des deutschen Religionsverfassungsrechts: der Begriff der Religionsgemeinschaft/-gesellschaft?

Wenn muslimischen Gruppierungen gegenwärtig die Qualifikation als Religionsgesellschaft oder Religionsgemeinschaft im Sinne der deutschen Rechtsordnung verweigert wird, so wird dies nicht nur rechtswissenschaftlich kritisiert, sondern steht auch vor dem rechtspraktischen Problem, dass die deutsche Rechtsordnung kein Anerkennungs- oder Zertifizierungsverfahren kennt, mit dem die Eigenschaft als Religionsgemeinschaft festgestellt wird.[31] Gegen den in der Rechtsprechung wie auch noch weitgehend in der wissenschaftlichen Diskussion angenommenen Begriff der Religionsgemeinschaft (bzw. -gesellschaft) wird zum Teil der bereits erwähnte Einwand erhoben, dass diesem eine „Verkirchlichungstendenz" eigen ist, die nicht zu dem Selbstverständnis des Islam passe, da dieser keine mitgliedschaftliche Institutionalisierungs- und Organisationsform kenne. Ein wenig überraschender Befund ist der Hinweis auf historisch-genetische Zusammenhänge der Begriffsbildung, nur ist dies vielleicht nicht die ganz korrekte Frage, sondern es geht darum, ob der Terminus bei hinreichend präziser Definierbarkeit geeignet ist, sich auch neuen, anderen Religionen zu öffnen, ohne dass dies zur Funktionslosigkeit des Begriffs im Gefüge der Verfassungsregelungen führt. Der Text der Verfassung und einer Vielzahl einfachgesetzlicher Bestimmungen knüpft an die nur inzident überprüfbare Qualifikation als Religionsgemeinschaft an und belegt den erwähnten besonderen „institutionellen Überhang" im Bereich des deutschen Religions(verfassungs)-rechts. Die Frage lautet mithin: Wird der Begriff der Religionsgemeinschaft so definiert, dass er zu einer kirchlichen Exklusivität wird, oder handelt es sich um einen Rahmenbegriff, der zwar gewisse Voraussetzungen für Institutionalität und Organisation trifft, die aber in zumutbarer Weise von anderen Religionen erfüllt werden können, ohne dass dies eine übermäßige Beschränkung ihres Selbstverständnisses sowie ihrer religiösen Aktionsradien bedeutet? Ein historisches Beispiel dafür ist etwa, dass die katholische Kirche seit jeher ein eher

30 Vgl. Waldhoff, Gutachten D (Fn. 3), S. 154ff.

31 Ob die von Waldhoff, Gutachten D (Fn. 3), S. 87ff., vertretene Auffassung, für die Religionsgesellschaften eine eigenständige Organisationsform unterhalb des Körperschaftsstatus einzuführen, sinnvoll und ohne Verfassungsänderung überhaupt möglich wäre, da die Religionsgesellschaften nach Art. 140 GG/Art. 137 Abs. 4 WRV die Rechtsfähigkeiten nach den allgemeinen Vorschriften des bürgerlichen Rechts erwerben, mag hier dahingestellt bleiben.

anstaltliches Kirchenverständnis besaß[32] und sich demnach auch an die verfassungsrechtliche Ordnung und deren Voraussetzungen anzupassen hatte, ohne dass dies mit ihrem religiösen Selbstverständnis übereingestimmt hätte. Dieses Beispiel zeigt aber auch, dass solche Anpassungen ohne einen religiösen Substanzverlust möglich sind.

Es ist gleichwohl nicht ausgeschlossen, Herkunft und Zukunft dieses religionsverfassungsrechtlichen Schlüsselbegriffs kritisch zu reflektieren und ggf. Neuakzentuierungen zu treffen. Dass dies möglich ist, zeigt etwa die Entscheidung des Bundesverwaltungsgerichts zu den muslimischen Dachverbänden, die recht beachtliche Modifikationen an der „alten" Anschütz'schen Definition vorgenommen hat.[33] Ob und inwieweit muslimische Verbände in der Bundesrepublik Deutschland die vom Bundesverwaltungsgericht definierten Voraussetzungen erfüllen, mag an dieser Stelle ausdrücklich offen bleiben. Es lassen sich aber wohl bemerkenswerte Tendenzen in der muslimischen Organisationslandschaft feststellen, die zukünftig davon ausgehen lassen, dass es zu einer Reihe von islamischen Religionsgemeinschaften kommen kann. Die grundgesetzliche Ordnung fordert auch nicht „die" islamische Religionsgemeinschaft, ebenso wenig wie die „christliche Einheitskirche" gefordert ist. Mehrere islamische Religionsgemeinschaften sind somit denkbar (und vielleicht auch zu erwarten), was natürlich nicht ohne Folgen für die Wahrnehmung religionsverfassungsrechtlicher Gewährleistungen bleiben kann. Dies ist aber dann wiederum kein muslimisches Spezialproblem, sondern betrifft auch die christlichen „Volkskirchen" oder andere Religionsgemeinschaften und ist damit Ausdruck von Rechtsgleichheit, die durchaus differenzieren darf, da das Grundgesetz keine religionsverfassungsrechtliche schematische Parität erforderlich macht.[34]

Die zukünftige Diskussion über den verfassungsrechtlichen Schlüsselbegriff der Religionsgemeinschaft wird sich nicht mit dem Einwand begnügen können, dass die Anschütz'sche Definition hauptsächlich durch kirchliche Situationen geprägt gewesen sei und demnach sein Interpretationsansatz nicht fortgeführt werden könne. Das Verhältnis von Individualität und Institutionalität bzw. Korporativität von Religion dürfte immer wieder neu zu vermessen sein, solange der Verfassungstext von Religionsgemeinschaften oder -gesellschaften spricht und dies auf reale Konstellationen religiöser Pluralität zu reagieren hat. Die mit diesem Begriff verbundenen Interpretationsschwierigkeiten implizieren dann nicht seine Undefinierbarkeit und damit seine letztlich grenzenlose Anpassungsfähigkeit. Ebenso wenig kann die (individuelle) Religionsfreiheit als funktionales Vehikel dafür fungieren, den Verfassungsbegriff Religionsgesellschaft/-

32 Durch die Communio-Ekklesiologie des Zweiten Vatikanischen Konzils ist dies jedenfalls dem Grunde nach modifiziert worden.

33 BVerwGE 123, 49 (54ff.).

34 Exemplarisch lässt sich dies an der Praxis des Religionsunterrichts in den östlichen Bundesländern ablesen.

gemeinschaft gleichsam verfassungsendogen aufzulösen. Bevor keine hinreichend verbindlichen Klärungen zur Begrifflichkeit und zur Religionsgemeinschaftseigenschaft von muslimischen Gruppierungen getroffen werden können, wobei die Selbstbezeichnung für sich genommen nicht ausreichend sein kann, werden muslimische Staatsverträge weitgehend außerhalb des Realisierbaren liegen. Dies heißt nicht, dass solche Verträge zukünftig rechtlich objektiv unmöglich sind. Vielmehr werden gegenwärtig einfach noch nicht die Voraussetzungen erfüllt, um schon solche die religionsverfassungsrechtlichen oder einfachgesetzlichen Gewährleistungen konkretisierenden Vereinbarungen schließen zu können. Deshalb sind unter der religionspolitischen Herausforderung der Inklusion „fremder" Religionen andere Mechanismen zu finden, die das Kooperative zwischen Staat und Religion institutionell auf andere Weise zu unterfangen suchen. Die Deutsche Islam Konferenz ist seit 2006 ein solch praktizierter Anfang und ein Musterbeispiel für Kompensation.

4.2.4 Deutsche Islam Konferenz als religionsrechtlicher Governance-Ansatz – Vorbereitung eines „muslimischen Staatsvertrags" oder doch nur ein Ersatz?

Zu Beginn der Deutschen Islam Konferenz wurde – jedenfalls in der Presse – die Forderung nach einem muslimischen Staatsvertrag noch nachhaltig erhoben. Im weiteren Verlauf ist es recht still geworden um ein solches Vorhaben. Ziel der Deutschen Islam Konferenz war ein offener dialogischer Prozess mit den Muslimen, der die Lösungsmöglichkeiten praktischer Fragestellungen eruieren sollte. Insgesamt ging es um die Institutionalisierung eines Lernprozesses, den die Staatssekretärin im Bundesministerium des Innern, Cornelia Rogall-Grothe, folgendermaßen resümiert:

> „Der Umgang mit Muslimen und mit dem Muslimischen als Teil unseres öffentlichen Lebens hat sich wohl nicht zuletzt auch dank der mit der Deutschen Islam Konferenz beförderten gesellschaftlichen Diskussion und öffentlichen Aufmerksamkeit in den vergangenen Jahren deutlich entspannt und verbessert. Wo es heute Probleme gibt – sei es in Schule, im Berufsalltag oder in den Medien – da bleibt die Gesellschaft nicht bei der notwendigen Problembeschreibung stehen, sondern sucht nach Lösungen, die nach Möglichkeit auch umgesetzt werden. Das größte Lob, das der Deutschen Islam Konferenz anlässlich der vorläufigen Beendigung ihrer Arbeiten ausgesprochen wurde, ist wohl der von allen Seiten geäußerte Wunsch nach ihrer Fortsetzung."[35]

35 Cornelia Rogall-Grothe, *„Die Deutsche Islam Konferenz"*, in: *Recht der Jugend und des Bildungswesens*, Heft 1, 2010, S. 9 (16f.).

Wenn man das moderne Konzept Governance mit dem Phänomen Koordinationsstrukturen assoziiert,[36] dann lässt sich die Deutsche Islam Konferenz als Teil einer religionspolitischen bzw. religionsverfassungsrechtlichen Governance verstehen, deren Anliegen es auch ist, die Bereitstellungsfunktion des Rechts hinsichtlich neuer Problemlösungsstrategien auszuleuchten und insgesamt religiöse Interessen von Muslimen auf dem Forum der Öffentlichkeit zu vergegenwärtigen. Ungeachtet der wissenschaftlichen Frage eines eher weiten oder engen Governance-Verständnisses, konnte es nicht das Anliegen der Deutschen Islam Konferenz sein, konkrete Regelungen zu treffen. Vielmehr lag ein sehr berechtigtes Anliegen der Konferenz in der Materialsammlung, dem Ingangsetzen eines öffentlichen Dialogs und an der einen oder anderen Stelle sicherlich auch im Vorspuren von Lösungsoptionen.

5. Ausblick

Bei aller religionsverfassungsrechtlichen flexiblen Kontinuität gibt es beträchtliche Unsicherheiten. Ein Blick in einige Nachbarländer und angesichts der dort diskutierten Verbote des Burka-Tragens oder der Minarette ist vielleicht so etwas wie eine „Kulturkampf-Situation“[37] festzustellen. Bevor Verdachtshermeneutiken und Risikoszenarien zu sehr überhandnehmen, gilt es in Erinnerung zu rufen, dass Wandlungs- und Anpassungsprozesse gang und gäbe sind, den Staat an sich genauso betreffen wie sein Verhältnis zur Religion. Gerade in den letzten Jahren ist – nicht zuletzt durch die religiöse Pluralisierung – verstärkt zutage getreten, dass säkulare demokratische Gesellschaften nicht die Krönung der Modernität sind, sondern letztlich nur eine unterkomplexe, nicht wirklichkeitsorientierte Einstellung zum Gemeinwesen. Keine Seite, seien es die religiösen Akteure, sei es der Staat, wird unverändert aus der Situation heraustreten können. Ein Umschneidern der grundgesetzlichen Ordnung von Staat und Religion, die nur auf muslimische Interessen fokussiert, wird immer in der Gefahr stehen, eine Erosion dieser Ordnung zu verursachen. So sehr religionsverfassungsrechtliche Verträge ein probates und geradezu gefordertes Instrument der rechtsverbindlichen Interessenklärung von Staat und Religion sind, so wenig sollte die Analogie zwischen Islam und christlichen Kirchen zum alles beherrschenden Maßstab werden. Martin Heckel hat zu Recht immer wieder darauf

---

36 Statt vieler siehe nur Gunnar Folge Schuppert, *„Governance – auf der Suche nach den Konturen eines ‚anerkannt uneindeutigen Begriffs‘“*, in: ders./M. Zürn (Hg.), *Governance in einer sich wandelnden Welt* (*Politische Vierteljahresschrift*, Sonderheft 41), Wiesbaden 2008, S. 13ff. Ferner instruktiv zur Leistungsfähigkeit dieses Ansatzes Jens Kersten, *„Governance in der Staats- und Verwaltungsrechtswissenschaft“*, in: E. Grande/S. May (Hg.), *Perspektiven der Governance-Forschung*, Baden-Baden 2009, S. 45ff.

37 Siehe auch José Casanova, *Europas Angst vor der Religion*, Berlin 2009.

hingewiesen, dass die religionsverfassungsrechtliche Parität keine „Planier-Parität“ sei, sondern gleichermaßen egalisierend wie differenzierend wirke. Muslimische Staatsverträge sind sicherlich ein sehr wünschenswertes Ziel; für die behutsame Fortentwicklung der Ordnungskonfiguration von Staat und Religion der Bundesrepublik Deutschland sollte aber Sorgfalt vor Schnelligkeit gehen. Deutschland als „Kernland“ der Reformation mit dem Friedensschluss von Münster und Osnabrück sowie der Zeit des Kulturkampfes im 19. Jahrhundert hat verschiedentlich gezeigt, wie es religiöse Konfliktsituationen religionsadäquat verarbeiten kann, wenngleich dies zeitlich dauern kann, Irrwege damit verbunden sind und letztlich dafür auch immer eine Menge Geduld erforderlich ist.

Literatur

Anke, Hans Ulrich, *Die Neubestimmung des Staat-Kirche-Verhältnisses in den neuen Ländern durch Staatskirchenverträge: Zu den Möglichkeiten und Grenzen des staatskirchenvertragsrechtlichen Gestaltungsinstruments*, Tübingen 2000.

Arloth, Frank, *Strafvollzugsgesetz. Kommentar*, München ^{2}2008.

Casanova, José, *Europas Angst vor der Religion*, Berlin 2009.

De Wall, Heinrich/Muckel, Stefan, *Kirchenrecht. Ein Studienbuch*, München ^{2}2010.

Eick-Wildgans, Susanne, *Anstaltsseelsorge. Möglichkeiten und Grenzen des Zusammenwirkens von Staat und Kirche im Strafvollzug*, Berlin 1993.

Heckel, Martin, *„Korollarien zur ‚Weiterentwicklung von Theologien und religionsbezogenen Wissenschaften' – im Spiegel der Wissenschaftsratsempfehlungen vom 29.1.2010“*, in: *Zeitschrift für evangelisches Kirchenrecht*, 55 (2010), S. 117ff.

Hense, Ansgar, *„Staatsverträge mit Muslimen – eine juristische Unmöglichkeit? Überlegungen zu Grund und Grenzen in rechtsvergleichender Perspektive“*, in: Mückl, S. (Hg.), *Das Recht der Staatskirchenverträge. Colloquium aus Anlaß des 75. Geburtstags von Alexander Hollerbach*, Berlin 2007, S. 115-173.

Huber, Peter M., *„Konkordate und Kirchenverträge unter Europäisierungsdruck?“*, in: *Archiv für katholisches Kirchenrecht*, 177 (2008), S. 411ff.

Kersten, Jens, *„Governance in der Staats- und Verwaltungsrechtswissenschaft“*, in: Grande, E./May, S. (Hg.), *Perspektiven der Governance-Forschung*, Baden-Baden 2009, S. 45ff.

Korioth, Stefan, *„Konkordate und Kirchenverträge im System des deutschen Staatskirchenrechts“*, in: *Archiv für katholisches Kirchenrecht*, 177 (2008), S. 394ff.

Lahusen, Christian, *Kontraktuelle Politik. Politische Vergesellschaftung am Beispiel der Luftreinhaltung in Deutschland, Frankreich, Großbritannien und den USA*, Weilerswist 2003.

Liedhegener, Antonius/Gerstenhauer, Daniel, *„Auf dem Weg zu einem kooperativen Verhältnis. Religion und die Vertiefung der Europäischen Union“*, in: Leiße, O. (Hg.), *Die EU nach Lissabon. Eine Bestandsaufnahme*, Wiesbaden 2009, S. 160ff.

Michael, Lothar, *Rechtsetzende Gewalt im kooperierenden Verfassungsstaat. Normprägende und normersetzende Absprachen zwischen Staat und Wirtschaft*, Berlin 2002.

Möllers, Christoph/Sacksofsky, Uta, *„Religiöse Freiheit als Gefahr?“*, in: VVDStRL, 68 (2009), S. 7ff.

Puza, Richard, *„Kirchen und Staat in Deutschland. Ein ausgewogenes Verhältnis?“*, in: *Theologische Quartalsschrift*, 190 (2010), S. 89ff.

Rogall-Grothe, Cornelia, *„Die Deutsche Islam Konferenz“*, in: *Recht der Jugend und des Bildungswesens*, Heft 1, 2010, S. 9ff.

Schröder, Rainer, *Verwaltungsrechtsdogmatik im Wandel*, Tübingen 2007.

Schulte, Martin, *Schlichtes Verwaltungshandeln*, Tübingen 1995.

Schuppert, Gunnar Folke, *Grundzüge eines zu entwickelnden Verwaltungskooperationsrechts. Regelungsbedarf und Handlungsoptionen eines Rechtsrahmens für Public Private Partnership*, Rechts- und verwaltungswissenschaftliches Gutachten erstellt im Auftrag des Bundesministeriums des Innern, Juni 2001.

Ders., *„Governance – auf der Suche nach den Konturen eines ‚anerkannt uneindeutigen Begriffs‘“*, in: ders./Zürn, M. (Hg.), *Governance in einer sich wandelnden Welt* (Politische Vierteljahresschrift, Sonderheft 41), Wiesbaden 2008, S. 13ff.

Storr, Stefan/Schröder, Rainer, *Allgemeines Verwaltungsrecht*, Stuttgart 2010.

Waldhoff, Christian, *Neue Religionskonflikte und staatliche Neutralität: Erfordern weltanschauliche und religiöse Entwicklungen Antworten des Staates?*, Gutachten D zum 68. Deutschen Juristentag, München 2010.

Walter, Christian, *„Religiöse Freiheit als Gefahr? Eine Gegenrede“*, DVBl. 2008, S. 1073ff.

„Fremdbild“ Islam

Von Heiner Bielefeldt

1. Verbreitete Skepsis gegenüber dem Islam

Der Islam ist in den letzten Jahren in Deutschland zum Politikum geworden. Moscheebauprojekte in Köln, Berlin-Pankow, Frankfurt am Main und anderswo sorgen für teilweise hochemotionale Kontroversen, die gelegentlich auch Schlagzeilen in der überregionalen Presse machen. Pilotprojekte zur Einführung eines Islamischen Religionsunterrichts beschäftigen die Kultusministerien der Länder. Der Streit darüber, ob eine Lehrerin in der öffentlichen Schule das islamische Kopftuch tragen darf, nahm zeitweise Züge einer nationalen Selbstverständigungsdebatte um die Anerkennung von Vielfalt und möglicher Grenzen der Toleranz an. Seit September 2006 besteht eine vom Bundesinnenminister einberufene Islamkonferenz, die sich in mehreren Arbeitsgruppen mit Fragen der Integration des Islam beschäftigt. Nicht erst seit den Terroranschlägen des 11. September 2001 stehen islamistische Organisationen im Brennpunkt der Aufmerksamkeit von Polizei und Nachrichtendiensten.

Die seit einigen Jahren gewachsene öffentliche Aufmerksamkeit für den Islam geht offenbar einher mit einer weitverbreiteten Skepsis gegenüber dieser Religion und ihren Angehörigen. Laut einer im Mai 2006 veröffentlichten Allensbach-Umfrage stimmten 83 Prozent der Befragten der Aussage zu, der Islam sei fanatisch, 62 Prozent betrachteten ihn als rückwärtsgewandt, 71 Prozent als intolerant und 60 Prozent als undemokratisch. 91 Prozent der Befragten gaben an, dass sie beim Stichwort Islam an die Benachteiligung von Frauen dächten. Als Fazit halten Elisabeth Noelle und Thomas Petersen fest: „Die Vorstellungen der Deutschen über den Islam waren bereits in den vergangenen Jahren negativ, doch haben sie sich in der jüngsten Zeit noch einmal spürbar verdüstert.“[1]

Eher verschlechtert hat sich das Bild des Islam in Deutschland auch nach den Ergebnissen der vom Bielefelder Institut für Konflikt- und Gewaltforschung durchgeführten Langzeituntersuchung über gruppenbezogene Menschenfeindlichkeit. Etwa drei Viertel der im Rahmen dieser Untersuchung im Juni 2005 befragten Personen ließen erkennen, dass ihrer Ansicht nach der Islam nicht –

1 Elisabeth Noelle/Thomas Petersen, *„Eine fremde, bedrohliche Welt“*, in: *Frankfurter Allgemeine Zeitung* vom 17.05.2006, S. 5.

oder zumindest eher nicht – in „unsere westliche Kultur"[2] passe. Eine solche abwehrende Haltung ist kein spezifisch deutsches Phänomen. Nach einem Ende 2006 veröffentlichten Bericht des European Monitoring Centre on Racism and Xenophobia (EUMC) sind „islamophobe" Tendenzen derzeit in allen Ländern der Europäischen Union zu verzeichnen.[3]

Die Ursachen für Vorbehalte gegenüber dem Islam sind komplex: Bei lokalen Moscheebaukonflikten mischen sich Überfremdungsängste, die oft auch politisch angeheizt und ausgebeutet werden, typischerweise mit sozialer Frustration in niedergehenden Stadtvierteln. Integrationsprobleme in Schule, Nachbarschaft und Beruf verstärken ein vielfach schon vorhandenes Misstrauen gegenüber Einwanderern im Allgemeinen und Muslimen im Besonderen. In der Kontroverse um das Kopftuch kommen Besorgnisse zu Wort, dass mühsam erarbeitete emanzipatorische Errungenschaften, insbesondere die Gleichberechtigung der Geschlechter durch religiös gestützte autoritäre Milieustrukturen konterkariert werden könnten, unter denen vor allem Frauen und Mädchen leiden. Die nach der Ermordung der jungen Berlinerin Hatun Sürücü (Februar 2005) einsetzende öffentliche Debatte über die lange Zeit ignorierte Realität von Zwangsverheiratungen und Gewalt im Namen der „Ehre" in Deutschland hat solchen Besorgnissen weiter Auftrieb gegeben. Fernsehbilder einer orchestrierten Empörung über die Mohammed-Karikaturen wecken Befürchtungen, die Präsenz des Islam könnte die liberale Kultur der westlichen Gesellschaften unterminieren – eine Befürchtung, die für manche wiederum zum Anlass wird, die Veröffentlichung der Karikaturen zum Testfall liberaler Selbstbehauptung zu stilisieren. Über all dem schwebt schließlich die Angst vor terroristischen Gewaltakten, die die Islamdebatte seit dem 11. September 2001 überschattet und durch die Anschläge von Madrid und London sowie durch Berichte über geplante, aber verhinderte Attentate weiter genährt worden ist. Laut Allensbach stimmten 42 Prozent der Befragten der Aussage zu: „Es leben ja so viele Moslems bei uns in Deutschland. Manchmal habe ich direkt Angst, ob darunter nicht auch viele Terroristen sind."[4]

---

2 Vgl. Jürgen Leibold/Steffen Kühnel, *„Islamophobie. Differenzierung tut not"*, in: Wilhelm Heitmeyer (Hg.), *Deutsche Zustände*, Bd. 4, Frankfurt a. M. 2006, S. 135-155, hier S. 142f.

3 Vgl. European Monitoring Centre on Racism and Xenophobia (EUMC), *Muslims in the European Union. Discrimination and Islamophobia*, Wien 2006, S. 60. Der EUMC-Bericht verweist dabei allerdings auf erhebliche Wissenslücken.

4 Noelle/Petersen, *„Eine fremde, bedrohliche Welt"*, in: *FAZ* vom 17.05.2006. Auch Leibold und Kühnel, *„Islamophobie. Differenzierung tut not"*, in: Wilhelm Heitmeyer (Hg.), *Deutsche Zustände*, Bd. 4, Frankfurt a. M. 2006, S. 151, betonen die offenbar weitverbreitete Assoziation von Islam und Terrorismus: „Problematisch erscheint in diesem Zusammenhang, dass mehr als 60% unserer Befragten vermuten, viele Muslime hegten Sympathien für islamistische Terroristen."

Eher skeptische Einstellungen gegenüber dem Islam finden sich in allen politischen Lagern und in den verschiedensten Milieus der Gesellschaft. Dies hat damit zu tun, dass hinter den Vorbehalten gegenüber dem Islam ganz unterschiedliche Motive stehen, die von konservativen Ängsten um die gewachsene kulturelle Identität dieser Gesellschaft über Befürchtungen hinsichtlich der inneren Sicherheit bis hin zu Sorgen um die Wahrung emanzipatorischer Errungenschaften reichen. Während manche Äußerungen an alte Muster einer Abgrenzung des christlich geprägten Abendlandes gegenüber dem Orient anknüpfen,[5] sehen andere im Islam eine Gefährdung moderner Aufklärung und Liberalität.[6] In beiden Fällen steht der Islam für „das Andere": entweder für eine fremde Religion aus dem Osten oder für den Autoritarismus vormoderner Lebensformen. Vor allem in rechtskonservativen Kreisen verbindet sich die Angst vor dem Islam mit demografischen Krisenszenarien, die unter Hinweis auf unterschiedliche Geburtenraten von Muslimen und Nicht-Muslimen eine „schleichende Islamisierung" der Gesellschaft oder gar ein in den nächsten Jahrzehnten entstehendes „Eurabien" (Udo Ulfkotte) an die Wand malen.[7] Hinter manchen ablehnenden Äußerungen über Muslime verbirgt sich auch eine eher „links" intonierte Religionskritik, womöglich mit Relikten marxistischer Ideologie gespickt, für die der Islam mittlerweile, weit mehr als das Christentum, das Paradigma militanter Religiosität abgibt.[8] Auch in den offiziellen Äußerungen der christlichen Kirchen kommen islamkritische Positionierungen neuerdings schärfer als zuvor zu Wort. So unterscheidet sich die im November 2006 unter dem Titel *Klarheit und gute Nachbarschaft* veröffentlichte Handreichung des Rates der EKD zum christlich-islamischen Dialog von früheren Verlautbarungen der EKD zum selben Thema durch ihren distanziert-kühlen Grundton.[9]

2. Traditionalistische und modernistische Abgrenzungsmuster

Die Vorbehalte gegenüber dem Islam sind vielfältig und facettenreich. Idealtypisch lässt sich ein traditionelles von einem modernen Fremdbild unterscheiden.

---

5 Vgl. z.B. Christian Hillgruber, *„Der deutsche Kulturstaat und der muslimische Kulturimport. Die Antwort des Grundgesetzes auf eine religiöse Herausforderung"*, in: *Juristenzeitung*, 11 (1999), S. 538-547.

6 Dafür stehen insbesondere die Schriften von Bassam Tibi; vgl. z.B. Bassam Tibi, *Europa ohne Identität. Leitkultur oder Wertebeliebigkeit*, München 1998; ders., *Im Schatten Allahs. Der Islam und die Menschenrechte*, erweiterte Neuausgabe, Düsseldorf 2003.

7 Vgl. z.B. Udo Ulfkotte, *Heiliger Krieg in Europa. Wie die radikale Muslimbruderschaft unsere Gesellschaft bedroht*, Frankfurt a. M. 2007, S. 20ff.

8 Vgl. Siegfried Kohlhammer, *Die Feinde und die Freunde des Islam*, Göttingen 1996.

9 Vgl. Kirchenamt der Evangelischen Kirche Deutschland (Hg.), *Klarheit und gute Nachbarschaft. Christen und Muslime in Deutschland. Eine Handreichung des Rates der EKD*, Hannover 2006.

Die traditionelle Variante knüpft an die alte Dichotomie von Abendland und Morgenland bzw. von Christentum und Islam an. Im Hintergrund steht eine mehr als tausendjährige Tradition christlicher Polemik.[10] Sie setzte im 8. Jahrhundert in den Kampfschriften des Johannes von Damaskus gegen den „Lügenpropheten" Mohammed ein, wurde über die Jahrhunderte hinweg durch Kreuzzüge und Reconquista politisch befeuert und fand Ausdruck in Luthers Invektiven gegen die Türken genauso wie in katholischen Bittgebeten der Frühen Neuzeit. Auch im Widerstand gegen die Belagerungen Wiens durch die Türken und in den habsburgischen Türkenkriegen des 17. und 18. Jahrhunderts ging es ideologisch stets um Selbstbehauptung des christlichen Abendlands. Samuel Huntington, der in seinem Buch über den *Clash of Civilizations* immer wieder aus Oswald Spenglers *Untergang des Abendlands* zitiert, bleibt in den ideologischen Mustern einer angeblichen Wesensdifferenz zwischen christlich geprägtem Westen und der Welt des Islam stecken.[11]

Facetten der traditionellen christlichen Islamabwehr schwingen in vielen skeptischen oder ablehnenden Äußerungen zum Islam mit. Sie sind aber vielfach überlagert durch eine andere Variante des Fremdbilds, die mittlerweile durchschlagender wirken dürfte als die traditionelle christlich geprägte Polemik. Demnach wird der Islam als eine „vormoderne" Religion oder Kultur bezeichnet, die mit den Errungenschaften westlicher Aufklärung und Moderne letztlich nicht kompatibel sei. An die Stelle des vom Islam bedrohten christlichen Abendlands tritt als Bezugspunkt in diesem neueren Fremdbild die westliche Moderne, von der wiederum behauptet wird, dass sie durch den Islam herausgefordert sei. In Deutschland ist dieses antagonistische Muster lange Zeit vor allem von Bassam Tibi bedient worden, dessen Buch *Krieg der Zivilisationen* eine modernisierungstheoretische Variante und zugleich Zuspitzung der berühmten Huntington-These darstellt.[12]

Während in der traditionell christlich geprägten antiislamischen Polemik der Gott des Koran typischerweise mit dem Gott der Bibel kontrastiert wurde, ist für die neuere Variante der Islamkritik kennzeichnend, dass sie eher mit der Gegenüberstellung von Koran und Grundgesetz operiert. Indem bestimmte Koranverse unmittelbar mit Artikeln des Grundgesetzes bzw. internationaler Menschenrechtsabkommen verglichen werden, entsteht ein Kontrasteffekt, der die Verfas-

---

10 Vgl. dazu Ludwig Hagemann, *Christentum contra Islam. Eine Geschichte gescheiterter Beziehungen*, Darmstadt 1999.

11 Vgl. Samuel P. Huntington, *The Clash of Civilizations and the Remaking of World Order*, New York 1996.

12 Vgl. Bassam Tibi, *Krieg der Zivilisationen. Politik und Religion zwischen Vernunft und Fundamentalismus*, Hamburg 1995. Das Verhältnis zwischen dem Westen und dem Islam wird in diesem Werk und anderen Büchern Tibis pauschal als Gegensatz von Individualismus versus Kollektivismus, Autonomie versus Theonomie bzw. Freiheit versus Autoritarismus konstruiert.

sungswidrigkeit bzw. Aufklärungsresistenz des Islam belegen soll.[13] Das Grundgesetz erhält in solcher Kontrastierung zum Koran die Funktion eines Dokuments kulturpolitischer, wenn nicht gar religionspolitischer Selbstvergewisserung für die irgendwie „christlich geprägte" Mehrheitsgesellschaft – und zwar auf Kosten seiner eigentlichen Funktion als *gemeinsame* verfassungsrechtliche Grundlage des Zusammenlebens in der pluralistischen Gesellschaft. Komplementär zu einer solchen zivilreligiösen Aufladung des Grundgesetzes wird dem Koran, wenn man ihn kategorial auf eine Ebene mit der Verfassungsordnung stellt, paradoxerweise genau jene Rolle als integrales religiös-politisches Alternativmodell attestiert, wie sie in den Propagandaschriften des ideologischen Islamismus aufscheint.

Die modernistische Variante der Islamskepsis entzündet sich seit einigen Jahren primär an der Frage des Geschlechterverhältnisses.[14] So fällt auf, dass in der bereits zitierten Allensbach-Umfrage die Negativassoziation von Islam und Frauenunterdrückung mit Abstand die höchsten Zustimmungswerte (nämlich über 90 Prozent) findet. Von dorther erklärt sich auch die Intensität des Kopftuchstreits, der Parlamente und Gerichte seit Jahren beschäftigt. Das Kopftuch ist offenkundig eben doch nicht nur „ein Stück Stoff", wie es manchmal lapidar heißt. Vielmehr wird ihm ein hoher Symbolwert zugeschrieben, der zugleich hochgradig umstritten ist: Während die einen im Kopftuch ein Symbol der Frauenunterdrückung sehen, betonen andere, dass sich in der Entscheidung für das Kopftuch, sofern sie frei getroffen wird, die religiöse Selbstbestimmung der Frau manifestiert. Mehrere Bundesländer haben Gesetze erlassen, wonach sichtbare religiöse Symbole – gemeint ist faktisch stets das Kopftuch – für Lehrerinnen an öffentlichen Schulen verboten sind.[15]

Auch wenn die Kopftuchdebatte mittlerweile an öffentlicher Aufmerksamkeit eingebüßt hat, bleibt die von ihr repräsentierte Konstellation – nämlich die Unterstellung eines unüberbrückbaren Gegensatzes zwischen Islam und Frauenemanzipation – nach wie vor relevant. Sie wird mittlerweile vor allem im Zu-

---

13 Vgl. z.B. Bundesverband der Bürgerbewegungen zur Bewahrung von Demokratie, Heimat und Menschenrechten e.V., *Bedrohte Freiheit. Der Koran in Spannung zu den Grund- und Freiheitsrechten in der Bundesrepublik Deutschland sowie zu internationalen Rechtsnormen und Verträgen. Arbeitshilfe für die geistige Auseinandersetzung mit dem Islam*, Berlin ³2004.

14 Vgl. Manuela Westphal, *„Migration und Genderaspekte. Feminisierung internationaler Migration"*, Internetaufsatz 2004, veröffentlicht von der Bundeszentrale für politische Bildung, URL: http://www.bpb.de/files/39WAAT.pdf (letzter Zugriff: 11.01.2010).

15 Die Tatsache, dass in den meisten der Ländergesetze Ausnahmebestimmungen zugunsten christlicher Symbole enthalten sind, die als allgemeine, gleichsam überkonfessionelle „Kultur- und Bildungswerte" bezeichnet werden, zeigt den diskriminierenden Charakter dieser Regelungen. Vgl. Human Rights Watch, *Diskriminierung im Namen der Neutralität. Kopftuchverbote für Lehrkräfte und Beamtinnen in Deutschland*, Februar 2009.

sammenhang mit Zwangsverheiratungen und Verbrechen im Namen der „Ehre" thematisiert. Obwohl Zwangsverheiratungen kein spezifisch „islamisches" Problem darstellen, transportieren viele Stellungnahmen zu diesem Thema pauschal antiislamische Bilder.[16]

Die Grenzen zwischen den traditionalistischen und den modernistischen Varianten von Islamskepsis sind fließend, wodurch ungewohnte Konstellationen entstehen können. Beispielsweise wurde Anfang 2006 ein vom baden-württembergischen Innenministerium ausgearbeiteter Leitfaden für die Einbürgerungsbehörden bekannt, der – faktisch auf Muslime zielend – unter anderem die Akzeptanz gleichgeschlechtlicher Beziehungen im engsten Familienumfeld unter den Voraussetzungen für die Einbürgerung auflistete.[17] Dass ausgerechnet ein konservativ geführtes Ministerium die ja auch in der Mehrheitsgesellschaft keineswegs bereits durchgängig anerkannte Gleichberechtigung Homosexueller zum Kriterium deutscher Staatsangehörigkeit erhob, löste Verwunderung aus und erklärt sich vermutlich primär durch das Interesse an einer klaren Distanzierung gegenüber dem Islam.

Die Tatsache, dass in öffentlich geäußerten Positionen zum Islam häufig eine Sorge um Errungenschaften von Aufklärung und Moderne mitschwingt, spielt für die Einschätzung antiislamischer Vorbehalte eine wichtige Rolle. Denn durch eine solche Bezugnahme auf die Moderne unterscheiden sich antiislamische Motive beispielsweise ganz wesentlich von antisemitischen Klischees, in denen seit Ende des 19. Jahrhunderts „die Juden" als die eigentlichen „Drahtzieher" wirtschaftlicher, politischer und kultureller Modernisierung und der damit einhergehenden Krisen konstruiert werden.[18] Für antiislamische Stereotype ist demgegenüber gerade charakteristisch, dass sie den Islam pauschal mit einer „Vormoderne" – Fanatismus, reaktionäre Gesellschaftsvorstellungen und Aufklärungsresistenz – in Verbindung bringen. Es ließen sich daher manche Parallelen zwischen antiislamischen Äußerungen und der antikatholischen Kulturkampfsemantik der Bismarckzeit aufzeigen.[19] Auffallende Analogien sind etwa die Zuschreibung eines wesenhaften, also prinzipiell unüberwindbaren Anti-Liberalismus, die Angst vor Bildung einer „Parallelgesellschaft" und das Misstrauen gegenüber bestehender Einflussnahme aus dem Ausland.

16 Vgl. etwa Necla Kelek, *Die fremde Braut. Ein Bericht aus dem Inneren des türkischen Lebens in Deutschland*, Köln 2005.

17 Die baden-württembergische Landesregierung stellte angesichts der kritischen öffentlichen Diskussion im Januar 2006 klar, dass der Leitfaden unabhängig vom religiösen Bekenntnis oder Hintergrund der Antragsteller Anwendung finden soll; sie hat damit die ursprüngliche Position des Innenministeriums korrigiert, das die spezifische Ausrichtung des Fragebogens auf Muslime zunächst ausdrücklich betont hatte.

18 Vgl. dazu Shulamit Volkov, *Antisemitismus als kultureller Code. Zehn Essays*, 2. erw. Aufl., München 2000.

19 Vgl. dazu Thomas Nipperdey, *Religion im Umbruch. Deutschland 1870-1918*, München 1988, S. 42ff.

3. Für ein differenziertes und realistisches Islambild

Es ist nicht hilfreich, die Äußerung von Skepsis, Kritik oder auch Angst gegenüber dem Islam per se ins Unrecht zu setzen. Vielmehr geht es darum, mit den weithin existierenden Vorbehalten und Befürchtungen *sorgfältig* umzugehen, stereotype Darstellungen und Erklärungen zu überwinden und Diffamierungen klar entgegenzutreten. Die für eine liberale, aufgeklärte Diskussionskultur entscheidende Trennlinie verläuft nicht zwischen freundlichen und weniger freundlichen Darstellungen des Islam und seiner Angehörigen, sondern zwischen Genauigkeit und Klischee. Hinter dem Postulat der Genauigkeit steht letztlich das Gebot der *Fairness*, das die Grundlage einer aufgeklärten Diskussionskultur bildet.[20]

Während man noch in den 1980er Jahren religiöse Interessen der damaligen „Gastarbeiter" kaum zur Kenntnis genommen hatte, hat man sich in Deutschland seit den 1990er Jahren daran gewöhnt, Migrantinnen und Migranten vor allem in ihrer (vermeintlichen oder tatsächlichen) religiösen und kulturellen „Besonderheit" wahrzunehmen. Dies ist Fortschritt und Rückschritt zugleich. Die falsche Ignoranz von damals ist mittlerweile durch eine ebenso falsche, weil einseitige Fixierung auf Religion und Kultur ersetzt worden. Dies wiederum führt dazu, dass offenkundige Probleme der Integrationspolitik, deren Ursachen vielfältig sein können, oft vorschnell als Ausdruck religiös-kultureller Fremdheit interpretiert werden – so als sei beispielsweise die Konzentration von Familien mit Migrationsgeschichte in sozialen Brennpunktgebieten schlichtweg Folge einer sich verfestigenden „islamischen Parallelgesellschaft".

Sobald der Islam ins Spiel kommt, gibt es offenbar eine verbreitete Neigung, Religion und Kultur als wichtigste Ursachen für die Erklärung von familiärem Autoritarismus, Segregationstendenzen und anderen Fehlentwicklungen anzuführen. Berechtigte Forderungen nach einer Veränderung patriarchalisch-autoritärer Familienstrukturen geraten dann schnell zum Kulturkampf gegen den Islam. In der Sache helfen solche kulturalistische Klischees nicht weiter; sie verstärken lediglich islamophobe Stereotypisierungen. Daher ist es wichtig, religiöse und kulturelle Faktoren in der Integrationsdebatte *nicht isoliert*, sondern stets in Verbindung mit anderen – sozialen, ökonomischen, politischen – Faktoren zu thematisieren.

Zu einer differenzierten Sichtweise gehört vor allem die Bereitschaft, innerislamische Unterschiede zur Kenntnis zu nehmen und angemessen zur Sprache zu bringen. Da der Islam in der Öffentlichkeit oft pauschal mit antiliberalen Haltungen und Praktiken in Verbindung gebracht wird, müssen vor allem liberale

---

20 Näheres dazu bei Heiner Bielefeldt, *Das Islambild in Deutschland. Zum öffentlichen Umgang mit der Angst vor dem Islam*, Deutsches Institut für Menschenrechte, Berlin ^{2}2008.

Musliminnen und Muslime hierzulande immer wieder erleben, dass man sie im Grunde in ihrer islamischen Identität nicht ernst nimmt. Entweder erscheint ihre liberale Lebensweise potenziell „gefährdet" – so als drohe ihnen infolge ihrer religiös-kulturellen Prägung gleichsam natürlicherweise stets der Rückfall in autoritäres Denken und Handeln –, oder sie müssen sich anhören, dass sie doch gar keine „echten" Muslime mehr seien. Eine solche (gelegentlich auch als Kompliment gemeinte) Zuschreibung berührt sich ironischerweise mit den Vorwürfen, die liberalen Musliminnen und Muslimen aus dem traditionalistischen oder fundamentalistischen Milieu-Umfeld entgegenschlagen.

Die Realität eines eher liberalen Islam (hier verstanden im weitesten Sinne des Wortes) wird in solcher Sichtweise zwar nicht als Faktum geleugnet, aber doch in ein eigentümliches Zwielicht gerückt. Dass in Deutschland und anderen europäischen Staaten seit Generationen zahlreiche Menschen leben, die sich als Muslime verstehen und gleichzeitig zu freiheitlichen Verfassungsprinzipien bekennen und ein solches Bekenntnis mit Selbstverständlichkeit auch lebenspraktisch realisieren, wird durch die leitende Vorstellung eines „eigentlich" antiliberalen Islam aus dem Zentrum der Wahrnehmung abgedrängt. Diese Semantik der „Eigentlichkeit" im Diskurs über den Islam stellt ein Haupthindernis für die angemessene Wahrnehmung des Islam und der Muslime dar. Die unterschiedlichen Formen muslimischen Lebens und muslimischen Selbstverständnisses – von mystischen Ausprägungen über die traditionelle Volksfrömmigkeit bis hin zu Projekten eines dezidiert liberalen oder auch feministisch inspirierten Reformislam – verbleiben im Schatten des vermeintlich „eigentlichen" Islam, der nach wie vor mit Fanatismus, Autoritarismus und Militanz assoziiert wird.[21] Dies wiederum birgt die Gefahr, dass Menschen – Muslime oder Nicht-Muslime –, die sich über die Jahre hinweg öffentlich für eine komplexere Sicht des Islam eingesetzt haben, mit der Zeit aufgeben, weil sich in ihnen das Gefühl festsetzt, dass sie mit ihren Argumenten nie wirklich durchdringen.

Muslimisches Leben in Deutschland bewegt sich natürlich nicht nur zwischen den Polen von Liberalität und Fundamentalismus. Es gibt eine Vielfalt von Lebensweisen und die unterschiedlichsten Einstellungen zu Politik, Gesellschaft und Religion.[22] Neben praktizierenden Muslimen gibt es religiös Indifferente oder Areligiöse mit muslimischem Familienhintergrund, oder auch solche Menschen, deren religiöse Praxis nach persönlicher Lebenslage, dem Wechsel

---

21 Vgl. z.B. Rainer Glagow, *„Strukturen, Inhalte und Aktivitäten des islamischen Fundamentalismus"*, in: Studienzentrum Weikersheim (Hg.), *Der fundamentalistische Islam. Wesen – Strategie – Abwehr*, Weikersheim 1999, S. 9-41, hier S. 20: „Der Islam hat – zurückgehend auf viele Koranverse und auf die Vorbildfunktion seines Propheten als Feldherr und Kämpfer für den Islam – ein anderes Verhältnis zur Gewalt als andere Religionen."

22 Vgl. Ludwig Amman, *Cola und Koran. Das Wagnis einer islamischen Renaissance*, Freiburg i. Br. 2004, S. 91ff.

religiöser Feiertage, der Intensität familiärer Mitwirkungserwartungen und nicht zuletzt dem Lebensalter mehr oder weniger großen Schwankungen ausgesetzt ist. Unter den Frommen finden sich solche mit Humor und völlig Humorlose, Liberale und Konservative, Gelassene wie Verbissene, Ideologen und Pragmatiker, Menschenfreunde und Misanthropen; und nichts anderes gilt auch für die Unfrommen oder die Gelegenheitsfrommen. Die Formen religiöser Praxis reichen von striktem Legalismus in der Auslegung religiöser Vorschriften über lebensweltlich-pragmatische Arrangements aller Art bis hin zu mystischer Weitherzigkeit. In der muslimischen Jugend lassen sich neuerdings verstärkt Einflüsse eines „Pop-Islam" verzeichnen, der einen konservativ eingefärbten islamischen Lifestyle – zu dem das Kopftuch gehören kann, aber nicht gehören muss – mit ganz selbstverständlicher Integration in die westliche Gesellschaft verbindet.[23]

Während manche Muslime für sich einen engen Zusammenhang zwischen religiöser Überzeugung und politischer Orientierung sehen, dürfte bei der Mehrheit der hierzulande lebenden Muslime das Verhältnis zwischen Religion und Politik weniger eindeutig sein; manche legen ausdrücklich Wert darauf, beide Bereiche auseinanderzuhalten.[24] Quer zu den verschiedenen persönlichen Einstellungen zu Religion, Politik und Gesellschaft verlaufen schließlich auch noch die „klassischen" konfessionellen Grenzen zwischen Sunniten, Schiiten und Aleviten – wobei die Aleviten sowohl in der Türkei als auch in Deutschland seit den 1990er Jahren verstärkt dazu übergegangen sind, sich vom sunnitischen Mehrheitsislam scharf abzugrenzen.[25]

Die Vielfalt der Vorstellungen, Grundhaltungen und Lebensformen zeigt sich auch hinsichtlich der die Öffentlichkeit besonders beunruhigenden Problembereiche. Nehmen wir das Beispiel patriarchalischer Familienverhältnisse und die daraus resultierende Unterdrückung von Frauen und Mädchen. Während manche Muslime überkommene Vorstellungen von Geschlechterehre als Bestandteil einer traditionellen religiös-kulturellen Lebenswelt übernehmen, bestehende Geschlechterrollen damit religiös abstützen, legen andere Wert darauf, zwischen Islam und patriarchalischen Traditionen klar zu unterscheiden. Liberale Musliminnen und Muslime bemühen sich auch um eine Neulektüre des Koran, um von dorther religiöse Rückendeckung für die Forderung nach effektiver Gleichberechtigung der Geschlechter zu gewinnen und bestehende Praktiken von innerfamiliärer Gewalt oder Zwangsverheiratungen religiös zu

23 Vgl. Julia Gerlach, *Zwischen Pop und Dschihad. Muslimische Jugendliche in Deutschland*, Berlin 2006.

24 Vgl. Heiner Bielefeldt, *Muslime im säkularen Rechtsstaat. Integrationschancen durch Religionsfreiheit*, Bielefeld 2003.

25 Vgl. Dursun Tan, *„Aleviten in Deutschland. Zwischen Selbstethnisierung und Emanzipation"*, in: Gerdien Jonker (Hg.), *Kern und Rand. Religiöse Minderheiten aus der Türkei in Deutschland*, Berlin 1999, S. 65-88.

delegitimieren.[26] Andere Menschen mit muslimischem Familienhintergrund wiederum haben wenig Interesse an religiösen oder politischen Grundsatzdebatten. Sie mögen ihren Weg darin sehen, sich mit traditionellen religiös-kulturellen Ansprüchen aus ihrem familiären Umfeld pragmatisch zu arrangieren oder sich solchen Ansprüchen innerlich zu entziehen. Einige gehen wiederum einen anderen Weg und entscheiden sich für einen Bruch mit der überkommenen Religion.

Eine differenzierte Darstellung des Islam in Deutschland, seiner verschiedenen Strömungen, der vielfältigen Einstellungen und Lebensformen hier ansässiger Muslime und vor allem einer in den meisten Fällen unproblematischen „Normalität“ muslimischer Präsenz in dieser Gesellschaft öffnet den Blick für eine im Grunde triviale Einsicht, mit der sich das Fremdbild Islam überwinden lässt: Es ist dies die Einsicht, dass Menschen auch hinsichtlich ihrer religiösen Einstellungen und Praktiken *handelnde Subjekte* sind. Menschen sind nicht nur „Angehörige“ einer Religion, deren Vorgaben sie passiv übernehmen, sondern sie verändern und entwickeln sich in ihren religiösen Mentalitäten und Identitäten – sei es durch bewusste Auseinandersetzung, sei es durch alltägliche lebenspraktische Lernprozesse in einem Land, das viele ganz selbstverständlich als ihre Heimat verstehen.[27]

Literatur

Amman, Ludwig, *Cola und Koran. Das Wagnis einer islamischen Renaissance*, Freiburg i. Br. 2004.

Bielefeldt, Heiner, *Das Islambild in Deutschland. Zum öffentlichen Umgang mit der Angst vor dem Islam*, Deutsches Institut für Menschenrechte, Berlin ²2008.

Ders., *Muslime im säkularen Rechtsstaat. Integrationschancen durch Religionsfreiheit*, Bielefeld 2003.

Bundesverband der Bürgerbewegungen zur Bewahrung von Demokratie, Heimat und Menschenrechten e.V., *Bedrohte Freiheit. Der Koran in Spannung zu den Grund- und Freiheitsrechten in der Bundesrepublik Deutschland sowie zu internationalen Rechtsnormen und Verträgen. Arbeitshilfe für die geistige Auseinandersetzung mit dem Islam*, Berlin ³2004.

European Monitoring Centre on Racism and Xenophobia (EUMC), *Muslims in the European Union. Discrimination and Islamophobia*, Wien 2006.

Gerlach, Julia, *Zwischen Pop und Dschihad. Muslimische Jugendliche in Deutschland*, Berlin 2006.

---

26 Vgl. die Beiträge in: Mechthild Rumpf/Ute Gerhard/Mechthild M. Jansen (Hg.), *Facetten islamischer Welten. Geschlechterordnungen, Frauen- und Menschenrechte in der Diskussion*, Bielefeld 2003.

27

Glagow, Rainer, *„Strukturen, Inhalte und Aktivitäten des islamischen Fundamentalismus"*, in: Studienzentrum Weikersheim (Hg.), *Der fundamentalistische Islam. Wesen – Strategie – Abwehr*, Weikersheim 1999, S. 9-41.

Hagemann, Ludwig, *Christentum contra Islam. Eine Geschichte gescheiterter Beziehungen*, Darmstadt 1999.

Heitmeyer, Wilhelm (Hg.), *Deutsche Zustände*, Bd. 4, Frankfurt a. M. 2006.

Hillgruber, Christian, *„Der deutsche Kulturstaat und der muslimische Kulturimport. Die Antwort des Grundgesetzes auf eine religiöse Herausforderung"*, in: *Juristenzeitung*, 11 (1999), S. 538-547.

Human Rights Watch, *Diskriminierung im Namen der Neutralität. Kopftuchverbote für Lehrkräfte und Beamtinnen in Deutschland*, Februar 2009.

Huntington, Samuel P., *The Clash of Civilizations and the Remaking of World Order*, New York 1996.

Kelek, Necla, *Die fremde Braut. Ein Bericht aus dem Inneren des türkischen Lebens in Deutschland*, Köln 2005.

Kirchenamt der Evangelischen Kirche Deutschland (Hg.), *Klarheit und gute Nachbarschaft. Christen und Muslime in Deutschland. Eine Handreichung des Rates der EKD*, Hannover 2006.

Kohlhammer, Siegfried, *Die Feinde und die Freunde des Islam*, Göttingen 1996.

Leibold, Jürgen/Kühnel, Steffen, *„Islamophobie. Differenzierung tut not"*, in: Heitmeyer, Wilhelm (Hg.), *Deutsche Zustände*, Bd. 4, Frankfurt a. M. 2006, S. 135-155.

Nipperdey, Thomas, *Religion im Umbruch. Deutschland 1870-1918*, München 1988.

Noelle, Elisabeth/Petersen, Thomas, *„Eine fremde, bedrohliche Welt"*, in: *Frankfurter Allgemeine Zeitung* vom 17.05.2006.

Rumpf, Mechthild/Gerhard, Ute/Jansen, Mechthild M. (Hg.), *Facetten islamischer Welten. Geschlechterordnungen, Frauen- und Menschenrechte in der Diskussion*, Bielefeld 2003.

Tan, Dursun, *„Aleviten in Deutschland. Zwischen Selbstethnisierung und Emanzipation"*, in: Jonker, Gerdien (Hg.), *Kern und Rand. Religiöse Minderheiten aus der Türkei in Deutschland*, Berlin 1999, S. 65-88.

Tibi, Bassam, *Europa ohne Identität. Leitkultur oder Wertebeliebigkeit*, München 1998.

Ders., *Krieg der Zivilisationen. Politik und Religion zwischen Vernunft und Fundamentalismus*, Hamburg 1995.

Ders., *Im Schatten Allahs. Der Islam und die Menschenrechte*, erweiterte Neuausgabe, Düsseldorf 2003.

Ulfkotte, Udo, *Heiliger Krieg in Europa. Wie die radikale Muslimbruderschaft unsere Gesellschaft bedroht*, Frankfurt a. M. 2007.

Volkov, Shulamit, *Antisemitismus als kultureller Code. Zehn Essays*, 2. erweiterte Auflage, München 2000.

Westphal, Manuela, *„Migration und Genderaspekte. Feminisierung internationaler Migration"*, Internetaufsatz 2004, veröffentlicht von der Bundeszentrale für politische Bildung, URL: http://www.bpb.de/files/39WAAT.pdf (letzter Zugriff: 11.01.2010).

Religiöse Toleranz als staatlicher Erziehungsauftrag – Grundrechtliche Bekenntnisfreiheit und verfassungsrechtliches Toleranzgebot in der Schule

Von Frank Rottmann

1. Einleitung

1. Einleitend möchte ich einen kurzen Überblick über die Rechtsprechung des Bundesverfassungsgerichts zu Toleranzprinzipien geben und darlegen, warum sich unter den heutigen Bedingungen der Multikulturalität die Frage nach dem verfassungsrechtlichen Stellenwert der Toleranz neu stellt. Anschließend möchte ich knapp begründen, warum sich aus der Toleranz – verstanden als allgemeines Rechts- oder Ordnungsprinzip – keine inhaltlichen Maßstäbe für juristische Entscheidungen von Verwaltungsbehörden und Gerichten gewinnen lassen.[1] Abschließend möchte ich mich mit dem staatlichen Erziehungsauftrag zu religiöser und allgemeiner kultureller Toleranz befassen: Was ist gemeint, wenn die Verfassungen der Länder für den Bereich der Schule zur Erziehung zu Toleranz auffordern? Welche Bedeutung hat dieses verfassungs*rechtlich* vorgegebene Erziehungsziel für das Verständnis des Lehrerberufs und für die Ausübung der Grundrechte der Glaubens-, Gewissens- und Bekenntnisfreiheit von Lehrern und Schülern?

2. Das Wort „Toleranz" ist in internationalen Rechtstexten zwar recht häufig zu finden,[2] es kommt jedoch weder im *Grundgesetz* noch in den meisten *Verfassungen der Länder* vor. Auch dem Bürgerlichen Recht, dem Strafrecht und nahezu allen Bereichen des Verwaltungsrechts ist dieser Begriff fremd. Man findet ihn – wenn ich es recht sehe – nur bei der Umschreibung des Erziehungs- und

---

1 Dazu ausführlich: F. Rottmann, *„Toleranz als Verfassungsprinzip"*, in: Ch. Degenhart (Hg.), *Festschrift der Juristenfakultät anlässlich des 600-jährigen Jubiläums der Universität Leipzig*, Berlin 2009, S. 551ff.

2 Zum materiellen Gehalt des Toleranzbegriffs im internationalen Recht vgl. Maria J. Roca, *„Der Toleranzbegriff im internationalen Recht"*, in: R. Grote/I. Härtel/K.-E. Hain (Hg.), *Die Ordnung der Freiheit. Festschrift für Christian Starck zum 70. Geburtstag*, Tübingen 2007, S. 905ff., 927f. Die Untersuchung zur juristischen Funktion der Toleranz in den universalen internationalen Quellen hat zum Ergebnis, dass Toleranz in erster Linie einen angemessenen Schutz von Minderheiten sicherstellen soll, damit sich diese in die Gesellschaft, in der sie zusammenleben, ohne Identitätsverlust eingliedern können. Als Fazit hält Roca, S. 928, richtig fest: „Hierzu ist es erforderlich, dass die praktische Konkordanz der Minderheitenrechte mit den legitimen Rechten der Mehrheit auf Grund einer juristischen Anerkennung erfolgt, die nicht den Charakter eines Privilegs hat."

Bildungsauftrags der Schulen in wenigen Verfassungen der Länder[3] und in manchen Schulgesetzen. Es heißt dann dort z.B., dass die Schülerinnen und Schüler zu „Toleranz gegenüber kultureller Vielfalt“[4] erzogen werden sollen und „die Grundsätze der Gerechtigkeit, der Solidarität und Toleranz“[5] einüben und achten sollen.

3. Was „Erziehung zu Toleranz gegenüber kultureller Vielfalt“ – sie schließt die religiöse Toleranz ein – inhaltlich bedeuten könnte, erschließt sich aus der Rechtsprechung des BVerfG nicht eindeutig, obwohl sich eine Vielzahl von Entscheidungen mit schulischen Konflikten befasst hat. So heißt es z.B. im Beschluss zur *Christlichen Gemeinschaftsschule Bayerischer Prägung*[6] nur ganz allgemein, dass die im Schulwesen unvermeidlichen Spannungen zwischen „negativer“ und „positiver“ Religionsfreiheit vom Landesgesetzgeber so auszugleichen seien, dass „die verschiedenen verfassungsrechtlichen Gesichtspunkte unter Berücksichtigung des grundgesetzlichen Gebots der Toleranz miteinander

---

3 Art. 15 Abs. 4 M-V Verf. bezeichnet es als Ziel der schulischen Erziehung „die Entwicklung zur freien Persönlichkeit, die aus Ehrfurcht vor dem Leben und im Geiste der Toleranz bereit ist, Verantwortung für die Gemeinschaft mit anderen Menschen und Völkern sowie gegenüber künftigen Generationen zu tragen.“ Nach Art. 27 Abs. 1 Verf. LSA ist „Ziel der unter staatlicher Aufsicht stehenden Erziehung und Bildung der Jugend die Entwicklung zur freien Persönlichkeit, die im Geiste der Toleranz bereit ist, Verantwortung für die Gemeinschaft mit anderen Menschen und Völkern und gegenüber künftigen Generationen zu tragen.“ Nach Art. 22 Abs. 1 Thür Verf. haben „Erziehung und Bildung [...] die Aufgabe, selbstständiges Denken und Handeln, Achtung vor der Würde des Menschen und Toleranz gegenüber der Überzeugung anderer, Anerkennung der Demokratie und Freiheit, den Willen zu sozialer Gerechtigkeit, die Friedfertigkeit im Zusammenleben der Kulturen und Völker und die Verantwortung für die natürlichen Lebensgrundlagen des Menschen und der Umwelt zu fördern.“ In den nach 1945 verabschiedeten Länderverfassungen der „alten“ Bundesländer taucht der Begriff der Toleranz als ausdrücklich formulierter Wertbegriff dagegen nicht auf. In die Nähe von „Toleranz“ kommen aber Begriffe wie „Achtung“ und „Duldsamkeit“ – Art. 56 Abs. 3 Satz 1 und Abs. 4 HessVerf., Art. 26 Nr. 1 BremVerf., Art. 7 Abs. 2 NRW-Verf. Insofern war Art. 148 WRV traditionsbildend, der Toleranz als Bildungs- und Erziehungsziel zwar nicht ausdrücklich nannte, den Lehrenden aber die Pflicht auferlegte, im Unterricht in öffentlichen Schulen darauf Bedacht zu nehmen, dass die Empfindungen Andersdenkender nicht verletzt werden. Die Toleranzvorschrift setzte der Schule also nicht Ziele, sondern Schranken; vgl. dazu i.E. K. Schreiner, *„Toleranz“*, in: O. Brunner/W. Conze/R. Koselleck (Hg.), *Geschichtliche Grundbegriffe*, Bd. 6, Stuttgart 1990, S. 445ff., 579f.

4 § 1 Abs. 2 Nr. 8 SG LSA.

5 Vgl. etwa § 2 Abs. 1 Satz 3, 4 ThürSchulG; weitere Nachweise bei Ch. Enders, *„Toleranz als Rechtsprinzip? – Überlegungen zu den verfassungsrechtlichen Maßgaben anhand höchstrichterlicher Entscheidungen“*, in: Enders/Kahlo (Hg.), *Toleranz als Ordnungsprinzip? Die moderne Bürgergesellschaft zwischen Offenheit und Selbstaufgabe*, Paderborn 2007, S. 243ff. und Fn. 2.

6 BVerfGE 41, 65, 108.

nach dem Prinzip der praktischen Konkordanz so weit als möglich in Einklang" gebracht werden. In der *Schulgebetsentscheidung*[7] wird „die Bekenntnisfreiheit auf die in Art. 1 Abs. 1 GG geschützte Würde des Menschen bezogen, die als oberster Wert das ganze grundrechtliche Wertesystem beherrscht [...] und damit dem Gebot der Toleranz zugeordnet." Auch hier, so heißt es in dieser Entscheidung recht vage, seien die Spannungsverhältnisse angesichts der gemeinsamen Erziehung von Kindern der verschiedenen Weltanschauungs- und Glaubensrichtungen „unter Berücksichtigung des Toleranzgebotes" auszugleichen. Das Gericht kommt dann zum Ergebnis, dass es bei Berücksichtigung des „grundgesetzlichen Toleranzgebotes" seitens aller Beteiligten in der Regel ausgeschlossen sei, dass ein am Gebet nicht teilnehmender Schüler in eine Außenseiterposition gerate.[8]

In der *Kruzifix-Entscheidung*[9] ist schließlich wiederum nur davon die Rede, dass das unvermeidliche Spannungsverhältnis zwischen negativer und positiver Religionsfreiheit unter Berücksichtigung des Toleranzgebots zu lösen sei, wobei es dem Landesgesetzgeber obliege, einen für alle zumutbaren Kompromiss im öffentlichen Willensbildungsprozess zu suchen. Dem haben in ihrer abweichenden Meinung allerdings drei Richter des Bundesverfassungsgerichts widersprochen: Angesichts des lediglich auf die abendländische/christliche Tradition verweisenden Sinngehalts, den das Kreuz im Klassenzimmer für nichtchristliche Schüler habe, müssten sie und ihre Eltern das Vorhandensein der Kreuze hinnehmen. Dazu verpflichte sie das Toleranzgebot.[10]

Auch in der jüngeren Rechtsprechung des Bundesverfassungsgerichts – etwa in dem Urteil zu dem in Deutschland heftig diskutierten *Kopftuchfall* – finden sich zum Begriff der Toleranz nur einige Bemerkungen, die die getroffene Entscheidung letztlich nicht tragen.[11]

---

7 BVerfGE 52, 223, 247.

8 BVerfGE 52, 223, 251f.

9 BVerfGE 93, 1, 22, 32f.

10 BVerfGE 93, 1, 33.

11 Die Mehrheit des 2. Senats des BVerfG stellte in der Kopftuchentscheidung in erster Linie darauf ab, dass der einzelne Schüler in der Schule dem Einfluss eines bestimmten Glaubens, den Handlungen, in denen dieser sich manifestiert, und den Symbolen, in denen er sich darstellt, unvermeidlich ausgesetzt ist. Da Schulpflicht besteht, könne er einer Beeinflussung durch den Lehrer nicht ausweichen. Deshalb bestehe ein „unvermeidliche[s] Spannungsverhältnis zwischen positiver Glaubensfreiheit eines Lehrers einerseits und der staatlichen Pflicht zu weltanschaulich-religiöser Neutralität, dem Erziehungsrecht der Eltern sowie der negativen Glaubensfreiheit der Schüler" andererseits. Der dann folgende Hinweis, dieses „Spannungsverhältnis" sei „unter Berücksichtigung des Toleranzgebots [vom zuständigen Landesgesetzgeber] zu lösen", lässt die Beantwortung, wer von wem tolerantes Verhalten erwarten darf, aber offen – vgl. BVerfGE 108, 282, 301f. Der Konflikt bleibt unentschieden. Auch das „dissenting vote" argumentiert im Kopftuchfall mit dem Toleranzprinzip. Es stellt fest, dass das Grundgesetz Offenheit und Toleranz in der Sphäre der Gesellschaft als Prinzip

Es ließen sich noch weitere Entscheidungen des Bundesverfassungsgerichts anführen, in denen immer nur beiläufig von den „das Verfassungssystem insgesamt kennzeichnenden Prinzipien des Pluralismus und der Toleranz“[12] oder von der „Wertentscheidung der Verfassung für Toleranz“[13] die Rede ist. Auch sie belegen, dass die konkrete Rechtsarbeit zu einzelnen Fallkonstellationen – auch im Bereich der Schule – und die grundrechtliche Dogmatik zur Religions-, Bekenntnis-, Gewissens- und Meinungsfreiheit bisher ganz gut ohne den „Grundsatz der Toleranz“ ausgekommen sind. ‚Toleranz‘ ist also keine von der Rechtsprechung filigran ausgearbeitete dogmatische Figur, allenfalls eine „rechtspraktische Abbreviatur“[14]. Sie erlaubt, die Prämissen, wie unter dem Grundgesetz auftretende normative Spannungslagen – insbesondere bei nicht kompatiblen Grundrechtsausübungen – fallbezogen „aufgelöst“ werden können, in eine griffige Formel bzw. ein prägnantes Schlagwort zu fassen – mehr aber auch nicht.

Mit Recht wurde daher im Schrifttum[15] schon früh darauf hingewiesen, dass Toleranz im pluralistischen, freiheitlich-rechtsstaatlich verfassten Gemeinwesen eine vom Bürger praktizierte moralische Haltung ist, die sich z.B. in der freiwilligen Nichtausübung bestehender Rechte mit Rücksicht auf Andere äußern kann. Als rechtliches Gebot dürfe sie aber nicht verstanden werden. Denn was der Staat von seinen Bürgern an wechselseitiger Rücksichtnahme hoheitlich einfordern dürfe, ergebe sich unmittelbar aus der Rechtsordnung mit ihren Freiheitsgarantien und sei keine Frage der Toleranz.

4. Wenn sich die *Rechtswissenschaft* – trotz dieser schon vor vielen Jahrzehnten gewonnenen Einsichten – mit der ‚Toleranz‘ neuerdings wieder intensiver be-

---

anerkennt, allerdings – wie hinzugefügt werden muss – auch nur dort. Denn diese Offenheit und Toleranz gingen nicht so weit, „solchen Symbolen Eingang in den Staatsdienst zu eröffnen, die herrschende Wertmaßstäbe herausfordern und deshalb geeignet sind, Konflikte zu verursachen.“ Die grundsätzliche Offenheit und Toleranz in der Gesellschaft dürfen nicht auf das staatliche Binnenverhältnis übertragen werden; BVerfGE 108, 314, 334.

12 BVerfGE 31, 58, 75 – Spanien-Ehe.

13 BVerfGE 33, 23, 32 – Eidesverweigerung, vgl. auch BVerfGE 5, 85, 393 – KPD-Verbot; 13, 46, 54 – Auswirkungen eines Parteiverbotes; 47, 198, 239 – Wahlwerbung; 12, 1, 5 – Glaubenswerbung; 19, 226, 242 – Kirchensteuer in glaubensverschiedener Ehe; 24, 236ff. – Lumpensammlerentscheidung; 28, 243, 264 – Wehrdienstbefreiung; 33, 23, 32 – Eidesverweigerung; 41, 29, 64 – Badische Simultanschule; 41, 65, 78 – Christliche Gemeinschaftsschule bayerischer Prägung; 47, 46, 85 – Sexualkundeunterricht; 52, 223, 247 – Schulgebet.

14 B. Pieroth, *Deutsches Verwaltungsblatt*, 1994, 949, 961.

15 E.-W. Böckenförde, *Die Öffentliche Verwaltung*, 74, 253, 257; A. Podlech, *Das Grundrecht der Gewissensfreiheit und die besonderen Gewaltverhältnisse*, Berlin 1969, S. 85; ähnlich: W. Hassemer, *Religiöse Toleranz im Rechtsstaat. Das Beispiel des Islam*, München 2004, S. 42ff., der betont, dass Toleranz als eine persönliche Haltung nicht erzwungen werden kann.

fasst[16] und fragt, ob sie ein Rechts- oder Ordnungsprinzip und die rechtsstaatliche Freiheitsordnung eine Ordnung „institutionalisierter Toleranz" sei,[17] so lässt dies auf eine gewisse Verunsicherung schließen.[18] Diese rührt wohl in erster Linie daher, dass die Gesellschaft in ihren kulturell-religiös fundierten Werthaltungen und Lebenswelten mehr und mehr inhomogen geworden ist und sich deshalb das bisher hochgehaltene normative Postulat einer ethnisch-kulturellen oder bloß kulturellen Homogenität der deutschen Gesellschaft dauerhaft kaum mehr durchhalten lässt.[19] Verunsichert und besorgt wird deshalb von manchen Staats- und Verfassungsrechtlern in Anlehnung an *Huntington*[20] eine deutsche „Leitkultur" beschworen. Mit wesentlich nüchternerem wissenschaftlichen Blick sehen andere „die Einheit der Rechtsordnung vor die Herausforderungen rechts-

---

16 Vgl. etwa H.-J. Papier, *„Toleranz als Rechtsprinzip"*, in: R. Jacobs/J. Papier/P.-K. Schuster (Hg.), *Festschrift für Peter Raue zum 65. Geburtstag*, Köln 2006, S. 255f.; D. Grimm, *„Wie viel Toleranz verlangt das Grundgesetz?"*, in: ders., *Die Verfassung und die Politik*, München 2001, S. 118f.; W. Hassemer (Fn. 15), S. 36ff., Ch. Enders (Fn. 5), S. 243ff.; H. Goerlich, in: Enders/Kahlo (Fn. 5), S. 207ff.; K.-H. Ladeur/I. Augsberg, *Toleranz, Religion, Recht. Die Herausforderung des „neutralen" Staates durch neue Formen der Religiosität in der postmodernen Gesellschaft*, Tübingen 2007.

17 Ch. Enders (Fn. 5), S. 245; a.A. F. Rottmann (Fn. 1), S. 570ff.

18 Diese Verunsicherung ist im Übrigen auch der Ausgangspunkt einer breiten und intensiven Diskussion des Toleranzbegriffs in den Bereichen von Philosophie, Theologie und Politikwissenschaft – s. etwa M. Kaufmann (Hg.), *Integration oder Toleranz? Minderheiten als philosophisches Problem*, Freiburg i. Br. 2001, mit einer Vielzahl von Beiträgen, oder H. Lademacher/R. Loos/S. Goenveld (Hg.), *Ablehnung – Duldung – Anerkennung. Toleranz in den Niederlanden und in Deutschland. Ein historischer und aktueller Vergleich*, Münster 2004; A. Angenendt, *Toleranz und Gewalt*, Münster ^{4}2008.

19 H. Goerlich, *„Glaubens- und Religionsfreiheit in ‚Zeiten des Multikulturalismus' in völker-, europa- und verfassungsrechtlicher Sicht – oder vom Staatskirchenrecht zum allgemeinen Religionsrecht?"*, in: Enders/Kahlo (Fn. 5), S. 207ff., 209; anders E.-W. Böckenförde, *„Demokratie als Verfassungsprinzip"*, in: J. Isensee/P. Kirchhof (Hg.), *Handbuch des Staatsrechts*, Bd. II, Heidelberg ^{3}2004, § 24, Rn. 46ff.

20 S. P. Huntington, *WHO ARE WE? Die Krise der amerikanischen Identität*, München 2006, S. 218ff. versteht darunter die anglo-protestantische Kultur Amerikas, die durch den Multikulturalismus bedroht sei. Dieser stehe seinem Wesen nach in Opposition zur europäischen Zivilisation und führe zu einer Marginalisierung demokratischer Prinzipien, westlicher Kultur und Identität. Bassam Tibi, *Europa ohne Identität?*, München 1998, S. 183, 185, prägte dann den Begriff der „europäischen Leitkultur". Es sei Aufgabe der Europäer, auf dem Boden der europäischen Moderne einen säkularen Normen- und Wertekatalog verbindlich für sich und andere zu entwickeln und mit den Migranten zu teilen. Zu diesem Normenbestand gehöre auch die Toleranz, ebd., S. 180ff. Bei I. Isensee, in: R. Grote/I. Härtel/K.-E. Hain (Hg.), (Fn. 2), S. 55ff., 69f., wird der Begriff der „deutschen Leitkultur" dann gegen den „abgemagerte[n] Verfassungspatriotismus des Habermas-Lagers" in Stellung gebracht und steht für ein positives Bekenntnis zur deutschen Kultur und Identität.

pluralistischer Toleranz“[21] gestellt oder fragen, ob und ggf. welche fremdkulturellen Normen und Verhaltensweisen pragmatisch und konkret in die Fortbildung der Rechtsdogmatik integriert werden können.[22]

5. Entstehen religiöse und kulturelle Konflikte, die man religionsgeschichtlich glaubte überwunden zu haben, unter den heute völlig veränderten Bedingungen der Multikulturalität „neu“, so liegt es nahe, die „alten“ historischen Konzepte zur Konfliktaustragung und Konflikt„bewältigung“ daraufhin zu befragen, ob sie für die Beilegung dieser „neuen“ Konflikte möglicherweise tauglich sind. Eines dieser Konzepte ist das der *‚Toleranz‘*, denn sie verspricht ein gedeihliches Miteinander im Dissens. Das andere ist das des *demokratischen Rechtsstaates*. Er sucht Konflikte dadurch beizulegen, dass er einklagbare Grundrechte gewährleistet, in Wahlen und Abstimmungen den Erwerb und Gebrauch staatlicher Gewalt legitimiert und mit der Gewaltenteilung dem Missbrauch des staatlichen Gewaltmonopols entgegenwirkt. Es stellt sich daher die Frage, ob das in der Aufklärung entwickelte Konzept einer bürgerlich-konfessionellen Toleranz[23] mit dem Verfassungsverständnis des demokratischen, gewaltenteilenden und Grundrechte gewährleistenden Rechtsstaates überhaupt „kompatibel“ ist und ob sich aus dem überkommenen Toleranzprinzip juristische Argumente für die Entscheidung von Rechtsstreitigkeiten gewinnen lassen. Ich möchte auf diese, wie ich meine, zentrale Frage eingehen und in wenigen Thesen begründen, warum das „Toleranzkonzept“ zur rechtlichen Aufarbeitung von Konflikten wenig beizutragen vermag.

2. Zum verfassungsrechtlichen Stellenwert des Toleranzprinzips

1. In Deutschland leben heute rund 15 Mio. Menschen mit Migrationshintergrund, das ist rund ein Fünftel der Bevölkerung.[24] Dass die Bundesrepublik in den vergangenen Jahrzehnten zum Einwanderungsland geworden ist, in dem sich mancherorts Parallelgesellschaften etabliert haben, ist eine schlichte Tatsache. Fremdenkulturen mit ihren Eigenarten begegnet man nicht mehr nur zeitweilig als Tourist, sondern dauerhaft im eigenen Land. *Multikulturalität* ist

---

21 So der Titel des Vortrags von U. Volkmann auf der Tagung zu dem Thema *„Toleranz als Ordnungsprinzip? (II) – Funktionsbedingungen der Anerkennung von Diversität“*, 17.-21. Juni 2009 in Leipzig.

22 Vgl. dazu die differenzierte Analyse der sich mit dem Islam befassenden aktuellen Entscheidungspraxis der Verwaltungsgerichte bei W. Bock, *Neue Zeitschrift für Verwaltungsrecht*, 2007, 1250ff.

23 Vgl. dazu L. Bloss, *Cuius religio – EU ius regio?*, Tübingen 2008, S. 36ff.; F. Rottmann (Fn. 1), S. 562ff.

24 F. Woellert/St. Kröhnert/L. Sippel/R. Klingholz, *Ungenutzte Potentiale. Zur Lage der Integration in Deutschland*, Stiftung Berlin-Institut für Bevölkerung und Entwicklung, Berlin 2009, S. 6.

überall zu beobachten. Das gilt unabhängig davon, ob das Staatsbürgerschaftsrecht, das Asylrecht und das Ausländerrecht von der einen politischen Richtung verschärft oder von der anderen gemildert werden. Das Toleranzproblem im Umgang miteinander stellt sich daher alltäglich neu. Die Gesellschaft steht vor der Frage, ob und wieweit die Angehörigen fremder Kulturkreise hier nach ihren Überzeugungen und Gewohnheiten leben dürfen und ob und wieweit sie sich an die einheimische Kultur anpassen müssen.[25] In der Beantwortung schwankt die Mehrheitsgesellschaft derzeit zwischen der Furcht, der eigenen Identität beraubt zu werden und der Furcht, fremde Identitäten zu unterdrücken. Klare Maßstäbe fehlen. Das in den Schriften der Staats- und Rechtsphilosophen der Aufklärung herausgearbeitete Toleranzprinzip soll nun diese Lücke schließen.

Gegen den *politischen Diskurs* um Inhalt und Grenzen toleranter Einstellungen und toleranter Verhaltensweisen ist nicht nur nichts einzuwenden, sondern er verdient unsere Beteiligung und Unterstützung. Die gesellschaftlichen Gruppen sollten sich bemühen, die Dimensionen und Facetten eines auf die heutigen Probleme zugeschnittenen Toleranzgebots neu zu formulieren, um adäquate und deshalb konsensfähige Lösungen zu einzelnen Problemlagen zu finden. Ob allerdings das Toleranzprinzip ein juristischer Argumentationstopos ist, mit dessen Hilfe *rechtliche* Konflikte vor Verwaltungsbehörden und Gerichten besser als mit herkömmlichen grundrechtsdogmatischen Argumentationsfiguren, wie z.B. der negativen und positiven Glaubensfreiheit, dem Verhältnismäßigkeitsgrundsatz, dem Prinzip der praktischen Konkordanz etc. entschieden werden können, ist eine ganz andere Frage. Das wäre nur dann der Fall, wenn dem Grundsatz der Toleranz ein inhaltlicher Maßstab eigen wäre, aus dem sich bestimmte Rechtsfolgen in einzelnen Fallkonstellationen ableiten ließen. Dürfen z.B., entgegen dem Schächtungsverbot, Tiere ohne Betäubung geschlachtet werden, wenn die Religion dies verlangt? Muss ein Motorrad fahrender Sikh einen Schutzhelm tragen, obwohl seine Religion ihm das Tragen eines Turbans vorschreibt? Muss ein mosaischer Häftling die allgemeine Gefängniskost essen, auch wenn sie verbotene Speisen enthält? Darf eine medizinisch gebotene Heilbehandlung aus religiösen Gründen verweigert werden? Dürfen Töchter von der höheren Bildung ausgeschlossen, müssen streng christlich oder muslimisch erzogene Mädchen am koedukativen Sport- und Schwimmunterricht teilnehmen? – Sind all dies Fragen, die sich aus oder mit dem Toleranzprinzip juristisch beantworten lassen, oder erweisen sich die vertrauten grundrechtsdogmatischen Argumentationsfiguren als wesentlich leistungsfähiger? Ich denke, aus dem Toleranzprinzip lassen sich aus mehreren Gründen keine relevanten Kriterien für die Entscheidung solcher Rechtsfragen ableiten.

---

25 D. Grimm (Fn. 16), S. 119; vgl. auch U. Volkmann, *„Kulturelles Selbstverständnis als Tabuzone für das Recht“*, in: H. Dreier/E. Hilgendorf (Hg.), *Kulturelle Identität als Grund und Grenze des Rechts*, Stuttgart 2008, S. 245ff.

Zum einen enthält der Toleranzbegriff selbst keine angebbaren inhaltlichen Maßstäbe. Denn der Kern des Toleranzbegriffs ist die in ihm enthaltene Spannung zwischen Akzeptanz und Ablehnung: Von Toleranz im eigentlichen Sinne kann nur dann gesprochen werden, wenn eine Verhaltensweise oder eine Überzeugung geduldet wird, die man selbst aber in der Sache nicht billigt. In welchem genauen Verhältnis diese beiden Ebenen des Toleranzbegriffs zueinander stehen, ergibt sich aus dem Toleranzbegriff indes nicht. Er ist, wie R. Forst[26] dargelegt hat, unbestimmt und inhaltsleer. Er ist ein „normabhängiger Begriff", verweist also auf Normen, die in ihm selbst nicht enthalten sind. Ob also z.B. Schüler die aus religiösen Gründen vorgenommene Kopfbedeckung der muslimischen Lehrerin tolerieren müssen oder ob die Lehrerin die „negative" Glaubensfreiheit der Schüler achten muss mit der Folge, dass sie das Kopftuch im Schulunterricht nicht tragen darf, ergibt sich nicht aus einem bestimmten inhaltlichen Verständnis von Toleranz. „Gelöst" wird der Konflikt also letztlich nicht anhand von Maßstäben, die im Toleranzgebot selbst enthalten wären, sondern in der Kopftuchentscheidung des BVerfG,[27] z.B. durch den Verweis der Mehrheit des BVerfG auf die damals noch ausstehende parlamentarische Entscheidung des Landesgesetzgebers, der im Rahmen der verfassungsrechtlichen Vorgaben das zulässige Ausmaß religiöser Bezüge in der Schule neu bestimmen müsse, oder aus der These der dissentierenden Richter, dass religiöse Symbole keine schulischen Konflikte in der Schule verursachen dürften.

Der *zweite Grund* hat mit der „Ablehnungskomponente" des Toleranzbegriffs zu tun: Auch Toleranz kann nicht alles tolerieren: „Wenn wir der Intoleranz den Rechtsanspruch zugestehen, toleriert zu werden, dann zerstören wir die Toleranz und den Rechtsstaat", bemerkt K. R. Popper[28] im Rückblick auf das Schicksal der Weimarer Republik. Toleranz gibt es daher nur in den Grenzen des Rechts. Außerdem ist die öffentliche Gewalt nicht zu tolerantem Verhalten verpflichtet. Nicht das Toleranzprinzip, sondern die Grundrechte binden Gesetzgebung, vollziehende Gewalt und Rechtsprechung als unmittelbar geltendes Recht.[29] Eine Toleranzverpflichtung des Staates wäre danach nur in solchen Bereichen überhaupt denkbar, in denen die öffentliche Gewalt zu einer eigenen religiösen Auffassung befugt ist. Das Toleranzprinzip hat deshalb mit der verfassungsrechtlichen Gewährleistung der religiös-weltanschaulichen Freiheitsrechte und der Diskriminierungs- und Privilegierungsverbote sowie des Grundsatzes

---

26 Rainer Forst, *Toleranz im Konflikt*, Berlin 2003, S. 48ff., zit. Forst I; ders., *Das Recht auf Rechtfertigung*, Berlin 2007, S. 214f., zit. Forst II; ders., *„Vier Konzeptionen der Toleranz"*, in: M. Kaufmann (Hg.), *Integration oder Toleranz? Minderheiten als philosophisches Problem*, Freiburg i. Br. 2001, S. 106ff., 114f., zit. Forst III.

27 Vgl. dazu oben Fn. 11.

28 K. R. Popper, *Auf der Suche nach einer besseren Welt. Vorträge und Aufsätze aus dreißig Jahren*, München [8]1995, S. 216.

29 Art. 1 Abs. 3 GG.

der Gleichberechtigung von Männern und Frauen[30] seine Berechtigung verloren. Es wurde durch das Prinzip der staatlichen Neutralität abgelöst, weil dem freiheitlichen grundrechtsgewährleistenden Staat kein Urteil in Fragen von Religion und Weltanschauung zusteht. Deshalb darf es z.B. im Bereich der Gleichberechtigung der Geschlechter der Staat nicht hinnehmen, dass Mädchen aus religiösen oder kulturellen Gründen zur Heirat gezwungen oder von der höheren Bildung ausgeschlossen werden. Auch entehrende Strafen oder Meinungs- und Informationsverbote dürfen selbst dann nicht toleriert werden, wenn sie religiöse oder sonst kulturelle Wurzeln haben.[31]

Der *dritte Einwand* gegen die Toleranz als Maßstab rechtlichen Entscheidens ist die mangelnde inhaltliche Differenziertheit dieses Begriffs. Während die Grundrechtsdogmatik ein System entwickelt hat, in dem das staatliche Eingriffshandeln in ein Grundrecht verschiedenen Kriterien zu entsprechen hat, um verfassungsgemäß zu sein, gibt der Toleranzbegriff keine Leitlinien für die Abarbeitung der Rechtsfragen vor. Ich möchte dies hier im Einzelnen nicht ausführen, sondern für die Prüfung der Rechtmäßigkeit von Eingriffen in Grundrechte nur auf die Stichworte: Vorbehalt des Gesetzes, Grundsatz der Verhältnismäßigkeit mit seinen Elementen der Geeignetheit, Erforderlichkeit und Zumutbarkeit, Ausgleich kollidierender Grundrechtspositionen nach dem Grundsatz der „praktischen Konkordanz“, präzise Benennung der jeweiligen Schutzgüter, die einen Grundrechtseingriff rechtfertigen sollen, und auf die Pflicht zur Begründung von Entscheidungen verweisen. Im Vergleich zur Leistungsfähigkeit dieser grundrechtlichen Dogmatik sind die in der Staatstheorie und im philosophischen Diskurs diskutierten Ansätze, solche Probleme mit dem Instrument der Toleranz zu lösen, wenig überzeugend. Ob also eine muslimische Lehrerin mit einem Kopftuch unterrichten darf und/oder muslimische Mädchen im Schulunterricht ein Kopftuch tragen dürfen, ergibt sich – ich werde noch darauf zurückkommen – nicht aus dem Toleranzprinzip, sondern aus einer differenzierten grundrechtlichen Argumentation.

3. Der verfassungsrechtliche Auftrag zur Erziehung zu religiöser und kultureller Toleranz in der Schule

1. Ich habe eingangs bereits darauf hingewiesen, dass sich der in den Länderverfassungen festgeschriebene Auftrag, Kinder und Jugendliche zu kultureller, religiöser und weltanschaulicher Toleranz zu erziehen, nicht dadurch erledigt, dass man dem Toleranzprinzip keine spezifisch juristische Bedeutung bei der Entscheidung multikultureller Konflikte beimisst. Denn dieser Erziehungsauftrag ist

30 Art. 3 Abs. 2 GG.

31 Vgl. dazu den Hinweis von D. Grimm (Fn. 16), S. 125, dass sich nicht alle Kulturkonflikte harmonisch lösen lassen: „In bestimmten Kernbereichen bleibt nur die Alternative von Anpassung oder Wegzug.“

zum einen geltendes Verfassungsrecht und lässt sich schon deshalb nicht einfach negieren. Zum anderen ist mit Toleranz bei der schulischen Arbeit mit jungen Menschen etwas anderes gemeint als ein allgemeines juristisches Ordnungsprinzip oder eine juristische Argumentationsfigur.

Wenn die Verfassungen der Länder von einer Erziehung zu Toleranz sprechen, so bringen sie dadurch zum Ausdruck, dass die Schule ihren Teil dazu beitragen soll, dass Kinder und Jugendliche zu *Persönlichkeiten* heranreifen, die respektvoll, vielleicht sogar anerkennend, mit dem kulturellen, religiös oder weltanschaulich „Fremden" umgehen. In diesem Sinn kann der Toleranzbegriff sowohl ein bestimmtes Verhalten als auch eine persönliche – altmodisch gesprochen – Tugend bezeichnen. Ein Mensch verhält sich tolerant, wenn er die Überzeugungen und die Lebensweise anderer Menschen duldet, obwohl er sie in der Sache nicht billigt, ja sogar ablehnt. Der Erziehung zu Toleranz haftet daher ein gewisser *paradoxer Zug* an: Obwohl man etwas einerseits ablehnt, fühlt man sich andererseits verpflichtet, es zu akzeptieren und insoweit wiederum zu bejahen. Eine naheliegende Möglichkeit, diese Paradoxie zu erklären und aufzulösen, besteht darin, zwischen den missbilligten Überzeugungen und Handlungen und dem Autonomieanspruch der respektierten Person zu unterscheiden.[32] Toleranz in religiösen Dingen verzichtet also weder auf den Wahrheitsanspruch der eigenen offenbarten Religion, noch billigt und akzeptiert sie die Glaubensgewissheiten und die religiös motivierten Bekenntnishandlungen des Gegenübers. Sie lässt sie aber unangetastet.[33] Man kann dann von einer bloß formalen Toleranz sprechen. Wenn es sogar zu einer echten Anerkennung anderer Auffassungen kommt, weil sie sich mit eigenen Überzeugungen und Einstellungen jedenfalls teilweise decken, läge dagegen eine „positive Toleranz" vor.

Die Erörterung des Toleranzbegriffs muss sich aber nicht nur dem hier nur skizzierten Problem der Paradoxie des Toleranzbegriffs stellen, sondern auch das Problem der Grenzen der Toleranz in den Blick nehmen. Denn Toleranz kann nicht alles tolerieren; sie darf – wie schon erwähnt – gegenüber ihrer eige-

32 Vgl. St. Huster, *„Toleranz"*, in: W. Heun/M. Honecker/J. Wieland (Hg.), *Evangelisches Staatslexikon*, Neuausgabe, Stuttgart 2006, Sp. 2466.

33 Das setzt die Einsicht und das Vertrauen aller Beteiligten voraus, dass es vernünftiger ist, Konflikte in friedlicher Kommunikation statt mit den Mitteln von Zwang und Gewalt auszutragen. Eine stabile reziproke Verhaltenserwartung der friedlichen Beilegung eines Konflikts stellt sich aber nur ein, wenn die Akteure zwischen für sie gültigen, weil wahren, Glaubensinhalten und weltanschaulichen Maßstäben ihres Gewissens und den sich aus ihnen ergebenden „außenwirksamen" Handlungen unterscheiden. Das konnte historisch betrachtet erst gelingen, als der einheitliche Kosmos wahrer Überzeugungen zerfallen war und deshalb aus dem Wahrheitsanspruch des Glaubens, des Gewissens und der Weltanschauung kein unmittelbarer Wirkungsanspruch mehr abgeleitet wurde. Auf diese Weise wurde allmählich die Wahrheitsfrage durch Gewährung von Kommunikationsfreiheiten neutralisiert; s. dazu i.E. N. Luhmann, *Grundrechte als Institution. Ein Beitrag zur politischen Soziologie*, Berlin 1965, S. 97f.

nen Abschaffung nicht tolerant sein. Deshalb stellt sich die Frage der Abgrenzung der Toleranz von der Intoleranz. Schüler müssen also auch lernen zu erkennen, welche religiösen Einstellungen und Verhaltensweisen nicht mehr tolerierbar sind, z.B. weil diese den Autonomieanspruch des Gegenübers schon im Ansatz missachten oder weil die eigenen religiösen Überzeugungen mit Zwang und Gewalt dem Anderen aufoktroyiert werden sollen.

3. Wenn es bei der Erziehung zu Toleranz um den Erwerb bestimmter Haltungen, Einstellungen, Verhaltensweisen und Motivationen geht, so stellt der verfassungsrechtliche Erziehungsauftrag die Akteure in der Schule – und hier vor allem die Lehrer – vor eine komplexe und höchst anspruchsvolle Aufgabe. Weil Erziehung zu Toleranz verfassungsrechtlich verpflichtend vorgeschrieben ist, könnte man erwarten, dass sich die Verfassungsinterpretation und die schulrechtliche Literatur mit diesem Thema intensiv auseinandergesetzt hätten. Der „Kosmos" der Erziehungsziele und hier insbesondere das Ziel der Erziehung zu Toleranz wurden von der *Rechtswissenschaft* aber bisher nur selten zur Kenntnis genommen. Kaum jemand hat sich mit dem Thema „Verfassungsprinzipien als Erziehungsziele"[34] etwas intensiver beschäftigt. Insgesamt gesehen muss man daher leider feststellen, dass die Problematik der Erziehung zu kultureller und religiöser Toleranz rechtswissenschaftlich noch wenig aufgearbeitet ist.

4. Angesichts der in den Schulen gelebten Multikulturalität könnte man weiter erwarten, dass sich die *pädagogische Wissenschaft* intensiv mit den Ursachen von intolerantem Verhalten befasst und Konzepte entwickelt, wie solchem Verhalten begegnet werden kann, tolerante Einstellungen und Verhaltensweisen gefördert werden können. Außerdem läge es nahe, die Lehrer so auszubilden, dass sie die Aufgabe der Erziehung zu Toleranz *professionell* wahrnehmen können. Das würde allerdings voraussetzen, dass die Pädagogik Methoden für die Erziehung der Kinder und Jugendlichen zu Toleranz entwickelt und Kriterien dafür benennt, welche Vorstellungen und Verhaltensweisen sowie Regelverstöße in der Schule nicht mehr toleriert werden können.

Soweit erkennbar ist die Erziehung zu Toleranz in der Schule kein Forschungsschwerpunkt wissenschaftlicher Pädagogik. Wenn man sich dort damit überhaupt befasst, wird sie meist im philosophischen Kontext[35] diskutiert, ohne

---

34 Grundlegend immer noch: P. Häberle, *Erziehungsziele und Orientierungswerte im Verfassungsstaat*, Freiburg i. Br. 1981, S. 37ff., 65ff., 98ff.; vgl. auch P. M. Huber, *Erziehungsauftrag und Erziehungsmaßstab der Schule im freiheitlichen Verfassungsstaat*, Bayerische Verwaltungsblätter 1994, S. 545ff.; M. Bothe/W. Mantl, *„Erziehungsauftrag und Erziehungsmaßstab der Schule im freiheitlichen Verfassungsstaat"*, in: *Veröffentlichungen der Vereinigungen der Deutschen Staatsrechtslehrer*, 54 (1994), Berlin 1995, S. 7ff. bzw. S. 75ff.

35 Vgl. etwa H. Röhr, *„Reflektierte Intoleranz"*, in: *Zeitschrift für Pädagogik 2*, Heft 5/2006, S. 699ff.

dass hinreichend deutlich würde, wie bestimmte philosophische Konzepte in konkrete Pädagogik überführt werden können.

5. Im Unterschied dazu haben sich die *Psychologie* und die *psychoanalytische Theorie* des Themas etwas intensiver angenommen. Aus der älteren Literatur ist in erster Linie auf die Beiträge A. Mitscherlichs[36] zu verweisen. Sein Leitgedanke ist, die Möglichkeit zur Toleranz aus den Grundzügen des seelischen Verhaltens des Menschen, also aus einer psychologischen Anthropologie, abzuleiten. Er stellt die Frage, wie der Seelenzustand eines Menschen geartet sein muss, damit er sich überhaupt tolerant verhalten kann. Denn von dem Heranwachsenden werde die „Leistung" erwartet, dass es seinem „Ich" überhaupt gelinge, seine triebhaft-aggressive Verhaltensgrundlage so zu reflektieren, dass sich ihr aggressives Potenzial aus konkretem Anlass nicht in intolerantem Verhalten entlädt.

Mitscherlich geht davon aus, dass sich der aggressive Triebanteil einer Person dauerhaft nicht unterdrücken lässt; er werde nur durch Energieentzug daran gehindert, sich ungehemmt zu entfalten. Toleranz lässt sich dann dahingehend umschreiben, dass sie – einmal als Haltung errungen – auf aggressive Selbstverteidigung verzichten kann. Sie wehrt den Übergriff ab und lässt sich selbst keinen Übergriff zu Schulden kommen. Sie ist Ausdruck einer Ich-Stärke. Diese ermöglicht es, Überzeugungen oder Praktiken anderer, die Aggressivität auslösen, auch dann hinzunehmen, wenn sie inhaltlich als falsch angesehen und emotional als „schlecht" verurteilt werden.

Überträgt man diesen Ansatz, auf dem neuere Trieb- und Instinkttheorien aufbauen, auf den Bereich der Schule, so ist auch dort von der Existenz von Aggressivität auszugehen. Nur der Umgang mit ihr kann problematisch werden, weil der Erwerb einer toleranten Haltung die Reflexion des eigenen Aggressionspotenzials und die Kontrolle aggressiver Impulse voraussetzt. Gelingt dies durch Herausbildung der dafür notwendigen „Ich-Stärke", so ist dies nicht nur eine beachtliche individuelle, sondern zugleich auch eine wichtige kulturelle Leistung. Denn der Umgang mit dem nach diesen Theorien immer vorhandenen individuellen Aggressionspotenzial ist dann so gelernt worden, dass nicht jede Form der Zurücksetzung und Provokation aggressive Reaktionen auslöst, die ein gedeihliches Zusammenleben in Konfliktsituationen unmöglich machen.[37]

6. Es kann hier nicht darum gehen, weitere psychologische Theorien oder eher soziologisch geprägte Theorieansätze sowie Etikettierungs- und Definitionstheo-

---

36 A. Mitscherlich, *„,Wie ich mir, so ich Dir.' Zur Psychologie der Toleranz"*, in: *Psyche*, 1951, Jg. 5, S. 1ff.; ders., *Toleranz – Überprüfung eines Begriffs*, 1976, S. 7ff. Beide Beiträge finden sich auch in A. Mitscherlich, *Gesammelte Schriften V. Sozialpsychologie III*, 1. Aufl., 1983, S. 410ff., 429ff.

37 Vgl. dazu etwa K. Hurrelmann/H. Bründel, *Gewalt an Schulen*, Weinheim 2007, S. 34ff.

rien und soziale Kontrolltheorien daraufhin zu befragen, welchen Beitrag sie zum Verständnis einer „guten" Erziehung zu Toleranz geleistet haben oder zu leisten vermögen. Das wäre Aufgabe der Fachdisziplinen, die sich – wenn ich das hinreichend überblicken kann – mit diesem Problemkreis aber nur am Rande beschäftigen.[38] Sie befassen sich – wenn ich das richtig sehe – in erster Linie mit dem Problem der Delinquenz von Kindern und Jugendlichen mit Migrationshintergrund.[39] Obwohl wir also nicht wissen, auf welche Weise sich die Unterrichtung von Kindern und Jugendlichen auf die Herausbildung toleranter Einstellungen und Verhaltensweisen im Einzelnen auswirkt und außerdem unklar ist, in welchem Umfang soziokulturelle Faktoren Prozesse der Persönlichkeitsbildung i.S.v. toleranten Haltungen beeinflussen, ist der verfassungsrechtliche Auftrag zur Erziehung zu Toleranz, weil normativ gefordert, ernst zu nehmen.

7. Adressaten dieses Auftrages sind in erster Linie die Lehrer, aber auch die Schulbehörden. Sie haben im Unterricht und in Lehrplänen dafür zu sorgen, dass die Kinder und Jugendlichen zu tolerantem Verhalten befähigt werden.

Papier hat die Erziehung zu Toleranz als „staatliche Vorsorgeaufgabe" bezeichnet.[40] Mit der Verankerung von Toleranz als Erziehungsziel würden zwei grundsätzlich zu unterscheidende Ebenen des Toleranzprinzips miteinander verknüpft. In seiner Sicht ist die Toleranz zum einen ein Rechts- und Verfassungsprinzip, das in der Gewährleistung grundrechtlicher Freiheiten und dem schonenden Ausgleich im Falle von Grundrechtskollisionen zum Tragen kommt. Auf der anderen Seite sei Toleranz aber auch eine persönliche Haltung des Einzelnen, die u.a. in der Schule erworben werden soll.

Wenn Papier damit meint, der Staat sei darauf angewiesen, dass seine Bürger religiöse und kulturelle Konflikte friedlich austragen und sie die notwendigen Auseinandersetzungen nicht mit der unerbittlichen Schärfe eines Glaubenskriegs führen, stimme ich dieser Auffassung zu. Daraus folgt aber nicht, dass das Toleranzgebot zum *verfassungsrechtlichen* Prinzip erklärt werden müsste, denn für die Rechtsarbeit in konkreten Konfliktlagen ist dieser Argumentationstopos mangels inhaltlicher Präzision kaum geeignet. Außerdem besteht die Gefahr, dass unter Berufung auf den Grundsatz der Toleranz der Grundrechtsschutz eingeschränkt wird. Vor allem Minderheiten würden dies zu

38 Vgl. aber W. Nieke, *Interkulturelle Erziehung und Bildung*, Wiesbaden ^{3}2008, S. 90ff., der sich mit dem Thema der Erziehung zu Frieden und Toleranz vertiefend auseinandersetzt. Ein wichtiges Ziel der Pädagogik sei es, dass Schüler fremde Deutungsmuster und Normen zu ertragen lernen (S. 238ff.).

39 Vgl. etwa M. Fuchs, *„Ausländische Schüler und Gewalt an Schulen"*, in: H. G. Holtappels/W. Heitmeyer/W. Melzer/K.-J. Tillmann (Hg.), *Forschung über Gewalt an Schulen*, Weinheim ^{5}2009, S. 119ff.

40 (Fn. 16), S. 266f.

spüren bekommen, weil der Grundrechtsschutz der Minderheit immer gefährdet ist. Ich habe dies im ersten Teil meines Vortrages zu begründen versucht.

Auch der Begriff der „Vorsorgeaufgabe" überzeugt mich nicht. Denn der verfassungsrechtliche Erziehungsauftrag zielt nicht darauf ab, grundrechtliche Kollisions- und Konfliktfälle, die in einer multikulturellen pluralistischen Gesellschaft ausgetragen werden müssen, in der nahen und fernen Zukunft zu vermeiden. Außerdem würde eine Rechtspflicht zur Toleranz auch hier den Grundrechtsgebrauch einschränken.

4. Schluss

Ich möchte deshalb die Akzente etwas anders setzen:

1. Da der verfassungsrechtliche Auftrag der Erziehung zur Toleranz sich in erster Linie an die Lehrer richtet, kann man sie als „*Toleranz-Mittler*" bezeichnen. Sie üben eine ähnliche Funktion wie „Mediatoren" aus, weil sie die täglich in der Schule auftretenden weltanschaulichen, kulturellen und ganz allgemein persönlichkeitsbezogenen Konflikte zum friedlichen Ausgleich bringen sollen. Mit dieser pädagogischen Aufgabe ist notwendig auch ein „reflektiertes Maß der Ausübung von Intoleranz" verbunden, wenn z.B. einzelne Verhaltensweisen von Kindern und Jugendlichen kritisiert und ggf. auch sanktioniert werden.

Oder anders formuliert: Aufgabe der Lehrer ist es, in den täglichen Konfliktsituationen *professionell* zu agieren, wobei ich mir durchaus darüber im Klaren bin, dass die Lehrerschaft hierfür oft nicht genügend ausgebildet ist. Sie hat auch häufig nicht gelernt, ihre eigenen persönlichen Überzeugungen, Wertvorstellungen, weltanschaulichen und religiösen Einstellungen selbstkritisch zu reflektieren und ihre Eigeninteressen zurückzustellen, obwohl dies notwendig ist, um den Aufgaben des Lehrerberufs gerecht werden zu können.

2. Auch in (verfassungs)rechtlicher Hinsicht erscheint mir der Aspekt, dass die Lehrer mit religiösen und weltanschaulichen Konflikten ihrer Schülerinnen und Schüler *professionell* umzugehen haben, entscheidend zu sein. Denn hierauf bezieht sich die vom Bundesverfassungsgericht nicht nur in der Kopftuchentscheidung geforderte Prognose der „Eignung, Befähigung und fachlichen Leistung" i.S.v. Art. 33 Abs. 2 GG. Dogmatisch gesprochen bedeutet dies, dass es einen erheblichen Unterschied macht, ob die Rechtsbeziehungen des Dienstherrn zu den angehenden Lehrern betrachtet werden oder ob Konflikte zwischen Schülern unterschiedlichen Glaubens beurteilt werden sollen. Man sollte diese beiden Sphären nicht sprachlich dadurch nivellieren, dass man die unterschiedlichen Rechts- und Grundrechtspositionen von Lehrern, Eltern und Schülern als in einem „Spannungsverhältnis" stehend bezeichnet, das unter Berücksichtigung des Toleranzgebotes auszugleichen sei.

In der zuerst genannten *Rechtsbeziehung zwischen Staat und künftigem Lehrer* geht es um das für die Ausübung des Lehrerberufs notwendige Maß der Professionalität. Der immer schülerbezogenen pädagogischen Verantwortung des Lehrers entspricht seine ebenfalls immer schülerbezogene pädagogische Freiheit. Das bedeutet, dass der Rechtsbegriff der pädagogischen Freiheit gerade auf den Unterricht ausgerichtet ist und deshalb nicht als grundrechtlich geschützte individuelle Meinungs- oder Religionsausübungsfreiheit verstanden werden kann.[41] In den sog. Kopftuchfällen ist deshalb zu fragen, ob Anzeichen dafür sprechen, dass diese Bekleidung (zusammen mit weiteren Indikatoren) die begründete Vermutung nahelegt, die Lehrerin werde die notwendige Professionalität in der Auseinandersetzung mit religiös grundierten Konflikten vermissen lassen. Das wäre immer dann der Fall, wenn an der Fähigkeit des Lehrers zur Selbstreflexion erhebliche Zweifel bestehen.

Die entscheidende Frage lautet daher, ob der jeweilige Bewerber für den Lehrerberuf nach seinen Einstellungen und Verhaltensweisen, also nach seiner Persönlichkeit, aller Voraussicht nach Kinder und Jugendliche zu religiöser und kultureller Toleranz zu erziehen vermag. „Intolerante" Bewerber um das Lehramt, die die Ausübung der pädagogischen Freiheit zur Erziehung der ihnen anvertrauten Kinder und Jugendlichen mit dem individuellen Grundrecht auf religiöses Bekenntnis verwechseln, sind hierfür kaum geeignet. Dabei ist es im Übrigen völlig unerheblich, welcher Religion und Weltanschauung der einzelne Bewerber angehört. Die grundrechtlichen und beamtenrechtlichen Diskriminierungsverbote schließen solche Bewertungen von vornherein aus.

Betrachtet man dagegen die Ebenen der *Rechtsbeziehungen der Schüler* zueinander, so darf man es den Kindern und Jugendlichen nicht verwehren, ihren Glauben zu bekennen und ihre weltanschaulichen Überzeugungen in entsprechenden Symbolen zum Ausdruck zu bringen. Ob es zulässig wäre, über restriktive Bekleidungsvorschriften („Schultracht") hier Einschränkungen vorzusehen, erscheint mir angesichts der grundrechtlich gewährleisteten Glaubens- und Weltanschauungsfreiheit fraglich. Jedenfalls hat die Argumentationsfigur des „Schulfriedens" ausgedient. Ich habe daher keine Bedenken, dass Jugendliche auch mit Abzeichen, Kreuzen und Kopftüchern ihren Überzeugungen Ausdruck verleihen, mögen diese Symbole auch von religiöser, weltanschaulicher oder allgemein politischer Bedeutung sein.

---

41 Vgl. H. Wißmann, *Pädagogische Freiheit als Rechtsbegriff. Personales Handeln in der öffentlichen Verwaltung*, Berlin 2001, S. 83ff., 91ff., arbeitet zutreffend heraus, dass der Unterricht des Lehrers weder als grundrechtliche Ausübung der Lehrfreiheit i.S.v. Art. 5 Abs. 3 GG noch als Form der Meinungsfreiheit verstanden werden kann.

Literatur

Angenendt, A., *Toleranz und Gewalt*, Münster, Aschendorff [4]2008.

Bloss, L., *Cuius religio – EU ius regio?*, Tübingen, Mohr Siebeck 2008.

Böckenförde, E.-W., *Die Öffentliche Verwaltung*, 74, 253, 257.

Ders., *„Demokratie als Verfassungsprinzip"*, in: Isensee, J./Kirchhof, P. (Hg.), *Handbuch des Staatsrechts*, Bd. II, Heidelberg, C. F. Jur. Müller [3]2004.

Bothe, M./Mantl, W., *„Erziehungsauftrag und Erziehungsmaßstab der Schule im freiheitlichen Verfassungsstaat"*, Veröffentlichungen der Vereinigungen der Deutschen Staatsrechtslehrer 54 (1994), Berlin 1995, S. 7ff. bzw. S. 75ff.

BVerfGE 5, 85, 393 – KPD-Verbot.

BVerfGE 12, 1, 5 – Glaubenswerbung.

BVerfGE 13, 46, 54 – Auswirkungen eines Parteiverbotes.

BVerfGE 19, 226, 242 – Kirchensteuer in glaubensverschiedener Ehe.

BVerfGE 24, 236ff. – Lumpensammlerentscheidung.

BVerfGE 28, 243, 264 – Wehrdienstbefreiung.

BVerfGE 31, 58, 75 – Spanien-Ehe.

BVerfGE 33, 23, 32 – Eidesverweigerung.

BVerfGE 41, 29, 64 – Badische Simultanschule.

BVerfGE 41, 65, 78 – Christliche Gemeinschaftsschule bayerischer Prägung.

BVerfGE 41, 65, 108.

BVerfGE 47, 46, 85 – Sexualkundeunterricht.

BVerfGE 47, 198, 239 – Wahlwerbung.

BVerfGE 52, 223, 247 – Schulgebet.

BVerfGE 52, 223, 247.

BVerfGE 52, 223, 251f.

BVerfGE 93, 1, 22, 32f.

BVerfGE 93, 1, 33.

BVerfGE 108, 282, 301f.

BVerfGE 108, 314, 334.

Enders, Ch., *„Toleranz als Rechtsprinzip? – Überlegungen zu den verfassungsrechtlichen Maßgaben anhand höchstrichterlicher Entscheidungen"*, in: Enders/Kahlo (Hg.), *Toleranz als Ordnungsprinzip? Die moderne Bürgergesellschaft zwischen Offenheit und Selbstaufgabe*, Paderborn, Mentis-Verlag 2007.

Forst, Rainer, *Toleranz im Konflikt*, Berlin, Suhrkamp 2003.

Ders., *Das Recht auf Rechtfertigung*, Berlin, Suhrkamp 2007.

Ders., *„Vier Konzeptionen der Toleranz"*, in: Kaufmann, M. (Hg.), *Integration oder Toleranz? Minderheiten als philosophisches Problem*, Freiburg i. Br., Karl Alber Verlag 2001.

Fuchs, M., *„Ausländische Schüler und Gewalt an Schulen"*, in: Holtappels, H. G./Heitmeyer, W./Melzer, W./Tillmann, K.-J. (Hg.), *Forschung über Gewalt an Schulen*, Weinheim, Juventa [5]2009.

Goerlich, H., *„Glaubens- und Religionsfreiheit in ‚Zeiten des Multikulturalismus' in völker-, europa- und verfassungsrechtlicher Sicht – oder vom Staatskirchenrecht zum allgemeinen Religionsrecht?"*, in: Enders/Kahlo (Hg.), *Toleranz als Ordnungsprinzip? Die moderne Bürgergesellschaft zwischen Offenheit und Selbstaufgabe*, Paderborn, Mentis-Verlag 2007.

Grimm, D., „*Wie viel Toleranz verlangt das Grundgesetz?*“, in: ders., *Die Verfassung und die Politik*, München, C. H. Beck 2001.

Häberle, P., *Erziehungsziele und Orientierungswerte im Verfassungsstaat*, Freiburg i. Br., Karl Alber Verlag 1981.

Hassemer, W., *Religiöse Toleranz im Rechtsstaat. Das Beispiel des Islam*, München, Beck Juristischer Verlag 2004.

Huber, P. M., *Erziehungsauftrag und Erziehungsmaßstab der Schule im freiheitlichen Verfassungsstaat*, Bayerische Verwaltungsblätter 1994.

Huntington, S. P., *WHO ARE WE? Die Krise der amerikanischen Identität*, München, Goldmann 2006.

Hurrelmann, K./Bründel, H., *Gewalt an Schulen*, Weinheim, Beltz 2007.

Huster, St., „*Toleranz*“, in: Heun, W./Honecker, M./Wieland, J. (Hg.), *Evangelisches Staatslexikon*, Stuttgart, Kohlhammer, Neuausgabe 2006, Sp. 2466.

Isensee, in: Grote, R./Härtel, I./Hain, K.-E. (Hg.), *Die Ordnung der Freiheit. Festschrift für Christian Starck zum 70. Geburtstag*, Tübingen, Mohr Siebeck 2007, S. 55ff., 69f.

Kaufmann, M. (Hg.), *Integration oder Toleranz? Minderheiten als philosophisches Problem*, Freiburg i. Br., Verlag Karl Alber 2001.

Lademacher, H./Loos, R./Groenveld, S. (Hg.), *Ablehnung – Duldung – Anerkennung. Toleranz in den Niederlanden und in Deutschland. Ein historischer und aktueller Vergleich*, Münster, Waxmann 2004.

Ladeur, K.-H./Augsberg, I., *Toleranz, Religion, Recht. Die Herausforderung des „neutralen“ Staates durch neue Formen der Religiosität in der postmodernen Gesellschaft*, Tübingen, Mohr Siebeck 2007.

Luhmann, N., *Grundrechte als Institution. Ein Beitrag zur politischen Soziologie*, Berlin, Duncker & Humblot 1965.

Mitscherlich, A., „*‚Wie ich mir, so ich Dir.‘ Zur Psychologie der Toleranz*“, in: *Psyche*, Jg. 5, 1951.

Ders., *Toleranz – Überprüfung eines Begriffs*, Berlin, Suhrkamp 1976.

Ders., *Gesammelte Schriften V. Sozialpsychologie III*, 1. Aufl., 1983.

Nieke, W., *Interkulturelle Erziehung und Bildung*, Wiesbaden, Vs ^{3}2008.

Papier, H.-J., „*Toleranz als Rechtsprinzip*“, in: Jacobs, R./Papier, J./Schuster, P.-K. (Hg.), *Festschrift für Peter Raue zum 65. Geburtstag*, Köln, Heymanns 2006.

Pieroth, B., *Deutsches Verwaltungsblatt*, 1994, 949, 961.

Podlech, A., *Das Grundrecht der Gewissensfreiheit und die besonderen Gewaltverhältnisse*, Berlin, Duncker & Humblot 1969.

Popper, K. R., *Auf der Suche nach einer besseren Welt. Vorträge und Aufsätze aus dreißig Jahren*, München, Piper ^{8}1995.

Roca, Maria J., „*Der Toleranzbegriff im internationalen Recht*“, in: Grote, R./Härtel, I./Hain, K.-E. (Hg.), *Die Ordnung der Freiheit. Festschrift für Christian Starck zum 70. Geburtstag*, Tübingen, Mohr Siebeck 2007.

Röhr, H., „*Reflektierte Intoleranz*“, in: *Zeitschrift für Pädagogik 2*, Heft 5/2006, S. 699ff.

Rottmann, F., „*Toleranz als Verfassungsprinzip*“, in: Degenhart, Ch. (Hg.), *Festschrift der Juristenfakultät anlässlich des 600-jährigen Jubiläums der Universität Leipzig*, Berlin, Duncker & Humblot 2009, S. 551ff.

Schreiner, K., „*Toleranz*“, in: Brunner, O./Conze, W./Koselleck, R. (Hg.), *Geschichtliche Grundbegriffe*, Bd. 6, Stuttgart, Klett-Cotta 1990, S. 445ff., 579f.

Tibi, Bassam, *Europa ohne Identität?*, München, btb 1998.

Volkmann, U., „*Kulturelles Selbstverständnis als Tabuzone für das Recht*“, in: Dreier, H./Hilgendorf, E. (Hg.), *Kulturelle Identität als Grund und Grenze des Rechts*, Stuttgart, Steiner 2008.

Wißmann, H., *Pädagogische Freiheit als Rechtsbegriff. Personales Handeln in der öffentlichen Verwaltung*, Berlin, Nomos Verlagsgesellschaft 2001.

Woellert, F./Kröhnert, St./Sippel, L./Klingholz, R., Institut für Bevölkerung und Entwicklung, *Ungenutzte Potentiale. Zur Lage der Integration in Deutschland*, Stiftung Berlin-Institut für Bevölkerung und Entwicklung, Berlin 2009.

Integration und praktische Konkordanz

Von Klaus Spenlen

Wenn Bildung der Schlüssel für erfolgreiche Integration ist,[1] haben die Landesregierungen, Schulen und viele Eltern ein Problem. Denn die internationalen Vergleichsstudien PISA und IGLU haben den Kindern mit Zuwanderungsgeschichte[2] ein schlechtes Abschneiden im deutschen Bildungssystem bescheinigt.[3] Integrationsfähigkeit ist jedoch nach allen vorliegenden Erfahrungen aus europäischen Nachbarländern nicht in erster Linie eine Frage an die Kinder, sondern an die Systeme und die von ihnen gewünschte Integration.

Was aber ist Integration, die als „unteilbar" und als „Grundrecht" gilt?[4] Das Spektrum dessen, was unter Integration zu verstehen ist und welche Bedingungen in welchem Maß darauf Einfluss nehmen, ist breit gefächert. Der Integrationsprozess besteht aus Annäherung, gegenseitiger Auseinandersetzung, Kommunikation, Finden von Gemeinsamkeiten, Feststellen von Unterschieden und der Übernahme gemeinschaftlicher Verantwortung zwischen den Zugewander-

---

1 So Bundesbildungsministerin Annette Schavan auf einem Treffen mit türkischstämmigen Abiturienten, Pressemitteilung 136/2007 vom 21.06.2007.

2 Die Verwendung der Bezeichnung „...mit Zuwanderungsgeschichte" bezieht sich auf Kinder und Jugendliche, deren Familiensprache nicht Deutsch ist, unabhängig von ihrer Staatsangehörigkeit.

3 Neben TIMSS und PISA ist IGLU die dritte große internationale Vergleichsuntersuchung zur Leistungsfähigkeit der Schulen. Mit PIRLS/IGLU (Progress in International Reading Literacy Study/Internationale Grundschul-Lese-Untersuchung) wurde international vergleichend das Leseverständnis von Schülerinnen und Schülern der vierten Jahrgangsstufe getestet. In Deutschland nahmen alle Länder an dieser Studie teil. IGLU/E ist eine nationale Erweiterung von PIRLS/IGLU. Mit IGLU/E werden in Deutschland in zwölf Ländern die Kompetenzen von Schülerinnen und Schülern im mathematisch-naturwissenschaftlichen Bereich erfasst. PIRLS/IGLU ist eine Studie der International Association for the Evaluation of Educational Achievement (IEA). Die IEA hatte die Gesamtverantwortung für die internationale Organisation von PIRLS/IGLU an das Boston College Chestnut Hill, MA, USA delegiert. Die Aufbereitung des internationalen Datensatzes erfolgt am IEA Data Processing Center (DPC) in Hamburg, veröffentlicht 2007. Siehe außerdem: Jürgen Baumert u.a. (Hg.), *PISA 2000. Ein differenzierter Blick auf die Länder der Bundesrepublik Deutschland*, Opladen 2003, insbesondere Kapitel 9.

4 Siehe insbesondere Art. 3 Abs. 3 GG sowie Ulrich Heimlich, *„Integration/Inklusion als gesellschaftliches Problem"*, Vortrag auf der Tagung „Integration in Kindertageseinrichtungen und Schulen" am 23.01.2007 in der Hanns-Seidel-Stiftung, München.

ten und der Mehrheitsbevölkerung. Im Gegensatz zur Assimilation[5] verlangt Integration nicht die Aufgabe der eigenen kulturellen Identität. Als Konsens der meisten Integrationsbegriffe kann gelten: Integration bedeutet die Erfahrung, dass eine andere Kultur oder Herkunft nicht im Widerspruch zur gleichberechtigten Teilhabe an gesellschaftlichen Ressourcen und Prozessen steht. Entscheidend für den Integrationsverlauf sind – neben wirtschaftlicher, sozialer und gesellschaftlicher Partizipation – die Handlungsorientierungen der Zuwanderer. Andererseits muss die Aufnahmegesellschaft gegenüber Einwanderern und ihren Kindern ein Mindestmaß an Offenheit aufbringen. Soll eine Integration von Menschen mit einem Migrationshintergrund gelingen, ist es erforderlich, sie an gemeinschaftlichen Gütern teilhaben zu lassen. Arbeitsmarkt, Wohnungsmarkt und Bildungseinrichtungen sind die wohl wichtigsten Integrationsinstanzen. Ein sicherer Arbeitsplatz verschafft ein festes Einkommen, Sozialprestige, Selbstverwirklichung und vielfältige soziale Beziehungen. Ein freier Zugang zum Wohnungsmarkt verhindert die Bildung von Wohnghettos und damit eine regionale Abgrenzung der Einwanderer. Ein chancengerechter Zugang zu Bildungs- und Ausbildungseinrichtungen beschleunigt die Integration.[6] Schließlich heißt Integration, Vorurteile, Diskriminierung und Rassismus abzubauen, besser noch zu verhindern.

---

5 Der Begriff der Assimilation wird im Rahmen der Integrationsdebatte von seriösen Autoren, Medien und Politikern nur im Zusammenhang mit dem Erwerb der deutschen Sprache als „sprachliche Assimilation" verwendet. Dagegen verwandte der türkische Regierungschef Erdogan am 10.02.2008 in Köln diesen Begriff als Kritik an den Integrationsbemühungen der deutschen Politik und Zivilgesellschaft.

6 Siehe auch empfohlene Literatur: Georg Auernheimer (Hg.), *Migration als Herausforderung für pädagogische Institutionen*, Opladen 2001; Klaus J. Bade, *Einwanderungskontinent Europa. Migration und Integration am Beginn des 21. Jahrhunderts*, Frankfurt a. M. 2001; Klaus J. Bade/Rainer Münz (Hg.), *Migrationsreport 2002. Fakten – Analysen – Perspektiven*, Heidelberg 2002; Georg Auernheimer (Hg.), *Schieflagen im Bildungssystem. Die Benachteiligung der Migrantenkinder*, Opladen 2003; Tarek Badawia/Franz Hamburger/Merle Hummrich (Hg.), *Migration und Bildung. Über das Verhältnis von Anerkennung und Zumutung in der Einwanderungsgesellschaft*, Wiesbaden 2005; Jürgen Baumert/Petra Stanat/Rainer Watermann, *Herkunftsbedingte Disparitäten im Bildungswesen: Differenzielle Bildungsprozesse und Probleme der Verteilungsgerechtigkeit. Vertiefende Analysen im Rahmen von PISA 2000*, Wiesbaden 2006; Beauftragte der Bundesregierung für Migration, Flüchtlinge und Integration (Hg.), *Integrationspolitik als Gesellschaftspolitik in der Einwanderungsgesellschaft. Memorandum der Beauftragten der Bundesregierung für Migration, Flüchtlinge und Integration Marieluise Beck*, Bonn 2005.

1. Integration als Aufgabe von Schulen

Da der Arbeits- und Wohnungsmarkt angesichts wirtschaftlicher und gesellschaftlicher Veränderungen als Integrationsinstanzen weitgehend weggebrochen sind, fokussieren sich Integrationsbemühungen primär auf den Bildungsbereich und damit auf die Kindertageseinrichtungen (Kitas) und Schulen. In unserer Gesellschaft und damit auch in diesen Bildungseinrichtungen gehört ethnische, kulturelle und religiöse Vielfalt inzwischen zum Alltag. Sie ist zum größten Teil auf Zuwanderung zurückzuführen und hat nicht nur eine Pluralisierung, sondern auch die tägliche Begegnung mit Ausdrucksformen der Ethnien, Kulturen und Religionen mit sich gebracht.

Viele Kitas und Schulen haben sich auf die Vielfalt ihrer Kinder und Jugendlichen eingestellt und unterstützen in ihrer Erziehungs- und Unterrichtsarbeit den gesellschaftlichen Zusammenhalt. Dabei schätzen und nutzen die Einrichtungen Pluralität als Wert und tarieren täglich das Verhältnis zwischen Kindern und Jugendlichen unterschiedlicher kultureller Hintergründe aus. Gleichwohl führen die Vielfalt, Verschiedenheiten der Erfahrungen und Lebensweisen sowie die unterschiedlichen Wertvorstellungen auch in den Kitas und Schulen zu Unsicherheiten und zuweilen zu Konflikten.

2. Förderung der deutschen Sprache als Schlüssel für Integration

Für die Integration von Kindern und Jugendlichen und deren schulischen Erfolg haben – den in den Forschungsbilanzen dokumentierten Ergebnissen nach – sprachliche Fertigkeiten sowie regelmäßige Kontakte zu Gleichaltrigen der Mehrheitsgesellschaft eine überragende Bedeutung. In der Förderung beider Ressourcen liegt ein Schlüssel, auf den politische Interventionen, die vergleichbare Lebenschancen für Menschen mit und ohne Migrationshintergrund anstreben, in besonderem Maß Einfluss nehmen sollten und auch können.

Der in den internationalen Studien festgestellte Leistungsrückstand von Kindern und Jugendlichen mit Migrationshintergrund beträgt in der Lesekompetenz am Ende der Grundschule mitunter ein Schuljahr und entwickelt sich bei einigen zu einem Leistungsabstand von bis zu drei Schuljahren am Ende der Sekundarstufe I.[7] Einhellig werden Defizite in der Beherrschung der deutschen Sprache als Ursache für mangelnden Bildungserfolg geltend gemacht. Dem kompetenten Umgang mit der deutschen Sprache, als der allgemeinen Schul-, Berufs- und Verkehrssprache, kommt also ein zentraler Stellenwert für die Zuweisung von Lebenschancen zu. Dieser Sachverhalt wird sich auch mittel- und langfristig nicht wesentlich ändern. Altersgemäße Sprachkompetenz ist mithin entscheidend für Wissenserwerb und Kommunikationsfähigkeit, und diese bei-

7 Vgl. den zitierten PISA-Report.

den Fähigkeiten sind unabdingbare Voraussetzungen für erfolgreiche Integration in Schule, Beschäftigungssystem und Gesellschaft.

Bei Kindern und Jugendlichen zeigt sich heute immer mehr, dass traditionelle Erwartungen an die sprachliche Assimilation nicht mehr greifen. Früher ging man berechtigterweise davon aus, dass Zuwanderer nach zwei, spätestens drei Generationen zum Sprachstand der Mehrheitsgesellschaft aufgeschlossen hatten. Dieses Muster hat jedoch seine Gültigkeit weltweit verloren. Aus dem Sprachen-Screening der Stadt Essen (SPREEG)[8] etwa ist bekannt, dass ein hoher Anteil der Kinder mit Migrationshintergrund zweisprachig aufwächst. Über 110 verschiedene Familiensprachen werden hier gesprochen.[9] Auch langfristig muss davon ausgegangen werden, dass Kinder mit Migrationshintergrund in unterschiedlichen Ausprägungen von Mehrsprachigkeit aufwachsen und leben. Auf der einen Seite gibt es Kinder, die in ihren Familien mit zwei – manchmal sogar mit weiteren – Sprachen aufwachsen und diese Mehrsprachigkeit mit in die Schulen bringen.[10] Es gibt aber auch die Gruppe der Kinder, die nur mit der Herkunftssprache der Familie aufwachsen und Deutsch nur sehr eingeschränkt – wenn überhaupt – zu dem Zeitpunkt beherrschen, zu dem sie in die Schule kommen. Daneben stehen noch die Formen von Zwei-/ Mehrsprachigkeit als Folge von Zuwanderung in höherem Alter.

Da sich sprachliche Kompetenzen kumulativ positiv auf alle Fächer auswirken, steht das Erlernen der deutschen Sprache in allen Ländern der Bundesrepublik Deutschland an erster Stelle vor jedem anderen notwendigen und wünschenswerten Ziel des Unterrichts.[11] Bestandteil dieses Ansatzes ist es, Kinder schon im Kindergarten besser auf die Schule vorzubereiten. Im Rahmen der vorgezogenen Schulanmeldung werden die Kenntnisse in der deutschen Sprache bereits Monate vor Schuleintritt mit dem Ziel überprüft, Kinder mit unzureichenden Deutschkenntnissen zum Besuch eines vorschulischen Sprachkurses zu verpflichten. Hiervon ausgenommen sind i.d.R. lediglich Kinder, die eine Tagesstätte besuchen und dort gezielt in der deutschen Sprache gefördert werden.

---

8 Essen steht für Städte vergleichbarer Größe und Sozialstruktur. Vgl. hierzu Ruprecht Baur, *„Sprachenerhebung Essener Grundschulen" (SPREEG)*, Essen 2003.

9 Neben den Sprachen müssen sich die Schulen in Großstädten und regionalen Ballungsgebieten auch mit der Vielfalt der Religionen auseinandersetzen. So ermittelte etwa die „Gemischte Kommission Schule/Kirche" für Hamburg 106 Religionsgemeinschaften.

10 Mehrsprachigkeit in diesem Sinne meint nicht nur sicheres Beherrschen von Hochsprachen. Gerade Kinder mit türkischem Hintergrund verfügen häufig nicht über mündliche und schriftliche Kompetenzen in der türkischen Hoch-/Amtssprache, sondern über einen wenig elaborierten Code der Unterschicht.

11 Vgl. Bundesamt für Migration und Flüchtlinge, *Das bundesweite Integrationsprogramm*, Nürnberg 2006 sowie dass., *Bestandsaufnahme der Integrationsaktivitäten des Bundes 2006*, Nürnberg 2007.

Damit erteilen die Länder auch den Forderungen türkischer Regierungsvertreter, das Erlernen der türkischen Sprache bereits in den Kitas zu ermöglichen, eine Absage. Zwar galt es bislang als Bestandteil erfolgreicher Integrationspolitik, Kinder und Jugendliche aus Zuwandererfamilien in der Fortentwicklung der Kompetenzen in der Muttersprache durch Muttersprachlichen Unterricht (MU) zu unterstützen.[12] Die Schulen verfolgten mit ihrem Unterricht für zwei- und mehrsprachig aufwachsende Schülerinnen und Schüler im Kern das Ziel, Mehrsprachigkeit und kulturelle Orientierung in einer für die jungen Menschen komplexen kulturellen Wirklichkeit an die Bedürfnisse von heute anzupassen. Mit der Förderung der Mehrsprachigkeit wurden zudem sprachliche Ressourcen für eine exportintensive Wirtschaft in den Ländern der Bundesrepublik Deutschland gewonnen, die ein Fremdsprachenunterricht in dieser Qualität nicht oder nur mit erheblich höherem Mitteleinsatz herstellen könnte.

Die Tendenz, MU als Angebot der Länder unter staatlicher Schulaufsicht zugunsten einer Zuständigkeit der Konsulate aufzugeben,[13] scheint jedoch unumkehrbar. Das Aufgeben von Angeboten für MU durch die Länder ist eng mit der Frage verbunden, inwieweit staatliche MU-Angebote den schulischen Zielen und dem weitergehenden Anspruch auf Integration förderlich sind. Damit verbinden die Länder die Frage nach anderer, gezielt Schulerfolg von Migranten sichernder Verwendung der Ressourcen.

Allerdings ist die Übernahme von MU durch die Konsulate nicht unproblematisch, weil damit aktiv ausländischen Regierungen Einfluss auf die Bildungsentwicklung deutscher Kinder und Jugendlicher[14] ermöglicht wird. Gleichwohl kann die Muttersprache in der Sekundarstufe I als ordentliches Fach anstelle der zweiten oder der dritten Fremdsprache unterrichtet werden. In diesen Fällen ist

---

12 Vgl. Klaus Spenlen, *„Kinder und Jugendliche mit Migrationshintergrund fördern"*, in: *SchulVerwaltung NRW*, Nr. 10/2004, S. 270ff.

13 Der muttersprachliche Unterricht wird in folgenden Ländern in der Verantwortung des Landes durchgeführt: Bayern (läuft nach dem Schuljahr 2008/2009 aus), Bremen, Hamburg, Hessen (auslaufend, geht sukzessive in Konsulatsunterricht über), Nordrhein-Westfalen, Niedersachsen (in der Primarstufe), Rheinland-Pfalz, Sachsen. Angebote von Konsulatsunterricht gibt es in folgenden Ländern: Baden-Württemberg (Finanzzuschüsse zu Personal- und Sachkosten), Bayern (seit Schuljahr 2005/2006), Berlin, Bremen, Hessen (Übernahme von Versicherungskosten für die Schüler/innen), Niedersachsen, Schleswig-Holstein, demnächst wahrscheinlich auch in NRW.

14 Siehe § 4 Abs. 3 Staatsangehörigkeitsgesetz: Durch Geburt im Inland wird ein Kind Deutsche(r), wenn ein Elternteil zu dieser Zeit seit acht Jahren seinen gewöhnlichen rechtmäßigen Aufenthalt in Deutschland hat. Kinder, die auf diese Weise die deutsche Staatsangehörigkeit erwerben, haben in der Regel mindestens eine weitere Staatsbürgerschaft. Zwischen dem 18. und 23. Lebensjahr müssen sie gemäß § 29 StAG gegenüber der Staatsbürgerschaftsbehörde erklären, ob sie die deutsche Staatsangehörigkeit behalten wollen oder die andere Staatsangehörigkeit vorziehen (Erklärungspflicht). Außerdem gilt, dass ein Kind durch Geburt Deutsche(r) wird, wenn mindestens ein Elternteil zu dieser Zeit Deutsche(r) ist.

sie dem Unterricht in einer Fremdsprache in jeder Weise gleichgestellt. Darüber hinaus kann im Gymnasium die Muttersprache an die Stelle der ersten Fremdsprache treten. Der Unterricht in der Muttersprache, anstelle einer Fremdsprache, kann in der gymnasialen Oberstufe bis zum Abitur fortgesetzt werden.

3. Religiöses Leben vs. Integration?

Was die bundesdeutsche Gesellschaft zusammenhält, ist – so der Verfassungsrechtler Böckenförde – der „kulturelle Sockel“[15], dessen Zement u.a. aus christlichen Werten besteht, wie sie in den Menschenrechten und dem Grundgesetz (GG) ihren säkularen Ausdruck gefunden haben. „So gesehen ist das Kreuz dem Grundgesetz näher als das Kopftuch.“[16] Gleichwohl sind sich deutsche Verfassungsrechtler und Verfassungsgerichte mit den christlichen Kirchen einig: Es gehört substanziell zur Glaubensfreiheit, diese auch Anders- oder Nichtgläubigen zuzugestehen. Trotz der weit überdurchschnittlichen Aussagekraft der Texte der Religionsverfassung des GG weist kaum ein anderes Teilgebiet des Verfassungsrechts bei seiner Entwicklung in Praxis und Literatur solche Brüche und Dissonanzen auf wie das traditionelle Staatskirchenrecht. Deshalb wundert es nicht, dass grundrechtsdogmatisch heutzutage u.a. Fragen der Zulässigkeit staatlicher Religionsförderung, des Kirchenvertragsrechts, des Körperschaftsstatus, des Grundrechtseingriffs und der Schranken der Religionsfreiheit mit ihren Einzelaspekten kontrovers und häufig mit gegenteiligen „Ergebnissen“ diskutiert werden.[17]

Gerade im Alltag erfolgt die Bewertung religiöser Vielfalt und ihrer Erscheinungs- und Präsentationsformen häufig zentriert im Hinblick auf ihre Verträglichkeit mit der Mehrheitsgesellschaft. Ob Angehörige einer Religion integrierbar und integrationsfähig sind, gerät so zu einem Kriterium der Beschreibung von religiöser Heterogenität als tolerierbarer Differenz oder gefährlicher Devianz.

Mit der Akzeptanz, dass Integration als Grundrecht unteilbar ist und sich nicht auf Religion verkürzen lässt, ist untrennbar die Akzeptanz verbunden, dass „die staatliche Erziehung in erster Linie dem durch Art. 2 Abs. 1 GG geschützten Rechtsgut der individuellen Persönlichkeitsentfaltung des Kindes in einem freien, humanen Sinne [dient].“[18] Damit müssen die staatlichen Organisationen alles unterlassen, was diesem Grundrecht zuwiderläuft. Für die Schulen bedeutet

---

15 Ernst-Wolfgang Böckenförde, zit. nach: *„Allah im Abendland. Der Islam und die Deutschen“*, in: *Spiegel Special*, Nr. 2/2008, S. 84.

16 Ebd.

17 Vgl. u.a. Gerhard Czermak, *Das System der Religionsverfassung des Grundgesetzes*, 2002, S. 2.

18 Christine Langenfeld, *Integration und kulturelle Identität zugewanderter Minderheiten*, Tübingen 2005, S. 239.

dies, dass sie Grundlagen für schulischen und gesellschaftlichen Erfolg schaffen müssen, ohne die religiösen Rechte von Kindern und Jugendlichen sowie deren Eltern anzuzweifeln oder sie gar einzuschränken. Andererseits: Wenn Integration auf umfassende Teilhabe zielt, müssen von den (muslimischen) Schülerinnen und Schülern sowie deren Eltern alle Möglichkeiten dafür konsequent gesucht und genutzt werden. Dabei werden sie in jedem konkreten Konfliktfall abwägen müssen, ob die Durchsetzung des Rechts auf Religionsfreiheit ggf. die Persönlichkeitsentfaltung der Kinder behindert, weil dadurch die Verwirklichung ihrer gesellschaftlichen und schulischen Ziele erschwert wird.

4. Integration durch praktische Konkordanz

4.1.1 Staatlicher Erziehungsauftrag, elterliches Erziehungsrecht und Religionsfreiheit der Schülerinnen und Schüler

Der in Art. 7 Abs. 1 GG postulierte staatliche Bildungs- und Erziehungsauftrag und die aufseiten der Schülerinnen und Schüler bzw. Eltern betroffenen Grundrechte aus Art. 4 und Art. 6 GG können in bestimmten Situationen des Schulalltags, etwa wenn es um Befreiungswünsche vom Sport- bzw. Schwimmunterricht oder von Klassenfahrten sowie um Beurlaubungen aus besonderen Gründen geht, in Kollision geraten. In diesen Fällen müssten sie – im Interesse der Integration, des Schulfriedens und der Handlungsfähigkeit der Schule – zu einem schonenden Ausgleich im Sinne einer praktischen Konkordanz gebracht werden. Dieser Ausgleich scheint am ehesten herzustellen zu sein, wenn die Schulkonferenz praktikable, einheitliche Maßstäbe und verbindliche Leitlinien beschließt und über deren Einhaltung wacht.

4.1.2 Der staatliche Bildungs- und Erziehungsauftrag

Das staatliche Bestimmungsrecht über die Schule nach Art. 7 Abs. 1 GG ist nicht nur auf die äußere Organisation des Schulwesens beschränkt, sondern umfasst zugleich den Bildungs- und Erziehungsauftrag des Staates, der aus der Integrationsaufgabe der Schule in der pluralistischen Gesellschaft resultiert. Dieser staatliche Bildungs- und Erziehungsauftrag ist dem Erziehungsrecht der Eltern gleichgeordnet.[19] Durch Art. 7 Abs. 1 GG ist der Staat zum einen zur Festlegung von Unterrichtszielen ermächtigt; zum anderen ist er berechtigt, eigene Erziehungsziele zu formulieren und die Erziehung in der Schule auf diese Ziele auszurichten. Über die Vermittlung von Fachwissen hinaus umfasst der Bildungs- und Erziehungsauftrag des Staates damit sowohl das Recht, die Persönlichkeits-

---

19 Vgl. Entscheidung des Bundesverfassungsgerichts vom 06.12.1972, BVerfGE 34, 165, 183.

entwicklung des Kindes umfassend zu fördern, wie auch das Recht und die Pflicht, Minderheiten zu integrieren. Das Bundesverfassungsgericht hat dazu im Zusammenhang mit einem religiös motivierten Verstoß gegen die Schulpflicht durch nichtmuslimische Kinder und ihrer Eltern Folgendes entschieden:

> „Die Allgemeinheit hat ein berechtigtes Interesse daran, der Entstehung von religiös oder weltanschaulich motivierten ‚Parallelgesellschaften' entgegenzuwirken und Minderheiten zu integrieren. Integration setzt dabei nicht nur voraus, dass die Mehrheit der Bevölkerung religiöse oder weltanschauliche Minderheiten nicht ausgrenzt; sie verlangt auch, dass diese sich selbst nicht abgrenzen und sich einem Dialog mit Andersdenkenden und -gläubigen nicht verschließen. Für eine offene pluralistische Gesellschaft bedeutet der Dialog mit solchen Minderheiten eine Bereicherung. Dies im Sinne gelebter Toleranz einzuüben und zu praktizieren, ist eine wichtige Aufgabe der öffentlichen Schule. Das Vorhandensein eines breiten Spektrums von Überzeugungen in einer Klassengemeinschaft kann die Fähigkeit aller Schüler zu Toleranz und Dialog als einer Grundvoraussetzung demokratischer Willensbildungsprozesse nachhaltig fördern."[20]

a) Das elterliche Erziehungsrecht

Nach Art. 6 Abs. 2 Satz 1 GG sind Pflege und Erziehung das natürliche Recht der Eltern und ihre wichtigste Pflicht. Diese elterlichen Rechte und Pflichten haben auch im Schulbereich Geltung und sind dem staatlichen Erziehungsauftrag gleichgeordnet. Unter „Pflege und Erziehung" sind die umfassende Verantwortung für die Lebens- und Entwicklungsbedingungen des Kindes zu verstehen. Das Erziehungsrecht aus Art. 6 Abs. 2 Satz 1 GG umfasst auch das Recht der Eltern zur Erziehung in religiösen Belangen. Bis zum Eintritt der Religionsmündigkeit des Kindes liegt die Entscheidung über die religiöse Erziehung allein bei den Eltern.

Das den Eltern gewährte Erziehungsrecht ist dabei durch sie in allen Aspekten fremdnützig, d.h. im Sinne und zum Wohle des Kindes zu verwirklichen und ist insofern, im Unterschied zu anderen Grundrechten, eine „treuhänderische Freiheit". Bei noch nicht religionsmündigen Kindern haben daher die Eltern das Recht, ihre Kinder nach ihren eigenen religiösen und weltanschaulichen Vorstellungen zu erziehen. Das elterliche Erziehungsrecht findet jedoch seine Grenzen im Wohl des Kindes und im staatlichen Erziehungsauftrag der Schule.

---

20 Entscheidung des Bundesverfassungsgerichts, 2 BvR 1693/04 in FamRZ 2006, 1094ff.

b) Die Rechte der Schülerinnen und Schüler im Bereich der Religionsausübung in der Schule

Bei Eintritt der Religionsmündigkeit[21] mit Vollendung des 14. Lebensjahres erwerben die Schülerinnen und Schüler das Recht, selbst über ihre Religionszugehörigkeit sowie ihre Religionsausübung zu entscheiden. Mit Eintritt der Religionsmündigkeit endet das Recht der Eltern, über die Teilnahme des Kindes am Religionsunterricht zu bestimmen. Sie verlieren aber nicht ihr Recht, sich auch weiterhin im Einklang mit dem Kind um dessen religiöse Belange zu kümmern. Mit fortschreitendem Alter und wachsender Selbstbestimmung des Kindes/Jugendlichen rückt dieses elterliche Erziehungsrecht in Religionsfragen gegenüber den Rechten des Kindes aus Art. 4 GG jedoch zunehmend in den Hintergrund.

4.2 Einzelne Konfliktfelder

4.2.1 Kopftuch und andere religiöse Kopfbedeckungen

a) Rechtslage

Religionsmündigen Schülerinnen und Schülern an öffentlichen Schulen steht es in Ausübung ihres Grundrechts auf freie Religionsausübung aus Art. 4 GG frei, Zeichen ihrer Religionszugehörigkeit zu tragen oder sich religiösen Vorschriften gemäß zu kleiden, soweit diesem nicht gewichtige sachliche Gründe, z.B. die Gewährleistung der Sicherheit im Sportunterricht, entgegenstehen. Das Tragen des Kopftuches kann daher nicht in Schulordnungen, Elternverträgen o.ä. untersagt werden.

Das elterliche Erziehungsrecht vor Eintritt der Religionsmündigkeit umfasst nach Art. 6 GG grundsätzlich auch, auf die Bekleidung ihrer Kinder Einfluss zu nehmen und diese mitzubestimmen. Insofern könnten Eltern ihre Töchter vor Eintritt der Religionsmündigkeit und auch vor der Pubertät zum Tragen des Kopftuches anhalten, wenngleich das Tragen des Kopftuches nach ganz überwiegender islamischer Auffassung vor Eintritt der Pubertät kein religiöses Gebot ist.

Eine Verhüllung des Gesichts bzw. des ganzen Körpers ist dagegen mit der offenen Kommunikation, die den Unterricht und den Erziehungsprozess in der Schule bestimmt, unvereinbar. In diesen Fällen überwiegt der Erziehungsauftrag

---

21 Vgl. § 5 des Gesetzes über die religiöse Kindererziehung vom 14. Juli 1921 („Nach der Vollendung des vierzehnten Lebensjahrs steht dem Kind die Entscheidung darüber zu, zu welchem religiösen Bekenntnis es sich halten will. Hat das Kind das zwölfte Lebensjahr vollendet, so kann es nicht gegen seinen Willen in einem anderen Bekenntnis als bisher erzogen werden."). Art. 137 BayVerf und Art. 29 SaarVerf bestimmen das 18. Lebensjahr als maßgebliches Alter für die Religionsmündigkeit.

des Staates aus Art. 7 Abs. 1 GG gegenüber den Rechten der Schülerinnen und Schüler aus Art. 4 GG sowie den Rechten der Eltern aus Art. 6 GG, sodass eine Untersagung einer Verschleierung des Gesichtes oder Körpers verfassungsgemäß ist.

b) Anregungen zum Umgang in der Praxis in der Grundschule

Im Interesse einer angemessenen Persönlichkeitsentwicklung der Kinder, der eine frühzeitige Betonung der Geschlechterrolle nicht förderlich wäre, sollte in Kitas und Grundschulen das Tragen eines Kopftuches unterbleiben, zumal es auch nach islamischem Verständnis vor der Pubertät nicht als religiöses Gebot zu rechtfertigen ist. In diesem Sinne wäre es wünschenswert, wenn auch die islamischen Verbände Eltern von Kindern im vorpubertären Alter entsprechend beraten.

c) Anregungen zum Umgang in der Praxis in weiterführenden Schulen

In Anerkennung des grundsätzlichen Rechts von Schülerinnen und Schülern an öffentlichen Schulen, Zeichen ihrer Religionszugehörigkeit zu tragen oder sich religiösen Vorschriften gemäß zu kleiden, sollten Schulen und Eltern im Sinne einer Erziehungspartnerschaft und gegenseitiger Toleranz darauf achten, dass das Tragen eines Kopftuches nicht zu Ausgrenzungen oder zur Aufgabe von schulischen und gesellschaftlichen Zielen führt. Umgekehrt müssen sie gemeinsam sicherstellen, dass auch kein Rechtfertigungsdruck auf muslimische Mädchen ausgeübt wird, die auch nach Eintritt der Pubertät kein Kopftuch tragen.

4.2.2 Teilnahme am koedukativen Sport- bzw. Schwimmunterricht

a) Rechtslage

Bei der Beantwortung der Frage eines Anspruches auf Befreiung muslimischer Schülerinnen und Schüler vom koedukativen Sport- bzw. Schwimmunterricht stehen sich der staatliche Bildungsauftrag und die staatlichen Erziehungsziele einerseits sowie die Religionsfreiheit der Schülerinnen und Schüler und das elterliche Erziehungsrecht andererseits gegenüber. Die gesetzliche Schulpflicht begründet eine Verpflichtung zur Teilnahme am Unterricht in allen verpflichtenden Unterrichtsfächern der Stundentafel, also auch am Sport- einschließlich des Schwimmunterrichts. Die Eltern haben für die Erfüllung Sorge zu tragen.

Im Rahmen des staatlichen Bildungs- und Erziehungsauftrags kommt dem Sport- bzw. Schwimmunterricht eine bedeutsame Funktion zu. Das gilt insbesondere für die positiven Auswirkungen auf die Gesundheit der Schülerinnen und Schüler, die Entwicklung ihrer sportlichen Fähigkeiten sowie die Einübung sozialen Verhaltens. Beim Schwimmunterricht kommt hinzu, dass er dazu dient, Gefahrenbewusstsein zu vermitteln, Schwimmen zu erlernen und zu einer realistischen Einschätzung der eigenen körperlichen Leistungsfähigkeit zu gelangen. Damit trägt der Sport- bzw. Schwimmunterricht in besonderer Weise zur Erfüllung wichtiger überfachlicher Erziehungsaufgaben der Schule (u.a. Gesundheitsförderung, soziales Lernen, Regelbeachtung, Werteerziehung) bei. Das gilt insbesondere angesichts der zunehmenden motorischen Defizite und körperlichen Leistungsbeeinträchtigungen bei Schulkindern. In diesem Bereich bietet der Schul- bzw. Schwimmsport erhebliche Potenziale zur sozialen und gesundheitlichen Prävention und Intervention. Er kann zudem pädagogische Beiträge zur Koedukation, zur interkulturellen Erziehung und auch zur Gewaltprävention leisten.[22]

Der gesetzlichen Schulpflicht einschließlich des Auftrags zur Koedukation, der sich aus Schulgesetzen der Länder und Richtlinien und Lehrplänen für den Sport- bzw. Schwimmunterricht ergibt, steht jedoch in Anwendung von Art. 4 Abs. 1 und 2 GG der Schutz von Glaubensüberzeugungen sowie sich hieraus etwa ergebende Bekleidungsvorschriften gegenüber. Ein Ausgleich zwischen diesen widerstreitenden Verfassungsgütern muss unter Berücksichtigung des Toleranzgebotes und der Herstellung einer praktischen Konkordanz gesucht werden.

Grundschule

Bei Grundschulkindern spielt der Gedanke der Koedukation im Sport- bzw. Schwimmunterricht eine andere Rolle als vom Zeitpunkt der Pubertät an. Im Vordergrund stehen in der Grundschule das Erlernen sportlicher und sozialer Grundfertigkeiten, eines sozialadäquaten Verhaltens im Umgang miteinander sowie gleichermaßen grundlegende Erfahrungen von Abgrenzung und Distanz zum anderen Geschlecht wie Gemeinschaftlichkeit und Nähe. Gegenüber diesen Bildungs- und Erziehungszielen sowie der Integrationsaufgabe der öffentlichen Schulen müssen hier grundsätzlich die Glaubensfreiheit der Schülerinnen und Schüler und das elterliche Erziehungsrecht zurücktreten, d.h. es besteht weder ein Anspruch auf getrennte Unterrichtung noch auf Befreiung vom Sport- bzw. Schwimmunterricht aus religiösen Gründen.

Erst mit Beginn der Pubertät kann nach der Rechtsprechung des Bundesverwaltungsgerichts im Einzelfall ein Anspruch auf Unterrichtsbefreiung bestehen, wenn ein koedukativ erteilter Sportunterricht für Schülerinnen muslimi-

22 Vgl. Beschluss der Kultusministerkonferenz vom 16. September 2004, S. 9; vgl. URL: http://www.kmk.org → Dokumentation → Beschlüsse der KMK.

schen Glaubens im Hinblick auf die von ihnen als verbindlich angesehenen religiösen Bekleidungsvorschriften zu einem Gewissenskonflikt führt.[23]

Weiterführende Schulen der Sekundarstufe I

Beim Schwimmen, aber auch bei anderen Formen des koedukativen Sports, sind die weiterführenden Schulen bei ausdrücklichen Einwänden von Eltern und Schülerinnen zunächst gehalten, den Sportunterricht durch geschickte Organisation (zeitweise) anstelle im Klassenverband in geschlechtshomogenen Übungsgruppen einer Jahrgangsstufe oder auch jahrgangsstufenübergreifend durchzuführen. Ebenso kann eine Sport- oder Schwimmkleidung gestattet werden, die den Körper weitgehend verdeckt und die Leistungsfähigkeit der Trägerin nicht beeinträchtigt. So können etwa die Haare durch das Tragen einer Badekappe verdeckt werden. Auch kann der Schülerin ermöglicht werden, sich ihren Glaubensüberzeugungen entsprechend um- bzw. wieder ankleiden zu können.

Nur dann, wenn einer Schule eine solche Lösung aus organisatorischen Gründen wie erforderlichen Hallenzeiten, Anzahl von Sportlehrerinnen, eine zumutbare Lerngruppengröße u.Ä. nicht möglich ist, können muslimische Schülerinnen einen Anspruch auf Befreiung von der Teilnahme am koedukativen Sport-/Schwimmunterricht geltend machen. Dazu müssen sie einen objektiv nachvollziehbaren Gewissenskonflikt glaubhaft darlegen können. Bei Schülerinnen (etwa ab der Jahrgangsstufe 5) überwiegt dann in der Abwägung ihre Religionsfreiheit gegenüber dem staatlichen Bildungs-/Erziehungsauftrag durch Sport- einschließlich Schwimmunterricht.

Dem staatlichen Bildungs- und Erziehungsauftrag kommt hier deshalb eine geringere Bedeutung zu, weil sich aus der unterschiedlichen Entwicklung von Jungen und Mädchen, etwa ab Klasse 5, eine besondere Schutzwürdigkeit von Glaubensgrundsätzen sowie sich hieraus etwa ergebenden Bekleidungsvorschriften ergibt, die gegenüber der Teilnahmepflicht Vorrang haben.

Eine Befreiung vom koedukativen Sport-/Schwimmunterricht kann nur auf Antrag erteilt werden und stellt nicht zugleich eine Befreiung von allen Unterrichtsinhalten dieses Faches dar.

Schließlich ist in diesem Zusammenhang auch zu beachten, dass Schulunterricht eingebunden ist in die Vielschichtigkeit und das soziale Gefüge der in Deutschland gelebten Gesellschaftsform. Diese zeichnet sich durch Verhaltensweisen aus, die weitgehend von Konventionen und Normen losgelöst sind und auch ausgelebt werden. Das bedeutet, dass im alltäglichen Zusammenleben überall und jederzeit Situationen anzutreffen sind, in denen muslimische Gläubige mit freieren Wertvorstellungen konfrontiert werden, mit denen sie umgehen müssen. Nichts anderes gilt für staatlichen Sportunterricht.

23 Vgl. Urteil des Bundesverwaltungsgerichts vom 25.08.1993, 6 C 8.91.

b) Empfehlungen zum Umgang in der Praxis

Grundsätzlich ist eine Befreiung vom Sport-/Schwimmunterricht – egal aus welchen Gründen – im Sinne der Bildungs- und Erziehungsziele der Schule sowie Erfolgen in der individuellen Schullaufbahn der Schülerinnen und Schüler nicht wünschenswert. Daher sollte die Schule, damit möglichst alle Schülerinnen und Schüler einer Lerngruppe am Sport-/Schwimmunterricht teilnehmen können, nach Genehmigung durch die Aufsichtsbehörde ab dem 5. Schuljahr einen nach Geschlechtern getrennten Sport-/Schwimmunterricht einrichten. Um Bedenken und Befürchtungen der Eltern muslimischer Schülerinnen und Schüler auszuräumen, ist es zudem oftmals sinnvoll, eine Vertrauensperson der Eltern hinzuzuziehen. Dies gilt insbesondere für die Fälle, in denen die Einrichtung eines nach Geschlechtern getrennten Unterrichts aus schulorganisatorischen Gründen nicht möglich ist. Besondere Kleidung im Sport- bzw. Schwimmunterricht, u.U. auch ein Kopftuch beim Sport, kann gestattet werden, solange die Sicherheit und Leistungsfähigkeit für niemanden der Teilnehmer/innen beeinträchtigt wird.

4.2.3 Teilnahme am Sexualkundeunterricht

a) Rechtslage

Beim Sexualkundeunterricht, der i.d.R. als verpflichtende Aufgabe von Schulen die AIDS-Aufklärung beinhaltet, besteht regelmäßig kein Eingriff in die Glaubensfreiheit der Schülerinnen und Schüler, da es in diesem Unterricht im Kern um eine auf Einstellung und Verhalten gerichtete Vermittlung von Wissen und Tatsachen (z.B. Fortpflanzung, Verhütung, Krankheiten etc.) geht und nicht um eine religiöse oder weltanschauliche Bewertung dieser Fakten.

Auch ein Eingriff in das elterliche Erziehungsrecht liegt nicht vor, denn auch wenn die Eltern den Unterrichtsinhalten bzw. der Vermittlung von bestimmten biologischen Fakten aus religiösen Gründen ablehnend gegenüberstehen, werden durch die bloße Wissensvermittlung die elterliche Erziehungsmöglichkeiten im Hinblick auf bestimmte sexuelle Verhaltensweisen nicht beeinträchtigt. Selbst wenn ein Eingriffscharakter des Unterrichts unterstellt würde, wäre der Eingriff gerechtfertigt, da der staatliche Bildungsauftrag gegenüber dem elterlichen Erziehungsrecht insofern überwiegt, als jungen Menschen „ein Grundwissen über biologische Vorgänge bis hin zu den Möglichkeiten der Krankheits- und Empfängnisverhütung vorzuenthalten […] mit der Werteordnung des Grundgesetzes und seinem Idealbild des frei und eigenverantwortlich handelnden Menschen unvereinbar [ist].“[24] Ein Anspruch auf Befreiung vom Sexualkundeunterricht besteht daher nicht.

---

24 Vgl. Entscheidungen des Oberverwaltungsgerichts Münster 19 A 2705 vom 29.03.2006 sowie des Verwaltungsgerichts Hamburg, NordÖR, 2004, 412, 414; vgl. auch Bundesverwaltungsgericht vom 08.05.2008, 6 B 64/07.

Vielmehr stellen nach der Rechtsprechung des Bundesverwaltungsgerichts die den Schulen auf dem Gebiet der Sexualerziehung auferlegten Gebote der Zurückhaltung und Toleranz regelmäßig sicher, dass unzumutbare Glaubens- und Gewissenskonflikte bei Eltern und Schülern nicht entstehen.

b) Empfehlungen zum Umgang in der Praxis

Um Konflikte hinsichtlich der schulischen Sexualerziehung im Vorfeld zu vermeiden, sollte eine rechtzeitige Einbeziehung und Information der Eltern erfolgen. So sollten die Eltern vorab über die Inhalte und Methoden des Sexualkundeunterrichts informiert werden. Dies kann im Rahmen von Elternabenden oder Elterngesprächen stattfinden sowie durch entsprechende Elternmitteilungen. Ein mit allen Eltern abgestimmtes Zusammenwirken der Schule in Fragen der Sexualerziehung ist jedoch nicht geboten. Im Unterricht selbst sollte Wert auf einen sensiblen Umgang mit der angewandten Sprache sowie den herangezogenen Medien gelegt werden.

4.2.4 Teilnahme an Klassenfahrten

a) Rechtslage

Klassenfahrten, Schulfahrten, Exkursionen, Schulwanderungen etc. sind Schulveranstaltungen und damit Bestandteile der schulischen Bildungs- und Erziehungsarbeit. Auch hinsichtlich der Teilnahme an diesen Veranstaltungen können die Religionsausübungs- und Gewissensfreiheit der Schülerinnen und Schüler sowie das elterliche Erziehungsrecht mit dem staatlichen Bildungs- und Erziehungsauftrag kollidieren. Das ist etwa dann der Fall, wenn Glaubensvorschriften, z.B. hinsichtlich der unbegleiteten Reise von Mädchen und Erziehungsvorstellungen der Eltern, zu Dispenswünschen für die Klassenfahrt führen.

Ein etwaiger Eingriff in die Grundrechte von Schülerinnen und Schülern bzw. ihrer Eltern ist jedoch durch verfassungsimmanente Schranken gerechtfertigt, da das Interesse des Staates, auf Klassenfahrten die freie Entfaltung der Persönlichkeit aller Schülerinnen und Schüler zu gewährleisten und ihr Sozialverhalten positiv zu beeinflussen, überwiegt. Dies gilt insbesondere, weil Klassenfahrten in besonderem Maße gemeinschaftsbildend sind und in der sozialen Gesamterziehung von jungen Menschen ein besonders geeignetes Mittel darstellen. Zudem gewinnen die Lehrkräfte einen anderen Zugang zu ihren Schülerinnen und Schülern und können besser auf deren Bedürfnisse eingehen. Dabei hat die Schule religiöse Vorschriften zu beachten (Vermeiden sexueller Kontakte zwischen Schülerinnen und Schülern, kein Genuss von Schweinefleisch etc.). Für mehrtägige Veranstaltungen schreiben die Schulgesetze der Länder zudem bei der Teilnahme von Schülerinnen eine weibliche Begleitperson vor.

Ein Anspruch auf Befreiung von Klassenfahrten unter Berufung auf Art. 4 und Art. 6 GG besteht daher regelmäßig nicht.

b) Empfehlungen zum Umgang in der Praxis

Da insbesondere mehrtägige Klassenfahrten, Exkursionen, Schullandheimaufenthalte u.Ä. den Unterricht ergänzen, die Erziehungsarbeit bereichern sowie die Integration fördern und den Gemeinschaftssinn der Kinder stärken, sollten Klassenfahrten so durchgeführt werden, dass grundsätzlich alle Schülerinnen und Schüler an derartigen Schulveranstaltungen teilnehmen können. Eintägige außerunterrichtliche Veranstaltungen werden sich im Allgemeinen vom Rahmen des üblichen Unterrichts nicht wesentlich unterscheiden.

Bei mehrtägigen Klassenfahrten sollten von Beginn an alle Eltern an der Planung der Fahrten beteiligt werden. Hilfreich kann z.B. ein Merkblatt sein mit Angaben zu konkreten Zielsetzungen, Orts- und Terminvorstellungen und allgemeinen Hinweisen wie beispielsweise, dass religiöse Speisevorschriften eingehalten werden, dass die Unterbringung in beaufsichtigten Räumen für Jungen und Mädchen getrennt erfolgt, dass für die Einhaltung des Alkoholverbots Sorge getragen wird u.Ä. Wenn muslimische Eltern dennoch Bedenken gegenüber der Teilnahme ihrer Kinder haben, hat es sich an vielen Schulen bewährt, die Sorgen der Eltern ernst zu nehmen und rechtzeitig mit ihnen über die Gründe für ihre Bedenken zu sprechen, ggf. unter Beteiligung einer Vertrauensperson.

Bei der Suche nach einem schonenden Interessenausgleich sollten möglichst auch Lösungsvorschläge der Eltern einbezogen werden. Darüber hinaus sollten die Eltern auf die Möglichkeit hingewiesen werden, ggf. als Begleitperson an der Klassenfahrt teilzunehmen.[25] Wenn sich dennoch die Teilnahme für eine einzelne Schülerin oder einen einzelnen Schüler oder deren Eltern als unzumutbar darstellt, so müssen diese rechtzeitig einen begründeten Antrag für den Einzelfall stellen. Gegebenenfalls können sie dann von der Teilnahme durch die Schulleitung befreit werden. In der Regel nehmen sie dann jedoch am Unterricht anderer Klassen teil, um ihre Schulpflicht zu erfüllen.

Nach gelungenen Fahrten können Zusammenkünfte von Lehrern, Eltern und Schülerinnen und Schülern, bei denen Erfahrungsberichte gegeben und z.B. Bilder, Filme oder andere Produkte der Fahrt gezeigt werden, helfen, das Verständnis für die Bedeutung von Klassenfahrten weiter zu fördern und Vorbehalte abzubauen.

4.2.5 Beurlaubung aufgrund religiöser Feiertage

a) Rechtslage

Da islamische Feiertage in Deutschland nicht als gesetzliche Feiertage anerkannt sind, kommt für einen von muslimischen Schülerinnen und Schülern bzw. deren

25 Dieses darf natürlich nicht zu Widersprüchen mit den Interessen nichtmuslimischer Eltern und Kinder führen. Zudem sind vorher Fragen zu klären, die sich für alle Begleitpersonen aus Bestimmungen des Bundesseuchengesetzes ergeben.

Eltern ggf. geltend gemachten Dispenswunsch nur eine Beurlaubung aus wichtigem Grund in Betracht. Die Unterrichtsverpflichtung kann an hohen religiösen Feiertagen wie dem Opferfest oder dem Fest des Fastenbrechens einen Eingriff in die Glaubensfreiheit der Schülerinnen und Schüler und das Erziehungsrecht der Eltern darstellen.

Die Teilnahmeverpflichtung am Unterricht dient der Erfüllung des staatlichen Bildungs- und Erziehungsauftrags. Auf der anderen Seite ist die Teilnahme an religiösen Feiertagen regelmäßig mit religiösen Verpflichtungen verbunden, die mit der Unterrichtsverpflichtung an diesen Tagen nicht vereinbar sein können. Bei jährlich wiederkehrenden einzelnen Feiertagen ist davon auszugehen, dass dem Interesse an der Teilnahme an den religiösen Feierlichkeiten gegenüber der Unterrichtsverpflichtung größeres Gewicht zukommt, da ein vereinzeltes Fernbleiben den staatlichen Bildungs- und Erziehungsauftrag nur unwesentlich beeinträchtigt. Bei im Einzelfall und auf Antrag erteilter Unterrichtsbefreiung handelt es sich lediglich um eine Befreiung von der Anwesenheitspflicht. Der Schulpflicht wird in diesem Fall dann Genüge getan, wenn für den Tag der Beurlaubung der versäumte Unterricht von der Schülerin/dem Schüler vor- oder nachgearbeitet wird. Dies ist bei einzelnen versäumten Tagen in der Regel möglich. Insoweit kann von einem Anspruch auf Unterrichtsbefreiung anlässlich des Opferfestes und des Festes des Fastenbrechens wegen Überwiegens der Rechte aus Art. 4 GG zumindest für einen Tag des jeweiligen religiösen Festes in Grundschulen und Schulen der Sekundarstufe I ausgegangen werden. Gleichwohl können dem Anspruch auf Unterrichtsbefreiung Grenzen gesetzt sein, wenn die Schule organisatorische Fragen (etwa Aufrechterhaltung des Unterrichts, Klassenarbeitstermine, Prüfungen, Klassenfahrten etc.) nicht in zumutbarer Weise lösen kann.

b) Empfehlungen zum Umgang in der Praxis

Die islamischen Feiertage werden in der Regel von den Ländern in Abstimmung mit den muslimischen Verbänden veröffentlicht. In der Praxis hat es sich als hilfreich erwiesen, dass die Schule mit muslimischen Schülerinnen und Schülern diese Feiertage bei ihrer Terminplanung für das Schuljahr berücksichtigt. Auch für die Beurlaubung von Schülerinnen und Schülern an Feiertagen sollte die Schulkonferenz Beurlaubungstage für Feiertage, die nicht gesetzliche Feiertage sind, festlegen, dabei einheitliche Maßstäbe entwickeln und die beweglichen Ferientage berücksichtigen. An diesem Entscheidungsprozess sollten betroffene Eltern und Schüler/innen nichtchristlicher Religionen beteiligt sein, damit eine tragfähige und kommunizierbare Lösung für die ganze Schule erreicht werden kann. Unbeschadet dessen kann die Schule wie bei jeder individuellen Beurlaubung verlangen, dass versäumte Unterrichtsinhalte ggf. nachgearbeitet werden.

4.2.6 Ramadan

a) Rechtslage

Im Ramadan, als Fastenmonat der Muslime, ist es den Gläubigen untersagt, zwischen Sonnenaufgang und Sonnenuntergang Nahrung oder Getränke zu sich zu nehmen. Jedoch ist nur derjenige, der das Fasten ohne gesundheitlichen Schaden durchführen kann, zur Einhaltung dieses religiösen Gebots verpflichtet. Deshalb sind u.a. Kranke, Altersschwache, Schwangere, stillende Mütter, Frauen in der Menstruationszeit sowie Kinder vor Erreichen der Pubertät von dieser Pflicht ausgenommen. Rechtlich ist es den Schülerinnen und Schülern als Ausdruck ihrer Religionsausübungsfreiheit aus Art. 4 GG unbenommen, auch in der Schule zu fasten und auf Nahrung und Getränke zu verzichten. Gleichwohl haben Schülerinnen und Schüler auch im Ramadan die Pflicht daran mitzuarbeiten, dass die Aufgaben der Schule erfüllt und ihr Bildungsziel erreicht werden kann.

b) Empfehlungen zum Umgang in der Praxis

Das Fasten während des ganzen Tages kann, insbesondere in Kombination mit einem durch die abendlichen längeren Feiern des Fastenbrechens verursachten Schlafmangel, zu einer erheblichen Einschränkung der Leistungs- und Konzentrationsfähigkeit der Schülerinnen und Schüler führen. Dieses schafft insbesondere dann Probleme, wenn der Ramadan in eine Phase fällt, in der zahlreiche Klassenarbeiten geschrieben werden müssen. Eltern sollten deshalb zum einen darauf hinwirken, dass ausreichender Schlaf ihrer Kinder auch im Ramadan sichergestellt wird. Zum anderen sollten Kinder vor der Pubertät von den Eltern, im Sinne voller Leistungsfähigkeit in der Schule, dazu angehalten werden, nicht zu fasten, zumal vor der Pubertät ein religiöses Gebot zum Fasten nicht besteht. Während der Pubertät sollten flexible Lösungen gefunden werden, die die Leistungsfähigkeit der Schülerinnen und Schüler insbesondere bei Klassenarbeiten u.Ä. sicherstellen, zumal aus religiöser Sicht auch ein Nachholen des Fastens aus wichtigen Gründen möglich ist. Unabhängig davon sollten die Schulen bei der Planung und Festlegung von Praktika, Klassenfahrten, Schulfesten u.Ä. auch die Zeiten des Ramadan berücksichtigen.

5. Fazit

Anstelle eines Resümees möchte ich mit zwei Bemerkungen in Form eines Zitats enden:

> „Erstens: Es ist mir bewusst, dass die Vorschläge, die ich hier gemacht habe, nicht einfach zu handhaben sind. Auch ich würde eine Regelung bevorzugen, die einfache Lösungen erlaubt. Aber das ist eben nicht immer möglich. Denn das Problem, mit dem wir konfrontiert sind, ist komplex. Einfache Antworten im Sinne eines radika-

len Entweder-Oder gibt es nicht; nötig sind vielmehr Abwägungen, die die verschiedenen betroffenen Rechtspositionen in den Blick nehmen. Das ist nun einmal die verfassungsrechtliche Vorgabe. Man mag sich an dieser Stelle über eine angebliche Hypertrophie der Verfassung erregen; bisher hat diese Hypertrophie aber doch immerhin zu einem Maß an Freiheitlichkeit und Rechtsstaatlichkeit geführt, um die uns viele Staaten beneiden. Wir sollten diese Grundsätze nicht [...] über Bord werfen. Abgesehen davon geht [...] [von] einer Privilegierung christlicher und jüdischer Symbole kein gutes Signal für die Integration der hier lebenden Muslime aus. Zumindest bei Teilen der muslimischen Bevölkerung, und zwar auch bei solchen, die nicht religiös leben, provoziert sie die Gefahr einer Rückbesinnung auf eine islamische Identität, die sich von derjenigen als Mitglied des deutschen Gemeinwesens abgrenzt. Die [...] Debatte ist insofern geeignet, gerade diejenigen Geister auf den Plan zu rufen, die sie eigentlich verbannen möchte. Vor allem aber birgt sie die Gefahr einer falschen Gewichtung der Probleme, die sich im Zusammenhang mit der Integration der hier lebenden Zuwanderer, namentlich der türkischstämmigen Bevölkerung, die in ihrer großen Mehrheit keineswegs islamistischen Strömungen anhängt, stellen. Sie konzentriert die Integrationsproblematik auf die religiöse Frage. Einer der wesentlichen Gründe für die mangelnde Integration zugewanderter Minderheiten liegt aber doch darin, dass es großen Teilen der Zuwanderer auch in der dritten Generation immer noch nicht gelingt, in gleicher Weise wie die Mehrheitsbevölkerung an der Verteilung der sozialen und ökonomischen Chancen innerhalb des Gemeinwesens teilzuhaben. Hierauf sollte sich insbesondere die politische Debatte konzentrieren. [...] Andererseits verlieren Unterschiede, die in Herkunft oder auch in der Religion wurzeln, beim Vorliegen von Chancen auf individueller Ebene immer mehr an Bedeutung. Mangelnde Chancen schaffen den Nährboden für Kriminalität [...]. Die Integration von Zuwanderern wird damit zum Prüfstein für die Zukunft des Verfassungsstaates, der in der Lage sein muss, Freiheit und Sicherheit seiner Bürger zu garantieren. Hierzu bedarf es noch erheblicher Anstrengungen sowohl seitens der deutschen Gesellschaft, aber auch seitens der Zuwanderer, die nicht selten jede Integrationsbemühung konterkarieren. Das darf nicht hingenommen werden. Vielmehr muss den Zuwanderern deutlich gemacht werden, dass Integration keine Einbahnstraße ist, dass auch sie verpflichtet sind, sich um Integration in unsere Gesellschaft zu bemühen, indem sie etwa ihren Kindern unabhängig vom Geschlecht Bildungschancen eröffnen und sie auf ihrem Weg durch die deutschen Schulen in positiver Weise begleiten."[26]

---

26 Christine Langenfeld, *Stellungnahme zum Gesetzentwurf der CDU-Fraktion im rheinland-pfälzischen Landtag zum Kopftuchverbot für Lehrkräfte an staatlichen Schulen*, Öffentliche Anhörung vom 21. April 2004.

Literatur

Baumert, Jürgen u.a. (Hg.), *PISA 2000. Ein differenzierter Blick auf die Länder der Bundesrepublik Deutschland*, Opladen 2003.

Baur, Ruprecht, *„Sprachenerhebung Essener Grundschulen"* (SPREEG), Essen 2003.

Böckenförde, Ernst-Wolfgang, zit. in: *„Allah im Abendland. Der Islam und die Deutschen"*, in: *Spiegel Special*, Nr. 2/2008, S. 84.

Bundesamt für Migration und Flüchtlinge, *Das bundesweite Integrationsprogramm*, Nürnberg 2006.

Dass., *Bestandsaufnahme der Integrationsaktivitäten des Bundes 2006*, Nürnberg 2007.

Czermak, Gerhard, *Das System der Religionsverfassung des Grundgesetzes*, 2002.

Entscheidung des BVerfG vom 06.12.1972, BVerfGE 34, 165, 183.

Entscheidung des BVerfG, 2 BvR 1693/04 in FamRZ 2006, 1094ff.

Entscheidung des BVerwG vom 08.05.2008, 6 B 64/07.

Entscheidung des OVerwG Münster 19 A 2705 vom 29.03.2006.

Entscheidung des VerwG Hamburg, NordÖR, 2004, 412, 414.

Heimlich, Ulrich, *„Integration/Inklusion als gesellschaftliches Problem"*, Vortrag auf der Tagung „Integration in Kindertageseinrichtungen und Schulen" am 23.01.2007 in der Hanns-Seidel-Stifung, München.

Langenfeld, Christine, *Integration und kulturelle Identität zugewanderter Minderheiten*, Tübingen 2005.

Dies., *Stellungnahme zum Gesetzentwurf der CDU-Fraktion im rheinland-pfälzischen Landtag zum Kopftuchverbot für Lehrkräfte an staatlichen Schulen*, Öffentliche Anhörung vom 21. April 2004.

Spenlen, Klaus, *„Kinder und Jugendliche mit Migrationshintergrund fördern"*, in: *SchulVerwaltung NRW*, Nr. 10/2004, S. 270ff.

Urteil des BVerwG vom 25.08.1993, 6 C 8.91.

Empfohlene Literatur

Auernheimer, Georg (Hg.), *Migration als Herausforderung für pädagogische Institutionen*, Opladen 2001.

Ders. (Hg.), *Schieflagen im Bildungssystem. Die Benachteiligung der Migrantenkinder*, Opladen 2003.

Badawia, Tarek/Hamburger, Franz/Hummrich, Merle (Hg.), *Migration und Bildung. Über das Verhältnis von Anerkennung und Zumutung in der Einwanderungsgesellschaft*, Wiesbaden 2005.

Bade, Klaus J., *Einwanderungskontinent Europa. Migration und Integration am Beginn des 21. Jahrhunderts*, Frankfurt a. M. 2001.

Bade, Klaus J./Münz, Rainer (Hg.), *Migrationsreport 2002. Fakten – Analysen – Perspektiven*, Heidelberg 2002.

Baumert, Jürgen/Stanat, Petra/Watermann, Rainer, *Herkunftsbedingte Disparitäten im Bildungswesen: Differenzielle Bildungsprozesse und Probleme der Verteilungsgerechtigkeit. Vertiefende Analysen im Rahmen von PISA 2000*, Wiesbaden 2006.

Beauftragte der Bundesregierung für Migration, Flüchtlinge und Integration (Hg.), *Integrationspolitik als Gesellschaftspolitik in der Einwanderungsgesellschaft.*

Memorandum der Beauftragten der Bundesregierung für Migration, Flüchtlinge und Integration Marieluise Beck, Bonn 2005.

VI. Islam in Europa

Al-Andalus: Wurzeln einer europäisch-islamischen Kultur

Von Bacem Dziri

Geschichtsschreibung ist wohl eher eine literarische Gattung als bloß eine Aneinanderreihung, Auswertung und Sinngebung empirischer Befunde. Dies mag umso mehr auf die Rezeption von neun Jahrhunderten muslimischen Lebens auf der Iberischen Halbinsel zutreffen.

Insofern sieht sich der spanische Schriftsteller, Antonio Muñoz Molina, bezogen auf die andalusische Geschichte berechtigt zu fragen:

> Ist die Geschichte nicht auch eine Untergattung des Romans, eine aus Ruinen und Büchern hervorgegangene Erfindung von Schattengebilden, ein Wirrwarr von Schriftstücken und Stimmen aus der Vergangenheit, von zweifelhaften Anzeichen, von Lügen, die nach Jahrhunderten zur Wahrheit wurden, und von Wahrheiten, die so unzugänglich sind wie Statuen, die viele Meter unter der Erde versteckt sind? (...) Auch der Historiker erfindet, ohne daß er sich dessen bewußt ist, wobei er wie der Romanautor Materialien und verstreute Bruchstücke der Wirklichkeit benutzt und aus ihnen ein Buch zusammenstellt, so wie die muslimischen Architekten die Mezquita erbauten und dabei ohne Hemmungen die Säulen römischer Paläste und Tempel nutzten oder wie kurze Zeit später die Plünderer von Madinat al-Zahra Säulen mitnahmen, die dann andere Bögen in den Innenhöfen der Stadt trugen.[1]

Erschwerend kommt hinzu, dass die frühesten uns bekannten Quellen zur Geschichte des Islams in Andalusien rund zweihundert Jahre nach dem ersten Übertritt auf die Iberische Halbinsel verzeichnet wurden. Zu den frühesten Quellen gehört ein Werk des seinerzeit in Ägypten lebenden Gelehrten Ibn ʿAbd al-Ḥakam, ein Schüler des Mālik ibn Anas[2], mit dem Titel „Die Eroberungen Ägyptens, des Maghrebs und Andalusiens“ (*Futūḥ Miṣr wa l-Maġrib wa-l-Andalus*)[3]. Der Großteil dieser Schrift ist jedoch Ägypten gewidmet.[4] Reinhard Dozy (gest. 1883) und Lévi-Provençal (gest. 1956) gehören zu den ersten modernen europäischen Historikern, die sich solcher frühen Quellen bedient haben[5]. Die Erzählungen unserer Tage weichen kaum von ihren Darstellungen ab.

---

1 Siehe Antonio Muñoz Molina, *Stadt der Kalifen. Historische Streifzüge durch Córdoba*, S. 41/42.

2 Vgl. Jonathan E. Brockopp, *Early Mālikī Law: Ibn 'Abd Al-Ḥakam and His Major Compendium of Jurisprudence*, S. XV.

3 Vgl. Charles Cutler Torrey, *The History of the Conquest of Egypt, North Africa and Spain: Known as the Futuh Misr of Ibn 'Abd Al-Hakam.*

4 Christopher James Wright, *Ibn 'Abd Al-Hakam's Futuh Misr: An Analysis of the Text and New Insights into the Islamic Conquest of Egypt*, S.1.

5 Siehe zu diesen und anderen modernen Forschern der islamisch-andalusischen Historiographie: Singh/Samiuddin: *Encyclopaedic Historiography of the Muslim World*, Delhi 2003, S. 484-88.

Die Wahrnehmung jenes historischen und geografischen Raums, der unter dem Namen al-Andalus bekannt wurde, schwankt über Jahrhunderte hinweg zwischen Euphorie und Nostalgie, Romantisierung und Dämonisierung.[6] Ja, selbst die Ansichten der Historiker scheiden sich.[7] Dabei dürfte das Pendel seinen Ruhepunkt finden, wenn es auf die welthistorische Bedeutung andalusischer Errungenschaften für die gesamte menschliche Zivilisation deutet. Sowohl in der islamischen als auch in der europäischen Kulturgeschichte (man achte auf die Vergleichsgrößen „islamisch" und „europäisch") hat Andalusien sowohl als Schnittstelle als auch als Grenzregion beider Welten ein einmaliges Gebilde angenommen. An dieser Blüte waren gleichwohl nicht allein Muslime beteiligt. Vielmehr war es nicht selten die Frucht einer gewachsenen Zusammenarbeit von Juden, Christen und Muslimen.

Für diese viel gerühmten Ideale des maurischen Spaniens gibt es nun beides: den Traum und die faktischen, historischen Zeugnisse. Freilich gab es auch Zeiten der unheilvollen Konfrontation. Gemessen am damaligen Standard allerdings war al-Andalus bei Zeiten der toleranteste und zugleich fortschrittlichste Teil Europas.[8] Ungeachtet der Frage, ob Mythos oder historische Realität: An die Toleranz Andalusiens, seiner Errungenschaften und Ideale erinnern auch immer wieder nichtmuslimische Künstler wie Staatsmänner gern. So etwa der Dirigent Daniel Barenboim, einst der Schriftsteller Heinrich Heine und heute Hans Magnus Enzensberger sowie der derzeitige US-Präsident Obama.[9]

---

6 Eine Dämonisierung erfährt das maurische Spanien in Hans-Peter Raddatz' *„Allah und die Juden. Die islamische Renaissance des Antisemitismus."* Ein ebenso neueres Beispiel für eine idealisierende Schrift stellt *"God's Crucible. Islam and the Making of Europe"* von David Levering Lewis dar. Melancholische Verarbeitungen entstammen oft muslimischer Feder, so z.B. die Gedichte Muhammad Iqbals oder Nizar Qabbanis zu al-Andalus.

7 Zum modernen spanischen Historikerstreit siehe Bossong, *Das maurische Spanien. Geschichte und Kultur*, München 2007, S. 9-13.

8 Vgl. Muschg, *Was ist europäisch? Reden für einen gastlichen Erdteil*, München 2005, S. 75. Muschg bekennt hier: „Wenn es im Mittelalter [...] *eine* Gegend gab, wo Kultur, Toleranz und Wissenschaft blühten, so war es Spanien unter der Herrschaft der islamischen Omaijaden" [Hervorhebung: der Autor].

9 Barenboim setzt sich für die jüdisch-arabische Annäherung ein und erinnert in diesem Zusammenhang an das Zusammenleben in Andalusien. Heine pries die andalusisch-islamische Kultur in seiner Tragödie *Almanzor*. Anlässlich eines arabisch-deutschen Kulturdialogs in Dubai erwähnte Enzensberger das Vorbild Andalusiens (siehe: *„Aufklärung am Golf"*, URL: http://www.welt.de/welt_print/article2818994/Aufklaerung-am-Golf.html (letzter Zugriff: 04.12.2008). Obama verzichtet während seiner Rede an die islamische Welt in Kairo auch nicht darauf, die glorreiche Zeit Córdobas und Andalusiens zu erwähnen (vgl. *Full text: Barack Obama's Cairo speech*, URL: http://www.guardian.co.uk/world/2009/jun/04/barack-obama-keynote-speech-egypt (letzter Zugriff: 18.09.2010).

Es kann hier nicht gelingen, den gesamten Reichtum des al-Andalus in all seiner Fülle darzustellen. Ebenso wenig ist es möglich den gesamten Einfluss dieser Epoche auf das heutige Europa nachzuzeichnen.[10] Die im Folgenden nach einer Einführung in die Geschichte dargelegten exemplarischen Beispiele bezüglich ausgewählter Facetten des muslimischen Lebens und Wirkens in Andalusien reichen jedoch aus, um die in dieser Weise einzigartige islamische Hochkultur im Westen herauszustellen.

Historischer Grundriss

Das spätantike Spanien machte unter den Westgoten schwerwiegende innere Krisen durch, als der erste muslimische Spähtrupp 710 unter dem Kommando des Ṭarīf ibn Mālik auf der Iberischen Halbinsel an einer Stelle landete, die heute noch nach ihm benannt ist: Tarifa. Ähnliches vollzog sich anlässlich des ein Jahr später angetretenen Marsches von mehreren tausend Berbern unter der Führung des Ṭāriq ibn Ziyād (gest. 720). Der Ort seiner Ankunft, gelegen an einem Berg, der nach ihm benannt wurde (Ǧabal Ṭāriq), ist heute gemeinhin als Gibraltar bekannt. So dauerte es nicht lange, bis die Muslime weitere Gebiete sowie die Hauptstadt Toledo eroberten. Die hispano-romanische Urbevölkerung sowie die sephardischen Juden unterstützten gar die Eroberung durch die Muslime, da sie darin eine Befreiung aus dem Joch der Westgoten erblickten. Die arabischen Statthalter eroberten stetig weitere Gebiete gen Norden und verlegten die Hauptstadt von Toledo nach Sevilla.

Zu einer politischen Konsolidierung und Zähmung rivalisierender muslimischer Gruppen kam es durch die Einwanderung eines Abkömmlings der kurz davor im Osten der islamischen Welt untergegangen Herrscherdynastie der Umayyaden. ʿAbd ar-Raḥmān ad-Dāḫil (Der Einwanderer, gest. 788) wurde in Córdoba im Jahre 751 zum Emir ausgerufen und damit zum Begründer der ersten und eindrucksvollsten muslimischen Dynastie des al-Andalus. ʿAbd ar-Raḥmān ad-Dāḫil setzte den Grundstein für die Moschee in Córdoba, die unter seinen Nachfolgern nach und nach vergrößert und verschönert wurde. Künstler, wie der persische Musiker und Erfinder der Laute mit fünf Saiten, Ibn Ziryāb (gest. 875), Dichter, wie der arabische Entdecker der Herstellung von Kristall, Ibn Firnās (gest. 888), Gelehrte, Erfinder und ihre Ideen zog es in das Emirat

10 Ein Indiz für die Fülle der wissenschaftlichen und kulturellen Einflüsse Andalusiens auf Europa bietet die Sprache selbst. Aus dem im muslimischen Andalusien gepflegtem Arabisch entstammen die meisten außereuropäischen Lehnwörter Westeuropas. Für die deutsche Sprache siehe: Unger, *Von Algebra bis Zuckerbrot. Arabische Wörter im Deutschen*, Stuttgart 2006. In Spanien selbst sind die Übernahmen aus dem Arabischen deutlich ausgeprägter, siehe dazu Kiegel-Keicher, *Iberoromanische Arabismen im Bereich Urbanismus und Wohnkultur, Sprachliche und kulturhistorische Untersuchungen*, Tübingen 2005.

und damit nach Europa. Auch die Bekehrungen zum Islam stiegen im 9. und 10. Jahrhundert an, sodass sie im 10. Jahrhundert schätzungsweise 80 Prozent der andalusischen Bevölkerung ausmachten.[11] Widerstand innerhalb der Hauptstadt seitens der arabisch-islamisch kulturalisierten, christlichen Mozaraber nahm gegen Ende des 9. Jahrhunderts die Form einer Märtyrerbewegung an. Christliche Bischöfe wurden vom Emir dazu veranlasst, ein Konzil einzuberufen, um diese Unruhen zu verurteilen.[12]

Die innermuslimischen Rivalitäten haben indessen nie nachgelassen und religionsübergreifende Pakte richteten sich gleichermaßen gegen das córdobesische Emirat.[13] Die Gefährdungen von innen intensivierten sich unter der Führung von Ibn Ḥafsūn (gest. 918), der sich mit der in Nordafrika aufstrebenden Dynastie der Fatimiden (909-1171) verbündete, die ihrerseits den Kalifentitel für sich beanspruchten. Aus dieser Notlage heraus sah sich ʿAbd ar-Raḥmān an-Nāṣir (Der Siegende, gest. 961) dazu veranlasst, das andalusische Emirat im Jahre 929 in ein Kalifat umzuwandeln. Unter ihm währte die glanzvollste und längste Herrscherperiode des al-Andalus. Die Angriffe aus den christlichen Königreichen des Nordens sowie den schiitischen aus dem Süden konnte er zurückschlagen. Mit dem Bau der neben Córdoba gelegenen, legendären Palaststadt Madīnat az-Zahrā wurde diesem Höhepunkt der andalusischen Hochkultur Ausdruck verliehen. Botschafter und Könige des deutschen und des byzantinischen Kaiserreichs besuchten die Anlage. Córdoba besaß eine Bibliothek mit 400.000 Bänden aus allen Winkeln der bekannten Welt und insgesamt 20 öffentliche Bibliotheken, 200.000 Gebäude, 1.500 Moscheen und beinahe 1.000 öffentliche Bäder, ein hoch entwickeltes Kanalisations- und Bewässerungssystem, gepflasterte und beleuchtete Straßen und öffentliche Plätze, eine der Unterhaltung und Forschung dienenden Menagerie, etliche Bildungsgebäude, davon 27 für die ärmsten Bevölkerungsschichten sowie Krankenhäuser und Pflegeanstalten für Behinderte. Es wurde zur bedeutendsten Metropole Europas, mit der sich nur noch Konstantinopel messen konnte.[14]

Das Kalifat begann dann aber zu bröckeln: Intrigen machten sich am Hof breit und der kaltblütige Abī ʿĀmir al-Manṣūr (Der Siegreiche, gest. 1002) setzte sich zur Position des Wesirs durch. Zu dieser Zeit hatte der junge, unmündige Kalif nicht mehr als die symbolische Macht inne. Die Macht entzweite sich da-

---

11 Dies entsprach einer Zahl von ca. 3 Millionen Muslimen; vgl. Allebrand (Hg.), *Terror oder Toleranz? Spanien und der Islam*, Bad Honnef 2004, S. 21f.

12 Siehe Clot, *Das maurische Spanien. 800 Jahre islamische Hochkultur in Al Andalus*, Düsseldorf 2004, S. 66.

13 Rebellierende muslimische Gruppen konnten Karl den Großen als mächtigen Verbündeten gewinnen und dem Herrschaftsgebiet Córdoba die nördlich der Pyrenäen grenzenden Regionen abringen, siehe dazu: Cardini, *Europa und der Islam. Geschichte eines Mißverständnisses*, München, S. 24-31.

14 Siehe Bossong, *Das maurische Spanien. Geschichte und Kultur*, München 2007, S. 25f.

mit zwischen dem Kalifen und dem Wesirsamt. Als 1008 der Wezir ʿAbd ar-Raḥmān Sanchuelo (gest. 1009) dann nach dem Kalifat greifen wollte, um die Herrschaft vollends zu erlangen, brach eine Revolte aus, die in einen Bürgerkrieg (*fitna*) mündete und mit der faktischen Auflösung des Kalifats im Jahre 1031 beendet wurde. Einen Faktor bei den Auseinandersetzungen spielte die Rolle der zunehmend eingewanderten Berber mit ihrer die urbane Zivilgesellschaft gefährdende Stammesloyalität. Von den alteingesessenen zum Islam konvertierten Hispano-Romanen, den *muladíes*, und den Arabern der herrschenden Klasse von Arabern wurden diese Berber nicht selten als unzivilisierte Barbaren angesehen, derer sie sich andererseits notwendigerweise bedienen mussten, um ihre kriegerischen Gefechte gegeneinander oder gegen die Christen aus dem Norden auszutragen. Durch ethnisch legitimierte Solidargemeinschaft (*ʿasabiyya*) und ihre Gegner ging die córdobesische Zivilgesellschaft zu Bruch.[15]

Dem Bürgerkrieg folgte von 1031 bis 1086 eine Periode von sich bekämpfenden Kleinkönigreichen, den sogenannten Taifas oder *mulūk aṭ-ṭawāʾif.* Córdoba, Sevilla, Zaragoza, Toledo, Badajoz und Granada gehörten zu den wichtigsten Zentren dieser Kleinkönigreiche. In kultureller Hinsicht führte diese durch die miteinander konkurrierenden Höfe verursachte Streuung der Machtzentren allerdings zu einem Aufschwung. Die lang währenden, religionsübergreifenden Intrigenspiele, Allianzen und Brüche verschoben das Machtgleichgewicht insgesamt zugunsten der Christen, die gegen Ende des 11. Jahrhunderts schon die ersten vereinten Vorstöße der Reconquista-Bewegung starteten. Die Kleinkönigreiche sahen sich genötigt, die 1062 ausgerufene Berberdynastie der al-Murābiṭūn (abgleitet aus dem arabischen *ribāṭ* für Kloster) aus dem benachbarten Maghreb zu Hilfe zu rufen.

15 Das islamische Prinzip von der grundsätzlichen Gleichheit aller Menschen überlässt die Beurteilung von Vorzügen in religiöser Hinsicht allein Gott und bindet diesen Transfer an die Lehre vom Bewusstsein von Ihm: *innā akramakum ʿnda-l-llāhi atqākum* („Wahrlich, die edelsten unter euch sind diejenigen, die Gott am nächsten sind"). Insofern verbietet der Islam seinen Gläubigen einen solchen Tribalismus, der das religiöse Ideal der Gleichheit zugunsten ethnischer oder parteiischer Bindungen auflöst. Der hierfür oft gebrauchte Begriff der *ʿasabiyya* wurde von Ibn Ḫaldūn, der als sivillianischer Abkömmling den Wunsch hatte Ursachen und Bedingungen des Niedergangs von Zivilisationen ausfindig zu machen, soziologisch geprägt. Wie vor ihm schon der Gelehrte Ibn Ḥazm, der den Bürgerkrieg erlebte, erklärte er die *ʿasabiyya* zu einem der Hauptfaktoren für den Verfall des andalusischen Kalifats. Ähnlich begründet auch Bossong, *Das maurische Spanien. Geschichte und Kultur*, München 2007, S. 33. Allerdings kann bei Ibn Ḫaldūn die ʿasabiyya ebenso zum Erstarken einer Zivilisation beitragen. Entscheidend ist bei ihm wie dieses natürliche Phänomen inhaltlich gefüllt wird, siehe dazu: Giese, *Die Muqaddima. Betrachtungen zur Weltgeschichte*, München 2011, S. 53 ff.

Die asketischen Kriegermönche der al-Murābiṭūn willigten ein und lieferten sich mit den Christen Schlachten zu einer Zeit, in welcher Papst Urban II. zum ersten Kreuzzug aufrief. Der Anführer der al-Murābiṭūn, Yūsuf ibn Taš'fīn (gest. 1106), konnte die Christen zunächst von nahezu allen Taifas außer Toledo verdrängen. Die Taifa-Könige erachtete der fromme Kriegerfürst als der Herrschaft unwürdig. Also verleibte er die Königreiche seinem Imperium ein – auch gegen Widerstand. Ihre Herrschaftszeit mit Sitz in Marrakesch war an einer Rückbesinnung auf die Religion in Form der mālikītischen Rechtsschule ausgerichtet. Dabei kamen auch deutlich restriktive Züge zutage: Beispielsweise wurde 1109 das Werk *Iḥyā' 'Ulūm ad-Dīn* des Moraltheologen al-Ġazālī (gest. 1111) auf Geheiß des Herrschers der al-Murābiṭūn öffentlich verbrannt. Die anfängliche Begeisterung für die al-Murābiṭūn seitens der Bevölkerung nahm schnell ab und wandelte sich in Unbehagen. Dies verhalf einer anderen Berberdynastie zum Aufstieg: den al-Muwwaḥḥidūn. 1147 konnten sie den al-Murābiṭūn endgültig die Herrschaft entreißen. Sie waren weniger an al-Andalus interessiert als an einer Konsolidierung ihrer Macht im Maghreb. Al-Andalus zerfiel ein zweites Mal in einer Periode sich bekriegender Kleinstaaten. Die Berberdynastien wurden – wie zuvor das Kalifat von Córdoba – durch den Tribalismus und die innere Zerrissenheit geschwächt. Yūsuf I. (gest. 1354) gelang es, die Angriffe aus dem Norden und die Aufstände noch mal zurückzuschlagen und ein letztes Mal eine Zeit des Friedens und des kulturellen Aufschwungs zu bewirken. Sowohl unter den al-Murābiṭūn als auch unter den al-Muwwaḥḥidūn kam es in al-Andalus zu einer beachtlichen Blüte von Kunst, Architektur, Theologie und Philosophie, obschon Letztere den scholastischen Theologen und Philosophen offener gegenüberstanden. Große Gelehrte etwa wie Ibn Tufayl (gest. 1185) und Ibn Rušd (gest. 1198) wurden von Yūsuf I. persönlich gefördert.

Im Jahre 1212 kam es zur Schicksalsschlacht zwischen Christen und Muslimen bei Las Navas de Tolosa. Jeweils 200.000 Krieger[16] standen sich bei dieser Schlacht gegenüber. Es gab 150.000 Gefallene und die al-Muwwaḥḥidūn wurden ein für alle Mal geschlagen. Eine Zeit der dritten Taifas begann. 1230 vereinten sich die christlichen Königreiche Kastilien und León und mobilisierten die Gran Reconquista. Im Laufe des 13. Jahrhunderts fielen die Städte Mallorca, Ibiza, Valencia, Córdoba, Jaén, Sevilla, Cádiz, Lissabon, Murcia und Silves.

Nur noch eine Taifa des Südens, Granada, konnte sich zweieinhalb Jahrhunderte nach der alten Hauptstadt Córdoba gegen die Reconquista wehren. Granada wurde nun zum Refugium der andalusischen Muslime und wurde beherrscht von der Dynastie der Nasriden, die Ferdinand III. (gest. 1252) zuvor bei der Er-

16 Die Zahlenangaben schwanken in unterschiedlichen Quellen erheblich. Bei einem Besuch eines spanischen Museums (*Museo de la Batalla de las Navas de Tolosa*) in Jaén, welches am Ort des Geschehens von der Schlacht Zeugnis geben will, habe ich mir die Zahl 12.000 zu 20.000 notiert. Möglicherweise sollten die Übertreibungen allein dazu dienen, den Charakter einer Schicksalsschlacht hervorzuheben.

oberung Sevillas geholfen hatten. Unter Muhammad V. (gest. 1391) blühte Granada im 14. Jahrhundert ein letztes Mal auf. Im 15. Jahrhundert kam es mit der Heirat von Ferdinand von Aragon und Isabel von Kastilien zur Einigung Spaniens. Bald darauf wurde die Reconquista mit neuer Wucht und ungekannter Aggressivität fortgeführt. 1492 sah der letzte König Boabdil (gest. 1536) keinen anderen Ausweg als zu kapitulieren und übergab Ferdinand und Isabel die Schlüssel zur Stadt. Damit besaßen die Muslime in al-Andalus keine politische Macht mehr.

1492 wurden dann zunächst die Juden vertrieben.[17] Die Muslime durften zunächst bleiben und ihre Religion ausüben, wie in einem Kapitulationsvertrag vereinbart. Dieser aber wurde bald gebrochen und die Muslime sahen sich zunehmender Repressalien ausgesetzt. Ihre Besitztümer wurden beschlagnahmt und sie wurden vor die Wahl „Tod oder Taufe" gestellt. Doch auch ein Krypto-Islam konnte nicht geduldet werden. In einigen Bergregionen formierte sich im 16. Jahrhundert ein Aufstand, der blutig niedergeschlagen wurde. 1609 folgte ein Edikt zum Exodus aller Moriscos. Dieses dauerte insgesamt 5 Jahre und Spanien wurde hiernach ethnisch gesäubert und ökonomisch ruiniert.

Architektur

Als architektonische Meisterwerke gelten neben der Moschee von Córdoba, die seinerzeit sogar die zweitgrößte Moschee der Welt war, noch die Alhambra in Granada und die Palaststadt Madīnat az-Zahrā bei Córdoba. Letztere wurde um 1010 durch die Bruderkriege zerstört. In Granada, dem letzten Refugium der Mauren, erinnert kein Manifest so eindrücklich an ihre Zeit wie die Rote Burg (arab. [*Qasr*] al-Ḥamra). Obgleich man in der post-andalusischen Epoche bestrebt war, möglichst alle Spuren der arabisch-muslimischen Kultur auszulöschen, ist dieser pompöse Bau trotz seines Symbolcharakters nicht der Zerstörung anheimgefallen. Eine exakte Nachahmung der Gärten des einstigen Generalifen (arab. Garten des Architekten: *Ǧannat al-ʿArīf*) ist allerdings nicht mehr möglich, da die piktoralen Dokumentationen der islamisch-andalusischen Gärten, anders als bei persisch- oder indoislamischen Gärten, nach der Eroberung Granadas bei einer großen Bücherverbrennung 1501 verbrannt wurden.

Als sicher gilt, dass Wasser ein wichtiger Bestandteil der Gärten als auch der inneren Räumlichkeiten war. Überall wurden kleine Anlagen integriert, die das Wasser durch die Gänge und Säle plätschern ließen. Diese Vorstellung von mit Bächen, Wasserläufen und Quellen unterlegten Gärten und Palästen ist koranisch inspiriert. Nach den Beschreibungen des Korans sind Paradiesgärten

17 Siehe hierzu: Julius H. Schoeps/Hiltrud Wallenborn (Hg.), *Ferdinand und Isabella, Ausweisung der Juden aus Kastilien*, in: *Juden in Europa. Ihre Geschichte in Quellen*, Bd. 1: *Von den Anfängen bis zum späten Mittelalter*, Darmstadt 2001, S. 218-222.

nicht nur Orte ewiger Glückseligkeit und Wonne, sondern auch solche des Rückzugs, des Schutzes, fernab von den Unruhen des irdischen Treibens. Wenn die ständigen Ränke und Anfeindungen überhaupt vergessen werden konnten, dann hier. Das Wasser diente der geistigen Besänftigung, der rituellen Reinigung und der Kontemplation. Aufgrund der ästhetischen Schönheit, der Pracht der Blüten und Pflanzenvielfalt, welche durch die Komposition mit den aufwendig verzierten Kacheln, Mauerwerken und im Besonderen den Palastanlagen ein himmlisches Bild mit einer wahrhaft paradiesischen Note darstellte, erzielten die Künstler nicht nur eine visuelle Stimulation, welche den Betrachter in einen Zustand tiefer körperlicher Entspannung und geistiger Klarheit versetzte, sondern sie vervollkommneten die visuelle Schönheit mit der sinnlichen, olfaktorischen Wahrnehmung von Blütendüften und Früchten sowie auditiven Eindrücken durch rauschende Wasserkanäle und Springbrunnen.

Zu den prunkvollsten und beeindruckendsten Orten der damaligen Zeit dürfte noch die Madīnat az-Zahrā gezählt haben. An dem Bau sollen 10.000 Arbeiter beteiligt gewesen sein. Täglich sollen außer den Fundament- und Pflastersteinen 6.000 Steinblöcke gemeißelt und gesetzt sowie insgesamt 4.313 Säulen aus antiken Ruinen in Spanien, aus Nordafrika und sogar aus Konstantinopel herbeigeschafft worden sein. Auf der obersten Terrasse der Anlage im Norden beherrschte die Residenz des Kalifen das gesamte Areal. Die mittlere Ebene beherbergte die Verwaltung und Wohnungen wichtiger Hofbeamter, die unterste diente dem einfachen Volk und den Soldaten; dort befanden sich die Moschee, Märkte, Bäder und Gartenanlagen. Die einzelnen Stadtteile waren von Mauern umringt. Sämtliche Gebäude waren nach Süden ausgerichtet – bis auf die Moschee, die nach Südosten wies, sprich gen der heiligen Stätte der Muslime, Mekka, und architektonisch in Anlehnung an die Moschee in Córdoba 941 innerhalb von 48 Tagen von 1.000 Arbeitern errichtet und eingeweiht wurde. Dem Grundriss der Stadt wird eine außerordentlich große kunsthistorische Bedeutung beigemessen, da er eine andalusische Sonderform der abbasidischen Herrschaft darstellt. Ihre Elemente sind die baulich klar definierte Hierarchisierung der Stadtteile und der Wohngebäude, die Größe der gesamten Anlage, die kunstvolle Ausgestaltung der Gärten mit ihren sich in der Mitte kreuzenden, überhöhten Alleen, dem Tierpark und dem Vogelgehege sowie dem komplizierten und zum Teil gut geschützten Wegesystem. Eine Besonderheit stellen die rein basilikalen Empfangssäle dar, welche sakral und am prunkvollsten gestaltet waren. Der Kalif soll das meiste Material aus dem Ausland von seinen Abgesandten herbeigeschafft haben. So etwa fein gearbeitete Marmorplatten sowie rote und grüne Marmorsäulen aus dem eigentlich feindlichen fatimidischen Karthago in Tunesien; Marmorbecken aus Byzanz und Syrien; zwölf goldene, mit Perlen besetzte Skulpturen für das Schlafgemach des Kalifen (ebenfalls aus Syrien); Mosaik- und Keramikmeister und seltene Materialien wieder aus Konstantinopel. Die Blendnischen mit flachem Abschluss und einem Hufeisenbogen wurden der syrisch-umayyadischen Kunst entlehnt. Die aus der antiken Kunst abgeleiteten Figurenreliefs sowie Schmuckpaneelen vertraten den Palast in Jordanien. Der Vielpassbogen und kufisch-epigrafische Wandschmuck, die rechteckigen Becken für rituelle Waschungen mit ihren Tiermotiven sowie Elfenbeinarbeiten sollen den abbasidischen Einfluss präsentiert haben. Glasierte Keramik mit Tierdarstellungen und Abbildungen von Tänzerinnen sollen für den Palast in Samara gesprochen haben.

Heute liegt die einstige Pracht in einem Ruinenfeld. Lediglich 10% der gesamten Anlage konnten wiederhergestellt werden. Die Alhambra hingegen ist relativ gut erhalten und ist mit ihren anliegenden Gärten des Generalife die meistbesuchte Sehenswürdigkeit Spaniens. Auf dem Gipfel des zur Alhambra und ihren Gärten gegenüberliegenden Berghügels, dem noch heute relativ arabisch anmutenden Stadtteil Albaycin – vormals gegründet als Auffanglager für aus anderen Taifas flüchtende Andalusier – steht eine neue, kleinere und architektonisch an die Landschaft angepasste[18] Moschee für Granada. Trotz Empfindsamkeiten der benachbarten Kirche und einiger Nachbarn ist es den Gläubigen dort sogar erlaubt, öffentlich zum Gebet zu rufen, vorausgesetzt es ertönt ohne Lautsprecher und stört nicht die Nachtruhe.[19]

Dichtung und Kalligrafie

Kaum eine Kunst wurde in al-Andalus so gepflegt und gefördert wie die Dichtung. Sie wurde als das Herz der andalusischen Kultur und als ein Teil des Lebens betrachtet. Auch wenn schon die vorislamische Dichtung in Arabien blühte, so war es doch die Geburt des Islam, die der Dichtkunst den größten Auftrieb gab. Auch in al-Andalus stellten die Hofdichter schon seit den ersten Kalifen eine Institution dar. Ein Dichter namens Yaḥya (gest. 790), der wegen seines guten Aussehens den Beinamen „al-Ġazal“ (Die Gazelle) erhielt, stellte für den Kalifen Abd al-Rahman II. (gest. 852) eine Art Botschafter dar, der den Kaiser in Konstantinopel mit seinen improvisierten Versen, in denen er die Schönheit der Kaiserin rühmte, überwältigte. In al-Andalus hatte die Dichtkunst eine besondere Form angenommen.

Die klassische Gedichtform ist die *qasīdā*. Es handelt sich hierbei um eine lange Komposition mit einem einzigen Reim und quantitativer Betonung. In al-Andalus wurde eine weitere, neue Formen der Poesie geschaffen, die einen gro-

---

18 Für einen Einblick in die noch heute in Spanien enthaltenen Stilelemente aus der Zeit des al-Andalus andererseits siehe: Hermann Lautensach, *„Maurische Züge im geographischen Bild der iberischen Halbinsel“*, in: *Bonner geographische Abhandlungen*, Heft 28, Bonn 1960.

19 Vgl. *Islam in Granada – Die leise Stimme des Muezzin*, URL: http://de.qantara.de/webcom/show_article.php/_c-469/_nr-1239/i.html (letzter Zugriff: 13.08.2010).

ßen Einfluss auf die Dicht- und Liebeskunst Europas nehmen sollte: Zum einen die Strophenform der *muwašhaha*, die etwas beschreibt, das mit einem doppelten Perlengürtel bekleidet ist, da der Kehrreim im metaphorischen Sinn eine Art Gürtel bildet, der das Gedicht zusammenhält. Und bei der anderen Strophenform handelt es sich um das *zağal*. Die *muwašhaha* soll angeblich im 9. Jahrhundert von einem blinden Dichter namens Muqaddam al-Qabrī (gest. ?) erfunden worden sein. Die *muwašhaha* besteht aus eine Reihe von Strophen, im häufigsten Falle fünf, die miteinander durch einen Kehrreim verbunden sind. Die jeweils letzten Verse einer Strophe reimen sich durchgängig, während die vorangehenden Verse einen von Strophe zu Strophe wechselnden Reim aufweisen. Diesen Strophen kann jedoch ein Präludium, eine sogenannte Einführung vorausgehen, die bereits den Kehrreim enthält. Eine *muwašhaha* mit Präludium wird „*tām*" (vollständig) und eine ohne „*ʿaqrā*"" (kahl) genannt. Der Kehrreim der Schlussverse tritt besonders hervor, er wird als „*ḫarǧā*" (Ausgang) bezeichnet. Es war üblicherweise so, dass in der *ḫarǧā* meist einer anderen Person als dem Dichter das Wort gegeben wurde. Meist wurden sie auch in einer anderen Sprache als der Arabischen und in einem Dialekt verfasst. Das *zağal* war im Prinzip so strukturiert wie die *muwašhaha*. Der wichtigste formale Unterschied ist hier, dass der Kehrreim nur im Präludium vollständig erschien, in den einzelnen Strophen hingegen verkürzt wurde. Zudem hatte die *ḫarǧā* keine herausgehobene Stellung. Grund dafür war, dass das gesamte *zağal* nicht in klassischem, sondern in dialektalem Arabisch abgefasst wurde. So konnte sich die *ḫarǧā* sprachlich nicht vom Rest des Gedichtes unterscheiden.

Al-Andalus brachte zahlreiche Dichter hervor. Eine Berühmtheit stellte Ibn Zaydūn (gest. 1070) dar, der als der bedeutendste Dichter seiner Epoche in al-Andalus galt. Er besang seine unglückliche Liebe zur Prinzessin Wallāda (gest. 1091), die ebenfalls eine berühmte Dichterin war. Grundsätzlich konnten Männer und Frauen aus den niedrigsten Schichten nur durch ihr poetisches Talent zu den höchsten Ehrenstellen und zu fürstlichem Ansehen emporsteigen. Doch auch die Herrschenden übten sich in der Dichtkunst. Die Herrscher von Sevilla, ʿAbbād al-Muʿtadid (gest. 1069) und sein als Dichterkönig bekannt gewordener Sohn Muhammad al-Muʿtamid ibn ʿAbbād (gest. 1095), zeichneten sich besonders aus.

Neben der Poesie diente auch die Kalligrafiekunst als Repräsentationsform des Ästhetischen und des Vollkommenen. Beide Formen fanden sowohl beim Ausdruck der irdischen Liebe als auch der Liebe zu Gott und dem Koran ihre Anwendung, wobei die Kalligrafie häufiger die Verse des Koran wiedergab. Die Kalligrafiekunst ist ein einzigartiges Merkmal der islamischen Religionskultur. Kulturgüter und architektonische Bauten, besonders Paläste, wurden gerne kalligrafisch verziert. In der Alhambra beispielsweise wurde ein 25 Meter langes und vier Wände umfassendes Gedicht anlässlich einer Feier für den Sultan verfasst und eingraviert. Die berühmtesten Dichter waren Minister der königlichen Botschaftskanzleien der Alhambra, wie Ibn a-Ayyūb (gest. 1349), Ibn al-Ḫaṭīb (gest. 1375) und Ibn Zamrak (gest. 1393).

Philosophie

Unbestreitbar ist die Tatsache, dass das antike Wissen durch die griechisch-arabischen Übersetzungen gesichert wurde. Mittlerweile setzt sich die Erkenntnis durch, dass muslimische Autoren das Erbe der Antike bewahrt haben, die für die Entwicklung Europas sehr wichtig waren bzw. sind. Lange Zeit wurde muslimischen Philosophen nicht mehr als eine Brückenfunktion zuerkannt, oder die Forschung beschränkte sich auf die berühmten Denker Al-Fārābī, Avicenna und Averroes, da man sich von ihnen Aufschlüsse über das europäische Mittelalter versprach. Diese eurozentrierte Sicht sieht sich seit dem Postkolonialismus einer Kritik ausgesetzt.[20]

Die Übersetzungswelle begann Mitte des 8. Jahrhunderts mit dem Ergebnis, dass fast die gesamte wissenschaftliche Literatur der Antike auf Arabisch zugänglich wurde. Dies umfasste nicht nur die Philosophie, sondern auch die Medizin, Optik, Astronomie, Naturkunde und Mathematik. Während die muslimischen Gelehrten in den Naturwissenschaften die antiken Quellen, die sich als zuverlässig erwiesen hatten, mit Leichtigkeit als Grundlage verwenden konnten, um bald darauf selbst auf neue Erkenntnisse zu stoßen, fiel ihnen Gleiches mit den ethischen und religiösen Konzepten nicht so leicht. Inwieweit waren Lehren von Sokrates, Platon und Aristoteles mit islamischen Grundsätzen zu vereinbaren? Gerade die muslimischen Philosophen des al-Andalus standen den hellenistischen – und damit kulturfremden – Konzepten offen gegenüber.

Von einem Beginn der Philosophie in al-Andalus kann man ab dem 10. Jahrhundert sprechen. Unter der Herrschaft von ʿAbd ar-Raḥmān III. (gest. 961) kamen viele der Werke aus dem abbasidischen Kalifat nach Córdoba. Von dieser Herrschaft profitierte zunächst Ibn Ḥazm al-Andalusī (gest. 1064) im großen Maße. Er wird als der erste andalusische Philosoph bezeichnet, da er sich als Erster in al-Andalus mit den Werken des Aristoteles beschäftigt haben soll. In seinen Schriften hob er immer wieder die wichtige Rolle der Philosophie hervor, um die menschliche Seele zu verbessern. Sein Werk *Der Charakter und das Verhalten in Bezug auf die Medizin des Herzens* ist ein Paradebeispiel für eine noch eher unreflektierte Rezeption der hellenistischen Lehren. Ibn Ḥazm transferierte Aristoteles' Tugendethik und politische Theorien fast vollständig in den islamischen Kontext. Demgemäß konnte Tugend, die die Mitte von zwei Extremen bildete, nicht a priori definiert werden, da es im Einzelfall von den Umständen abhängt. Und die beste Staatsform war demnach, wie auch in Aristote-

20 Für eine kritische Studie siehe Henry Corbin, *History of Islamic Philosophy*, London 1993.

les' *Politik*, die Monarchie (die Herrschaft des Einen) in Form eines Kalifats. Allerdings nur dann, wenn dieser Monarch sich um das Wohl der Gemeinschaft sorgt und nicht nur auf seinen Eigennutz bedacht ist. Denn die Konzentration an Macht kann bei einem falschen Herrscher schnell in eine Tyrannei ausarten. Ibn Ḥazm schuf mit seinem Werk eine Legitimationsgrundlage für den andalusischen Kalifen ʿAbd ar-Raḥmān V. (gest. 1024), was ihm den Weg in politische Kreise eröffnete. Doch seine treue pro-umayyadische Gesinnung führte bei einem Wechsel der Machtverhältnisse schließlich dazu, dass seine Werke kurz darauf verbrannt und er selbst vertrieben wurde.

Ein weiterer bedeutender andalusischer Philosoph war Ibn Bāǧa (gest. 1138), lateinisiert Avempace, auch einer der bedeutsamsten Übersetzer und Kommentatoren von Aristoteles. Eine beeinträchtigende Schwäche seiner Werke war jedoch, dass deren Thematik nicht dem Diskussionsstand seiner Zeit entsprach. So orientierten sich seine Fragen an der Seelenlehre und Logik des 10. Jahrhunderts und wiesen keinen Bezug zu Ibn Sīnās (gest. 1037) bahnbrechendem Werk zur Logik auf. Stattdessen übernahm er viele Lehren des al-Fārābī (gest. 950), einem Gelehrten, der selbst stark vom Neuplatonismus geprägt war. Obwohl Ibn Bāǧa oft als Denker ohne eigenes Profil dargestellt wird, leitete er gleichwohl eine neue Phase der andalusischen Philosophiegeschichte ein, in der es zu einer Rückbesinnung auf die islamischen Gelehrten aus dem Osten kommt. In seinen Werken *Schriften zur Vereinigung des Intellekts mit dem Menschen* und *Die Lebensführung des Einsamen* lehnte Ibn Bāǧa die aristotelische Seelenlehre ab, weil er in ihr Widersprüche zu islamischen Grundsätzen sah, und er erstellte aufbauend auf al-Fārābīs Modell ein neues Idealgesellschaftskonzept.

Ibn Bāǧa argumentierte, dass die menschliche Seele aus einer Einheit bestehen müsse, die ihre rationale Macht direkt auf den Körper ausübe. Jedes Individuum habe die Möglichkeit, die höchste Seinsstufe, nämlich die Glückseligkeit, zu erreichen, indem es seine rationale Erkenntnis vollende. Die Perfektion der menschlichen Erkenntnis sei, entgegen sufistischer Vorstellungen, nicht über Intuition, sondern nur über einen Vorgang des Verstehens und Abstrahierens zu realisieren. Diese vollendete Stufe der Seele hebe jegliche individuelle Unterschiede zwischen den Menschen auf. Diese Seelenlehre als Grundlage nehmend, konzipierte Ibn Bāǧa ein utopisches Gesellschaftsmodell. Er selbst stand diesem sehr skeptisch gegenüber. Immer wieder verurteilte er die Dekadenz seiner Gesellschaft und bezweifelte, dass sich diese in naher Zukunft ändern würde. Aufgabe der Philosophen sei es, die Menschen positiv zu beeinflussen. Sollte ihnen dies jedoch nicht gelingen, so empfahl er ihnen, sich von der Gesellschaft zu entfernen und ein asketisches Leben zu führen.

Bei Ibn Bāǧa ist bezeichnend, dass er den Fokus von der Gemeinschaft auf das Individuum lenkt. Jeder Einzelne habe die Möglichkeit, Glückseligkeit zu erlangen, und dies trage zur Entstehung einer perfekten Gesellschaft bei. Diese Vorstellung, die in der Renaissance zum zentralen Thema werden sollte, wurde von Ibn Tufayl (gest. 1185), der sehr mit den Werken Ibn Bāǧas vertraut war, weiterentwickelt. Ibn Tufayl geht ebenfalls von der Eigenverantwortung des Individuums zur Erlangung von Glückseligkeit aus. Sein Ideal hingegen ist der von der Gesellschaft zurückgezogene einsame Mensch. In seinem weltbekannten philosophischen Inselroman *Der Lebende, Sohn des Erwachten*[21] beschreibt er, wie ein Mensch allein durch die Autonomie seiner Ratio schrittweise die Erkenntnis Gottes erlangen kann. Jedoch bringt ihn diese rationale Erkenntnis nicht sehr weit, da er sich erst in ihrer Kombination mit religiösen und asketischen Praktiken Gott spirituell nähern kann. Ibn Tufayl gelang es, die beiden scheinbar gegensätzlichen Lehren von Rationalität und Intuition zu einem neuen Konzept zu vereinen. Denn die menschliche Vernunft kann rational die Existenz Gottes erkennen, aber, um die Dimensionen Seiner Allmacht begreifen zu können, ist die Intuition unabdingbar. Dieses Werk stellt zum ersten Mal eine Synthese zwischen dem Aristotelismus und Sufismus dar und leitet damit einen neuen Abschnitt in der islamischen Philosophiegeschichte ein.

Ibn Tufayls Schüler Ibn Rušd (gest. 1198), auch bekannt als Averroes, verfolgte diese Richtung jedoch nicht weiter. Ibn Rušd, der der berühmteste Philosoph des al-Andalus werden sollte, beschäftigte sich mit gänzlich anderen Fragen und bereitete damit den Beginn der Renaissance vor. Zunächst stellte er die neuzeitlich anmutende Frage: Darf man überhaupt philosophieren? Diese banale wie grundlegende Frage war bisher nie Gegenstand der oben erwähnten Philosophen gewesen. Ibn Rušd hingegen führte genuin-islamische Belege aus den Urquellen an, um zu bestimmen, ob das Studium der Philosophie und der Logik vom (religiösen) Gesetz her erlaubt, verboten oder gar notwendig sei. Er kam zu dem Schluss, dass die zahlreichen Koranverse, in denen der Mensch dazu aufgefordert wird, über die Erschaffung der Welt nachzusinnen und auf beste Weise zu disputieren, als eine Pflicht zur Beschäftigung mit der Philosophie zu lesen sind. Diese Aufforderung gelte aber nicht für alle, da die Menschen, je nach Grad ihres Intellekts, unterschiedliche Zugänge zur Botschaft Gottes hätten. Dies gelte vor allem für Verse, die nicht evident und auf einer allegorischen Ebene zu verstehen seien. Die verschiedenen Interpretationen, die dabei entstünden, könnten nicht ohne stichfeste Beweise abgewiesen und müssten deshalb von den Gelehrten akzeptiert werden. Ibn Rušds These wurde von Thomas von Aquin kritisiert, da man damit akzeptiere, dass es eine „doppelte Wahrheit" gebe. Sie barg für die katholische Kirche ein subversives Potenzial. Dennoch hatten seine neuen Fragestellungen und Ansichten, welche die als Averroismus bekannte philosophische Strömung auslösten, einen enormen Einfluss auf die europäische Geistesgeschichte. In der muslimischen Welt wurden die Werke Ibn Rušds ebenfalls unterschiedlich gewertet.

---

21 Liegt in deutscher Übersetzung von Patric O. Schaerer vor: *Der Philosoph als Autodidakt. Ḥayy ibn Yaqẓān. Ein philosophischer Inselroman,* Hamburg 2009.

Die kurze Skizzierung der islamischen Philosophie zeigt, dass die genannten Gelehrten ihre Wurzeln auch in der Antike gefunden haben, da ihre Abhandlungen überwiegend auf die hellenistischen Werken von Sokrates, Platon und Aristoteles Bezug nahmen. Die jahrhundertlange Rezeption dieser Schriften führte zu einer Identifikation mit dieser Kultur und ihren Vordenkern. Der Anspruch, dass die hellenistische Antike damit auch ein Teil der islamischen Geschichte und Identität ist, erscheint vor diesem Hintergrund als gerechtfertigt.

Naturwissenschaften

Von der Übersetzerschule Bagdads, dem „Haus der Weisheit", gingen Impulse aus, die in al-Andalus auch die Entwicklung der exakten Wissenschaften förderten. Die aus ihnen gewonnenen Erkenntnisse waren für das Leben der muslimischen Gesellschaft eine große Bereicherung. Sie halfen beispielsweise bei den komplexen Berechnungen des islamischen Erbrechts oder bei der Bestimmung von Gebetszeit und Gebetsrichtung. Die Errungenschaften waren zu zahlreich, um sie hier umfassend wiedergeben zu können. Einige Gelehrte und ihre Beiträge seien jedoch im Folgenden genannt.

Der erste Astronom von al-Andalus war Maslama al-Maǧrīṭī (Der Madrilene, gest. 1007). Dieser verfasste mehrere Werke zur Mathematik und Astronomie, studierte die arabische Übersetzung des *Almagest* von Claudius Ptolemäus sorgfältig und vergrößerte und korrigierte selber die astronomischen Tafeln von Muhammad al-Ḫawarizmī (dem Erfinder des Algorithmus, gest. 850). Des Weiteren kompilierte er Umrechnungstabellen, in denen Daten des persischen Kalenders mit Daten der islamischen Mondkalender verbunden wurden, damit Ereignisse von der Vergangenheit Persiens präzisiert werden konnten.

Ein weiterer Mathematiker und Astronom war az-Zarqālī (gest. 1087). Az-Zarqālī verband theoretische mit technischen Sachkenntnissen und wurde durch seine Präzisionsinstrumente für den astronomischen Gebrauch bekannt. Er baute eine Wasseruhr, welche die Stunden des Tages und der Nacht sowie die Tage des Mondmonats anzeigte.

Während des 10. Jahrhunderts brachte al-Andalus eine große Anzahl hervorragender Ärzte hervor. Mehrere von ihnen gingen nach Bagdad, wo sie griechische medizinische Werke von Übersetzern wie Ṯābit ibn Qurrā (gest. 901) studierten. Als sie zurückkehrten, arbeiteten sie in der Schlossanlage der Madīnat az-Zahrā oder wurden in einer Apotheke eingestellt, in der für bedürftige Patienten medizinische Versorgung und Lebensmittel zur Verfügung gestellt wurden. In der Medizin wurde weiterhin eine Ethik vorausgesetzt, um das Berufsverhalten der Ärzte zu regeln. Es reichte nicht aus, sich lediglich medizinische Fertigkeiten anzueignen. Ibn Ḥazm erwähnte, dass ein Arzt freundlich, verständnisvoll, liebevoll, gut und kritikfähig sein und Beleidigungen ertragen können sollte. Der letzte Vertreter der andalusischen medizinischen Tradition war Ibn al-Ḫaṭīb (gest. 1374).

Die Entwicklungen wurden von al-Andalus an das mittelalterliche Europa weitergegeben. Neben der Papiertechnik gab es auch Techniken der Metall- und Keramikherstellung, des Bauwesens, der Weberei und insbesondere der Landwirtschaft. Die Leute von al-Andalus besaßen eine Leidenschaft für Gärten. Sie kombinierten ihre Liebe zur Schönheit mit dem Interesse an Heilpflanzen. Bedeutende Abhandlungen zur Landwirtschaft wurden verfasst, wie die des Ibn al-ʿAwwām (gest. ?), der ca. 584 Arten von Pflanzen auflistete und genaue Anweisungen für den Anbau und die Verwendung angab, u.a. für die Herstellung von Blütenessenzen und Parfüms.

Der Dichter und Gelehrte ʿAbbās Ibn Firnās (gest. 887) interessierte sich für Mathematik, Astronomie und Physik. Er führte das indische Dezimalzahlensystem in al-Andalus und folglich auch in Europa ein.

Zur Weiterentwicklung der Astronomie trug auch al-Idrīsī (gest. 1166) bei. Als er sein Studium an der Universität in Córdoba beendete, lebte er in Sizilien am Hofe des Normannenkönigs Roger II. und wurde auch als größter Geograf Spaniens bekannt. Nachdem er weite Reisen unternommen hatte, die durch Spanien, Portugal, Nordafrika, Kleinasien, Westfrankreich und schließlich auch England führten, schrieb er das *Buch des Rogers*, in welchem er die Erde anhand seiner Reisewege beschrieb. Er verwendete Angaben des Claudius Ptolemäus und früherer islamischer Gelehrter, griff aber auch auf seine eigenen Erfahrungen zurück. Er fügte seinem Werk um die 70 Landkarten hinzu. Auf den Karten waren die Klimazonen und auch Weltteile wie die arabische Halbinsel, Westafrika, Indien, China und Zentralasien abgebildet, die seit der Spätantike der Christenheit und Europa nicht mehr zur Erforschung zugänglich waren. Er studierte sämtliche ihm bekannte Heilpflanzen, da ihm aufgefallen war, dass die Wissenschaft der Heilpflanzen seit dem Altertum so gut wie keine Fortschritte gemacht hatte, woraufhin er selbst begann, Pflanzen jeglicher Art zu sammeln und entsprechend zu kategorisieren. Im *Sammelband für die Pflanzenarten* hielt er die Ergebnisse für viele neue Heilpflanzen und deren Wirkungen fest.

Zur Rolle der andalusischen Geschichte für Europas Muslime in der Gegenwart

Al-Andalus hat als Schnittfeld zwischen Europa und der islamischen Welt beide Räume beerbt, nachdem es selbst als religionsübergreifende Zivilisation unterging. Eine selbstverständliche Präsenz des Islam im modernen Europa kommt nicht umhin, die Geschichte der andalusischen Muslime auf der Iberischen Halbinsel zu verarbeiten. Auch die theologischen Konzepte der Andalusier, die oben keine Erwähnung fanden[22], bieten ein Fundament und eine Tradition, auf die sich die Muslime in Europa heute noch stützen können. Auch das Bewusstsein eines Europas, welches nicht nur muslimisch ist, sondern auch war, und zum zivilisatorischen Aufbau Europas beitrug, kann immens zur Verwurzelung und Integration der Muslime in Europa beitragen. Ebenso kann das kollektive Bewusstsein der Aufnahmegesellschaft in Erinnerung an den andalusischen Islam sowie die Assimilierungsbestrebungen der Inquisitoren nach der Reconquista zu einer grundsätzlich weniger antipathischen, offeneren Haltung gegenüber Muslimen in Europa verhelfen.

Ist das heutige Europa nicht auch zu einem nicht unbeträchtlichen Teil ein Erbe der muslimischen Präsenz in Andalusien? Und wenn ja, muss die weitverbreitete Überzeugung vom jüdisch-christlich geprägten Europa nicht in Zweifel gezogen und um die islamische Komponente erweitert werden? Zum Erbe gehört auch das Andenken. Für Mittelalterhistoriker Michael Borgolte gehörte der Islam „schon immer zur europäischen Kultur“[23].

Andererseits: Welche Bringschuld obliegt den Muslimen heute angesichts dieser Geschichte des al-Andalus und seiner einzigartigen Blüte der Kultur und der Wissenschaften? Inwiefern unterscheidet sich ihre Gegenwart von ihrer Geschichte und aufgrund welcher Ursachen?

Es ist schon eine Ironie des Schicksals, dass sich der jüdisch-muslimische Intellektuelle Muhammad Asad, der nahezu die gesamte islamische Welt bereiste, konzeptionell um Antworten auf die Fragen seiner Gegenwart bemühte und sich zeit seines Lebens für eine Verbesserung des allgemeinen Zustands engagierte, sich letztlich enttäuscht von den Muslimen der islamischen Welt distanzierte und seinen Lebensabend in Granada verbrachte, wo er heute begraben liegt. In seiner Erinnerung und seiner Anwesenheit verlor er dort gleichwohl nie die Zuversicht und die Hoffnung bezüglich seines Glaubens, dem Islam, der noch immer darauf wartet, ihm würdig ge- und erlebt zu werden.[24]

---

22 Man denke an die präzisen und schöngeistigen Beobachtunen und sprachphilosophischen Überlegungen des Ibn Ḫazms (gest. 1064), die bahnbrechenden Beiträge Ibn Rušds (gest. 1198), der die aristotelische Philosophie mit den religiösen Wissenschaften aus zu versöhnen suchte, an die kolossalen Exegese Werkte des Qurṭubī (gest. 1273) oder die rechtstheoretischen Ausführungen des Šāṭibī (gest. 1388).

23 Siehe *Der Islam gehörte immer zu Europa*, URL: http://www.taz.de/1/politik/europa/artikel/1/der-islam-gehoerte-immer-zu-europa/?src=SZ&cHash=e91b68d861 (letzter Zugriff: 15.04.2008).

24 Siehe: *Muhammad Asad – Ein freundlicher Islam aus der Wüste*, URL: http://www.welt.de/die-welt/vermischtes/article4640677/Ein-freundlicher-Islam-aus-der-Wueste.html (letzter Zugriff: 29.09.2009).

Literatur

Allebrand, Raimund (Hg.), *Terror oder Toleranz? Spanien und der Islam*, Bad Honnef 2004.

Blanco del Piñal, Isabel, *Geschichten aus Al-Andalus. Die Königreiche Taifas, ein andalusischer Traum*, München 2006.

Bossong, Georg, *Das maurische Spanien. Geschichte und Kultur*, München 2007.

Brentjes, Burchard, *Die Mauren. Der Islam in Nordafrika und Spanien*, Leipzig 1989.

Brockopp, Jonathan E.: *Early Mālikī Law: Ibn ʿAbd Al-Ḥakam and His Major Compendium of Jurisprudence*, Leiden/Boston/Köln 2000.

Cardini, Franco, *Europa und der Islam. Geschichte eines Mißverständnisses*, München 2004.

Clot, André, *Das maurische Spanien. 800 Jahre islamische Hochkultur in Al-Andalus*, Düsseldorf 2004.

Corbin, Henry, *History of Islamic Philosophy*, London 1993.

Giese, Alma, *Ibn Khaldūn. Die Muqaddima. Betrachtungen zur Weltgeschichte*, München 2011.

Goertz, Hans-Jürgen, *Unsichere Geschichte. Zur Theorie historischer Referentialität*, Stuttgart 2001.

Grécy, Jules, *Die Alhambra zu Granada*, Wiesbaden 2008.

Heise, Hans-Jürgen, *Bilder und Klänge aus al-Andalus. Höhepunkte spanischer Literatur und Kunst*, Kiel 1986.

Hunke, Sigrid, *Allahs Sonne über dem Abendland: Unser arabisches Erbe*, Frankfurt a. M. 2009.

Jayyusi, Salma Khadra, *The Legacy of Muslim Spain*, Leiden 1992.

Krämer, Gudrun, *Geschichte des Islam*, München 2005.

Kiegel-Keicher, Yvonne, *Iberoromanische Arabismen um Bereich Urbanismus und Wohnkultur,* Tübingen 2005.

Lautensach, Hermann, *„Maurische Züge im geographischen Bild der iberischen Halbinsel"*, in: *Bonner geographische Abhandlungen*, Heft 28, Bonn 1960.

Menocal, María Rosa, *Die Palme im Westen. Muslime, Juden und Christen im alten Andalusien*, Berlin 2003.

Molina, Antonio Muñoz, *Stadt der Kalifen. Historische Streifzüge durch Córdoba*, Hamburg 1994.

Muschg, Adolf, *Was ist europäisch? Reden für einen gastlichen Erdteil*, München 2005.

Schaerer, Patric O., *Der Philosoph als Autodidakt. Ḥayy ibn Yaqẓān. Ein philosophischer Inselroman*, Hamburg 2009.

Schoeps, Julius H./Wallenborn, Hiltrud, *„Ferdinand und Isabella. Ausweisung der Juden aus Kastilien"*, in: dies. (Hg.), *Juden in Europa. Ihre Geschichte in Quellen*, Bd. 1: *Von den Anfängen bis zum späten Mittelalter*, Darmstadt 2001, S. 218-222.

Singh, N.K. / Samiuddin, A., *Encyclopaedic Historiography of the Muslim World,* Delhi 2003.

Stierlin, Henri, *Islam – von Bagdad bis Córdoba. Frühe Bauwerke vom 7. bis 13. Jahrhundert*, Köln 2009.

Torrey, Charles Cutler, *The History of the Conquest of Egypt, North Africa and Spain: Known as the Futuh Misr of Ibn 'Abd Al-Hakam*, Gorgia 2002.

Unger, Andreas, *Von Algebra bis Zucker. Arabische Wörter im Deutschen*, Stuttgart 2006.

Watt, Montgomery, *Der Einfluß des Islam auf das europäische Mittelalter*, Berlin 2002.

Wright, Christopher James, *Ibn 'Abd Al-Hakam's Futuh Misr: An Analysis of the Text and New Insights into the Islamic Conquest of Egypt*, Santa Barbara 2006.

Internet

Aufklärung am Golf, URL: http://www.welt.de/welt_print/article2818994/Aufklaerung-am-Golf.html (letzter Zugriff: 04.12.2008).

Der Islam gehörte immer zu Europa, URL: http://www.taz.de/1/politik/europa/artikel/1/der-islam-gehoerte-immer-zu-europa/?src=SZ&cHash=e91b68d861 (letzter Zugriff: 15.04.2008).

Full text: Barack Obama's Cairo speech, URL: http://www.guardian.co.uk/world/2009/jun/04/barack-obama-keynote-speech-egypt (letzter Zugriff: 18.09.2010).

Islam in Granada – Die leise Stimme des Muezzin, URL: http://de.qantara.de/webcom/show_article.php/_c-469/_nr-1239/i.html (letzter Zugriff: 13.08.2010).

Muhammad Asad – Ein freundlicher Islam aus der Wüste, URL: http://www.welt.de/die-welt/vermischtes/article4640677/Ein-freundlicher-Islam-aus-der-Wueste.html (letzter Zugriff: 29.09.2009).

Herrschaft, Kultur, Gesellschaft in Andalusien – eine Betrachtung historischer Entwicklungsprozesse

Von Mehmet Özdemir

1. Wie aus Spanien Andalusien wurde

Die Muslime nannten die Gebiete in Spanien, die sie zwischen 711 und 1492 beherrschten, Andalusien. Vorher wurden diese Spania (oder Hispania) genannt. Es wird vermutet, dass der Name Andalusien von den Vandalen stammt, die vor den Muslimen im Süden Spaniens herrschten. Ursprünglich umfasste Andalusien nicht nur Spanien, sondern auch Gebiete aus Südfrankreich wie Narbonne (arabisch Nārbūn) und Septimanien, die im 8. Jahrhundert unter muslimischer Herrschaft standen. Doch ab dem 11. Jhd., und insbesondere Anfang des 13. Jhd., schrumpfte das muslimisch beherrschte Territorium schrittweise, sodass auch Andalusien weniger Land umfasste; Granada, Almeria und Malaga befanden sich im Nasriden-Emirat und somit in Andalusien.

Im Spanischen wird für Andalusien der Begriff „Andalucia" verwendet. Andalucia umfasst als autonomes Gebiet im Süden Spaniens folgende Provinzen: Almeria (al-Marīya), Granada (Ġarnāṭa), Jaen (Ğayyān), Córdoba (Kūrdūba), Sevilla (Išbīlīya), Huelva (Hualwa), Málaga (Malāqa) und Cádiz (Qādīš).

Vor den Muslimen herrschten in Andalusien die barbarischen Westgoten. Es gab eine vielseitige Krise. Auf der einen Seite gab es Konflikte aufgrund der Thronfolge, auf der anderen gab es den arianischen Streit (es entstand die Frage, ob der in Jesus Christus inkarnierte Logos göttlich, gottähnlich oder anders als Gott, nämlich geschöpflich, sei); hinzu kam noch der Zwang, kleine jüdische Gruppen katholisch zu taufen. Die arianischen Priester wurden von den Kirchen verbannt, ihre Kirchen geschlossen und ihre Bücher verbrannt; kleine jüdische Minderheiten wurden unterdrückt oder gezwungen, das Land zu verlassen. Auch die immer größer werdende Kluft zwischen den Armen (Sklaven und Bauern) und den Reichen (Privilegierten) sorgte für eine Verschärfung der Lage. Der von der Krise betroffene Teil der Gesellschaft hielt Ausschau nach einem Erlöser. Gerade in dieser Situation lernten diese Menschen die Muslime kennen, die Nordafrika erst kurz zuvor erobert hatten.

Die Muslime, die ihre Herrschaft von Nordafrika bis Turkestan ausdehnten, begaben sich im Jahre 711 – nach Einladung der von der Krise betroffenen Gesellschaft – nach Spanien. Nachdem die Westgoten im Tal von Barbate besiegt wurden, wurde das Land innerhalb von drei Jahren fast komplett erobert, ohne dabei auf großen Widerstand zu treffen. Anstelle von Kriegen hatte man dies durch Vereinbarungen erreicht. Somit schloss sich den islamischen Ländern ein weiteres Land namens Andalusien an. Die Ereignisse verliefen einfach und relativ zügig zugunsten der Muslime. Im Gegensatz zur Unterdrückungspolitik der Westgoten hatte die Methode der Muslime eine vereinende Wirkung.

Der Herrschaftszeitraum der Muslime in Andalusien von 711 bis 1492 wird aus politischer Perspektive in sechs Epochen eingeteilt: Die Epoche zwischen 715 und 756 wird als die „Epoche der Gouverneure" bezeichnet, da die Gouverneure in diesen Gebieten regierten. Sie wurden entweder durch den obersten nordafrikanischen Gouverneur oder durch das Kalifat zugewiesen. Die im Jahre 750 von den Abbasiden beendete umayyadische Herrschaft wurde 756 in Andalusien erneut etabliert. So begann die „andalusisch-umayyadische Epoche" (Kalifat von Córdoba), die bis 1031 andauerte. Nachdem das Kalifat von Córdoba zusammengebrochen war, kam es in Andalusien zu einer politischen Zersplitterung. Es entstanden mehr als 20 „kleinere Provinzen". Dies war der Beginn der „aṭ-Ṭawāʾif-Epoche" („Epoche des Königreichs"), die bis 1090 anhielt. Zwischen 1090 und 1229 wurde Andalusien nicht als eigenes Land regiert, sondern galt als eine Provinz der Berber-Dynastien der Almoraviden und später der Almohaden. Gegen Ende der Almohaden-Epoche wurde ein Großteil der andalusischen Gebiete an das Königreich Spanien abgegeben, und nur die Städte Granada, Málaga, Almeria und Ronda waren unter der Herrschaft der Muslime. Aus den übrig gebliebenen Ländern gründete man das Emirat von Granada (Naṣriden, Banū Naṣr/Banū Aḥmar). Dieses kleine Land existierte 250 Jahre bis es schließlich vom Königreich Kastilien okkupiert wurde. Auch wenn die Muslime ihre politische Herrschaft in Spanien verloren, konnten sie ihre Existenz einige Jahrhunderte lang als eine Minderheit – zunächst als Mudéjares, dann als Morisken – fortführen.

Während der Herrschaft der Muslime in Andalusien existierte permanent eine ethnische und religiöse Pluralität. In religiöser Hinsicht bestand die Gesellschaft aus Muslimen, Mozarabern (Christen) und Juden. Aus ethnischer Perspektive betrachtet existierte eine komplexere Struktur. Ethnische Gruppen waren unter anderem die Einheimischen, die Westgoten und die Hispano-Römer, die aus mehreren Stämmen bestehenden Araber und Berber, die einheimischen Muslime (al-Muwalladūn), mittel- und osteuropäische Slawen (Ṣaqāliba), zentralafrikanische Sūd (Dunkelhäutige) und die Oghusen (türkische Stämme).

Die Anwesenheit der Muslime in Spanien und die daraus resultierenden Konflikte zwischen den Muslimen und Christen in den acht Jahrhunderten, haben seit dem 19. Jhd. das Interesse der spanischen Historiker und Geisteswissenschaftler geweckt. Letztere beschäftig(t)en sich insbesondere mit folgenden Fragen: Welche Bedeutung hat Andalusien in der mittelalterlichen Geschichte Spaniens? Hat es den Fortschritt Spaniens beeinträchtigt? Hat es bei der Bildung der spanischen Identität mitgewirkt? Wurde das Land „arabisiert" ("arabization") oder „verwestlicht" ("occidentalization")? Mit dem Begriff der Arabisierung war Folgendes gemeint: Die Einheimischen im eroberten Land sollen die arabische Sprache, Kultur, Tradition, Wissenschaft, Kunst etc. kennenlernen bzw. von ihnen profitieren können. Dagegen war mit der Verwestlichung die Assimilation der muslimischen Eroberer durch die Einheimischen mithilfe deren Historie gemeint. Des Öfteren wird der Begriff der Verwestlichung durch denjenigen der „Hispanisierung" ersetzt. Es besteht allerdings ein wesentlicher Bedeutungsunterschied zwischen den beiden Begriffen: Mit dem ersten ist der gesamte christliche Westen gemeint, mit dem zweiten wird der Aspekt des Nationalismus hervorgehoben.

Laut der Panhispanisten hat sich die spanische Identität bereits vor der Existenz der Muslime in Spanien ausgebildet. Daher sei es unwahrscheinlich, dass wenige, nicht ausreichend zivilisierte Muslime in der Lage gewesen wären, Millionen von Spaniern zu arabisieren. Anders ausgedrückt sei die Arabisierung der spanischen Kultur entweder zu spät und in geringem Umfang oder überhaupt nicht verwirklicht worden. Diese Auffassung, deren bekanntester Vertreter Claudio Sánchez-Albornoz ist, wird heute immer noch vertreten, jedoch ist die Zahl der Befürworter sehr klein und sie nimmt stetig ab. Der berühmte Kulturhistoriker Américo Castro vertritt bei der Deutung der andalusischen Geschichte im Kontext der allgemeinen spanischen Geschichte eine ganz andere Perspektive. Letztere postuliert, dass die These des „unsterblichen Spaniers" nicht der Realität entspreche. Unter muslimischer Herrschaft hätte es in Andalusien eine Koexistenz (convivencia) der drei Religionen gegeben. Daher hätte eine Arabisierung stattgefunden, die wiederum bei der Bildung einer spanischen Identität mitgewirkt hätte. Betrachtet man die historischen Gegebenheiten ohne Spekulationen anzustellen, so kann die zweite These die Geschehnisse in der Geschichte besser erklären. Werke von Forschern wie Lévi-Provençal, González Palencia, Torres Balbás, Guichard und Glick liefern diesbezüglich wichtige Ergebnisse.

Untersucht man diese Ergebnisse kritisch, so kommt man zu dem Resultat, dass die muslimischen Eroberer Andalusien nicht nur oberflächlich etwas schmücken, sondern vor allem ihr eigenes Land wiederaufbauen und eine neue Zivilisation begründen wollten. Was zunächst nur als Theorie galt, wurde wenig später in die Praxis umgesetzt, und es entwickelte sich eine beachtliche und für die Menschheit wichtige Zivilisation. Historiker, die sich mit der mittelalterlichen Geschichte Europas und Spaniens beschäftigen, heben diesen Tatbestand in besonderem Maße hervor, denn eine neue Zivilisation kann nur dann entstehen, wenn bestimmte Voraussetzungen gegeben sind bzw. eine führende Gesellschaft vorhanden ist, die das Potenzial dazu in sich birgt.

Um eine Zivilisation in einem Land wie Andalusien, in dem mehrere ethnische und religiöse Minderheiten nebeneinander existieren, zu gründen, ist es notwendig, die wenigen Gemeinsamkeiten hervorzuheben und aus den gesellschaftlichen Unterschieden eine kreative Vielfalt zu gestalten. Die Muslime waren sich dessen bewusst, vermutlich durch ihre Erfahrungen, die sie während der früheren Eroberungen gesammelt hatten. Als Erstes führten sie ein System ein, das das Zusammenleben unterschiedlicher ethnischer und religiöser Gruppen ermöglichte. Um die strukturellen Gegebenheiten Andalusiens verstehen zu können, müssen deren Charakteristika genauer betrachtet, die Gemeinsamkeiten, die durch das neue Modell entstanden sind, erfasst sowie die kulturellen Interaktionen und deren Resultate genauer beleuchtet werden. Die neuen Herrscher Andalusiens, die Muslime, waren die Vertreter eines neuen gesellschaftlichen Modells. Dieses Modell hatte seinen Ursprung im Koran und in den praktischen Umsetzungen des Propheten (*ʿalayhi s-salām*). Das Modell wurde auch in den zuvor eroberten Ländern angewandt und es ermöglichte das friedliche Zusammenleben von Muslimen und Nicht-Muslimen in einem Land durch die Gewährung bestimmter Rechte und die Verteilung von Verantwortlichkeiten. Betrachtet man in diesem Zusammenhang die Quellen der andalusischen Geschichte, so kann man feststellen, dass die Muslime mit den Einheimischen der eroberten Länder Vereinbarungen schlossen. Summa summarum enthielten die Vereinbarungen mit den jeweiligen Städten oder Provinzen folgende Punkte:

- Das Recht auf körperliche und materielle Unversehrtheit
- Das Recht auf das Praktizieren der eigenen Religion ohne Einschränkungen; keine Zwangsbekehrung und Unversehrtheit der Gebetsstätte
- Das Recht auf Freiheit; keine Versklavung
- Verhinderung von Verhaltensweisen, die zum Auseinanderreißen der Familie führen können (z.B. ein Ehepaar durch Zwang trennen oder die Trennung von Kindern von ihrer Familie)
- Bei Auseinandersetzungen zwischen Nicht-Muslimen haben die Nicht-Muslime das Recht, die Angelegenheit nach ihrem eigenen Rechtssystem zu entscheiden (Hammada 1986, S. 120).

Um von diesen Rechten profitieren zu können, mussten die Nicht-Muslime einige Pflichten einhalten. So mussten sie u.a. die jährlichen Tribute zahlen und durften kein Bündnis mit den Feinden der Muslime eingehen.

Durch die Umsetzung dieser Vereinbarungen in die Praxis, entstanden weitere Rechte. Einige Rechte, die erst später eingeführt und in den Vereinbarungen nicht schriftlich erfasst wurden, betreffen folgende: die Aufrechterhaltung der eigenen Sitten und Traditionen, das Tragen von traditioneller Kleidung, die Bewahrung der eigenen Sprache, die Errichtung von Institutionen, in denen die eigene Sprache, Religion und Kultur vermittelt wurden, die Anerkennung der wirtschaftlichen Freiheit, die Erlaubnis der Ein- und Ausreise sowie das Recht, mit Gleichgläubigen im Ausland Kontakt aufzunehmen.

Nach der Einführung des neuen Regierungsmodells in Andalusien durch die Muslime, wurde das Bündnis zwischen Land (den christlichen Gebieten) und Kirche geschwächt, wodurch der Einfluss der Kirche etwas abnahm. Dies war der einzige zu bemerkende Verlust. Doch die Kirche hielt an der religiösen Hierarchie und an ihren Rechten fest. In einer christlichen Chronik wird darüber berichtet. Mit Beginn der Eroberung begann die christliche Bevölkerung in Panik zu geraten, da sie nicht wusste, was auf sie zukommen würde. Doch diese Ängste wurden nach Einführung des neuen Regierungsmodells beseitigt und die Menschen kehrten in ihr alltägliches Leben zurück.[1]

Für die jüdische Bevölkerung war die „neue Ordnung" noch bedeutender als für die Christen. Anders als in früheren Zeiten hatten sie nun die Gelegenheit, sich als eine Religionsgemeinschaft zu bekennen und wurden nicht mehr mit einer „Beseitigungspolitik" konfrontiert. Sie konnten ihre tatsächliche Identität offen kundtun. In diesem Zusammenhang behauptet der semitische Historiker Ashtor, dass die jüdische Bevölkerung von den Rechten und Möglichkeiten, die sie während der muslimischen Herrschaft erhielt, während der westgotischen Herrschaft nicht einmal hätte träumen können.[2]

Durch den Erwerb dieser Rechte waren die Nicht-Muslime auf andalusischem Boden mit den Muslimen gleichgestellt. Dennoch gab es innerhalb des Gesellschaftsprojekts einige Privilegien für die Muslime. So war es beispielsweise nicht möglich, dass das Amt des Herrschers von einem Christen oder Juden besetzt wurde. Auch für das Amt des Wesirs, des Buchhalters, des Gouverneurs u.a. wurden ebenfalls nur Muslime vorgesehen. Auch wenn die Nicht-Muslime anfangs in der Überzahl waren, war der Islam im öffentlichen Recht verbindlich; nur ein muslimischer Kadi (qāḍī) konnte in einem Rechtsstreit zwischen einem Muslim und einem Nicht-Muslim Entscheidungen treffen, und bei Eheschließungen war es muslimischen Männern erlaubt, nichtmuslimische Frauen zu heiraten, was umgekehrt jedoch theoretisch nicht möglich war.

Obwohl die Nicht-Muslime, d.h. die christliche und jüdische Bevölkerung, im 12. Jhd. die Reconquista zu unterstützen begannen, betrachteten die Muslime sie nicht als eine Gefahr und hielten es folglich nicht für nötig, sie zu liquidieren. Auch wurden die Nicht-Muslime nicht gezwungen, zu konvertieren oder das Land zu verlassen – ganz im Gegenteil: Aufgrund der erworbenen Rechte nahmen sie am Alltag teil und konnten mit den Muslimen friedlich zusammenleben. Die Zusammensetzung der Bevölkerung in den andalusischen Städten war deshalb sehr wichtig. Anders als in mittelalterlichen europäischen Städten gab es in den meisten Städten wie Córdoba, Toledo, Sevilla und Saragossa keine Gettobildung. Alle drei Glaubensgemeinschaften – Christen, Juden und Muslime – lebten zusammen. Sie „lebten zusammen", weil diejenigen die zum Islam konvertierten nicht umsiedelten, sondern bei ihren nichtmuslimischen Nachbarn blieben. So befanden sich sogar die Wechselstuben der jüdischen Geldwechsler in der Nähe der Moscheen. Der spanische Historiker Torres Balbás betont in diesem Zusammenhang, dass Muslime, die unter der muslimischen Herrschaft lebenden Christen und Juden, Araber aus dem Osten, Berber, aus Nordspanien

1 Vgl. La Chica Garrido 1987, S. 51.
2 Vgl. Ashtor 1973, S. 29.

stammende Christen, Franken, Genueser etc. – anders ausgedrückt: dass sich Menschen mit unterschiedlichen kulturellen, ethnischen und religiösen Hintergründen auf den Märkten und Straßen in ihren traditionellen Kleidungen präsentiert und ihre jeweils eigene Sprache gesprochen hätten.[3]

Auch im Aufbau der andalusischen Städte zeigte sich dieses Zusammenleben. Das jüdische Viertel in Córdoba befand sich z.B. in direkter Nachbarschaft zur Hauptmoschee (al-Ǧāmiʿ al-kabīr), die jüdischen und muslimischen Friedhöfe lagen direkt nebeneinander und wurden nur durch eine schmale Gasse voneinander getrennt. Ebenfalls in Córdoba haben sich die Christen und Muslime für eine kurze Zeit die Kirche St. Vicente als Gebetsstätte geteilt. Am Haupttor der Stadt befand sich eine Statue, die Maria darstellte.

Einem ähnlichen Phänomen der „Zusammengehörigkeit" konnte man in der sensiblen Einrichtung des Militärs begegnen. Während des Kalifats von Córdoba bestand eine 5.000 Mann große Militäreinheit unter Hakem I. komplett aus christlichen Soldaten. Ferner ist bekannt, dass ein fränkischer General mit seinen Soldaten Abdurrahman II. und Muhammed I. gedient hat, und dass während der Existenz des Ṭawāʾif -Königreichs einige der Hofwachen christliche Soldaten waren. Ein weiteres Beispiel liefert der bekannte spanische christliche Ritter El Cid (Rodrigo Diaz Vivar) aus dem Mittelalter. Dieser Ritter und einige zu ihm gehörende christliche Soldaten haben viele Jahre lang für das muslimische Emirat Saragossa gegen das Königreich Kastilien Krieg geführt. An dieser Stelle könnten noch viele weitere Beispiele angeführt werden. Man kann ihnen generell entnehmen, dass die Religion bei der Aufstellung des Militärs kein ausschlaggebender bzw. maßgeblich bedeutender Faktor war. Aus diesem Grund sahen muslimische Herrscher keinen Nachteil darin, Christen ins Militär aufzunehmen.

Ein anderer Bereich, in dem sich Muslime und Nicht-Muslime wortwörtlich vereinheitlichten, war die Familie. Die meisten muslimischen Soldaten, die Andalusien eroberten, waren ledig und wurden in Andalusien sesshaft. Sehr früh begannen diese, die einheimischen nichtmuslimischen Frauen zu heiraten. Unter den eroberten Ländern war Andalusien das Land, in dem die Muslime am meisten nichtmuslimische Frauen heirateten. Daher behaupten einige spanische Forscher, dass die andalusischen Araber vollständig hispanisiert seien. Bei diesen Eheschließungen fällt auf, dass die nichtmuslimischen Frauen auch nach der Eheschließung Anhängerinnen ihrer eigenen Religion blieben. Auf der anderen Seite gab es Familien, die zum Islam konvertierten, ihren Töchtern dennoch die Eheschließung mit Christen erlaubten, obwohl dies offiziell nicht gestattet war. Diese Informationen zeigen, dass juristische, theoretisch festgelegte Normen mit der Praxis nicht übereinstimmten.

---

3 Vgl. Torres Balbás 1985, S. 321, 350.

Die „Zusammengehörigkeit", die innerhalb der Stadt, in der Familie und im Militär herrschte, wurde noch deutlicher am Hof, der die Politik, die Kultur und die Regierung widerspiegelte. Insbesondere im 10. Jhd. repräsentierte der Hof des Emirats trotz der innerhalb der Gesellschaft vorhandenen Verschiedenheiten eine Einheit. Alle ethnischen und religiösen Gesellschaftsgruppen bzw. deren Angehörige konnten am Hof verantwortungsvolle Posten übernehmen und dem Hof dienen: Der muslimische Kalif, der jüdische Arzt, der christliche Übersetzer, der slawische Befehlshaber, der arabische oder berberische Wesir, der konvertierte Kadi, der sudanesische Bote und der irakische Dichter... – all diese Menschen versammelten sich unter einem Dach. Der französische Forscher Henri Pérès drückt seine Bewunderung für diese Harmonie angesichts der Verschiedenheiten mit folgenden Worten aus:

> „Die Zusammengehörigkeit ist auf die Toleranz der andalusischen Muslime zurückzuführen. Kein anderes bezwungenes Volk hatte so viel Glück wie die Spanier und erhielt so viele Rechte durch Vereinbarungen. In jedem Amt hatten sie einen Vertreter. Einige von ihnen konnten zur Frau eines Kalifs werden, andere zu Bediensteten, andere sogar zu gut bezahlten Soldaten oder Generälen [...]."[4]

Bisher haben wir Informationen zur Koexistenz von unterschiedlichen Religionen erhalten. Man könnte sich nun die Frage stellen, wie unterschiedlich die Muslime den Islam wahrnahmen und wie sie strukturiert waren. Hierzu genügt eine kurze und knappe Antwort. Direkt nach der Gründung des Kalifats von Córdoba gab es eine wichtige religiöse Entwicklung: Im ganzen Land wurde die malikitische Rechtsschule offiziell angenommen. Dies führte dazu, dass religiöse Angelegenheiten und andere Wahrnehmungen aus der Sicht dieser Maḏhab beurteilt wurden. „Reformatoren" und „Manipulierer" des Islam wurden von den Malikiten als „rechtswidrig" eingestuft und wurden mit Hilfe des Staates beseitigt. Es kann allerdings nicht behauptet werden, dass der Regierungsapparat immer mit den Malikiten zusammen agierte. Die Regierenden griffen nur dann ein, wenn sie es für notwendig hielten, das heißt, wenn oppositionelle religiöse Minderheiten politisch mitwirken wollten oder gewisse Bevölkerungsgruppen gegen Minderheiten aufgehetzt wurden. Trotzdem wurden alle Anschauungen und „Strömungen", die sich im Osten entwickelten, früher oder später in Andalusien ebenfalls vertreten.

Das von den muslimischen Eroberern eingeführte Gesellschaftsmodell hat nicht nur unterschiedliche Religionen und Ethnizitäten zusammengeführt, sondern auch zu beachtlichen Ergebnissen geführt. Ein wesentliches Ergebnis ist die kulturelle Interaktion und Wandlung. Während dieses Prozesses fällt zuvorderst die Verbreitung des Islam bzw. der islamischen Kultur unter den einheimischen Christen und Juden auf. Die Islamisierung begann mit der Eroberung, wurde im 9. und 10. Jhd. beschleunigt und erreichte ihren Höhepunkt im 12.

4 Vgl. Pérès 1983, S. 277f.

Jhd. Die Einheimischen, die zum Islam konvertierten, waren unter dem Namen Muwalladūn bekannt. Die Zahl der Einheimischen wurde auf ca. vier Millionen geschätzt, wobei sich die Mehrheit von ihnen für den Islam entschieden hat. Um die Zahl der Muslime zu erhöhen und den Islam im Land zu verwurzeln, haben die andalusischen Herrscher die Verbreitung des Islam gefördert. Anders als in der umayyadischen Epoche mussten die „Neu-Muslime" keinen Tribut (Ğizya) zahlen, da dies den Islamisierungsprozess gebremst hätte. Bei der Verbreitung des Islam unter den Einheimischen spielten mehrere Faktoren eine Rolle. Einige wichtige davon betrafen die Beziehung zu muslimischen Nachbarn, die individuellen Bemühungen von Muslimen und von Gelehrten, der Kontakt zu Muslimen im Alltag (Märkte usw.), die Befreiung von der Ğizya, das Erlangen von Ansehen etc. Ein weiterer wichtiger Aspekt ist, dass der Islam im Vergleich zum Christentum überschaubarer, verständlicher und einfacher ist. Wie alle anderen christlichen Länder war auch das spanische Volk gespalten und reagierte gereizt auf Fragen wie beispielsweise: Ist Jesus der Sohn Gottes? Falls er der Sohn ist, ist er es tatsächlich oder nur im metaphorischen Sinne? Wird jeder Mensch als Sünder geboren? In diesem Kontext behauptet der spanische Forscher Cantarino:

> „Der Islam weist eine einfachere und verständlichere Glaubensstruktur auf. Das muslimische Glaubensbekenntnis ist eindeutig: ‚Ich bezeuge, dass es keine Gottheit außer Allah gibt und dass Mohammed der Gesandte Allahs ist.' Im Gegensatz zum Christentum, das durch die Diskussionen um die Trinität (Dreifaltigkeit) in mehrere unvereinbare Gemeinden aufgeteilt wurde, ist der Islam verlockend, da das Bekenntnis klar und deutlich ist. Um ein Muslim zu werden, braucht man im Islam weder eine Zeremonie noch ein Sakrament, die Aussprache des oben genannten einzigen Satzes reicht völlig aus."[5]

Es wird berichtet, dass im 12. Jhd., also während der Herrschaft der Almohaden (al-Muwaḥḥidūn), die Christen das erste Mal gezwungen worden seien, entweder zum Islam zu konvertieren oder das Land zu verlassen. Es wird vermutet, dass diese Vorgehensweise im Maghreb-Gebiet angewandt wurde.[6] Diese Politik ist das Ergebnis der religiösen Unwissenheit der Almohaden, die angewandt wurde, um die Sicherheit im Land wiederherzustellen, denn im 12. Jhd. begann die Reconquista der christlichen Lager mit der Absicht, Andalusien zurückzuerobern. In dieser Phase gingen einheimische Christen in Andalusien und Nordafrika Bündnisse ein und leisteten logistische Unterstützung. Um die Sicherheit im Land zu gewährleisten, wurden die Christen durch die Almohaden mit der oben beschriebenen Politik konfrontiert. Aufgrund Letzterer ist es auch schwierig, die Zahl der Konvertiten zu ermitteln. Da die Mehrheit der Einheimischen im 11. Jhd. bereits den Islam angenommen hatte, kann die Zahl der zum Islam Konvertierten bzw. der durch Zwang Konvertierten jedoch nicht allzu groß gewesen

5 Vgl. Cantarino 1978, S. 76f.

6 Vgl. an-Nuwayrī o.J., S. 23; al-Marrākušī 1978, S. 434f.

sein. Die als Mozaraber bekannten Christen hatten sich bereits in die christlichen Länder begeben. Bekannt ist auch, dass einige jüdische Gruppen auswanderten. Wie es zu erwarten war, erhielten die angeblich zum Islam Konvertierten nach der Zeit der Almohaden ihre früheren Rechte zurück. In den Gebieten, in denen die Nasriden herrschten, konnten insbesondere die Juden ihren Status beibehalten. Ein eindeutiger Beweis hierfür ist die Vereinbarung aus dem Jahre 1491 (Übergabe Granadas), durch die nicht nur Muslime, sondern auch Juden gewisse Grundrechte erhielten.[7] Parallel zur Islamisierung sind auch die arabische Sprache und Bestandteile der östlichen Kultur auf Akzeptanz gestoßen. So war die arabische Sprache im 9. und 10. Jhd. nicht nur unter den einheimischen Muslimen und Berbern, sondern auch unter den Nicht-Muslimen verbreitet. Aus diesem Grund musste die Bibel ein Jahrhundert nach der Eroberung ins Arabische übersetzt werden, damit sie von den neuen und nachkommenden Generationen besser verstanden werden konnte. Das Interesse der christlichen Jugendlichen an der arabischen Sprache und Literatur sorgte für Unruhen unter den bedeutenden christlichen Persönlichkeiten, da sie ihre Sprache (Latein) vernachlässigten. Der aus Córdoba stammende Schriftsteller Alvaro äußerte seine Besorgnis mit folgenden Worten:

> „ […] Wie ich sehe, lesen einige meiner Glaubensbrüder arabische Gedichte und Texte, sie analysieren die Werke muslimischer Autoren und Dichter. Was mich bedrückt ist, dass sie sie nicht lesen, um sie zu kritisieren, sondern sie lesen sie, um die arabische Sprache besser und fließender zu beherrschen. Gibt es denn eigentlich nur einen unter ihnen, der die Heiligen Schriften in lateinischer Sprache lesen kann? Wer von ihnen beschäftigt sich denn mit der Bibel oder mit dem Propheten? Schade! Die besonders begabten christlichen Jugendlichen kennen nichts außer der arabischen Sprache und Literatur. Sie geben unnötig Geld für solche Bücher aus. Überall berichten sie von der Pracht dieser Literatur und machen dafür Propaganda. Sprecht mit ihnen über christliche Werke. Sie werden leichtsinnig über sie reden. Wie tragisch! Die Christen haben ihre Muttersprache verlernt! […].“[8]

Viele Christen haben neben der Sprache auch die Kleidung, die Namensgebung und die Küche der Araber imitiert. Aus diesem Grund bezeichneten die nordspanischen Christen ihre Glaubensbrüder in Andalusien als die Mozaraber (arabisierte Person/arab. al-Mustaʿribūn).

Die kulturelle Einwirkung auf die Christen war auch bei den Juden zu sehen. Während des 10. und 11. Jhd., also während der aus jüdischer Sicht „Goldenen Ära“, verfassten zahlreiche jüdische Denker und Schriftsteller – u.a. Ibn Gabirol (Ibn Ǧabīrūl), Ibn Ezra (Ibn ʿIzrā), Hasday b. Šaprūt und Yehuda Ha-Levi (Yahūḏā Hālīfī) – ihre Werke in arabischer Sprache.

So wie die arabische Sprache sich unter den Einheimischen verbreitete, wurde andersherum auch die Sprache der Einheimischen, das Lateinische, von

---

7 Vgl. Garrido Atienza 1992, S. 282.
8 Vgl. Simonet 1983, II, S. 370f.

den Arabern und Berbern erlernt. Laut dem andalusischen Gelehrten Ibn Ḥazm beherrschte die Mehrheit des andalusischen Volkes neben der arabischen auch die lateinische Sprache.[9] Betont werden muss in diesem Zusammenhang, dass diese Fortschritte und Entwicklungen nicht vom Staat auferlegt wurden, sondern sich freiwillig und schrittweise mit dem Willen des Volkes vollzogen.

Ein weiteres Ergebnis dieses Modells war die Ausbildung einer einheitlichen andalusischen Identität unter den unterschiedlichen ethnischen und religiösen Gruppen. Bei dieser Entwicklung spielten selbstverständlich eine bessere Wirtschaft und die Entwicklung der Städte, die durch die muslimischen Herrscher gefördert wurden, eine wichtige Rolle. Ein Vergleich zwischen den Siedlungsstrukturen der christlichen und muslimischen Gesellschaft in Spanien zeigt, dass die Christen zum größten Teil in Dörfern oder in Gebirgsregionen und Muslime eher in Städten lebten. Interessant ist die Betrachtung der Städteflächen zwischen dem 10. und 12. Jhd. In diesem Zeitraum umfasste Sevilla beispielsweise 187 ha, Córdoba 182 ha, Toledo 106 ha, Mallorca 90 ha, Almeria 79 ha, Granada 75 ha. Im 10. Jhd. lag die Einwohnerzahl von Córdoba bei nicht weniger als 250.000. Zu dieser Zeit gab es keine größere Stadt in Mittel- und Westeuropa. Die enorme Entwicklung der Städte in Andalusien wird durch einige Vergleiche noch deutlicher: Paris nahm im 11. Jhd. nur 20 ha Fläche ein; die im 16. Jhd. am dichtesten bevölkerte spanische Stadt Sevilla hatte ungefähr 130.000 Einwohner, und in der spanischen Hauptstadt Madrid lebten nur 50.000 Menschen, d.h. noch weniger Menschen als in Toledo. Die Einwohnerzahl von 250.000 wurde in Córdoba bereits im 10. Jhd. und in Europa das erste Mal im 17. Jhd. in London erreicht.[10] Die Kosmopolitisierung, die sich nach der Städteentwicklung im 10. und 11. Jhd. deutlich bemerkbar machte, beeinflusste die Zivilisation und Kultur in großem Maße.

Das konstruktive Verhalten der muslimischen Eroberer verhinderte eine zerstörerische Besetzung Andalusiens. Aufgrund dieser Vorgehensweise sind die während der Eroberung zerstörten Gebiete schnell wieder aufgebaut worden, kleine Dörfer wurden zu Städten entwickelt, die mit ihren Herbergen, Bädern, Moscheen, Medresen (Madāris), Kirchen, Synagogen und Märkten im Mittelalter zu Zivilisationszentren wurden. Man kann nicht behaupten, dass Córdoba vor der Eroberung Andalusiens sehr bekannt war. Nur zwei Jahrhunderte nach der Eroberung besaß die Stadt 113.000 Häuser, 21 Stadtteile (Bezirke), 70 Bibliotheken, mehr als 2.000 Moscheen, genauso viele Herbergen und Bäder, prachtvolle Serails (Paläste), mehrere Kirchen und Synagogen und wurde somit, neben Bagdad und Konstantinopel (Istanbul), zu einer der größten Städte der Welt. Sogar die deutsche Dichterin Hroswitha von Gandersheim bezeichnete die Stadt Córdoba im 10. Jhd. in einem ihrer Gedichte als „strahlender Schmuck der Erde […]". Die Stadt wird mit „Schmuck" verglichen, da die Kunst im Alltag eine

9 Vgl. Ibn Ḥazm 1983, S. 443.
10 Vgl. Pastor de Togneri 1985, S. 42f.

wichtige Rolle spielte. Wie aus den oben genannten Zahlen ersichtlich, wurden neben Córdoba auch die andalusischen Städte Sevilla, Málaga, Almeria, Toledo, Granada, Badajoz, Saragossa, Dénia, Valencia, Mallorca und Lissabon zu wichtigen Zentren. Aufgrund dieser Entwicklungen konnten die andalusischen Dichter ihre Heimatstädte mit dem Paradies vergleichen. Daher besaßen nicht nur die Wirtschaft und Wissenschaft, sondern auch die Kunst und Ästhetik in der andalusischen Zivilisation große Bedeutung. Die Andalusier haben unter den Einwirkungen der restlichen islamischen Welt und den jeweiligen regionalen Ansiedlungen eine eigene Ästhetik entwickelt. Die entstandenen andalusischen Werke haben nicht nur in der islamischen Welt, sondern auch unter den Christen Bewunderung ausgelöst. Das beste Beispiel hierfür ist der Alcázar in Sevilla. Viele christliche Herrscher ließen ihre Paläste von muslimischen Künstlern und Meistern bauen. Ebenso haben im christlichen Spanien viele Kirchen Merkmale der andalusischen Architektur („arte mudéjar"). Wie in der Vergangenheit gibt es auch heute noch Werke andalusischer Muslime, die nicht nur für Muslime von Bedeutung sind, sondern auch für den Rest der Welt. Die Mezquita de Córdoba, der Alhambra (al-Ḥamrā᾽), der Aljaferia (al-Ǧāfarīya) und der Madīna az-Zahrā᾽ Palast, die Giralda (das Minarett der Almohaden Moschee) und der goldene Turm (Torre del Oro) sind nur einige Beispiele für die andalusische Architektur, die die einzigartigen Merkmalen der andalusischen Kultur veranschaulichen.

Parallel zu der Entwicklung im Bereich der Stadt und Kultur wurden durch die Förderungen der andalusischen Herrscher auch die Wissenschaften belebt. Es fanden Exkursionen in den Osten statt, um das angehäufte Wissen aus Städten wie Alexandria, Kairo, Mekka, Medina, Basra, Kufa, Bagdad und Damaskus nach Andalusien zu holen. Ferner wurden Werke aus Byzanz, die sich mit der Medizin, Geschichte und Botanik beschäftigten, in Zusammenarbeit von muslimischen, jüdischen und christlichen Wissenschaftlern ins Arabische übersetzt. Da man besonders viel Wert auf die Wissenschaft legte, wurde im 10. Jhd. in Córdoba eine Palastbibliothek mit 400 Bänden eingerichtet. Darüber hinaus wurden in Córdoba und in anderen Städten Bibliotheken mit Tausenden von Werken eingerichtet. Welchen besonderen Wert auf die Bücher, Bibliotheken und Wissenschaften in Andalusien gelegt wurde, wird besonders deutlich, wenn man sich vor Augen führt, dass im 16. Jhd. in der umfangreichsten Bibliothek Europas nur einige tausend Werke vorhanden waren.

Die andalusischen Herrscher förderten jede Art von wissenschaftlicher Anstrengung unter der Voraussetzung, dass sie unpolitisch war. Anders als im Christentum des Mittelalters gab es in Andalusien keinen Konflikt zwischen Wissenschaft und Politik. Unter diesen Bedingungen wurden folgende wichtige Persönlichkeiten ausgebildet: der jüdische Mediziner, Rabbiner, Diplomat und Übersetzer Hasday b. Šaprūt, az-Zahrāwī sowie die muslimische Banū Zuhrā᾽ Familie; im Bereich der Landwirtschaft und Botanik Ibn al-Baiṭār, al-Ġāfiqī und Ibn al-ʿAuwām; in der Astronomie ʿAbbās b. Firnās, Maslama al-Maǧrīṭī, az-

Zarqālī und al-Biṭrūǧī; in der Geschichte Aḥmad ar-Rāzī, Ibn Ḥayyān und Ibn Ḫaldūn; in der islamischen Rechtslehre Ibn Ḥazm, Abū al-Walīd al-Bāǧī und aš-Šāṭibī; in der Mystik Ibn Masarra, Ibn al-ʿArīf und Ibn al-ʿArabī; in der Philosophie Ibn Bāǧǧa, Ibn Ṭufayl und Ibn Rušd. Diese Persönlichkeiten haben mit ihren Werken nicht nur die islamische Welt, sondern auch den Westen auf sich aufmerksam gemacht. So ereigneten sich der erste Flugversuch und die Widerlegung der Ptolemäus-Theorie nicht zufällig in Andalusien. Auch die Entdeckungsfahrten in die „Neue Welt" begannen in Andalusien. Die oben genannten wie auch viele weitere Wissenschaftler haben ab dem 12. Jhd. maßgeblich zur „Erleuchtung" Europas bzw. dessen Befreiung aus dem „dunklen Mittelalter" beigetragen, da ihre Werke in die westlichen Sprachen übersetzt wurden.

Aufgrund der politischen und wirtschaftlichen Stabilität, der kontinuierlich fortschreitenden Entwicklung der Städte, des Fortschritts in Kunst und Wissenschaft sowie des allgemein herrschenden Wohlstands konnte Andalusien im 10.-11. Jhd. als das fortschrittlichste Land Europas bezeichnet werden. Daher waren die Bewohner Andalusiens auch stolz darauf, ein Teil dieses Landes zu sein. Folglich wurden auch Werke verfasst, in denen die Überlegenheit Andalusiens zum Ausdruck kam,[11] und die unterschiedlichen Bevölkerungsgruppen hatten größten Respekt vor den Herrschen dieses Landes, denen sie diese Überlegenheit zu verdanken hatten. Als dem Bischof von Córdoba, Recemundo, im 10. Jhd. von dem Priester Juan, einem Vertreter des deutschen Kaisers Otto, vorgeworfen wurde, er würde mit den muslimischen Herrschern Bündnisse ein-, anstatt gegen sie vorzugehen, antwortete der Bischof mit folgenden Worten:

> „Während überall Gefahren und Unglück lauern, ermöglichen uns die Muslime, unsere Gesetze und Rechte auszuüben. Solange sie [die Muslime] unsere Loyalität zu unserer Religion und Kultur respektieren, werden sie ihre Versprechen einhalten. Wir sind der Ansicht, dass wir ihre Gesetze befolgen müssen, solange sie unsere Religion nicht angreifen."[12]

Aus den bisher dargelegten Informationen kann man schließen, dass sich das Modell für das „Zusammenleben", das die Muslime hervorbrachten, zur Herausbildung einer neuen Zivilisation führte. Dabei muss folgender Aspekt besonders hervorgehoben werden: Die Geschichte hat bewiesen, dass Zivilisationen, die innerhalb ihrer Gebiete Heterogenitäten aufweisen, lebendiger und vielseitiger sind und eine schnellere Fortentwicklung haben. Lange Zeit wurde die Existenz von Heterogenitäten als ein Risikofaktor angesehen, doch wenn es gelingt, eine ausgewogene Mischung zu bilden, können die Verschiedenartigkeiten durchaus zur Entstehung einer fortschrittlichen Zivilisation beitragen. Gerade mit diesem Modell wurde eine Ausgewogenheit in Andalusien erreicht, und jedes Individuum konnte in unterschiedlichem Maße seinen Beitrag dazu leisten,

---

11 Vgl. al-Maqqarī 1988, III, S. 168.

12 Vgl. Simonet 1983, III, S. 608.

denn die Produkte dieser Zivilisation, wie z.B. die andalusische Architektur, die Musik, die Literatur, Institutionen und kulturelle Werke, konnten nicht allein von einem Teil der Gesellschaft hervorgebracht werden. Bei der Bildung dieser Zivilisation spielte die Synthese der Anstrengungen und Erfahrungen der Araber, Berber, Muwalladūn, Mozaraber (Christen), Saqāliba und Juden eine Rolle. Wahr ist, dass die östlichen Komponenten eine größere Rolle spielten, doch die Existenz der spanischen und maghrebinischen Bestandteile können nicht geleugnet werden.

2. Wie aus Andalusien Spanien wurde

Das 9. und 10. Jhd. umfassten die Jahre, in denen die andalusischen Muslime den Höhepunkt ihrer Macht erreichten. Gerade in der Phase, in der die Umayyaden aktiv waren, verloren die Regierenden und das Militär an Autorität. Aufgrund dieser Autoritätslücken entstanden im Jahre 1031 Aristokratien. Von diesem Zeitpunkt an begann eine neue Epoche, in der nichts mehr so wie früher sein sollte. In dieser Epoche, die auch als aṭ-Ṭawāʾif-Epoche bezeichnet wird, waren alle Städte (einschließlich aller Festungen) zu unabhängigen Ländern bzw. Emiraten geworden, zwischen denen – wie zu erwarten – Konkurrenz herrschte. Um seine jeweilige persönliche Macht zu demonstrieren, hat jeder Herrscher (Amīr) seine Hauptstadt sozusagen in ein Córdoba verwandelt, indem er Paläste, Herbergen, Märkte etc. errichtete. Dieser Wetteifer führte auch zu einer Vielzahl von wissenschaftlichen Forschungsarbeiten und literarischen Werken.

Aufgrund der politischen Konflikte zwischen den Emiraten waren militärische Einsätze nicht vermeidbar. Eine „politische Einheit" existierte unter den Andalusiern nicht mehr. Sie gingen sogar so weit, ihre Feinde neu zu definieren. Vor 1031 waren ausschließlich die christlichen Königreiche im Norden ihre Feinde gewesen, doch in der neu angebrochenen Epoche erklärten sie sich gegenseitig zu Feinden. Die Emirate stellten nun nicht mehr Heere auf, um sich vor christlichen Angriffen zu verteidigen, sondern um sich gegenseitig anzugreifen. Sie gingen sogar Bündnisse mit christlichen Königreichen ein, um ihre Überlegenheit gegenüber den anderen Emiraten zu demonstrieren. Wenngleich sich einige Gelehrte deutlich gegen dieses Verhalten äußerten und für die Einheit Andalusiens kämpften, blieben sie erfolglos. Ein Gelehrter, der sich für die Einigung einsetzte und die muslimischen Emire stark kritisierte, allerdings unbeachtet blieb, war Ibn Ḥazm.[13]

Als Folge dieser politischen Spaltung in Andalusien begannen die christlichen Königreiche mit der Planung und Umsetzung der „Rückeroberung Andalusiens". Die christlichen Königreiche, die Bündnisse mit den einzelnen Emiraten

13 Vgl. ʿInān 1970, S. 422f.

eingingen, erkannten die politische und militärische Notlage und waren der Ansicht, das Land zurückerobern zu müssen. Aus diesem Grund verlangte der König Kastiliens, Alfonso VI., von einem andalusischen Komitee: „Wir verlangen das Land, was einst uns gehörte von euch zurück. [...] Kehrt in eure Heimat zurück und überlasst uns unser Land.“[14] Er war auch der König, der die Rückeroberung von Toledo, die strategisch wichtigste und zweitgrößte Stadt nach Córdoba, plante und umsetzte. Außerdem nahm er von vielen Emiren Tribute ein und machte sie somit von sich abhängig.

All diese Ereignisse verschoben das Machtverhältnis zugunsten der christlichen Spanier. Das Wichtigste jedoch war die pessimistische Einstellung der Andalusier, die aufgrund der damaligen Lage dachten, dass das Ende Andalusiens begonnen hätte. Aufgrund der Konflikte untereinander und der hohen Tribute (an die Christen) büßten die Andalusier immer mehr Macht ein. Schließlich überließen sie die Verantwortung des Landes erst den nordafrikanischen Almoraviden und dann den Almohaden. Danach wurde Andalusien zu einem der wichtigsten Austragungsorte der Kreuzzüge. Unter Bezugnahme auf Urkunden erklärte der Vatikan die Rückeroberung Andalusiens zu einem „Heiligen Krieg“ und forderte die christlichen Länder somit auf, die Reconquista zu unterstützen. Tatsächlich hatte die Rückeroberung Andalusiens für den Vatikan aber eine andere Bedeutung, denn das eroberte Land sollte dem Vatikan von Konstantin, dem römischen Kaiser, geschenkt werden, was bedeutete, dass der Vatikan das verlorene Land mithilfe der Reconquista zurückerlangen konnte.

Ein Jahrhundert lang haben die Almoraviden (al-Murābiṭūn) und Almohaden christliche Angriffe auf Andalusien vereitelt und das Voranschreiten der Reconquista verhindert. Nach einer Vielzahl von Aufständen und Spaltungen haben die Almohaden ab 1220 die Herrschaft über Andalusien verloren. Dadurch wurde die Reconquista beschleunigt. Die Armeen Kastiliens, Aragons und Portugals haben zwischen 1236 und 1250 u.a. Städte wie Córdoba, Sevilla, Valencia, Murcia, Dénia und Almeria besetzt. Nach diesen Angriffen verblieben den Muslimen nur noch Granada und einige Städte in der Umgebung; mithin wurde das im 10. Jhd. mächtigste Land des Westens, Andalusien, bereits zwei Jahrhunderte später nur noch in Granada vertreten. Nach der Niederlage im Jahre 1492 wurde auch Granada abgegeben und Andalusiens Politik verlor an Bedeutung.

Nach der Vollendung der Reconquista im Jahre 1492, existierte die politische Herrschaft der Muslime zwar nicht mehr, doch die andalusische Identität wurde weiter bewahrt. Denn einige Muslime hielten es nicht für nötig, während der Reconquista das Land zu verlassen, da christliche Herrscher ihnen gewisse Rechte einräumten. Diese Bevölkerungsgruppe, die Mudéjares (Mudağğan) genannt wurde, erhielt anfangs dieselben Rechte wie die Mozaraber (Mustʿarabūn)

14 Vgl. Amīr 1955, S. 75; Lomax 1984, S. 74; O'Callaghan 1983, S. 204.

im damaligen Andalusien. Doch die Islamfeindlichkeit, die in Europa aufgrund der Kreuzzüge entstand, erreichte auch das christliche Spanien. Diese Islamfeindlichkeit führte zur Darstellung der Muslime als Ungläubige, Heiden und Anormale. Man warf ihnen vor, dass sie nicht an die Propheten und die Heiligen Bücher glauben und den Ehebruch dulden würden und die Feinde Jesu und des gesamten Christentums seien. Aufgrund dieser Verurteilungen versuchte man die Mudéjares aus der Gesellschaft auszuschließen oder sie zu assimilieren. Sie wurden aus den Zentren der Städte vertrieben und gezwungen, in Ghettos außerhalb der Stadt zu leben. Die Moscheen in den Städten wurden zu Kirchen umgewandelt. Den Mudéjares war es nicht gestattet, farbige und seidene Kleider zu tragen, wie Christen auszusehen (Bart und Haare), einen Titel zu erwerben (Don), in der Nähe von Kirchen zu wohnen, Häuser von Christen zu betreten, christliche Patienten zu behandeln, christliche Hochzeiten zu besuchen, das Erbe eines Christen zu kaufen und bestimmte Berufe auszuüben. Dazu gehörten der Beruf des Schreiners, des Schneiders, des Schmieds, des Veterinärs, des Schusters, des Metzgers, des Lederverarbeiters und des Kaufmanns. Trotz all dieser Maßnahmen gelang es den Mudéjares bis 1492 ihre muslimische Identität zu bewahren. Dieselbe Politik wurde ab dem 14. Jhd. auch gegenüber der jüdischen Bevölkerung angewandt.

Mit dem Ende der muslimischen Politik im Jahre 1492, wurde in Spanien ein politisches System errichtet, womit der Weg für eine religiöse Einheit geebnet war. Auch die Kirche übte Druck aus, verlangte die religiöse Einheit und hielt es nicht für notwendig, den Muslimen ihre Rechte zu garantieren. Die Christianisierungspolitik war bereits zuvor gegenüber der jüdischen Bevölkerung geltend gemacht worden. Ein Teil der jüdischen Gemeinde wurde gegen seinen Willen christlich, diejenigen, die sich weigerten, mussten 1492 das Land verlassen. Viele der vertriebenen Juden emigrierten ins Osmanische Reich. Die Politik, mit der man gegen die Juden vorging und Erfolg hatte, wurde ab 1499 auch gegenüber den Muslimen angewandt. In den Urkunden aus den Jahren 1501, 1502, 1510 und 1525 verlangte man von ihnen, dass sie zum Christentum konvertieren oder das Land verlassen mussten. Um den Kontakt der Gesellschaft zum Islam und zur islamischen Kultur zu unterbinden, wurden religiöse Werke des Islam konfisziert und verbrannt. Alle Moscheen wurden geschlossen oder zu Kirchen umgewandelt. Den Mudéjares wurde es nicht gestattet, als Kaufmänner zu arbeiten, an islamischen Gebeten teilzunehmen oder sonntags zu arbeiten, und sie wurden gezwungen, an Gottesdiensten in Kirchen teilzunehmen. Diese Maßnahmen hatten zur Folge, dass einzelne Mudéjares, aber auch ganze Gruppen, zum Christentum konvertierten. Diese Gruppen werden in der spanischen Geschichte als Morisken bezeichnet. Trotz der Bekehrungen der Mudéjares gaben sich die Kirche und die Herrschenden nicht zufrieden, da dieser Prozess nicht so schnell verlief, wie sie es sich vorgestellt hatten. In den Berichten der Inquisitoren ist zu lesen, dass die vermeintlich Bekehrten ihren muslimischen

Glauben nicht aufgaben. Daher wurden die Verdächtigen ab 1567 viel strenger verfolgt. Noch im selben Jahr wurden folgende Beschlüsse gefasst: In den Gebieten, in denen nur Morisken lebten, sollten von nun an mindestens 12 christliche Familien angesiedelt werden. Um die Morisken kontrollieren zu können, erhielten deren Mitglieder die Erlaubnis, zu jeder Zeit deren Häuser zu betreten. Kinder unter elf Jahren sollten an kirchlichen Schulen christlich erzogen und gebildet werden. Alle Morisken waren fortan verpflichtet, innerhalb von drei Jahren Spanisch zu lernen, Arabisch hingegen durfte auf keinen Fall gesprochen werden. Es war sogar untersagt, in den Häusern arabische Bücher aufzubewahren. Die Frauen mussten ihre Kopftücher und Schleier abnehmen und sich in ihrem Kleidungsstil den Spaniern anpassen.[15]

In den Jahren 1568-70 haben die Morisken auf diese Assimilationsmaßnahmen in Granada mit Aufständen reagiert. Diese Aufstände, die auch von den Osmanen unterstützt wurden, wurden blutig unterdrückt. Die Morisken, die in den aufständischen Gebieten lebten, wurden nach Kastilien vertrieben. Das spanische Königreich war sich jedoch bewusst, dass es mit dieser Situation nicht zurechtkommen würde. Daher griff man zu einer grundsätzlichen Lösung, und wie bereits im Falle der Juden schickte man die Morisken ins Exil. Der im Zeitraum zwischen 1609 bis 1614 in die Realität umgesetzte Beschluss sorgte für die Vertreibung von 300.000 Morisken aus Spanien. Die ins Exil geschickten Morisken siedelten in die osmanischen Gebiete über, wie z.B. Marokko, Tunesien, Algerien, Saloniki, Istanbul, Adana, und Damaskus.

Als Fazit kann an dieser Stelle festgestellt werden, dass nach 800 Jahren muslimischer Herrschaft im Jahre 1615, also 250 Jahre nach Ende der muslimischen Herrschaft, laut offiziellen Angaben weder ein einziger Muslim noch eine einzige muslimische Gebetsstätte übrig geblieben war. Genauso verhielt es sich bezüglich der Juden und jüdischen Gebetsstätten. Dieses sind die Beweise für den Übergang von Andalusien zu Spanien. Bemerkenswert ist, dass nach der Rückeroberung Toledos im Jahre 1038 durch Alfonso VI., Letzterer von den seit drei Jahrhunderten zusammenlebenden Vertretern der drei Religionsgemeinschaften empfangen wurde. Insbesondere fallen die Bemühungen des letzten Sultans der Banī Aḥmar auf, der sich bei der Übergabe Granadas im Jahre 1492 für die Muslime und Juden bzw. deren Rechteerwerb einsetzte. Schließlich wurde er für seine Bemühungen belohnt. Die Unterschiede zwischen den Übergängen von Spanien zu Andalusien und von Andalusien zu Spanien werden in ihren jeweiligen spezifischen Auswirkungen offenbar.

15 Vgl. ʿInān 1969, S. 358.

Literatur

Amīr, ʿAbdullāh, *at-Tibyān*, hrsg. v. Lévi-Provençal, Kairo 1955.
Ashtor, Eliyahu, *The Jews of Muslim Spain*, Philadelphia 1973.
Cantarino, Vicente, *Entre Monjes y Musulmanes*, Madrid 1978.
Chejne, Anwar G., *Muslim Spain*, Minnesota 1974.
Cruz Hernandez, Miguel, *El Islam de Al-Andalus*, Madrid 1992.
Fletcher, Richard, *Moorish Spain*, Los Angles 1993.
Garrido Atienza, Miguel, *Las capitulaciones para la entrega de Granada*, Granada 1992.
Glick, T. F., *Islamic and Christian Spain*, New Jersey 1979.
Guichard, Pierre, *Al-Andalus*, Barcelona 1973.
Ḥammāda, Muḥammad M., *al-Waṯāʾiq*, Beirut 1986.
Ḥasan, ʿAlī Ḥasan, *al-Ḥaḍārat al-Islāmīya fī l-Maġrib wa l-Andalus*, Kairo 1980.
Ibn Ḥazm, *Ǧamhara ansāb al-ʿarab*, Beirut 1983.
Hillenbrand, Robert, *"Medieval Cordoba as a Cultural Centre"*, in: Jayyusi, Salma Khadra u.a. (Hg.), *The Legacy of Muslim Spain*, I, Brill 1992, S. 112-135.
Hitti, Philip K., *Siyasi ve Kültürel İslam Tarihi*, übers. von Salih Tuğ, İstanbul 1981.
ʿInān, ʿAbdullah, *Daulat al-islām fī l-andalus*, I-II, Kairo 1969.
Ders., *Duwal aṭ-ṭawāʾif*, Kairo 1970.
La Chica Garrido, Margarita, *„Mozárabes y judíos en la alta Edad media"*, in: *Actas de Las I Jornadas de Cultura de Islamica*, Toledo 1987.
Lea, Henry Charles, *The Moriscos of Spain*, London 1901.
Lomax, Derek W., *La Reconquista*, Barcelona 1984.
al-Maqqarī, *Nafḥ aṭ-ṭīb min ġusn al-Andalus ar-ratīb*, hrsg. v. Iḥsān ʿAbbās, I-VIII, Beirut 1988.
al-Marrākušī, ʿAbd al-Wāḥid, *Kitāb al-Muʿǧib fī talḫīṣ aḫbār al-maġrib*, hrsg. v. M. S. al-Aryān-M. al-ʿArabī, Dār al-Bayḍāʾ 1978.
an-Nuwayrī, *Nihāyat al-arab fī funūn al-adab*, hrsg. v. Muṣṭafā Abū Ḍayf Aḥmad, Dār al-Bayḍāʾ o.J.
O'Callaghan, J. F., *A History of Medieval Spain*, London 1983.
Özdemir, Mehmet, *Endülüs Müslümanları* (Politische Geschichte), Ankara 1994.
Ders., *Endülüs Müslümanları* (Kultur- und Zivilisationsgeschichte), II-III, Ankara 1997.
Ders., *"Endülüs'te Birlikte Yaşama Tecrübesi Üzerine Mülahazalar"*, in: Türkiye Diyanet Vakfı Yayınları (Hg.), *İslâm ve Demokrasi*, Ankara 1998, S. 85-93.
Pastor de Togneri, Reyna, *Del Islam Al Cristianismo*, Barcelona 1985.
Pérès, Henri, *Esplendor de Al-Andalus*, Madrid 1983.
Sālim, ʿAbd-al-ʿAzīz, *Tārīḫ al-muslimīn wa-āṯāruhum fī l-Andalus min al-fatḥ al-ʿarabī*, Alexandria 1985.
Şeyban, Lütfi, *Reconquista: Endülüs'te Müslüman-Hristiyan İlişkileri*, İstanbul 2003.
Simonet, Francisco Javier, *Historia de los Mozárabes*, I-IV, Madrid 1983.
Torres Balbás, L., *Ciudades hispano-musulmanes*, Madrid 1985.
Türkiye Diyanet Vakfı Yayını (Hg.), *Endülüs'ten İspanya'ye*, Ankara 1994.
Wasserstein, David, *The Rise and Fall of The Party-Kings*, New Jersey 1985.
Watt, W. M., *A History of Islamic Spain*, Edinburgh 1965.
Yıldız, H. D. (Red.), *Doğuştan Günümüze Büyük İslam Tarihi*, IV-V, İstanbul 1987.

VII. Islam, Demokratie und Säkularisierung

Islam und Demokratie – ein Widerspruch? Versuch einer politikwissenschaftlichen Erklärung

Von Mohssen Massarrat

Die Frage, ob der Islam und die Demokratie kompatibel sind, ist in den westlichen Diskursen über die islamische Welt eine der am häufigsten gestellten Fragen. Dahinter verbirgt sich oft eine vorgefasste Meinung, dass der Islam das Haupthindernis für die Demokratisierung islamischer Gesellschaften sei und im Umkehrschluss das Christentum per se eine mit Demokratie kompatible Religion darstelle. Für die Auffassung, die Demokratie sei eine westlich-christliche Erfindung, lässt sich tatsächlich ein empirisch fundiertes Argument anführen, das auf den ersten Blick schwer zu widerlegen ist: Alle westlichen Demokratien haben nämlich einen christlichen Hintergrund, dagegen hat die islamische Welt bisher keinen einzigen demokratischen Staat hervorgebracht.

Clash of Civilizations

Bei dieser scheinbar bestechenden Kausalität wird jedoch nicht nur übersehen, dass Demokratie eine Errungenschaft der hellenistischen Kultur im vorchristlichen Zeitalter war. Mehr noch: Die Demokratiefähigkeit okzidentaler bzw. orientalischer Gesellschaften wird allein und selektiv auf ethische Quellen und Normen zurückgeführt, während alle anderen, für die Demokratieentwicklung mindestens genauso relevanten gesellschaftlichen Faktoren und historischen Besonderheiten der Staatsbildung im Okzident und Orient ausgeblendet werden. Dieser selektive Blick und die Annahme, dass der Islam die Demokratisierung islamischer Gesellschaften blockiere, untermauern Samuel Huntingtons These vom unausweichlichen *Clash of Civilizations*[1] und die Aufforderung an den Westen, auf die sich anbahnende islamische Herausforderung zu reagieren.

Der Kampf der Kulturen zwischen der christlich-westlichen und der islamischen Welt ist nun im vollen Gange. Vielleicht haben wir den Gipfel dieses Kampfes bereits hinter, vielleicht aber auch noch vor uns. Er begann mit der islamischen Revolution im Iran vor 30 Jahren, bis Huntington dann 15 Jahre später mit seiner Streitschrift zu einer Gegenrevolution aufgerufen hatte. Während seitdem fundamentalistisch-islamische Strömungen die Moslems zum Kampf gegen westliche Dekadenz animieren, malt ein einflussreicher Teil der westlichen Elite die Demokratiefeindlichkeit des Islam an die Wand. In diesem Kon-

1 Samuel P. Huntington, *Der Kampf der Kulturen. Die Neugestaltung der Weltpolitik im 21. Jahrhundert*, München/Wien 1997.

text erlebte die Menschheit gerade im zu Ende gehenden ersten Jahrzehnt des 21. Jahrhunderts schreckliche Ereignisse: den 11. September, den Nato-Krieg in Afghanistan, den Krieg der Vereinigten Staaten im Irak, den Streit um das iranische Atomprogramm, die Ermordung des Holländers Theo Van Gogh, den Karikaturenstreit, diverse Kampagnen gegen die moslemische Bevölkerung in den europäischen Staaten mit Verweis auf Ehrenmorde und Genitalverstümmelung, das Kopftuch- und Burkaverbot sowie anlässlich des Baus von neuen Moscheen in jüngster Zeit die Volksabstimmung für das Verbot von Minaretten in der Schweiz – all dies sind Ereignisse, die in der einen oder anderen Form im Kontext des Kampfs der Kulturen zu verorten sind. Auch die tief verwurzelte Islamophobie im Westen zehrt oft von der Prämisse der Anpassungs- und Integrationsunfähigkeit der in die westlichen Demokratien eingewanderten Moslems, zumal es – betrachtet man die Debatten darüber in den Talkshows – nicht sonderlich schwer fällt, die unterstellten Prämissen mit beliebig vielen Fakten zu belegen, die selektiv aneinandergereiht werden.[2] Insofern ist eine eingehende Beschäftigung mit einer wichtigen Prämisse dieses Kulturkampfes, nämlich der Demokratieabträglichkeit des Islam, keine akademische, sondern eine hoch aktuelle politische Frage. Sie bedarf einer wissenschaftlichen Erörterung, selbst wenn klar ist, dass der Ausgang des Diskurses keinen signifikanten Einfluss auf den gegenwärtigen Kulturkampf haben dürfte.

Ethik, Kapitalismus, Demokratie

Der gegenwärtig geführte Diskurs über das Verhältnis von Islam und Demokratie steht sehr stark unter dem Einfluss eines sich zuspitzenden Konflikts zwischen den westlich kapitalistischen Staaten und einigen islamischen Staaten, dessen primäre Ursachen eher ökonomisch-geopolitischer und machtpolitischer Natur sind. Er schließt sich jedoch einem älteren Diskurs über das Verhältnis zwischen Islam und Kapitalismus an, der im Kontext von entwicklungspolitischen Debatten in den 1960er und 70er Jahren stattfand. Auch hinter jenem Diskurs verbarg sich die grundsätzliche Frage, inwiefern ethisch-religiöse Normen für die Modernisierung der einen und die Stagnation der anderen Seite verantwortlich zu machen sind. Auch in diesem Diskurs war die Verführung zu Ver-

---

2 Erinnert sei beispielsweise an die ARD-Talkshow „Hart aber Fair" am 02.12.2009, die anlässlich des Schweizer Volksentscheids zum Verbot von Minaretten stattfand. In dieser wurde der CDU-Politiker Wolfgang Bosbach nicht müde, der moslemischen Bevölkerung eine fehlende Integrationswilligkeit und Fähigkeit zu unterstellen, diese ständig zu wiederholen und mit einzelnen Fakten, wie beispielsweise der Nichtteilnahme moslemischer Schülerinnen am Sportunterricht, zu untermauern. Nicht nur dies, sondern auch andere Beispiele (wie Genitalverstümmelung, Ehrenmorde etc.) werden dabei wie selbstverständlich vom Islam abgeleitet, historische und traditionsbedingte Ursachen jedoch unberücksichtigt gelassen.

einfachung und oberflächlicher Betrachtung zugegebenermaßen sehr groß. Tatsächlich entwickelt sich der Kapitalismus im christlichen Umfeld. Wahr ist auch, dass in keiner islamischen Gesellschaft eine umfassende Modernisierung stattgefunden hat. Seit Webers Werk *Protestantische Ethik und der Geist des Kapitalismus*[3] gehört es zu den Selbstverständlichkeiten sozialwissenschaftlicher Abhandlungen, eine spezifisch christliche Ethik zur entscheidenden Grundlage der Aufklärung, der Ratio und der industriellen Revolution hochzustilisieren[4] und gleichzeitig im Umkehrschluss beispielsweise dem Buddhismus und dem Islam eine derartige Fähigkeit abzusprechen. Bezüglich des Islam trat der französische Orientalist Maxime Rodinson dieser weit verbreiteten These vor beinahe 40 Jahren mit seinem Werk *Islam und Kapitalismus*[5] entgegen. Die Faszination der Weber'schen These scheint jedoch nach wie vor ungebrochen zu sein.

Trotz gegensätzlicher Schlussfolgerungen haben ethisch begründete Deutungsmuster von gesellschaftlichen Prozessen viele Gemeinsamkeiten. So leitet auch der islamische Fundamentalismus seine Legitimation implizit daraus ab, dass er die islamische Ethik als die einzig mögliche Quelle der islamischen Zivilisation der vergangenen Zeiten interpretiert und daraus folgernd die Überwindung der gegenwärtigen Rückständigkeit islamischer Gesellschaften einzig in der Rückbesinnung auf den Ur-Islam zu erlangen sucht, nachdem die urislamischen Prinzipien und Normen vermeintlich unter dem christlich okzidentalen Einfluss der letzten Jahrhunderte verfälscht und diskreditiert worden seien.

Die Beliebigkeit der ethisch begründeten Erklärungsansätze ist offenkundig. Die einen führen ihre vergangene Zivilisation auf den Islam zurück, während die anderen ihre gegenwärtige Zivilisation mit der christlichen Ethik in Verbindung bringen. Dabei werden Zeit, Raum und historische Umstände der alten östlichen wie der neuen westlichen Zivilisation aus der Betrachtung ausgeblendet.[6] Für Weber war es

---

3 Max Weber, *Die protestantische Ethik und der Geist des Kapitalismus*, in: ders., *Gesammelte Aufsätze zur Religionssoziologie*, Bd. I, Tübingen 1972.

4 So beispielsweise bei Daniel Chirot, *"The Rise of the West"*, in: *American Sociological Review*, Vol. 50, No. 2, 1985.

5 Maxim Rodinson, *Islam und Kapitalismus*, Frankfurt a. M. 1966.

6 Ein Beispiel für diese Beliebigkeit liefert der Orientexperte Dieter Weiss in einem im Wochenmagazin *Die Zeit* veröffentlichten Beitrag *„Weshalb sind die Muslime zurückgeblieben?"* (*Die Zeit* vom 13.05.1994). Die Antwort bei Weiss ist eindeutig: Die Geschlossenheit und fehlende Flexibilität des Islam sind des Rätsels Lösung. Um die These zu belegen, vergleicht Weiss ökonomisch zurückgebliebene arabische Staaten mit ostasiatischen Schwellenländern: „Südkorea, Taiwan, Singapur, die zu Industriestaaten aufgestiegen sind, und anderen asiatischen Staaten wie Malaysia, Thailand und die Philippinen, Indonesien und die Volksrepublik China, die danach drängen." Trägt die Religion der arabischen Staaten nach Weiss Mitschuld an ihrer Misere, so verdanken die ostasiatischen Aufsteiger ihren Aufbruch ins Industriezeitalter ihren buddhistischen, taoistischen und konfuzianischen Religionen, denen Weiss Tugenden wie die Neigung

> „die innerweltliche Askese des Protestantismus, welche gerade den frömmsten und ethisch rigorosesten Elementen den Weg in das Geschäftsleben öffnete [... und] eine kapitalistische Ethik [schuf]. [...] Das Zinsverbot selbst wurde vom Protestantismus, speziell vom asketischen Protestantismus, auf alle Fälle konkreter Lieblosigkeit beschränkt."[7]

Dass die Ethik und noch umfassender die Kultur im historischen Prozess der Modernisierung eine wichtige Rolle spielten, steht außer Frage. Irreführend ist allerdings die selektive Reduktion hochkomplexer Vorgänge auf die Ethik bzw. kulturell begründete Koordinations- und Bewertungsmaßstäbe.

Das Bürgertum als Träger der Aufklärung und Demokratie

Bei einer umfassenderen Analyse des sozialen Gefüges vormoderner Gesellschaften im christlich okzidentalen Mittelalter und im islamischen Orient rücken jedoch andere durchaus Erkenntnis fördernde Erklärungsmuster ins Blickfeld: Die vormodernen europäischen Gesellschaften waren überwiegend dezentral mit schwachen zentralistischen Staaten ausgestattet, während die orientalischen Gesellschaften unabhängig von der herrschenden Religion (ob Buddhismus oder Taoismus in Indien und China oder Islam im Mittleren Osten), im vorislamischen bzw. islamischen Zeitalter überwiegend zentralistische, despotische Staaten mit schwachen dezentralen Strukturen aufwiesen.

Die dezentrale Herrschaft mit zahlreichen kleinen und untereinander konkurrierenden feudalen Gemeinden in Europa begünstigte die Entstehung von autonom agierenden bürgerlichen Schichten an der Peripherie dieser Gemeinwesen. Sie trieben über mehrere Jahrhunderte hinweg evolutionär und nachhaltig die gesellschaftliche Arbeitsteilung sowie die soziale Transformation voran. Hier führte der zunehmende Austausch von Waren und Dienstleistungen zwischen Stadt und Land zur Entfaltung des inneren Marktes und zur Entstehung einer aufsteigenden und neuartigen sozialen Schicht, deren Stärke nicht nur darin bestand, die Lohnarbeit zu erfinden und Kapital zu akkumulieren, sondern sich als wirkungsmächtiger sozialer Träger der Aufklärung zu etablieren. Gemeint ist das *Bürgertum*, das sich die geistigen Errungenschaften der europäischen Aufklärung zu eigen machte, um den Weg für die kapitalistische Entwicklung und Industrialisierung freizulegen.

---

zum Sparen und Investieren, intelligente Organisation, Disziplin und Teamgeist, Lernfähigkeit und Innovationskraft zuschreibt, die Weber ausschließlich der protestantischen Ethik vorbehielt. Ungeachtet der Beliebigkeit in der Beurteilung der Rolle der Religion im Entwicklungsprozess widerlegt sich Weiss selbst, indem er in seiner Liste erfolgreicher Modelle auch das islamische Malaysia und das bevölkerungsreichste Land der islamischen Welt, Indonesien, hervorhebt.

7 Max Weber, *Wirtschaft und Gesellschaft*, Tübingen 1972, S. 354f.

Dagegen waren die orientalischen Zentralstaaten in der mächtigen Position, das gesamte Bürgertum (Händler, Manufakturbesitzer, Intellektuelle) dem eigenen Herrschaftsinteresse zu unterwerfen, ihm die Ketten der Despotie anzulegen und es seiner Selbstständigkeit zu berauben.[8] Hier konnte sich kein innerer Markt entfalten und daher auch kein in der Gesellschaft verwurzeltes und verzweigtes Bürgertum entstehen, um sich dann als sozialer Träger der Moderne die Errungenschaften der „Islamischen Aufklärung" für die kapitalistische Entwicklung und Industrialisierung zu eigen zu machen.

Haben orientalische Gesellschaften aufgrund außergewöhnlicher Umstände in der vorislamischen und in der islamischen Zeit Epochen der wissenschaftlichen, künstlerischen und ökonomischen Hochblüte erfahren, wie wir sie vom vorislamisch-antiken Iran im Achämeniden- und Sassaniden-Reich sowie dem islamischen Abbasiden-Reich (750-1258) kennen, so war die tragende Säule dieser Entwicklung in der Regel der Staat, genauer die herrschende Dynastie und nicht das der Staatsgewalt unterworfene Bürgertum. Sind diese Dynastien aus welchen Gründen auch immer untergegangen, gingen mit ihnen oft auch die Voraussetzungen der Fortexistenz wissenschaftlicher, geistiger Potenziale verloren.

Islamische und christliche Aufklärung

Die Geschichte der westlichen Aufklärung, die letztlich der Trennung von Staat und Religion und somit auch der Demokratisierung den Weg ebnete, ist selbst der beste Beleg für die These, dass nicht der Islam die Demokratisierung verhinderte und auch nicht das Christentum die Demokratisierung beförderte, sondern dass letztlich das Fehlen eines selbstständigen Bürgertums in den orientalischen Gesellschaften und die Entstehung desselben in okzidentalen Gesellschaften für die ökonomische und politische Stagnation dort und die Modernisierung der Gesellschaft hier verantwortlich waren. Betrachten wir die Aufklärung als Erkenntnisprozess, in dem die Autonomie menschlicher Vernunft an die Stelle theologischer Glaubenssätze tritt, sodass die metaphysischen Barrieren der auf dem Experimentieren und der Logik beruhenden wissenschaftlichen Entwicklung beseitigt werden, dann war sie, die Aufklärung, in der islamischen Welt in

---

8 Näheres über die historischen, räumlichen und klimatischen Ausgangsbedingungen der Herausbildung unterschiedlicher Staatswesen vgl. Karl Marx, *Grundrisse der politischen Ökonomie*, Berlin 1953, insbesondere den Abschnitt „Formen, die der kapitalistischen Produktion vorhergehen". Ferner Karl August Wittfogel, *Die orientalische Despotie*, Köln 1962; Mohssen Massarrat, *„Aufstieg des Okzidents und Fall des Orients"*, in: ders. (Hg.), *Mittlerer und Naher Osten. Geschichte und Gegenwart. Eine problemorientierte Einführung*, Münster 1996, S. 11-56; ders., *„Islamischer Orient und christlicher Okzident. Gegenseitige Feindbilder und Perspektiven einer Kultur des Friedens"*, in: *Osnabrücker Jahrbuch Frieden und Wissenschaft*, VI/1999, S. 197-212.

vollem Gange als die christliche Welt ihren Blick ausschließlich auf das Jenseits, auf das Seelenheil und auf die Gotteserkenntnis richtete. Während Denker und Forscher der islamischen Welt bereits im 10. Jahrhundert die Grundlagen naturwissenschaftlicher Betrachtung der Welt schufen, war es noch zu Beginn des 13. Jahrhunderts für die christlichen Mönche eine Sünde und verboten, naturwissenschaftliche Werke zu lesen.[9]

Aus dem islamischen Raum stammen auch die Grundlagenwissenschaften wie Algebra, Chemie (Alchemie) und die experimentell fundierten angewandten Wissenschaften wie Astronomie und Medizin: Ibn al-Heitham „Vater der modernen Optik" aus dem 10. Jahrhundert,[10] Rhases (ar-Rāzī), der in Europa bekannte Arzt, und noch bedeutender Avicenna (Ibn Sīnā), der Gelehrte, Arzt und Philosoph aus dem Mittelalter, sowie Averroes (Ibn Rušd), ein in Europa ebenso bekannter Philosoph – diese sind die häufiger in der Orient- und Islamforschung genannten Namen der Personen, die als Gründer der experimentellen Wissenschaften in die Geschichte eingegangen sind und deren Werke in Europa bis ins 14. Jahrhundert zum Standardrepertoire gehörten.[11]

Während islamische Intellektuelle jener Zeit (10.-12. Jahrhundert) die Bedeutung der Philosophie für die geistige Auseinandersetzung mit Glaubensfragen wie der Ewigkeit und der Erschaffung des Koran erkannten und begannen, diese Themen mit Hilfe der „griechisch spekulativen Philosophie", der Vernunft und Logik kritisch zu durchdringen, drehten sich in Europa die theologischen Diskussionen innerhalb der Kirche im Kreise. Albertus Magnus war es vorbehalten, sich erst im 13. Jahrhundert „für die teilweise verbotenen aristotelischen, arabischen und jüdischen Schriften ein[zu]setzen, sein Schüler Thomas von Aquin ging dann für die christliche Religion den Weg, den die islamischen Logiker für ihre [Religion]"[12], nämlich die philosophische Bemächtigung des Glaubens, schon längst eingeschlagen hatten.

Es gibt auch darüber keinen Zweifel, dass den islamischen Gelehrten große Verdienste zukommen, sich mit der Philosophie der griechischen Antike nicht nur vertraut gemacht zu haben, sondern sämtliches Wissen aus der antiken Zeit übersetzt, systematisiert und kommentiert den christlich europäischen Intellektuellen hinterlassen zu haben, das über die andalusischen Städte Córdoba und Toledo nach Westeuropa gelangte. Die westeuropäische Aufklärung wäre ohne

---

9 Vgl. Sigrid Hunke, *Allahs Sonne über dem Abendland*, Stuttgart 1960, S. 204.

10 Desmond Stewart, *Islam. Die mohammedanische Staatenwelt*, Reinbek bei Hamburg 1972, S. 172.

11 Vgl. ebd. und Will Durant, *Kulturgeschichte der Menschheit*, Bd. 5, *Weltreiche des Glaubens*, Köln 1985, S. 238.

12 Ausführlicher dazu Britta Lammers, *„Einfluss der orientalisch-islamischen Zivilisation auf das europäische Mittelalter"*, in: Mohssen Massarrat, *Mittlerer und Naher Osten. Geschichte und Gegenwart. Eine problemorientierte Einführung*, Münster 1996, S. 195-221, hier S. 208.

die islamischen Wegbereiter und Vermittler nicht möglich gewesen. Die Ansätze für die Aufklärung waren jedenfalls bereits fast acht Jahrhunderte früher in der islamischen Welt als im christlichen Europa vorhanden. Doch haben sich diese Ansätze dort nicht fortentwickeln und auch nicht einen nachhaltigen Prozess der geistigen Auseinandersetzung und wissenschaftlichen Differenzierung etablieren können, obwohl der Islam selbst den Weg dazu durch Verbote und Restriktionen nicht behindert hat. Dagegen fand die umfassende Aufklärung im christlichen Europa statt, obwohl die Kirche sich jahrhundertelang einer Öffnung zu modernen philosophischen Denkschulen hartnäckig verschlossen hatte.

Die Paradoxie

Obschon diese Paradoxie der weit verbreiteten Auffassung, dass der Islam zur Fortentwicklung und Anpassung nicht fähig, das Christentum jedoch dazu besser beschaffen sei, grundlegend widerspricht, müsste das paradoxe Phänomen selbst näher erläutert werden. Dazu knüpfe ich an die oben entwickelte These über den sozialen Träger der Aufklärung und der Demokratisierung an, dass es nämlich in der islamischen Welt eines autonomen Bürgertums ermangelte, das die Weiterentwicklung der entstandenen Ansätze der geistigen und wissenschaftlichen Differenzierung bis zur Vollendung der Aufklärung nachhaltig und auf tragfähiger Basis getragen hätte. Anstatt die tiefen Poren der Gesellschaften zu durchdringen, konzentrierte sich die Wissensentwicklung in der islamischen Welt auf die wenigen urbanen Zentren wie Bagdad, Damaskus und die eine oder andere Metropole, die mit ihren großen Bibliotheken um das 10. Jahrhundert ihresgleichen suchten. Das hier über Jahrhunderte aufgestaute Wissenspotenzial, sofern es den zahlreichen Eroberungen der zentralasiatischen Völker (Türken und Mongolen) nicht zum Opfer fiel, suchte und fand auch seine Verwendung aber genau dort, nämlich im Abendland, wo das aufsteigende Bürgertum seine Fühler längst ausgestreckt hatte und alles Wissenswerte aus dem Morgenland wie ein Schwamm aufsaugte.

Insofern kommt der Religion, dem Christentum im Abendland und dem Islam im Morgenland, im Hinblick auf Modernisierung und Demokratisierung bestenfalls eine sekundäre Bedeutung zu. Wäre statt des Christentums der Islam die dominante Religion in Europa gewesen, stünde dieser aller Wahrscheinlichkeit nach heute genau dort, wo das Christentum steht; er wäre eine religiöse Macht mit beschränktem Einfluss und jenseits der staatlichen Macht. Hätte sich dagegen das Christentum statt nach Westen von seinem Entstehungsort ostwärts in Richtung Orient ausgebreitet, wäre es vermutlich im Mittleren Osten anstelle des Islam die dominante politische Kraft gewesen und würde heute als kulturelles Hindernis der Modernisierung der orientalischen Welt gebrandmarkt werden. Man könnte demgegenüber allerdings auch eine andere, durchaus plausible Auffassung vertreten, dass die Ausbreitung des Christentums und des Islam in entgegengesetzter West-Ost-Achse nicht zufällig war und dass das Christentum aufgrund seiner inneren Axiome (der Nächstenliebe, stärkerer Individualität) sich den dezentralen Strukturen in Europa besser anpassen konnte, dagegen der Islam wegen seiner eher kollektivistischen Ausrichtung (das Kollektiv – die *Umma* –, nicht das Individuum als Basis der Gemeinschaft) für die zentralistischen Gesellschaften des Orients geradezu prädestiniert war. Selbst eine solche Sichtweise sagt zwar viel über die Besonderheiten dieser Religionen aus, aber wenig über die längst vorgefundenen Sozialstrukturen, in die sich das Christentum und der Islam jeweils hineingefügt haben. Diese beiden Religionen, ja die Religion als solche, haben sich nicht primär, sondern bestenfalls sekundär auf die Sozial- und Gesellschaftsstrukturen von Ländern und Regionen ausgewirkt.

Die weit verbreitete Annahme der primären Kausalität zwischen Christentum, Transformation und Demokratie einerseits und Islam, Stagnation und Diktatur andererseits kann jedenfalls nicht aufrechterhalten werden. Diese Annahme ließe sich insofern auf eine willkürliche und zweckdienliche Konstruktion im aktuellen *Clash of Civilizations* entlarven, die letztlich die Legitimation für den Demokratieexport oder den Vorwand für einen *Regime Change* in den islamischen Ländern mit geopolitischer Relevanz, wie beispielsweise Irak, Afghanistan oder Iran, liefern könnte.

Mit anderen Worten: Religionen, auch der Islam, sind aus soziokultureller Sicht und jenseits ihrer fundamentalistischen Deutung selbst keine für alle Ewigkeiten geschaffenen Ressourcen. Ihre Deutung und Ausübung verändern sich mit dem historischen Wandel. Das Christentum hat seinen Wandel dank Europas Bürgertum längst hinter sich und ist dem Islam in dieser Hinsicht weit voraus. Die Anpassung des Islam an die Moderne unter dem Druck ökonomischer und kultureller Globalisierung hat gerade erst begonnen. Wie einst dem Christentum bleibt auch dem Islam keine andere Wahl, als sich den Anforderungen der Moderne zu fügen und sich aus den Staatsgeschäften zurückzuziehen. Dazu bedarf es keines Demokratieexports, erst recht nicht eines Krieges.

Literatur

Chirot, Daniel, *"The Rise of the West"*, in: *American Sociological Review*, Vol. 50, No. 2, 1985.

Durant, Will, *Kulturgeschichte der Menschheit*, Bd. 5, *Weltreiche des Glaubens*, Köln 1985.

Hunke, Sigrid, *Allahs Sonne über dem Abendland*, Stuttgart 1960.

Huntington, Samuel P., *Der Kampf der Kulturen. Die Neugestaltung der Weltpolitik im 21. Jahrhundert*, München/Wien 1997.

Lammers, Britta, *„Einfluss der orientalisch-islamischen Zivilisation auf das europäische Mittelalter"*, in: Massarrat, Mohssen, *Mittlerer und Naher Osten. Geschichte und Gegenwart. Eine problemorientierte Einführung*, Münster 1996, S. 195-221.

Marx, Karl, *Grundrisse der politischen Ökonomie*, Berlin 1953.

Massarrat, Mohssen, *„Aufstieg des Okzidents und Fall des Orients"*, in: ders. (Hg.), *Mittlerer und Naher Osten. Geschichte und Gegenwart. Eine problemorientierte Einführung*, Münster 1996, S. 11-56.

Ders., *„Islamischer Orient und christlicher Okzident. Gegenseitige Feindbilder und Perspektiven einer Kultur des Friedens"*, in: *Osnabrücker Jahrbuch Frieden und Wissenschaft*, VI/1999, S. 197-212.

Rodinson, Maxim, *Islam und Kapitalismus*, Frankfurt a. M. 1966.

Stewart, Desmond, *Islam. Die mohammedanische Staatenwelt*, Reinbek bei Hamburg 1972.

Weber, Max, *Wirtschaft und Gesellschaft*, Tübingen 1972.

Ders., *„Die protestantische Ethik und der Geist des Kapitalismus"*, in: ders., *Gesammelte Aufsätze zur Religionssoziologie*, Bd. I, Tübingen 1972.

Weiss, Dieter, *„Weshalb sind die Muslime zurückgeblieben?"*, in: *Die Zeit* vom 13.05.1994.

Wittfogel, Karl August, *Die orientalische Despotie*, Köln 1962.

Muslimische Grundhaltungen zum säkularen demokratischen Rechtsstaat in Europa

Von Mathias Rohe

1. Einführung

Weshalb ist das hier gewählte Thema eines, das mit einem breiten Interesse über die wissenschaftliche Community hinaus rechnen darf? In der öffentlichen Debatte vieler europäischer Staaten ist der Islam im Anschluss an eine Serie von religiös begründeten Anschlägen und Anschlagsversuchen zum allgemeinen Verdachtsfall geworden. Brutal antiislamische Gruppierungen und Internet-Schmuddelblogs wie „Politically Incorrect", in denen zum Teil offen zur Gewalt gegen Muslime aufgerufen wird[1] und Weltuntergangsliteratur wie die Werke von Hans-Peter Raddatz[2] oder Cristopher Caldwell[3] haben eine gewisse Kon-

1 Die folgenden schwer erträglichen Äußerungen bedürfen der Dokumentation und sollen deshalb hier wiedergegeben werden. Am 17.06.2010 schreibt ein „sharkspear" anlässlich einer Meldung über die Anteile an Türken unter den Einwohnern deutscher Städte Folgendes: „Geniale Arbeit; 1. Wir wissen wo 2. Wir wissen wie viele 3. Bezirke sind ne super sache für uns... Panzer vor, granate rein, und schon stirbt ein muzzleSchwe*n" (Kommentar Nr. 27, URL: http://www.pi-news.net/2010/06/die-tuerkischsten-staedte-deutschlands/#comments (Abruf: 07.08.2010)); am selben Ort phantasiert Kommentar Nr. 11 („ruhrgebiet") vom kommenden Bürgerkrieg, bei dem der Schreiber „nicht auf deren seite" sein werde; am 27.07.2010 schreibt ein „Tobias Schmidt" zum Thema Türkei und EU: „Wir müssen das Pack ja nach der Wende millionenfach aus Europa ausschaffen." Ein Höhepunkt der Verwahrlosung findet sich in der Zuschrift einer „Ureinwohnerin" im November 2009 (Kommentar Nr. 17 vom 14.11.2009, URL: http://www.pi-news.net/2009/11/aegypter-fordern-kopf-des-marwa-moerders/#comments (Abruf: 16.12.2009)). Im Anschluss an das Dresdner Gerichtsverfahren gegen den Mörder der jungen, schwangeren Muslimin (Kopftuchträgerin) Marwa el-Sherbini, die diesen gebeten hatte, eine Spielplatzschaukel für ihren kleinen Sohn freizugeben, kommentierte sie den Verfahrensausgang mit folgenden Worten (Orthografie- und Grammatikfehler wie im Original): „ausgerechnet dieses Muselgesox regt sich über den Tod einer Ägypterin auf. [...] Wenn diese Schleiereule mir mit diesem unerträglichen Überlegenheitsgetue auf dem Spielplatz begenet wäre hätte ich ihr eine Ohrfeige gegeben und ihrem Muselkind in den Hintern getreten."

2 Vgl. zu ihm Martin Riexinger, *„Hans Peter Raddatz: Islamkritiker und Geistesverwandter des Islamismus"*, in: Thorsten Gerald Schneiders (Hg.), *Islamfeindlichkeit. Wenn die Grenzen der Kritik verschwimmen*, Wiesbaden 2009, S. 459ff. Vgl. auch Christian W. Troll, *„Islamdialog: Ausverkauf des Christlichen? Anmerkungen zum Buch von Hans Peter Raddatz"*, in: *Stimmen der Zeit*, 2/2002, S. 1, 7 (zum Buch von Raddatz: *Von Gott zu Allah? Christentum und Islam in der liberalen Gesellschaft*, 2001), Internetversion abgerufen am 04.09.2002, URL: http://www.st-

junktur in Zeiten verbreiteter Ängste. Umso notwendiger erscheint es, sich in sachorientierter Weise damit zu befassen, ob und inwieweit sich Verständnisse und Lebenshaltungen von Musliminnen und Muslimen in Deutschland und Europa mit den hierzulande herrschenden rechtlichen Rahmenbedingungen des Zusammenlebens decken oder aber im Gegensatz dazu stehen.

Hierzu ist zunächst kurz zu skizzieren, welches die wesentlichen Charakteristika säkularer demokratischer Rechtsstaaten sind. Bei allen Unterschieden im Einzelnen, die sich z.B. bei einem Vergleich zwischen dem Vereinigten Königreich (UK), Frankreich oder Deutschland zeigen,[4] finden sich entscheidende Grundgemeinsamkeiten. Sie liegen in der Trennung zwischen staatlicher Machtausübung von der Religion (bzw. den Religionen), in der staatlichen Neutralität gegenüber Religionen und Weltanschauungen sowie deren grundsätzlichen Gleichbehandlung, unabhängig von ihrer zahlenmäßigen Verbreitung. Sehr wohl kennt der säkulare Rechtsstaat jedoch die Möglichkeit, auch religiöse und weltanschauliche Positionen in die politische und auch rechtspolitische Debatte einzubringen. Zudem garantiert er weitreichende individuelle und kollektive religiöse Entfaltungsmöglichkeiten.[5] Dies ist zu betonen, weil nach Kenntnis des Verfassers auf einer Fülle von Konferenzen und bei Begegnungen mit Muslimen weltweit häufig die unzutreffende Vorstellung anzutreffen ist, Säkularität in solchem Sinne sei religionsfeindlich und lasse religiösem Leben im öffentlichen Raum keinen Platz.

Das gegenwärtige Spektrum muslimischer Haltungen zur Demokratie reicht von völliger Ablehnung bis hin zu der Aussage, dass der Islam in der Gegenwart die Demokratie geradezu fordere. Bisweilen bleibt allerdings unklar, was genau unter Demokratie verstanden wird: Auch manche Vertreter des politischen Islam (Islamismus) können sich mit dem demokratischen Mehrheitsprinzip in muslimischen Mehrheitsgesellschaften anfreunden, weniger aber mit dem Umstand,

---

georgen.uni-frankfurt.de/bibliogr/troll5.htm; Werner Höbsch, *„Diffamierter Dialog. Hans-Peter Raddatz und das christlich-islamische Gespräch"*, in: *Die neue Ordnung*, Nr. 6/2005, abgerufen unter URL: http://www.die-neue-ordnung.de/Nr62005/WH.htm (Abruf: 17.03.2006). Seine dünne wissenschaftliche Reputation versucht man z.B. dadurch aufzubessern, dass er auf der Basis eines einzigen Stichwortartikels in der *Encyclopedia of Islam II* zum Thema seiner Dissertation als „Ko-Autor" ausgewiesen wird.

3 Christopher Caldwell, *Reflections on the Revolution in Europe*, London 2009; vgl. die Besprechung dieses intellektuell sehr schlichten Werks von Philipp Blom, *„Wir werden Maghreb"*, in: SZ vom 22.07.2010, S. 12.

4 Vgl. Mathias Rohe, *„Rahmenbedingungen der Anwendung islamischer Normen in Deutschland und Europa"*, in: Wolfgang Bock (Hg.), *Islamischer Religionsunterricht?*, Tübingen 2006, S. 55, 57ff.

5 Vgl. nur A. Freiherr von Campenhausen/Heinrich de Wall, *Staatskirchenrecht*, München ^{4}2006, insbes. S. 50ff.

dass das Volk und nicht Gott (bzw. die Interpreten seines angeblichen Willens) den Souverän bildet, von dem staatliche Legitimation ausgeht.[6]

Maßgeblich wird neben einer Präzisierung dessen, was Demokratie aus muslimischer Sicht heute bedeutet, die Klärung der Haltung zum menschenrechtsorientierten Rechtsstaat. Hier lässt sich durchaus viel gemeinsamer Grund finden: Letztlich ist es für die reale Umsetzung der Menschenrechte wenig bedeutsam, ob sie eine Letztbegründung in religiösen oder säkular-philosophischen Ansätzen finden.[7] Die alte Auseinandersetzung um diese Frage auch in Europa und der westlichen Welt wird kaum jemals zum Ende kommen. In manchen islamischen Ländern kann eine religiöse Begründung der Menschenrechte als politisch tragfähiger Abwehrmechanismus gegen staatliche Willkür dienen; andererseits kann eine menschenrechtsfeindlich ausgerichtete Interpretation religiöser Quellen die Durchsetzung der Menschenrechte vereiteln. Dasselbe gilt jedoch ebenso für religionsaverse oder religionsfeindliche „humanistische" Grundhaltungen: Die Sowjetunion, die DDR, Albanien unter Enver Hodscha, Nordkorea und Kuba waren und sind nicht als Menschenrechtsparadiese bekannt geworden. Es kommt also immer und überall auf die Haltung der Interpreten an.

Bedeutsam wird somit ein funktionaler Ansatz. Die Instrumente des säkularen Rechtsstaats und seine wesentlichen Inhalte einschließlich der verfassungsmäßig garantierten Menschenrechte müssen ohne allgemeinen „Religionsvorbehalt" als gemeinsame Basis für inhaltliche Auseinandersetzungen anerkannt werden – übrigens nicht nur von Muslimen, sondern von allen existenten Akteuren. Konzeptionelle Fortentwicklungen der islamischen Lehre im Sinne der Suche nach einem "overlapping consensus", einer gemeinsamen inhaltlichen Grundlage, befinden sich insofern noch in den Anfängen.[8] Verständigung unter Einbeziehung religiöser Auffassungen kann sowohl über die Systemfrage (Demokratie als Prozedur) wie auch bei den menschenrechtlichen Inhalten erzielt werden.[9] Denkbar wäre die Festlegung unveränderlicher Inhalte, die nicht der Auslegung/Willkür religiöser Autoritäten unterliegen dürfen, sondern alleine der Umsetzung durch demokratisch und rechtsstaatlich legitimierte Institutionen. Die religiöse Herleitung würde sich letztlich auf ein Verständnis göttlicher Regeln als Garantie menschlicher Freiheitssicherung stützen. Dabei muss immer klar sein, dass die Verfassung nicht zur Disposition steht, abgesehen von zulässigen(!) Änderungen im Wege der Gesetzgebung. Sie muss aber reale Überzeu-

---

6 Vgl. Rohe, *Islam und demokratischer Rechtsstaat – ein Gegensatz?*, in: *Politische Studien 413*, (Mai/Juni 2007), hrsg. von der Hanns-Seidel-Stiftung, S. 52, 55ff.

7 Vgl. Rohe, *"Islam and Human Rights"* (erscheint voraussichtlich 2010 in einem von J. A. van der Ven/Radboud Universität Nijmegen herausgegebenen Sammelband).

8 Vgl. hierzu das neue Werk von Abdullahi an-Na'im, *Islam and the Secular State*, Cambridge/Mass. u.a. 2008; Rohe (Fn. 6), S. 57ff. m.w.N.

9 Vgl. die Ansätze zu einer Synthese bei Mbaye Lo, *Muslims in America*, Beltsville/Maryland 2004, S. 132ff.

gungskraft entfalten und „gelehrt" werden. Hier stellen sich besondere Anforderungen für ein muslimisches Bildungssystem in Europa.

2. Modelle der Grundhaltungen

2.1 Rahmenbedingungen

Wie werden die Grundhaltungen von Musliminnen und Muslimen zu den rechtlichen Rahmenbedingungen des Zusammenlebens gebildet? Grundsätzlich nicht anders als bei allen anderen Menschen; selten dürfte es sich um einen gezielten und bewussten Prozess handeln. Ein wichtiges Element wird die persönliche, kulturelle und gegebenenfalls religiöse Prägung des Elternhauses sein. Schule und andere Institutionen können hierzu beitragen. Bedeutsam können die Meinungen von Peers werden, je nach Interesse kann auch die Befassung mit Internetquellen, Printmedien oder DVDs etc. relevant sein. Spezifisch im muslimischen Spektrum mag die Meinung religiöser Autoritäten oder deren Behandlung im islamischen Religionsunterricht[10] maßstabsbildend wirken, sofern Letzterer angeboten und besucht wird.

In Deutschland und Europa wurden in den letzten Jahren einige wenige breiter angelegte Untersuchungen über die Grundhaltungen von Muslimen zu ihrem Leben in den betreffenden Staaten durchgeführt. Teilweise wurden allgemeine Fragen in Bezug auf ihre Einstellung zu Demokratie, staatlichem Gewaltmonopol bzw. zur Gewalt oder der Todesstrafe gestellt.[11] Empirisch hinreichend abgesicherte konkrete Daten über die Haltung zu erheblichen Teilen derjenigen Rechtsvorschriften, die inhaltlich im Gegensatz zum traditionellen islamrechtlichen Verständnis stehen (insbesondere Gleichberechtigung der Geschlechter und Religionen; säkulare Normengebung bei garantierten Menschenrechten; Körperstrafen), liegen jedoch für Deutschland und die meisten europäischen Staaten nur in Ansätzen vor. Insbesondere finden sich nur wenige empirische Belege dafür, welche Faktoren in welchem Umfang die vorhandenen – ebenfalls nicht verlässlich quantifizierbaren – Auffassungen begründet haben oder begründen. Zu vermuten ist, dass die religiöse Prägung allenfalls einen von vielen Faktoren darstellt, wenngleich sicherlich individuell unterschiedlich intensiv. Das ist deshalb zu betonen, weil in der öffentlichen Debatte der letzten Jahre

10 Vgl. hierzu aus der Fülle der mittlerweile vorhandenen Literatur Myrian Dietrich, *Islamischer Religionsunterricht. Rechtliche Perspektiven*, Frankfurt a. M. 2006; Wolfgang Bock (Hg.), *Islamischer Religionsunterricht?*, Tübingen 2006; Michael Kiefer/Eckart Gottwald/Bülent Ucar (Hg.), *Auf dem Weg zum Islamischen Religionsunterricht*, Berlin 2008; Rauf Ceylan, *Islamische Religionspädagogik in Moscheen und Schulen*, Hamburg 2008.

11 Vgl. zu Deutschland die Studie von Karin Brettfeld/Peter Wetzels, *Muslime in Deutschland*, hrsg. vom Bundesministerium des Innern, Hamburg 2007, insbes. S. 140ff.

Menschen muslimischen Glaubens häufig auf ihre Religionszugehörigkeit reduziert wahrgenommen werden, was der Realität keinesfalls gerecht wird.[12]

Beispielhaft sei aus einer Studie des deutschen Bundesministeriums des Innern zitiert, wonach

> „ein signifikant höheres Maß an Autoritarismus/Demokratiedistanz junger Muslime im Vergleich zu einheimischen Nichtmuslimen nicht nachzuweisen ist. Einheimische Jugendliche in ähnlicher sozialer Lage erweisen sich als in vergleichbarem Maße autoritaristisch-demokratieresistent, es handelt sich hier also nicht um ein für junge Muslime spezifisches Phänomen."[13]

Andererseits ist nicht zu übersehen, dass nach Erkenntnissen derselben Studie die „Risikogruppe" zu einem nicht unerheblichen Teil aus Personen besteht, die der Sprache mächtig, gebildet und von einem intellektuellen Potenzial sind, das auf die Notwendigkeit einer Auseinandersetzung über Werte verweist.[14]

Ein mögliches Problemfeld lässt sich identifizieren: Die Grundhaltung von Lehrerinnen und Lehrern kann sicherlich unschwer die Meinungsbildung auf Schülerseite beeinflussen. Bedenklich erscheinen vor diesem Hintergrund Erkenntnisse aus der Studie des österreichischen Wissenschaftlers Mouhanad Khorchide im Auftrag des Österreichischen Integrationsfonds „Der islamische Religionsunterricht in Österreich" aus dem Jahre 2009.[15] Sie ergeben sich aus ungewöhnlich breit angelegten Befragungen unter dem für die Islamische Glaubensgemeinschaft in Österreich (im Folgenden: IGGiÖ) tätigen Lehrpersonal mit hoher Beteiligungsquote. Beispielsweise bejahten 18,2% die Aussage, dass der vom Islam Abgefallene den Tod verdiene, wie es der traditionellen Haltung des islamischen Rechts entspricht, die freilich im größten Teil der islamischen Welt nicht mehr geteilt wird;[16] 21,9% bestreiten die Vereinbarkeit von Islam und Demokratie.[17] Daran zeigt sich, wie wichtig die in Deutschland gegenwärtig im Auf- und Ausbau befindliche Ausbildung islamischer Religionslehrer/innen und Theolog(inn)en und die flächendeckende Etablierung eines authentischen islamischen Religionsunterrichts im Rahmen des geltenden Rechts sind.

---

12 So sinngemäß auch ein Fazit der Studie von Brettfeld/Wetzels, *Muslime in Deutschland* (Fn. 11), S. 500.

13 Vgl. ebd., S. 495.

14 Vgl. ebd., S. 501.

15 Vgl. ÖIF-Dossier No. 5/2009, Stand Juli 2009.

16 Vgl. Rohe, *Das islamische Recht: Geschichte und Gegenwart*, München ^{2}2009, S. 266ff. m.w.N.

17 Vgl. Khorchide (Fn. 15), S. 39 Tabelle 5.2, S. 40 Tabelle 5.4.

2.2 Einzelne modellhafte Haltungen

2.2.1 Einführung

Für Muslime in Europa ist die weitgehend selbst gewählte Existenz außerhalb einer muslimischen Mehrheitsgesellschaft historisch neu. Viele haben sich im praktischen Alltagsleben mehr oder weniger intensiv in die neue Umgebung eingefunden. Dabei spielt die religiöse Identität – die auch unter Muslimen außerordentlich facettenreich ist – nur teilweise eine Rolle. Viele der existierenden Probleme haben keine religiösen Ursachen, sondern sind im wirtschaftlichen und sozialen Bereich (Sprache, Ausbildung etc.) und in vorwiegend kulturellen Prägungen begründet (Familienstrukturen und Geschlechterverhältnis). Die religiöse Einstellung kann hierzu aber positiv oder negativ beitragen. Bedeutung kann sie jedenfalls für die Frage gewinnen, ob das eigene Religionsverständnis den Grundlagen des Zusammenlebens im freiheitlichen demokratischen Rechtsstaat positiv, neutral oder auch ablehnend gegenübersteht.

Theologische Konzepte für das aktive Leben in einer nicht dominierend vom Islam geprägten Gesellschaft wurden von Muslimen in Europa bislang nur in Ansätzen entwickelt, sieht man von speziellen Verhältnissen auf dem Balkan und in Osteuropa ab, die noch wenig erforscht und für die Gegenwart erschlossen sind. Vertreter muslimischer Organisationen verfügen meist nicht über eine entsprechende Vorbildung. Für viele Muslime ist ein theoretisch-theologischer Ansatz auch nicht bedeutsam, z.B. bei den vielen Anhängern von Sufi-Praktiken. Andere, wie die Aleviten, folgen theologischen Grundlagen, welche eine Eingliederung in die Mehrheitsgesellschaft völlig problemlos ermöglichen. Sehr viele Muslime – in Europa wohl die große Mehrheit – scheinen eine „untheologische“ Herangehensweise zu pflegen und sehen Fragen der Staatsorganisation und des Rechtssystems schlicht getrennt von Glaubensangelegenheiten. Die theologische Debatte trifft daher nur einen sehr begrenzten Ausschnitt der Realität.

Dennoch nehmen gerade mit dem Abschied vom „Gastarbeiter-Status“ Anfragen etwa an Imame oder in Internetforen zu, wie man in Europa bei dauerhaftem Aufenthalt „islamkonform“ leben könne. Begleitet wird diese Entwicklung hin zu einer dauerhaften Etablierung des Islam in Europa von einer intensiven Einflussnahme aus verschiedenen islamisch geprägten Staaten wie Saudi-Arabien, Iran, Algerien, Marokko und der Türkei. Diese Einflussnahme schwankt inhaltlich zwischen radikal antiwestlichen und antichristlichen Segregationstendenzen (z.B. in Gutachten der saudischen Muftis Ibn Baz und Uthaymeen[18]) und vermittelnden Positionen sowie z.T. extrem-nationalistischer Inanspruchnahme.

18 Vgl. Rohe, *„Islamismus und Schari'a“*, in: Bundesamt für Migration und Flüchtlinge (Hg.), *Integration und Islam*, Nürnberg 2006, S. 120, 149f.

Soweit muslimische Denker sich daran machen, ihre Religion innerhalb der europäischen Rahmenbedingungen zu definieren, bewegen sie sich meist im jeweils herrschenden rechtlichen und gesellschaftlichen Rahmen. Hier sind trotz einheitlicher Geltung der Religionsfreiheit nach Art. 9 EMRK signifikante Unterschiede zu verzeichnen: Die Debatte im laizistischen, extrem gruppenrechtsfeindlichen Frankreich verläuft deutlich anders als im kommunitaristisch geprägten Vereinigten Königreich. Weitere wesentliche Unterschiede finden sich im Religionsverständnis der Herkunftsregionen bei der großen Zahl von Muslimen mit Migrationshintergrund sowie im sehr unterschiedlichen Bildungsstand.[19] Die im Folgenden skizzierten Modelle[20] beschreiben weitgehend nicht reale Personen, sondern erkennbare Grundhaltungen.

2.2.2 Alltagspragmatismus

Die vermutlich bei weitem größte Gruppe von Muslimen in Deutschland und anderen kontinentaleuropäischen Staaten bilden Menschen, die sich in die Rahmenbedingungen des demokratischen Rechtsstaats problemlos ohne irgendwelche theoretische Reflexionen eingefügt haben. Der Geltungsanspruch des herrschenden Rechts wird nicht in Frage gestellt, auch wenn es – wie in der Gesamtgesellschaft – Kritik an einzelnen Normen oder auch Verletzungen solcher Normen gibt. Viele unter ihnen haben familiäre Wurzeln in Herkunftsländern wie den Staaten des ehemaligen Jugoslawien und der Türkei, in denen traditionelles islamisches Recht schon seit langem abgeschafft ist.

Wo es Probleme gibt, liegt ihre Ursache weitgehend in ökonomischen oder bildungsbezogenen Verhältnissen oder auch in bestimmten kulturellen Vorprägungen. Manche beklagen zudem mangelnde Möglichkeiten der politischen Partizipation, soweit sie nicht deutsche Staatsangehörige sind.

2.2.3 Ablehnung religiöser Ansätze

Vor allem in jüngerer Zeit haben sich muslimische Einzelpersonen (z.B. Ayaan Hirsi Ali in den Niederlanden oder Necla Kelek in Deutschland) zu Wort gemeldet, die vor dem Hintergrund sehr negativer persönlicher Erfahrungen eine äußerst islamkritische Grundhaltung pflegen. Die Ausführungen changieren zwischen der Anmahnung grundlegender Reformen einerseits und der Forderung, sich vom aus ihrer Sicht unveränderlich antidemokratischen und men-

---

19 Vgl. Rohe, *„Rahmenbedingungen der Anwendung islamischer Normen in Deutschland und Europa"*, in: Bock (Hg.), *Islamischer Religionsunterricht?*, Tübingen 2006, S. 55ff.

20 Das Folgende entspricht weitgehend den Ausführungen des Verfassers in Rohe (Fn. 16), S. 383ff.

schenrechtsfeindlichen Islam abzuwenden andererseits. Letzteres scheint etwa die Haltung Ayaan Hirsi Alis zu sein, wenn sie mit Sätzen zitiert wird, der Islam sei „nicht nur ein Glaube, er ist eine Lebensweise, eine gewalttätige Lebensweise“[21]. Derartige evident ungerechtfertige Pauschalisierungen entwerten die Kritik, die in einzelnen wichtigen Aspekten wie der Brandmarkung patriarchaler Strukturen durchaus zu Recht erhoben wird. Es sind mittlerweile sogar einzelne Organisationen von „Ex-Muslimen“ mit dezidiert antireligiösem Hintergrund entstanden, die in aller Regel ohne nähere Spezifizierung (und unter Ausblendung der grund- und menschenrechtlich fundierten Religionsfreiheit) die geltenden Rechtsordnungen unterstützen und oft eine komplett laizistische Umformung fordern.

2.2.4 Islamistische Ansätze

Als Pendant zu solchen generellen Ablehnungshaltungen finden sich extremistisch-islamistische Ansätze mit aggressiver Ablehnung der Umgebungsgesellschaft und ihrer Werte. Sie reichen von äußerlich gewaltfreier Indoktrination bis hin zur geringen Zahl gewaltbereiter Extremisten. Hier sind Gruppierungen wie Khilavet Devleti, Hizb al-Tahrir oder Murabitun ebenso zu nennen wie Einzelpersonen mit gewisser Breitenwirkung. Bedenklich sind z.B. Äußerungen Ahmad von Denffers vom Islamischen Zentrum München,[22] der bezogen auf Europa fordert, dass die Grundsätze des islamischen Rechts Anwendung finden sollten, „wenn die Mehrheit der Menschen in dieser Gesellschaft sich dazu entschließen.“ Die evidente Kollision einiger etablierter Interpretationen des islamischen Rechts vor allem im Bereich von Strafrecht, Familien- und Erbrecht sowie der Rechtslage von Nicht-Muslimen[23] mit den mehrheitsfesten(!) Grundsätzen des Grundgesetzes und europäischer Verfassungen dürfte bekannt sein und lässt solche Äußerung in besonderem Licht erscheinen. Auch die immer wieder zu hörende Aussage, man dürfe die Scharia nicht auf ihre anstößigen strafrechtlichen Aspekte „reduzieren“, lässt noch unbeantwortet, wie man mit diesen eben auch vorhandenen Aspekten umgehen möchte.

---

21 *„Und der Islam ist doch das Problem“*, Besprechung von *Ich bin eine Nomadin* vom 29.07.2010, URL: http://www.european-circle.de/thema/buecher/meldung/datum/2010/07/29/und-der-islam-ist-doch-das-problem.html (Abruf: 07.08.2010).

22 *„Platz für das islamische Recht“*, in: *Die Gazette*, Nr. 2, Juni 2004, S. 63ff., 65, URL: http://www.gazette.de/Archiv2/Gazette2/denffer.pdf (Abruf: 14.03.2007).

23 Vgl. hierzu Rohe, *„Islamisches Recht und Menschenrechte – Eine Problemskizze“*, in: Petra Bendel/Thomas Fischer (Hg.), *Menschen- und Bürgerrechte. Perspektiven der Region*, Erlangen ^{3}2004, S. 439ff.

Muhammad Ahmad Rassoul, dessen Werke in zahlreichen islamischen Buchhandlungen und Moscheen in westlichen Staaten vertrieben werden,[24] wendet sich in seinem Buch mit dem Titel *Das deutsche Kalifat*[25] scharf gegen Demokratie und Christen. In vulgärer Weise werden darin reale politische und gesellschaftliche Missstände gegen das Konzept der Demokratie als solcher gewendet; ein einschlägiges Kapitel trägt die bezeichnende Überschrift „Vom Untergang der Demokratie"[26]. Stattdessen propagiert der Verfasser die Einrichtung eines deutschen Kalifats. Der Kalif muss danach selbstverständlich unter anderem Muslim männlichen Geschlechts sein.[27] Ob die abschließend formulierte Sehnsucht des Autors, „die Herzen der Deutschen für den Islam schlagen zu lassen und das Kalifat [...] auf dem deutschen Boden als leuchtendes Beispiel für Europa und die übrige Welt entstehen zu lassen", realistische Erfüllungschancen hat, muss hier offen bleiben. Die Entwicklung seit Erscheinen des Werks spricht allerdings nicht dafür.

Nicht weniger problematisch sind missionarische Haltungen, die sich zwar häufig von Gewaltakten distanzieren, aber massiv antichristliche oder antiwestliche Propaganda betreiben, die über normale inhaltliche Abgrenzungsdebatten und Kulturkritik weit hinausreicht. Besonders bedenklich ist es, dass solche Gruppierungen wie Tablighi Jamaat offensichtlich gezielt Menschen für sich zu gewinnen suchen, die in Umbruchsituationen stehen, wie zum Beispiel neu Zugewanderte.

2.2.5 Traditionalistische Ansätze

Deutlich vom islamistischen Extremismus abgegrenzt agieren Vertreter einer traditionalistischen Haltung. Die Vertreter solcher Ansätze, über deren Repräsentativität kaum verlässliche Aussagen zu machen sind, die aber nach vielen Anzeichen eine Minderheit innerhalb der Muslime in der EU darstellen, verfügen gegenwärtig insgesamt über die am besten ausgeformte Infrastruktur. Insbesondere in vielen Moscheevereinen dominiert eine ganz deutlich gegen Gewalt und auf Verständigung mit der Mehrheitsgesellschaft hin ausgerichtete, aber in wichtigen Fragen wie insbesondere dem Geschlechterverhältnis ausgeprägt tra-

---

24 Nach eigener Kenntnis des Verfassers z.B. im UK, in Kanada und in Deutschland. Bemerkenswert ist etwa ein Münchener Unternehmen namens „Al-Madina-Markt", das neben solcher Literatur durchaus passend spezielle Frauenkleidung anbietet: „Niqaab mit Augenschlitz ab 8 Euro, ganz geschlossen ab 8 Euro, Burqa nach afghanischer Art ab 60 Euro" – eine beträchtliche Handelsspanne, hat doch der Verfasser ein solches Stück in Kabul für umgerechnet 4 Euro erworben. Anzeiger abgerufen am 11.10.2006, URL: http://www.muslimmarkt.de/al-madina-markt.htm.

25 Muhammad Ahmad Rassoul, *Das deutsche Kalifat*, Köln 1993 (Islamische Bibliothek).

26 Vgl. ebd., S. 81.

27 Vgl. ebd., S. 124.

ditionalistische Einstellung. Auch werden hier in Fragen der äußerlich sichtbaren Glaubenspraxis weitgehend traditionelle Positionen beibehalten. Insofern gilt das Konzept möglichster „Glaubensbewahrung" in einer in wichtigen Lebensfragen als „fremd" empfundenen Umgebung. Solche Ansätze zeigen sich häufig in der Form einer weitestgehend kritiklosen Übernahme seit Jahrhunderten eingeführter Werke, während die ebenfalls im Islam bestehende Tradition einer Neuinterpretation der Quellen nach den Umständen von Zeit und Ort oft ungenutzt bleibt. Auch die in vielen westlichen Staaten vertriebene religiöse Literatur entspricht in erheblichem Umfang diesem Grundtenor, teils auch mit Einschlägen in die extremistisch-islamistische Ideologie. Diesbezüglich sind insbesondere hoch subventionierte Schriften aus den Golfstaaten zu nennen.

Charakteristisch für die traditionalistische Haltung in Europa ist eine Defensivposition gegenüber der „eigentlichen muslimischen Existenz" in islamischen Mehrheitsgesellschaften. Typisch ist die Begründung von Abweichungen vom Mainstream in der islamischen Welt mit der sogenannten „darūra" (Notwendigkeit) nach dem Motto „Not kennt kein Gebot". Damit wird im Grunde ein permanenter Ausnahmezustand erklärt. Diese Grundhaltung ermöglicht durchaus eine friedliche Koexistenz: Das islamische Recht selbst hat schon seit vielen Jahrhunderten die Grundlagen geschaffen, aus denen sich eine auch rechtlich-religiöse Verpflichtung von Muslimen zur Einhaltung der im „Ausland" geltenden Gesetze ergibt.[28] Mit einem neuzeitlichen Begriff werden derartige Konzepte als fiqh al-aqalliyāt, „Minority Fiqh" u.ä. bezeichnet. Soweit aber der rechtlich-gesellschaftliche Grundkonsens über den demokratischen, säkularen, den Menschenrechten verpflichteten Rechtsstaat nicht auch aktiv mitgetragen wird, können sich Probleme etwa bei der Übernahme verantwortlicher Ämter oder bei der Einbürgerung ergeben, bei denen eine nur formale, innerlich distanzierte Übernahme der Grundlagen nicht genügen würde. Ebenso problematisch erschiene eine Erziehung kommender Generationen in einem Bewusstsein, das die bestehende Rechtsordnung zwar hinnimmt, diese aber doch prinzipiell als ersetzungsbedürftig sieht. Der ägyptische Vordenker Fathi Osman[29] versteht allerdings das aus dem Koran abgeleitete Gebot, die Gesetze des Aufenthaltslandes zu respektieren, so, dass dies eine islamisch begründete Verpflichtung beinhalte, für das Wohl dieses Landes einzustehen. Dies reicht über das bloße Einhalten der Gesetze sicherlich hinaus.

Einzelne nicht repräsentative Befragungen des Verfassers unter vergleichsweise stark religiös gebundenen Muslimen[30] in verschiedenen westlichen Staaten, ob beispielsweise die Anwendung eines traditionellen islamisch geprägten

28 Vgl. Rohe, *"Islamic Norms in Germany and Europe"*, in: Ala Al-Hamarneh/Jörn Thielmann (Hg.), *Islam and Muslims in Germany*, Leiden u.a. 2008, S. 49, 77ff.

29 Fathi Osman, *"Islam and Human Rights"*, in: El-Affendi (Hg.), *Rethinking Islam and Modernity – Essays in Honour of Fathi Osman*, Markfield u.a. 2001, 27, 33.

30 Z.B. in islamischen Buchhandlungen und in Moscheen.

Familienrechts derjenigen des territorial geltenden Rechts vorzuziehen sei, haben eine gewisse Unsicherheit erkennen lassen. In der Regel wurde für die Antworten auf den Imam verwiesen. In diesem Zusammenhang fällt auf, dass manche muslimische Organisationen auf ihren Websites Informationen über das islamische Personenstands-, Familien- und Erbrecht bereithalten, die in der Grundhaltung der traditionellen Rechtssicht entsprechen und damit grundlegenden Wertentscheidungen des geltenden Rechts entgegenstehen. Allerdings erfolgt häufig ein kurzer Hinweis darauf, dass am Aufenthaltsort das staatlich gesetzte Recht zu beachten ist.

Den Traditionalisten dürften schließlich auch Migranten zuzurechnen sein, die in vergleichsweise stark abgeschlossenen Verhältnissen leben und die islamisch (mit)geprägte Rechtskultur ihrer Herkunftsländer pflegen. Teilweise nutzen sie – insoweit grundsätzlich unproblematisch – die vorhandenen Gestaltungsmöglichkeiten des dispositiven Sachrechts.[31] In manchen Fällen wird auch familienrechtliche Gestaltung betrieben, die zwar islamrechtlichen Grundsätzen folgt, im Inland aber wegen Verstoßes gegen zwingende abweichende Vorschriften unwirksam ist. Solche Fälle sind zwar in Deutschland weitaus weniger zu vermuten als im Vereinigten Königreich, aber nach Kenntnis des Verfassers doch auch gegeben.

2.2.6 „Einheimische“ integrative Theologie/europäische Neuansätze

Verfechter einer eigenständigen, gleichwertigen Position des Islam in Europa sehen das Leben von Muslimen in Europa nicht als Ausnahmezustand, sondern als neue Regel. Muslime sollen danach die herrschende Rechtsordnung und die Gesellschaft, in der sie leben, als ihre eigene verstehen und ihren Beitrag zu deren gedeihlicher Weiterentwicklung leisten. „Einheimisch“ bezieht sich in diesem Zusammenhang also nicht auf Geburtsort oder Staatsangehörigkeit, sondern auf die innere Zugehörigkeitshaltung.

In jüngerer Zeit sind in diesem Spektrum in Deutschland einzelne Wissenschaftler hervorgetreten, die sich teilweise auch der Ausbildung islamischer Religionslehrer widmen. Daneben schlägt sich die türkische theologische Reformdebatte insbesondere dort nieder, wo in größerer Zahl Muslime türkischer Herkunft leben; Vergleichbares gilt für bosnische Muslime. In Frankreich will der Theologe Soheib Bencheikh[32] eine „Theologie der Minderheit unter anderen Minderheiten“ im laizistischen Rahmen unter Geltung der Menschenrechte, der Glaubens- und Gewissensfreiheit entwickelt sehen.

---

31 Vgl. Rohe (Fn. 16), S. 366ff.

32 Soheib Bencheikh, *Marianne et le Prophète*, Paris 1998, Kapitel «La théologie de la minorité», S. 188-190.

Vertreter dieser Richtung können sich auf altehrwürdige Instrumente des Islam wie der Frage nach den Gründen für eine Offenbarung (*asbāb al-nuzūl*) stützen, welche die Grundlage für eine historisch-kritische Quelleninterpretation darstellen kann. Allgemeiner steht die eigenständige Neuinterpretation nach den räumlichen und zeitlichen Umständen (*iǧtihād*) offen. Eine derart dynamische Interpretation nehmen etwa Vertreterinnen eines islamischen Feminismus vor.[33]

Auch unter Vertretern des traditionalistischen Ansatzes findet sich im Übrigen ein beachtliches Meinungsspektrum mit Übergängen zur hier beschriebenen Haltung. So wurde innerhalb des insgesamt moderat-traditionalistischen Europäischen Rats für Studien und Gutachten kontrovers die Frage diskutiert, ob eine zum Islam konvertierte Ehefrau an der Ehe mit ihrem nichtmuslimischen Ehemann festhalten dürfe. Hier findet sich eine Auffassung dahingehend, dass dies (nur) im Westen zulässig sei, weil Frauen hier respektiert würden (also ihren Glauben frei ausüben könnten), was einen grundlegenden Unterschied zur sonstigen Lage ausmache.[34]

3. Schluss

Die Vielfalt der Modelle europäisch-islamischer Haltungen macht deutlich, wie verfehlt es wäre, „den Islam" generell in einen Gegensatz zu den Grundlagen europäischer Staaten und Gesellschaften zu stellen, wenngleich diese Auffassung extremistischer Islamisten von vielen Rechtsradikalen und Rechtspopulisten, einigen christlich-fundamentalistischen Gruppierungen, manchen ideologisierten Feministinnen[35] sowie vereinzelten wissenschaftlich unseriösen Autoren geteilt wird.[36] Andererseits wird deutlich, dass die weitere Entwicklung einer

---

33 Vgl. Rohe (Fn. 16), insbes. S. 196ff. m.w.N.

34 Mündlich an den Verfasser weitergegebene Informationen aus einer noch unveröffentlichten wissenschaftlichen Arbeit.

35 Exemplarisch hierfür Alice Schwarzer mit konsequenten Desinformationskampagnen; vgl. Rohe, *„Schwarzers Kanal – Desinformation für Fortgeschrittene"*, URL: http://www.zr2.jura-uni-erlangen.de/aktuelles/kanal.shtml.

36 Zweifelhaft sind in solchem Zusammenhang auch die Aussagen des Spezialisten für islamische Frühgeschichte Tilman Nagel, wenn er in verbrämter Weise dem Islam strukturelle Gewalttätigkeit zuspricht: In einem von Rechtspopulisten und radikal islamophoben Blogs dankbar aufgegriffenen Interview in der „Presse" vom 15.11.2009 (URL: http://diepresse.com/home/panorama/religion/521871/print.do, Abruf: 16.12.2009) beantwortet er die drängende Frage, ob es möglich sei, den Islam als friedfertige Religion zu interpretieren, ohne jede Rücksicht auf die Debatten der Gegenwart alleine mit der Aussage, der Islam sei nicht auf Gewaltfreiheit ausgerichtet, der Koran empfehle in bestimmten Situationen den Einsatz gewalttätiger Mittel; Toleranz habe im Islam keine Basis. Bezeichnenderweise scheint es zugleich sein Anliegen zu sein, Islamophobie salonfähig zu machen („Islamophobie muß erlaubt sein").

islamischen Theologie im unverzichtbaren europäischen Rechtsrahmen dringlich zu wünschen ist, um hier lebenden religiös orientierten Muslimen die feste Überzeugung zu vermitteln, dass sie gute Muslime, Deutsche und Europäer zugleich sein können, und um insbesondere die Jugend gegen Radikalisierungsversuche zu immunisieren. Freilich müssen Muslime ihrerseits in der täglichen Praxis erfahren können, dass die zu den Grundrechten zählende Religionsfreiheit auch für sie gilt. Der demokratische Rechtsstaat ist nicht als bloßes Konzept, sondern nur in gelebter Praxis zukunftsfähig.

Literatur

An-Na'im, Abdullahi Ahmed, *Islam and the Secular State: Negotiating the Future of Shari'a*, Cambridge/Mass. u.a. 2008.

Bencheikh, Soheib, *Marianne et le Prophète*, Paris 1998.

Blom, Philipp, *„Wir werden Maghreb"*, in: *Süddeutsche Zeitung* (SZ) vom 22.07.2010, S. 12.

Bock, Wolfgang (Hg.), *Islamischer Religionsunterricht? Rechtsfragen, Länderberichte, Hintergründe*, Tübingen 2006.

Brettfeld, Karin/Wetzels, Peter, *Muslime in Deutschland. Integration, Integrationsbarrieren, Religion und Einstellungen zu Demokratie, Rechtsstaat und politisch-religiös motivierter Gewalt. Ergebnisse von Befragungen im Rahmen einer multizentrischen Studie in städtischen Lebensräumen*, hrsg. vom Bundesministerium des Innern, Hamburg 2007.

Caldwell, Christopher, *Reflections on the Revolution in Europe: Immigration, Islam, and the West*, London 2009.

Ceylan, Rauf, *Islamische Religionspädagogik in Moscheen und Schulen. Ein sozialwissenschaftlicher Vergleich der Ausgangslage, Lehre und Ziele unter besonderer Berücksichtigung der Auswirkungen auf den Integrationsprozess der muslimischen Kinder und Jugendlichen in Deutschland*, Hamburg 2008.

Dietrich, Myrian, *Islamischer Religionsunterricht. Rechtliche Perspektiven*, Frankfurt a. M. 2006.

Höbsch, Werner, *„Diffamierter Dialog. Hans-Peter Raddatz und das christlich-islamische Gespräch"*, in: *Die neue Ordnung*, Nr. 6/2005, URL: http://www.die-neue-ordnung.de/Nr62005/WH.htm (Abruf: 17.03.2006).

Kiefer, Michael/Gottwald, Eckart/Ucar, Bülent (Hg.), *Auf dem Weg zum Islamischen Religionsunterricht. Sachstand und Perspektiven in Nordrhein-Westfalen*, Berlin 2008.

Lo, Mbaye, *Muslims in America: Race, Politics, and Community Building*, Beltsville/Maryland 2004.

Osman, Fathi, *"Islam and Human Rights"*, in: El-Affendi, Abdelwahab (Hg.), *Rethinking Islam and Modernity – Essays in Honour of Fathi Osman*, Markfield u.a. 2001.

„Platz für das islamische Recht", in: *Die Gazette*, Nr. 2, Juni 2004, URL: http://www.gazette.de/Archiv2/Gazette2/denffer.pdf (Abruf: 14.03.2007).

Rassoul, Muhammad Ahmad, *Das deutsche Kalifat*, Köln 1993 (Islamische Bibliothek).

Riexinger, Martin, *„Hans Peter Raddatz: Islamkritiker und Geistesverwandter des Islamismus“*, in: Schneiders, Thorsten Gerald (Hg.), *Islamfeindlichkeit. Wenn die Grenzen der Kritik verschwimmen*, Wiesbaden 2009.

Rohe, Mathias, *Das islamische Recht: Geschichte und Gegenwart*, München ^{2}2009.

Ders., *"Islamic Norms in Germany and Europe"*, in: Al-Hamarneh, Ala/Thielmann, Jörn (Hg.), *Islam and Muslims in Germany*, Leiden u.a. 2008.

Ders., *„Rahmenbedingungen der Anwendung islamischer Normen in Deutschland und Europa“*, in: Bock, Wolfgang (Hg.), *Islamischer Religionsunterricht? Rechtsfragen, Länderberichte, Hintergründe*, Tübingen 2006.

Ders., *„Islam und demokratischer Rechtsstaat – ein Gegensatz?“*, in: *Politische Studien 413* (Mai/Juni 2007), hrsg. von der Hanns-Seidel-Stiftung.

Ders., *„Islamismus und Schari'a“*, in: Bundesamt für Migration und Flüchtlinge (Hg.), *Integration und Islam*, Nürnberg 2006.

Ders., *„Rahmenbedingungen der Anwendung islamischer Normen in Deutschland und Europa“*, in: Bock (Hg.), *Islamischer Religionsunterricht? Rechtsfragen, Länderberichte, Hintergründe*, Tübingen 2006.

Ders., *„Islamisches Recht und Menschenrechte – Eine Problemskizze“*, in: Bendel, Petra/Fischer, Thomas (Hg.), *Menschen- und Bürgerrechte. Perspektiven der Region*, Arbeitspapier Nr. 7 des Zentralinstituts für Regionalforschung, Erlangen ^{3}2004.

Ders., *„Schwarzers Kanal – Desinformation für Fortgeschrittene“*, URL: http://www.zr2.jura-uni-erlangen.de/aktuelles/kanal.shtml.

Troll, Christian W., *„Islamdialog: Ausverkauf des Christlichen? Anmerkungen zum Buch von Hans Peter Raddatz“*, in: *Stimmen der Zeit*, 2/2002 (Internetversion abgerufen am 04.09.2002, URL: http://www.st-georgen.uni-frankfurt.de/bibliogr/troll5.htm).

„Und der Islam ist doch das Problem“, Besprechung von *Ich bin eine Nomadin* vom 29.07.2010, URL: http://www.european-circle.de/thema/buecher/meldung/datum/2010/07/29/und-der-islam-ist-doch-das-problem.html (Abruf: 07.08.2010).

Von Campenhausen, Axel Freiherr/de Wall, Heinrich, *Staatskirchenrecht*, München ^{4}2006.

Gott, Götter, Gottlosigkeit: Islam und säkulare Gesellschaft

Von Dietrich Jung

Seit geraumer Zeit diskutiert die europäische Öffentlichkeit die muslimische Einwanderung nach Europa als Problem. Mit den Terroranschlägen des 11. Septembers 2001 in New York und Washington sowie den darauffolgenden islamistisch motivierten Bombenattentaten in Madrid und London hat sich dieses Problem zu einem Bedrohungsszenario entwickelt, demzufolge sich die demokratisch verfassten Staaten Europas mit einer muslimischen Herausforderung konfrontiert sehen. Dabei werden in der öffentlichen Debatte so unterschiedliche Fragen wie nach den Ursachen des transnationalen islamistischen Terrors, dem gesellschaftlichen Status muslimischer Minderheiten in Europa, den Defiziten der Integrationspolitik europäischer Staaten oder des eventuellen EU-Beitritts der Türkei miteinander vermengt. Der einzige gemeinsame Nenner dieser so unterschiedlichen Fragestellungen ist ihr Bezug zum Islam und die Angst eines nicht geringen Teils der europäischen Öffentlichkeit, dass dessen wachsende Präsenz in Europa die zentralen Werte und Normen der europäischen Gesellschaften unterminiert. Im Kontext dieser diffusen Bedrohungswahrnehmung malte der „Islamkritiker" Hans-Peter Raddatz sogar das Gespenst einer „Schariatisierung" Deutschlands an die Wand, also der schrittweisen Unterwanderung des deutschen Rechtssystems durch islamrechtliche Regelungen.[1] Im Lichte dieser Debatte und der Tatsache einer religiösen Erweckungsbewegung, welche in den letzten Jahrzehnten die muslimische Welt und die muslimischen Minderheiten Europas erfasst hat, stellt dieser Aufsatz die generelle Frage, ob der Islam und die säkulare Gesellschaft denn überhaupt zu vereinbaren sind. Ich werde eine Antwort auf diese Frage aus religionssoziologischer Perspektive geben. Es handelt sich hier also nicht um den Versuch, den „wahren Islam" zu definieren; dieses kann nicht die Aufgabe der Soziologie, sondern nur die des muslimischen Theologen sein. Für die Religionssoziologie ist der Islam ein historisch und sozial bedingtes Phänomen, welches in den verschiedenen Formen beobachtet werden kann, in denen sich Muslime mit den islamischen Traditionen identifizieren. Aus soziologischer Perspektive gibt es keinen wahren Islam, sondern eine Vielzahl zu beobachtender religiöser Praktiken, durch die Muslime den Traditionsbestand des Islam aktualisieren. Mein Aufsatz untergliedert sich

---

1 Vgl. Hans-Peter Raddatz, *„Allah im Westen. Islamisches Recht als demokratisches Risiko"*, in: Hans Zehetmair (Hg.), *Der Islam im Spannungsfeld von Konflikt und Dialog*, Wiesbaden 2005, S. 49-65.

in zwei Teile, welche die Fragestellung nach dem Islam in der säkularen Gesellschaft schrittweise zu beantworten versuchen. Zunächst stelle ich die Frage, ob und inwiefern die moderne Gesellschaft eine säkulare ist. Müssen wir uns die Moderne nur als eine säkulare Moderne vorstellen? Wie definieren wir die säkulare Natur der modernen Gesellschaft? Im zweiten Teil wende ich mich dann zunächst der allgemeinen Frage zu, was es für den religiösen Menschen bedeutet, in einer säkularen Gesellschaft zu leben, bevor ich mich abschließend der Frage widme, wie sich der praktizierende Muslim innerhalb der säkularen Gesellschaft positioniert und welche Rolle dabei die Scharia, also die normativen Prinzipien des religiösen Rechts, spielt.

Inwiefern ist die Moderne säkular?

Betrachtet man die zeitgenössische Diskussion um die gesellschaftliche Entwicklung in der muslimischen Welt, so stößt man häufig auf die Annahme, dass sich die Muslime mit einer blockierten Modernisierung konfrontiert sähen. In der *Versiegelten Zeit*, einem Buch des an der Universität Leipzig lehrenden Historikers Dan Diner, wird ein Naher Osten beschrieben, in dem nach Ansicht des Autors die Zeit stillzustehen scheint. Diner sieht die soziale Entwicklung im Nahen Osten durch eine sakrale Versiegelung der Zeit charakterisiert. In seiner Analyse sind muslimische Lebenswelten vom heiligen Recht durchdrungen, in der Welt des Islam seien „Raum und Zeit im Gesetz eins“[2]. Für Diner ist die Kultur der islamischen Welt dadurch geprägt, dass sie ein inhärentes Problem mit der Moderne habe.[3] Seiner Ansicht nach herrschen im Vorderen Orient noch immer vormoderne Verhältnisse, für welche im Kern der Islam als Religion verantwortlich sei.[4] Diners Buch ist ein gutes Beispiel für die in Europa weitverbreitete Auffassung, es bestünde ein grundsätzliches Problem in dem Bemühen, den Islam mit der Moderne zu vereinen. Dabei steht die historische Entwicklung Europas Modell. Die Moderne wird in den Kategorien einer säkularen sozialen Ordnung gedacht, welche die Mehrheit der Mitgliedsstaaten der EU charakterisiert. Gibt es also keine islamische Moderne und schließen sich Islam und säkulare Moderne zwangsläufig gegenseitig aus?

Ein kurzer Blick in die Geschichte des Nahen Ostens genügt, um die Konturen einer spezifisch islamischen Moderne zu erkennen. In der zweiten Hälfte des 19. Jahrhunderts war die muslimische Welt durch eine Reihe von religiösen und sozialen Reformbewegungen gekennzeichnet, dem sogenannten islamischen Modernismus, in dem es vor allem um politische Unabhängigkeit, gesellschaftlichen Fortschritt und die Vereinbarkeit von Glauben mit moderner Wissen-

2 Dan Diner, *Die versiegelte Zeit*, Berlin 2005, S. 242.
3 Vgl. ebd., S. 16
4 Vgl. ebd., S. 13.

schaft ging. Einen zentralen Platz in diesen Reformbemühungen nahm der Ägypter Muhammad Abduh (1849-1905) ein, der wesentliche Elemente für das Konzept einer islamischen Moderne entwickelte. Geboren in einem kleinen Dorf im Nildelta erfuhr Abduh zunächst eine am Ideal traditioneller islamischer Wissenschaften orientierte klassische Ausbildung. Im Jahre 1866 zog er als 16-Jähriger nach Kairo, wo er seinen Ausbildungsweg an der al-Azhar Universität, der wohl wichtigsten religiösen Lehranstalt im sunnitischen Islam, fortsetzte. Enttäuscht vom Zustand der al-Azhar und ihren antiquierten Lehrmethoden, wandte sich Abduh intellektuellen Zirkeln zu, in denen er sich nicht nur mit westlicher Philosophie, sondern auch mit den philosophischen Schriften des schiitischen Islam vertraut machte. Nach dem Abschluss seiner Studien arbeitete Abduh als Journalist, Hochschullehrer und Jurist, bevor er im Jahre 1899 zum Mufti von Ägypten ernannt wurde, dem höchsten staatlichen Repräsentanten des Islam.

Folgt man Muhammad Abduhs Interpretation des Islam, so handelt es sich bei diesem um die rationellste Form des monotheistischen Glaubens, die sich im Zuge notwendiger religiöser und sozialer Reformen als vollständig kompatibel mit der modernen Welt erweisen würde. Der Islam vereinige auf geradezu natürliche Art und Weise Religion, moderne Wissenschaft, rechtsstaatliche Prinzipien, den modernen Verfassungsstaat und einen mündigen, moralisch integeren und rational handelnden Bürger. Die Ursache für die Unterlegenheit der islamischen Welt gegenüber einem imperialen Europa sah Abduh in den Beharrungskräften traditionaler religiöser und politischer Institutionen begründet, welche eine vom Islam inspirierte Modernisierung der Gesellschaft verhinderten. In diesem religiösen Charakter seines Reformprogramms sah er auch den zentralen Unterschied zur Modernisierung Europas. Die muslimische Gesellschaft unterscheide sich nämlich von der westlichen, indem die Werte und Normen des Islam ihren moralischen Grundkonsens bildeten. Damit aber ist Muhammad Abduhs Konzeption der Moderne gerade nicht säkular, sondern religiös definiert. Im Gegensatz zur europäischen Moderne sollte die islamische Moderne nicht durch eine Marginalisierung der Religion, sondern durch die Stärkung ihrer Rolle als Bindungskraft in der Gesellschaft gekennzeichnet sein.

Muhammad Abduh war ein muslimischer Apologet und ein Mann des 19. Jahrhunderts, dessen Ideenwelt durchaus Parallelen zum Denken vor allem protestantischer Apologeten in Europa erkennen lässt. Auch diese versuchten zunächst, die Moderne in Einklang mit dem holistischen Anspruch der Religion zu bringen. Weder Protestanten noch Katholiken wollten sich mit den säkularen Tendenzen der europäischen Moderne einfach abfinden; die katholische Kirche bekämpfte sie offiziell bis zum Zweiten Vatikanischen Konzil im Jahre 1962. In welchen Formen erscheint uns aber die europäische Moderne als säkular? Kann die moderne Gesellschaft nur als säkulare Gesellschaft gedacht werden?

Der Begriff der Säkularisierung verweist zumindest auf drei verschiedene Bedeutungshorizonte. Der erste thematisiert das Institutionengefüge der modernen Gesellschaft. Die funktionelle Differenzierung der modernen Gesellschaft in Subsysteme wie Politik, Recht, Ökonomie, Erziehungswesen oder Religion wird in den Säkularisierungstheorien als die Trennung von Staat und Kirche dargestellt. In christlicher Terminologie wird damit die relative Autonomie des staatlichen und des religiösen Feldes zum Ausdruck gebracht, deren jeweilige Institutionen – im Idealfall – einer eigenen, von den Institutionen anderer Subsysteme getrennten Logik folgen. Staatliche Herrschaft kann damit nicht länger religiös legitimiert und religiöse Überzeugungen nicht länger durch politische Macht oktroyiert werden. Damit treten auch die sozialen Institutionen des Rechts, in der Form von staatlich sanktionierten Normen, und der Moral, die gerade nichtstaatlicher Sanktionsmacht unterliegt, auseinander, ohne jedoch deren Zusammenspiel in den sozialen Praktiken des Alltagslebens zu verhindern.

Die zweite Dimension des Begriffs der Säkularisierung ist gesellschaftlicher Natur. Hier weist die Säkularisierung der Gesellschaft auf einen Bedeutungsverlust der Religion im Hinblick auf die Selbstbeschreibung der Gesellschaft hin. Diese definiert sich eben nicht durch einen religiös bestimmten Kodex von Werten und Normen, sondern durch eine Pluralität von ethischen, moralischen und ästhetischen Haltungen sowie Weltanschauungen. Es besteht dabei kein Zweifel, dass die Religion im Rahmen dieser Pluralität eine wichtige Rolle spielt. Sie kann diese Rolle aber nur in Anerkennung dieser Pluralität wahrnehmen und muss auf Absolutheitsansprüche verzichten. Die moderne Gesellschaft ist nicht durch einen inhaltlichen, sondern durch einen formalen Konsens definiert, der die Plattform für einen permanenten Verhandlungsprozess unterschiedlicher gesellschaftlicher Ansprüche darstellt.

Während es sich bei Institutionen und gesellschaftlichen Werten und Normen um Makrostrukturen der Moderne handelt, thematisieren die Säkularisierungstheorien auch die Rolle der Religion auf der Mikroebene, also das Verhältnis von Religion und Individuum. In diesem Verhältnis behauptet die Säkularisierungsthese, dass die moderne Gesellschaft dadurch gekennzeichnet sei, dass sich Religion auf diese Mikroebene verlagere, Prozesse der Modernisierung mit einer Privatisierung und Individualisierung der Religion einhergingen. Religiöse Überzeugungen und Praktiken würden in steigendem Maße eine Privatangelegenheit, zu einer bewussten Wahl für das moderne Individuum. Religion scheint damit der liberalen Idee zu folgen und sich von einem kollektiven hin zu einem individuellen Phänomen zu entwickeln.

Diese drei Bedeutungshorizonte der Säkularisierungstheorie repräsentieren abstrakte Desiderate aus der europäischen Geschichte. In dieser abstrakten Form beschreiben sie nicht die gesellschaftliche Wirklichkeit, sondern sie bilden formale Kriterien mit denen die Entwicklungen moderner Gesellschaften vermessen werden. Die Modernisierungstheorien der 1950er und 1960er Jahre gingen davon aus, dass es sich bei diesen drei Dimensionen um soziale Prozesse handle, die einen linearen und gleichzeitigen Verlauf nähmen und damit zu einer Konvergenz moderner Gesellschaften führten. Sie interpretierten daher das Verhältnis zwischen Modernität und Religion als ein Null-Summen-Spiel, also als ein Verhältnis, bei dem die Modernisierung von Gesellschaften mit einem relativen Verschwinden der Religion einherginge. In der Religionssoziologie gehören diese linearen Auffassungen von Modernisierung und Säkularisierung inzwischen der akademischen Asservatenkammer an. Die globalen historischen Entwicklungen seit dem Zweiten Weltkrieg zeitigen oft sehr widersprüchliche Formen der Säkularisierung, bei denen z.B. die Trennung staatlicher und religiöser Sphären keineswegs mit einem Bedeutungsverlust der Religion für Gesellschaft und Individuum einhergehen muss.

In der Forschung wird die Säkularisierung daher heute als ein Prozess gedeutet, der oft widersprüchliche und zirkuläre Bahnen annimmt und dabei auch zu paradoxen Ergebnissen führen kann. Dies gilt nicht nur für das westliche Paradebeispiel der Vereinigten Staaten von Amerika, wo eine sehr scharfe institutionelle Trennung von Staat und Religion mit einer nach wie vor tiefreligiösen Gesellschaft einhergeht, deren politische Diskurse wie selbstverständlich religiöse Weltanschauungen mit einbeziehen, sondern auch für die islamische Welt. So hat z.B. in der Türkei der Reformprozess der EU dazu geführt, dass der auf einer strikten staatlichen Kontrolle der Religion basierende türkische Säkularismus sich hin zu einer rechtlich abgesicherten Trennung von Staat und Religion entwickelt. Aus institutioneller Perspektive handelt es sich hier um einen Säkularisierungsprozess, der staatlichen und religiösen Institutionen ein höheres Maß an Autonomie einräumt, dafür aber in seiner gesellschaftlichen und individuellen Dimension in einer „Rückkehr" des Religiösen erkennbar wird. In der Islamischen Republik Iran hingegen, hat die Verschmelzung von staatlichen und religiösen Sphären dazu geführt, dass immer mehr Menschen, auch religiöse Gelehrte, für eine Trennung von Staat und Religion plädieren, wie z.B. der im Dezember 2009 verstorbene Großayatollah Montazeri.

Diese Beispiele mögen genügen um die Komplexität von Entwicklungen anzudeuten, die in dem Begriff einer säkularen Moderne zusammengefasst werden. Die säkulare Moderne darf daher keineswegs mit einer nichtreligiösen Moderne verwechselt werden. Die Religion ist ein Teil der Moderne und ihrer sozialen Verhandlungsprozesse, die das gesellschaftliche Leben kennzeichnen. Was charakterisiert dann aber eine säkulare Gesellschaft, wenn nicht das graduelle Verschwinden von Religion? Das zentrale Kennzeichen der säkularen Gesellschaft habe ich im Titel meines Aufsatzes zusammengefasst: In der säkularen Gesellschaft herrschen Gott, Götter und Gottlosigkeit gleichzeitig. Das religiöse Feld ist durch eine Form der Pluralität gekennzeichnet, in dem auch das Recht zu Gottlosigkeit, zur religiösen Indifferenz akzeptiert ist. Es gibt eben nicht nur eine Pluralität von Religionen, sondern konkurrierende Formen von Ethik, Moral und Weltanschauungen, die nicht im Religiösen wurzeln. Dabei handelt es sich nicht nur um das Recht sich als Atheist zu bezeichnen, sondern um das elementare Recht ein Leben zu führen, in dem die Religion keine Rolle spielt; oder um es mit dem von Max Weber verwendeten Begriff zu sagen: um das Recht „religiös unmusikalisch" zu sein. Säkularismus in diesem Sinne, als Gleichzeitigkeit von Religionen und religiöser Indifferenz, ist für mich ein Kernbestandteil moderner Gesellschaften, und es ist diese Auffassung, mit der ich mich von der Konzeption einer islamischen Moderne wie sie Muhammad Abduh im Auge hatte radikal unterscheide.

Religion und Islam in der säkularen Gesellschaft

Es ist dieser Verlust eines ethisch-moralischen Konsenses, der auf religiösen Traditionen beruht, mit dem sich die Religionen in der säkularen Gesellschaft arrangieren müssen. Mit welcher Herausforderung sieht sich der religiöse Mensch angesichts dieser Form des Säkularen konfrontiert? Die zentrale Herausforderung stellt sich in der Akzeptanz von konkurrierenden moralischen und ethischen Standpunkten, von einer Pluralität religiöser und nichtreligiöser Weltbilder. Der im Glauben zumindest latent angelegte absolute Geltungsanspruch religiöser Werte und Normen kann wohl als individueller Leitfaden dienen, muss aber im gesellschaftlichen Leben relativiert werden. Der gläubige Mensch muss nicht nur die gesellschaftliche Gleichwertigkeit anderer religiöser Überzeugungen akzeptieren, sondern auch den „Unglauben", die religiöse Indifferenz. Das für liberale Gesellschaften kennzeichnende Prinzip der Religionsfreiheit beinhaltet nämlich sowohl das Recht zur freien Religionsausübung für Individuen und Kollektive als auch das Recht auf Freiheit von Religion. In einer säkularen Gesellschaft ist der für das gesellschaftliche Zusammenleben notwendige normative Konsens insofern prekär, als er ständig neuen sozialen Verhandlungsprozessen ausgesetzt ist. Dabei müssen individuelle und kollektive Rechtsgüter permanent neu bewertet werden. Öffentliche Debatten über das Kruzifix in Schulen, das Schächten von Tieren oder das Tragen von Kleidung mit religiöser Symbolik in öffentlichen Funktionen sind Beispiele für diese Art von gesellschaftlichen Verhandlungsprozessen, wie sie die deutsche Öffentlichkeit in den vergangenen Jahren erlebt hat. Hierbei müssen auch die Grenze zwischen den in modernen Gesellschaften funktional getrennten normativen Feldern des Rechts und der Moral immer wieder neu festgelegt werden.

In diesen Verhandlungsprozessen melden sich zunehmend Bevölkerungsgruppen mit einem Einwanderungshintergrund zu Wort. Dies gilt insbesondere für Staaten, in denen die Einwanderung zu einer Erhöhung der religiösen Vielfalt nationaler Gesellschaften geführt hat. Dabei spielen wiederum Muslime eine herausragende Rolle. In Hinblick auf die muslimischen Minderheiten in Europa stellt sich daher die Frage, ob der Islam in der Lage ist, sich den zuvor genannten Herausforderungen der säkularen Gesellschaft zu stellen. An dieser Frage scheiden sich nun die Geister. Ich persönlich vertrete die Auffassung, dass es keine prinzipielle Unvereinbarkeit von Islam und säkularer Gesellschaft gibt, solange man nicht der Auffassung islamistischer Ideologen folgt, für die der „wahre Islam" ein holistisch gedachtes soziales und religiöses System darstellt.

Im Gegensatz zu den islamistischen Dogmen und den Axiomen, welche auch oft die öffentliche Debatte über Islam und Politik in Europa bestimmen, kennt auch die islamische Geschichte verschiedene Formen von säkularen Entwicklungspfaden. So diskutierten z.B. schon die islamischen Rechtsgelehrten des Mittelalters die Frage einer Trennung von rechtlichen und moralischen Sphären. Das Rechtswesen des Osmanischen Reiches, um ein anderes Beispiel zu erwähnen, folgte keineswegs allein den „Gesetzen" der Scharia. In weiten Bereichen galt unter dem Begriff *kanun* staatliches Recht, welches der absolutistischen legislativen Gewalt des osmanischen Sultans entsprang. Wie zuvor bereits angedeutet, hat die post-revolutionäre Verschmelzung von Religion und Politik im Iran dazu geführt, dass religiöse und säkulare iranische Intellektuelle intensiv die Frage eines institutionellen Säkularismus diskutieren, gerade um auf der individuellen Ebene die Freiheit des Glaubens und auf gesellschaftlicher Ebene die relative Autonomie der schiitischen Gelehrsamkeit zu bewahren. In der Türkei, um ein letztes Beispiel zu erwähnen, haben religiöse Gelehrte die Herausforderung moderner säkularer Wissenschaft angenommen und arbeiten an einer zeitgemäßen, historisch-hermeneutischen Auslegung des Koran und der islamischen Traditionen. Letztendlich verweist auch die ganze Diskussion um einen sogenannten „Euro-Islam" darauf, dass die europäischen Muslime bereit zu sein scheinen, sich den Herausforderungen der säkularen Gesellschaft zu stellen.

Zweifel an der Vereinbarkeit von Islam und säkularer Gesellschaft können nur dann aufkommen, wenn man den Islam als eine strikte Gesetzesreligion auffasst, deren in der Scharia zusammengefassten Normen sich dem historischen und sozialen Wandel widersetzen. Was aber ist die Scharia? Verfügt der Islam über ein in seiner Offenbarung vermitteltes und damit transhistorisch gültiges Regelwerk? Die Beschäftigung mit der Scharia und der sich mit Bezug auf sie entwickelten Literatur des islamischen Rechts war seit ihren Anfängen ein zentrales Anliegen der westlichen Islamwissenschaft. Die Scharia wurde dabei als ein umfassendes und unveränderliches normativ-religiöses Ordnungssystem interpretiert, welches den Anspruch habe, alle Lebensbereiche der Muslime zu regeln. Obwohl sich die Islamwissenschaft über die Wirklichkeitsferne dieses umfassenden Reglungsanspruchs der Scharia im Klaren war, hat auch sie wesentlich dazu beigetragen, die holistische Vorstellung des Islam als allumfassende Gesetzesreligion zu einem Bestandteil populären Wissens zu machen. Während die islamwissenschaftliche Forschung sich im Laufe des 20. Jahrhunderts jedoch von dieser einseitigen Repräsentation des Islam schrittweise entfernt hat, haben islamistische Ideologen die Propagierung des Islam als Gesetzesreligion übernommen. So schrieb z.B. Ayatollah Khomeini in seiner Einleitung zu *Islam and Revolution*, dass es kein Thema des menschlichen Lebens gebe, für welches der Islam keine Anweisungen und normative Regeln vorschreibe, und dass der Koran der Ausgangspunkt für dieses umfassende System des Islam sei.[5]

Wie der malaysische Jura-Professor Mohammad Hashim Kamali ausführt, handelt es sich beim Koran jedoch keineswegs um ein Gesetzesbuch. Im Gegenteil, umfassten doch die rechtlichen Aspekte der koranischen Botschaft nur weniger als drei Prozent des Gesamttextes. Wohl sei die Orientierung an der Scharia sowohl eine rechtliche als auch eine religiöse Verpflichtung für die Muslime, doch hätten islamische Juristen von Anfang an zwischen den religiösen und weltlichen Dimensionen der Scharia unterschieden; eine Unterscheidung, die z.B. in den getrennten Positionen des Richters (*qadi*) und religiösen Gutachters (*mufti*) zum Ausdruck käme. Für Kamali existiert die Scharia nicht in einer Form, die mit dem anwendbaren Recht weltlicher Gesetzesbücher zu vergleichen wäre. Er spricht ihr eher eine moralisch-diskursive Funktion zu, die den Prozess der rechtsstaatlichen Ausgestaltung des öffentlichen Lebens in der islamischen Welt befördern könnte.[6]

Auch der islamwissenschaftlich geschulte Jurist Mathias Rohe unterstreicht die „Vielfalt von Meinungen und Anwendungsmodalitäten"[7], welche die Geschichte des islamischen Rechts bis in die Gegenwart gekennzeichnet hätten. Wie Kamali weist Rohe darauf hin, dass aufgrund der Vieldeutigkeit des Begriffes der Scharia ihre Gleichsetzung mit dem modernen Recht in die Irre leite. Es handle sich beim sogenannten islamischen Recht keineswegs um ein klares Gesetzeswerk, das mit kalkulierbaren Lösungen für gesellschaftliche Probleme und Rechtsfragen aufwarten könne.[8] Eine relative Übereinstimmung von normativem Ideal und tatsächlicher Rechtspraxis habe es, wenn überhaupt, nur in den Bereichen des Personenstands- und Erbrechts gegeben, die somit auch Berufsfelder für islamrechtlich geschulte Juristen geboten hätten und böten.[9]

Die relativ disparate Anwendung islamischer Rechtsnormen in der muslimischen Welt hat sich im Zuge der Modernisierung und Reformierung muslimischer Gesellschaften noch verstärkt. Die modernen Rechtsordnungen islamischer Staaten, so Rohes Ausführungen, hätten sowohl gewohnheitsrechtliche

5 Vgl. Ayatollah Khomeini, *Islam and Revolution*, Berkeley 1981, S. 30.

6 Vgl. Mohammad Hashim Kamali, *"Law and Society. The Interplay of Revelation and Reason in the Shariah"*, in: John Esposito (Hg.), *The Oxford History of Islam*, Oxford 1999, S. 107-154.

7 Mathias Rohe, *Das islamische Recht. Geschichte und Gegenwart*, München 2009, S. XIV.

8 Vgl. ebd., S. 5.

9 Vgl. ebd., S. 77.

Regelungen als auch westliche Rechtssysteme unterschiedlicher Provenienz mit der Scharia verbunden. In den meisten muslimischen Ländern trete der Staat als Gesetzgeber auf, nur im Iran und in Saudi-Arabien werde die staatliche Normsetzung auf die theoretisch untergeordnete Ebene von „Verwaltungsvorschriften" verlagert, um dem Ideal der göttlichen Gesetzgebung Folge zu leisten. In der Türkei und in Albanien hingegen wurde das islamische Recht völlig abgeschafft.[10]

Rohes Buch wendet den Blick auch Gesellschaften zu, in denen Muslime eine religiöse Minderheit repräsentieren. Wie in muslimischen Mehrheitsgesellschaften seien es auch dort Traditionalisten und Islamisten, die aus unterschiedlicher Motivation die Einführung islamrechtlicher Regeln propagierten. In der öffentlichen Debatte werde dabei häufig übersehen, dass eine Vielzahl von Muslimen in Europa dem gesellschaftlichen Mainstream angehört und diese Forderungen traditionalistischer und islamistischer Kreise nicht unterstützt. In Kanada, wo man mit religiösen Schiedsgerichten im Familienrecht experimentiert habe, ist deren Rolle wieder wesentlich eingeschränkt worden, nicht zuletzt gerade aufgrund der Klage kanadischer Muslime, die in diesen islamrechtlichen Institutionen eine staatliche Beförderung des religiösen Traditionalismus erkannten.[11]

Bei der Scharia handelt es sich nicht um eine mit dem modernen Rechtsbegriff zu erfassende Ordnung, sondern um religiös definierte normative Prinzipien, deren moralische Verbindlichkeit für den gläubigen Muslim aber außer Frage steht. Dabei bedürfen diese religiösen Prinzipien immer der Interpretation – eine Tatsache, welche in der Entwicklung der islamischen Jurisprudenz ihren historischen Ausdruck fand. Fragt man daher nach der Vereinbarkeit von Scharia und säkularer Gesellschaft, so stellt man nicht die Frage nach ihrem Wesen, sondern wer in der jeweiligen Gesellschaft über die Interpretationsmacht verfügt, die zu ihrer Auslegung unumgänglich erforderlich ist. Diese Interpretation der Scharia ist in einer säkularen Gesellschaft selbstverständlich nicht die Aufgabe von staatlichen Institutionen. Auch kann keine Form ihrer Interpretation den Anspruch hegen, für alle Muslime oder gar gesamte Gesellschaften verbindlich zu sein. Dem individuellen Muslim jedoch ist es freigestellt, den Islam als einen persönlich verbindlichen und allumfassenden „way of life" zu wählen.

Die säkulare Gesellschaft ist ein Produkt der Moderne, obwohl sie nicht die einzige Erscheinungsform moderner Gesellschaften darstellt. Ich habe sie dahingehend definiert, dass ihr religiöser Pluralismus Raum gibt für den Glauben an den einen Gott als auch für den Glauben an eine Vielzahl von Göttern. Ihre spezifische Differenz, also was sie von nichtsäkularen Gesellschaften unterscheidet, ist aber das Recht auf Gottlosigkeit und damit der Verzicht auf einen religiösen Konsens in der Gesellschaft. Dadurch verfügt der religiöse Mensch

10 Vgl. ebd., S. 203.

11 Vgl. ebd., S. 320-323.

über weitgehende individuelle Freiheitsrechte in Bezug auf seinen Glauben, muss diesen aber in ständiger Herausforderung durch andere religiöse und nichtreligiöse Lebensentwürfe leben. Die Sanktionsgewalt bezüglich der Einhaltung von religiösen Normen wird transzendenten Institutionen, nicht öffentlichen, übertragen, im persönlichen Bereich kann das Individuum nach religiösem Gesetz leben, als Bürger muss es dem formalen Recht folgen. Eine Trennung zwischen religiösen und gesellschaftlichen Verpflichtungen, die die islamische Rechtsphilosophie unter den Kategorien *ibadat* und *muamalat* behandelt, muss im historisch konkreten Fall durch gesellschaftliche Verhandlungen immer wieder neu festgelegt werden. Muslime, die in einer säkularen Gesellschaft leben, müssen diese Herausforderungen annehmen, was Traditionalisten und Islamisten zweifelsohne schwerfällt. Allerdings verfügen diese nicht über einen Alleinvertretungsanspruch bezüglich der Interpretation islamischer Traditionen. Die Vielseitigkeit dieser Interpretationen hat die moderne Entwicklung in der islamischen Welt gezeigt, die mit Reformern wie den eingangs erwähnten Muhammad Abduh ihren Anfang nahm.

Literatur

Diner, Dan, *Die versiegelte Zeit*, Berlin 2005.

Kamali, Mohammad Hashim, *"Law and Society. The Interplay of Revelation and Reason in the Shariah"*, in: Esposito, John (Hg.), *The Oxford History of Islam*, Oxford 1999, S. 107-154.

Khomeini, Ayatollah, *Islam and Revolution*, Berkeley 1981.

Raddatz, Hans-Peter, *„Allah im Westen. Islamisches Recht als demokratisches Risiko"*, in: Zehetmair, Hans (Hg.), *Der Islam im Spannungsfeld von Konflikt und Dialog*, Wiesbaden 2005, S. 49-65.

Rohe, Mathias, *Das islamische Recht. Geschichte und Gegenwart*, München 2009.

VIII. Deutsche Islamdebatte und Deutsche Islam Konferenz

Die Deutsche Islam Konferenz. Die erste Phase 2006-2009: Ein zusammenfassender Rückblick

Von Johannes Gabriel Goltz

„Muslime in Deutschland – deutsche Muslime“: Das Leitmotiv der Deutschen Islam Konferenz, die am 27. September 2006 ins Leben gerufen wurde, umschreibt die Herausforderung sehr treffend: Wie kann es gelingen – vor dem Hintergrund zahlreicher, zum Teil auch wachsender Gegensätze und daraus resultierender Spannungen in der Gesellschaft – das Miteinander und den gesellschaftlichen Zusammenhalt zu fördern?

Deutschland ist in den letzten Jahrzehnten vor allem durch Zuwanderer aus muslimisch geprägten Herkunftsstaaten religiös und kulturell vielfältiger geworden. Mittlerweile leben in Deutschland ca. vier Millionen Muslime, das sind ungefähr fünf Prozent der Bevölkerung. Knapp die Hälfte von ihnen besitzt bereits die deutsche Staatsangehörigkeit.[1] Ungefähr 2.600 islamische Gebetsstätten gibt es in Deutschland, ein größer werdender Anteil davon sind repräsentative, im Stadtbild deutlich als Moschee erkennbare Gebäude. Der Prozess des „Heimischwerdens“ des Islam – einer Religion, die für große Teile der Mehrheitsgesellschaft bisher fremd ist – wird jedoch heute noch oftmals als Bedrohung wahrgenommen.

Grundlage für ein gedeihliches Miteinander in der religiös vielfältigeren Gesellschaft Deutschlands, auch aus der Sicht der Teilnehmer der Islamkonferenz, ist das hiesige historisch gewachsene Verhältnis von Staat und Religion. So ist Religionsfreiheit ein im deutschen Grundgesetz verankertes Grundrecht und damit besonders geschützt. Religionsfreiheit ist gleichwohl nicht „grenzenlos“; sie findet ihre Schranken in den weiteren, im Grundgesetz verankerten Grundrechten. Der Staat ist für die Einhaltung und den Schutz der Grundrechte verantwortlich.

---

1 Vgl. Sonja Haug/Stephanie Müssig/Anja Stichs, *Muslimisches Leben in Deutschland. Forschungsbericht Nr. 6 des Bundesamtes für Migration und Flüchtlinge im Auftrag der Deutschen Islam Konferenz*, Nürnberg 2009, S. 11. Zur Studie: Das 2. Plenum der Islamkonferenz (Mai 2007) hatte festgestellt, dass nur wenige verlässliche Daten zu Muslimen in Deutschland vorliegen. Um diese Wissenslücken zu schließen, wurde die Studie *Muslimisches Leben in Deutschland* in Auftrag gegeben. Mit der Studie des BAMF liegt nun die erste bundesweit repräsentative Datenbasis vor, die Personen aus 49 muslimisch geprägten Herkunftsländern einbezieht und somit den bislang umfassendsten Überblick über das muslimische Leben in Deutschland gibt, insbesondere zur Anzahl der Muslime in Deutschland, zu Glaubensrichtungen, religiöser Praxis und zu verschiedenen Aspekten der Integration.

Deutschland ist zugleich ein weltanschaulich und religiös neutraler Staat; Staat und Religion sind voneinander getrennt. Der deutsche Staat achtet und garantiert die Selbstbestimmung religiöser Gemeinschaften und verhält sich ihnen gegenüber neutral. Dieser Trennung liegt ein von Kooperation geprägtes Verständnis einer wechselseitigen Begrenzung von staatlicher und religiöser Autorität zugrunde.

Zur Herausforderung für Zusammenhalt wird religiöse Vielfalt dann, wenn Glaubensgemeinschaften ausgeschlossen werden oder sich selbst ausschließen. Nicht das Verbindende, sondern das Trennende rückt dann in den Vordergrund. Aus einem Nebeneinander kann ein Gegeneinander entstehen. Wenn Gläubige zudem die Trennung von Staat und Religion nicht akzeptieren, wenn aus einem religiösen Wahrheitsanspruch politische Autorität oder gar ein Herrschaftsanspruch abgeleitet wird, dann gerät das Freiheitliche der Gesellschaft in Gefahr.

Gemeinsamkeiten stärken, Unterschiede bewältigen, Teilhabe fördern – und zwar auf der Grundlage der freiheitlich-demokratischen Grundordnung –, das scheint die Antwort auf die Frage zu sein, wie der gesellschaftliche Zusammenhalt in einem religiös und kulturell vielfältigeren Land wie dem heutigen Deutschland gewahrt werden kann.

1. Ziele und Themen der Deutschen Islam Konferenz 2006-2009

Die Deutsche Islam Konferenz sollte hierzu einen Beitrag leisten. 2006 ins Leben gerufen, war sie die erste gesamtstaatliche, also Bund, Länder und Kommunen einschließende Reaktion auf die relativ junge Präsenz von Muslimen als relevanter Bevölkerungsgruppe in Deutschland. Ziel der Islamkonferenz in ihrer ersten Phase war, den Dialog zwischen Staat und Muslimen zu verbessern und somit einen Beitrag für die gesellschaftliche und religionsrechtliche Integration der Muslime und den gesellschaftlichen Zusammenhalt in Deutschland zu leisten sowie gesellschaftlicher Polarisation und Segregation entgegenzuwirken. Die Islamkonferenz – das muss in diesem Zusammenhang deutlich betont werden – war und ist keine Vertretung der Muslime im religionsgemeinschaftlichen Sinne. Sie wird federführend vom Bundesministerium des Innern betreut, weil dieses Ministerium traditionell für die Beziehung zu den religiösen Gemeinschaften in Deutschland auf der Ebene des Bundes verantwortlich ist.

Die Islamkonferenz tagte bisher auf zwei Ebenen. Das Plenum, das jährlich zusammentrat, verabschiedete Schlussfolgerungen und Empfehlungen aus den Arbeitsgruppen und gab dem Dialogprozess Impulse. Unterhalb der Ebene des Plenums tagten jeweils im Abstand von zwei Monaten drei Arbeitsgruppen und ein Gesprächskreis, in denen insgesamt ca. 100 Fachleute mitwirkten.

In der Arbeitsgruppe 1 „Deutsche Gesellschaftsordnung und Wertekonsens" wurde über Wertekonsens als Voraussetzungen für eine Integration muslimischen Lebens in die deutsche Gesellschaftsordnung diskutiert. Die Rechts- und

Werteordnung sowie die gelebte Beachtung der Grundrechte waren die zentralen Diskussionspunkte. In der Arbeitsgruppe 2 „Religionsfragen im deutschen Verfassungsverständnis“ wurden die Voraussetzungen der Kooperation zwischen Staat und religiösen Gemeinschaften auf der Grundlage des deutschen Staatskirchenrechts (u.a. die Einführung Islamischen Religionsunterrichts) sowie Einzelfragen der Religionsausübung im öffentlichen Raum nach deutschem Recht behandelt. In der Arbeitsgruppe 3 „Wirtschaft und Medien als Brücke“ reichte das Themenspektrum von den Beschäftigungsperspektiven muslimischer Migranten bis zu dem Bild, das Medien von Muslimen und „dem Islam“ in Deutschland zeichnen. Im Gesprächskreis „Sicherheit und Islamismus“ ging es vor allem um die Frage, wie deutsche Sicherheitseinrichtungen mit Muslimen und ihren Organisationen zusammenarbeiten können, um islamistischem Extremismus vorzubeugen.

2. Zusammensetzung der Deutschen Islam Konferenz

Das Plenum der Islamkonferenz, dem 15 staatliche und 15 muslimische Vertreter angehörten, trat bisher viermal zusammen, jeweils einmal pro Jahr. Den Vorsitz führte der Bundesminister des Innern. Die staatliche Seite war zudem auf Bundesebene durch weitere Bundesministerien, auf Länderebene durch die Vorsitzländer der Kultusministerkonferenz und der Innenministerkonferenz sowie auf kommunaler Ebene durch die Vorsitzenden bzw. Präsidenten der kommunalen Spitzenverbände vertreten.

Bei der Zusammensetzung der muslimischen Seite wurde Neuland betreten. Circa 20 Prozent der Muslime in Deutschland sind in religiösen Vereinen organisiert; etwas weniger als 25 Prozent der Muslime fühlen sich von den islamischen Dach- und Bundesverbänden, die letztlich in die Islamkonferenz berufen wurden, vertreten.[2] Sich auf diese, die „konfessionellen“ Mehrheitsströmungen des Islam in Deutschland vertretenden islamischen Dach- und Bundesverbände – die „Türkisch-Islamische Union“ (DITIB), den „Islamrat für die Bundesrepublik Deutschland“ (IRD)[3], den „Verband der Islamischen Kulturzentren“ (VIKZ), den „Zentralrat der Muslime in Deutschland“ (ZMD)[4] sowie die „Alevitische Gemeinde Deutschland“ (AABF) – zu beschränken, wäre aus Sicht des Bundesinnenministeriums nicht sachgerecht gewesen. Denn, um ein Beispiel zu nennen,

---

2 Vgl. ebd., S. 167ff.

3 Die Islamkonferenz verfolgte einen inklusiven Ansatz. Islamische Dachverbände wurden daher auch dann an der Islamkonferenz beteiligt, wenn die Verfassungsschutzberichte des Bundes und der Länder Unterorganisationen dieser Verbände erwähnen. Solange Anhaltspunkte für extremistische Bestrebungen einzelner Organisationen bestehen, werden diese auch weiterhin von den Verfassungsschutzbehörden des Bundes und der Länder beobachtet.

4 Siehe Fußnote 3.

über 75 Prozent der Muslime in Deutschland fordern die Einführung eines Islamischen Religionsunterrichts.[5] Hierzu brauchen die Bundesländer Partner (Religionsgemeinschaften) auf muslimischer Seite. Wenn diese Ansprechpartner jedoch nicht von der breiten Mehrheit der Muslime, die für ihre Kinder Islamischen Religionsunterricht befürworten, als religiöse Vertretung akzeptiert werden, stehen die Länder vor einem Problem: Die Gefahr besteht, dass in einem solchen Fall auch die Akzeptanz des Religionsunterrichts leidet und ein Großteil der muslimischen Kinder an einem solchen Unterricht möglicherweise nicht teilnimmt.

Angesichts des vergleichsweise geringen Organisationsgrades der Muslime in Deutschland und des Charakters der Islamkonferenz als Dialogforum erschien es dem Bundesinnenministerium daher sinnvoll, neben den genannten islamischen Organisationen auch nichtorganisierte Muslime zu berücksichtigen, um damit das breite und vielfältige Spektrum muslimischen Lebens in Deutschland einzubeziehen. Neben den genannten fünf Organisationen nahmen daher auch zehn muslimische Einzelpersonen teil, die dieses breitere Spektrum verkörpern sollten und in der (Fach-)Öffentlichkeit bekannt waren.

Die Islamkonferenz bot so auch einen Rahmen für den Dialog zwischen den vielfältigen Strömungen und Positionen innerhalb des Islam in Deutschland. Sie ermöglichte den Muslimen, Differenzen offen auszutragen und diente damit auch der Stärkung einer demokratischen Streitkultur unter Muslimen in Deutschland. Diese Vielfalt der Muslime wird in der Öffentlichkeit mittlerweile stärker zur Kenntnis genommen.

3. Bisherige Ergebnisse

Die Islamkonferenz hat sich in den vergangenen drei Jahren als Rahmen für den Dialog zwischen Staat und Muslimen bewährt. Sie war zum einen das unmissverständliche Signal an die deutsche Mehrheitsgesellschaft, Muslime als Teil der deutschen Gesellschaft anzunehmen. Zum anderen war sie aber auch Appell an die Muslime in Deutschland und ihre Organisationen, einen aktiven Beitrag im Integrationsprozess zu leisten.

Die konkreten Ergebnisse der Islamkonferenz bis heute sind in den Zwischenresümees ihrer Plenarsitzungen im März 2008 und Juni 2009 festgehalten.[6]

Erstes zentrales Ergebnis und Grundlage für die weitere Zusammenarbeit in der Konferenz war die Einigung des 3. Plenums der Islamkonferenz (März 2008) über einen Wertekonsens in Form eines Bekenntnisses zur Verbindlichkeit der deutschen Rechtsordnung und darüber hinaus der Werteordnung des

---

5 Vgl. *Muslimisches Leben in Deutschland*, (Anm. 1), S. 187.

6 Die Zwischenresümees sind in ihrem jeweiligen Wortlaut im Internet veröffentlicht, URL: http://www.deutsche.islam-konferenz.de (letzter Zugriff: 27.11.2009).

Grundgesetzes. Dieser Wertekonsens wurde im Zuge des 4. Plenums der Islamkonferenz (Juni 2009) dahingehend ergänzt, dass es eines Konsenses aller Menschen über Verhaltensregeln im Alltag bedürfe, die jenseits gesetzlicher Verankerung einen moralischen Imperativ bilden, insbesondere Respekt und Toleranz. Die Muslime in der Islamkonferenz verabschiedeten in diesem Zusammenhang gemeinsame Empfehlungen zur alltagspraktischen Förderung des Wertekonsenses, des gesellschaftlichen Zusammenhalts und der Integration von Muslimen in Deutschland für den Bereich der Schule. Unter anderem heißt es darin, dass die Gleichberechtigung von Mann und Frau als ein zentrales Element der Werteordnung des Grundgesetzes bei muslimischen Kindern und Jugendlichen zu befördern sei.[7]

Mit Blick auf den Themenschwerpunkt *Religionsverfassungsrecht* war es von zentraler Bedeutung, dass von allen Mitgliedern der Konferenz das deutsche Staatskirchenrecht im Sinne eines auch für neue religiöse Gemeinschaften offenen Religionsverfassungsrechts als Grundlage für die religionsrechtliche Integration der Muslime nicht nur akzeptiert, sondern als vorbildlich angesehen wurde. Auf dieser Grundlage ist es gelungen, gemeinsame Schlussfolgerungen und Empfehlungen zu den *Themen Einführung Islamischen Religionsunterrichts und Islamischer Theologie*, *Aus- und Fortbildung von Imamen*, *Moscheebau* oder auch *Bestattung nach islamischem Ritus* anzunehmen. Darüber hinaus wurde eine umfassende Handreichung über die konkreten Voraussetzungen der Einführung Islamischen Religionsunterrichts einschließlich der Voraussetzungen, unter denen eine religiöse Gruppierung als Religionsgemeinschaft gelten kann, erarbeitet. Nach Annahme durch das 3. Plenum wurde diese Handreichung über die Kultusministerkonferenz an die Bundesländer übermittelt. Im Zuge vielfältiger Bemühungen und Maßnahmen verschiedener Bundesländer zur Einführung Islamischen Religionsunterrichts findet die Handreichung Berücksichtigung.

Zudem wurde auf dem 4. Plenum eine umfangreiche Handreichung für die Schulpraxis erarbeitet. In ihr werden die rechtlichen Grundlagen für immer wieder auftretende Fragen und Konflikte, wie etwa hinsichtlich der Teilnahme an Klassenfahrten oder am Sport- und Schwimmunterricht sowie des Tragens von Kopftüchern an Schulen, dargestellt und konstruktive Lösungen für Lehrer und Eltern vorgeschlagen.

Nicht zuletzt erklärten sämtliche in der Islamkonferenz vertretene Muslime einschließlich der teilnehmenden islamischen Organisationen im Zwischenresümee des 4. Plenums, dass sie kein islamisches Parallelrecht für Muslime in Deutschland forderten.

Die Islamkonferenz warb mit Blick auf den Themenschwerpunkt *Medien* für eine verantwortungsvolle, vorurteilsfreie und differenzierte Berichterstattung

---

7 Der Islamrat trug die Erklärung der Muslime der Arbeitsgruppe 1 der Deutschen Islam Konferenz, die vom 4. Plenum der Islamkonferenz mit Ausnahme des Islamrats angenommen wurde, nicht mit.

über Muslime und den Islam. Es sollten mehr alltagsnahe Themen zum islamischen Leben in Deutschland aufbereitet und ausgewogen über die Lebenswirklichkeit von Muslimen in Deutschland und der Welt berichtet werden. Deshalb fanden 2008 auf Einladung des Bundesinnenministeriums zwei Fachkonferenzen statt, an denen Journalisten, Politiker und Medienwissenschaftler teilnahmen, um über die Rolle und Verantwortung der Medien im Integrationsprozess zu diskutieren. Bei allen Meinungsverschiedenheiten waren sich die Teilnehmer darin einig, dass Medien im Prozess der Integration eine bedeutende Rolle spielen. Sie prägen im Rahmen unabhängiger und kritischer Berichterstattung und in ihren Unterhaltungsangeboten Bilder von den verschiedenen ethnischen und kulturellen Bevölkerungsgruppen wesentlich mit. Die anschließende Einrichtung eines „Runden Tisches" von Journalisten deutsch- und türkischsprachiger Medien in Berlin trug den Ergebnissen dieser Konferenzen Rechnung. Darüber hinaus wirkten vor allem Mitglieder der Medien-Arbeitsgruppe der Islamkonferenz mit Beiträgen und Kommentaren an der offiziellen Webseite der Deutschen Islam Konferenz (www.deutsche-islam-konferenz.de) mit. Die Webseite, die im Dezember 2008 vom Bundesinnenminister offiziell freigeschaltet wurde, schafft eine größere Transparenz bezüglich der Beratungen und Empfehlungen der Konferenz. Das Online-Diskussionsforum steht für die Offenheit des Dialogprozesses und bietet Beteiligungsmöglichkeiten auch für Nicht-Mitglieder.

In den Schlussfolgerungen des Gesprächskreises „Sicherheit und Islamismus" wurde festgehalten, islamistisch-extremistischen Bestrebungen gemeinsam entgegenwirken zu wollen, auch wenn bezüglich der konkreten Definition von „Islamismus" bislang keine Übereinstimmung erzielt werden konnte. Die Teilnehmer des Gesprächskreises waren der Auffassung, dass wechselseitige Offenheit eine Grundvoraussetzung für die Zusammenarbeit zwischen islamischen Organisationen und staatlichen Institutionen sei. Dies bedeute auch, etwaige extremistische Bestrebungen in Teilen der muslimischen Bevölkerung aktiv zu problematisieren und – z.B. im Rahmen der Bildungsarbeit – auch selbstständig dagegen vorzugehen. Die islamischen Organisationen erklärten, extremistische Propaganda, Schriften und Publikationen in ihren Einrichtungen nicht zu dulden. Transparenz müsse zudem auch einschließen, finanzielle Einnahmen offenzulegen. Die Mitglieder des Gesprächskreises waren sich auch darin einig, dass gemeinsame Projekte von staatlichen Stellen und islamischen Organisationen zur Extremismus- und Radikalisierungsprävention Erfolg versprechend seien.[8]

Um die bestehende Kooperation zu stärken, wurde bereits 2008 beim Bundesamt für Migration und Flüchtlinge (BAMF) eine „Clearingstelle Präventionskooperation" zur Vermittlung von Kontakten und guten Beispielen in der Kooperation von Muslimen und Sicherheitsbehörden eingerichtet.

---

8 Der Islamrat trug die in diesem Absatz skizzierten Schlussfolgerungen, die vom 4. Plenum der Islamkonferenz mit Ausnahme des Islamrats angenommen wurden, nicht mit.

4. Ausblick

Der Dialogprozess der Islamkonferenz ist naturgemäß nach drei Jahren nicht an seinem Ende angelangt. Kurz nach seinem Amtsantritt im Oktober 2009 unterstrich Bundesinnenminister Dr. Thomas de Maizière, dass er eine Fortsetzung der Deutschen Islam Konferenz anstrebe. Auch der Koalitionsvertrag der Parteien CDU, CSU und FDP, der die Grundlage für die Arbeit der Bundesregierung in der 17. Legislaturperiode bildet, spricht sich für eine Fortsetzung der Islamkonferenz aus und hebt ihre Bedeutung mit den Worten hervor:

> „Die Deutsche Islam Konferenz (DIK) hat dazu geführt, dass neben einem den religiösen Gemeinschaften vorbehaltenen interreligiösen Dialog ein Prozess der Annäherung muslimischer Bevölkerungsteile Deutschlands an das deutsche Religionsverfassungsrecht begonnen hat. Diesen Prozess gilt es zu befördern und daher wollen wir die DIK als wichtigstes Forum zwischen dem deutschen Staat und den in Deutschland lebenden Muslimen fortsetzen."[9]

Die Grundlage für eine zweite Phase der Islamkonferenz, die Deutsche Islam Konferenz II, ist damit geschaffen.

9 Vgl. *Wachstum, Bildung Zusammenhalt – Der Koalitionsvertrag zwischen CDU, CSU und FDP, 17. Legislaturperiode*, URL: http://www.cdu.de/doc/pdfc/091026-koalitionsvertrag-cducsu-fdp.pdf (letzter Zugriff: 25.01.2010), S. 94.

Literatur

Deutsche Islam Konferenz, URL: http://www.deutsche-islam-konferenz.de (letzter Zugriff: 27.11.2010).

Haug, Sonja/Müssig, Stephanie/Stichs, Anja, *Muslimisches Leben in Deutschland. Forschungsbericht Nr. 6 des Bundesamtes für Migration und Flüchtlinge im Auftrag der Deutschen Islam Konferenz*, Nürnberg 2009.

Wachstum, Bildung Zusammenhalt – Der Koalitionsvertrag zwischen CDU, CSU und FDP, 17. Legislaturperiode, URL: http://www.cdu.de/doc/pdfc/091026-koalitionsvertrag-cducsu-fdp.pdf (letzter Zugriff: 25.01.2010).

Islam und Integration – Was tragen Artikel 10 bis 13 der Islamischen Charta des Zentralrats der Muslime in Deutschland zur Debatte bei?

Von Rudolf Grupp

Die Integration von Menschen aus islamischen Ländern in unsere Gesellschaft betrifft viele Handlungsfelder, die außerhalb der Religion stehen. Es geht um die Integration in der Schule und auf dem Arbeitsmarkt, um die Fähigkeit zur Kommunikation durch Erlernen der Sprache und den Erwerb von Kenntnissen über die Geschichte und den Aufbau unseres Staates, um die Schaffung eines Klimas der Toleranz gegenüber fremden Kulturen, um die Integration in das allgemeine gesellschaftliche Leben.

Für Menschen mit religiöser Bindung stellen sich zusätzliche Fragen. Für die Christen stellt sich die Aufgabe, ihr Verhältnis zur dritten großen monotheistischen Religion theologisch zu klären und den Respekt im Alltag erlebbar zu machen. Für Muslime stellt sich die Frage, inwieweit sie ihre Religion frei leben können, ohne in der Praxis auf Intoleranz zu stoßen. Zentral für die Integration ist dabei das Verhältnis des Islam zur Demokratie westlicher Prägung. Stimmt die Aussage von Pessimisten, dass hier ein unüberbrückbarer Gegensatz liege, weil Muslime wegen ihrer religiösen Bindung an die Gebote Allahs demokratisch beschlossene Gesetze nicht uneingeschränkt akzeptieren können? Wäre dies zutreffend, wären Muslime demokratische Außenseiter, die im ständigen Verdacht stehen, die demokratische Grundordnung unseres Landes zu gefährden. Eine Integration wäre dann kaum möglich.

Es ist ein großes Verdienst des Zentralrats der Muslime in Deutschland (ZMD), dass er diese Fragen in den Artikeln 10 bis 13 seiner Islamischen Charta aus dem Jahre 2002 behandelt hat.[1] Die Charta enthält ein grundsätzliches islamisches Bekenntnis zur staatlichen Rechtsordnung der Bundesrepublik Deutschland. Dies hat allerdings eine lebhafte und auch kontroverse Diskussion ausgelöst, die noch nicht beendet ist.[2] Ein breiter Konsens steht noch aus.

Bevor auf die Aussagen der Charta im Einzelnen eingegangen wird, soll das historisch geprägte Spannungsverhältnis zwischen Islam und Demokratie beleuchtet werden. Ein Blick auf zahlreiche islamische Länder zeigt, dass dieses

1 Vgl. Ahmad von Denffer (Hg.), *Al-Islam. Zeitschrift von Muslimen in Deutschland*, Nr. 2, 2002, S. 4ff.; (Islamisches Zentrum, 80939 München; Zentralrat der Muslime in Deutschland, Postfach 1224, 52232 Eschweiler).

2 Vgl. Thomas Lemmen, in: *Der Islam – Religion und Politik*, Paderborn 2004, S. 107f.

Spannungsverhältnis nicht nur in der Vergangenheit bestand, sondern in vielen Staaten noch sehr aktuell ist.

1. Spannungsverhältnis zwischen Islam und säkularer Demokratie

Die Gegensätze zwischen dem islamischen Glauben und einer säkularen Demokratie beruhen auf der geschichtlichen Entwicklung des Islam. Nach der Auswanderung der muslimischen Gruppe um Muḥammad von Mekka nach Medina im Jahre 622 entwickelte sich dort unter der Führung von Muḥammad schnell eine muslimische Gemeinde, die beides war: Religionsgemeinschaft und politische Ordnungsmacht. Muḥammad war religiöser und gleichzeitig politischer Führer, der Islam Religion und Staat.[3] Koran (Wort Gottes) und Sunna (Überlieferung der prophetischen Tradition) – die beiden zentralen Quellen des islamischen Glaubens (*šarīʿia*) – enthalten dementsprechend neben den individuellen religiösen Geboten (Fünf Säulen, Speise- und Bekleidungsvorschriften, Ethik und Moral) in gleicher Weise auch Normen, die nach westlicher Terminologie zur staatlichen Ordnung gehören, etwa zum Strafrecht (Körperstrafen bei bestimmten Vergehen oder bei Abfall vom Glauben), zum Prozessrecht (Wertigkeit von Zeugen), zum Zivilrecht (Zinsverbot), zum Familienrecht (Scheidung, Stellung der Frau), zum Erbrecht (Aufteilung des Vermögens unter Kindern) oder zu allgemeinen Regeln des gesellschaftlichen Lebens.

Auf Koran und Sunna baut zudem ein umfangreiches Juristenrecht auf (*fiqh*), das sich in vier großen Rechtsschulen entwickelt hat. Auch dieses Juristenrecht wird im traditionellen Islam der *šarīʿia* zugeordnet. Eingehend mit der Entwicklung der Rechtsschulen und ihrer großen Bedeutung für Religion, Gesellschaft und Reform des Islam hat sich – mit besonderem Blick auf die Türkei – Bülent Ucar befasst.[4]

Da die *šarīʿia* vom orthodoxen Islam als die von Gott gesetzte Ordnung für das staatliche wie das religiöse Leben angesehen wird, ist für die orthodoxe islamische Richtung ein bewusst vollzogener und grundsätzlich bejahter Säkularismus ausgeschlossen.[5] Es gibt Ausprägungen, die jede westliche Demokratie und jede nichtmuslimische Gesellschaftsordnung grundsätzlich ablehnen.

Ideologisch prägend für diese islamistische Richtung sind der in Ägypten im letzten Jahrhundert hingerichtete Muslimbruder Muḥammad Quṭb und der indisch-pakistanische Denker und Politiker Abul Aʿlā al-Maudūdī, deren Schriften

3 Vgl. Gudrun Krämer, *Gottes Staat als Republik*, Baden-Baden 1999, S. 43ff.; Mathias Rohe, *Der Islam – Alltagskonflikte und Lösungen*, Freiburg i. Br. 2001, S. 21; Adel Theodor Khoury, *Der Islam und die westliche Welt*, Darmstadt 2002, S. 112f.

4 Vgl. Bülent Ucar, *Recht als Mittel zur Reform von Religion und Gesellschaft. Die türkische Debatte um die Scharia und die Rechtsschulen im 20. Jahrhundert*, Würzburg 2005.

5 Vgl. Krämer, S. 43.

auch in Deutschland verbreitet sind.[6] Für sie kann Gesetzgebung allein von Gott, nicht aber vom menschlichen Willen abgeleitet werden. Eine Herrschaft des Volkes führt, weil sie ohne Bindung an die Religion ist, zwangsläufig zu Fehlentwicklungen.

Auf dieser Linie liegt auch eine am 10. Juni 2002 im Internet veröffentlichte Stellungnahme anonymer Muslime zur Islamischen Charta des ZMD. Auf Seite drei heißt es unter anderem:

> „In einer Demokratie wird die Willensbildung der Gemeinschaft oder des Staates vom Willen des gesamten Volkes abgeleitet. Die Demokratie als Herrschaftsform, in der die ausgeübte Macht ideell auf das Volk als höchstem Gewaltträger zurückgeführt wird und dessen wesentliches Element die Volkssouveränität ist, steht in diametralem Widerspruch zu den Aussagen des Koran, in dem es ausdrücklich heißt: Und wer sich nicht nach dem richtet, was Allah herab gesandt hat – das sind die Ungläubigen. Und: Die Gesetzgebung gebührt niemandem außer Allah [...]. Demokratien sind ein großes Hindernis für den Menschen, der seine Menschlichkeit zu finden versucht. Als Folge der Aufklärung betrachtet sich der Mensch in seinem intellektuell beschränkten und beeinflussbaren Wesen als befähigt und berechtigt, der normative Maßstab zu sein und selbst zu entscheiden, was richtig oder falsch, gut oder schlecht, belohnens- oder bestrafenswert ist. Diese Betrachtungsweise ist mit der Aussage des Korans unvereinbar [...]. Muslime lehnen die Demokratie und die mit ihr verbundenen Begriffe Pluralismus und Menschenrechte ab, nicht weil es sich hier um Fachbegriffe nicht-arabischen Ursprungs handelt. Vielmehr basiert ihre Ablehnung darauf, dass ihre Bedeutung samt ihrer Konzepte dem Islam widerspricht [...].“

Zu den Konsequenzen heißt es an anderer Stelle:

> „Muslime sind kein Teil der hiesigen oder einer anderen Gesellschaft, sie stellen vielmehr eine eigene und einzige Umma (Gemeinde, Gemeinschaft) dar [...]. Damit der Islam als einzig begehbarer Weg gesehen wird, müssen wir es in Kauf nehmen, der Gefahr ausgesetzt zu sein, mit Unterdrückung, Folter und sozialem Embargo konfrontiert zu sein.“

An anderer Stelle wird zum geistigen und moralischen Widerstand aufgerufen. Dabei bleibt unklar, ob es sich um einen inneren Widerstand handeln soll oder um aktives Tun. Im letzteren Falle wäre dies eine verfassungsfeindliche Zielsetzung. Deren quantitative Bedeutung ist nach den Berichten des Verfassungsschutzes der letzten Jahre allerdings gering. Etwa ein Prozent der Muslime in Deutschland stehen im Verdacht verfassungsfeindlicher islamistischer Aktivitäten.[7] Niemand weiß aber genau, und daher rührt das Unbehagen in Teilen unserer Gesellschaft, wie viele Muslime es gibt, die faktisch loyal aber innerlich distanziert zu unserer Gesellschaftsordnung stehen. Positiv stimmt insoweit eine Untersuchung der Konrad-Adenauer-Stiftung aus dem Jahre 2001 unter der tür-

---

6 Vgl. dazu ausführlich Krämer, S. 79f., S. 211f.; vgl. Khoury, S. 134f.

7 Verfassungsschutzbericht 2006.

kischstämmigen Bevölkerung,[8] wonach 88% der Befragten die Demokratie für die beste der denkbaren Staatsformen halten. Aber auch diese Zahl lässt offen, ob diese Aussage in Konflikt mit der religiösen Überzeugung steht oder aber von ihr getragen, vielleicht sogar unterstützt wird.

Religiöse Konflikte können in einer Demokratie auch für andere Glaubensgemeinschaften entstehen. Für Katholiken besteht z.B. in Deutschland ein offener Konflikt mit dem staatlichen Recht in den Fragen des Schwangerschaftsabbruchs, der Empfängnisverhütung oder des Scheidungsrechts. Die Konfliktfelder sind aber vergleichsweise gering. Vor allem aber gibt es spätestens seit dem Zweiten Vatikanischen Konzil die prinzipielle Bejahung getrennter staatlicher und kirchlicher Verantwortungsbereiche. Joseph Kardinal Ratzinger schreibt dazu in seiner Schrift *Werte in Zeiten des Umbruchs* Folgendes:

> „Überblickt man diese Zusammenhänge, so wird eine sehr nüchterne Sicht des Staates deutlich: Es kommt nicht auf die persönliche Gläubigkeit oder die subjektiv guten Intentionen der Staatsorgane an. Sofern sie Frieden und Recht garantieren, entsprechen sie einer göttlichen Verfügung. In heutiger Terminologie würden wir sagen: Sie stellen eine Schöpfungsordnung dar. Gerade in seiner Profanität ist der Staat zu achten; er ist vom Wesen des Menschen als animal sociale et politicum her notwendig [...] und damit schöpfungsmäßig begründet."[9]

Die Trennung von Staat und Religion ist von den christlichen Kirchen nach jahrhundertelangen Auseinandersetzungen theologisch inzwischen anerkannt. Ob sie auch in das Bewusstsein jedes geistlichen Würdenträgers eingegangen ist, möchte ich bezweifeln. Ich kenne interne und öffentliche Äußerungen, nicht nur von Kardinal Meißner, die mich manchmal irritieren. Im Islam gibt es einzelne Reformer mit Überlegungen, die mit denjenigen Ratzingers vergleichbar sind.[10] Äußerungen mit vergleichbarer Autorität gibt es aber nicht. Dies führt zur Frage nach dem Stand der demokratischen Reformdiskussion unter den islamischen Gelehrten, auf die ich kurz eingehen will.

2. Stand der demokratischen Reformdiskussion

Eine verbreitete theologische Richtung klammert die Frage nach der grundsätzlichen Vereinbarkeit von Religion und säkularer Demokratie aus und zieht sich auf die Antwort zurück, dass Muslime in jedem Falle die Gesetze ihres Wohnortes beachten müssen, weil die Einreise in ein nichtmuslimisches Land zu einem

8 Ulrich von Wilamowitz-Moellendorf, *„Türken in Deutschland. Einstellungen zu Staat und Gesellschaft"*, Konrad-Adenauer-Stiftung, 53757 Sankt Augustin, 2001, URL: http://www.kas.de/db_files/dokumente/arbeitspapiere/7_dokument_dok_pdf_12_1.pdf.

9 Joseph Kardinal Ratzinger, *Werte in Zeiten des Umbruchs*, Bd. 5592, Freiburg i. Br., S. 18.

10 Heiner Bielefeldt, *Muslime im säkularen Rechtsstaat*, Bielefeld 2004, S. 75f.

Vertragsverhältnis führe, das die Respektierung der Regeln des Gastlandes zur muslimischen Pflicht mache.

Diese theologische Richtung geht schon auf die Frühzeit des Islam zurück, als vor allem Handelsreisen die Muslime in fremde Länder führten. Ucar weist in seinem Buch über die Rechtsschulen im Islam auf zahlreiche weitere historische Beispiele hin.[11]

Nur anfangs wurde von islamischen Gelehrten die Auffassung vertreten, dass Muslime sich nicht in fremden Ländern aufhalten dürfen. Man befürchtete, dass sie dort von ihren religiösen Pflichten abgehalten werden. Eine zustimmende Aufenthaltsperspektive wurde allerdings fast einmütig eröffnet, wenn es sich um ein Land handelt, das Rechtssicherheit und Religionsfreiheit gewährt.[12] Die frühislamische Einteilung der Welt in das eigene „Haus des Islam" und das fremde „Haus des Krieges" wurde für diese Fälle durch eine dritte Kategorie ergänzt, das sog. „Haus des Vertrages". Hier dürfen sich Muslime unbeschränkt aufhalten. Sie sind als Gegenleistung für die gegebene Aufenthaltserlaubnis verpflichtet, sich an die Rechtsordnung zu halten. Eingehend und weiterführend befasst sich der muslimische Gelehrte Tariq Ramadan mit dieser Thematik.[13] Ihm geht es um eine religiöse Begründung islamischen Lebens in Europa, die zu einer eigenständigen islamisch-europäischen Identität führen soll. Für ihn ist es eine aus der *šarīʿa* abgeleitete strenge religiöse Pflicht, im Gastland verfassungs- und gesetzestreu zu sein. Dies gilt selbst dann, wenn Muslime ungerecht behandelt werden. Die Loyalität zum Gastland duldet keine Ausnahme.[14] Ramadan wendet sich auch gegen den formalen und indifferenten Begriff „Haus des Vertrages". Da Muslime in Europa alle ihre individuellen religiösen Pflichten erfüllen können, manchmal sogar freier als in ihrer Heimat, schlägt er für Europa den positiven Begriff „Haus des Bekenntnisses" vor. Damit soll die innere Zustimmung zum Leben in Europa zum Ausdruck gebracht werden. Letztlich, wenn auch unausgesprochen, bedeutet dies die Bejahung des säkularen Rechtsstaates westlicher Prägung. Denn in diesem Sinne ist der säkulare Rechtsstaat auch für Christen ein „Haus des Bekenntnisses". Auch Christen identifizieren sich nicht mit dem Staat. Sie akzeptieren und unterstützen ihn als Ordnungsmacht, die ihnen Rechtssicherheit gibt und ihnen die freie Entfaltung ihrer Religion ermöglicht.

Die Islamische Religionsgemeinschaft Hessen e.V. begründet den gleichen Gedanken auf eine noch grundsätzlichere Weise,[15] die gleichfalls Vorbilder in der islamischen Reformdebatte hat. Sie benutzt keine Vertragskonstruktion, sondern unterscheidet zwei Kategorien von Geboten in der *šarīʿa*: Die Rechts-

---

11 Vgl. Ucar, *Recht als Mittel zur Reform von Religion und Gesellschaft*, S. 251.

12 Vgl. Einzelheiten bei Rohe, S. 92f.; Krämer, S. 45; Bielefeldt, S. 67f.

13 Vgl. Tariq Ramadan, *Muslimsein in Europa*, Marburg 2002, S. 150ff.

14 Vgl. ebd., S. 199.

15 Islamische Religionsgemeinschaft Hessen e.V. (IRH), Schriftenreihe Nr. 1, S. 20.

normen des islamischen Staatswesen und die individuellen religiösen Gebote. Unter die Rechtsnormen des islamischen Staatswesens fallen sämtliche Gebote und Anordnungen, die ausschließlich durch einen islamischen Staat wahrgenommen werden dürfen und aus diesem Grunde nur innerhalb des Hoheitsgebietes eines islamischen Staates Geltung haben. Für Muslime in Deutschland sind allein die individuellen religiösen Gebote verbindlich: Die Fünf Säulen des Islam, Bekleidungsgebote, Ernährungsgebote und die Gebote von Ethik und Moral, die sich nicht wesentlich von denen anderer Religionsgemeinschaften unterscheiden. Damit ist die klassische Verbindung von Religion und Staat aufgehoben. Der religiöse Kern der *šarīʿa* ist klar definiert. Im Übrigen gelten die Regeln des säkularen Rechtsstaates.

Dass der säkulare Rechtsstaat gerade für Muslime in Europa eine Garantie für Sicherheit und Religionsfreiheit ist und deshalb in ihrem ureigenen Interesse liegt, haben weitsichtige Gelehrte schon früher zum Ausdruck gebracht. Muhammad Salim Abdulla schrieb schon vor langer Zeit: „Der Islam in der Diaspora braucht den säkularen Staat, die Demokratie und die Menschenrechte wie die Luft zum Atmen.“[16] Damit weist er auf eine grundsätzliche Debatte auch in außereuropäischen Ländern hin, die zeigt, dass es durchaus möglich ist, Islam und säkulare Demokratie zu versöhnen.

Zunächst bauen die Reformüberlegungen auf der Unterscheidung der *šarīʿa* in die von Gott gegebenen Gebote und die von Menschen in den Rechtsschulen entwickelten Auslegungsregeln (*fiqh*) auf.[17] Die ersten sind zeitlos gültig, die von Menschen gemachten Regeln aber für Reformer grundsätzlich veränderbar.

Darüber hinausgehend differenzieren Gelehrte auch innerhalb der Scharia nach „festen“ und „beweglichen“ Teilen, nach „Pflichten gegenüber Gott“ und „Pflichten gegenüber Menschen“, nach Elementen, die zeitlos gültig und solchen, die als zeitgebunden zu verstehen sind, oder nach Elementen, die nach einer Bewertung unter dem Prinzip des „Gemeinwohls“ eingegrenzt oder vorübergehend ausgesetzt werden können.

Insgesamt gibt es eine große Bandbreite reformerischer Überlegungen bis hin zu einer Unterscheidung der in Mekka empfangenen Offenbarungen, die einen überwiegend religiösen und deshalb zeitlosen Charakter haben, von denen in Medina, die auf die dortige konkrete Situation der damaligen weltlichen Herrschaftsausübung bezogen sind und deshalb nicht überall gültig sein können.[18] Dies führt schließlich zu Überlegungen, dass die weltlichen Regeln nur in einem idealen islamischen Staatswesen Gültigkeit haben, nicht aber in anderen Ländern. Dies ist auch der Grundgedanke der bereits erwähnten Schrift der islamischen Religionsgemeinschaft Hessen. Letztlich laufen fast alle Reformüberle-

---

16 Muhammad Abdullah, *Was will der Islam in Deutschland*, Gütersloh 1993, S. 93; vgl. auch Ursula Spuler-Stegemann, *Muslime in Deutschland*, Gütersloh 1993, S. 93.

17 Vgl. hierzu und zum Folgenden: Krämer, S. 49ff.; Rohe, S. 33ff.

18 Vgl. Rohe, S. 39.

gungen darauf hinaus, einen religiösen, ethischen und moralischen Kern der Scharia zu definieren, der zeitlos und in jeder Region gültig ist, während andere Teile disponibel sind. Allerdings: Ein allgemeiner Konsens über die inhaltliche Zuordnung ist in der islamischen Debatte bisher nicht erreicht worden.

Noch weiter gehen eine Reihe islamischer Denker, die eine grundsätzliche Säkularität von Staat und Recht im Islam fordern.[19] Heiner Bielefeldt nennt in seinem Buch *Muslime im säkularen Rechtsstaat* dazu zahlreiche Namen und Quellen, auf die hier nicht näher eingegangen werden kann. Auch die Theologische Fakultät der Universität in Ankara, in die das Buch von Felix Körner *Alter Text – neuer Kontext* einen Einblick gibt, zeigt Entwicklungen in diese Richtung.[20] Zumindest gilt dies für einzelne Theologen dieser Fakultät. Professor Ömer Özsoy z.B., der auch in Frankfurt lehrt, fordert immer wieder dazu auf, beim Koranlesen die Religion vom Gesellschaftlich/Politischen und das Allgemeingültige vom Situationsspezifischen zu trennen.[21]

3. Islamische Charta: ein eher konservatives Dokument

Vor dem Hintergrund dieser Debatte hätte man sich gewünscht, dass die Islamische Charta die Reformdiskussion aufgreift und weiterentwickelt. Dies tut sie leider nicht. Sie entspricht vielmehr einem eher traditionellen Denken. Dabei lässt sie eine Reihe von Fragen offen oder bleibt unklar.

Artikel 10:

> „Muslime dürfen sich in jedem beliebigen Land aufhalten, solange sie ihren religiösen Hauptpflichten nachkommen können. Das islamische Recht verpflichtet Muslime in der Diaspora, sich grundsätzlich an die lokale Rechtsordnung zu halten. In diesem Sinne gelten Visumserteilung, Aufenthaltsgenehmigung und Einbürgerung als Verträge, die von der muslimischen Minderheit einzuhalten sind."

Die Islamische Charta verwendet die schon aus der klassischen Zeit bekannte Vertragskonstruktion, um den Aufenthalt von Muslimen in Deutschland und ihre Pflicht zur Gesetzestreue zu begründen. Das bedeutet, dass Muslime eigentlich im tradierten Islam (Religion und Staat) stehen, sich aber faktisch der fremden Ordnung unterwerfen. Den Schritt, Deutschland als Aufenthaltsland ausdrücklich zu bejahen, weil Muslime hier ihre Religion leben können („Haus des Bekenntnisses"), macht die Charta nicht. Sie übernimmt auch nicht die Position der Islamischen Religionsgemeinschaft Hessen, die alle staatlichen Regeln den islamischen Staaten zuordnet und damit für Muslime in Deutschland einen aus-

---

19 Vgl. Rohe, S. 41; Bielefeldt, S. 75f.

20 Vgl. Felix Körner, *Alter Text – neuer Kontext. Koranhermeneutik in der Türkei heute*, Freiburg i. Br. 2006.

21 Vgl. Hansjörg Schmid u.a. (Hg.), *Identität durch Differenz*, Regensburg 2007, S. 108

schließlich auf den religiösen Kern ihres Glaubens gegründeten Islam ausdrücklich bejaht.

Wer einen Vertrag einhalten muss, lässt aber offen, ob er dies aus Überzeugung oder widerwillig tut. Verträge muss man auch einhalten, wenn man ihren Inhalt innerlich ablehnt. Die Vertragskonstruktion ist indifferent, sie drückt keine positive Einstellung zur Bundesrepublik aus. Ganz zu schweigen von einer eigenständigen islamischen Begründung für die Vereinbarkeit von Islam und säkularer Demokratie.

Die Charta kann deshalb dahingehend verstanden werden, dass Muslime in Deutschland Fremde sind und Fremde bleiben wollen.

Zumindest erklärungsbedürftig ist es auch, wenn die Charta von der Pflicht spricht, sich „grundsätzlich" an die Rechtsordnung zu halten. Heißt das: keine uneingeschränkte Anerkennung der hier geltenden Rechtsordnung? Die Erklärung der Islamischen Religionsgemeinschaft Hessen enthält keine derartige Einschränkung, und Gelehrte wie Ramadan begründen eingehend, dass die Scharia keine Ausnahmen von der Loyalität zum staatlichen Recht duldet.

Es ist deshalb zu fragen, ob das Wort „grundsätzlich" indirekt doch eine Distanz zum säkularen Rechtsstaat ausdrücken soll, oder ob die Charta lediglich an Grenzsituationen denkt, in denen die Religion in ihrem Kern bedroht ist. Der zuletzt genannte Gesichtspunkt ist nicht nur im Islam, sondern auch im Christentum von Bedeutung. Im Islam wird seit der Frühzeit eine Debatte darüber geführt, wo die Grenzen des Gehorsams gegenüber einem (islamischen) Herrscher liegen.[22] Der Koranvers 4/59 („Ihr Gläubigen, gehorcht Gott und dem Gesandten und denen unter euch, die zu befehlen haben") wird dabei verbreitet so ausgelegt, dass der Gehorsam an die Erfüllung der Pflichten des Herrschers gegenüber Gott und der Gemeinde gebunden ist. Verletzt der Herrscher die Religion, gibt es ein Recht oder sogar die Pflicht, den Gehorsam zu verweigern. Insofern gilt die Pflicht zur Einhaltung der Gesetze immer nur „grundsätzlich", das heißt nur dann, wenn die Gesetze sich nicht gegen die Religion selbst richten. In diesem Sinne gilt auch für Christen immer nur eine „grundsätzliche" Loyalitätspflicht gegenüber dem Staat. Ratzinger führt dazu unter Hinweis auf biblische Quellen aus: „Der Christ ist an die Rechtsordnung des Staates als eine sittliche Ordnung gebunden. Etwas anderes ist es, wenn er als ‚Christ' leidet: Wo der Staat das Christsein als solches unter Strafe stellt, waltet er nicht mehr als Wahrer sondern als Zerstörer des Rechts. Dann ist es keine Schande, sondern eine Ehre, bestraft zu werden."[23] Übertragen auf den säkularen Staat heißt dies, dass Religionsfreiheit und Rechtssicherheit immer Voraussetzung dafür sind, dass Gläubige die staatlichen Gesetze als für sich verbindlich ansehen können. Der Staat muss die Grundfreiheiten des menschlichen Daseins respektieren.

---

22 Vgl. Krämer, S. 107f.

23 Ratzinger, S. 14.

Wenn die Charta diesen Gedanken mit dem Wort „grundsätzlich" ausdrücken will, wäre dies gedanklich nachvollziehbar. Der Charta muss dann aber der Vorwurf gemacht werden, dass sie dies nicht deutlicher zum Ausdruck bringt. So bleibt sie mit dem Vorwurf verwundbar, dass sie auch für diejenigen eine Türe offenlassen will, die den säkularen Staat ablehnen oder ihn für einen zu überwindenden Zustand halten. Denn der Gedanke, dass Religionsfreiheit die Voraussetzung für Gesetzestreue ist, wird bereits im einleitenden Satz des Artikels 10 zum Ausdruck gebracht. Warum dann noch ein zusätzlicher Vorbehalt?

Wenn die Charta mit dem Vorbehalt aber indirekt die Tatsache ansprechen will, dass Staat und Gesellschaft den Muslimen immer noch Rechte vorenthalten – z.B. beim Religionsunterricht, auf andere Beispiele werde ich noch eingehen – und deshalb auf muslimischer Seite Zurückhaltung bei einer vorbehaltlosen Integration angebracht und berechtigt ist, dann muss dies ausdrücklich thematisiert werden. Sonst wird Misstrauen ausgelöst, wo Vertrauensbildung nötig und sicher auch gewollt ist.

Artikel 11:

> „Ob deutsche Staatsbürger oder nicht, bejahen die im Zentralrat vertretenen Muslime die vom Grundgesetz garantierte gewaltenteilige, rechtsstaatliche und demokratische Grundordnung der Bundesrepublik Deutschland, einschließlich des Parteienpluralismus, des aktiven und passiven Wahlrechts der Frau sowie der Religionsfreiheit. Daher akzeptieren sie auch das Recht, die Religion zu wechseln, eine andere Religion oder gar keine Religion zu haben. Der Koran untersagt jede Gewaltausübung und jeden Zwang in Angelegenheiten des Glaubens."

Diese Aussagen sind auf den ersten Blick ein klares Bekenntnis zu unserer Demokratie. Bekräftigend wird der Begriff „bejahen" verwendet, während die Vertragskonstruktion in Artikel 10 nur zu einer „Respektierung" führt.

Die Erklärung ist aber beschränkt auf „die im Zentralrat vertretenen Muslime". Ihre Zahl liegt nach Schätzungen bei 20.000.[24] Wäre es deshalb nicht notwendig gewesen, eine theologische Untermauerung dieser Position zu formulieren, die für alle nachvollziehbar ist und die eine Reformdebatte beflügeln könnte? Mit Recht weisen deshalb muslimische Kritiker darauf hin, dass der ZMD nicht davon ausgehen kann, dass Aussagen ohne jede theologische Begründung von den nicht im Zentralrat vertretenen Muslimen als verbindlich angesehen werden können.[25]

Dieser Vorwurf richtet sich auch an die Aussage zur Religionsfreiheit. Hier wird zwar auf den Koranvers 2/256 (keine Gewalt in Angelegenheiten des Glaubens) hingewiesen. Aber trotz dieses Verses sehen die meisten islamischen Gelehrten mit Hinweis auf Koran oder Sunna in der Apostasie nach wie vor ein

24 Vgl. Rat der EKD (Hg.), *Klarheit und gute Nachbarschaft. Christen und Muslime in Deutschland"*, EKD-Texte Nr. 86, S. 102.

25 Vgl. Ahmad v. Denffer, *„Kritische Anmerkungen zur Islamischen Charta"*, in: *Al-Islam*, Nr. 2, 2002, S. 13.

schweres Vergehen.[26] Eine klare Gegenposition, wie sie beispielsweise Bülent Ucar eingehend begründet hat,[27] würde die Wirkung dieser – aus Sicht der Verfassung an sich erfreulichen – Erklärung der Charta wesentlich erhöhen.

Kritische Kommentatoren werfen schließlich die Frage auf, warum die Charta mit Blick auf Frauen nur das aktive und passive Wahlrecht ausdrücklich erwähnt, nicht aber die umfassende Gleichberechtigung der Frauen.[28] Eine Klarstellung an dieser Stelle wäre im Laufe der weiteren Diskussion wünschenswert.

Artikel 12:

> „Wir zielen nicht auf die Herstellung eines klerikalen ‚Gottesstaates' ab. Vielmehr begrüßen wir das System der Bundesrepublik Deutschland, in dem Staat und Religion harmonisch aufeinander bezogen sind."

Die Unklarheiten verdichten sich hier. Der erste Satz richtet sich gegen einen „klerikalen" Gottesstaat nach dem Vorbild des Iran. Dies entspricht traditioneller sunnitischer Auffassung und ist für die Bundesrepublik eigentlich selbstverständlich. Der erste Satz lässt aber offen, ob der ZMD nicht einen von Laien geführten „Gottesstaat" anstrebt. Der Begriff des Gottesstaates wird in der islamischen Lehre nicht einheitlich verwendet.[29] Eines steht aber fest: Er hat nichts zu tun mit dem säkularen Staat des Grundgesetzes, steht vielmehr in offenem Gegensatz dazu. Es ist deshalb einigermaßen befremdlich, dass der ZMD diesen Begriff verwendet. Wer in einem säkularen Staat lebt und in seiner Programmatik offenlässt, ob er nicht eher einen Gottesstaat anstrebt, lediglich mit der Einschränkung, dass dieser nicht von Klerikern geleitet wird, kann Vertrauen kaum gewinnen.

Da hilft es dann auch nicht, im zweiten Satz Anklänge an das Kooperationsmodell des Grundgesetzes zu suchen. Denn das kooperative System ist nicht harmonisch. Es gibt keine Staatskirche (Artikel 140 GG), sondern es bleibt bei der Trennung von Staat und Kirche. Kooperation ist ein Angebot, in das sich auch die Muslime einbringen müssen. Sie sollten dies aber mit der Bejahung der staatlichen Grundordnung verbinden, die ihre Religionsfreiheit sichert, und nicht mit einer missverständlichen Programmatik. Die bisherigen Kommentare weisen deshalb im Ergebnis mit Recht darauf hin, dass der ZMD mit seiner Formulierung in diesem Punkt eher Verwirrung als Klarheit geschaffen hat.[30]

---

26 Nachweise bei Krämer, S. 153; Khoury, S. 122f.

27 Vgl. Bülent Ucar, *„Die Todesstrafe für Apostaten in der Scharia. Traditionelle Standpunkte und neuere Interpretationen zur Überwindung eines Paradigmas der Abgrenzung"*, in: Hansjörg Schmid u.a. (Hg.), *Identität durch Differenz*, S. 227ff.

28 Johannes Kandel, *Die Islamische Charta. Fragen und Anmerkungen*, Friedrich-Ebert-Stiftung, 2002, S. 4f.

29 Vgl. Krämer, S. 80.

30 Vgl. Kandel, S. 5; Bielefeldt, S. 70ff.

Artikel 13:

> „Zwischen den im Koran verankerten, von Gott gewährten Individualrechten und dem Kernbestand der westlichen Menschenrechtserklärung besteht kein Widerspruch. Der beabsichtigte Schutz des Individuums vor dem Missbrauch staatlicher Gewalt wird auch von uns unterstützt. Das Islamische Recht gebietet, Gleiches gleich zu behandeln und erlaubt, Ungleiches ungleich zu behandeln. Das Gebot des islamischen Rechts, die jeweilige lokale Rechtsordnung anzuerkennen, schließt die Anerkennung des deutschen Ehe,- Erb- und Prozessrechts ein."

Die Aussagen beziehen sich auf die „westliche Menschenrechtserklärung". Die dadurch ausgedrückte Distanz wird noch verstärkt durch den Hinweis auf die im Koran von Gott gewährten Individualrechte, im Gegensatz zu den (nur) naturrechtlichen westlichen Menschenrechten.

Eine Übereinstimmung wird nur im Kernbestand gesehen, was offenlässt, ob und welche Widersprüche es gibt. Kritische Kommentatoren[31] weisen nicht zu Unrecht darauf hin, dass damit die seit Jahren bestehenden Differenzen mit islamischen Staaten in der Menschenrechtsfrage durch bloße Rhetorik zugedeckt werden. Sie entstehen deshalb, weil in den Menschenrechtserklärungen islamischer Staaten zunächst umfassende Freiheits- und Gleichheitsrechte formuliert, diese dann aber durch den Zusatz eingeschränkt werden, dass sie nur im Rahmen des Islam oder der Scharia gelten.[32] Damit bleiben Problemfelder wie Körperstrafen, ungleiche Rechtsstellung der Frau, Verurteilung des Abfalls vom Glauben, Ehe zwischen Muslimin und Nichtmuslim ungelöst. Auch die Islamische Charta trägt zu einer weiterführenden Diskussion nichts bei.

Durch ihre Formulierung, dass Gleiches und Ungleiches verschieden zu behandeln seien, ruft sie eher noch Zweifel hervor, weil offenbleibt, was damit gemeint ist. Darunter kann ein Vorbehalt hinsichtlich der Gleichbehandlung von Frauen verstanden werden. Diese Vermutung wird durch den letzten Satz verstärkt, der Artikel 10 wiederholt, wonach das deutsche Ehe-, Erb- und Prozessrecht anzuerkennen ist. Im Klartext könnte das heißen, dass in Bezug auf Frauen die menschenrechtlichen Ableitungen im Islam anders sind als im Westen, dass aber wegen der Vertragskonstruktion des Artikels 10 die Friedenspflicht gilt.

Wenn es in der Menschenrechtsfrage tatsächlich die auch den Verfassern bekannten unterschiedlichen Betrachtungsweisen zwischen Islam und Westen gibt, dann ist der einleitende Satz des Artikels 13, der solche Unterschiede verbal zudeckt, wenig hilfreich.

---

31 Vgl. Kandel, S. 5f.

32 Vgl. im Einzelnen: Krämer, S. 150f.; Heiner Bielefeldt, in: *Der Islam – Religion und Politik*, Paderborn 2004, S. 95

4. Abschließende Bemerkungen

Die Islamische Charta – das ist ihr großer Verdienst – hat eine wichtige Diskussion angestoßen. Bei aller Kritik in Einzelpunkten verdient der ZMD deshalb Unterstützung dafür, dass er als erste und bisher einzige islamische Organisation auf Bundesebene ein klares Zeichen für die Verständigung mit der Mehrheitsgesellschaft gesetzt und dafür eine Basis geschaffen hat. Dass dies angesichts der unterschiedlichen Strömungen nicht einfach ist, zeigt die bisherige Diskussion bis hin zu der eingangs zitierten fundamentalistischen Stellungnahme. Zu fragen ist allerdings, ob es auf Dauer hilfreich ist, mögliche Konfliktpunkte verbal zu überdecken, anstatt sie offen anzusprechen. Klärung nach innen und Vertrauen nach außen wird man nur herbeiführen können, wenn man es nicht allen in den eigenen Reihen Recht machen will. Klartext reden die vermutlich wenigen islamistischen Aktivisten, die im Falle der Charta ihre Ablehnung des säkularen Rechtsstaates (freilich anonym) deutlich zum Ausdruck bringen. Klartext reden auch die entschlossenen Reformer, die den säkularen Staat als „ihr Haus“ ansehen, weil er ihnen die Religionsfreiheit garantiert. Dazwischen liegt die große Mehrheit der Muslime, die durch ihr gesetzestreues Verhalten faktisch die Grundordnung der Bundesrepublik anerkennen, ihre positive Einstellung öffentlich aber nur zurückhaltend zum Ausdruck bringt. Die Islamische Charta ist ein Ausdruck dieser Unentschlossenheit. Ihr geht es offensichtlich nicht um eine prinzipielle Bejahung des Aufenthaltslandes, sondern um einen Modus Vivendi, gleichsam um ein Friedensangebot an die deutsche Gesellschaft unter gleichzeitiger Betonung der eigenen Andersartigkeit. Damit werden aber offene Fragen unter den Teppich gekehrt. Dies führt weder zu einer Klärung von Konfliktpunkten, noch hilft es auf Dauer im Verhältnis zur deutschen Bevölkerung. Der Zentralrat hat damit nur einen halben Schritt zur Integration der islamischen Religion getan. Wenn Muslime wollen, dass in Deutschland Christen, Juden, Muslime, Anhänger anderer Religionen und Atheisten friedlich zusammenleben, kann dies nur in einer Gesellschaft gelingen, in welcher der Staat eine neutrale Haltung gegenüber allen Richtungen einnimmt. Die Religionen können sich nur unter dem gemeinsamen Dach eines säkularen Staates, der jedem Religionsfreiheit und Rechtssicherheit garantiert, frei und eigenständig entfalten. Wer diese Grundbedingung im Zusammenleben einer multireligiösen Gesellschaft nicht bejaht, und sei es nur im Interesse der eigenen Religionsfreiheit, der ist in dieser Gesellschaft noch nicht angekommen. Die Integrationsfähigkeit einer Religion muss daran gemessen werden, ob sie in der Lage ist, eine theologische Begründung für die Trennung von Staat und Religion zu entwickeln. Die christlichen Kirchen haben dazu lange gebraucht. Erst mit dem Zweiten Vatikanischen Konzil von 1964 hat die katholische Kirche zu einer einigermaßen klaren Position gefunden. Dabei hat die Organisationsstruktur mit einer zentralen Koordinierung sicher wesentlich beigetragen. Ein deutscher – oder noch besser – ein europäischer „Rat der Muslime“ mit anerkannten theologischen Autoritäten, die ein klares islamisches Bekenntnis zur säkularen Demokratie abgeben und dieses theologisch untermauern, wäre für die Integration der Muslime ein Meilenstein. Einstweilen bleibt es ein Wunschtraum.

Heißt das für die Integrationsdebatte in unserem Land, dass wir den Finger einseitig auf die Muslime richten dürfen? Dies könnten wir tun, wenn alle Rahmenbedingungen für die Religionsfreiheit der Muslime in unserem Land gegeben wären. Dies ist aber nicht der Fall. Dazu einige Beispiele:

Erstes Beispiel: Religionsunterricht

Schon im Jahre 1984 hat die Konferenz der Kultusminister der Länder beschlossen, an öffentlichen Schulen einen Islamischen Religionsunterricht einzurichten, wie es Artikel 7 des Grundgesetzes seit jeher vorsieht. Wir alle wissen, dass daraus bisher nur provisorische Modelle entstanden sind. Als Grund gilt, dass die Muslime keine den christlichen Kirchen vergleichbaren Organisationsstrukturen haben und bisher auch nicht in der Lage waren, solche zu schaffen. Dies ist formalrechtlich richtig. Artikel 7 des Grundgesetzes passt nicht auf muslimische Strukturen. Aber besteht für unser Land, das der Religionsfreiheit als Menschenrecht verpflichtet ist, nach über 20 Jahren ergebnislosen Wartens nicht auch eine Verpflichtung, den Aufbau grundgesetzkonformer Strukturen aktiv herbeizuführen, damit die Ziele des Grundgesetzes erreicht werden? Ein Weg ist, Zusammenschlüsse von Moscheegemeinden auf Länderebene oder auf regionaler Ebene gesetzlich oder durch Verwaltungshandeln herbeizuführen und so die religiösen Ansprechpartner für den Religionsunterricht einzurichten. In einzelnen Städten des Landes NRW wird dieser Weg versucht. Bei einer weiteren Verzögerung stellt sich allerdings die Frage, warum nicht sofort ein flächendeckender Islamkundeunterricht ohne endgültige Organisationsstruktur auf muslimischer Seite eingeführt wird. Wenn es möglich war, als einstweilige Alternative zum Religionsunterricht einen Islamunterricht (Islamkunde) als Modellprojekt einzurichten, der bei Eltern und Schülern breite Zustimmung findet, dann ist es auch möglich, diesen Unterricht flächendeckend einzuführen. Dies ist dann zwar, weil der werbende Charakter eines Religionsunterrichts fehlt, vorerst ein Ersatz; dieser Ersatz steht dem Grundgesetz aber immer noch näher als kein Religionsunterricht. Überdies hat bisher noch niemand genau definieren können, wie groß der inhaltliche Unterschied zwischen den Fächern „Islamkunde" und „Islamischer Religionsunterricht" wirklich ist. Der Inhalt beider Fächer wird weitgehend vom einzelnen Lehrer abhängen, der den Unterricht gestaltet, nicht von einer begrifflichen Differenzierung.

Zweites Beispiel: Moscheebau

Nach der Phase der Hinterhofmoscheen gibt es zwar immer mehr Moscheen, die in den Blickpunkt rücken. Wir alle wissen aber, wie schwierig es ist – Beispiel Köln – dafür einen gesellschaftlichen Konsens zu organisieren. In aller Regel kommt es bei größeren Moscheebauten zu offenem Widerstand der Mehrheitsgesellschaft. Dass zur grundgesetzlichen Religionsfreiheit der Muslime auch das Recht auf Manifestation des Glaubens gehört, kümmert viele dabei nicht. Erleben Muslime in diesen Fällen eine Mehrheitsgesellschaft, die unsere Verfassung uneingeschränkt bejaht? Wohl kaum. Können wir den Muslimen dann vorwerfen, dass sie unserer Gesellschaft nicht uneingeschränkt vertrauen?

Drittes Beispiel: Ausbildung von Imamen

Wer am religiösen Dialog mit Muslimen beteiligt ist, wird wissen, wie hinderlich es für die Kommunikation ist, dass es keine in Deutschland ausgebildeten Imame gibt. Solange Imame aus den muslimischen Ländern „importiert" werden müssen, bleiben die Moscheegemeinden religiöses Ausland, entweder türkisches oder arabisches Ausland, und die Kommunikation mit dem theologischen Leiter ist kaum möglich. Zu einer Religion in Deutschland wird der Islam erst, wenn an unseren Universitäten auch islamische Theologen ausgebildet werden und diese dann in der Lage sind, ihre Religion auf Augenhöhe mit den anderen Religionen zu erläutern. Ein Lichtblick ist die Stiftungsprofessur für Islamische Religion am Fachbereich Evangelische Theologie der Universität Frankfurt/Main. Vielleicht geht von dort eine Entwicklung aus.

Die Islamische Charta nennt in Artikel 20 weitere Integrationsfelder: Muslimische Betreuung in sozialen Einrichtungen und in Krankenhäusern, Einrichtung muslimischer Grabfelder, Beteiligung in den Aufsichtsgremien der Medien, Toleranz gegenüber muslimischen Bekleidungsvorschriften und Ernährungsgeboten.

Insgesamt ergibt sich daraus für die Integrationsdebatte ein breites Diskussionsfeld und es war höchste Zeit für die Einberufung der Deutschen Islam Konferenz (DIK) beim Bundesinnenminister, die genau dafür ein Forum bietet.

Die Vielfalt der Problemfelder lässt allerdings nicht auf schnelle Lösungen hoffen. Unsere Gesellschaft muss bezüglich der Rahmenbedingungen für die Integration noch einiges tun, und es ist nicht leicht, dafür ein gesellschaftliches Klima zu schaffen. Ergänzend hinzukommen muss aber auch ein eindeutiges Bekenntnis der Muslime zu der Gesellschaft, in der sie leben und zu deren Verfassung. Die eingangs erwähnte Studie der Konrad-Adenauer-Stiftung, die unter den rund drei Millionen türkischstämmigen Muslimen eine breite Zustimmung zu unserer Demokratie feststellt, müsste den muslimischen Organisationen eigentlich Mut geben, ein solches Bekenntnis ohne Wenn und Aber zu formulieren. Die Islamische Charta ist ein Schritt auf diesem Weg. Ein Schlusswort ist sie nicht.

Literatur

Abdullah, Muhammad, *Was will der Islam in Deutschland*, Gütersloh 1993.

Bielefeldt, Heiner, *Muslime im säkularen Rechtsstaat*, Bielefeld 2004; URL: http://www.migration-boell.de/downloads/integration/bielefeldt.pdf.

Islamische Religionsgemeinschaft Hessen e.V. (IRH), Schriftenreihe Nr. 1.

Kandel, Johannes, *Die Islamische Charta. Fragen und Anmerkungen*, Friedrich-Ebert-Stiftung, 2002.

Khoury, Adel Theodor, *Der Islam und die westliche Welt*, Darmstadt 2002.

Körner, Felix, *Alter Text – neuer Kontext. Koranhermeneutik in der Türkei heute*, Freiburg i. Br. 2006.

Krämer, Gudrun, *Gottes Staat als Republik*, Baden-Baden 1999.

Ramadan, Tariq, *Muslimsein in Europa*, Marburg 2002.

Rat der EKD, *Klarheit und gute Nachbarschaft. Christen und Muslime in Deutschland*, EKD-Texte Nr. 86, November 2006.

Ratzinger, Joseph Kardinal, *Werte in Zeiten des Umbruchs*, Bd. 5592, Freiburg i. Br. 2005.

Rohe, Mathias, *Der Islam – Alltagskonflikte und Lösungen*, Freiburg i. Br. 2001.

Schmid, Hansjörg u.a. (Hg.), *Identität durch Differenz*, Regensburg 2007.

Spuler-Stegemann, Ursula, *Muslime in Deutschland*, Gütersloh 1993.

Ucar, Bülent, *Recht als Mittel zur Reform von Religion und Gesellschaft. Die türkische Debatte um die Scharia und die Rechtsschulen im 20. Jahrhundert*, Würzburg 2005.

Ders., *„Die Todesstrafe für Apostaten in der Scharia. Traditionelle Standpunkte und neuere Interpretationen zur Überwindung eines Paradigmas der Abgrenzung"*, in: Schmid, Hansjörg u.a. (Hg.), *Identität durch Differenz*, Regensburg 2007, S. 227-244.

Verfassungsschutzbericht 2006.

Von Denffer, Ahmad (Hg.), *Al-Islam. Zeitschrift von Muslimen in Deutschland*, Nr. 2, 2002.

Ders., *„Kritische Anmerkungen zur Islamischen Charta"*, in: *Al-Islam*, Nr. 2, 2002.

Von Wilamowitz-Moellendorf, Ulrich, *„Türken in Deutschland. Einstellungen zu Staat und Gesellschaft"*, Konrad-Adenauer-Stiftung, 53757 Sankt Augustin, 2001; URL: http: //www.kas.de/db_files/dokumente/arbeitspapiere/7_dokument_dok_pdf_12_1.pdf.

Waldenfels, Hans/Oberreuter, Heinrich (Hg.), *Der Islam – Religion und Politik*, Paderborn 2004.

IX. Autorinnen und Autoren

Prof. Dr. Ahmed Akgündüz ist Rektor der Islamischen Universität Rotterdam (Niederlande). Er forscht und publiziert zum Islam, islamischen Recht, zur Geschichte des türkischen Rechts und insbesondere zur Anwendung des islamischen Rechts im osmanischen Staat.

Dr. Nimetullah Akın ist an der Fakultät für Islamische Theologie der Çanakkale Onsekiz Mart Universität in der Türkei tätig. Seinen Forschungsschwerpunkt bilden die Hadith-Wissenschaften.

Avni Altıner ist Vorsitzender des Landesverbands der Muslime in Niedersachsen e.V. Schura Niedersachsen in Hannover.

Prof. Dr. Heiner Bielefeldt ist Inhaber des Lehrstuhls für Menschenrechte und Menschenrechtspolitik am Institut für Politische Wissenschaft der Friedrich-Alexander-Universität Erlangen-Nürnberg.

Prof. Dr. Martina Blasberg-Kuhnke lehrt Praktische Theologie, Pastoraltheologie und Religionspädagogik an der Universität Osnabrück. Sie leitet das BMBF-Projekt zum Aufbau des Instituts für Islamische Theologie (IIT).

Seyfi Bozkuş war Religionsattachée für die Türkisch-Islamische Union der Anstalt für Religion e.V. (DITIB) in Hannover und ist Botschaftsrat in Wien.

Dr. Yilmaz Bulut ist Sozialwissenschaftler. Er ist seit 2006 Mitglied des Postdoktoranden-Netzwerkes an der Frankfurt Graduate School for the Humanities and Social Sciences (FGS). Derzeit arbeitet er an seinem Habilitationsprojekt an der Universität zu Köln.

Prof. Dr. rer. soc. Rauf Ceylan lehrt Religionswissenschaft/-soziologie und Religionspädagogik an der Universität Osnabrück. Seine Forschungsschwerpunkte umfassen gegenwartsbezogene Islamforschung; Migration, Religion und Integration sowie Religion und Stadtentwicklung.

Dr. Ibrahim Džafić ist Islamwissenschaftler und als Imam im Islamischen Kulturzentrum für Bosnier e.V. in Stuttgart tätig. Seit dem Sommersemester 2009 ist er wissenschaftlicher Mitarbeiter an der Evangelisch-Theologischen Fakultät der Universität Tübingen.

Bacem Dziri, M.A., ist Stipendiat der Konrad-Adenauer-Stiftung und lehrt am Institut für Islamische Theologie (IIT) an der Universität Osnabrück.

Mohammed Ghareibeh, Mag. Dipl., ist Islamwissenschaftler und promoviert derzeit zum Thema „Attributenlehre der Wahhābīya unter besonderer Berücksichtigung der Schriften Ibn ʿUṯaimīns (1928-2000)“ am Institut für Orient- und Asienwissenschaften der Universität Bonn.

Johannes Gabriel Goltz ist Islamreferent des Bundesministeriums des Innern.

Dr. jur. Rudolf Grupp war bis 1998 Ministerialdirektor im Bundesministerium für Gesundheit. Danach studierte er Islamwissenschaften an der Universität Bonn. Er ist Mitglied der Christlich-Islamischen Gesellschaft.

Merdan Güneş, Dr. phil., ist Lehrbeauftragter an den Universitäten Osnabrück und Frankfurt sowie Mitinitiator und Mitglied der fachdidaktischen Kommission des Islamischen Religionsunterrichts in Rheinland-Pfalz. Zu seinen Forschungsschwerpunkten gehören u.a. die Islamische Theologie und Mystik.

Prof. Dr. Ansgar Hense ist juristischer Referent des Instituts für Staatskirchenrecht der Diözesen Deutschlands in Bonn und lehrt an der Juristischen Fakultät der Technischen Universität Dresden.

Assoc. Prof. Dr. Özcan Hıdır lehrt und forscht an der Islamischen Universität Rotterdam in den Niederlanden. Seine Forschungsschwerpunkte bilden die Hadith-Forschung, die Orientalismus-Debatte und der Islam in Europa.

Prof. Dr. Dietrich Jung ist Abteilungsleiter am “Center for Contemporary Middle East Studies” der University of Southern Denmark. Er hat zu Modernisierungsprozessen im Nahen Osten und in der Türkei publiziert.

Prof. Dr. Abdurrahim Kozalı ist Lehrstuhlinhaber für Fiqh (Islamisches Recht und Glaubenspraxis) am Institut für Islamische Theologie (IIT) der Universität Osnabrück. Sein Forschungsschwerpunkt umfasst insbesondere Fragen islamrechtlicher Ursprünge und der islamischen Rechtsmethodologie (*uṣūl al-fiqh*).

Prof. i. R. Dr. Mohssen Massarrat ist Politik- und Wirtschaftswissenschaftler und lehrte bis 2007 am Fachbereich der Sozialwissenschaften der Universität Osnabrück. Zu seinen Forschungsschwerpunkten gehören u.a. internationale Wirtschaftsbeziehungen sowie die Friedens- und Konfliktforschung.

Prof. Dr. Mehmet Özdemir lehrt und forscht im Fachbereich für Islamische Geschichte und Kunst an der Theologischen Fakultät der Universität Ankara, Türkei.

Erol Pürlü, M.A., ist Imam, Islamwissenschaftler und Dialogbeauftragter des VIKZ (Verband für Islamische Kulturzentren e.V.) in Köln.

Prof. Dr. Gerhard Robbers lehrt Öffentliches Recht an der Universität Trier, leitet dort das Institut für Europäisches Verfassungsrecht und ist Richter am Verfassungsgerichtshof Rheinland-Pfalz.

Prof. Dr. Mathias Rohe ist seit 1997 Inhaber des Lehrstuhls für Bürgerliches Recht, Internationales Privatrecht und Rechtsvergleichung an der Universität Erlangen-Nürnberg und Gründungsdirektor des Erlanger Zentrums für Islam und Recht in Europa.

RA Prof. Dr. Frank Rottmann lehrt Staats- und Verwaltungsrecht an der Universität Leipzig.

Dr. Yaşar Sarıkaya ist Religionspädagoge, Theologe und Islamwissenschaftler. Seine Lehr- und Forschungsschwerpunkte liegen in den Bereichen Islamische Theologie, Islamischer Religionsunterricht in Europa und islamische Geistes- und Kulturgeschichte. Derzeit vertritt er die Professur für Islamische Theologie und ihre Didaktik an der Universität Gießen.

Prof. Dr. Arnulf von Scheliha lehrt Systematische Theologie (Religionsphilosophie, Dogmatik, Ethik) an der Universität Osnabrück.

Prof. Dr. theol. Dr. rer. agr. Ulrich Schoen war in Genf am Weltkirchenrat in der Abteilung für interreligiöse Beziehungen tätig. Bevor er ins Ruhrgebiet zog, lebte er in Marokko, Algerien, im Libanon und in Frankreich. Seine Forschungsschwerpunkte betreffen den christlich-islamischen Dialog und die islamische Mystik.

Dr. Klaus Spenlen, Ministerialrat a.D. im Ministerium für Schule und Weiterbildung des Landes NRW, war KMK-Vertreter der Deutschen Islam Konferenz (DIK) beim Bundesministerium des Innern.

Dr. Ulrich Steuten ist Fachbereichsleiter für Politische Bildung an der VHS Moers und Lehrbeauftragter für Soziologie an den Universitäten Köln und Duisburg-Essen.

Prof. Dr. Klaus von Stosch lehrt und forscht an der Fakultät für Kulturwissenschaften, am Institut für Katholische Theologie an der Universität Paderborn. Zu seinen Forschungsprojekten gehört u.a. der muslimisch-christliche Dialog.

Dr. Sayed M. Talgharizadeh ist islamischer Theologe, Islamwissenschaftler und Lehrer in Köln.

Prof. Dr. Bülent Ucar ist Islamwissenschaftler, Inhaber des Lehrstuhls für Islamische Religionspädagogik sowie Direktor des Instituts für Islamische Theologie (IIT) an der Universität Osnabrück. Seit Mai 2010 ist er Mitglied der Deutschen Islam Konferenz (DIK) beim Bundesministerium des Innern.

Prof. Dr. Dr. Ina Wunn ist Professorin für Religionswissenschaft an der Leibniz Universität Hannover. Zu ihren Lehr- und Forschungsschwerpunkten gehören u.a. der zeitgenössische Islam, Islam in Deutschland und Migration sowie Fragen der Wissenschaftstheorie und Methodik in der Religionswissenschaft mit Schwerpunkt Evolutionsforschung.

Dr. Ismail H. Yavuzcan ist Soziologe und Gymnasiallehrer in Bopfingen, ehemaliger wissenschaftlicher Mitarbeiter am Lehrstuhl für Islamische Religionspädagogik an der Universität Osnabrück und derzeit Lehrbeauftragter an der Universität Tübingen.

Prof. Dr. Cem Zorlu ist islamischer Theologe und lehrt Islamische Geschichte und das Leben des Propheten (*sīra*) an der Theologischen Fakultät der Universität Selçuk, Konya, in der Türkei. Er hat mehrere Jahre im Ruhrgebiet gelebt und gewirkt.

Reihe für Osnabrücker Islamstudien

Herausgegeben von Bülent Ucar und Rauf Ceylan

Band 1 Bülent Ucar / Ismail H. Yavuzcan (Hg.): Die islamischen Wissenschaften aus Sicht muslimischer Theologen. Quellen, ihre Erfassung und neue Zugänge im Kontext kultureller Differenzen. 2010.

Band 2 Bülent Ucar (Hrsg.): Die Rolle der Religion im Integrationsprozess. Die deutsche Islamdebatte. 2010.

Band 3 Bülent Ucar (Hrsg.): Islamische Religionspädagogik zwischen authentischer Selbstverortung und dialogischer Öffnung. Perspektiven aus der Wissenschaft und dem Schulalltag der Lehrkräfte. 2011.

Band 4 Christiane Paulus (Hrsg.): Amīn al-Ḫūlī: Die Verbindung des Islam mit der christlichen Reformation. Übersetzung und Kommentar. 2011.

Band 5 Amir Dziri: Al-Ǧuwaynīs Position im Disput zwischen Traditionalisten und Rationalisten. 2011.

Band 6 Wolfgang Johann Bauer: Aishas Grundlagen der Islamrechtsgründung und Textinterpretation. Vergleichende Untersuchungen. 2012.

Band 7 Ali Türkmenoglu: Das Strafrecht des klassischen islamischen Rechts. Mit einem Vergleich zwischen der islamischen und der modernen deutschen Strafrechtslehre. 2012.

Band 8 Rauf Ceylan (Hrsg.): Islam und Diaspora. Analysen zum muslimischen Leben in Deutschland aus historischer, rechtlicher sowie migrations- und religionssoziologischer Perspektive. 2012.

Band 9 Bülent Ucar (Hrsg.): Islam im europäischen Kontext. Selbstwahrnehmungen und Außenansichten. 2013.

www.peterlang.de

Ingram Content Group UK Ltd.
Milton Keynes UK
UKHW022236180523
421997UK00006B/125

9 783631 607091